D1618967

DELIUS KLASING

Axel Bark

Sport küsten schiffer schein

+ Sportboot führerschein See

Mit amtlichen Fragenkatalogen

Delius Klasing Verlag

Hinweis:

Unter den jeweiligen Seitentiteln wird auf die
entsprechenden Fragen in den Fragenkatalogen hingewiesen, für die

Prüfung zum Sportküstenschifferschein (SKS) in Rotdruck,
Prüfung zum Sportbootführerschein See (SBF) in Blaudruck.

Die Abkürzungen zum Fragenkatalog Sportküstenschifferschein (SKS) bedeuten:
NAV SKS: Kapitel Navigation
SM I SKS: Kapitel Seemannschaft I
SM II SKS: Kapitel Seemannschaft II
WK SKS: Kapitel Wetterkunde
SR SKS: Kapitel Schifffahrtsrecht

Bibliografische Information der Deutschen Nationalbibliothek

Die Deutsche Nationalbibliothek verzeichnet diese Publikation in der Deutschen Nationalbibliografie;
detaillierte bibliografische Daten sind im Internet über http://dnb.d-nb.de abrufbar.

8. Auflage
ISBN 978-3-7688-1993-0
© by Delius, Klasing & Co. KG, Bielefeld

Grafische Gestaltung und Zeichnungen: Françoise Pierzou, Reinald Fenke (24), John Bassiner (201)
Einbandgestaltung: Ekkehard Schonart
Bildnachweis: Axel Bark (8), Bernt Hoffmann (11), Hans-Günter Kiesel (13), Benjamin Mendlowitz (1),
Jan Modrow (1), Michael Naujok (1), C. Plath (1), Kurt Schubert (6), Rick Tomlinson (1),
Yacht-Archiv (9), Yacht-Photo-Service (YPS) (2)

Ausschnitte aus der amtlichen nautischen Literatur werden mit
freundlicher Genehmigung des Bundesamtes für Seeschifffahrt und
Hydrographie (BSH), Hamburg und Rostock, wiedergegeben. Die Tabelle
»Distance by Vertical Angle« wurde mit freundlicher Genehmigung dem
Tabellenwerk Norie's Nautical Tables entnommen.

Druck: Kunst- und Werbedruck, Bad Oeynhausen
Printed in Germany 2007

Delius Klasing Verlag, Siekerwall 21, D-33602 Bielefeld
Tel. 0521/559-0, Fax 0521/559-115
E-Mail: info@delius-klasing.de
www.delius-klasing.de

Vorwort

Segeln und Motorbootfahren in den Küstengewässern macht sehr viel Spaß – nicht nur in der Ost- und Nordsee, sondern auch im Mittelmeer, auf dem Atlantik und in der Karibik. Es birgt aber auch einige Risiken: Der Schiffsführer muss seine Yacht und ihre Ausrüstung beherrschen, sicher manövrieren, zuverlässig navigieren, die Wetterentwicklung richtig einschätzen und – nicht zuletzt – die »Verkehrsregeln« richtig anwenden können.

Dass man dieses umfangreiche Wissen erworben hat, beweist man am besten durch den *Sportküstenschifferschein (SKS)*, dem amtlichen Schein zum Führen von Segel- und Motoryachten in der 12-Seemeilen-Zone aller Meere.

Obwohl es sich hierbei um einen freiwilligen Schein handelt, ist er bei allen seriösen Vercharterern die unabdingbare Voraussetzung, um eine Yacht als Schiffsführer mieten zu können.

Das vorliegende Buch gilt als das Standardwerk für den Erwerb des Sportküstenschifferscheins schlechthin, ein Werk, das sich seit mehr als drei Jahrzehnten bei der Ausbildung bestens bewährt hat. Es baut auf den langjährigen Erfahrungen des Autors auf: aus zahlreichen Ausbildungstörns und Theoriekursen und auch als Prüfer, wobei im Laufe der Zeit natürlich auch das Wissen vieler Segelschulen und Clubs eingeflossen ist.

Der umfangreiche Lernstoff wird in kleinen und übersichtlichen Einheiten dargestellt, die meist eine Doppelseite umfassen. Dies hilft, schrittweise zu lernen und die erforderliche Sicherheit für die Prüfung zu erlangen.

Natürlich kann man mit diesem Lehrbuch außer der SKS- auch die etwas leichtere Prüfung für den amtlichen *Sportbootführerschein See* (SBF See) bestehen, denn es umfasst den kompletten Stoff beider Führerscheine. Schulen und Vereine behandeln ohnehin häufig beide Führerscheine in ein und demselben Theoriekurs. Im Anhang findet man die offiziellen Fragenkataloge für beide Theorieprüfungen mit den entsprechenden Musterantworten.

Die vorliegende 8. Auflage enthält beide Fragenkataloge auf dem neuesten Stand. Das Buch wurde komplett überarbeitet und – vor allem in den Kapiteln »Seemannschaft« und »Wetterkunde« – an einigen Stellen erweitert.

Der Autor wünscht dem Leser Spaß beim Lernen, Erfolg in der Prüfung und stets eine Handbreit Wasser unter dem Kiel.

Axel Bark

Inhalt

4 Wetterkunde

5 Schifffahrtsrecht

6 Fragenkataloge und Prüfungsvorschriften

Was heißt Navigieren?

Die Aufgabe der Navigation ist es, ein Schiff über See sicher zum Ziel zu führen. Hierfür muss man den Schiffsort und Kurs mithilfe von **Seekarte** und **Steuerkompass** bestimmen können.
Andere Navigationsinstrumente sind:
- der **Peilkompass** zur Richtungsbestimmung
- das **Lot** zur Tiefenbestimmung
- das **Log** zur Geschwindigkeitsermittlung
- **elektronische Navigationsgeräte** wie **GPS** und **Radar** zur Schiffsortbestimmung (sie sind inzwischen so klein und preisgünstig, dass sie auch für die Sportschifffahrt interessant sind)

Mit all diesen Geräten muss der Skipper einer Yacht bestens vertraut sein, um sein Schiff sicher führen zu können.
Auf den folgenden Seiten wenden wir uns zunächst der Seekarte zu. Anschließend werden wir uns mit dem Kompass und den übrigen Navigationsinstrumenten beschäftigen, um dann in der Seekarte unseren Kurs und Schiffsort möglichst genau bestimmen zu können.

1
Navigation

Geografische Koordinaten und Seemeile

Fragen 232, 233 (SBF)

Orte auf der Erdoberfläche werden eindeutig mithilfe des **Koordinatensystems der Erde** durch ihre geografische Breite und ihre geografische Länge bezeichnet. Gelegentlich wird ein Ort auch durch **Abstand und Peilung** zu einem bekannten Ort bezeichnet (vgl. S. 73).

Die geografische Breite

- Ein **Breitenkreis** (oder Breitenparallel) ist jeder parallel zur Äquatorebene um die Erdkugel verlaufende Kreis.

Breitenkreise sind unterschiedlich groß; der größte Breitenkreis ist der Äquator, die kleinsten Breitenkreise sind die zu Punkten geschrumpften Pole. Breitenkreise bezeichnet man mit dem Winkel, den man am Erdmittelpunkt zwischen der Äquatorebene und dem jeweiligen Breitenkreis misst. Diesen Winkel nennt man **geografische Breite.** Er wird mit φ *(Phi)* oder **LAT** *(latitude)* bezeichnet.

Orte nördlich des Äquators haben **nördliche Breite,** Orte südlich des Äquators haben **südliche Breite.**

Jeder Ort liegt also auf einem Breitenkreis. Orte auf dem gleichen Breitenkreis liegen genau östlich bzw. westlich zueinander; sie haben die gleiche geografische Breite.

Der Äquator hat eine geografische Breite von 00°. Die größte geografische Breite haben die Pole; der Nordpol liegt auf einer Breite von 90°N, der Südpol auf einer Breite von 90°S.

Die geografische Länge

- Ein **Meridian** ist die kürzeste Verbindung auf der Erdoberfläche von Pol zu Pol. Er entspricht also einem halben, über die Pole verlaufenden Erdumfang.

Der durch die Sternwarte von *Greenwich* bei London verlaufende Meridian heißt *Meridian von Greenwich* oder **Nullmeridian.** Alle weiteren Meridiane bezieht man auf diesen Nullmeridian, indem man den Winkel misst, den sie mit dem Nullmeridian an der Erdachse bilden. Diesen Winkel nennt man **geografische Länge.** Man bezeichnet ihn mit λ *(Lambda)* oder **LON** *(longitude)*.

Orte östlich des Nullmeridians haben **östliche Länge;** Orte westlich des Nullmeridians haben **westliche Länge.** Jeder Ort der Erde liegt also auf einem Meridian. Orte auf dem gleichen Meridian liegen genau nördlich oder südlich zueinander; sie haben die gleiche geografische Länge.

Der Nullmeridian hat eine geografische Länge von 000°. Die größte geografische Länge beträgt 180°, denn 180° östlicher Länge entspricht genau 180° westlicher Länge (= Datumsgrenze).

Rechts: Geografische Breite
Die geografische Breite eines Ortes ist der am Erdmittelpunkt gemessene Winkel zwischen dem Äquator und dem örtlichen Breitenkreis. Man zählt vom Äquator (= 00°) nordwärts bis zu einer Breite von 90° N (= Nordpol) bzw. südwärts bis 90° S (= Südpol). Die Breite wird mit φ oder LAT bezeichnet. Der hier dargestellte Breitenkreis liegt auf 50° N.

Ganz rechts: Geografische Länge
Die geografische Länge eines Ortes ist der an der Erdachse gemessene Winkel zwischen dem Nullmeridian (Meridian von Greenwich) und dem Ortsmeridian. Man zählt um die Erde herum bis zu einer Länge von 180° W bzw. 180° E. Die Länge wird mit λ oder LON bezeichnet. Der hier dargestellte Meridian liegt auf 060° West.

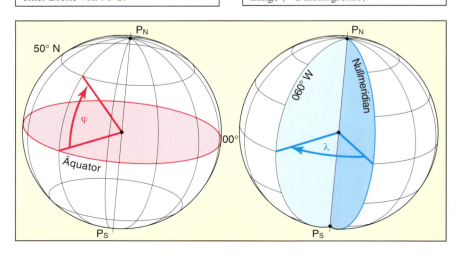

Was ist eine Seemeile?

In der Seefahrt werden Entfernungen im Allgemeinen in *Seemeilen (sm)* gemessen. Eine zehntel Seemeile nennt man *Kabellänge (kbl)*.

> **1 Seemeile (sm) = 1852 m**
> **1 Kabellänge (kbl) = 185,2 m**

Eine Seemeile entspricht genau dem Abstand zweier, sich um eine Minute unterscheidender Breitenkreise.
• Die **Länge einer Seemeile (sm)** entspricht einer Bogenminute auf einem größten Kreis der Erdkugel.

Wir können auch rechnen: Der mittlere Erdumfang beträgt etwa 40 000 km. Wenn wir ihn durch die Anzahl der Bogenminuten (= 360 · 60' = 21 600') teilen, erhalten wir die Länge der Seemeile:

> 40 000 km : 21 600 = 1,852 km

Die Seemeile ist also ein natürliches, auf die Erdkugel bezogenes Maß.

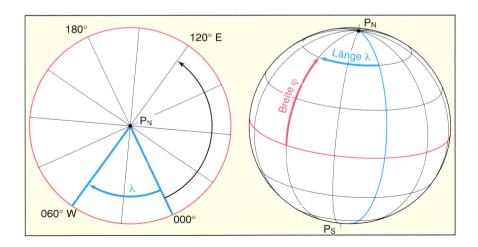

Ganz links: Draufsicht auf den Nordpol
Beim Blick auf den Nordpol (P_N) erkennt man wieder den Nullmeridian und die Länge von 060° W. Außerdem ist eine Länge von 120° E eingetragen.

Links: Eindeutige Ortsbezeichnung
Mit der Angabe φ = 50° N λ = 060° W ist dieser Ort eindeutig bezeichnet.

Die Mercatorprojektion

Ein Kugelmantel (Erdoberfläche) kann nicht verzerrungsfrei in einer Ebene (Karte) abgebildet werden. Die Kartografie hat verschiedene Verfahren entwickelt, um dieses Problem zu lösen, wobei es auf die Anforderungen des Nutzers ankommt. Die Anforderungen der Navigation an eine Seekarte lauten:

- **Kurse** müssen in der Karte **als gerade Linien** eingetragen werden können. Da ein Kurs oder eine Peilung die Meridiane stets unter dem gleichen Winkel schneidet, müssen die Meridiane parallel verlaufen.
- Der Kurs muss dem Kurswinkel in der Seekarte entsprechen. Die Karte muss also **winkeltreu** sein, nicht aber unbedingt flächentreu. Es genügt Flächenähnlichkeit.
- **Entfernungen** müssen der Karte ohne Umrechnung **unmittelbar entnommen werden** können.

Diese Anforderungen werden von einem bestimmten Zylinderentwurf erfüllt, der **Mercatorprojektion**, die nicht konstruktiv, sondern nur rechnerisch hergestellt wird.

Mercatorkarten unterliegen einer **Nord-Süd-Zerrung.** In Gebieten höher als 70° können sie deshalb nicht verwendet werden. Wegen der Nord-Süd-Zerrung haben Mercatorkarten auch **keinen einheitlichen Maßstab.** Er wird zum Äquator hin kleiner und zu den Polen hin größer. Der angegebene Maßstab gilt immer nur für *einen* Breitenparallel, die sogenannte **Bezugsbreite**. Sie ist auf jeder Seekarte angegeben.

Distanzen, die wir in der Karte mit dem Zirkel abgreifen, müssen wir deshalb etwa auf der gleichen Breite am seitlichen Kartenrand messen.

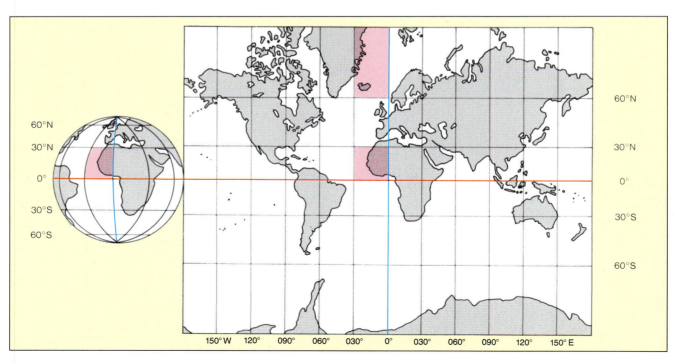

Kompass, Kurs und Peilung

Hier folgt zunächst eine Einführung in die Kartenarbeit. Die genaue Arbeitsweise mit Kompass, Kursen und Peilungen wird später ausführlich erklärt. Ebenso werden die Kompassfehler (Missweisung und Ablenkung) sowie der Einfluss von Wind und Strom weiter unten behandelt. Hier würde dies zu weit führen.

Unten: Kompassrose
Hier können wir alle drei Bezeichnungssysteme erkennen: die Gradrose, die Himmelsrichtungen und die Strichrose.

Rechts: Kurs und Peilung
*Der **Magnetkompasskurs (MgK)** ist der Winkel zwischen **Magnetkompass-Nord (MgN)** und der Rechtvorausrichtung (rv).*
*Die **Magnetkompasspeilung (MgP)** ist der Winkel zwischen Magnetkompass-Nord und der Richtung zum Peilobjekt. Die **Seitenpeilung (SP)** ist der Winkel zwischen der Rechtvorausrichtung und der Richtung zum Peilobjekt.*

Der **Kompass** zeigt die Himmelsrichtungen an. Genau genommen zeigt die Kompassnadel nach Norden, und wir leiten hieraus die übrigen Himmelsrichtungen ab.

Der am Kompass abgelesene **Kurs** – er heißt Magnetkompasskurs (MgK) – ist der Winkel zwischen der vom Kompass angezeigten Nordrichtung (Magnetkompass-Nord = MgN) und der Rechtvorausrichtung (rv) der Yacht. Kurse (und alle Richtungen) werden **in Grad** angegeben, wobei man von Nord ausgehend rechtsherum von 000° bis 360° zählt. Also:

Nordkurs = 000° oder 360°
Ostkurs = 090°
Südkurs = 180°
Westkurs = 270°

Man kann auch die **Himmelsrichtungen** verwenden. So spricht man bei einem Kurs von 045° auch von Nordostkurs.

Älter ist die Angabe nach der **Strichrose**: Ein Strich entspricht einem achtel rechten Winkel, also 11¼°. Hierauf kommt man, wenn man einen rechten Winkel mehrmals fortlaufend halbiert. Ein Vollkreis umfasst also 32 Strich.

Peilen heißt, die Richtung zu einem Objekt, z. B. einem Leuchtturm, feststellen. Es gibt zwei Möglichkeiten zu peilen:

- entweder man peilt mit dem Kompass und erhält eine **Kompasspeilung** (man sagt Magnetkompasspeilung = MgP)
- oder man peilt mit dem Radargerät oder der Peilscheibe und erhält eine **Seitenpeilung (SP).**

Die **Magnetkompasspeilung** ergibt den Winkel zwischen Magnetkompass-Nord und der Richtung zum Peilobjekt. Die **Seitenpeilung** ergibt den Winkel zwischen der Rechtvorausrichtung der Yacht und der Richtung zum Peilobjekt.

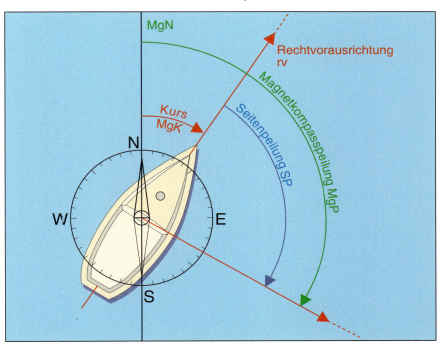

Arbeiten in der Seekarte

Frage 232 (SBF)

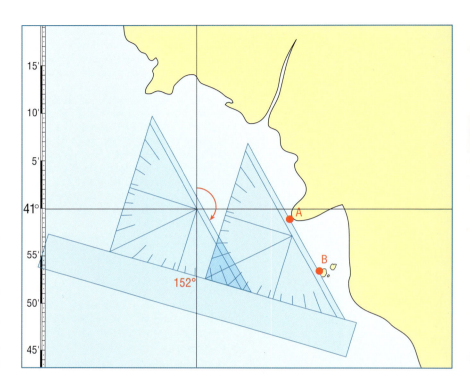

Kursdreieck und Zirkel

Für die Kartenarbeit benötigen wir:
• ein mit einer Gradskala versehenes **Kursdreieck**
• ein **Anlegedreieck** zum Parallelverschieben (statt beider Dreiecke kann auch ein Kurslineal verwendet werden)
• einen **Kartenzirkel,** am besten den etwas abgestumpften Marinezirkel
• **Zeichengeräte,** also einen weichen Bleistift (keinen Kugelschreiber), Radiergummi etc.

Zum Gebrauch des Kursdreiecks

Ein Kurs ist der Winkel zwischen einem Meridian und der Fahrtrichtung. Deshalb wird er auch in der Seekarte an einem Meridian gemessen. Dies geschieht mit dem Kursdreieck. Beachte:
1. Die **Spitze des rechten Winkels** zeigt immer nach unten, also nie nördlicher als die Ost-West-Achse.
2. Die auf dem Kursdreieck aufgetragene **Gradskala** ist auf den **Anlegepunkt** (in der Mitte der langen Seite) bezogen. Dieser Anlegepunkt muss immer an einem Meridian angelegt werden; dann kann man den Kurs auf der Gradskala am unteren Meridianende ablesen.
3. Die Gradskala des Kursdreiecks gibt stets **zwei Kurswerte** an, die sich genau um 180° unterscheiden. Wir müssen entscheiden, welcher Wert unserem Kurs entspricht.

Absetzen des Kurses

1. Eintragen des Kurses in der Karte
• *Wir legen den Anlegepunkt des Dreiecks so an einen Meridian an, dass wir unseren Kurs (152°) auf der Gradskala des Dreiecks am unteren Ende des Meridians ablesen können.*
• *Dann verschieben wir das Kursdreieck so lange parallel, bis die lange Dreiecksseite durch den Schiffsort A verläuft.*
• *Jetzt können wir die Kurslinie in der Karte eintragen.*

2. Ablesen des Kurses von A nach B
• *Wir verbinden Start- und Zielpunkte A und B in der Karte und legen die lange Dreiecksseite an diese Kurslinie an.*
• *Dann verschieben wir das Dreieck so weit parallel, bis der Anlegepunkt an einem Meridian anliegt.*
• *Jetzt können wir den Kurs am unteren Meridianende mit 152° ablesen.*

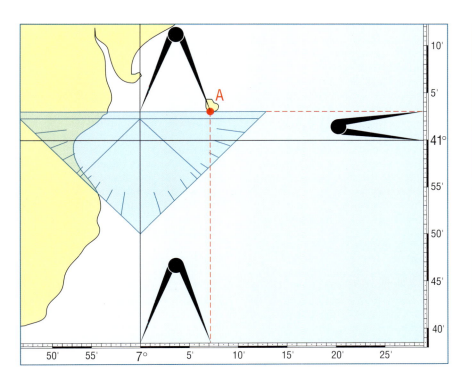

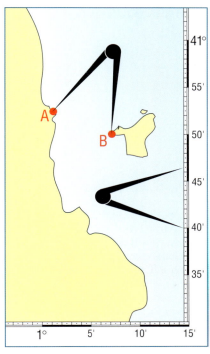

Ablesen und Eintragen von Orten

Am seitlichen Rand der Seekarte sind die Breiten, am oberen und unteren Rand die Längen angetragen. Wollen wir die **Position eines Ortes ablesen,** *müssen wir die Senkrechten auf einen seitlichen und den oberen oder unteren Kartenrand bilden.*

In der Nähe des Kartenrandes können wir die gesuchte Position mithilfe des Dreiecks direkt ablesen. Weiter vom Kartenrand entfernt müssen wir das Anlegedreieck zur Verlängerung verwenden.

Wir können aber auch mit dem Zirkel arbeiten und den Abstand zum nächstgelegenen Meridian oder Breitenkreis messen und am Kartenrand abtragen.

Wollen wir eine **Position in die Karte eintragen,** *gehen wir vom Kartenrand aus, bilden die Senkrechte in den jeweiligen Ordinaten und erhalten als Schnittpunkt beider Lote den gesuchten Ort.*

In der Abbildung entnimmt man eine Position von 41°03'N und 007°07,1'E.

Messen von Distanzen

Wir wissen, dass eine Seemeile genau einer Breitenminute im Bogenmaß entspricht (vgl. S. 11). Deshalb können wir Distanzen in der Seekarte unmittelbar **am rechten oder linken Kartenrand** messen, nie aber am oberen oder unteren – außer am Äquator.

Da der Maßstab auf Mercatorkarten nicht einheitlich ist, greift man Distanzen vor allem auf großmaßstäblichen Karten **möglichst auf der gleichen Breite** ab.

In der Abbildung ergibt sich eine Distanz zwischen A und B von 6,5 sm.

Zur zeichnerischen Darstellung in der Seekarte

Die folgenden Regeln zur grafischen Darstellung und Schreibweise in der Seekarte, die sich an der deutschen Norm DIN 13 312 (Navigation – Begriffe, Abkürzungen, Formelzeichen, graphische Symbole) orientieren, haben sich in der Praxis der Navigation bewährt und durchgesetzt.

Sie sollen helfen, Verwechslungen zu vermeiden.

Kurse und Standlinien werden in der Seekarte als gerade Linien eingetragen.
Standlinien können eine zum Peilobjekt gerichtete Pfeilspitze tragen.
Koppelorte (O_k) macht man durch einen kleinen senkrechten Querstrich auf der Kurslinie kenntlich.

Beobachtete Orte (O_b) kennzeichnet man durch einen kleinen Kreis um den Schnittpunkt der Standlinien herum.
Gradzahlen von Kursen oder Peilungen schreibt man parallel zur jeweiligen Kurs- bzw. Standlinie dreistellig, z. B. 075°.
Uhrzeiten schreibt man senkrecht zur Kurslinie in vier Ziffern ohne Doppelpunkt, z. B. 0715.
Zur **DIN 13 312** vgl. S. 344.

Die Seekarte

Fragen 2, 4, 40 (NAV SKS)

Die Seekarte und ihre Sprache

Die Seekarte bildet die Grundlage der Navigation. Sie enthält alle für eine sichere Schiffsführung erforderlichen Informationen: die Wassertiefe, die genaue Lage von Untiefen und Wracks, die Betonnung und Befeuerung von Fahrwassern oder Schifffahrtshindernissen, den Standort der Leuchtfeuer und ihre Kennungen usw. Die in den Seekarten verwendeten Zeichen und Abkürzungen werden in einem eigenen Heft, der **Karte 1 / INT 1,** erklärt (vgl. S. 20).

Jede Karte hat einen Kartentitel. In seiner Nähe findet man häufig Bemerkungen über den verwendeten Maßstab, die Projektionsart oder das Bezugsniveau von Höhen- und Tiefenangaben und sonstige Hinweise.

Für die Navigation dürfen wir nur Seekarten, auf keinen Fall aber Straßen- oder sonstige Landkarten verwenden, denn sie enthalten nicht die für eine sichere Navigation erforderlichen Informationen.

> Ohne Seekarten oder mit Straßenkarten zu navigieren, ist äußerst gefährlich.

Das Bundesamt für Seeschifffahrt und Hydrographie (BSH)

Für die **Herausgabe, Bearbeitung und Berichtigung** der amtlichen deutschen Seekarten und nautischen Literatur ist das *Bundesamt für Seeschifffahrt und Hydrographie (BSH)* mit Sitz in Hamburg und Rostock verantwortlich. Das BSH ist eine Bundesoberbehörde im Geschäftsbereich des *Bundesministeriums für Verkehr, Bau und Stadtentwicklung* (BMVBS) und hat u. a. folgende Aufgaben:

- Seevermessung und Herausgabe von amtlichen Seekarten und Seebüchern (vgl. S. 42) für die europäischen und angrenzenden Gebiete
- Schiffsvermessung
- Ausstellung des Flaggenzertifikats (vgl. S. 251)
- Baumusterprüfung und Zulassung nautischer Ausrüstung (z. B. für Kompasse, Echolote, Navigationslichter, Schallsignalanlagen, Radar- und Satellitennavigationsgeräte sowie die Funkausrüstung auf Schiffen)
- Gezeitenberechnungen, Wasserstandsvorhersage-, Sturmflutwarn- und Eisnachrichtendienst, erdmagnetischer Dienst
- Meeresumweltschutz, insbesondere Überwachung der Veränderung der Meeresumwelt

Jede seefahrende Nation verfügt über ein vergleichbares hydrografisches Institut. Amtliche britische Seekarten werden vom **United Kingdom Hydrographic Office (UKHO)** herausgegeben. Weltweit werden die Tätigkeiten der verschiedenen nationalen hydrografischen Dienste von der **International Hydrographic Organization (IHO)** mit Sitz in Monaco koordiniert.

Seekarten und Sportbootkarten

Amtliche Seekarten werden von den hydrografischen Diensten vor allem für die Berufsschifffahrt herausgegeben. Für die deutschen Nord- und Ostseegewässer gibt das BSH auch **Karten für die Sportschifffahrt** heraus. Dies sind Ausschnitte aus den amtlichen Seekarten. Sie bestehen aus mehreren Blättern im DIN-A2-Format mit einem Beiheft mit Hinweisen zu den klimatischen Verhältnissen, Versorgungsmöglichkeiten und einem Auszug aus dem Leuchtfeuerverzeichnis. Ebenso gibt es in anderen Ländern amtliche Sportbootkarten, wie z. B. britische, französische, niederländische, dänische etc.

Für viele reizvolle Segelreviere werden Sportbootkarten auch von **privaten Herausgebern** veröffentlicht, wie z. B. die *Delius Klasing-Sportbootkarten,* die italienischen *Nauticard* oder die englischen IMRAY-*Sportbootkarten.*

Der Kartenmaßstab

Welche Karten wählen wir für unsere Zwecke? Entscheidend ist ihr Maßstab.

> Man unterscheidet
> Ozeankarten   1 : 5 000 000 und kleiner
> Übersichtsk. 1 : 1 600 000 und kleiner
> Segelkarten   1 : 300 000 und kleiner
> Küstenkarten 1 :   30 000 und kleiner
> Pläne   1 :   30 000 und größer

Im küstennahen Bereich sollten wir stets die Karte mit dem **größtmöglichen Maßstab** verwenden – keinesfalls kleiner als 1 : 100 000. Denn nur dort sind alle Schifffahrtszeichen und die für eine sichere Navigation wichtigen Informationen eingetragen. Für die Ansteuerung von Häfen oder Ankerbuchten und für enge Durchfahrten sind *Plankarten*, eine Zusammenstellung mehrerer detaillierter Hafenpläne, sehr hilfreich.

Die INT-Kartenserie

Das BSH und die übrigen hydrografischen Dienste stellen derzeit schrittweise ihre nationalen Kartenwerke auf internationale Zeichen und Abkürzungen um. Die Karte 1 / INT 1 basiert auf diesen internationalen Zeichen und Abkürzungen. Das BSH gibt also **nationale und** bereits umgestellte **internationale Karten** heraus. Diese tragen neben der deutschen Kartennummer eine **INT-Nummer**.

INT-Karten gibt das BSH entweder als »*Producer*« (z. B. von der deutschen Küste) oder (wenn es Karten von anderen hydrografischen Diensten von Küsten des Auslands übernimmt) als »*Printer*« heraus.

Elektronische Seekarten

Man unterscheidet zwei Arten von elektronischen Seekarten:
• Rasterkarten und
• Vektorkarten

Rasterkarten sind nichts anderes als eine digitale Kopie der Papierseekarte. Sie enthalten deshalb genau die gleichen Informationen und haben ein weitgehend ähnliches Erscheinungsbild wie die Papierseekarte. Man kann sie durch Hineinzoomen zwar vergrößern, doch ändert sich dadurch die Datenmenge nicht.

Vektorkarten dagegen sind intelligent. Sie enthalten alle Informationen als eigenständige Datensätze, sodass beim Hineinzoomen die wiedergegebenen Informationen immer dichter und genauer werden. So wird beispielsweise zunächst nur die Lage einer Tonne angegeben, dann beim weiteren Hineinzoomen auch ihr Name, ihre Nummer und ihre Kennung. Man kann die Datensätze auch getrennt auslesen. Dann werden neben den Basisinformationen selektiv nur die Schifffahrtszeichen, die Küstenlinie oder nur bestimmte Tiefenlinien wiedergegeben. Dies verbessert die Übersichtlichkeit erheblich.

Für die **Sportschifffahrt** werden elektronische Seekarten von verschiedenen privaten Herausgebern angeboten. Für die **Berufsschifffahrt** geben meh-

rere hydrografische Dienste, darunter das BSH, intelligente Vektorkartensätze heraus. Sie basieren auf normierten Datensätzen für **ECDIS** (Electronic Chart Display and Information System). Dieses sehr anspruchsvolle System ist nicht für die Sportschifffahrt geeignet, da die zur Wiedergabe erforderlichen Anlagen viel zu groß und zu teuer sind.

Elektronische Seekarten werden mit einer Navigationssoftware entweder auf einem **PC bzw. Laptop** oder auf einem **Seekartenplotter** wiedergegeben. In Verbindung mit einem GPS-Gerät, dem Kompass und dem Log können auf dem Display sogar die Kurslinie und der aktuelle Schiffsort dargestellt werden.

Die Übersichtlichkeit einer elektronischen Seekarte, die auf einem PC oder kleinen Plotter wiedergegeben wird, ist – vor allem wegen des kleinen Bildschirms – nicht vergleichbar mit der einer Papierseekarte. Deshalb kann die elektronische Seekarte in der Sportschifffahrt immer **nur eine Ergänzung zur Papierseekarte** sein, sie kann diese aber nicht ersetzen. Dies gilt auch für den Fall eines Ausfalls der Elektronik.

> Wir dürfen uns nicht allein auf elektronische Seekarten verlassen, sondern müssen die entsprechenden Papierseekarten stets zusätzlich an Bord haben.

Seekarten-Bezugssystem

Dem Gradnetz jeder Seekarte liegt ein bestimmtes Bezugssystem, das sogenannte **Kartendatum**, zugrunde. Weltweit gibt es mehr als 50 verschiedene Bezugssysteme. Doch verwendet man heute hauptsächlich
• das **World Geodetic System WGS 84** und
• das ältere **European Datum 1950 (ED 50)**.

Derzeit werden alle Karten schrittweise auf WGS 84 umgestellt. Die Umstellung soll in absehbarer Zeit abgeschlossen sein. Auch der GPS-Navigator rechnet normalerweise mit dem WGS 84, kann aber auf ED 50 umgestellt werden.

Die Koordinatennetze verschiedener Bezugssysteme stimmen nicht überein. Vielmehr bestehen zwischen den einzelnen Systemen **Netzdifferenzen**, die oft weniger als 100 m betragen, aber bis zu 1000 m erreichen können.

Deshalb dürfen wir Positionen von Karten mit einem Bezugssystem in Karten mit einem anderen nicht mit ihren geografischen Koordinaten übertragen, sondern nur nach Abstand und Peilung.

Am Kartenrand jeder Seekarte finden wir neben dem Kartentitel einen **Hinweis auf das verwendete Kartendatum**. Oft sind auch **Korrekturwerte** angegeben, mit deren Hilfe man Positionen der vorliegenden Karte auf WGS 84 umrechnen kann (s. S. 87).

Elektronische Seekarte
Darstellung einer elektronischen Seekarte (Delius Klasing) auf dem Laptop.

Berichtigung der Seekarte

Fragen 6–8, 42 (NAV SKS)

Fragen 224, 227, 228 (SBF)

Berichtigungsstand beim Einkauf

Nach dem Druck einer Seekarte eingetretene Änderungen, die für die sichere Schiffsführung wichtig sind (wie z. B. neue Tonnen oder Änderungen von Leuchtfeuerkennungen), werden vom BSH in den wöchentlich erscheinenden **Nachrichten für Seefahrer (NfS)** und den **Bekanntmachungen für Seefahrer (BfS)** veröffentlicht (vgl. S. 46 f.).

Amtliche deutsche Seekarten werden bis zum Verkauf vom BSH oder von den beauftragten **Vertriebsstellen mit Berichtigungsdienst** nach den NfS berichtigt. Wir können also beim Kauf sicher sein, dass alle Änderungen bis

zuletzt vorgenommen wurden. Einem **Stempelaufdruck am linken unteren Kartenrand** können wir die letzte für die Berichtigung berücksichtigte Ausgabe der NfS entnehmen.

Amtliche Sportschifffahrtskarten werden allerdings nicht berichtigt. Hier kommt es beim Kauf also auf das Herausgabedatum an.

Auch **Sportbootkarten privater Herausgeber** werden nicht berichtigt, sondern erscheinen jährlich oder alle zwei Jahre neu. Manche Hersteller bieten die wichtigsten Korrekturen des Vorjahres als Berichtigungssatz an, mit Deckblättern zum Ausschneiden und Aufkleben.

Britische Seekarten werden von den *International Admiralty Chart Agents* berichtigt. Der Berichtigungsstempel befindet sich auf der Rückseite der Karte, z. B. *»Corrected up to N.T.M. 3595 2005«*. Diese Karte wurde also bis zur Mitteilung Nr. 3595 der *Admiralty Notices to Mariners* (vgl. S. 47) in 2005 berichtigt.

> **Wir dürfen nie veraltete Seekarten verwenden!**

Berichtigung amtlicher Seekarten nach dem Kauf

Für die laufende Berichtigung amtlicher Seekarten nach dem Kauf gibt es folgende Möglichkeiten:

- Berichtigung nach den wöchentlich erscheinenden **Nachrichten für Seefahrer (NfS).** Dies ist natürlich sehr aufwändig. Die Berufsschifffahrt ist hierzu verpflichtet.
  Die NfS können in Papierform oder über das Internet (gegen Gebühr) bezogen werden.
- Berichtigung veralteter Seekarten durch **Vertriebsstellen mit Berichtigungsdienst.** Oft ist es allerdings billiger, neue Karten zu kaufen, als die alten berichtigen zu lassen. **Sportbootkarten werden nicht berichtigt.**
- Berichtigung mit **Berichtigungspausen,** die manche Berichtigungsstellen anbieten.
- **Karten für die Sportschifffahrt** des BSH können ab dem »Kleinen Berichtigungsdatum« berichtigt werden: nach den *Nachrichten für Seefahrer (NfS),* den Deckblättern zu den Seekarten des BSH und den viertel-

Berichtigungsstempel
Bevor das BSH eine amtliche Seekarte an eine Seekartenvertriebsstelle weitergibt, wird sie auf den aktuellen Stand berichtigt. Der entsprechende Stempel – stets am linken unteren Kartenrand – besagt hier, dass die Karte vom BSH bis zur Ausgabe 12/2007 der Nachrichten für Seefahrer (N.f.S.) berichtigt wurde. Vor dem Verkauf wird die Karte von der Vertriebsstelle erneut aktualisiert: hier also bis zur N.f.S.-Ausgabe 13/07 (identisch mit 13. Kalenderwoche). Dieses Datum ist natürlich wichtiger als der Zeitpunkt der noch im Druck vorgenommenen »Kleinen Berichtigungen« oder das oft schon weit zurückliegende Datum der Erstausgabe. Auf neueren Seekarten wird am linken unteren Kartenrand auch das Kartendatum vermerkt, das der Karte zugrunde liegt: hier WGS 84 (vgl. S. 17 und 88).

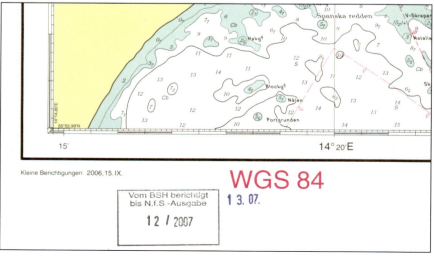

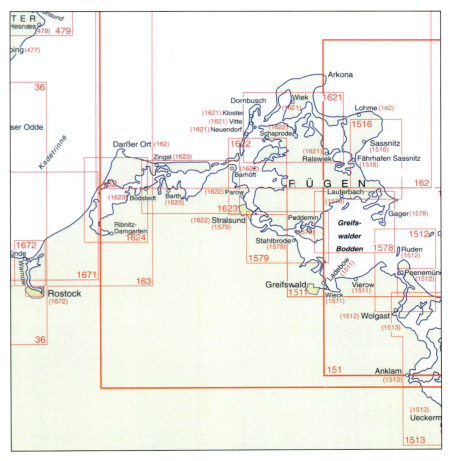

jährlich erscheinenden *Nautischen Nachrichten der Kreuzer-Abteilung (NNKA)* des *Deutschen Segler-Verbandes (DSV);* vgl. S. 341. Im Internet *(www.bsh.de)* werden Berichtigungen (Sammelberichtigungen) der vom BSH herausgegebenen Seekarten und nautischen Veröffentlichungen für die Sport- und Kleinschifffahrt kostenlos zur Verfügung gestellt.

Ausrüstungspflicht

Die Berufsschifffahrt muss mit amtlichen Seekarten und Seebüchern ausgerüstet sein, die auf den aktuellen Stand berichtigt sind. **Sportboote** (im Sinne der *Sportbootführerscheinverordnung– See*) dürfen auch **nichtamtliche Ausgaben** verwenden. Aber auch sie müssen **auf dem neuesten Berichtigungsstand** sein.

Der Katalog »Seekarten und Bücher« des BSH

Alle amtlichen deutschen Seekarten und Seebücher sind im Katalog **Seekarten und Bücher** des BSH zusammengestellt. Er erscheint jährlich neu und wird durch die NfS laufend berichtigt.
Auch für die von anderen hydrografischen Diensten herausgegebenen Seekarten gibt es entsprechende Kataloge, z. B. für die amtlichen britischen Seekarten den *Catalogue of Admiralty Charts and Hydrographic Publications.*

Ausschnitte aus dem Katalog »Seekarten und Bücher« des BSH
Oben erkennt man die Grenzen der einzelnen Seekarten; unten sind sie detailliert mit Kartennummer, Titel, Maßstab und Datum der letzten Ausgabe beschrieben.
Die nationale Karte 1511 ist zugleich internationale Karte 1343.

1511	**Greifswalder Bodden**	**50 000**	2000, III.
INT 1343	Plan: A Anleger von Vierow	7 500	
	B Hafen von		
	Greifswald-Ladebow	7 500	
	C Hafen von Greifswald-Wieck	7 500	
1512	**Peenestrom, nördlicher Teil**	**25 000**	2001, X.
	Plan: A Hafen von Ruden	5 000	
	B Hafen von Peenemünde . .	7 500	
	C Hafen von Wolgast	10 000	
1513	**Peenestrom, südlicher Teil, und**		
	Kleines Haff	**50 000**	1997, V.
	Plan: A Peenestrom südlich Wolgast	25 000	
	B Klotzow bis Mönchow	25 000	
	C Die Peene östlich Anklam . .	50 000	
	D Die Uecker, nördlicher Teil .	6 500	
	E Die Uecker, südlicher Teil .	6 500	
	F Altwarp und Neuwarp		
	(Nowe Warpno)	25 000	
	G Ansteuerung von Berndshof	10 000	

Die Karte 1 / INT 1

Frage 29 (NAV SKS)

Frage 230 (SBF)

Für die Kartenaufgabe in der SKS-Prüfung ist die Karte 1 / INT 1 als Hilfsmittel erforderlich und zugelassen.

Links und rechts: Karte 1 / INT 1
Auszüge aus der Karte 1 / INT 1 des BSH: Zeichen, Abkürzungen, Begriffe in deutschen Seekarten und aus der Tafel Nr. 3000

Die in den amtlichen deutschen Seekarten verwendeten Zeichen und Abkürzungen sind in der heftförmigen **Karte 1 / INT 1** *(Zeichen, Abkürzungen, Begriffe in deutschen Seekarten)* zusammengefasst. Für die Sportschifffahrt gibt es einen Auszug hieraus, die **Tafel 3000** *(Zeichen und Abkürzungen aus Karte 1 / INT 1).*
Es gibt nationale und internationale Zeichen und Abkürzungen. Die internationalen Zeichen und Abkürzungen basieren auf den internationalen *Chart Specifications* der IHO von 1982. See-

karten mit nationalen Zeichen und Abkürzungen werden derzeit schrittweise durch **INT-Karten** mit internationalen Zeichen und Abkürzungen in englischer Sprache ersetzt.
Die wichtigsten Symbole und Abkürzungen sind auf diesen und den folgenden Seiten zusammengestellt.
- **Auffällige Landmarken:** Kirchtürme, Leuchttürme oder Schornsteine und Baken etc.
- **Leuchttürme** oder befeuerte Tonnen fallen durch ihre farbige Kennzeichnung auf.

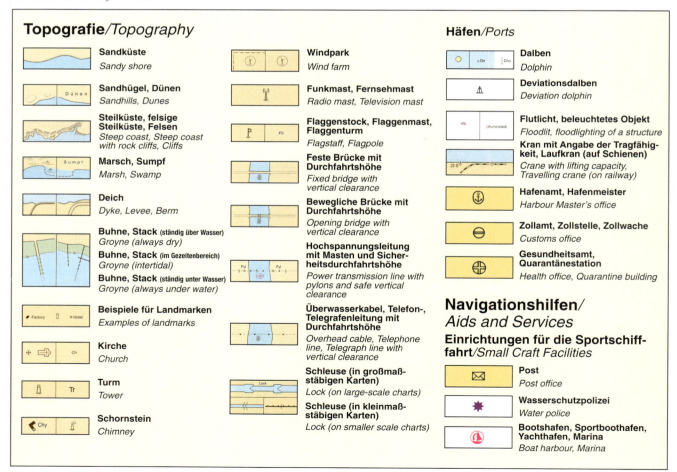

Topografie/*Topography*

Sandküste
Sandy shore

Sandhügel, Dünen
Sandhills, Dunes

Steilküste, felsige Steilküste, Felsen
Steep coast, Steep coast with rock cliffs, Cliffs

Marsch, Sumpf
Marsh, Swamp

Deich
Dyke, Levee, Berm

Buhne, Stack (ständig über Wasser)
Groyne (always dry)
Buhne, Stack (im Gezeitenbereich)
Groyne (intertidal)
Buhne, Stack (ständig unter Wasser)
Groyne (always under water)

Beispiele für Landmarken
Examples of landmarks

Kirche
Church

Turm
Tower

Schornstein
Chimney

Windpark
Wind farm

Funkmast, Fernsehmast
Radio mast, Television mast

Flaggenstock, Flaggenmast, Flaggenturm
Flagstaff, Flagpole

Feste Brücke mit Durchfahrtshöhe
Fixed bridge with vertical clearance

Bewegliche Brücke mit Durchfahrtshöhe
Opening bridge with vertical clearance

Hochspannungsleitung mit Masten und Sicherheitsdurchfahrtshöhe
Power transmission line with pylons and safe vertical clearance

Überwasserkabel, Telefon-, Telegrafenleitung mit Durchfahrtshöhe
Overhead cable, Telephone line, Telegraph line with vertical clearance

Schleuse (in großmaßstäbigen Karten)
Lock (on large-scale charts)
Schleuse (in kleinmaßstäbigen Karten)
Lock (on smaller scale charts)

Häfen/*Ports*

Dalben
Dolphin

Deviationsdalben
Deviation dolphin

Flutlicht, beleuchtetes Objekt
Floodlit, floodlighting of a structure

Kran mit Angabe der Tragfähigkeit, Laufkran (auf Schienen)
Crane with lifting capacity, Travelling crane (on railway)

Hafenamt, Hafenmeister
Harbour Master's office

Zollamt, Zollstelle, Zollwache
Customs office

Gesundheitsamt, Quarantänestation
Health office, Quarantine building

Navigationshilfen/
Aids and Services

Einrichtungen für die Sportschifffahrt/*Small Craft Facilities*

Post
Post office

Wasserschutzpolizei
Water police

Bootshafen, Sportboothafen, Yachthafen, Marina
Boat harbour, Marina

- **Tiefen** werden in deutschen Seekarten meistens in Metern und Dezimetern, **Höhen** (soweit es sich nicht um trockenfallende Gebiete handelt) meist in Metern angegeben.
- Die **Tiefenangabe** bezieht sich immer auf die Mitte der Zahl. Kann sie aus typografischen Gründen nicht an ihrem Ort gesetzt werden, so wird sie in unmittelbarer Nähe in Klammern wiedergegeben. In engen Durchfahrten wird meist die geringste Tiefe angegeben.

- **Durchfahrtshöhen** von Brücken beziehen sich im Allgemeinen auf den Hochwasserstand. Sicherheitsdurchfahrtshöhen z. B. unter Hochspannungsleitungen berücksichtigen noch einen zusätzlichen Sicherheitsabstand, um elektrischen Entladungen vorzubeugen.
- Die **Grundbeschaffenheit** verdeutlichen Abkürzungen wie *S* oder *Sd*. für Sand. Dies hilft bei der Wahl des Ankerplatzes.
- Besonders müssen wir auf **Untiefen** und Wracks achten, die nur wenig

über, genau auf oder knapp unter der Wasserlinie liegen können.
Viele in der Karte verwendete Abkürzungen sind oft schon auf der Karte selbst in der Nähe des Kartentitels und am oberen und unteren Kartenrand zusammengestellt.
Benutzen wir amtliche Karten anderer Länder, so müssen wir natürlich auch die entsprechende Kartenlegende des Herausgebers berücksichtigen. Für die britischen Karten ist dies die *Chart 5011*; sie entspricht der deutschen Karte 1 / INT 1.

Ⓦ	**Wasserzapfstelle** *Water tap*		M	**Internationale nautische Meile oder Seemeile/** *International nautical mile(s) or sea mile(s)*
Ⓣ	**Tankstelle (Benzin, Diesel)** *Fuel station (Petrol, Diesel)*		MR	**Maritimes Schutzgebiet/***Marine Reserves*
⚡	**Stromanschluss** *Electricity*		NSG	**Naturschutzgebiet/***Nature reserve*
Ⓟ	**Parkplatz** *Car park*		Obstn	**Schifffahrtshindernis/***Obstruction*
🚐	**Campingplatz** *Caravan site*		P	**Kleine Steine, Kieselsteine/***Pebbles*
⛺	**Zeltplatz** *Camping site*		Pf.	**Pfahl, Pforten, Pfeiler/***Stake, pole, minor poste or pile*

Abkürzungen/*Abbreviations*

Anst.	**Ansteuerung/***Entrance*	Pgl.	**Pegel allgemein, Lattenpegel/***Tide scale or gauge*
AWZ	**Ausschließliche Wirtschaftszone/** *Exclusive Economic Zone*	Pyl	**Mast/***Pylon*
Bn	**Bake/***Beacon*	Ra	**Küstenradarstation/***Radar*
Brk.	**Brücke/***Bridge*	Rd.	**Reede/***Roads, Roadstead*
DW	**Tiefwasserweg/***Deep Water route*	RSG	**Robbenschutzgebiet/***Seal Sanctuary*
DZ	**Gefährliches Gebiet/***Dangerous Zone*	Ru	**Ruine/***Ruin*
Fhrwss.	**Fahrwasser/***Channel*	Schls.	**Schleuse/***Lock*
Fog Det Lt	**Sichtweitenmessgerät, Nebelsuchfeuer/** *Fog detector light*	Schst.	**Schornstein/***Chimney*
		SD	**Tiefenangabe zweifelhaft/***Sounding doubtful*
Hfn.	**Hafen/***Harbour, Haven*	SS	**Signalstelle/***Signal station*
Kr.	**Kirche/***Church*	Tfl.	**Tafel/***Notice board*
Krt.	**Karte/***Chart*	Tm.	**Turm/***Tower*
Lower Lt	**Unterfeuer/***Lower light*	Unr.Gd.	**Unreiner Grund/***Foul ground*
LSG	**Landschaftsschutzgebiet/***Nature reserve*	verb.	**Verboten/***Prohibited*
		V-S.	**Verkehrssignal/***Traffic signal station*
		VSG	**Vogelschutzgebiet/***Bird sanctuary*
		VTS	**Schiffsverkehrsdienste/***Vessel Traffic Service*
		Warn.	**Warnung/***Warning*
		Wk(s)	**Wrack(s)/***Wreck(s)*
		WSG	**Wildschutzgebiet/***Game preserve*
		Wss-S.	**Wasserstandssignalstelle/***Tidal signal station*
		Wss-Tm.	**Wasserturm/***Water tower*
		Z-S.	**Zufluchtstelle für Schiffbrüchige/** *Refuge for shipwrecked mariners*

Tiefen und Höhen

Fragen 74–76, 79, 84 (NAV SKS)

Frage 229 (SBF)

Seekartennull (SKN)

Seekartennull (SKN) bzw. *Chart Datum (CD)* ist die Bezugsebene, auf die sich die **Tiefenangaben** in der Seekarte beziehen. Das SKN entspricht

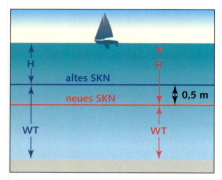

Oben: Neues Seekartennull (SKN)
Das neue SKN liegt etwa 0,5 m unter dem alten. Dadurch ändern sich die Wassertiefe WT in den Seekarten und die Höhe der Gezeit H in den Gezeitentafeln.

Unten: Tiefen und Höhen in Seekarten
Tiefenangaben beziehen sich auf das Seekartennull (SKN). Unterstrichene Zahlen geben die Trockenfallhöhe über SKN im Watt (olivgrün) an; sie beziehen sich auch auf das Seekartennull. Höhenangaben beziehen sich auf das darüber liegende Normalnull (NN) der Landesvermessung.

- in deutschen **Gezeitenrevieren** dem Niveau des **niedrigstmöglichen Gezeitenwasserstandes** *(Lowest Astronomical Tide –* **LAT***),*
- in der deutschen **Ostsee** der Höhe des **mittleren Wasserstandes.**

Da der Wasserstand nur selten auf dieses Niveau absinkt (vgl. S. 101), ist meist eine größere Wassertiefe vorhanden, als die Seekarte angibt.

Bis Ende 2004 lag das SKN in deutschen Gezeitenrevieren auf der Höhe des mittleren Springniedrigwassers (MSpNW), dessen Niveau etwa 50 cm über LAT liegt. Ab 2005 wurden die Gezeitentafeln und Pegel auf LAT umgestellt. Die Umstellung der Tiefenangaben in den Seekarten dagegen erfolgt schrittweise mit ihren Neuausgaben in den nächsten Jahren. Bis dahin müssen wir also sorgfältig prüfen, welches SKN der jeweils verwendeten Seekarte zugrunde liegt.

Auch in anderen Ländern wählt man meistens ein besonders niedriges Niedrigwasser als Niveaufläche für das SKN. Im **Englischen Kanal** entspricht das SKN ebenfalls dem örtlichen niedrigstmöglichen Gezeitenwasserstand (britische Unterlagen) bzw. dem örtlichen niedrigstmöglichen Niedrigwasser (französische Unterlagen).

Deutsche Seekarten ausländischer Gewässer übernehmen diese nationalen Festlegungen. Ebenso verfahren die Herausgeber ausländischer Karten, sodass deutsche und ausländische Karten für das gleiche Gebiet gleiche Tiefen angeben.

Die jeweils verwendete Kartennullebene ist auf jeder Seekarte angegeben.

Die auf das Seekartennull bezogene Wassertiefe nennt man **Kartentiefe (KT)** bzw. *charted depth,* vgl. S. 100.

Normalnull (NN)

Höhenangaben in der Seekarte beziehen sich nicht auf das SKN, sondern auf das **Normalnull (NN)** der Landesvermessung. Es entspricht in der Ostsee etwa dem Seekartennull, in Gezeitenrevieren liegt es jedoch höher.

Trockenfallhöhe

Im Gezeitenrevier fallen weite Flächen, das Watt, zeitweise trocken. Dieses Gebiet wird in der Seekarte **olivgrün** wiedergegeben. Die Höhe, mit der diese Teile über Seekartennull trockenfallen, wird mit einer **unterstrichenen Ziffer** angegeben. Diese Ziffern beziehen sich auch auf das Seekartennull (SKN).

> **Wassertiefen** und trockenfallende Höhen beziehen sich auf das **Seekartennull, Höhen** der Landesvermessung auf das **Normalnull.**
> Wassertiefen und trockenfallende Höhen werden in Metern und Dezimetern, Höhen in Metern angegeben.

Rechte Seite:
Auszüge aus der Karte 1 / INT 1

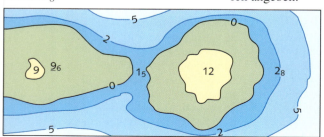

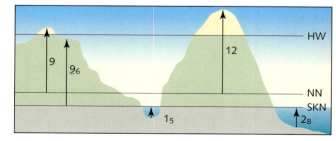

Hydrografie / *Hydrography*

Priel
Tideway

Gebiete mit Steinen und Kies
Areas with stones and gravel

Felsengebiet, trockenfallend
Rocky area, which covers and uncovers

Tiefenlinie, Angabe in Metern
Depth contour, depth in metres

Tiefenangabe auf geografischem Ort
Sounding in true position

Trockenfallende Höhen über Kartennull
Drying heights above chart datum

Baggerrinne oder gebaggertes Gebiet mit Angabe der Baggertiefe
Dredged channel or area with depth

Flutstrom mit Geschwindigkeitsangabe
Flood tide stream with rate

Ebbstrom
Ebb tide stream

Strömung
Current in restricted waters

Seetang, Seegras
Kelp, Weed

Fähre
Ferry

Wrack, geringste Tiefe bekannt
Wreck, least depth known by sounding only

Gefährliches Wrack; Ungefährliches Wrack
Dangerous wreck; Non-dangerous wreck

Wrackreste, Unrein
Remains of a wreck or other foul area

Schifffahrtshindernis, Tiefe unbekannt
Obstruction, depth unknown

Pfahlwerk unter Wasser
Stumps of posts or piles, wholly submerged

Fischstaken
Fishing stakes

Fischreuse, Fischwehr, Thunfischnetz
Fish trap, fish weir, tunny nets

Förderanlage, Plattform, Bohranlage
Production platform, Platform, Oil derrick

Unterwasserkabel
Submarine cable

Unterwasserkabelgebiet
Submarine cable area

Rohrleitung: Öl-, Gas-, Chemikalien-, Wasserleitung, Düker
Supply pipeline: unspecified, oil, gas, chemicals, water

Abgesucht mit Schleppgerät oder durch Taucher
Swept by wire drag or diver

Grundbezeichnungen / *Nature of the Seabed*

S	Sd.	**Sand**/*Sand*	R	Fls.	**Felsen**/*Rock*
M	Sk.	**Schlick**/*Mud*	Wd	Grs., Stg.	**Seegras; Seetang**/*Weed; Kelp*
Cy	T.	**Ton**/*Clay*	f	f.	**Feinkörnig**/*Fine*
Si	Schl.	**Schluff**/*Silt*	m	m.	**Mittelkörnig**/*Medium*
St	St.	**Steine**/*Stones*	c	gb.	**Grobkörnig**/*Coarse*
G	K.	**Kies**/*Gravel*	bk	zbr.	**Zerbrochen**/*Broken*
P	kl. St.	**Kleine Steine**/*Pebbles*	h	ht.	**Hart**/*Hard*
Cb	gß. St.	**Große Steine**/*Cobbles*			

Leuchtfeuer: Kennung und Wiederkehr

Fragen 185, 208–214 (SBF)

Die Kennung

> Die **Kennung** eines Leuchtfeuers ist der charakteristische Verlauf von Lichterscheinung, Pause und Unterbrechung des weißen oder farbigen (rot, grün, gelb) Lichtes.

Man unterscheidet folgende Kennungen:

- Das **Festfeuer (F/F.)** zeigt eine Lichterscheinung von gleichbleibender Stärke ohne Unterbrechung.
- Ein **unterbrochenes Feuer (Oc/Ubr.)** zeigt einen Schein, der von Verdunkelung unterbrochen wird, wobei die Lichterscheinungen stets länger als die Verdunkelungen sind. Es kommt auch *mit Gruppen* vor.

- Das **Gleichttaktfeuer (Iso/Glt.)** ist durch eine gleich lange Abwechslung von Schein und Unterbrechung charakterisiert.
- Beim **Blinkfeuer (LFl/Blk.)** ist die Lichterscheinung stets kürzer als die Verdunkelung. Ein Blink scheint mindestens zwei Sekunden lang. Es kommt auch *mit Gruppen* vor.
- Das **Blitzfeuer (Fl/Blz.)** ähnelt dem Blinkfeuer, doch ist ein Blitz weniger als zwei Sekunden, in Deutschland weniger als eine Sekunde lang. Es kommt ebenfalls *mit Gruppen* vor.
- Das **Funkelfeuer (Q/Fkl.)** zeigt ununterbrochen schnell aufeinander folgende kurze Blitze (50 oder 60 Lichterscheinungen pro Minute). Es kommt auch *mit Gruppen* vor.
- Das **schnelle Funkelfeuer (VQ/SFkl.)** zeigt 100 oder 120 Blitze pro Minute. Es kommt ebenfalls *mit Gruppen* vor.
- Werden die Blitze eines Funkelfeuers von einer Verdunkelung unterbrochen, spricht man von einem **unterbrochenen Funkelfeuer (IQ/Fkl.unt.)**.

Seltene Kennungen

Daneben gibt es einige seltener gebrauchte Kennungen:

- Das **Mischfeuer** besteht aus einer Kombination verschiedener Kennungen, z. B. aus einem Festfeuer, das von einem stärkeren Blink oder Blitz überlagert ist **(FFl/F.Blz.).**
- Das **Morsefeuer (Mo./Mo.)** zeigt Lichterscheinungen, die einem Buchstaben des Morsealphabets entsprechen. Der jeweils verwendete Buchstabe wird in Klammern angegeben.
- Das **Wechselfeuer (Al/Wchs.)** zeigt abwechselnd weiße oder farbige Scheine.
- Das **Ultra-Funkelfeuer (UQ/UFkl.)** zeigt mehr als 160 Blitze pro Minute, gewöhnlich 240 bis 300 Blitze pro Minute.

> **Leuchttürme** und festgegründete Feuer zeigen meist: **Fl/Blz. oder LFl/Blk. Oc/Ubr. weiß.**
>
> **Großtonnen** zeigen meist: **Iso/Glt. oder Oc/Ubr. weiß.**

Auszüge aus der Karte 1 / INT 1: Navigationshilfen

Leuchtfeuer/*Lights*

			IVQ	SFkl.unt.	**Unterbrochenes schnelles Funkelfeuer/** *Interrupted very quick*
LtHo	Lcht-Tm.	**Leuchtturm/***Lighthouse*			
Ldg	Rcht-F.	**Richtfeuer/***Leading lights*	Mo	Mo.	**Morsefeuer/***Morse*
Dir	Lt-F.	**Leitfeuer/***Direction light*	W	w.	**Weiß/***White*
Aero	Aero	**Luftfahrtfeuer/***Aero light*	R	r.	**Rot/***Red*
R Lts	Warn-F.	**Warnfeuer/***Air obstruction light*	G	gn.	**Grün/***Green*
RearLt	Ob-F.	**Oberfeuer/***Rear light*	B	s.	**Schwarz/***Black*
FrontLt	U-F.	**Unterfeuer/***Front light*	Vi	viol.	**Violett/***Violet*
Fog	N-F.	**Nebelfeuer/***Fog light*	Y	g., or.	**Gelb, Orange/***Yellow, Orange*
FogDetLt	SMG	**Sichtweitenmessgerät/***Fog detector light*	Or	or.	**Orange/***Orange*
F	F.	**Festfeuer/***Fixed*	M	sm	**Seemeile/***Sea mile*
Oc	Ubr.	**Unterbrochenes Feuer/***Occulting*	hor	wgr.	**Waagerecht/***Horizontal*
Iso	Glt.	**Gleichtaktfeuer/***Isophase*	vert	skr.	**Senkrecht/***Vertical*
Fl	Blz.	**Blitzfeuer/***Flashing*	occas	ztws.	**Zeitweise/***Occasional*
LFl	Blk.	**Blinkfeuer/***Long-flashing*	temp	ztwl.	**Zeitweilig/***Temporary*
Q	Fkl.	**Funkelfeuer/***Quick*	intens	vrst.	**Verstärkt/***Intensified*
IQ	Fkl. unt.	**Unterbrochenes Funkelfeuer/***Interrupted quick*	faint	schw.	**Schwach/***Faint*
VQ	SFkl.	**Schnelles Funkelfeuer/***Very quick*	obscd	vrd.	**Verdeckt/***Obscured*

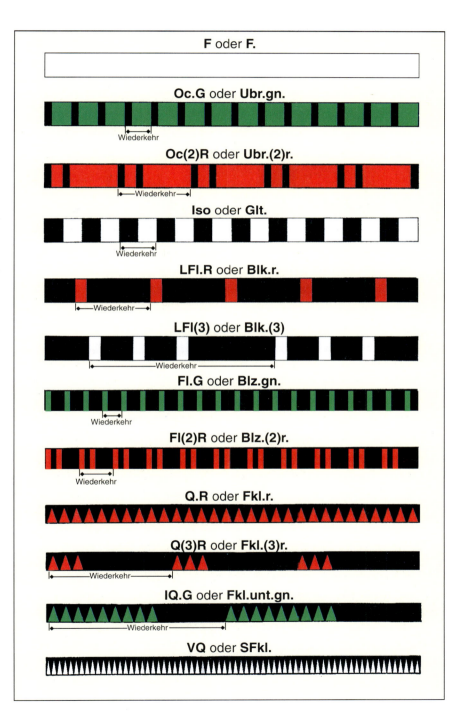

F oder **F.**

Oc.G oder **Ubr.gn.**

Oc(2)R oder **Ubr.(2)r.**

Iso oder **Glt.**

LFl.R oder **Blk.r.**

LFl(3) oder **Blk.(3)**

Fl.G oder **Blz.gn.**

Fl(2)R oder **Blz.(2)r.**

Q.R oder **Fkl.r.**

Q(3)R oder **Fkl.(3)r.**

IQ.G oder **Fkl.unt.gn.**

VQ oder **SFkl.**

Die Wiederkehr

Die **Wiederkehr** eines Leuchtfeuers ist der Zeitraum vom Einsetzen einer Taktkennung bis zum Einsetzen der nächsten gleichen Taktkennung. Sie wird in Sekunden angegeben.

Zwei Feuer mit gleicher Kennung können sich also allein durch ihre Wiederkehr unterscheiden.
Zum Messen der Wiederkehr auf See sollte man immer eine **Stoppuhr** verwenden.

Besondere Feuer

Seekarte und Leuchtfeuerverzeichnis enthalten **Luftfahrtfeuer (Aero),** wenn sie von See aus sichtbar sind. Sie können aber nur mit Vorsicht zur Navigation verwendet werden, da sie oft nur für kurze Zeit brennen und ihre Position nicht immer genau bekannt ist.
Warnfeuer kennzeichnen Funkmasten, Türme usw. als Hindernisse für die Luftfahrt. Sie sind meist rot.
Nebelsuchfeuer und Sichtweitenmessgeräte (SMG) ermitteln die gerade vorherrschende meteorologische Sichtweite; hierbei können Lichtblitze verwendet werden, die keine nautische Bedeutung haben.
Offshore-Anlagen (Bohrinseln) sind aufgrund einer einheitlichen internationalen Festlegung der IALA *(International Association of Lighthouse Authorities)* in der Regel durch ein oder mehrere gleichgängige, in gleicher Höhe angebrachte **weiße Morsefeuer mit der Kennung »U«** (· · –) bezeichnet. Dieser Buchstabe wird auch für eventuell zusätzlich vorhandene Nebelschallzeichen und Radarantwortbaken *(Racon)* verwendet.

Schematische Darstellung der Kennungen
mit den internationalen und nationalen Abkürzungen

Leuchtfeuer: Tragweite und Sichtweite

Fragen 22–24, 26–28 (NAV SKS)

Die **Tragweite** ist der Abstand, in dem ein Feuer einen eben noch deutlichen Lichteindruck beim Beobachter hervorruft. Sie hängt ab von der **Lichtstärke** des Feuers und dem **Sichtwert**, das heißt der Lichtdurchlässigkeit der Atmosphäre.

Seekarte und Leuchtfeuerverzeichnis geben die **Nenntragweite** an. Sie bezieht sich auf einen festgelegten Sichtwert, der einer meteorologischen Sichtweite am Tage von 10 sm entspricht.

Die geografische **Sichtweite** ist der Abstand, aus dem man ein Feuer gerade noch über die Kimm (= Horizont) hinweg erblicken kann. Sie hängt von der **Feuerhöhe** und der **Augeshöhe** des Beobachters über dem Meeresspiegel ab und ist durch die Erdkrümmung bedingt.

Die Angaben zur Sichtweite beziehen sich auf eine Augeshöhe des Beobachters über dem Meeresspiegel von 5 m. Beobachtet man das Feuer aus einer geringeren Höhe, ist sie natürlich kleiner.

Im Leuchtfeuerverzeichnis finden wir eine Tabelle, aus der wir die Sichtweite eines Feuers für unterschiedliche Augeshöhen und Feuerhöhen entnehmen können (vgl. S. 27).

Feuer in der Kimm

Sehen wir bei Annäherung an ein Leuchtfeuer erstmals seinen Lichtschein über die Kimm (= Horizont) hinweg, so haben wir das **Feuer in der Kimm.** Der Abstand zu diesem Feuer entspricht bei einer Augeshöhe von 5 m dann genau seiner Sichtweite (in sm). Wir kennen also unseren Abstand von einem Leuchtfeuer, sobald es in der Kimm erscheint. Die Kimmentfernung beträgt allgemein:

$$A\,(sm) = 2{,}1 \cdot (\sqrt{H(m)} + \sqrt{Ah(m)})$$
A = Abstand (sm)
H = Höhe der Laterne des Lf (m)
Ah = Augeshöhe des Beobachters (m)

Tragweite und Sichtweite
*Die **Tragweite** hängt ab von der Lichtstärke und dem Sichtwert (= Lichtdurchlässigkeit der Atmosphäre), die **Sichtweite** von der Feuerhöhe und der Augeshöhe des Beobachters.*

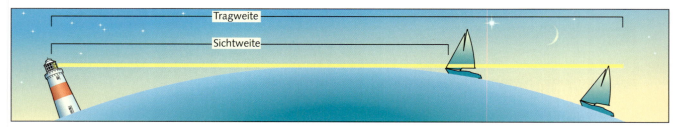

Tragweite

Sichtweite

Abstand eines Feuers in der Kimm											
Sichtweite in Seemeilen											
Feuer-höhe in Meter	Augeshöhe in Meter										
	0	1	2	3	4	5	6	7	8	9	10	11
2	2,9	5,0	5,9	6,5	7,1	**7,6**	8,0	8,4	8,8	9,1	9,5	9,8
4	4,1	6,2	7,1	7,7	8,3	**8,8**	9,2	9,6	10,0	10,4	10,7	11,0
6	5,1	7,1	8,0	8,7	9,2	**9,7**	10,1	10,5	10,9	11,3	11,6	11,9
8	5,9	7,9	8,8	9,4	10,0	**10,5**	10,9	11,3	11,7	12,1	12,4	12,7
10	6,5	8,6	9,5	10,1	10,7	**11,2**	11,6	12,0	12,4	12,8	13,1	13,4
12	7,2	9,2	10,1	10,8	11,3	**11,8**	12,2	12,6	13,0	13,4	13,7	14,0
14	7,7	9,8	10,7	11,3	11,9	**12,4**	12,8	13,2	13,6	14,0	14,3	14,6
16	8,3	10,4	11,2	11,9	12,4	**12,9**	13,3	13,8	14,1	14,5	14,8	15,1
18	8,8	10,9	11,7	12,4	12,9	**13,4**	13,9	14,3	14,6	15,0	15,3	15,6
20	9,3	11,3	12,2	12,8	13,4	**13,9**	14,3	14,7	15,1	15,5	15,8	16,1
22	9,7	11,8	12,6	13,3	13,8	**14,3**	14,8	15,2	15,6	15,9	16,3	16,6
24	10,1	12,2	13,1	13,7	14,3	**14,8**	15,2	15,6	16,0	16,4	16,7	17,0
26	10,6	12,6	13,5	14,1	14,7	**15,2**	15,6	16,0	16,4	16,8	17,1	17,4
28	11,0	13,0	13,9	14,5	15,1	**15,6**	16,0	16,4	16,8	17,2	17,5	17,8
30	11,3	13,4	14,3	14,9	15,5	**16,0**	16,4	16,8	17,2	17,5	17,9	18,2
32	11,7	13,8	14,6	15,3	15,8	**16,3**	16,8	17,2	17,6	17,9	18,3	18,6
34	12,1	14,1	15,0	15,7	16,2	**16,7**	17,1	17,5	17,9	18,3	18,6	18,9
36	12,4	14,5	15,3	16,0	16,6	**17,0**	17,5	17,9	18,3	18,6	19,0	19,3
38	12,8	14,8	15,7	16,3	16,9	**17,4**	17,8	18,2	18,6	19,0	19,3	19,6
40	13,1	15,2	16,0	16,7	17,2	**17,7**	18,2	18,6	18,9	19,3	19,6	20,0
42	13,4	15,5	16,3	17,0	17,6	**18,0**	18,5	18,9	19,3	19,6	20,0	20,3
44	13,7	15,8	16,7	17,3	17,9	**18,4**	18,8	19,2	19,6	19,9	20,3	20,6
46	14,0	16,1	17,0	17,6	18,2	**18,7**	19,1	19,5	19,9	20,2	20,6	20,9
48	14,3	16,4	17,3	17,9	18,5	**19,0**	19,4	19,8	20,2	20,6	20,9	21,2
50	14,6	16,7	17,6	18,2	18,8	**19,3**	19,7	20,1	20,5	20,8	21,2	21,5
55	15,4	17,4	18,3	18,9	19,5	**20,0**	20,4	20,8	21,2	21,6	21,9	22,2
60	16,0	18,1	19,0	19,6	20,2	**20,7**	21,1	21,5	21,9	22,2	22,6	22,9
65	16,7	18,8	19,6	20,3	20,8	**21,3**	21,8	22,2	22,5	22,9	23,2	23,6
70	17,3	19,4	20,2	20,9	21,5	**21,9**	22,4	22,8	23,2	23,5	23,9	24,2
75	17,9	20,0	20,9	21,5	22,1	**22,6**	23,0	23,4	23,8	24,1	24,5	24,8
80	18,5	20,6	21,4	22,1	22,7	**23,1**	23,6	24,0	24,4	24,7	25,1	25,4
85	19,1	21,2	22,0	22,7	23,2	**23,7**	24,2	24,6	24,9	25,3	25,6	26,0
90	19,6	21,7	22,6	23,2	23,8	**24,3**	24,7	25,1	25,5	25,8	26,2	26,5
95	20,2	22,2	23,1	23,8	24,3	**24,8**	25,2	25,7	26,0	26,4	26,7	27,0
100	20,7	22,8	23,6	24,3	24,8	**25,3**	25,8	26,2	26,6	26,9	27,2	27,6
110	21,7	23,8	24,6	25,3	25,9	**26,3**	26,8	27,2	27,6	27,9	28,3	28,6
120	22,7	24,7	25,6	26,3	26,8	**27,3**	27,7	28,2	28,5	28,9	29,2	29,5
130	23,6	25,7	26,5	27,2	27,7	**28,2**	28,7	29,1	29,5	29,8	30,1	30,5
140	24,5	26,6	27,4	28,1	28,6	**29,1**	29,6	30,0	30,3	30,7	31,0	31,4
150	25,4	27,4	28,3	28,9	29,5	**30,0**	30,4	30,8	31,2	31,6	31,9	32,2
160	26,2	28,3	29,1	29,8	30,3	**30,8**	31,3	31,7	32,0	32,4	32,7	33,0
170	27,0	29,1	29,9	30,6	31,1	**31,6**	32,1	32,5	32,8	33,2	33,5	33,9
180	27,8	29,8	30,7	31,4	31,9	**32,4**	32,8	33,2	33,6	34,0	34,3	34,6
190	28,5	30,6	31,5	32,1	32,7	**33,2**	33,6	34,0	34,4	34,7	35,1	35,4
200	29,3	31,3	32,2	32,9	33,4	**33,9**	34,3	34,8	35,1	35,5	35,8	36,1

Voraussetzung für dieses Verfahren ist natürlich, dass die Tragweite mindestens gleich der Sichtweite ist.

Anstelle der Rechnung können wir auch die auf den ersten Seiten des Leuchtfeuerverzeichnisses wiedergegebene **Tabelle** *Abstand eines Feuers in der Kimm* verwenden.

Die Abstandsbestimmung aus der Sichtweite eines Leuchtfeuers kann bei Seegang, Dünung oder bestimmten Wetterverhältnissen sehr ungenau sein.

Übung:
Aus welcher Entfernung kann man aus einer Augeshöhe von 2,5 m das Leuchtfeuer Flügge (Südostspitze Fehmarn) in der Kimm wahrnehmen?

Lösung (in der Tabelle links in **Blau**):
Aus der Übungskarte 30 entnimmt man
Feuerhöhe: 38 m.
Aus der Tabelle erhält man
Sichtweite: 16 sm.
Das Ergebnis entspricht dem Mittel aus 15,7 sm (für 2 m Augeshöhe) und 16,3 sm (für 3 m Augeshöhe).
Das Feuer erscheint also in der Kimm in einer Entfernung von 16 sm, wenn die Nenntragweite größer ist. In der Karte ist die Nenntragweite mit 17 sm angegeben. Also ok.
Nicht das Leuchtfeuer Flügge Oc(4) mit dem Oberfeuer (Rear Light) verwechseln!

Ausschnitt aus dem Leuchtfeuerverzeichnis (Lfv.)
Diese Tabelle findet man auf den ersten Seiten des Lfv. Man kann hieraus den Abstand zu einem in der Kimm erscheinenden Feuer ermitteln.

Beispiel (in der Tabelle links in **Rot**):
Ein Leuchtfeuer von 46 m Höhe ist 17 sm entfernt, wenn man es aus einer Augeshöhe von 2 m genau in der Kimm sieht.
Die Rechnung mit der oben genannten Formel ergibt: A = 2,1 · (6,8 + 1,4) = 17,2 sm

Leitfeuer, Richtfeuer, Torfeuer

Fragen 17–21 (NAV SKS)

Fragen 185, 200–207 (SBF)

Leitfeuer (Dir/Lt-F.)

Das Leitfeuer *(direction light)* kennzeichnet ein Fahrwasser, eine Hafeneinfahrt oder einen freien Seeraum zwischen Untiefen. Es besteht aus mehreren Sektoren verschiedener Farbe oder Kennung. Der Leitsektor wird an beiden Seiten durch zwei Warnsektoren begrenzt.

Kennung der Leitfeuersektoren
Leitsektor: meist weißes Festfeuer
Warnsektoren:
– **an der Bb-Seite** des einlaufenden Schiffes: rotes Festfeuer oder eine gerade Zahl weißer Blitze
– **an der Stb-Seite** des einlaufenden Schiffes: grünes Festfeuer oder ungerade Zahl weißer Blitze

---

Bemerkt man z. B. auf einem einlaufenden Schiff, dass die Leitfeuerfarbe plötzlich rot (bzw. grün) wird, so muss man den Kurs nach Stb (bzw. Bb) korrigieren.
Manchmal trägt ein einziges Leuchtfeuer mehrere in verschiedene Richtungen laufende Leitsektoren.

Navigation mit Leit-, Richt- und Quermarkenfeuer
Von See her kommend läuft man auf das Leitfeuer zu und ändert im grünen Kursänderungssektor des Quermarkenfeuers seinen Kurs auf das Richtfeuer. Die Richtlinie mit 016° gilt für das auf das Feuer zulaufende Schiff.
Richtungen in nautischen Veröffentlichungen (Peilungen, Kurse, Richtlinien) sind rechtweisend in Graden von 000° bis 360°, Peilungen einzelner Sektoren eines Feuers stets rechtsherum zählend und von See bzw. vom Schiff aus angegeben.

Richtfeuer (Ldg/Rcht-F.)

Eine genauere Einsteuerung durch gefährliche Hindernisse hindurch ermöglicht das Richtfeuer *(leading light)*. Es besteht aus zwei hintereinander aufgestellten Feuern, dem **Oberfeuer** *(Rear or upper light)* und **Unterfeuer** *(Front or lower light)*, die zur Deckung gebracht als Richtfeuerlinie einen Kurs im Fahrwasser bezeichnen. Sieht man beide Feuer übereinander, so hat man die **Feuer in Linie.** Sie bilden eine Deckpeilung (vgl. S. 69). Die

Richtlinie ist meist mit dem entsprechenden rechtweisenden Kurs in der Seekarte und dem Lfv. angegeben.

Kennung der Richtfeuer
Gleichtaktfeuer oder **unterbrochenes Feuer** mit Einzelunterbrechungen Richtfeuer sind meist gleichgängig, zeigen also zur gleichen Zeit die gleiche Kennung.

Jede kleine Abweichung von der Richtlinie bemerkt man am seitlichen Auswandern des Unterfeuers: Ist man zu

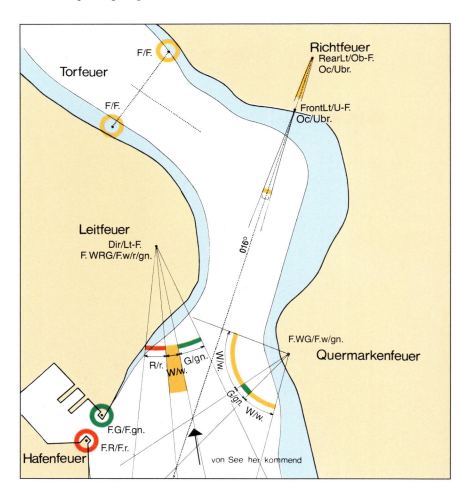

weit nach Bb (bzw. Stb) abgekommen, so wandert das Unterfeuer nach rechts (bzw. links) aus.

Quermarkenfeuer

Ein Quermarkenfeuer kündigt durch einen etwa quer zur Fahrtrichtung verlaufenden Sektor an, dass der Kurs geändert werden oder einem neuen Leit- oder Richtfeuer gefolgt werden soll. Dieser **Kursänderungssektor** wird meist beidseitig durch **Ankündigungssektoren** begrenzt.

Kennung der Quermarkenfeuer
Ankündigungssektoren: meist weißes Festfeuer oder unterbrochenes Feuer mit Einzelunterbrechungen
Kursänderungssektor: meist farbiges Festfeuer oder unterbrochenes Feuer mit Einzelunterbrechungen

---

Torfeuer

Torfeuer sind zwei Feuer gleicher Feuerhöhe, gleicher Lichtstärke und gleicher Kennung, die zu beiden Seiten der

Fahrwasserachse einander genau gegenüber (rechtwinklig zur Fahrwasserachse) und von der Fahrwasserachse gleich weit entfernt angeordnet sind.

Hafeneinfahrten

Leuchtfeuer an Hafeneinfahrten zeigen meist **Festfeuer** (oder andere Kennungen) mit
• **Grün an der Stb-Seite** und
• **Rot an der Bb-Seite** der Einfahrt.

Auszüge aus der Karte 1 / INT 1

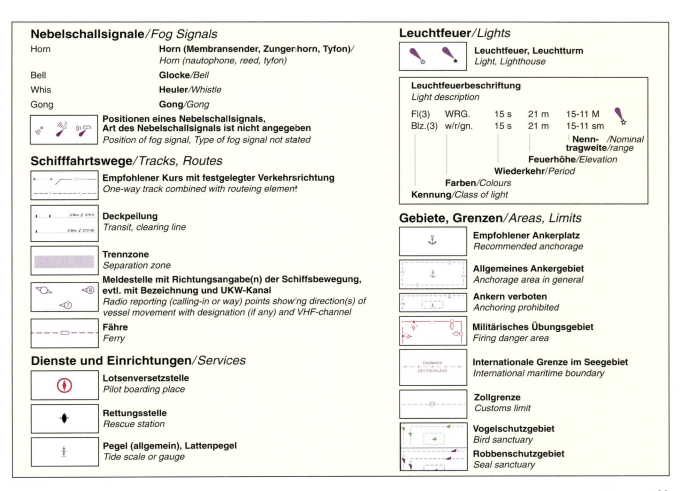

Nebelschallsignale/*Fog Signals*

Horn	**Horn (Membransender, Zungenhorn, Tyfon)**/ *Horn (nautophone, reed, tyfon)*
Bell	**Glocke**/*Bell*
Whis	**Heuler**/*Whistle*
Gong	**Gong**/*Gong*

Positionen eines Nebelschallsignals, Art des Nebelschallsignals ist nicht angegeben
Position of fog signal, Type of fog signal not stated

Schifffahrtswege/*Tracks, Routes*

Empfohlener Kurs mit festgelegter Verkehrsrichtung
One-way track combined with routeing element

Deckpeilung
Transit, clearing line

Trennzone
Separation zone

Meldestelle mit Richtungsangabe(n) der Schiffsbewegung, evtl. mit Bezeichnung und UKW-Kanal
Radio reporting (calling-in or way) points showing direction(s) of vessel movement with designation (if any) and VHF-channel

Fähre
Ferry

Dienste und Einrichtungen/*Services*

Lotsenversetzstelle
Pilot boarding place

Rettungsstelle
Rescue station

Pegel (allgemein), Lattenpegel
Tide scale or gauge

Leuchtfeuer/*Lights*

Leuchtfeuer, Leuchtturm
Light, Lighthouse

Leuchtfeuerbeschriftung
Light description

| Fl(3) | WRG. | 15 s | 21 m | 15-11 M |
| Blz.(3) | w/r/gn. | 15 s | 21 m | 15-11 sm |

Nenn- /*Nominal*
tragweite/*range*
Feuerhöhe/*Elevation*
Wiederkehr/*Period*
Farben/*Colours*
Kennung/*Class of light*

Gebiete, Grenzen/*Areas, Limits*

Empfohlener Ankerplatz
Recommended anchorage

Allgemeines Ankergebiet
Anchorage area in general

Ankern verboten
Anchoring prohibited

Militärisches Übungsgebiet
Firing danger area

DANMARK
DEUTSCHLAND
Internationale Grenze im Seegebiet
International maritime boundary

Zollgrenze
Customs limit

Vogelschutzgebiet
Bird sanctuary

Robbenschutzgebiet
Seal sanctuary

Schifffahrtszeichen

Frage 13 (NAV SKS)

Feste und schwimmende Schifffahrtszeichen

Schifffahrtszeichen in Küstengewässern dienen der Orientierung und als Navigationshilfe. Sie können befeuert sein und Toppzeichen tragen.

Feste Schifffahrtszeichen sind *Leuchttürme, Baken, Dalben, Stangen und Pricken.* Sie sind starr mit dem Grund oder Land verbunden.

Schwimmende Schifffahrtszeichen sind *Feuerschiffe, Großtonnen und Tonnen.* Feuerschiffe wurden inzwischen weitgehend durch Großtonnen ersetzt.

Ausschnitt aus der Karte 1 / INT 1
Der kleine Kreis an der Basis des Symbols gibt ihre genaue geografische Position an.

Tonnen gibt es als *Bakentonnen, Spitztonnen, Stumpftonnen, Spierentonnen, Kugeltonnen und Fasstonnen.* Bakentonnen sind meist befeuert (Leuchttonnen).
Als **Toppzeichen** verwendet man *Zylinder, Kegel, Doppelkegel, Bälle und liegende Kreuze.* Sie sind meist als Rotationskörper gebaut, damit man sie aus jeder Richtung erkennen kann.
Schifffahrtszeichen sind in den Seekarten eingetragen und werden in den Seehandbüchern und teilweise im Leuchtfeuerverzeichnis (nur feste Zeichen, Feuerschiffe und Großtonnen) beschrieben.

Angaben über die Merkmale der Schifffahrtszeichen findet man
• im Leuchtfeuerverzeichnis, der List of Lights (s. S. 44/45) und auszugsweise in den Seekarten,
• in der Karte 1 / INT 1,
• in der Anlage I zur Seeschifffahrtsstraßen-Ordnung (SeeSchStrO).

Radarreflektoren und Radarbaken

Mit einem **Radarreflektor** versehene Schifffahrtszeichen werden auf dem Radarschirm besser wahrgenommen. Man erkennt sie etwa 3,5 sm weit. In der Seekarte werden Radarreflektoren auf schwimmenden Schifffahrtszeichen meist nicht dargestellt.
Radarantwortbaken (Racon) werden durch fremde Radarimpulse aktiviert und antworten mit ihrer Kennung, die auf dem Bildschirm als Morsezeichen erscheint. Sie tragen bis zu 8 sm weit und ermöglichen die Messung von Abstand und Peilung. In der Seekarte sind sie oft mit ihrer Kennung dargestellt.
Radarbaken (Ramark) senden fortlaufend Bakensignale mit einer bestimmten Wiederkehr, die auf dem Radarschirm mit ihrer Kennung erscheinen. Sie ermöglichen nur eine Peilung.

Navigationshilfen/*Aids and Services*
Tonnen, Baken/*Buoys, Beacons*

Symbol	Name		Symbol	Name		Symbol	Name
	Pegel (allgemein), Lattenpegel *Tide scale or gauge*			**Stumpftonne** *Can buoy*			**Feuerschiff, Leuchtfloß** *Light vessel, light float*
	Tafel *Notice board*			**Kugeltonne** *Spherical buoy*			**Großtonne** *Superbuoy*
	Pfahl, Stange *Stake, pole*			**Bakentonne** *Pillar buoy*			**Festmachetonnen** *Mooring buoys*
	Bake allgemein *Beacon in general*			**Spierentonne, Spiere** *Spar buoy*			**Einzelgefahr-Zeichen** *Isolated danger marks*
	Kabelbake *Cable landing beacon*			**Fasstonne** *Barrel buoy*			**Mitte-Schifffahrtsweg-Zeichen** *Safe water marks*
	Spitztonne *Conical buoy*			**Befeuerte Seezeichen in Karten mit mehrfarbigem Feuerkolorit** *Lighted marks on multicoloured charts*			**Bake mit Toppzeichen, Farbangabe, Radarreflektor und Beschriftung** *Beacon with topmark, colour, radar reflector and designation*

Radar, Satellitennavigation

Symbol	Name	Symbol	Name	Symbol	Name
	Radarantwortbake *Radar transponder beacon*		**Ramark** *Ramark*		**DGPS-Station zur Übermittlung von Korrekturwerten** *DGPS correction transmitter*

Das Betonnungs-system »A«

Frage 64 (NAV SKS)
Frage 110 (SBF)

Das maritime Betonnungssystem der IALA

Das maritime Betonnungssystem der *International Association of Lighthouse Authorities (IALA)* kennt fünf Arten von Schifffahrtszeichen:
– *laterale Zeichen*
– *kardinale Zeichen*
– *Einzelgefahrzeichen*
– *Mittefahrwasserzeichen*
– *Sonderzeichen*
Dieses System gilt weltweit. Nur die lateralen Zeichen weichen in den **Betonnungsregionen A und B** voneinander ab. In der Betonnungsregion A (hierzu gehören die europäischen Gewässer) gilt **»Rot an Backbord«,** während in der Betonnungsregion B (Nord-, Mittel- und Südamerika sowie Japan, Südkorea und die Philippinen) **»Rot an Steuerbord«** gilt. Die einzelnen Staaten können die Fest-

legungen des maritimen Betonnungssystems geringfügig modifizieren und präzisieren. Für die deutschen Gewässer ist dies durch die **Seeschifffahrts-straßen-Ordnung** (SeeSchStrO) erfolgt. Auf den folgenden Seiten ist das deutsche Betonnungssystem, wie es in der SeeSchStrO festgelegt ist, dargestellt.

Lateral- und Kardinalsystem

Das maritime Betonnungssystem kennt zwei Bezeichnungsarten:
• das **Lateralsystem** zur Fahrwasser- oder Seitenbezeichnung, vgl. S. 32 ff.
• das **Kardinalsystem** zur Richtungsbezeichnung, vgl. S. 36.

Fahrwasserseiten

Die Betonnungsrichtung eines Fahrwassers wird von *§ 2 Abs. 1 Ziff. 2 SeeSchStrO* festgelegt:
Steuerbordseiten der Fahrwasser
• sind die Seiten, die bei den von See einlaufenden Fahrzeugen an Stb liegen.
• Verbindet ein Fahrwasser zwei Meeresteile oder zwei durch Gründe voneinander getrennte Wasserflächen, so gilt als Stb-Seite eines Fahrwassers die Seite, die von Fahrzeu-

gen an Stb gelassen wird, die aus westlicher Richtung kommen, das heißt von Nord (einschließlich) über West bis Süd (ausschließlich).
• Ist ein solches Fahrwasser stark gekrümmt, so ist die am weitesten nördlich liegende Einfahrt für das gesamte zusammenhängende Fahrwasser maßgebend.
Ist die **Betonnungsrichtung nicht eindeutig,** wird sie festgelegt. Dann findet man in Seekarten mit mehrfarbigem Feuerkolorit einen konturierten **Pfeil** mit einem roten Punkt links und einem grünen Punkt rechts der Pfeilspitze. Sind die Feuer nicht mehrfarbig dargestellt, sind die Punkte konturiert.

Betonnungsrichtung / *Direction of buoyage*

Fahrwasserseiten
Links: Ein einlaufendes Schiff hat an seiner Stb-Seite die Stb-Seite des Fahrwassers.
Mitte: Verbindet ein Fahrwasser zwei Meeresteile, so legt das aus westlicher Richtung kommende Schiff die Fahrwasserseiten fest.
Rechts: Kommen bei einer solchen Verbindung beide Ansteuerungen aus dem gleichen Halbkreis, so definiert das die nördliche Einfahrt benutzende Schiff die Fahrwasserseiten.

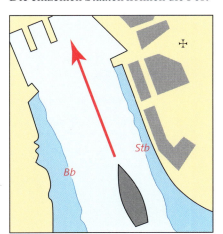

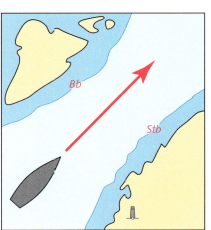

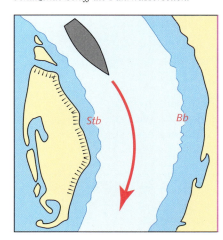

Lateralsystem: Betonnung

Frage 79 (SR SKS)
Fragen 174–184 (SBF)

Fahrwasserseiten

Fahrwasser werden durch laterale Zeichen gekennzeichnet. Man findet
an der Bb-Seite
- rote Stumpf-, Leucht- oder Spierentonnen, Stangen oder Pricken,
- ggf. mit rotem Zylinder als Toppzeichen oder Besen aufwärts (Stangen immer mit Toppzeichen),
- ggf. von See kommend fortlaufend mit geraden Nummern gekennzeichnet (2, 4, 4a, 6 . . .);

an der Stb-Seite
- grüne Spitz- oder Leuchttonnen oder Stangen,
- ggf. mit grünem Kegel (Spitze oben) oder Besen abwärts als Toppzeichen (Stangen immer mit Toppzeichen),
- ggf. von See kommend fortlaufend mit ungeraden Nummern gekennzeichnet (1, 3, 3a, 5 . . .).

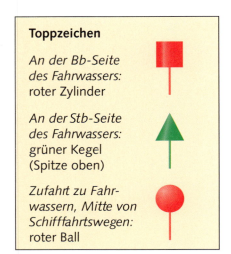

Toppzeichen

An der Bb-Seite des Fahrwassers:
roter Zylinder

An der Stb-Seite des Fahrwassers:
grüner Kegel (Spitze oben)

Zufahrt zu Fahrwassern, Mitte von Schifffahrtswegen:
roter Ball

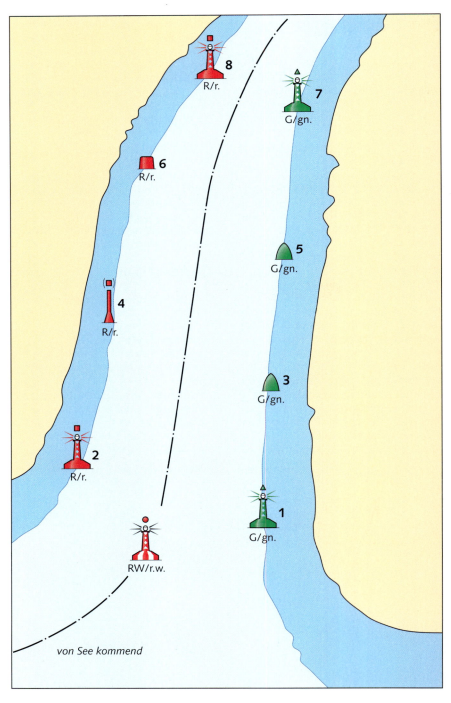

Zufahrt zu Fahrwassern, Mitte von Schifffahrtswegen

Die **Zufahrt zu Fahrwassern** von See aus und die **Mitte von Schifffahrtswegen** (wenn sie nicht durch Feuerschiffe, Großtonnen, Baken, Molen usw. erkennbar sind) werden gekennzeichnet durch

- rot-weiß senkrecht gestreifte Kugel-, Leucht-, Spierentonnen oder Stangen,
- ggf. mit rotem Ball als Toppzeichen (Spierentonnen und Stangen immer mit Toppzeichen),
- stets fortlaufend beschriftet und/oder nummeriert, ggf. mit dem Namen des Fahrwassers.

Abzweigende oder einmündende Fahrwasser
(Abb. S. 35)

Um abzweigende oder einmündende Fahrwasser zu kennzeichnen, verwendet man laterale (selten auch kardinale) Zeichen. Man findet
an der Bb-Seite des durchgehenden bzw. Stb-Seite des abzweigenden oder einmündenden **Fahrwassers**
- rote Stumpf-, Leucht-, Spierentonnen oder Stangen mit waagerechtem grünem Band,
- mit rotem Zylinder oder Besen aufwärts als Toppzeichen,
- ggf. beschriftet mit fortlaufenden geraden Nummern der Lateralbezeichnung des durchgehenden Fahrwassers, durch waagerechten Strich getrennt, dem Namen (ggf. abgekürzt) und der ersten Nummer des abzweigenden oder der letzten Nummer des einmündenden Fahrwassers;
an der Stb-Seite des durchgehenden bzw. Bb-Seite des abzweigenden oder einmündenden **Fahrwassers**
- grüne Spitz-, Leuchttonnen oder Stangen mit waagerechtem rotem Band,
- mit grünem Kegel, Spitze oben, oder Besen abwärts als Toppzeichen,
- ggf. beschriftet mit der fortlaufenden ungeraden Nummer der Lateralbezeichnung des durchgehenden Fahrwassers, durch waagerechten Strich getrennt, dem Namen (ggf. abgekürzt) und der ersten Nummer des abzweigenden oder der letzten Nummer des einmündenden Fahrwassers.

Fahrwasserseiten

Backbordseite des Fahrwassers

Steuerbordseite des Fahrwassers

Zufahrt zu Fahrwassern und Mitte von Schifffahrtswegen

Lateralsystem: Befeuerung

Fragen 186–188 (SBF)

Fahrwasserseiten

Leuchttonnen an der **Bb-Seite des Fahrwassers** haben folgende Kennungen:
- Fl, Fl(2), Oc(2), Oc(3), Q, IQ oder Iso bzw. Blz., Blz.(2), Ubr.(2), Ubr.(3), Fkl., Fkl.unt. oder Glt.
- rot

Leuchttonnen an der **Stb-Seite des Fahrwassers** haben folgende Kennungen:
- Fl, Fl(2), Oc(2), Oc(3), Q, IQ oder Iso bzw. Blz., Blz.(2), Ubr.(2), Ubr.(3), Fkl., Fkl.unt. oder Glt.
- grün

Zufahrt zu Fahrwassern, Mitte von Schifffahrtswegen

Leuchttonnen an der Zufahrt zu Fahrwassern und in der Mitte von Schifffahrtswegen haben folgende Kennungen:
- Iso oder Oc bzw. Glt. oder Ubr.
- weiß

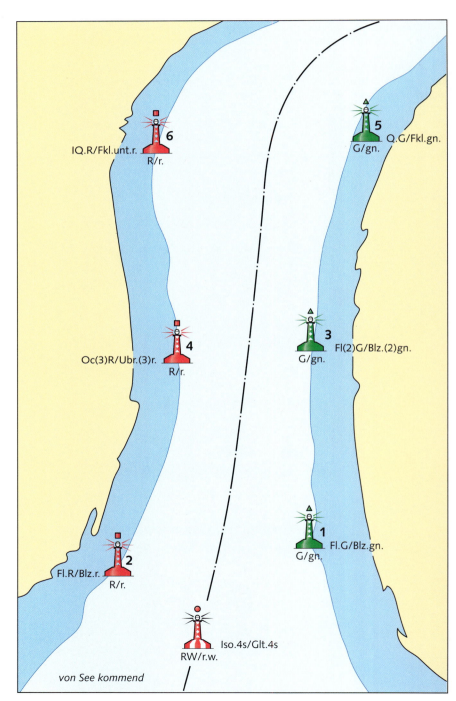

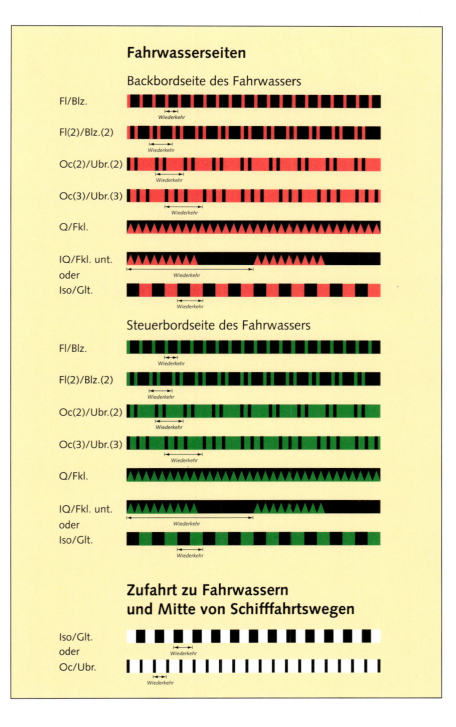

Fahrwasserseiten

Backbordseite des Fahrwassers

Fl/Blz.

Fl(2)/Blz.(2)

Oc(2)/Ubr.(2)

Oc(3)/Ubr.(3)

Q/Fkl.

IQ/Fkl. unt.
oder
Iso/Glt.

Steuerbordseite des Fahrwassers

Fl/Blz.

Fl(2)/Blz.(2)

Oc(2)/Ubr.(2)

Oc(3)/Ubr.(3)

Q/Fkl.

IQ/Fkl. unt.
oder
Iso/Glt.

Zufahrt zu Fahrwassern und Mitte von Schifffahrtswegen

Iso/Glt.
oder
Oc/Ubr.

Abzweigende oder einmündende Fahrwasser

Leuchttonnen, die ein **abzweigendes oder einmündendes Fahrwasser** kennzeichnen, zeigen, wenn vorhanden, folgende Kennungen:

an der Bb-Seite des durchgehenden bzw. Stb-Seite des abzweigenden oder einmündenden **Fahrwassers**
• Fl(2+1) bzw. Blz.(2+1)
• rot

an der Stb-Seite des durchgehenden bzw. Bb-Seite des abzweigenden oder einmündenden **Fahrwassers**
• Fl(2+1) bzw. Blz.(2+1)
• grün

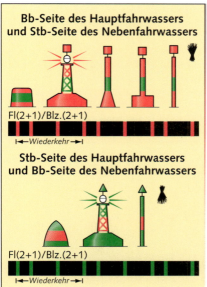

Bb-Seite des Hauptfahrwassers und Stb-Seite des Nebenfahrwassers

Fl(2+1)/Blz.(2+1)

Stb-Seite des Hauptfahrwassers und Bb-Seite des Nebenfahrwassers

Fl(2+1)/Blz.(2+1)

35

Kardinalsystem

Fragen 189–196 (SBF)

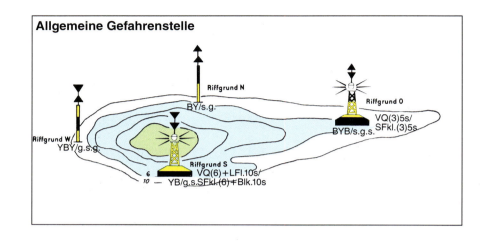

Allgemeine Gefahrenstelle

Riffgrund N
BY/s.g.

Riffgrund 0
VQ(3)5s/
BYB/s.g.s. SFkl.(3)5s

Riffgrund W
YBY/g.s.g.

Riffgrund S
6 VQ(6)+LFl.10s/
10 — YB/g.s.SFkl.(6)+Blk.10s

Allgemeine Gefahrenstellen

Allgemeine Gefahrenstellen innerhalb und außerhalb von Fahrwassern (Untiefen, Wracks, Buhnen oder sonstige Schifffahrtshindernisse) werden in der Regel mit einem oder mehreren kardinalen Zeichen gekennzeichnet.

Kardinale Zeichen geben an, an welcher Seite eine Gefahrenstelle oder ein Hindernis am günstigsten passiert werden kann. Hierzu teilt man das Gebiet um eine Gefahrenstelle in vier *Quadranten* (Nord, Ost, Süd, West) auf, in denen die kardinalen Zeichen liegen. Oft sind nicht alle Quadranten, sondern nur die für die Großschifffahrt wichtigen gekennzeichnet.

Anstrich und Toppzeichen

Kardinale Zeichen sind immer schwarz-gelb waagerecht gestreift.

> **Merkregel:** Waagerecht gestreifte Zeichen kennzeichnen immer Gefahrenstellen.

Sie tragen immer Toppzeichen, nämlich **zwei schwarze Kegel**
– im N: beide Spitzen nach oben,
– im E: beide Spitzen voneinander,
– im S: beide Spitzen nach unten,
– im W: beide Spitzen zueinander.

> **Merkregel:** Die Spitzen der Toppzeichen geben an, wo sich der schwarze Tonnenanstrich befindet, bei der N-Tonne also oben und bei der W-Tonne in der Mitte usw.

Kennungen

Die Kennungen befeuerter Kardinalzeichen bestehen aus weißem Funkelfeuer (Q/Fkl.) mit 60 Lichterscheinungen pro Minute oder aus schnellem weißem Funkelfeuer (VQ/SFkl.) mit 100 oder 120 Lichterscheinungen pro Minute, und zwar
– im N: VQ/SFkl. oder Q/Fkl.
– im E: VQ(3)/SFkl.(3) oder
Q(3)/Fkl.(3)
– im S: VQ(6)+LFl/SFkl.(6)+Blk.
oder
Q(6)+LFl/Fkl.(6)+Blk.
– im W: VQ(9)/SFkl.(9) oder
Q(9)/Fkl.(9)

> **Merkregel:** Das Konzept der Befeuerung von 3, 6 oder 9 Funkelblitzen folgt dem Zifferblatt einer Uhr:
> im Osten = 3 Funkelblitze
> im Süden = 6 Funkelblitze
> im Westen = 9 Funkelblitze

Der zusätzliche Blink von mehr als 2 Sekunden Dauer im Südquadranten soll die Identifizierung erleichtern und anzeigen, dass man keine Funkelgruppe von 3 oder 9 Blitzen vor sich hat.

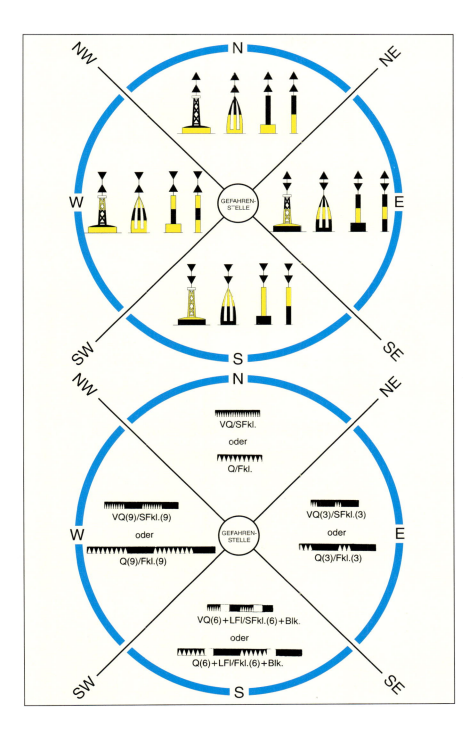

Kennzeichnung von Gefahrenstellen

Nordquadrant
- Schwarz über gelb gestreifte Leucht-, Baken- oder Spierentonnen oder Stangen
- mit zwei schwarzen Kegeln – Spitzen oben – als Toppzeichen und
- weißem VQ oder Q bzw. SFkl. oder Fkl.

Ostquadrant
- Schwarze Leucht-, Baken- oder Spierentonnen oder Stangen mit einem breiten waagerechten gelben Band
- mit zwei schwarzen Kegeln – Spitzen voneinander – als Toppzeichen und
- weißem VQ(3) oder Q(3) bzw. SFkl.(3) oder Fkl.(3)

Südquadrant
- Gelb über schwarz gestreifte Leucht-, Baken- oder Spierentonnen oder Stangen
- mit zwei schwarzen Kegeln – Spitzen unten – als Toppzeichen und
- weißem VQ(6)+LFl oder Q(6)+LFl bzw. SFkl.(6)+Blk. oder Fkl.(6)+Blk.

Westquadrant
- Gelbe Leucht-, Baken- oder Spierentonnen oder Stangen mit einem breiten waagerechten schwarzen Band
- mit zwei schwarzen Kegeln – Spitzen zueinander – als Toppzeichen und
- weißem VQ(9) oder Q(9) bzw. SFkl.(9) oder Fkl.(9)

Beschriftung
Kardinale Zeichen können mit dem Namen der Gefahrenstelle und dem Quadranten, in dem sie ausliegen, beschriftet sein, z. B. *»Stollergrund-N«*.

Einzelgefahren- und Sonderzeichen, neue Gefahrenstellen

Fragen 65–68 (NAV SKS)
Fragen 156, 162, 197–199 (SBF)

Einzelgefahrenstellen

Einzelgefahrenzeichen kennzeichnen Gefahrenstellen geringer Ausdehnung, die an allen Seiten passiert werden können. Man verwendet

- schwarze Leuchttonnen, Bakentonnen, Spierentonnen oder Stangen mit einem breiten waagerechten roten Band und
- zwei schwarzen Bällen als Toppzeichen.
- Leuchttonnen sind mit Fl(2)/Blz.(2) weiß befeuert.

Sie können mit dem Namen der Gefahrenstelle beschriftet sein.

Sonderzeichen

Sonderzeichen kennzeichnen Reeden oder besondere Gebiete und Stellen, z. B. **Warngebiete**, Warnstellen, Fischereigründe, Baggerschüttstellen oder Kabel- und Rohrleitungen. Man verwendet

- gelbe Fasstonnen, Leuchttonnen, Spierentonnen oder Stangen,
- ein gelbes liegendes Kreuz als Toppzeichen,
- Leuchttonnen mit gelbem Fl/Blz., Oc(2)/Ubr.(2) oder Oc(3)/Ubr.(3),
- Beschriftung dem Zweck entsprechend, z. B. „Warn-G.", „Sperr.-G.".

Sperrgebietszeichen sind gelb mit einem roten Kreuz oder einem roten Band. Sperrgebiete dürfen nicht befahren werden. Ihre genauen **Grenzen** finden wir in den Seekarten, den *Bekanntmachungen für Seefahrer (BfS)* und den *Nautischen Warnnachrichten (NWN)*, s. S. 46.

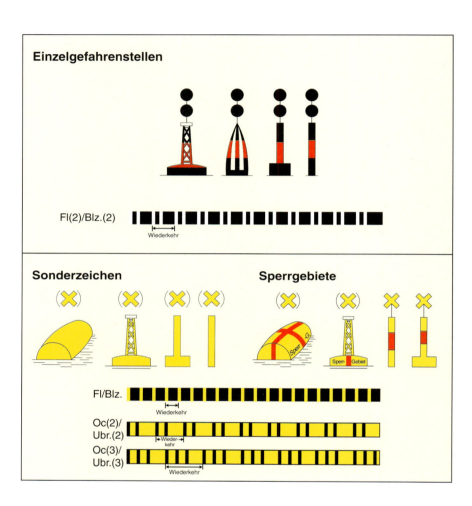

Einzelgefahrenstellen

Fl(2)/Blz.(2) — Wiederkehr

Sonderzeichen — **Sperrgebiete**

Fl/Blz. — Wiederkehr
Oc(2)/Ubr.(2) — Wieder-kehr
Oc(3)/Ubr.(3) — Wiederkehr

Neue Gefahrenstellen

»Neue Gefahrenstellen« (Wracks etc.), die noch nicht in den nautischen Veröffentlichungen aufgeführt sind, werden wie Einzelgefahrenstellen oder wie allgemeine Gefahrenstellen (s. S. 36) gekennzeichnet, jedoch wegen besonderer Umstände mindestens ein Sichtzeichen doppelt und gegebenenfalls mit einer Radarantwortbake mit der Kennung »D« versehen.

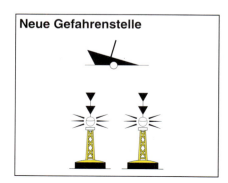

Neue Gefahrenstelle

Betonnungssystem: Schematische Darstellung
(internationale und nationale Abkürzungen)

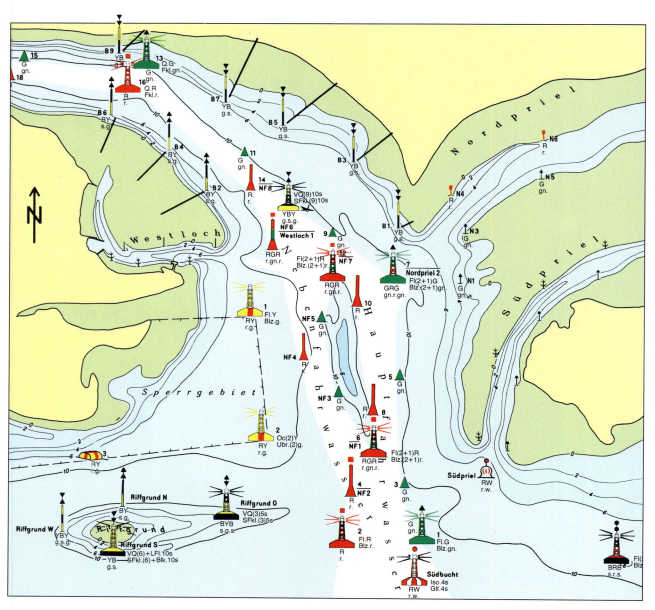

Betonnungssystem: Darstellung in der Seekarte

(internationale und nationale Abkürzungen)

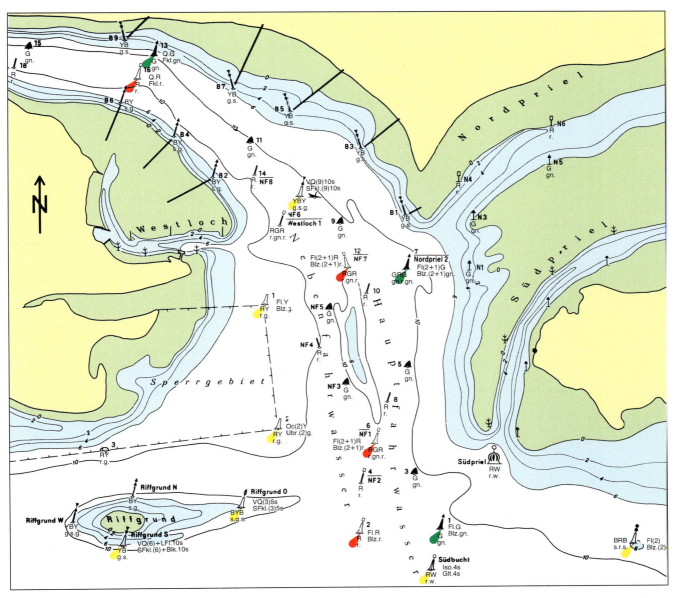

Nautische Literatur

Fragen 1, 16, 83 (NAV SKS)
65 (WK SKS)

Fragen 223–226, 231, 259,
260 (SBF)

Seebücher

Seebücher ergänzen die Seekarten. Sie werden regelmäßig vom BSH vor allem für die Berufsschifffahrt herausgegeben, enthalten aber auch viele wichtige Informationen für die Sportschifffahrt. Zu ihnen zählen:
* *Seehandbuch*
* *Leuchtfeuerverzeichnis, vgl. S. 44 f.*
* *Handbuch Nautischer Funkdienst / Jachtfunkdienst*
* *Gezeitentafeln / Gezeitenkalender*
* *Nachrichten für Seefahrer (NfS), vgl. S. 46 f.*
* *Handbuch für Brücke und Kartenhaus*
* *Katalog Seekarten und Bücher, vgl. S. 19.*

Daneben verwenden wir einige Veröffentlichungen der Verbände und privater Herausgeber:
* *Hafenhandbücher, Törnführer*
* *Yachtpilot des DSV*

> Auch auf Sportbooten sind Schiffsführer und Schiffseigentümer dafür verantwortlich, dass angemessene und aktuell berichtigte Seekarten und Seebücher an Bord sind, vgl. S. 250.

Seehandbuch (Shb.)

Das Seehandbuch des BSH besteht aus mehreren Bänden für die europäischen Gewässer und das Mittelmeer. Für andere Gebiete muss man auf die *British Admiralty Sailing Directions* zurückgreifen. Das Seehandbuch gliedert sich in folgende Teile:

* *Teil A: Schifffahrtsangelegenheiten*
Verkehrsvorschriften, Signal- und Rettungswesen, Reparatur- und Entsorgungsmöglichkeiten, Landeskunde.
* *Teil B: Naturverhältnisse (separater Band)*
Typische Klima- und Wetterverhältnisse, Gezeiten, Seegang, Strömungen, Wasserstände, Missweisung.
* *Teil C: Küstenkunde und Segelanweisungen*
Küsten-, Fahrwasser- und Hafenverhältnisse, oft ergänzt um nützliche Küstenansichten und Abbildungen von Schifffahrtszeichen und Leuchttürmen.
* *Teil D: Revierfunkdienst (separater Band)*
Das Shb. erscheint in größeren Abständen neu.

Handbuch Nautischer Funkdienst und Jachtfunkdienst

Das für ausrüstungspflichtige Fahrzeuge vorgeschriebene **Handbuch Nautischer Funkdienst** enthält alle erforderlichen Angaben zur Teilnahme am Seefunkdienst (Wetter- und Warndienste, Such- und Rettungs-, Eis- und Telekommunikationsdienste, Funkärztliche Beratung, Funkortungsdienste). Es deckt Nord- und Ostsee, den nordwestlichen Atlantik, das Mittelmeer sowie das Schwarze und Rote Meer ab. Außerhalb dieses Gebietes muss man die britische **Admiralty List of Radio Signals** verwenden.

Das **Beiheft zum Handbuch Nautischer Funkdienst** enthält Angaben zur Verwendung der Wetterfunksprüche an Bord, Wetter- und Eisschlüssel und meteorologische Ausdrücke.

Angaben zum Revierfunk findet man in den vier Bänden **Revierfunkdienst** (Nordsee, Ostsee, Westeuropa, Mittelmeer und Rotes Meer) als Ergänzung zu den entsprechenden Seehandbüchern. Die genannten Veröffentlichungen werden in den *Nachrichten für Seefahrer (NfS)* laufend berichtigt (vgl. S. 46).

Der für nichtausrüstungspflichtige Fahrzeuge bestimmte **Jachtfunkdienst** enthält die wichtigsten Auszüge aus den oben genannten Veröffentlichungen (vgl. S. 209). Er erscheint jährlich neu zu Saisonbeginn und wird nicht berichtet. Es gibt zwei Bände:
– *Jachtfunkdienst Nord- und Ostsee*
– *Jachtfunkdienst Mittelmeer*

Gezeitentafeln (GT), Gezeitenkalender und Gezeitenstromatlanten

Für die *europäischen* Gewässer (einschließlich Mittelmeer) gibt das BSH kalenderjährlich den Band **Gezeitentafeln,** für die Deutsche Bucht und deren Flussgebiete den **Gezeitenkalender** im Format DIN A6 heraus. Der genaue Umgang mit beiden Veröffentlichungen ist auf den Seiten 99 ff. beschrieben.

Für *außereuropäische* Gewässer empfiehlt das BSH die entsprechenden Bände der britischen **Admiralty Tide Tables (A.T.T.),** die ähnlich wie die deutschen Gezeitentafeln aufgebaut sind.

Ausführliche Angaben über die Gezeitenströme findet man einmal im **Atlas der Gezeitenströme,** der in einem Band die Deutsche Bucht, in einem weiteren Band die Nordsee, den Kanal und die britischen Gewässer abdeckt, zum anderen in dem Atlas **Die Strömungen in der Deutschen Bucht** (vgl. S. 108).

Handbuch für Brücke und Kartenhaus

Das Handbuch für Brücke und Kartenhaus des BSH dient den Schiffsführungen vor allem der Berufsschifffahrt als Ratgeber und ergänzende Informationsquelle zu Seekarten und Seebüchern. Es besteht als Loseblattwerk aus Teil I *(Schiffsführung)* und Teil II *(Schifffahrtsvorschriften).*

Hafenhandbücher und Törnführer

Für die meisten interessanten Segelreviere gibt es von privater Hand herausgegebene Hafenhandbücher und Törnführer. Hierzu zählen die **Hafenhandbücher** der *Kreuzer-Abteilung* des DSV (s. S. 341), u. a. für die Nord- und Ostsee und das Mittelmeer. Sie werden durch Nachträge aktualisiert. Daneben gibt es Törnführer und **maritime Reiseführer für die Sportschifffahrt** der Verlage *Delius Klasing* und *Edition Maritim*.

Das BSH gibt keine Hafenhandbücher heraus. Man findet jedoch entsprechende Hinweise in den Seehandbüchern.

Yachtpilot des DSV

Die Loseblattsammlung *Yachtpilot* des DSV-Verlages enthält für die Nord- und Ostsee umfangreiche Informationen für den Yachtsport:
Sicherheit und Rettung, Seewetter, Zoll, Schifffahrtsrecht, Schiffsführung, Naturschutz-, Schieß- und Sperrgebiete, Funk, Registrierung und Vermessung etc.

Handbuch für Suche und Rettung

Dieses für nichtausrüstungspflichtige Fahrzeuge (Sport- und Kleinschifffahrt) bestimmte Handbuch des BSH enthält Anleitungen für die Bewältigung von Notlagen auf See.

> Einen guten **Überblick** über alle erhältlichen Seekarten und Seebücher geben die von den Schifffahrtsbuchhandlungen jährlich neu herausgegebenen Kataloge für die Sportschifffahrt.

Ausschnitt aus dem Ostsee-Handbuch des BSH, III. Teil (Von Flensburg bis zum Sund und zur deutsch-polnischen Grenze)

C 4.2   VON DARSSER ORT BIS STRALSUND

C 4.2.1

VON DARSSER ORT BIS HIDDENSEE zieht sich die Küste der Halbinsel Zingst etwa 15 sm in O-licher Richtung hin und zeigt Sanddünen und Kiefernwälder.

Landmarken sind an dieser Küstenstrecke neben den Leuchttürmen die Seebäder Prerow und Zingst sowie die auffällige Kirche von Barth und ein Schornstein in Zingst. Auch die hohen Dünen NO-lich von Prerow und NW-lich von Pramort sind von See aus gut zu erkennen.

Leuchtturm Darßer Ort s. Abb.

Bock, die niedrige, bewaldete Nehrung O-lich von Zingst, erkennt man an den Richtfeuerträgern des Nordfahrwassers nach Stralsund.

Strömung s. C 3.5.7. Bei der Umsteuerung der Prerowbank und des Riffs bei Darßer Ort ist vor allem von Führern kleinerer Fahrzeuge zu beachten, dass in diesem Gebiet oft starke O- und W-Strömungen auftreten, die in vielen Fällen Stromgeschwindigkeiten bis zu 4 sm/h erreichen können.

Darßer Ort (54° 28' N 012° 31' E) ist ein gut geschützter Nothafen für kleine Fahrzeuge und Boote im Nationalpark Vorpommersche Boddenlandschaft. Das zum Hafen führende Fahrwasser neigt stark zum Versanden. Der Nothafen ist dazu bestimmt, bei widrigen Verhältnissen wie Sturm, Seegang, Eisgang oder sonstigen Notfällen vorübergehend als Zuflucht zu dienen, sofern das Anlaufen eines anderen Hafens dem Schiffsführer als nicht zumutbar erscheint.

Fahrzeuge, denen der Nothafen als Zuflucht dient, müssen grundsätzlich den Hafen bis 11.00 Uhr des Tages verlassen, der auf den Tag des Einlaufens folgt.

Über Liegerechte, die über die genannte Zweckbestimmung hinausgehen, entscheidet das Nationalparkamt Mecklenburg-Vorpommern als zuständige Hafenbehörde.

Leuchtturm Darßer Ort in 068°
Abb. C 4.2.1 a

Leuchtfeuer-
verzeichnis (Lfv.)

Fragen 11–15, 17, 25 (NAV SKS)

Frage 231 (SBF)

Das BSH gibt das Leuchtfeuerver-
zeichnis in drei Teilen heraus:
Teil 1, Band 1: Mittlere und östliche
Ostsee
Band 2: Nördliche Ostsee
Teil 2: Westliche Ostsee und Ostsee-
zufahrten
Teil 3: Östliche Nordsee
Das Leuchtfeuerverzeichnis enthält
eine genaue Beschreibung der festen
Leuchtfeuer, Feuerschiffe und Groß-
tonnen (ab 8 m Höhe in der britischen
List of Lights). Es erscheint etwa alle
zwei Jahre neu und wird laufend in den
Nachrichten für Seefahrer (NfS) be-
richtigt.
Brückensignale sind **nicht** im Lfv.,
sondern in den See- und Hafenhand-
büchern und in den Seekarten enthalten.

Ausschnitt aus dem Leuchtfeuerverzeichnis
Teil 2, Westliche Ostsee und Ostseezufahrten
Die beim Namen des Feuerträgers angegebe-
ne Höhe über Erdboden ist bei deutschen
Leuchttürmen die Höhe des Dachfirstes, bei
deutschen Baken die Höhe des Toppzeichens
über dem Erdboden.
Die Nenntragweite ist in Seemeilen (M=miles)
angegeben.
Die in der letzten Spalte angegebene Höhe ist
die Höhe der Lichtquelle in Gezeitengewässern
über mittlerem Hochwasser, in gezeitenlosen
Gewässern über mittlerem Wasserstand.
Richtungen (Peilungen, Kurse, Richtlinien)
sind rechtweisend in Graden von 000° bis
360°, Peilungen einzelner Sektoren eines Feu-
ers stets rechtsherum zählend und von See bzw.
vom Schiff aus angegeben.

Deutschland – Rostock bis Stralsund | 59

Nummer Int. Nr.	Name Feuerträger (Höhe über Erdboden) Breite / Länge	Kennung/Wiederk. Zeitmaße / Sektoren	Nenn-Tw.	Höhe Bemerkungen
15940 C 1436	**Wustrow** r., viereckiger Turm (10 m), 2 Galerien, runde, w. Laterne in der NW-Ecke des Maschinenhauses (12 m) 54° 20′ N 012° 23′ E	Oc (3) 12 s (1)+2+(1)+2+(1)+5 s	16 M	12 m
16000 C 1440	**Darßer Ort** r., runder Turm mit br. Kuppel (35 m), neben dem Wärterhaus 54° 28′ N 012° 30′ E	Fl (2+4) 22 s	20 M	33 m
16020 C 1441	**Darßer Ort, U.-F.** w. Gitterbake mit r. △ (5 m) 54° 28′ N 012° 31′ E	Oc. 4 s (1)+3 s Rcht-F.-L. 256,2° ztws.	10 M	9 m
16021 C 1441.1	**– Oberfeuer** r. ▽ (12 m), 407 m vom U.-F.	Oc. 4 s (1)+3 s	10 M	16 m
16040 C 1441.3	**– Spundwand** r-w-r. Mast (3 m), auf dem Kopf der S-lichen Spundwand 54° 28′ N 012° 32′ E	F. R ztws. F. G ztws., auf dem Kopf der N-lichen Spundwand	3 M	5 m
16100 C 1442	**Mast** 54° 42′ N 012° 42′ E	Fl (5) Y. 20 s Messgerät		8 m

Nebelschallzeichen

Von manchen Schifffahrtszeichen wird im Nebel ein bestimmtes **Nebelschallsignal** – meist als Morsebuchstabe – gegeben und meist auch ein **gelbes Nebelfeuer** zum Schutz der Anlage betrieben. So sendet z. B. der Leuchtturm Kiel mit einer Wiederkehr von 30 Sekunden im Nebel die Buchstaben »KI« (– · – · ·). Genaue Angaben über die verwendete Morsekennung und die Wiederkehr findet man im Leuchtfeuerverzeichnis.

Für die Schiffsortbestimmung haben Nebelschallsignale nur einen begrenz-ten Wert, da Abstand und Richtung des Senders nur sehr ungenau geschätzt werden können. Die atmosphärischen Verhältnisse haben großen Einfluss auf die Hörweite und die Ausbreitungsrichtung der Schallwellen.

Britische List of Lights

Für Gebiete, die nicht vom deutschen Lfv. abgedeckt sind, empfiehlt das BSH die Verwendung der entsprechenden Ausgaben der britischen *List of Lights and Fog Signals,* die jährlich neu erscheinen und ebenfalls in den *NfS* berichtigt werden.

Laterne eines Feuerträgers

Unten:
Ausschnitt aus der britischen List of Lights and Fog Signals

Mediterranean — Islas Baleares

		N/E		metres	miles		
	ISLA DE FORMENTERA—(contd)						
0253·5	- Isla de Gastabí	38 46·5 1 25·1	Q(9)W 15s	14	4	Yellow beacon, black band 8	
0254	- Los Puercos o Pou	38 47·9 1 25·3	Fl(3+1)W 20s	28	11	White tower, black band 27	fl 0·8, ec 2·2, fl 0·8, ec 2·2, fl 0·8, ec 6·2, fl 0·8, ec 6·2
0256	- Isla Espardell. N Point	38 48·2 1 28·6	Fl(3)W 7·5s	21	8	White conical tower 16	fl 0·5, ec 1, fl 0·5, ec 1, fl 0·5, ec 4
0258	Freu Grande. (Between Ibiza and Formentera.) Bajo De'n Pou	38 48·2 1 25·2	Q W	10	4	♢ on yellow column, black top	
	ISLA DE IBIZA						
0260	- Isla Ahorcados. S end	38 48·8 1 24·7	Oc(1+2)W 14s	30	12	White tower, black bands, on white building 22	ec 2, lt 3·5, ec 2, lt 1, ec 2, lt 3·5
0261	-	38 52·2 1 21·7	Aero AlFl WG 3s	16	..	Control tower 9	Occas
0262	- Islote Dado Grande	38 53·5 1 27·2	Fl(2)W 10s	13	6	Black ♢ on black metal tower, red band 6	fl 0·5, ec 1·5, fl 0·5, ec 7·5
0264	- PUERTO DE IBIZA. Islote Botafoch. Summit	38 54·3 1 27·3	Oc WR 7s	37	7	White tower and dwelling, grey lantern and cupola 3	ec 2. R034°-045°(11°) over Islotes Malvins and Esponja, W045°-034°(349°), obscured over Lladós N and S by Isla Grossa bl 2, si 2, bl 2, si 4
		..	Horn(2) 10s	..	..	..	
0264·4	-- Marina d'es Botafoch	38 54·7 1 27·0	Fl(2+1)G 11s	6	6	△ on green pedestal, red band 3	F R and F G at entrance
0265	-- Dique de Abrigo. Head	38 54·7 1 26·6	Fl R 3s	12	7	White truncated conical tower, red cupola 11	fl 0·7. Obscured to the W of Islotes Malvins
0265·4	-- Outer Breakwater	38 54·8 1 26·7	Fl G 3s	12	5	Green column with green △ in white base 11	fl 0·5.

Nautischer Warn- und Nachrichtendienst

Fragen 9, 10, 30–39 (NAV SKS)
Fragen 224, 225 (SBF)

Der nautische Warn- und Nachrichtendienst der Bundesrepublik Deutschland unterrichtet im Tätigkeitsbereich der deutschen Wasser- und Schifffahrtsverwaltung und der angrenzenden Landeshäfen über alle Umstände, die Einfluss auf die sichere Schiffsführung und die Aufrechterhaltung der Sicherheit und Leichtigkeit des Verkehrs haben können.
Hierzu bedient er sich
• *der Nachrichten für Seefahrer (NfS) des BSH,*

Titelblatt der Nachrichten für Seefahrer
Das Heft 1 der NfS (erscheint jährlich im Januar für die 1. Woche) enthält in einem Vorwort u. a. eine ausführliche Darstellung des Nautischen Warn- und Nachrichtendienstes und der nautischen Veröffentlichungen.

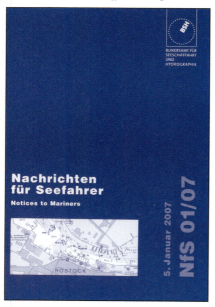

• *der Bekanntmachungen für Seefahrer (BfS) der zuständigen Wasser- und Schifffahrtsverwaltungen des Bundes,*
• *der Nautischen Warnnachrichten (NWN) des Seewarndienstes Emden,*
• *des Maritimen Lagezentrums (MLZ) des Havariekommandos Cuxhaven,*
• *der Seenotleitung (MRCC) Bremen zur Unterstützung bei Unglücksfällen auf See.*

Nachrichten für Seefahrer (NfS)

Die *Nachrichten für Seefahrer* erscheinen **wöchentlich** als Amtsblatt des BSH. Wichtige Nachrichten aus den Gewässern Deutschlands werden auch in englischer Sprache veröffentlicht.
In den NfS werden für die Schiffsführung wichtige Maßnahmen, Ereignisse und Veränderungen auf den deutschen Seeschifffahrtsstraßen, auf der Hohen See und in den Hoheitsgewässern anderer Staaten im europäischen und angrenzenden Bereich bekannt gegeben. Sie ermöglichen die Berichtigung der nautischen Veröffentlichungen. Insbesondere werden Veränderungen der Befeuerung und Betonnung der Küstengewässer, Schifffahrtshindernisse und Gefahren im Küstengebiet und auf See sowie für die Schiffsführung wichtige Bekanntmachungen und Verordnungen von Behörden veröffentlicht.
Kartenberichtigungen und Mitteilungen aus deutschen Gewässern sind mit einem * **(Stern)** bezeichnet, ebenso Kartenberichtigungen und Mitteilungen aus anderen Gebieten, die international zum ersten Mal veröffentlicht werden.

Jedes Heft gliedert sich in folgende Teile:
Teil 1: Kartenberichtigungen
Teil 2: Handbuchberichtigungen
Teil 3: Katalogberichtigungen
Teil 4: Mitteilungen
Beilagen

Die **Kartenberichtigungen** (Teil 1) sind nach Seegebieten geordnet. Nachrichten, die eine bevorstehende Maßnahme ankündigen, werden durch ein **P** – *Preliminary* –, Nachrichten, die über einen vorübergehenden (zeitweiligen) Zustand unterrichten, durch ein **T** – *Temporary* – gekennzeichnet.
P- und T-Nachrichten werden wegen der begrenzten Geltungsdauer nicht in die Seekarten eingearbeitet. Sie müssen deshalb vor dem Gebrauch der Seekarte berücksichtigt werden – am besten geschieht dies mit der monatlich in den *Beilagen* der NfS erscheinenden *Liste der noch gültigen P- und T-Berichtigungen.*

Handbuchberichtigungen (Teil 2) enthalten Berichtigungen der *Seehandbücher,* des *Handbuches Nautischer Funkdienst* und des *Handbuches für Brücke und Kartenhaus.*

Die **Katalogberichtigungen** (Teil 3) enthalten Neuerscheinungen und Nachdrucke von Seekarten und Seebüchern als Berichtigungen zum Katalog *Seekarten und Bücher.*

Als **Mitteilungen** (Teil 4) werden Nachrichten veröffentlicht, die nicht der Berichtigung dienen, aber von nautischem Interesse sind, wie z. B. Schießzeiten, militärische Übungen, ausgelegte Messgeräte, zeitweilige Fahrwassersperrungen, Bauarbeiten, Neuerscheinungen britischer Veröffentlichungen außerhalb europäischer und angrenzender Gewässer, Verordnungen, wichtige Seeamtsentscheidungen (vgl. S. 341) etc.
Die **Beilagen** enthalten Deckblätter zur Berichtigung des Leuchtfeuerverzeichnisses und von Seekarten, eine *Liste der noch gültigen P- und T-*

Berichtigungen (monatlich), eine *Liste der Berichtigungen und Mitteilungen* (halbjährlich) etc.

Für die Berichtigung britischer Seekarten und Seebücher erscheinen die **Notices to Mariners (NtM)** des *United Kingdom Hydrographic Office (UKHO)*. Ein preisgünstiger Auszug hieraus ist die quartalsweise erscheinende *Small Craft Edition*.

Im **Internet** können die NfS gegen Gebühr unter der Adresse des BSH *www.bsh.de* und die NtM unter der Adresse des UKHO *www.nms.ukho. gov.uk* abgerufen werden. Die *Sammelberichtigungen* für die Sportschifffahrt werden vom BSH kostenlos zur Verfügung gestellt.

Bekanntmachungen für Seefahrer (BfS)

Die *Bekanntmachungen für Seefahrer* sind örtliche Nachrichten für Seefahrer. Sie enthalten alle wichtigen Ereignisse und Maßnahmen auf den Seeschifffahrtsstraßen und in der ausschließlichen Wirtschaftszone Deutschlands, die Einfluss auf die sichere Schiffsführung sowie die Sicherheit und Leichtigkeit des Verkehrs haben können. Hierzu zählen z. B. Änderungen an Befeuerung, Betonnung und Landmarken, veränderte Wassertiefen, Schifffahrtshindernisse, Baggerarbeiten, militärische Übungen und damit zusammenhängende Sperrungen oder Behinderungen. Wie bei den *Nachrichten für Seefahrer (NfS)* gibt es auch hier P- und T-Nachrichten.

Die BfS werden von den jeweils zuständigen Behörden der Wasser- und Schifffahrtsverwaltung des Bundes bzw. der Länder herausgegeben und an den amtlichen Aushangstellen und im Internet unter *www.elwis.de* veröffentlicht. Aushangstellen in Häfen, die überwiegend oder ausschließlich von der Sportschifffahrt benutzt werden, geben BfS nur vom 1. April bis zum 31. Oktober bekannt. Maßnahmen oder Ereignisse größeren Umfangs oder überörtlicher Bedeutung werden in den NfS veröffentlicht oder gegebenenfalls als Nautische Warnnachrichten (NWN) verbreitet.

Nautische Warnnachrichten (NWN)

Die *Nautischen Warnnachrichten* dienen der kurzfristigen Warnung der Schifffahrt vor eingetretenen oder unmittelbar bevorstehenden Gefahren. Sie werden von den Verkehrszentralen für deren Zuständigkeitsbereiche und vom Seewarndienst Emden für das gesamte deutsche Warngebiet zur Verbreitung über Funk (NAVTEX, UKW und für die Sportschifffahrt über bestimmte Rundfunksender) herausgegeben. Für das deutsche Seewarngebiet können sie auch über das Internet unter *www.bsh.de* abgefragt werden.

Die NWN erhalten den Zusatz **»vital«**, wenn die Warnung auf eine lebensbedrohliche Gefahr hinweist. Vitale nautische Warnnachrichten **für die Sportschifffahrt** aus dem Zuständigkeitsbereich der Verkehrszentralen werden zwischen dem 1. April und dem 31. Oktober an den Seewarndienst zur Verbreitung über Rundfunkanstalten weitergeleitet.

Beispiel einer Kartenberichtigung in den Nachrichten für Seefahrer (NfS) mit Erläuterungen

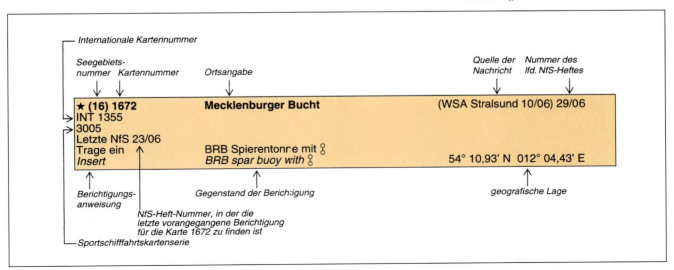

Das Lot

Fragen 77, 86 (NAV SKS)

Mit dem Lot bestimmt man die **Wassertiefe** und manchmal auch die Grundbeschaffenheit. Beim Ankern und in Tidengewässern können wir auf das Lot nicht verzichten. Durch Loten kann auch der Schiffsort überprüft werden.

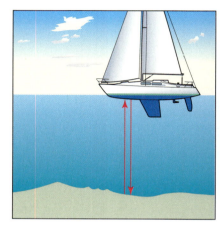

Das Echolot

Die meisten Yachten sind mit einem **Echolot** ausgerüstet. Es besteht aus dem Anzeigegerät und dem vor dem Kiel montierten *Schwinger* oder *Geber*. Der **Schwinger** sendet Ultraschallsignale (mit einer Geschwindigkeit von etwa 1500 m/s) zum Meeresboden und misst die Dauer bis zum Empfang des vom Grund zurückgeworfenen Echos. Aus der gemessenen Zeitspanne errechnet sich die Wassertiefe. Je länger auf das Echo gewartet werden muss, desto tiefer ist es.

Das **Anzeigegerät** ist meist im Cockpit und eventuell als Tochtergerät zusätzlich am Kartentisch montiert. Die Anzeige erfolgt entweder digital oder analog über eine Leuchtdiode, die auf einer von einem Motor mit konstanter Drehzahl angetriebenen Dreh-

scheibe montiert ist. Die Leuchtdiode leuchtet auf, wenn der Schallimpuls gesendet (Nullmarke) und empfangen (Tiefenangabe) wird.

Bei diesen Geräten kann man mit etwas Erfahrung auch auf die **Grundbeschaffenheit** schließen. So weist ein schmales, aber intensiv leuchtendes Zeichen auf einen festen und harten Grund hin, ein breiteres Echo dagegen auf einen weichen Boden.

Neben der deutlichen Hauptanzeige werden ständig einige umspringende Nebenanzeigen registriert. Dies sind Fehlmessungen oder Doppelechos. Zu

Oben: Prinzip des Echolots
Das Echolot sendet ein Ultraschallsignal zum Meeresboden und errechnet aus der Dauer bis zur Rückkehr des Signals die Wassertiefe.

Unten links: Echolot mit Leuchtdiodenanzeige und Schwinger
*Dieses Gerät verfügt über eine **Mehrbereichsskala**. Über den Drehknopf rechts oben kann man auf verschiedene Messbereiche umschalten; der Standardmessbereich bis 12 m kann verdoppelt oder verzehnfacht werden. Unten rechts Bedienung des **Alarmgebers**.*

Unten rechts: Echolot mit Digitalanzeige und Schwinger

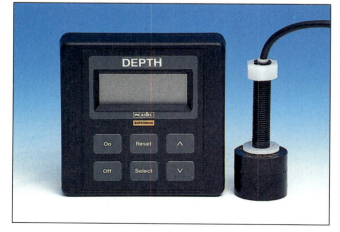

Fehlmessungen kann es durch unterschiedlich warme Wasserschichten oder durch Turbulenzen und Luftblasen im Umfeld des Schwingers bei schneller Fahrt oder stärkerer Krängung kommen.

Die meisten Geräte sind mit Zusatzfunktionen versehen, wie **Mehrbereichsskala,** Tiefen- und Flachwasseralarm, Ankerwache etc. Beim **Flachwasseralarm** gibt das Gerät ein akustisches Warnsignal, sobald eine vorher eingegebene Mindesttiefe unterschritten wird.

Teurere **Grafikecholote,** die primär für den Fischfang gedacht sind, bieten eine Vorausschau bis zu mehreren hundert Metern, zwei- oder dreidimensionale Darstellung, Zoom etc.

Beachte:
- In **Tidegewässern** kann die gemessene Wassertiefe bis zum folgenden Niedrigwasser weiter abnehmen. Wir sollten deshalb **beim Loten die Uhrzeit notieren,** um anhand der Gezeitentafeln festzustellen, ob das Wasser steigt oder fällt.
- Die vom Echolot angegebene Tiefe bezieht sich meist auf die **Tiefe des Gebers.** Dann gilt:

> **WT = Echolotung + Gebertiefe**
> WT = Wassertiefe

Das Handlot

Das preiswerteste Lot ist ein einfaches Handlot. Es besteht aus einer etwa 30 m langen Lotleine und einem kegelförmigen, 1 bis 1,5 kg schweren Bleigewicht. Die geflochtene Nylonleine ist meist mit verschiedenfarbigen Metermarkierungen versehen (alle 10 m Farbwechsel).

Für den Fall, dass das Echolot ausfällt, sollte sich stets ein Handlot an Bord befinden.

Die Fahrt

Frage 44 (NAV SKS)
Frage 108 (SM I SKS)
Frage 88 (SM II SKS)

Fragen 234–236 (SBF)

Fahrt in Knoten

In der Navigation bezieht man die Geschwindigkeit bzw. die **Fahrt (F)** auf die Seemeile.

> Legt man in einer Stunde eine Seemeile zurück, so hat man eine Fahrt von einem Knoten (kn).
>
> **1 kn = 1 sm/h**
>
> Unter »Knoten« (kn) versteht man also die in einer Stunde zurückgelegten Seemeilen.

Allgemein gilt:

$$\text{Fahrt F (kn)} = \frac{\text{Distanz D (sm)} \cdot 60}{\text{Zeitspanne t (min)}}$$

Mit dieser Formel können wir drei Grundaufgaben rechnen:

> **1. Aufgabe: Wie schnell sind wir?**
> Eine Yacht hat von 1610 Uhr bis 1730 Uhr 8 sm zurückgelegt. Wie schnell war sie?
> $F = \frac{8 \cdot 60}{80} = 6$ kn

Umgekehrt können wir fragen: Wann werden wir unser Ziel erreichen? Wir rechnen:

$$\text{Zeitspanne t (h)} = \frac{\text{Distanz D (sm)}}{\text{Fahrt F (kn)}}$$

Oder wenn wir in Minuten rechnen:

$$t \text{ (min)} = \frac{\text{D (sm)} \cdot 60}{\text{F (kn)}}$$

> **2. Aufgabe: Wie lange brauchen wir bis zum Ziel?**
> Für eine Distanz von 22 sm rechnet man mit einer Durchschnittsfahrt von 5 kn. Wie lange wird man brauchen?
> $t = \frac{22 \cdot 60}{5} = 4$ h 24 min

Wollen wir schließlich wissen, welche Distanz wir bereits zurückgelegt haben, so gilt:

$$\text{D (sm)} = \text{F (kn)} \cdot \text{t (h)}$$

> **3. Aufgabe: Wieviel sm haben wir zurückgelegt?**
> Man läuft seit 6 Stunden mit einer Fahrt von 5 kn. Wieviel sm hat man zurückgelegt?
> $D = 5 \cdot 6 = 30$ sm

Vgl. auch die **Fahrttabelle** auf S. 352.

Fahrt durchs Wasser (FdW)
Fahrt über Grund (FüG)

Das Log misst die Bewegung des Schiffes gegenüber dem Wasser, also die **Fahrt durchs Wasser (FdW).** In der Seekarte abgesetzte Kurse und Distanzen beziehen sich aber auf den Grund. Solange Kurs und Fahrt einer Yacht nicht durch **Strom** beeinflusst werden, entspricht die FdW der **Fahrt über Grund (FüG),** mit der wir in der Karte arbeiten. Wird unser Schiff aber durch Strom versetzt, beschleunigt oder gebremst, zeigt das Log die FdW, aber nicht die FüG an. Laufen wir gegen den Strom, so misst das Log eine größere Geschwindigkeit und auch eine längere Distanz, als wir über Grund zurücklegen. Umgekehrt ist es, wenn wir mit dem Strom laufen.

Beispiel: Ankert man in einem strömenden Gewässer, so hat man keine FüG, da man ja an derselben Stelle bleibt, doch zeigt das Log die Stromgeschwindigkeit als FdW an.

> **Merke:** Mit dem Log messen wir immer die Fahrt durchs Wasser, nie die Fahrt über Grund.

Das Log

Frage 43 (NAV SKS)

> Das Log misst die **Fahrt durchs Wasser (FdW)** in Knoten (kn), also in Seemeilen pro Stunde, und die zurückgelegte **Distanz** in sm.

Yachtlogs

Moderne Yachtlogs messen die Fahrt über einen im vorderen Teil des Bootsrumpfes außenbords eingebauten Geber, meist einem **Impeller** oder einem **Paddelrad,** der vom Fahrtstrom angetrieben wird. Beim klassischen **Sumlog** werden die Impellerumdrehungen mechanisch übertragen. Beim modernen **Elektrolog** induziert ein vom Impeller angetriebener Magnet in einer festen Spule eine elektrische Spannung. Die Geschwindigkeit wird meist digital auf einem im Cockpit montierten **Display** angezeigt.

Paddelrad und Impeller sind natürlich externen Einflüssen ausgesetzt und können verkrauten oder beschädigt werden.

Häufig verwendet man ein **Display mit Mehrfachfunktion.** Es gibt nicht nur die jeweilige Fahrt, sondern auch die Gesamtdistanz an und auf einen Tastendruck hin meist auch die Durchschnittsgeschwindigkeit, die Tagesmeilen, die Betriebsstunden des Motors oder sogar die Wassertemperatur. Manche Geräte errechnen aus der Eingabe der Abfahrtszeit und der voraussichtlichen Distanz auch die voraussichtliche Ankunftszeit und die noch verbleibende Distanz zum Ziel. Oft findet man auch **Kombidisplays,** die die Messungen verschiedener Instrumente, z. B. des Logs und des Echolots, nebeneinander zeigen.

Andere Techniken, wie z. B. Staudruckmesser oder die elektronische Ultraschallmessung (Dopplereffekt), werden in der Sportschifffahrt kaum eingesetzt.

Das Schlepp- oder Patentlog

Bei Langfahrtseglern ist das zuverlässige und technisch unkomplizierte Schlepp- oder Patentlog nach wie vor verbreitet. Es besteht aus einer geflochtenen, etwa 30 m langen Logleine, an der ein Propeller angebracht ist. Dieser Logpropeller wird im Wasser

Rechts:
Sumlog mit Geber und Mehrfachdisplay von Dataline

nachgeschleppt und überträgt über die Logleine die Anzahl der Umdrehungen auf eine am Heck installierte Zähluhr, die die zurückgelegten Seemeilen anzeigt. Manche Geräte zeigen auch die jeweilige Fahrt und die Tagesmeilen an. Vor Hafeneinfahrten und Ankermanövern muss die Logleine eingeholt werden.

Das Schlepplog arbeitet recht genau. Fehler können sich bei langsamer Fahrt und auf langen Strecken vor dem Wind ergeben, wo die See von achtern schiebt. Dann gibt das Log meist zu kurze Distanzen an.

Eichen des Logs

Moderne Logs können justiert werden, indem man eine falsche Anzeige des Geräts über eine bestimmte Tasteneingabe korrigiert. Vorher müssen wir aber prüfen, ob und um wieviel die Anzeige falsch ist. Hierfür vergleicht man am besten die Länge einer bekannten Distanz (wahre Distanz) mit dem Messergebnis des Logs über die gleiche Distanz (geloggte Distanz).

Bei Geräten, die nicht justiert werden können, ermittelt man aus dem Verhältnis

$$\frac{\text{wahre Distanz}}{\text{geloggte Distanz}}$$

einen sogenannten **Eichfaktor**, mit dem man künftig alle gemessenen Werte multipliziert, um die wahre Distanz zu erhalten.

Beispiel: Ein Log zeigt auf einer wahren Distanz von 1 sm (Ablaufmeile) 0,8 sm an. Hieraus ergibt sich als Eichfaktor 1,25. Man muss also alle Messergebnisse mit 1,25 multiplizieren, um die wahre Distanz zu erhalten.

Alle Messungen zum Eichen des Logs müssen natürlich in **strömungsfreiem Wasser** erfolgen. In einem strömenden Gewässer muss man die Ablaufstrecke in beiden Richtungen durchlaufen und eine Durchschnittsgeschwindigkeit errechnen, die sich aus dem Mittel der beiden Einzelgeschwindigkeiten ergibt.

Das Relingslog

Wir können die Fahrt einer Yacht auch mit einem sogenannten Relingslog ermitteln. Hierzu bringt man (am besten mit *Tape*) an der Reling auf beiden Schiffsseiten zwei genügend weit voneinander entfernte Markierungen an. Dann wirft man an der Leeseite der Yacht etwas voraus ein Holzstück ins Wasser und misst mit der Stoppuhr seine Durchlaufzeit von der ersten zur zweiten Relingsmarkierung. Hieraus kann man die Fahrt errechnen. Um die Messgenauigkeit zu erhöhen, nimmt man mehrere Messungen vor und bildet hieraus einen Mittelwert.

Als Abstand zwischen den beiden Markierungen wählt man am besten die Länge mehrerer Meridiantertien. Eine **Meridiantertie** ist die Strecke in Metern, die man bei einer Fahrt von einem Knoten in genau einer Sekunde zurücklegt.

Da eine Stunde aus 3600 Sekunden besteht, errechnet sie sich aus

$$1852 \text{ m} : 3600 = 0,514 \text{ m}.$$

---

1 Meridiantertie = 0,514 m

Allgemein gilt:

$$F \text{ (kn)} = \frac{\text{Anzahl der Meridiantertien}}{\text{Durchlaufzeit (s)}}$$

oder:

Meridiantertien pro Sekunde = Seemeilen pro Stunde

oder: $\quad 2 \cdot \text{m/s} \approx \text{sm/h}$

Um in der Praxis vernünftige Ergebnisse zu erhalten, sollte die Messstrecke nicht kürzer als zehn Meridiantertien sein.

Ganz links:
Display von Echopilot mit Mehrfachfunktionen

Links:
Kombidisplay von Tridata für Log und Lot

Der Steuerkompass

Fragen 115, 118 (NAV SKS)
Frage 254 (SBF)

Der Kompass zeigt die Himmelsrichtungen an. Man verwendet ihn als **Steuerkompass,** um über längere Strecken einen gleich bleibenden Kurs zu steuern, oder als **Peilkompass,** um die Richtung zu einem Objekt zu bestimmen (vgl. S. 60).

Die Großschifffahrt navigiert fast ausschließlich mit dem *Kreiselkompass.* In der Sportschifffahrt wird meist der *Magnetkompass,* seltener der **Flux-gate-Kompass** (vgl. S. 59) verwendet.

Oben: Kugelkompass von C. Plath

*Unten: Auf einer **Steuersäule** montierter Kugelkompass*

Magnetkompass – Fluidkompass

Der **Magnetkompass** arbeitet mit Magneten, die die Richtwirkung des erdmagnetischen Feldes ausnutzen. Er wird heute fast ausschließlich als **Schwimm- oder Fluidkompass** gebaut in einem mit einer *Dämpfungsflüssigkeit* gefüllten *Kompasskessel.* In diesem Kessel befindet sich die als Schwimmkörper gebaute *Kompassrose,* deren Mitte auf einer festen, spitzen Nadel, der *Pinne,* gelagert ist. An der Unterseite der Kompassrose sind *Stab- oder Ringmagnete* angebracht, die die Einstellung der Scheibe in Nord-Süd-Richtung bewirken. Die Spitze der Pinne ist aus gehärtetem Stahl, Platin oder Iridium gefertigt. Ihr Gegenstück, das *Hütchen,* enthält in der Mitte meist einen kleinen Edelstein, um die Abnutzung durch die Reibung möglichst gering zu halten.

Die Dämpfungsflüssigkeit schwächt die Wirkung der Schiffsbewegungen auf die Kompassrose ab und reduziert den Druck der Kompassrose auf die Kompasspinne. Sie besteht aus einem Gemisch, das nicht gefriert.

Kugelkompass

Als Steuerkompass findet man fast ausschließlich den innenkardanisch gelagerten **Kugelkompass,** dessen Glasscheibe so nach oben gewölbt ist, dass die Kompassrose auch bei sehr großer Krängung (bis etwa 75°) frei ausschwingen kann. Durch den Vergrößerungseffekt der Kugelform ist er sehr gut ablesbar.

Auf radgesteuerten Yachten wird der Kugelkompass meist auf einer *Steuersäule* montiert. Für pinnengesteuerte Boote empfiehlt sich die *Schottmontage* an der Kajütrückwand neben dem Niedergang oder in einem Schott. Der außenkardanisch aufgehängte *Flach-*

glaskompass wird heute kaum noch verwendet.

Welchen Kompass wählen wir aus?

1. Wir sollten nur einen **vom BSH baumustergeprüften** und zugelassenen Kompass verwenden. Dies wird durch eine entsprechende Prüfplakette des BSH oder eines vom BSH beauftragten Prüfers oder anerkannten Betriebes bestätigt.

2. Jeder Kompass sollte **reparaturfähig** sein; man muss ihn deshalb ohne Schwierigkeiten öffnen können.

3. Zum Nachfüllen der Dämpfungsflüssigkeit muss eine **Füllöffnung** vorhanden sein.

4. Für die Nachtfahrt sollte der Kompass von innen **beleuchtet** werden können. Ein regelbares und gedämpftes Licht (dunkelrot oder dunkelgrün) erleichtert die Anpassung des Auges an die Dunkelheit.

5. Jeder Magnetkompass wird durch **Eisen, Stahl und Gleichstromleitungen** in seiner Nähe abgelenkt. Vor verchromten Kompassteilen wird deshalb gewarnt; sie können magnetisierbares Metall enthalten und erhebliche unkompensierbare Abweichungen verursachen.

Wie wird der Kompass aufgestellt?

1. Der **Steuerstrich** muss mit der Kiellinie zusammenfallen oder parallel dazu verlaufen.

2. Die **Magnetkompassablenkung** (vgl. S. 56) ist auch für seine richtige Aufstellung von Bedeutung:

– Magnetisierbares Material (wie z. B. der Motorblock) muss **mindestens 1 m vom Kompass entfernt** sein. Beschläge oder Teile, die weniger als 1 m vom Kompass entfernt sind, sollten aus nichtmagnetisierbarem Material (Aluminium, Messing, Holz, GFK) bestehen.

– **Elektrische Geräte** (Funk- und Funkortungsgeräte, Echolot, Umdrehungsanzeiger, Lautsprecher) dürfen auf keinem Kurs die Kompassanzeige stören.

Auch unterwegs müssen wir darauf achten, dass keine Metallteile, wie z. B. Werkzeug, Fernglas, GPS-Gerät etc., den Kompass ablenken.

– **Gleichstrom führende Leitungen** müssen so verlegt sein, dass Hin- und Rückleitungen unmittelbar nebeneinander liegen.

Beim Aufstellen bzw. Montieren eines Magnetkompasses an Bord müssen wir beachten:
- Der Steuerstrich muss mit der Kiellinie zusammenfallen oder parallel dazu verlaufen.
- Der Kompass muss gut ablesbar sein.
- Die Nähe von Eisen- und Stahlteilen und elektrischen Geräten muss vermieden werden.

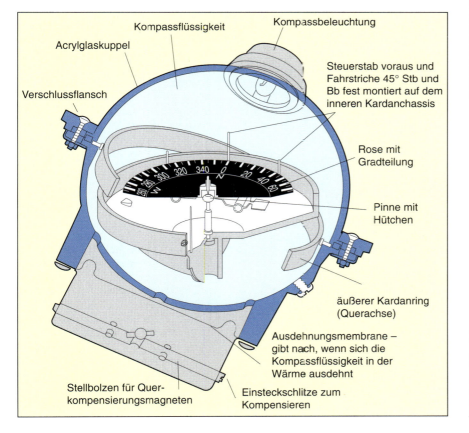

Kompassflüssigkeit

Kompassbeleuchtung

Acrylglaskuppel

Steuerstab voraus und Fahrstriche 45° Stb und Bb fest montiert auf dem inneren Kardanchassis

Verschlussflansch

Rose mit Gradteilung

Pinne mit Hütchen

äußerer Kardanring (Querachse)

Ausdehnungsmembrane – gibt nach, wenn sich die Kompassflüssigkeit in der Wärme ausdehnt

Stellbolzen für Querkompensierungsmagneten

Einsteckschlitze zum Kompensieren

Oben: Beleuchtbarer Kugelkompass mit gedämpftem Licht, das die Adaption des Auges an die Dunkelheit erleichtert.

Links: Querschnitt durch einen Kompass
Die unter der Rose montierten Magnete stellen die Kompassrose in Richtung des Erdmagnetfeldes ein.

Die Missweisung (Mw)

Fragen 41, 57, 59 (NAV SKS)

Fragen 237, 239, 241, 244 (SBF)

Rechtweisender Kurs (rwK) und missweisender Kurs (mwK)

Das Magnetfeld der Erde bestimmt die Richtung der Kompassrose; sie folgt dem Verlauf der magnetischen Feldlinien. Doch verlaufen die magnetischen Feldlinien meistens nicht genau parallel zu den Meridianen, die die geografische Nord-Süd-Richtung be-stimmen. Denn zum einen fallen die magnetischen Pole der Erde nicht mit den geografischen Polen zusammen; sie wandern sogar im Laufe der Zeit. So liegt der magnetische Pol der Nord-halbkugel auf etwa 78° N und 104° W. Und zweitens beeinflussen bestimmte geologische Formationen den Verlauf der magnetischen Feldlinien. Die vom Kompass angezeigte Nordrichtung stimmt also meistens nicht mit der geografischen Nordrichtung überein. Wir unterscheiden deshalb zwischen dem

- von den Meridianen vorgegebenen **rechtweisend Nord (rwN)**
- und dem von den magnetischen Feld-linien der Erde bestimmten **misswei-send Nord (mwN).**

Die **Missweisung (Mw)** ist der Winkel zwischen beiden Nordrichtungen, also von rwN nach mwN.

Wegen der Missweisung kann ein der Karte entnommener Kurs nicht unmit-telbar am Kompass gesteuert werden. Ebenso wenig können wir einen am Schiffskompass abgelesenen Kurs direkt in die Karte übertragen. Vorher müssen die Kurswerte um die Missweisung korrigiert werden; man sagt auch: mit der Missweisung »beschickt« werden. Wir unterscheiden in der Navigation also auch zwei verschiedene Kurse:

- Der **rechtweisende Kurs (rwK)** ist der Winkel von rechtweisend Nord (rwN) bis zur Rechtvorausrichtung (rv) der Yacht.
- Der **missweisende Kurs (mwK)** ist der Winkel von missweisend Nord (mwN) bis zur Rechtvorausrichtung (rv) der Yacht.

Die Rechtvorausrichtung (rv) ent-spricht der Kielrichtung der Yacht.

Beide Kurse unterscheiden sich genau um den Betrag der Missweisung. Es gilt also:

Rechts:
Die Mw beträgt +07°, da die Kompass-nadel nach Osten abgelenkt wird, also:

mwK	038°
Mw	+ 07°
rwK	045°

Ganz rechts:
Die Mw beträgt −12°, da die Kompass-nadel nach Westen abgelenkt wird, also:

mwK	057°
Mw	− 12°
rwK	045°

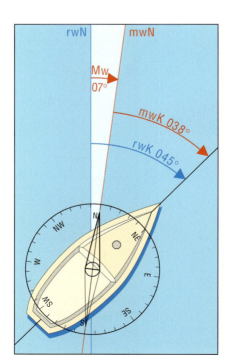

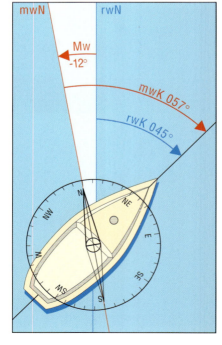

$$\frac{\begin{array}{r} \text{mwK} \\ + \text{Mw} \end{array}}{\text{rwK}}$$

Man bezeichnet die Missweisung mit *Ost* oder »+«, wenn die Kompassrose in östlicher Richtung abgelenkt wird, und mit *West* oder »–«, wenn sie in westlicher Richtung abgelenkt wird.

Missweisungsangaben in der Karte

Die Missweisung ist nicht überall gleich groß, vielmehr unterscheidet sie sich von Ort zu Ort. Man spricht deshalb auch von *Ortsmissweisung*. Außerdem ändert sich ihre Größe im Laufe der Zeit. Die Missweisung kann mehr als 30° betragen.

Mit welchem Missweisungswert wir jeweils arbeiten müssen, entnehmen wir der Seekarte. Dort finden wir

- **Missweisungsangaben** oder eine *Kompassrose,* aus der die Größe der Missweisung für ein bestimmtes Jahr *(Bezugsjahr)* und
- die **jährliche Änderung** hervorgehen.

Die aktuelle Missweisung muss man aus diesen Angaben errechnen.
Weicht die Missweisung in bestimmten Gebieten von dem in der Karte dargestellten Normalwert ab, so findet man folgende Eintragung:

Uns. Missw.

Linien gleicher Missweisung nennt man **Isogonen.** Das britische *Hydrographic Office* gibt kleinmaßstäbliche Isogonenkarten für die Weltmeere mit dem Titel »*Magnetic variation*« heraus.

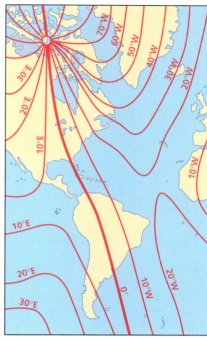

Oben: Isogonenkarte
Man erkennt den unregelmäßigen Verlauf der Linien gleicher Missweisung (Isogonen). Der magnetische Pol fällt nicht mit dem geografischen Pol zusammen.

Links: Kompassrose in einer Seekarte
Sie gibt für das Bezugsjahr 2005 eine Mw von 4°15' E mit einer jährlichen Änderung von 8' W an.

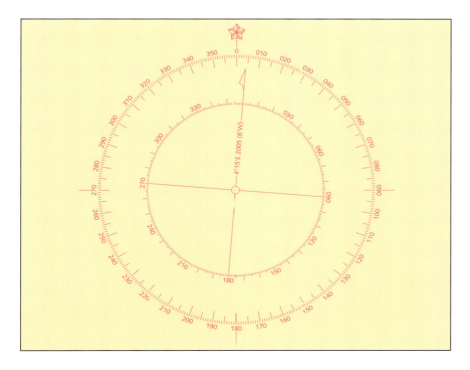

Beispiele für die Ermittlung der Mw anhand der Kompassrose links:	
Wie lautet die Mw für das Jahr 2009?	
Missweisung 2005	4°15' E
Änderung für 4 Jahre	– 32' W
Missweisung 2009	3°43' E
Wie lautet die Missweisung für 2003?	
Missweisung 2005	4°15' E
Änderung für 2 Jahre	+ 16' W
Missweisung für 2003	4°31' E

Wir müssen immer die unserem Schiffsort am nächsten liegende Missweisungsangabe verwenden.

Die Ablenkung (Abl) oder Deviation

Fragen 56–58, 116, 117 (NAV SKS)

Fragen 240, 242, 243, 246, 247 (SBF)

Aufgaben der Kursbeschickung
(vgl. hierzu die beiden Abb. rechts)

1. Aufgabe: Man liest den MgK am Kompass ab. Wie lautet der rwK für die Kartenarbeit?

MgK	018°		MgK	130°
Abl	+ 05°		Abl	– 13°
mwK	023°		mwK	117°
Mw	+ 07°		Mw	+ 07°
rwK	030°		rwK	124°

Wir haben vom *falschen* zum *richtigen* Kurs gerechnet, also die richtigen Vorzeichen verwendet.

2. Aufgabe: Man setzt in der Karte den rwK ab und möchte wissen, welchen Kurs man steuern muss.

MgK	018°		MgK	130°
Abl	+ 05°		Abl	– 13°
mwK	023°		mwK	117°
Mw	+ 07°		Mw	+ 07°
rwK	030°		rwK	124°

Hier haben wir *von unten nach oben* gerechnet und dabei stillschweigend die falschen Vorzeichen verwendet.

Magnetkompasskurs (MgK)

Neben der Missweisung müssen wir einen zweiten Kompassfehler berücksichtigen, die **Magnetkompassablenkung** (Abl) oder einfach **Ablenkung** oder **Deviation.**

Eisen, Stahl und Gleichstromleitungen in der Nähe des Kompasses beeinflussen die Stellung der Kompassrose. An Bord können der Motorblock, der Wassertank, die Ruderanlage, aber auch elektrische Spulen, wie wir sie im Lautsprecher, Kopfhörer, Echolot oder der Lichtmaschine finden, den Kompass erheblich ablenken. Auf Stahlyachten kommt der Einfluss des Schiffskörpers hinzu.

Die Kompassablenkung kann **dauerhaft** durch Einbauten und Lageveränderungen von Ausrüstungsgegenständen und **vorübergehend** durch den Einfluss elektronischer Geräte (Radio, Handy), magnetischer Geräte (Werkzeug, Peilkompass) und Gleichstromleitungen verändert werden.

Den gröbsten Fehler können wir dadurch vermeiden, dass ablenkende Teile mindestens einen Meter vom Kompass entfernt bleiben. Sollten sich dann noch größere Ablenkungswerte ergeben, muss der Kompass **kompensiert** werden (vgl. S. 58). Den Restfehler müssen wir, ähnlich wie die Missweisung, rechnerisch ausgleichen.

Dann richtet sich die Kompassrose nicht nach missweisend Nord (mwN), sondern nach **Magnetkompass-Nord (MgN).** Hierauf bezieht sich der Magnetkompasskurs (MgK).

- Der **Magnetkompasskurs (MgK)** ist der Winkel von Magnetkompass-Nord (MgN) bis zur Rechtvorausrichtung (rv) der Yacht. Den MgK lesen wir direkt am Kompass ab.

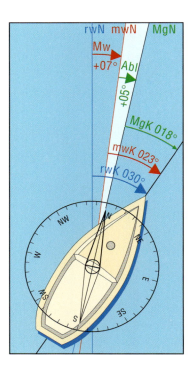

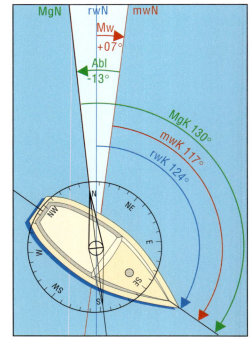

Die **Ablenkung** ist also der Winkel von missweisend Nord (mwN) nach Magnetkompass-Nord (MgN). Um den MgK zu erhalten, müssen wir den mwK mit der Abl beschicken. Es gilt:

$$\begin{array}{r} \text{MgK} \\ + \text{ Abl} \\ \hline \text{mwK} \\ + \text{ Mw} \\ \hline \text{rwK} \end{array}$$

Bisher hatten wir also nur den unteren Teil dieses Rechenschemas kennen gelernt.
Wie bei der Missweisung bezeichnet man auch hier eine östliche Ablenkung mit »+« und eine westliche Ablenkung mit »−«.
Unter **Magnetkompassfehlweisung (MgFw)** oder **Fehlweisung (Fw)** versteht man die Summe aus Abl und Mw, also:

$$\text{MgFw} = \text{Abl} + \text{Mw}$$

Zusammenfassung: Missweisung und Ablenkung

1. Die Missweisung ist für alle Kurse gleich groß, die Ablenkung von Kurs zu Kurs unterschiedlich.
2. Die Missweisung variiert von Ort zu Ort, die Ablenkung von Schiff zu Schiff.

Laufen zwei Schiffe auf gleichem Kurs nebeneinander, so steuern sie wahrscheinlich unterschiedliche Magnetkompasskurse. Denn sie unterliegen zwar der gleichen Missweisung, doch höchstwahrscheinlich unterschiedlichen Ablenkungswerten.

Faustregel für die Kursverwandlung:

Rechne vom *richtigen* Kurs (= rwK) zum *falschen* Kurs (= MgK) mit falschem (= umgekehrten) Vorzeichen! Rechne vom *falschen* Kurs zum *richtigen* Kurs mit richtigem Vorzeichen!

Wenn wir uns stets an das Rechenschema halten und *von oben nach unten* rechnen, wenn der rwK gesucht ist, bzw. *von unten nach oben,* wenn der MgK gesucht ist, können wir keine Vorzeichenfehler machen. Deshalb setzen wir die Ablenkung und Missweisung immer mit den angegebenen Vorzeichen in das Schema ein.

Rechtweisend Nord (rwN) ist die Richtung eines Meridians zum geografischen Nordpol.
Missweisend Nord (mwN) ist die Richtung des erdmagnetischen Feldes zum magnetischen Nordpol. Sie ist abhängig vom Schiffsort und Datum (Jahr). In diese Richtung stellt sich eine ungestörte Magnetkompassnadel ein.
Magnetkompass-Nord (MgN) ist die Richtung zu Magnetkompass-Nord. In diese Richtung zeigt die durch das schiffsmagnetische Feld beeinflusste Kompassnadel an Bord.

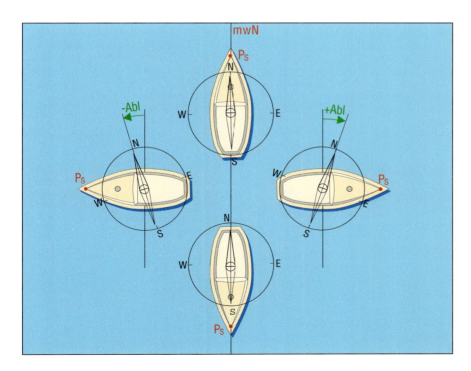

Ablenkung und Kurs
Während wir die Missweisung der Karte entnehmen, hängt die Ablenkung vom jeweiligen Kurs ab.
Man kann sich die Summe aller Ablenkungskräfte an Bord als Einfluss eines Magneten vorstellen, dessen Südpol (P_S) vor dem Kompass liegt. Dann wird deutlich, dass die Ablenkung vom Kurs des Schiffes abhängt: Auf Ostkurs wird die Nadel nach Osten abgelenkt, auf Westkurs dagegen nach Westen.
*Um Kurse richtig beschicken zu können, benötigt man also für jeden Kurs die dazugehörige Ablenkung. Diese findet man in der **Steuertafel** (s. S. 59).*

Die Ablenkungstabelle

Fragen 60, 61 (NAV SKS)

Frage 245 (SBF)

Ablenkungs- oder Deviationsdiagramm
der Ablenkungs- und Steuertafel auf S. 59

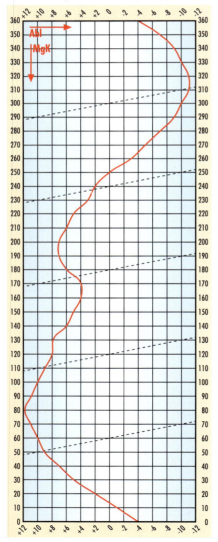

Ablenkungstafel und Steuertafel

Alle bei der Kursbeschickung anzubringenden Ablenkungswerte sind kursabhängig. Deshalb muss auf jeder Yacht eine Tabelle vorhanden sein, aus der die jeweilige Ablenkung hervorgeht. In der Regel sind in dieser Tabelle die Kurse mit den dazugehörigen Ablenkungen von 10° zu 10° angegeben. Setzt man die Ablenkungstabelle grafisch um, so ergibt sich meistens eine sinusförmige Kurve.

Erreicht die Ablenkung Beträge von 5° und mehr, so sollte man zwei parallele Tabellen aufstellen: Aus der ersten geht die Ablenkung für den zugehörigen MgK hervor (Ablenkungstafel), aus der zweiten die für den jeweiligen mwK (Steuertafel). Je nachdem, welchen Rechengang man ausführt, wird die eine oder andere Tafel verwendet: Rechnen wir vom rwK zum MgK, so nehmen wir die Steuertafel; rechnen wir vom MgK zum rwK, so nehmen wir die Ablenkungstafel.

Auf vielen **Holz- oder GFK-Booten** braucht man keine Ablenkung zu berücksichtigen, wenn der Steuerkompass von ablenkenden Einflüssen weit genug entfernt ist. Dann entspricht der mwK dem MgK.

Das Kompensieren

Weist die Ablenkungstabelle zu große Werte auf, so muss der Kompass vor dem Gebrauch reguliert (kompensiert) werden. Hierbei werden einzelne kleine Stabmagnete unter dem Kompasshaus angebracht, um den Verlauf der Kurve zu dämpfen. Der Einfluss richtig angebrachter Kompensiermagnete verhindert also eine übermäßige Abweichung der Nadel von mwN.
Ein Kompass, dessen Ablenkungswerte wesentlich mehr als 10° betragen,

sollte möglichst vor der Saison kompensiert werden, sodass mit der Beschickung nur noch kleinere Restfehler berücksichtigt werden. Natürlich muss die Yacht hierbei seeklar ausgerüstet sein – Anker, Rigg, Motor und elektrische Geräte sollten an ihrem Platz sein, da ja gerade diese Ausrüstungsbestandteile im Wesentlichen die Kompassablenkung verursachen.

Der Kompass sollte nur von einer vom *Bundesamt für Seeschifffahrt und Hydrographie (BSH)* anerkannten Person reguliert werden. Eine Liste anerkannter Regulierer wird regelmäßig in den *Nachrichten für Seefahrer (NfS)* und im Internet veröffentlicht.

Zwei Rechenbeispiele

Es gilt die Ablenkungs- und Steuertafel auf Seite 59.

1. Beispiel: Eine Yacht steuert am Kompass einen Kurs von 160°, danach von 265°. Die Missweisung in ihrem Revier beträgt – 02°. Mit welchem Kurs muss in der Karte gearbeitet werden?

MgK	160°		MgK	265°
Abl	+ 04°		Abl	– 04°
mwK	164°		mwK	261°
Mw	– 02°		Mw	– 02°
rwK	162°		rwK	259°

2. Beispiel: Auf einer Yacht setzt der Skipper in der Karte zunächst reinen SW-Kurs ab, etwas später einen Kurs von 254°. Die Missweisung in diesem Revier beträgt + 04°. Welchen Kurs muss der Steuermann halten?

MgK	215°		MgK	250°
Abl	+ 06°		Abl	00°
mwK	221°		mwK	250°
Mw	+ 04°		Mw	+ 04°
rwK	225°		rwK	254°

In diesem Beispiel haben wir von *unten* nach *oben* gerechnet.

Unten: Ablenkungstafel und Steuertafel
Wenn wir den MgK vom Kompass kennen und den rwK für die Kartenarbeit brauchen, finden wir die Abl in der linken Spalte (Ablenkungstafel). Haben wir aber Kurs in der Karte abgesetzt und wollen den MgK wissen, finden wir die Abl in der rechten Spalte (Steuertafel).

Die unten wiedergegebene Ablenkungs- und Steuertafel wird in der Prüfung zum Sportküstenschifferschein (SKS) verwendet.

Ablenkungstafel		Steuertafel	
MgK (°)	Abl (°)	mwK (°)	Abl (°)
000	− 4	000	− 3
010	− 1	010	− 1
020	+ 2	020	+ 2
030	+ 5	030	+ 4
040	+ 7	040	+ 6
050	+ 9	050	+ 7
060	+10	060	+ 9
070	+11	070	+10
080	+12	080	+11
090	+11	090	+11
100	+10	100	+11
110	+ 9	110	+10
120	+ 8	120	+ 9
130	+ 8	130	+ 8
140	+ 6	140	+ 7
150	+ 5	150	+ 6
160	+ 4	160	+ 4
170	+ 4	170	+ 4
180	+ 6	180	+ 5
190	+ 7	190	+ 6
200	+ 7	200	+ 7
210	+ 6	210	+ 7
220	+ 5	220	+ 6
230	+ 3	230	+ 4
240	+ 2	240	+ 2
250	0	250	0
260	− 3	260	− 4
270	− 5	270	− 6
280	− 7	280	− 9
290	− 9	290	−10
300	−10	300	−11
310	−11	310	−11
320	−11	320	−10
330	−10	330	− 9
340	− 9	340	− 8
350	− 7	350	− 6
360	− 4	360	− 3

Der Fluxgate-Kompass

Der elektronische Fluxgate-Kompass unterscheidet sich völlig vom klassischen Magnetkompass. Er besteht aus einem Anzeigegerät, das digital oder analog den Kurs anzeigt, und einer getrennt montierten Magnetfeldsonde. Er arbeitet also ohne beweglichen Magneten. Die aus einem Sensor und zwei kreuzförmig angebrachten Spulen bestehende Sonde misst die erdmagnetischen Feldlinien und die Schiffsbewegung gegenüber diesen Feldlinien. Hieraus wird der Kurs des Schiffes errechnet.

Die **Ablenkungseinflüsse** des Schiffsmagnetfeldes lassen sich beim Fluxgate-Kompass sehr leicht kompensieren, indem man einen Vollkreis fährt, sobald man den Kompass in Betrieb genommen hat. Man kann außerdem die im Fahrtgebiet herrschende Missweisung eingeben. Dann zeigt der Fluxgate-Kompass **direkt den rwK** an; Missweisung und Ablenkung brauchen also nicht mehr berücksichtigt zu werden. Da der Fluxgate-Kompass vom Bordnetz abhängig ist, muss er allerdings nach jeder Inbetriebnahme wieder kompensiert werden, indem man einen Vollkreis fährt.

Ritchie-Fluxgate-Kompass für die Montage auf dem Armaturenbrett
Mit dem rechten Knopf wird der Steuerindikator aktiviert, der anzeigt, wie weit man vom Sollkurs abweicht.

Die Magnet-kompasspeilung (MgP)

Frage 62 (NAV SKS)

Frage 248 (SBF)

Mit einer Peilung bestimmt man die Richtung, in der man ein bestimmtes Peilobjekt vom Schiff aus sieht. Man unterscheidet Magnetkompasspeilungen und Seitenpeilungen.

- Die **Magnetkompasspeilung (MgP)** ist der Winkel von Magnet-kompass-Nord (MgN) zur Richtung zum Peilobjekt. Er wird mit dem **Peilkompass** gemessen.
- Die **Seitenpeilung (SP)** ist der Winkel von der Rechtvorausrichtung des Schiffes zur Richtung zum Peilobjekt. Er wird mit dem **Radargerät** oder der **Peilscheibe** gemessen (vgl. S. 62).

Peilungen ergeben gerade Standlinien. Für die Peilung geeignet sind alle markanten Objekte, die wir in der Seekarte finden, wie Leuchttürme, Schornsteine oder Berggipfel.

Kompasspeilungen

Eine Magnetkompasspeilung erhält man entweder
- mit dem Handpeilkompass oder
- mit einem Aufsatz auf dem Steuer-kompass.

Mit dem klassischen Handpeilkompass können wir jedes Objekt über eine am Kompassgehäuse fest montierte Kimme anpeilen. Durch ein unterhalb der Kimme schwenkbar angebrachtes Prisma, das die Gradzahlen der Kompassrose einspiegelt, lesen wir den Peilwert unmittelbar ab.

Natürlich unterliegt auch der Handpeilkompass den Einflüssen von Missweisung und Ablenkung. Doch kann man die **Ablenkung vernachlässigen,** wenn der Kompass beim Peilen etwa 1 m von allen ablenkenden Metallen und elektrischen Geräten entfernt ist. Die **Missweisung** müssen wir aber **berücksichtigen,** bevor wir die Peilung als **rechtweisende Peilung (rwP)** in die Karte eintragen. Dann gilt:

$$\begin{array}{r} \mathbf{MgP} \\ + \mathbf{Mw} \\ \hline \mathbf{rwP} \end{array}$$

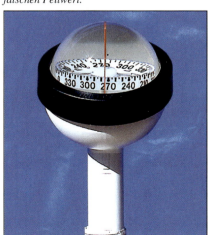

Links und unten:
Handpeilkompass
Der Ablesestrich muss beim Peilen genau in der Verlängerung der Kimme liegen; sonst ergibt sich ein Parallaxenfehler und man erhält einen falschen Peilwert.

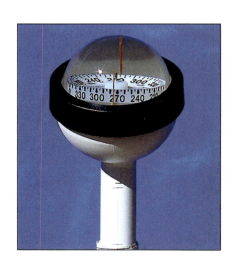

Beim **Peilen über den Schiffskompass** müssen wir neben der Missweisung natürlich **auch die Ablenkung** berücksichtigen, um die rechtweisende Peilung (rwP) für die Arbeit in der Karte zu erhalten. Man rechnet dann:

MgP	
+ Abl	(des MgK!)
mwP	
+ Mw	
rwP	

Die **Größe der Ablenkung** hängt nicht davon ab, in welcher Richtung wir über den Kompass peilen, sondern vom **anliegenden Kurs** während des Peilens.
Für die richtige Auswertung einer Peilung müssen wir also immer den beim Peilen gesteuerten MgK kennen.

Kleinerer Handpeiler
Man peilt unmittelbar am Auge. Deshalb sollte man die Brille beim Peilen abnehmen, damit kein Ablenkungsfehler auftritt.

Unten: Ein Beispiel

Bei einem MgK von 120° peilt man über den Steuerkompass ein Objekt mit 150° (Abb. unten), ein anderes mit 245°. Die Mw beträgt + 04°.
Wie lauten beide rwP?

Man rechnet:

MgP	150°	MgP	245°
Abl	+ 08°	Abl	+ 08°
mwP	158°	mwP	253°
Mw	+ 04°	Mw	+ 04°
rwP	162°	rwP	257°

Die Abl wird der Ablenkungstafel auf S. 59 für den MgK von 120° entnommen!

Führt man **mehrere Peilungen bei gleichem Kurs** durch, rechnet man leichter und schneller mit der **Fehlweisung:**
$$Fw = Abl + Mw$$
Denn bei gleichem Kurs ist die Fehlweisung für alle Peilungen gleich groß.

Elektronischer Fluxgate-Peilkompass
mit digitaler Anzeige und Speicher.
Bei der Auswahl des Peilkompasses sollte man vor allem auf Genauigkeit, Ablesbarkeit, Dämpfung, Wasserdichtigkeit und Beleuchtung achten.

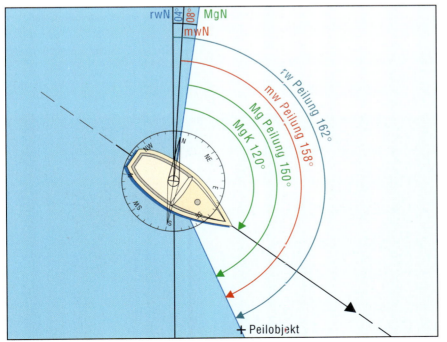

rwN · 04° · 08° · MgN
mwN

rw Peilung 162°
mw Peilung 158°
Mg Peilung 150°
MgK 120°

+ Peilobjekt

Seitenpeilungen (SP)

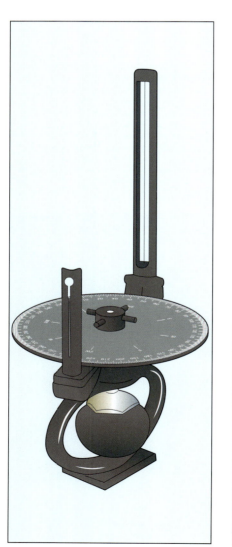

Seitenpeilungen werden entweder mit dem **Radargerät** oder einer **Peilscheibe** vorgenommen. Mit der Seitenpeilung ermittelt man den Winkel zwischen der Rechtvorausrichtung, also der Kiellinie der Yacht, und der Richtung zum Peilobjekt. Dieser Winkel wird von recht voraus (= 000°) rechtsherum bis 360° gezählt (Vollkreiszählung). Also:

SP voraus	= 000°
SP Stb querab	= 090°
SP achteraus	= 180°
SP Bb querab	= 270°

Mit dem Zusatz Stb oder Bb ist auch eine halbkreisige Zählung (000° bis 180°) möglich.

Die Peilscheibe wird in einen fest in Kielrichtung auf dem Kajütdach montierten Steckschuh geschoben, wobei die Nullrichtung genau in Schiffsrichtung justiert ist.

Auswertung der Seitenpeilung

Um die Seitenpeilung in die Karte eintragen zu können, müssen wir sie in eine **rechtweisende Peilung (rwP)** umrechnen, indem wir sie mit dem rwK addieren. Also:

	SP
+	**rwK**
	rwP

Wie bei der Magnetkompasspeilung müssen wir also den beim Peilen gesteuerten MgK kennen, um die richtige Ablenkung berücksichtigen zu können. Deshalb wird für Seitenpeilungen eine zweite Person gebraucht: eine Person peilt, die andere liest zum Peilzeitpunkt den anliegenden MgK ab.

Unten: Seitenpeilung (SP)
Die Seitenpeilung ist der Winkel von recht voraus zur Richtung zum Peilobjekt. Man zählt
* *entweder mit einer **Vollkreisscheibe** (links unten) von recht voraus (= 000°) rechtsherum bis 360°*
* *oder mit einer **Halbkreisscheibe** (rechts unten) von recht voraus an Stb oder an Bb bis 180°.*
Die dargestellte SP mit der Vollkreisscheibe beträgt 250°, mit der Halbkreisscheibe 110° an Bb.

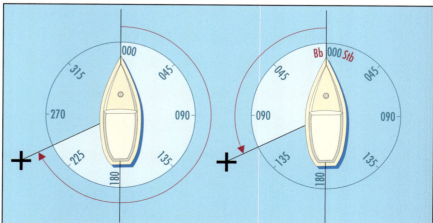

Radar-Seitenpeilungen (RaSP)

Mit dem Radargerät erhält man sogenannte Radar-Seitenpeilungen (RaSP).
Um sie in der Karte auswerten zu können, müssen sie wie normale Seitenpeilungen zu rechtweisenden Peilungen beschickt werden (vgl. S. 91).

Unten: Beschickung einer Seitenpeilung

Bei einem MgK von 120° wird eine SP von
030° vorgenommen. Wie lautet die rwP, wenn
die Mw + 04° beträgt?

Man rechnet:

MgK	120°		SP	030°
Abl	+08°	→	rwK	132°
Mw	+04°			
rwK	132°		rwP	162°

Dieser Rechenweg erleichtert die Arbeit,
wenn man mehrere Seitenpeilungen bei
gleichem Kurs vornimmt, weil man den
Kurs nur einmal umrechnen muss.

Die Ablenkung wird der Ablenkungstafel
auf S. 59 entnommen.

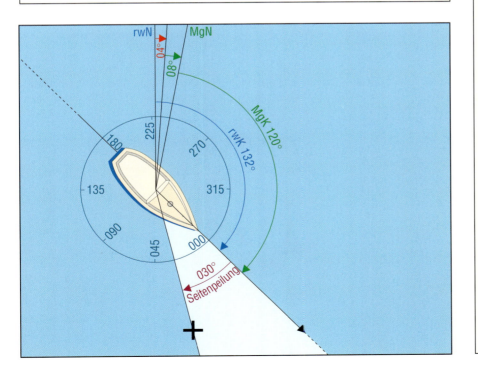

Zwei Beispiele

Es gilt die Ablenkungs- und Steuertafel
auf S. 59.

1. Beispiel: Eine Yacht steuert am Kompass 240°. Hierbei wird ein Leuchtturm
mit dem Kompass unter 312° gepeilt; mit
der Peilscheibe peilt man einen Kirchturm unter 179°. Verwandle die Peilungen in rechtweisende Peilungen!
(Mw = – 03°)

			SP	179°
			MgK	+240°
MgP	312°		MgP	059°
Abl	+ 02°		Abl	+ 02°
mwP	314°		mwP	061°
Mw	– 03°		Mw	– 03°
rwP	311°		rwP	058°

2. Beispiel: Der Karte entnimmt
man, dass der momentan anliegende
Ostkurs einer Yacht geändert werden
muss, sobald ein bestimmter Leuchtturm
rechtweisend unter 220° gepeilt werden
kann. Was muss man zum Zeitpunkt der
Kursänderung am Kompass peilen, was
mit der Peilscheibe?

MgP	212°
Abl	+ 11°
mwP	223°
Mw	– 03°
rwP	220°

MgP	212°
MgK	090°
SP	122°

Der Kurs muss bei einer MgP von 212°
bzw. einer SP von 122° geändert werden.

Beachte, dass hier zum *falschen* Kurs hin
gerechnet wurde.

Kontrolle der Ablenkungstabelle

Frage 51 (NAV SKS)

Um die Funktionsfähigkeit des Kompasses und die Werte der Ablenkungstabelle zu überprüfen, sind regelmäßige Kompasskontrollen erforderlich. Hierfür gibt es zwei Möglichkeiten: die Kontrolle durch bekannten Kurs und die Kontrolle durch bekannte Peilung. Bei der **Kontrolle durch bekannten Kurs** gehen wir von der Beziehung MgK + Abl = mwK aus, die wir umformen in

$$\text{Abl} = \text{mwK} - \text{MgK}$$

Jetzt können wir den Ablenkungswert überprüfen, wenn wir bei einem bestimmten Kurs den mwK und den MgK kennen. Hierfür eignet sich am besten eine **bekannte Deckpeilung**, auf die man genau zuhält. In diesem Moment lesen wir den MgK am Kompass ab. Den dazugehörigen mwK erhalten wir, indem wir den rwK der Deckpeilung der Karte entnehmen und mit der Mw zum mwK beschicken.

Ähnlich gehen wir bei der **Kontrolle durch bekannte Peilung** von der Beziehung MgP + Abl = mwP aus, die man umformt in

$$\text{Abl} = \text{mwP} - \text{MgP}$$

Unten links: Ablenkungskontrolle durch bekannten Kurs
Man entnimmt der Karte für eine Deckpeilung, auf die man genau zuhält, rechtweisend 062°. Am Kompass liest man 051° ab, die Mw beträgt + 02°. Stimmt die Tabelle auf S. 59?

$$
\begin{array}{ll}
\text{MgK} & 051° \text{ (am Kompass abgelesen)} \\
\text{Abl} & \underline{\quad ? °} \\
\text{mwK} & 060° \\
\text{Mw} & \underline{+ 02°} \\
\text{rwK} & 062° \text{ (aus der Karte)}
\end{array}
$$

Als Ablenkung ergibt sich dann:
Abl = mwK − MgK
= 060° − 051° = + 09°
Als Ablenkung für den mwK von 060° und den MgK von 051° erhält man also + 09°. Dies entspricht auch genau den Tabellenwerten auf S. 59.

Auch hier verwenden wir eine **Deckpeilung**, die wir auf einem bestimmten Kurs kreuzen. Die MgP erhalten wir durch eine Peilung mit dem Peilkompass, während wir die Deckpeilung kreuzen. Und die mwP errechnen wir aus der rwP (= Deckpeilung aus der Karte), die wir mit der Mw beschicken.

Unten rechts: Ablenkungskontrolle durch bekannte Peilung
Bei einem MgK von 310° peilt man eine der Karte entnommene rechtweisende Deckpeilung von 077° über den Steuerkompass unter 086°. Die Mw beträgt −03°. Stimmt die Tabelle auf S. 59?

$$
\begin{array}{ll}
\text{MgP} & 086° \text{ (mit Kompass gepeilt)} \\
\text{Abl} & \underline{\quad ? °} \\
\text{mwP} & 080° \\
\text{Mw} & \underline{- 03°} \\
\text{rwP} & 077° \text{ (aus der Karte)}
\end{array}
$$

Als Ablenkung ergibt sich dann:
Abl = mwP − MgP
= 080° − 086° = − 06°
Der Tabelle auf S. 59 entnimmt man jedoch für einen MgK von 310° eine Ablenkung von −11°, die Tabelle ist also falsch.

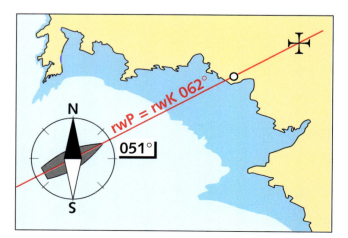

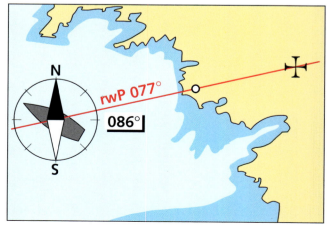

Aufstellen der Ablenkungstabelle

Beim Aufstellen einer Ablenkungstabelle geht man ebenfalls von einer bekannten missweisenden Peilung (mwP) aus, die man auf verschiedenen Kursen von 10° zu 10° kreuzt. Beim **Kreuzen der Peillinie** peilt man mit dem Kompass den Winkel, unter dem das Objekt erscheint (MgP). Für jeden Kurs bildet man die jeweilige Differenz aus mwP und MgP:

$$\text{Abl (MgK)} = \text{mwP} - \text{MgP}$$

Der so erhaltene Ablenkungswert gehört dann zum jeweils gesteuerten MgK. Alle Werte zusammen ergeben unsere Tabelle.

Anstatt die Peillinie unter unterschiedlichen Kursen zu kreuzen, was meistens sehr zeitraubend ist, kann man auch **einen größeren Kreis drehen** und hierbei die jeweiligen Peilwerte ablesen.

Unter Segeln sollte man jedoch die Peillinie unter verschiedenen Kursen kreuzen. Denn beim Drehen eines Vollkreises können verschiedene **Fehler** auftreten: Einmal variiert die Ablenkung mit unterschiedlich starker Krängung, zum anderen wird die Drehung unter Vollzeug so rasch gehen, dass der Kompass einen erheblichen Schleppfehler aufweisen kann. Der Schleppfehler kann weitgehend ausgeglichen werden, indem man zwei Kreise dreht, einen nach Bb und einen nach Stb, und die jeweiligen Mittelwerte bildet. Außerdem muss man beim Verfahren durch Drehung weit genug vom Peilobjekt entfernt sein, damit durch die Größe des Drehkreisdurchmessers kein Fehler entsteht. Auf jeden Fall sollte die Entfernung zum Zielobjekt mindestens das Hundertfache des Kreisdurchmessers betragen, damit keine größeren Fehler als 0,5° entstehen.

Auch beim Aufstellen der Tabelle ist natürlich eine Deckpeilung sehr günstig, doch genügt jede bekannte missweisende Peilung, die man dadurch erhält, dass man zunächst den Schiffsort sehr genau bestimmt und diesen Ort durch eine Boje kennzeichnet. In manchen Häfen findet man sogar spezielle **Deviationsdalben**, die uns die jeweilige rechtweisende Peilung bereits vorgeben.

Ähnlich wie beim Kompensieren des Kompasses muss natürlich auch hier die Yacht seeklar sein. Das heißt, alle wichtigen Metallgegenstände müssen an dem Platz liegen, den sie auch während des Törns einnehmen.

Aufstellen der Ablenkungstabelle
Man kreuzt eine bekannte mwP (am besten eine Deckpeilung) auf verschiedenen Kursen und erhält so die dazugehörige MgP. Die Differenz ist die Ablenkung des jeweiligen MgK.
Man kann aber auch einen größeren Kreis fahren und hierbei mehrere Messungen vornehmen.

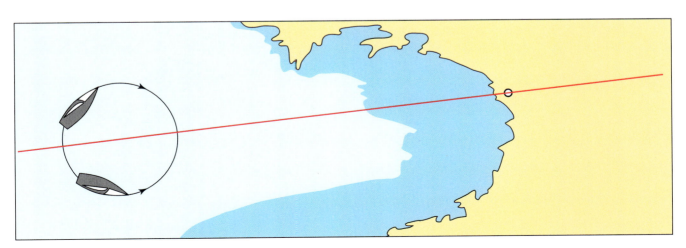

Koppelnavigation

Fragen 48, 49 (NAV SKS)
Fragen 252, 253 (SBF)

Koppelort – Beobachteter Ort

Unter Koppeln versteht man das Navigieren allein mithilfe von Kurs und Fahrt, also mit Kompass und Log. Wir tragen am Ausgangspunkt den Kurs an und setzen auf der Kurslinie die zurückgelegte Distanz ab. So erhalten wir den **Koppelort**.

• **Koppelort (O_k)** ist der Schiffsort, der unter Berücksichtigung der gesteuerten Kurse und zurückgelegten Distanzen und aller vorhersehbaren Einflüsse rechnerisch und zeichnerisch ermittelt wird.

Man kennzeichnet ihn in der Karte mit einem kurzen Strich quer zur Kurslinie und fügt die entsprechende Uhrzeit hinzu.

Bestimmt man dagegen den Schiffsort aus Standlinien, wie z.B. Peilungen, so spricht man vom **beobachteten Ort.**

• **Beobachteter Ort (O_b)** oder **Fix** ist der Schiffsort, der sich aus beobachteten Standlinien ergibt.

Man kennzeichnet ihn in der Karte mit einem kleinen Kreis um den Schnittpunkt der eingetragenen Standlinien herum und gibt ebenfalls die Uhrzeit an.

Zur Genauigkeit des Koppelns

Ein Koppelort ist meist ungenauer als ein beobachteter Ort – vor allem bei Versetzung durch Wind und Strom. Denn das Log misst immer »durchs Wasser«, wir koppeln in der Karte aber »über Grund«. Auf langen Schlägen kommen **Steuerfehler** hinzu.

> **Unter Motor** muss man mit Steuerfehlern von ± 3° und Distanzfehlern von ca. 5 % rechnen.
> **Unter Segel** können sich diese Fehler mehr als verdoppeln.

Durch Kursänderungen können sich solche Ungenauigkeiten addieren.
Doch muss ein O_b nicht immer genauer sein als ein O_k. Denn die überlegte Auswertung eines präzisen Logs kann im Einzelfall genauer sein als bei Seegang unsicher durchgeführte Peilungen. Der tatsächliche Standort einer Yacht fällt wohl meistens weder mit dem O_b noch mit dem O_k zusammen.

Die Besteckversetzung (BV)

Ein Koppelort und ein zur gleichen Zeit ermittelter beobachteter Ort werden meist nicht zusammenfallen. Sie unterscheiden sich um die Besteckversetzung.

> Unter **Besteckversetzung (BV)** versteht man die rechtweisende Richtung in Grad (°) und die Entfernung in sm vom Koppelort zum beobachteten Ort – stets bezogen auf den gleichen Zeitpunkt. Besteckversetzung ist also der Vektor vom O_k zum O_b.

Ist die Besteckversetzung durch Wind verursacht, nennt man sie **Windversetzung**; ist sie durch Strom verursacht, so spricht man von **Stromversetzung**.

Koppelort
Eine Yacht passiert um 1230 Uhr die Tonne A mit einem rwK von 112°. Um 1330 Uhr wird der Kurs auf 064° geändert. Um 1430 wird ein O_b mit zwei Peilungen ermittelt, der gegenüber dem Koppelort O_k (für den gleichen Zeitpunkt) um 0,8 sm nach NW versetzt ist. Besteckversetzung: 314° / 0,8 sm.
Die weitere Koppelnavigation wird vom neuen O_b aus fortgesetzt.

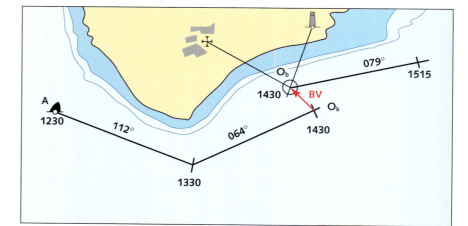

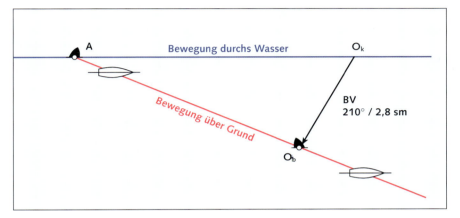

A
Bewegung durchs Wasser
O_k

Bewegung über Grund

BV
210° / 2,8 sm

O_b

Ursachen einer Besteckversetzung
- ungenaues Steuern und Koppeln
- ungenaue Steuertafel
- falsche oder keine Berücksichtigung von Wind und/oder Strom

Besteckversetzung
Ausgehend von der Tonne A ermittelt man um 1500 Uhr durch Peilungen einen beobachteten Ort O_b. Das Log zeigt eine Distanz von 6,5 sm an.
Trägt man auf dem Koppelkurs den O_k für 1500 ein, kann man die Besteckversetzung ermitteln: sie beträgt 210°/2,8 sm.

Standlinien und Schiffsort

Frage 249 (SBF)

Eine **Standlinie** ist der geometrische Ort aller Punkte, auf dem sich alle Schiffe befinden, die die gleiche navigatorische Beobachtung machen.

Standlinien erhält man aus navigatorischen Beobachtungen von Landmarken *(= terrestrische Standlinien)*, elektromagnetischen Wellen *(= elektronische Standlinien)* oder von Gestirnen *(= astronomische Standlinien)*.

Terrestrische Standlinien erhält man aus

– **Peilungen,** die Geraden als Standlinien ergeben,

– **Abstandsbestimmungen,** durch die man einen Kreisbogen erhält,

– **Horizontalwinkelmessungen,** die einen Kreisbogen ergeben,

– **Lotungen,** die zu unregelmäßig gekrümmten Standlinien führen.

Eine Standlinie allein ergibt noch keinen Schiffsort; mindestens zwei Standlinien sind hierfür erforderlich. Der **Schiffsort** ist dann der Schnittpunkt beider Standlinien, denn er liegt sowohl auf der einen als auch auf der anderen Standlinie.

Die Deckpeilung

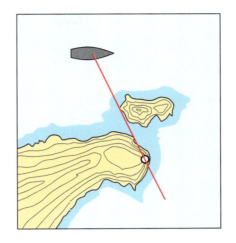

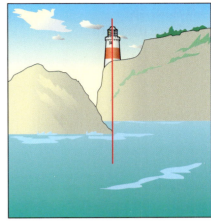

Man spricht von einer Deckpeilung, wenn ein Beobachter zwei Landmarken hintereinander sieht, wenn sie also »in Linie« liegen bzw. sich »decken«. Eine Deckpeilung ergibt eine **gerade Standlinie**.

Ein Beispiel für eine Deckpeilung ist das **Richtfeuer** mit Ober- und Unterfeuer (vgl. S. 28). Es ermöglicht die nächtliche Durchfahrt durch enge Fahrwasser oder gefährliche Hindernisse, sobald man beide Feuer *in Linie* hat. Tagsüber ermöglichen dort häufig **Baken in Linie** die sichere Durchfahrt. Richtfeuerlinien oder Deckpeilungen sind häufig mit dem entsprechenden **rechtweisenden Kurs in der Seekarte** (von See bzw. vom Schiff aus gesehen) eingetragen.

Deckpeilungen kann man aber auch dadurch gewinnen, dass man zwei in der Seekarte eindeutig identifizierte Objekte wie einen Kirchturm, Leucht-

turm oder Schornstein miteinander zur Deckung bringt. Auch ein markantes Kap kann hierfür geeignet sein. Die verlängerte Verbindungslinie beider Objekte ergibt in der Seekarte bereits unsere Standlinie.

Das Verfahren ist **sehr einfach und sehr genau**, denn man benötigt keinen Peilkompass, es gibt keine Peilfehler und keine Kompassfehler (Missweisung und Ablenkung).

Auch die **Sektorengrenze eines Leuchtfeuers** kann eine Standlinie

ohne Kompassfehler ergeben. Läuft man von einem Farbsektor eines Leuchtfeuers in den nächsten, so befindet man sich genau auf der entsprechenden Sektorengrenze. Sie ist meist in der Seekarte eingetragen, aber auch im Leuchtfeuerverzeichnis als rechtweisende Peilung (von See bzw. vom Schiff aus gesehen) angegeben. Doch beträgt der Übergangsbereich zwischen den Sektoren etwa 1° bis 2° – außer bei Präzisionssektorenfeuern wie Leitfeuern in engen Fahrwassern.

Kurs nach Bb ändern

Baken in Linie

Kurs nach Stb ändern

Oben: Jede Deckpeilung ergibt eine gerade Standlinie
Sobald man das Kap mit dem Leuchtfeuer in Linie hat, kann man eine eindeutige Standlinie in der Karte eintragen – ohne rechnerische Peilungsverwandlung, da Kompassfehler keine Rolle spielen.

Links: Wie bringt man zwei Landmarken in Linie?
Sehen wir das Unterfeuer bzw. die vordere Bake links vom Oberfeuer bzw. von der hinteren Bake, so müssen wir unseren Kurs nach Bb ändern – und umgekehrt. Der Kurs muss also immer in Richtung des Unterfeuers bzw. der vorderen Bake korrigiert werden.

Abstands-bestimmungen

Fragen 54 (NAV SKS)
63 (WK SKS)

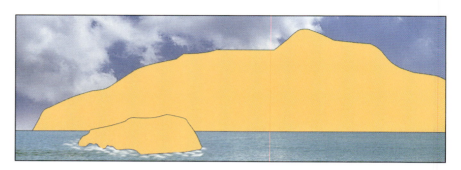

Eine Abstandsbestimmung ergibt eine **kreisförmige Standlinie.** Denn wenn wir von einem Objekt z. B. 3 sm entfernt sind, so befinden wir uns irgendwo auf einem Kreisbogen um das Objekt mit einem Radius von 3 sm.

Man kann Abstände
• **schätzen** (sehr ungenau),
• aus der **Kimmentfernung** schätzen (ungenau),
• aus einem **Feuer in der Kimm** ermitteln (ungenau), vgl. S. 27,
• aus einer **Höhenwinkelmessung** errechnen (genau),
• mithilfe von Radar **(Radarabstand)** ermitteln (recht genau, abhängig vom Messbereich), vgl. S. 91.

Geschätzter Abstand

Abstände auf See richtig zu schätzen, ist sehr schwierig. Man muss mit dem jeweiligen Revier vertraut sein, um die Auswirkung diesigen Wetters, plötzlichen Aufklarens, der Lufttemperatur oder des Mondscheins richtig beurteilen zu können. Eine Abstandsschätzung allein sollte deshalb nie die Grundlage einer Schiffsortbestimmung sein; weitere Standlinien sind unbedingt erforderlich. Eine Hilfe beim Anlaufen einer Küste kann die **Sichtigkeit der Luft** sein, die der Seewetterbericht nennt. Siehe hierzu die Tabelle auf S. 193.

Kimmentfernung

Einen Anhaltspunkt kann die Entfernung der Kimm (= Horizontlinie) geben. Aus unserer Augeshöhe über der Wasseroberfläche (Ah) ergibt sich die Kimmentfernung (A) allgemein:

$$A \text{ (sm)} = 2{,}1 \cdot \sqrt{Ah \text{ (m)}}$$

Für geringe Augeshöhen erhält man:

Ah	Kimmentfernung
1 m	2,1 sm
2 m	2,9 sm
3 m	3,6 sm
4 m	4,2 sm
5 m	4,7 sm

Oben: Kimmentfernung
Die kleine Insel vorn liegt vor der Kimm, da man deutlich die Brandung erkennt. Die große Insel im Hintergrund liegt hinter der Kimm. Geht man von einer Augeshöhe von 2 m aus, wissen wir, dass die kleine Insel näher als 2,9 sm ist.

Rechts: Höhenwinkelmessung
Der Höhenwinkel (n) ergibt einen Abstand, also eine kreisförmige Standlinie.
Man sollte die Höhe von Türmen möglichst über dem Wasserspiegel und nicht über dem Erdboden messen. Denn es ist schwierig, den Fußpunkt des Turmes genau auszumachen. Verwendet man die in der letzten Spalte des Lfv. angegebene Höhe, so darf man den Höhenwinkel allerdings nur bis zum Laternenhaus messen. Denn das ist die Höhe der Lichtquelle über mittlerem Hochwasser bzw. mittlerem Wasserstand (vgl. S. 44).

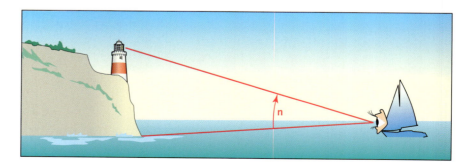

DISTANCE BY VERTICAL ANGLE

Height of Object

Distance mls	m 46	47.5	49	50.5	52	53.5	55	56.5	58	59.5	61	62.5
	ft 151	156	161	166	171	176	180	185	190	195	200	205
	° ′	° ′	° ′	° ′	° ′	° ′	° ′	° ′	° ′	° ′	° ′	° ′
0.1	13 57	14 23	14 49	15 15	15 41	16 07	16 32	16 58	17 23	17 49	18 14	18 39
.2	7 05	7 18	7 32	7 45	7 59	8 13	8 27	8 40	8 54	9 08	9 21	9 35
.3	4 44	4 53	5 02	5 12	5 21	5 30	5 39	5 48	5 58	6 07	6 16	6 25
.4	3 33	3 40	3 47	3 54	4 01	4 08	4 15	4 22	4 29	4 36	4 42	4 49
0.5	2 51	2 56	3 02	3 07	3 13	3 18	3 24	3 29	3 35	3 41	3 46	3 52
.6	2 22	2 27	2 31	2 36	2 41	2 45	2 50	2 55	2 59	3 04	3 09	3 13
.7	2 02	2 06	2 10	2 14	2 18	2 22	2 26	2 30	2 34	2 38	2 42	2 46
.8	1 47	1 51	1 54	1 57	2 01	2 04	2 08	2 11	2 15	2 18	2 21	2 25
.9	1 35	1 38	1 41	1 44	1 47	1 50	1 53	1 56	2 00	2 03	2 06	2 09
1.0	1 25	1 28	1 31	1 34	1 36	1 39	1 42	1 45	1 48	1 50	1 53	1 56
.1	1 18	1 20	1 23	1 25	1 28	1 30	1 33	1 35	1 38	1 40	1 43	1 45
.2	1 11	1 13	1 16	1 18	1 20	1 23	1 25	1 27	1 30	1 32	1 34	1 37
.3	1 06	1 08	1 10	1 12	1 14	1 16	1 18	1 21	1 23	1 24	1 27	1 29
.4	1 01	1 03	1 05	1 07	1 09	1 11	1 13	1 15	1 17	1 19	1 21	1 23
1.5	0 57	0 59	1 01	1 02	1 04	1 06	1 08	1 10	1 12	1 14	1 15	1 17
.6	0 53	0 55	0 57	0 59	1 00	1 02	1 04	1 06	1 08	1 09	1 11	1 12
.7	0 50	0 52	0 53	0 55	0 57	0 58	1 00	1 02	1 03	1 05	1 07	1 08
.8	0 47	0 49	0 50	0 52	0 54	0 55	0 56	0 58	1 00	1 01	1 03	1 04
.9	0 45	0 46	0 48	0 49	0 51	0 52	0 54	0 55	0 57	0 58	1 00	1 01
2.0	0 43	0 44	0 45	0 47	0 48	0 50	0 51	0 52	0 54	0 55	0 57	0 58
.1	0 41	0 42	0 43	0 45	0 46	0 47	0 49	0 50	0 51	0 53	0 54	0 55
.2	0 39	0 40	0 41	0 43	0 44	0 45	0 46	0 48	0 49	0 50	0 51	0 53
.3	0 37	0 38	0 39	0 41	0 42	0 43	0 44	0 46	0 47	0 48	0 49	0 50
.4	0 36	0 37	0 38	0 39	0 40	0 41	0 43	0 44	0 45	0 46	0 47	0 48
2.5	0 34	0 35	0 36	0 37	0 39	0 40	0 41	0 42	0 43	0 44	0 45	0 46
.6	0 33	0 34	0 35	0 36	0 37	0 38	0 39	0 40	0 41	0 42	0 44	0 45
.7	0 32	0 33	0 34	0 35	0 36	0 37	0 38	0 39	0 40	0 41	0 42	0 43
.8	0 30	0 31	0 32	0 33	0 34	0 35	0 36	0 37	0 38	0 39	0 40	0 41
.9	0 29	0 30	0 31	0 32	0 33	0 34	0 35	0 36	0 37	0 38	0 39	0 40
3.0	0 28	0 29	0 30	0 31	0 32	0 33	0 34	0 35	0 36	0 37	0 38	0 39
.2	0 27	0 28	0 29	0 29	0 30	0 31	0 32	0 33	0 34	0 35	0 35	0 36
.4	0 25	0 26	0 27	0 27	0 28	0 29	0 30	0 31	0 32	0 32	0 33	0 34
.6	0 24	0 24	0 25	0 26	0 27	0 28	0 28	0 29	0 30	0 31	0 31	0 32
.8	0 22	0 23	0 24	0 25	0 25	0 26	0 27	0 28	0 28	0 29	0 30	0 31
4.0	0 21	0 22	0 23	0 23	0 24	0 25	0 26	0 26	0 27	0 28	0 28	0 29
.2	0 20	0 21	0 22	0 22	0 23	0 24	0 24	0 25	0 26	0 26	0 27	0 28
.4	0 19	0 20	0 21	0 21	0 22	0 23	0 23	0 24	0 24	0 25	0 26	0 26
.6	0 19	0 19	0 20	0 20	0 21	0 22	0 22	0 23	0 23	0 24	0 25	0 25
.8	0 18	0 18	0 19	0 20	0 20	0 21	0 21	0 22	0 22	0 23	0 24	0 24
5.0	0 17	0 18	0 18	0 19	0 19	0 20	0 20	0 21	0 22	0 22	0 23	0 23
.2	0 16	0 17	0 17	0 18	0 19	0 19	0 20	0 20	0 21	0 21	0 22	0 22
.4	0 16	0 16	0 17	0 17	0 18	0 18	0 19	0 19	0 20	0 20	0 21	0 21
.6	0 15	0 16	0 16	0 17	0 17	0 18	0 18	0 19	0 19	0 20	0 20	0 21
.8	0 15	0 15	0 16	0 16	0 17	0 17	0 18	0 18	0 19	0 19	0 20	0 20
6.0	0 14	0 15	0 15	0 16	0 16	0 17	0 17	0 18	0 18	0 19	0 19	

$$\text{Tan. } \theta = \frac{h}{d}. \text{ Where } \theta = \text{vertical angle, } h = \text{height of object, and } d = \text{distance.}$$

Höhenwinkelmessung

Der Winkel, unter dem die Höhe eines bekannten Peilobjektes über dem Wasserspiegel erscheint, heißt **Höhen- oder Elevationswinkel**. Je näher wir am Peilobjekt sind, desto größer ist dieser Winkel, je weiter wir uns entfernen, desto kleiner ist er. Der Höhenwinkel nimmt meist sehr kleine Werte an, oft unter einem Grad.

Eine verwertbare Messung kann deshalb nur mit einem **Sextanten** oder **Oktanten** durchgeführt werden. Dies sind Präzisionswinkelmessgeräte, die in der astronomischen Navigation für die Höhenmessung eines Gestirns über der Kimm verwendet werden.

Zur Höhenwinkelmessung sind alle höheren Objekte geeignet, deren genaue Höhe über dem Wasserspiegel wir kennen, also Berggipfel ebenso wie alle möglichen Türme.

Der genaue Abstand ergibt sich aus:

$$A\,(sm) = \frac{13}{7} \cdot \frac{H\,(m)}{n\,(min)}$$

A = Abstand (sm)
H = Objekthöhe über der Wasserlinie (m)
n = Höhenwinkel (Minuten)

Die Formel gilt nur, solange der Fußpunkt der Landmarke sichtbar ist, also vor der Kimm liegt.

In Gezeitenrevieren müssen wir die jeweilige Wasserhöhe berücksichtigen und die Objekthöhe entsprechend korrigieren.

Tabellenwerke, wie z. B. der nebenstehende Ausschnitt aus *Norie's Nautical Tables*, ersparen uns die Rechnung.

Tabelle aus »Norie's Nautical Tables«
Misst man einen 49 m hohen Turm unter einem Höhenwinkel (vertical angle) von 30 Minuten, so ist man genau 3 sm vom Turm entfernt.
Die Rechnung mit der oben genannten Formel ergibt: A = 1,86 · 1,63 = 3,0 sm

Lotungen

Fragen 54, 55, 63 (NAV SKS)

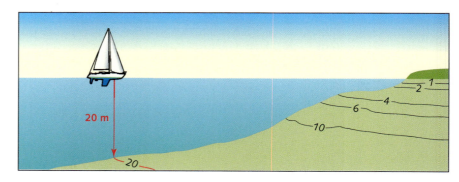

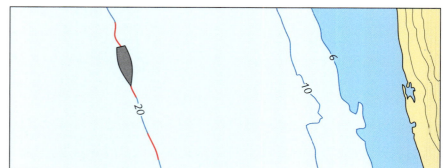

Lotung als Standlinie
Bei Annäherung an diese Küste lotet man 20 m Tiefe. Man befindet sich also auf der 20-m-Tiefenlinie. Eine zusätzliche Peilung kann zu einem recht genauen Schiffsort führen.

> 1. Aus einer Lotung kann man eine **brauchbare Standlinie** erhalten, wenn der Meeresboden ausreichend regelmäßig und ausreichend steil ansteigt oder abfällt.
> 2. Ergänzt man die Lotung durch eine **andere Standlinie** (z. B. durch eine Peilung), kann man einen **Schiffsort** erhalten.

Steigt der Grund vor einer Küste langsam, aber stetig an, so ergibt eine Einzellotung eine **Standlinie**, nämlich die zum gemessenen Tiefenwert gehörende **Tiefenlinie**. Diese Standlinie hat zwar einen unregelmäßigen Verlauf, doch wird sie dadurch nicht wertloser. In Verbindung mit einer etwa durch Peilung gewonnenen zweiten Standlinie können wir den Schiffsort bestimmen.

Eine verlässliche Standlinie aus einer oder mehreren Lotungen erhalten wir aber nur, wenn der Meeresboden ein charakteristisches Profil aufweist. Eine Lotung auf einem nahezu ebenen Boden kann zur Schiffsortbestimmung nicht ausgewertet werden.

Versucht man bei unsichtigem Wetter eine unbekannte Küste anzulaufen, kann man durch laufende Kontroll-

lotungen auf einer sicheren Tiefenlinie entlanglaufen.

> Beachte: Alle Lotungen in Gezeitenrevieren müssen vor der Auswertung in der Karte auf Seekartennull beschickt werden!

Bestimmung des Schiffsortes

Fragen 47, 54, 55 (NAV SKS)

> Wir müssen regelmäßig den ermittelten **Schiffsort in die Seekarte eintragen,** um rechtzeitig Kursabweichungen zu erkennen und gegebenenfalls den Kurs zu korrigieren.

Von der Standlinie zum Schiffsort

Einen Schiffsort erhält man aus mindestens zwei Standlinien. Hierbei ist es gleichgültig, welche Standlinien man verwendet.

Ist **keine Landmarke sichtbar,** erhalten wir den Schiffsort durch
– Koppeln.

Ist **nur eine Landmarke sichtbar**, erhalten wir einen Schiffsort durch
– Doppelpeilungen,
– Peilung und Abstand,
– Peilung und Lotung.

Sind **zwei Landmarken sichtbar,** erhalten wir den Schiffsort durch
– Peilen beider Objekte (Kreuzpeilung),
– Abstandsbestimmung zu beiden Objekten.

Sind **drei Landmarken sichtbar**, erhalten wir einen Schiffsort durch
– Peilen aller drei Objekte (Kreuzpeilung).

Unabhängig von sichtbaren Landmarken sind die Verfahren der elektronischen Navigation
– GPS und Radar.

Praxis der Schiffsortbestimmung

Jede Schiffsortbestimmung ist mit einer Portion gesunder Skepsis zu beurteilen. Es gibt genügend Fehlerquellen, wie falscher Umgang mit den Navigationsinstrumenten, fehlerhafte Beschickung eines Kurses oder einer Peilung oder ungünstige Arbeitsbedingungen bei schwerer See oder schlechter Sicht, die zu ungenauen Ergebnissen führen. Es ist auch keineswegs sicher, dass der endlich gesichtete Leuchtturm tatsächlich der seit langem gesuchte ist. Dies gilt vor allem nachts: Die Kennung eines Leuchtturmes oder Leuchtfeuers sollten wir stets mit einer Stoppuhr auszählen. Und die Annahme, »die haben eben die Kennung geändert«, ist meistens falsch, solange man aktuelle Seebücher verwendet. Wir sollten deshalb jede Gelegenheit nutzen, unseren Standort zu überprüfen.
Um die aktuelle Position zu ermitteln und Navigationsgefahren frühzeitig und sicher zu erkennen, sollten wir unseren Standort – auch bei Nutzung elektronischer Navigationsgeräte – regelmäßig in die Seekarte eintragen; wie häufig wir das tun, hängt von der Fahrt, den Sichtverhältnissen und dem Revier ab.

Schiffsort aus Abstand und Peilung

Fragen 54, 55 (NAV SKS)

Haben wir **nur eine Landmarke** in Sicht, z. B. einen Leuchtturm, deren Höhe wir kennen, können wir unseren Schiffsort ermitteln, indem wir das Objekt peilen und den Abstand zu ihm bestimmen.
In der Karte zeichnet man die rechtweisende Peilung ein und trägt auf ihr den Abstand zum Objekt an. Hieraus ergibt sich unser Schiffsort. Die Genauigkeit dieses Verfahrens hängt von der Genauigkeit der Abstandsbestimmung ab.
Man verwendet dieses Verfahren auch zur **Ortsbezeichnung.** Denn man kann einen Ort eindeutig
• mit seinen geografischen Koordinaten (vgl. S. 10) oder
• mit Abstand und Peilung zu einem bekannten Objekt bezeichnen.

Abstand und Peilung
Der 38 m hohe Lt Staberhuk wird unter rechtweisend 277° gepeilt und unter einem Höhenwinkel von 35 Minuten gemessen. Als Schiffsort ergibt sich der Schnittpunkt der Peillinie mit dem errechneten Abstand von 2 sm (**Schiffsortbestimmung**).
Man steht also in 277° mit 2 sm Abstand zum Lt Staberhuk (**Schiffsortbezeichnung**).

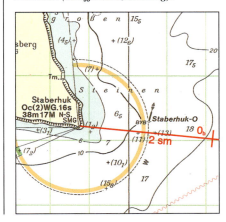

Schiffsort durch eine Kreuzpeilung

Fragen 50, 54 (NAV SKS)

Fragen 250, 251 (SBF)

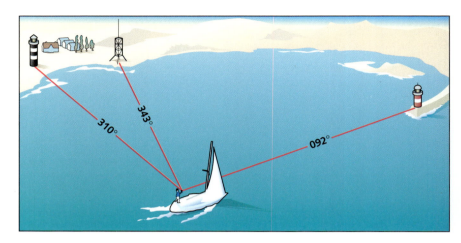

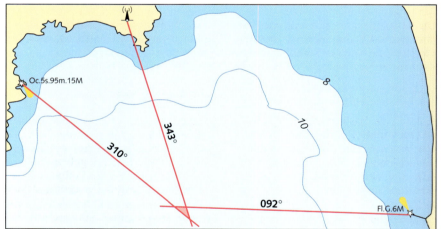

Kreuzpeilung und Fehlerdreieck
Der Turm wird rechtweisend unter 310°, die Flugfunkfeuerantenne unter 343° und der Feuerträger auf der Hafenmole unter 092° gepeilt.
Trägt man die Peilungen in die Karte ein, ergibt sich anstelle eines eindeutigen Schiffsortes ein Fehlerdreieck.

Das Verfahren

> Die Kreuzpeilung ist ein Verfahren zur Schiffsortbestimmung aus der Peilung mindestens zweier feststehender und bekannter Objekte in dichter Zeitfolge. Der Schnittpunkt beider Peilungen ergibt den Schiffsort.

Für die Peilungen können wir den Kompass oder die Peilscheibe nehmen. Bevor wir sie in die Karte eintragen, müssen wir sie mit Ablenkung und Missweisung zu rechtweisenden Peilungen beschicken.

»Fehler« bei der Kreuzpeilung

Um einen möglichst genauen Schiffsort zu erhalten, müssen wir beachten:

1. Je näher das Objekt, desto genauer die Peilung

Beim Peilen müssen wir mit einer Ungenauigkeit von etwa ± 5° rechnen, also einem Streuwinkel von bis zu 10°. Dies führt bei der zeichnerischen Auswertung von Peilungen weit entfernter Objekte zu größeren Ungenauigkeiten als bei nahen Objekten.

2. Die Peilobjekte sollten nicht zu nahe nebeneinander liegen.

Der Schnittwinkel der Peilungen sollte möglichst stumpf, also nahezu rechtwinklig, nicht aber kleiner als 30° (oder größer als 150°) sein. Denn die Ungenauigkeiten beim Peilen führen bei einem stumpfen Schnittwinkel zu einem kleineren »Fehlerfeld« bei der zeichnerischen Auswertung als bei einem spitzen Winkel. Zudem erhält man bei einem spitzen Winkel einen »schleifenden Schnitt«.

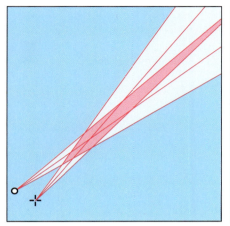 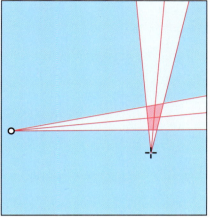

Links:
Sogenannte »schleifende Schnitte« mit einem
Schnittwinkel unter 30° und über 150° ergeben
einen ungenauen Schiffsort.
Rechts:
Am besten schneiden sich die Peillinien mög-
lichst rechtwinklig.

3. Je rascher – desto besser

Die Peilungen sollten möglichst rasch hintereinander durchgeführt werden, denn zwischen den Peilungen bewegen wir uns weiter; dadurch wandern die Objekte aus und die Peilwinkel verändern sich.

4. Auch die Reihenfolge der Peilungen ist wichtig.

Querab liegende Objekte wandern schnell aus. Sie sollten deshalb möglichst rasch hintereinander gepeilt werden.
In Fahrtrichtung oder nahezu in Fahrtrichtung liegende Objekte wandern langsam aus. Wenn wir sie vor den querab liegenden Objekten peilen, erhalten wir den aktuellsten, also den jüngsten Schiffsort.

Das Fehlerdreieck

Solange wir nur zwei geeignete Peilobjekte in Sicht haben, werden wir uns mit dem Schnittpunkt dieser Peilungen als Standort zufrieden geben müssen. Doch kann eine dritte Peilung Ungenauigkeiten der beiden ersten aufdecken. In der Regel werden sich die drei Peillinien nicht genau in einem Punkt schneiden, sondern ein kleines Dreieck, das *Fehlerdreieck*, bilden.

Ist das Fehlerdreieck nicht groß, gehen wir davon aus, dass der Schiffsort etwa in der Mitte des Dreiecks liegt. Im Zweifel nehmen wir den für uns ungünstigsten Ort als Schiffsort an.

Ist das Fehlerdreieck zu groß oder fällt eine der Standlinien weit aus der Umgebung des Koppelortes heraus, müssen wir die vermutlich ungenaueste Peilung ausscheiden oder die Kreuzpeilung wiederholen.

Ob das Dreieck zu groß ist, hängt letztlich davon ab, wie weit entfernt wir von der Küste oder von Untiefen stehen. Weiter außerhalb werden wir eher auf jene nahezu penible Genauigkeit verzichten können, die unter der Küste unentbehrlich ist.

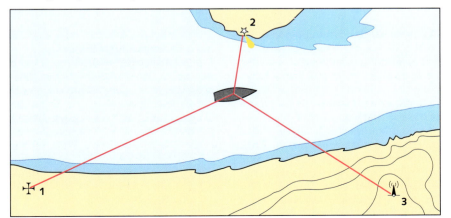

In welcher Reihenfolge peilen?
Am besten peilt man die Objekte in der Reihen-
folge 1 – 3 – 2: Das Objekt 1 wandert nur lang-
sam aus, deshalb peilen wir es als Erstes. Das
Objekt 2 wandert am schnellsten aus, deshalb
peilen wir es zum Schluss.

Schiffsort durch Versegelungs- oder Doppelpeilungen

*Kein Prüfungsstoff,
für die Praxis aber sehr hilfreich!*

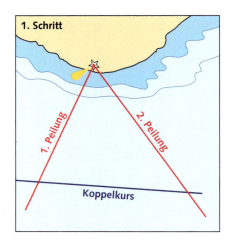

1. Schritt

1. Peilung / 2. Peilung

Koppelkurs

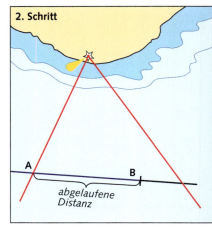

2. Schritt

A   B

abgelaufene Distanz

Beispiel einer Doppelpeilung
Der Leuchtturm wurde zunächst mit der ersten Peilung und nach einer längeren Versegelung mit der zweiten Peilung gepeilt.

Auswertung in der Seekarte:
1. Schritt: *Beide rechtweisende Peilungen eintragen.*
2. Schritt: *Vom Schnittpunkt A (zwischen der ersten Peilung und dem Koppelkurs) tragen wir die zwischen beiden Peilungen abgelaufene Distanz (= Versegelung) an und erhalten den Punkt B*
3. Schritt: *Wir ziehen eine Parallele zur ersten Peilung durch B. Sie schneidet die zweite Peilung im Schiffsort O_b.*
4. Schritt: *Von O_b aus tragen wir den neuen Koppelkurs an.*
Zum Zeitpunkt der ersten Peilung befanden wir uns tatsächlich in A' und nicht in A.

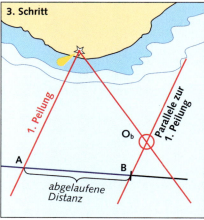

3. Schritt

1. Peilung / Parallele zur 1. Peilung

O_b

A   B

abgelaufene Distanz

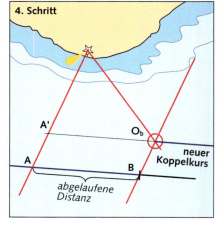

4. Schritt

A' O_b

neuer Koppelkurs

A   B

abgelaufene Distanz

Die Versegelungs- oder Doppelpeilung ist ein Verfahren zur Schiffsortbestimmung, wenn **nur eine Landmarke in Sicht** ist. Man peilt dieses Objekt, segelt bei gleichem Kurs eine bestimmte Distanz weiter und peilt es ein zweites Mal, sobald es genügend ausgewandert ist.
Den Schiffsort erhält man, indem man die erste Peillinie um die versegelte Distanz parallel verschiebt und mit der zweiten Peillinie schneidet.

Mit einer Doppelpeilung peilen wir – anders als bei der Kreuzpeilung – ein und dieselbe Landmarke zweimal nacheinander, wobei wir die zwischen beiden Peilungen versegelte Distanz mit dem Log messen.
Die erste Peilung können wir nicht unmittelbar verwenden, denn seitdem sie vorgenommen wurde, ist die Yacht weitergesegelt. Wir müssen sie deshalb gleichsam *um die Versegelung mitnehmen*, indem wir sie in Richtung unseres Kurses um die inzwischen versegelte Distanz parallel verschieben.

Doppelpeilungen nennt man deshalb auch **Versegelungspeilungen.**
Um **schleifende Schnitte** zu vermeiden, sollte der Winkelunterschied zwischen beiden Peilungen auch hier mehr als 30° betragen.

Beachte: Da alle Doppelpeilungen auf Versegelungen beruhen, kann **unbekannter Strom** gravierende Fehler verursachen.

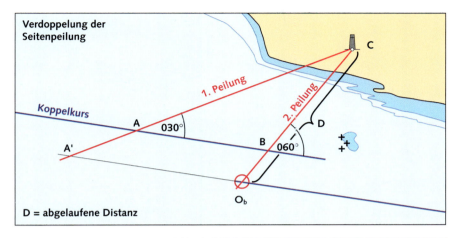

Verdoppelung der Seitenpeilung

Koppelkurs

1. Peilung

2. Peilung

A · 030° · A' · B · 060° · D · C · O_b

D = abgelaufene Distanz

Verdoppelung der Seitenpeilung

Nimmt man die zweite Peilung genau dann vor, wenn der mit der Kiellinie gebildete Winkel doppelt so groß ist wie bei der ersten Peilung, ergibt sich bei der Konstruktion ein gleichschenkliges Dreieck. Die zwischen den Peilungen versegelte Distanz von A' bis O_b entspricht dann dem Abstand D von der Landmarke C bis O_b.

Dieses Verfahren stellt oft die einzige Möglichkeit dar, die einem Leuchtturm vorgelagerten Klippen nachts sicher zu passieren.

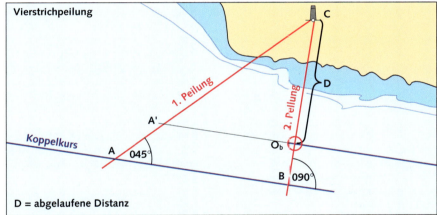

Vierstrichpeilung

Koppelkurs

1. Peilung

2. Peilung

A' · A · 045° · B · 090° · D · C · O_b

D = abgelaufene Distanz

Vierstrichpeilung

Bei der Vierstrichpeilung wird die Landmarke beim ersten Mal unter 045° (= 4 Strich), beim zweiten Mal unter 090° gepeilt. Der Abstand D zum Objekt C entspricht der Versegelung zwischen beiden Peilungen, also dem Abstand von A' bis O_b. Man hat jetzt zwar für die zeichnerische Auswertung günstige Schnittwinkel, doch ist die Vierstrichpeilung für das sichere Passieren einer Untiefe vor einem Kap ungeeignet, da der Abstand erst dann bekannt wird, wenn es zu spät sein kann.

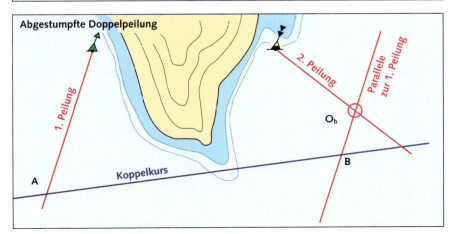

Abgestumpfte Doppelpeilung

1. Peilung

2. Peilung

Parallele zur 1. Peilung

A · Koppelkurs · B · O_b

Abgestumpfte Doppelpeilung

Es ist natürlich völlig gleichgültig, ob für die zweite Peilung die gleiche Landmarke verwendet wird wie bei der ersten. So kann bald nach der ersten Peilung das Objekt (grüne Spitztonne) verschwinden, dafür aber später ein neues Objekt (gelb-schwarze Tonne) auftauchen. Auch jetzt kann man die erste Peilung in Kursrichtung um die Versegelung mitnehmen und mit der zweiten Peilung schneiden.

Die Beschickung für Wind (BW)

Frage 238 (SBF)

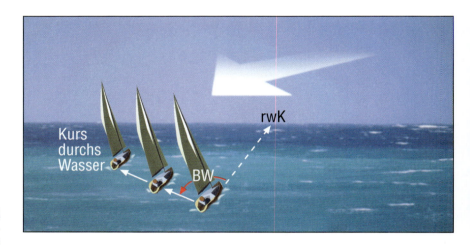

Versetzung durch Wind

Jede am Wind laufende Yacht wird mehr oder weniger stark nach Lee versetzt. Dann entspricht der durch das Wasser gelaufene Kurs nicht mehr der Kielrichtung der Yacht. Er unterscheidet sich vielmehr von ihr um einen kleinen Winkel, den wir beim Navigieren mit der sogenannten *Beschickung für Wind* korrigieren müssen.

- **Beschickung für Wind (BW)** ist der Winkel von der Rechtvorausrichtung bis zur tatsächlichen oder beabsichtigten Bewegungsrichtung des Fahrzeugs durchs Wasser.

An Bord können wir die Wirkung des Windes auf den Kurs durch einen Blick nach achtern erkennen: Die Blasenbahn des Kielwassers verläuft dann nicht genau in der Verlängerung der Kiellinie, sondern etwas in Luv von ihr. Diesen Winkel können wir auch schätzen, indem wir »über den Daumen peilen«. Denn eine Daumenbreite beträgt etwa 2°.

Größe der BW

Die Größe der BW hängt von der Stärke und Einfallsrichtung von Wind und Seegang ab sowie von der Bauart der Yacht, insbesondere dem Lateralplan. Vor dem Wind und auf Raumwindkursen ist sie meist sehr gering. Je weniger Fahrt wir machen, je stärker der Seegang ist und je mehr die Yacht krängt, desto größer ist die BW.

Die BW beträgt im Allgemeinen etwa 5° (± 3°), kann aber auch Werte um 15° und mehr annehmen.

Vom rwK zum KdW

Sobald wir vom Wind versetzt werden, dürfen wir in der Karte nicht mehr mit dem rwK arbeiten, sondern müssen rechnerisch die Beschickung für Wind berücksichtigen. So erhalten wir den Kurs durchs Wasser.

- **Kurs durchs Wasser (KdW)** ist der Winkel von rechtweisend Nord bis zur Richtung des Weges durchs Wasser.

Oben: Beschickung für Wind
Beschickung für Wind (BW) ist der Winkel zwischen der Rechtvorausrichtung (Kiellinie) und dem Kurs durchs Wasser.

Rechts: Vorzeichenregel für die BW
Wird die Yacht nach Stb versetzt, ist die BW positiv; wird sie nach Bb versetzt, ist sie negativ.

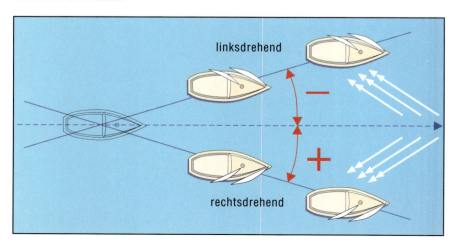

Das Schema zur Kursberechnung lautet dann:

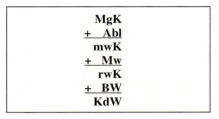

	MgK
+	Abl
	mwK
+	Mw
	rwK
+	BW
	KdW

Die BW trägt ein positives Vorzeichen (+), wenn die Yacht nach Stb versetzt wird, und ein negatives Vorzeichen (–), wenn sie nach Bb versetzt wird. Für alle Kursbeschickungen gilt ganz allgemein:

> **rechtsdrehender Einfluss: +**
> **linksdrehender Einfluss: –**

Die BW wird **meist ohne Vorzeichen**, also als Betrag, angegeben. Manchmal werden auch Absolutstriche verwendet, z. B. |BW| = 04°. Dann müssen wir beim Rechnen das richtige Vorzeichen selbst hinzufügen – je nachdem, ob wir nach Stb oder nach Bb versetzt werden.

Der Kartenkurs (KaK)

Der Kartenkurs (KaK) gibt die Richtung an, in die sich das Schiff bewegen *soll*.

- **Kartenkurs (KaK)** ist der *beabsichtigte Kurs* über Grund.

Ohne Versetzung durch Wind und Strom entspricht der KaK dem rwK. Sobald wir aber durch Wind versetzt werden, ist der KaK der KdW.

> **Unterscheide:**
> 1. **Beschickung für Wind** (BW) ist der *Winkel* zwischen rwK und KdW.
> 2. **Windversetzung** ist der *Vektor* (Richtung und Distanz), um den eine Yacht durch den Wind versetzt wurde (siehe Besteckversetzung auf S. 66).

> ### Zwei Beispiele
>
> Es gilt die Ablenkungs- und Steuertafel auf S. 59.
>
> **1. Aufgabe:** Bei nordöstlichem Wind steuert man nach dem Kompass 340°. Die |BW| wird mit 05° geschätzt. Mit welchem Kurs muss bei einer Missweisung von –02° in der Karte gearbeitet werden?
>
> | | |
> |---|---|
> | MgK | 340° |
> | Abl | – 09° |
> | mwK | 331° |
> | Mw | – 02° |
> | rwK | 329° |
> | BW | – 05° (linksdrehend) |
> | KdW | 324° |
>
> In der Karte muss man mit einem Kurs von 324° arbeiten.
>
> **2. Aufgabe (Abbildung links):** In der Karte wurde ein Kurs von 147° abgesetzt. Es herrschen östliche Winde vor, weshalb man 07° vorhalten will. Was muss bei einer Missweisung von + 04° am Kompass gesteuert werden, um das Ziel zu erreichen?
>
> | | |
> |---|---|
> | MgK | 129° |
> | Abl | + 07° |
> | mwK | 136° |
> | Mw | + 04° |
> | rwK | 140° |
> | BW | + 07° (rechtsdrehend) |
> | KdW | 147° |
>
> Als Magnetkompasskurs ergibt sich 129°.
> **Merke:** Ist die Beschickung für Wind gleich null, so fällt der rwK mit dem KdW zusammen. Dieser ist dann der Kartenkurs.

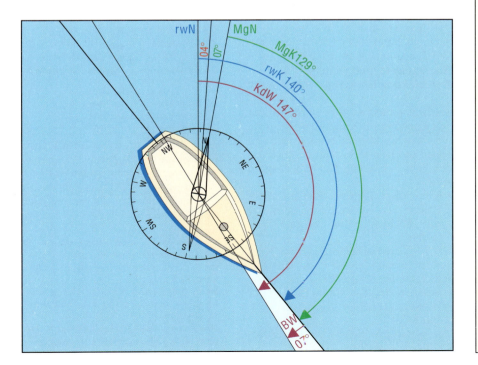

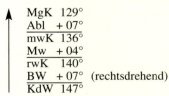

Stromeinfluss

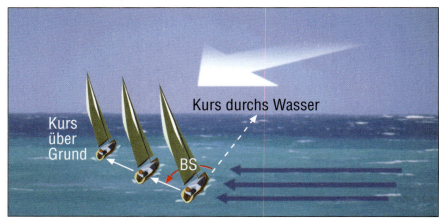

Kurs durchs Wasser

Kurs über Grund

BS

Strom: Richtung und Stärke

Strom wird durch seine Richtung und seine Stärke (Geschwindigkeit) bestimmt. Als **Stromrichtung (StR)** bezeichnet man – anders als beim Wind – die Richtung in Grad, *in die* der Strom setzt. Die **Stromgeschwindigkeit (StG)** gibt man in kn bzw. sm/h an.

> **Beispiel: Strom 180° / 2 kn**
> Dieser Strom setzt mit einer Geschwindigkeit von 2 kn nach Süden.

Strom hat verschiedene Ursachen. In Gezeitenrevieren folgt der Tidestrom dem regelmäßigen Rhythmus der Gezeit. Aber auch Wind kann – vor allem in engen Gewässern – starke Strömungen verursachen. Sie setzen meistens nicht genau mit dem Wind, sondern laufen oft noch längere Zeit, nachdem der Wind umgesprungen oder abgeflaut ist, in der ursprünglichen Richtung weiter. Genaue Angaben darüber, wo und wann welcher Strom zu erwarten ist, finden wir im **Gezeitenstromatlas** (s. S. 42 und S. 108) und in den Seehandbüchern.

Die Strom*richtung* können wir auch an schwimmenden Schifffahrtszeichen und Bojen erkennen; doch braucht man

viel Erfahrung, um die Strom*stärke* aus der Schräglage und der Wirbelzone hinter einer Tonne richtig zu schätzen.

> **Windrichtung – Stromrichtung**
> NW-Wind weht **aus** Westen.
> NW-Strom setzt **nach** Westen.

Kurs über Grund (KüG) – Beschickung für Strom (BS)

Seitlich setzender Strom beeinflusst den Kurs unserer Yacht. Er versetzt sie um einen bestimmten Winkel nach Lee oder Luv. Den sich dadurch ergebenden Kurs nennt man Kurs über Grund (KüG).

- **Kurs über Grund (KüG)** ist der Winkel von rechtweisend Nord bis zur Richtung des Weges über Grund.

Der KüG unterscheidet sich vom Kurs durchs Wasser (KdW) um die Beschickung für Strom (BS).

- **Beschickung für Strom (BS)** ist der Winkelunterschied zwischen KdW und KüG.

Das komplette Schema zur Kursberechnung lautet also:

Beschickung für Strom (BS)
ist der Winkel zwischen dem Kurs durchs Wasser (KdW) und dem Kurs über Grund (KüG).

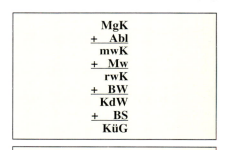

	MgK
+	**Abl**
	mwK
+	**Mw**
	rwK
+	**BW**
	KdW
+	**BS**
	KüG

> Auch für die BS gilt:
> **rechtsdrehender Einfluss: +**
> **linksdrehender Einfluss: –**

In der Prüfung wird die BS **oft ohne Vorzeichen** angegeben. Manchmal werden auch Absolutstriche verwendet, z. B. |BS| = 06°. Dann müssen wir erst klären, ob uns der Strom nach rechts (+) oder nach links (–) versetzt.

> **Kurs über Grund – Kartenkurs**
> Immer wenn wir Strom berücksichtigen müssen, entspricht der KüG dem Kartenkurs (KaK).
> **Kurs über Grund (KüG)** bezeichnet die Richtung, in die sich das Schiff *tatsächlich* bewegt.
> **Kartenkurs (KaK)** bezeichnet die Richtung, in die sich das Schiff bewegen *soll*.

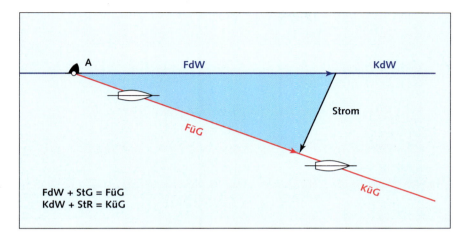

FdW + StG = FüG
KdW + StR = KüG

Das Stromdreieck
Mit dem Stromdreieck lösen wir Stromaufgaben vektoriell: Unsere FüG ist die Summe aus der FdW und der Stromgeschwindigkeit. Stellt man also die FdW und die Stromstärke durch Pfeile dar, deren Richtung dem KdW und der Stromrichtung und deren Länge ihrer Geschwindigkeiten entsprechen, so erhält man die FüG als Verbindung vom Ausgangspunkt zur Spitze des Strompfeiles.
Der KüG ergibt sich dann automatisch.

Fahrt durchs Wasser (FdW) – Fahrt über Grund (FüG)

Strom beeinflusst aber nicht nur den Kurs, sondern auch die Fahrt unserer Yacht. Deshalb unterscheiden wir zwischen Fahrt durchs Wasser (FdW) und Fahrt über Grund (FüG).

- **Fahrt durchs Wasser (FdW)** ist die Geschwindigkeit einer Yacht relativ zum Wasser, also ohne Berücksichtigung von Strom. Sie wird vom Log angezeigt.
- **Fahrt über Grund (FüG)** ist die Geschwindigkeit einer Yacht relativ

zum Meeresgrund. Sie wird vom Strom beeinflusst.

Das Stromdreieck

Wie erhalten wir nun den KüG, mit dem wir bei Strom in der Karte arbeiten müssen?

In der Praxis kennen wir den Strom mit seiner Richtung (StR) und Geschwindigkeit (StG) aus dem Gezeitenstromatlas oder dem Seehandbuch. Hieraus können wir aber nicht unmittelbar auf die BS oder den KüG schließen, sondern behelfen uns mit einer zeich-

nerischen Lösung, der **vektoriellen Darstellung des Stromdreiecks.**

Hierfür verwendet man Pfeile, deren Richtung der Richtung von Kurs und Strom und deren Länge ihrer Geschwindigkeit entsprechen. Setzt man den Stromvektor an die Spitze des von KdW und FdW gebildeten Vektors, so erhält man ein offenes Dreieck, dessen dritte Seite uns unmittelbar zwei Werte gibt: Die Richtung dieser Seite entspricht dem KüG, die Länge der FüG. Kurz gesagt:

KdW/FdW + StR/StG = KüG/FüG

Mit dem Stromdreieck können wir also immer aus zwei bekannten Seiten (Vektoren) die dritte Seite (Vektor) ermitteln.

Ein **Stundendreieck** ist ein Stromdreieck, dessen Seitenlänge genau einer Stunde entspricht.

Ein **Sonderfall** liegt vor, wenn Strom und KdW parallel laufen. Die BS wird dann gleich null, und KdW und KüG fallen zusammen. Der Strom bewirkt nur eine Änderung der Geschwindigkeit, nicht aber des Kurses. Setzt der Strom mit der Yacht, vergrößert sich ihre Fahrt über Grund; setzt er aber entgegen, so verringert sie sich.

Sonderfälle ohne BS
Hier kann man gut erkennen, dass der Strom unsere Yacht abbremst oder beschleunigt, wenn er genau gegen bzw. in unsere Fahrtrichtung setzt. Eine Versetzung nach Lee oder Luv gibt es dann nicht.

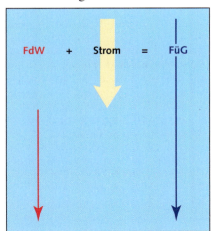

FdW + Strom = FüG

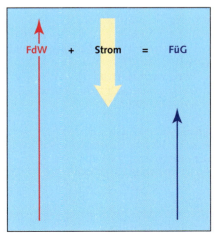

FdW + Strom = FüG

Erste und zweite Stromaufgabe

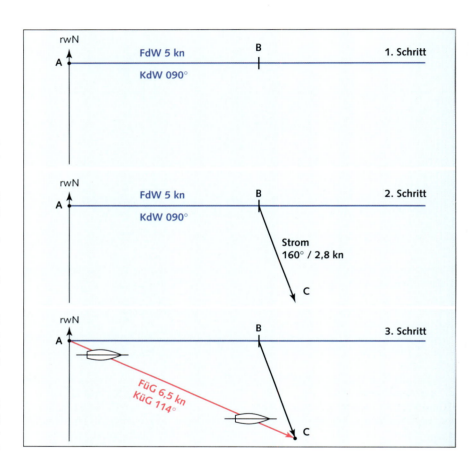

Es gibt drei Grundaufgaben der Stromnavigation, die man immer zeichnerisch mit dem Stromdreieck löst.

1. Wohin kommen wir?
Bekannt sind der gesteuerte Kurs und der Strom. Mit welchem Kurs müssen wir in der Karte arbeiten?

2. Welchen Kurs müssen wir steuern, um unser Ziel zu erreichen?
Bekannt sind das Ziel und der Strom. Welchen Kurs müssen wir steuern, um ans Ziel zu kommen?

3. Welcher Strom hat uns versetzt?
Bekannt sind der gesteuerte Kurs und ein beobachteter Ort O_b, der vom Koppelort O_k abweicht. Welchen Strom müssen wir beim weiteren Navigieren berücksichtigen?

In den folgenden drei Beispielen gehen wir davon aus, dass keine Beschickung für Wind (BW) zu berücksichtigen ist. Der KdW entspricht deshalb dem rwK.

1. Stromaufgabe:
Wohin kommen wir?

Aufgabe: Wir kennen den MgK (vom Kompass), die FdW (vom Log) und den Strom (z. B. aus dem Stromatlas). **Mit welchem Kurs und welcher Fahrt müssen wir in der Karte arbeiten?**

Beispiel:
Eine Yacht läuft bei einem MgK von 081° nach Log 5 kn. Dem Stromatlas entnimmt man einen Strom von 160°/

2,8 kn. Mw = – 03°. Ablenkung siehe Tabelle S. 59.
1. Wie lautet der KüG?
2. Wie schnell ist die Yacht über Grund?

Lösung:
1. Schritt: Wir beschicken den MgK zum KdW:

MgK	081°
Abl	+ 12°
mwK	093°
Mw	– 03°
KdW	090°

Diesen KdW tragen wir am Ausgangspunkt A an; auf der Kurslinie tragen wir die FdW von 5 kn ab. Wir erhalten B.

2. Schritt: In B fügen wir den Strom in Richtung (160°) und Stärke (2,8 kn) an und erhalten so den Punkt C.

3. Schritt: Die Verbindung AC ergibt als Richtung den KüG von 114° und als Länge die FüG von 6,5 kn.
Der KüG ist die Bewegungsrichtung der Yacht über Grund, also der Kartenkurs (KaK).

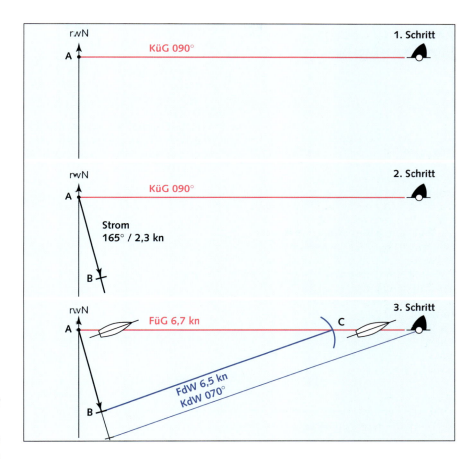

2. Stromaufgabe:
Mit welchem Kurs erreichen wir unser Ziel?

Aufgabe: Wir kennen unsere FdW (vom Log) und den herrschenden Strom (z. B. aus dem Stromatlas) und wollen ein bestimmtes Ziel erreichen.
1. **Welchen Kurs müssen wir steuern, um das Ziel zu erreichen?**
2. **Wie groß ist die FüG?**
3. **Wann erreichen wir das Ziel?**

Beispiel:
Eine Yacht will eine 9 sm entfernte Tonne erreichen. Der Stromatlas gibt Strom von 165°/2,3 kn an. Fahrt nach Log = 6,5 kn. Mw = + 04°. Ablenkung siehe Tabelle S. 59.
1. Was muss man am Kompass steuern, um die Tonne zu erreichen?
2. Wie groß ist die Fahrt über Grund?
3. Wann erreicht die Yacht die Tonne?

Lösung:
1. Schritt: Wir verbinden den Ausgangspunkt A mit dem Ziel und lesen als KüG 090° ab.

2. Schritt: Wir tragen in A den Strom mit Richtung (165°) und Stärke (2,3 kn) an und erhalten B.

3. Schritt: Wir schlagen einen Kreis um B mit dem Radius der FdW von 6,5 kn. Der Kreis schneidet den KüG in C. Die Verbindung BC entspricht dem KdW von 070°. Diesen Kurs beschicken wir zum MgK:

MgK	056°
Abl	+ 010°
mwK	066°
Mw	+ 04°
KdW	070°

Der MgK beträgt also 056°.
Die Länge AC entspricht der FüG von 6,7 kn.

4. Schritt: Wann werden wir die Tonne erreichen?

$$t\ (min) = \frac{D\ (sm) \cdot 60}{F\ (kn)} = \frac{9 \cdot 60}{6,7} = 81$$

Wir erreichen die Tonne in 81 Minuten.

83

Dritte Stromaufgabe

3. Stromaufgabe:
Welcher Strom herrscht?

Aufgabe: Wir haben unseren Kurs in der Karte abgesetzt und stellen fest, dass wir durch Strom vom Kurs versetzt werden.
1. Welcher Strom hat uns versetzt?
2. Welchen Kurs müssen wir steuern, um das Ziel doch noch zu erreichen?

Beispiel: Eine Yacht setzt um 1430 Uhr bei einer FdW von 4 kn Kurs mit 090° ab. Um 1630 Uhr steht man bei der Tonne C.
1. Wie groß ist die Besteckversetzung (BV)?
2. Welcher Strom herrscht?
3. Mit welchem Kurs können wir das ursprüngliche Ziel D doch noch erreichen?

Lösung:
1. Schritt: Wir tragen in A den KdW von 090° an und erhalten den Koppelort O_k durch Antragen von 8 sm (für 2 h). Dann verbinden wir A mit dem O_b und lesen ab: KüG = 104°, DüG = 10,2 sm
2. Schritt: Wir verbinden O_k mit O_b und lesen als Besteckversetzung ab: BV = 142° / 3,1 sm
3. Schritt: Da das Stromdreieck ein Zweistundendreieck ist, beträgt der Strom 142° / 1,55 kn.
4. Schritt: wie Stromaufgabe 2, also: Antragen des Stroms in O_b ergibt den Hilfspunkt B. Kreis um B mit der FdW von 4 kn ergibt den neuen KdW von 048°.

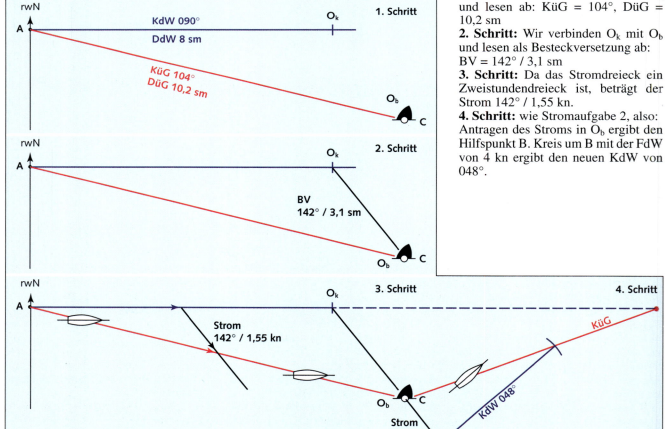

Zusammenfassung: Kurse und Kursbeschickungen

Kurse

1. Ohne Berücksichtigung von Wind und Strom arbeiten wir in der Seekarte mit dem rechtweisenden Kurs. **Rechtweisender Kurs (rwK)** ist der Winkel von rechtweisend Nord bis zur Rechtvorausrichtung (= Kielrichtung) der Yacht.

2. Müssen wir eine Versetzung durch Wind berücksichtigen, so arbeiten wir in der Seekarte mit dem Kurs durchs Wasser.
Kurs durchs Wasser (KdW) ist der Winkel von rechtweisend Nord bis zur Bewegungsrichtung der Yacht durchs Wasser.

3. Müssen wir außerdem Strom berücksichtigen, so arbeiten wir in der Karte mit dem Kurs über Grund.
Kurs über Grund (KüG) ist der Winkel von rechtweisend Nord bis zur Bewegungsrichtung der Yacht über Grund.

4. **Kartenkurs (KaK)** ist der beabsichtigte Kurs über Grund.

Kursbeschickungen

Mit den Kursbeschickungen will man erfassbare systematische Kursabweichungen ausschalten. Kursbeschickungen sind
- die Missweisung,
- die Ablenkung,
- die Beschickung für Wind und
- die Beschickung für Strom.

1. Mit der **Missweisung (Mw)** gleichen wir die durch den Erdmagnetismus bewirkte Ablenkung der Kompassnadel von rechtweisend Nord aus.
Missweisung ist der Winkel von rechtweisend Nord nach missweisend Nord.

2. Mit der **Ablenkung (Abl)** gleichen wir die durch den Schiffsmagnetismus bewirkte Ablenkung der Kompassnadel von missweisend Nord aus.
Ablenkung ist der Winkel von missweisend Nord nach Magnetkompass-Nord.

3. Mit der **Beschickung für Wind (BW)** gleichen wir die durch Wind bewirkte Versetzung einer Yacht nach Lee aus.
Beschickung für Wind ist der Winkel von recht voraus bis zur Bewegungsrichtung der Yacht durchs Wasser.

4. Mit der **Beschickung für Strom (BS)** gleichen wir die durch Strom bewirkte Versetzung der Yacht aus.
Beschickung für Strom ist der Winkel von der Bewegungsrichtung der Yacht durchs Wasser bis zur Bewegungsrichtung über Grund.
In der Praxis verfügt man meistens nicht über einen Wert für die BS. Deshalb berücksichtigt man in aller Regel den Stromeinfluss durch die Konstruktion eines **Stromdreiecks**.
Für alle Kursbeschickungen gilt:
rechtsdrehender Einfluss: positives Vorzeichen (+)
linksdrehender Einfluss: negatives Vorzeichen (–)

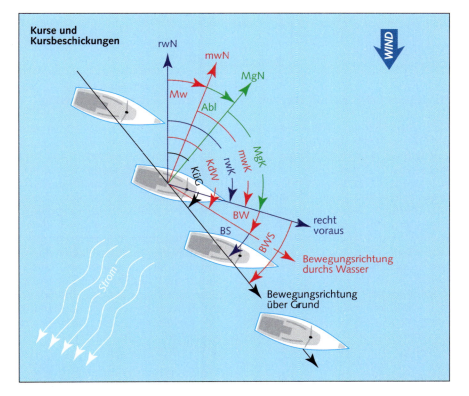

Kurse und Kursbeschickungen

rwN
mwN
MgN
Mw
Abl
MgK
KüG
KdW
rwK
mwK
BW
BS
BWS
WIND
recht voraus
Bewegungsrichtung durchs Wasser
Bewegungsrichtung über Grund
Strom

Global Positioning System (GPS)

*Fragen 2, 3, 5, 45, 46,
89–99, 101 (NAV SKS)*

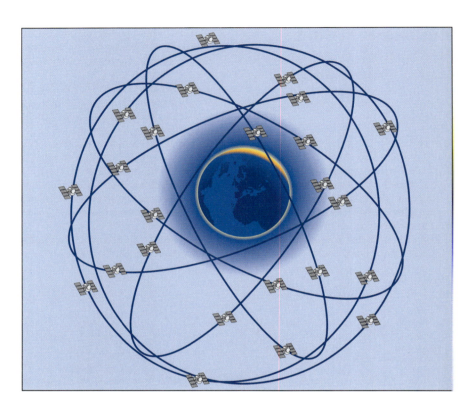

Satellitennavigationssysteme

Zu den Satellitennavigationssystemen (*Global Navigation Satellite System – GNSS*) zählen das amerikanische *Global Positioning System (GPS)* und das russische *GLONASS*. Beide Systeme werden vom Militär betrieben und sind nicht primär für die zivile Navigation gedacht. Sie können aber mit entsprechender Vorsicht sehr gut für navigatorische Zwecke genutzt werden.

Daneben gibt es die europäische Initiative zum Aufbau des Satellitennavigationssystems *Galileo*, das ausschließlich für zivile Zwecke konzipiert ist. Es soll genauer und zuverlässiger als GPS sein. Die operative Phase soll 2012 beginnen.

Da GPS das heute am meisten verbreitete Satellitennavigationssystem ist, soll es hier stellvertretend für alle anderen beschrieben werden.

Oben: GPS
24 Satelliten umkreisen die Erde auf sechs Bahnen mit jeweils vier Satelliten in einer Höhe von 20200 km. So sind jederzeit an jedem Ort mindestens vier Satelliten zur Standortbestimmung verfügbar.

Navigation jederzeit und weltweit

GPS stützt sich auf 24 Satelliten, die die Erde auf sechs nahezu kreisförmigen Bahnen in etwa 20200 km Höhe umkreisen. Auf jeder Bahn befinden sich also vier Satelliten. Ihre Umlaufdauer beträgt fast genau 12 Stunden. Die Satelliten werden laufend von mehreren weltweit verteilten Überwachungs- und Bodenkontrollstationen unterstützt.

Die Anzahl und Bahnen der Satelliten stellen sicher, dass jederzeit und von jedem Punkt der Erde aus mindestens vier Satelliten gleichzeitig verfügbar sind. GPS kann also zu jeder Zeit überall empfangen werden. Hierin unterscheidet sich GPS von anderen elektronischen Navigationssystemen, die immer nur begrenzte Regionen abdecken.

Abstand durch Laufzeitmessung

Das Arbeitsprinzip von GPS ist sehr einfach. GPS misst die *Laufzeit* eines vom Satelliten ausgesandten und vom Empfänger aufgefangenen Signals und rechnet sie in den Abstand zum Satelliten um, indem die gemessene Laufzeit mit der Ausbreitungsgeschwindigkeit der Signale, also der Lichtgeschwindigkeit, multipliziert wird.

Aus drei gleichzeitigen Laufzeitmessungen zu drei verschiedenen Satelliten errechnet das System drei kreisförmige Standlinien auf der Erdoberfläche. Hieraus ergibt sich der Standort des Beobachters, der nach Breite (LAT) und Länge (LON) auf dem Display angezeigt wird.

Genauigkeit und Störungen

GPS ist äußerst genau und zuverlässig. Der Fehlerkreisradius beträgt – mit einer Wahrscheinlichkeit von 95 % – nur etwa 10 – 20 m. Also nur jede 20. Ortsbestimmung (5 %) ist ungenauer als der genannte Fehlerkreisradius.

Je mehr **Satelliten** gleichzeitig zur Verfügung stehen und je besser sie verteilt sind, desto genauer und zuverlässiger ist auch die ermittelte GPS-Position. Das GPS-Gerät gibt deshalb stets die **Anzahl** der gemessenen Satelliten und ihre **Verteilung** am Horizont (**HDOP** – *horizontal dilution of precision*) an.

GPS-Signale können nicht empfangen werden, wenn die Satelliten durch Hindernisse, wie Brücken oder steile Felswände in Fjorden, abgedeckt sind (*Abschattungen*).

Störungen können auch durch die Nutzung von UKW- und anderen elektronischen und elektrischen Geräten an Bord sowie durch fremdbetriebene Störsender (Radar, UKW-Sprechfunk etc.) in der Nähe von Flughäfen, Fernsehsendern oder Marineeinrichtungen ausgelöst werden. Atmosphärische Störungen dagegen gibt es bei GPS kaum, da die Trägerfrequenz im Gigahertzbereich liegt.

Schließlich muss man wissen, dass sich das amerikanische Verteidigungsministerium als Betreiber von GPS vorbehält, die Genauigkeit des öffentlich zugänglichen GPS-Signals regional **künstlich** zu **verschlechtern**, wenn die nationale Sicherheit der USA dies erfordert. Dies ist in den letzten Jahren mehrmals geschehen.

Differential GPS (DGPS)

Differential GPS

- ist mit einem Fehlerkreisradius von 1 – 10 m (95 % Wahrscheinlichkeit) noch genauer als GPS und
- kann etwaige Störungen oder künstliche Verschlechterungen des GPS-Signals sofort erkennen.

Das Prinzip von DGPS beruht darauf, dass alle GPS-Messungen in einem begrenzten Bereich und zu einem bestimmten Zeitpunkt etwa gleiche Fehler aufweisen. Aus diesen Fehlern werden von einer Referenzstation Korrekturwerte ermittelt und über Funk (meist über die ehemaligen Funkfeuer) an den Nutzer weitergegeben. Dieser empfängt die Werte mit einem sogenannten *Bakenempfänger*, der bei modernen DGPS-Systemen in das GPS-Gerät integriert ist. Die Korrekturwerte werden an die von den GPS-Satelliten empfangenen *Rohsignale* angebracht.

Da die Korrekturwerte nur für ein Gebiet mit einem Radius von etwa 100 bis 250 sm einheitlich sind, wurden weltweit bisher etwa 200 DGPS-Referenzstationen aufgebaut, an der deutschen Küste auf Helgoland, in Groß Mohrdorf bei Stralsund und in Zeven. Die Nutzung der DGPS-Signale ist kostenlos.

GPS-Antenne

Die GPS-Antenne an Bord darf nicht von Aufbauten abgedeckt sein (**keine Abschattungen**). Sie sollte mindestens 1 m vom Rigg und mehrere Meter von einer Radarantenne entfernt sein und darf nicht in ihrer Hauptstrahlungskeule liegen.

Sie sollte möglichst niedrig (also nicht im Masttopp) installiert sein, um Fehlmessungen durch große Schwankungen zu vermeiden. Meistens montiert man die Antenne im Heckkorb oder auf Holz- und Kunststoffyachten für Handgeräte unmittelbar unter dem Kajütdach.

Das Kartendatum

Die hohe Genauigkeit von GPS führt zu einem anderen Problem. Bekanntlich hat die Erde keine rein kugelförmige Gestalt, sondern ist an den Polen abgeflacht. Es gibt deshalb verschiedene, in der Geodäsie (Erdvermessungskunde) verwendete Modelle, die die wahre Erdgestalt berücksichtigen. Die charakteristischen Zahlenwerte, die ein solches Modell beschreiben, nennt man *Kartendatum* oder *geodätisches Datum*.

Differential GPS (DGPS)
Ein landgestützter Sender ermittelt Korrekturdaten und überträgt sie an den DGPS-Nutzer. So wird die Genauigkeit des GPS-Standard Positioning Service (SPS) bis auf etwa 10 m Fehlerkreisradius verbessert.

Kartendatum WGS 84 und ED 50
Dieser Ausschnitt aus der Übungskarte D 30 gibt an, um welche Werte eine Position, die im alten ED-50-System angegeben ist, korrigiert werden muss, bevor sie in dieser Karte eingetragen werden kann.

POSITIONEN
Positionen im Europäischen Bezugssystem 1950 (ED 50) sind 0,04 Minuten SÜDWÄRTS und 0,07 Minuten WESTWÄRTS zu verlegen, um mit dieser Karte übereinzustimmen.

GPS verwendet als Kartendatum das *World Geodetic System 1984 (WGS 84)*, während sich die Seekarten vieler Länder auf ein anderes Kartendatum beziehen. Die vom BSH herausgegebenen Karten werden in absehbarer Zeit vom *European Datum 1950 (ED 50)* auf WGS 84 umgestellt sein. Die Abweichungen zum WGS 84 liegen etwa zwischen 20 und 200 m, können aber bis zu einer Seemeile betragen. GPS-Geräte erlauben deshalb eine Korrektur durch Eingabe eines vom WGS 84 abweichenden Kartendatums.

Angaben über das in der Seekarte verwendete Bezugssystem (Kartendatum) und Korrekturhinweise findet man am Rand der Seekarte (Abb. S. 87).

Abkürzungen bei der GPS-Anzeige

WPT	*Waypoint*	Wegpunkt
LAT	*Latitude*	geografische Breite
LON	*Longitude*	geografische Länge
COG	*Course over Ground*	Kurs über Grund
SOG	*Speed over Ground*	Fahrt über Grund
BRG	*Bearing*	Peilung
XTE	*Cross Track Error*	seitliche Ablage
XTD	*Cross Track Distance*	seitliche Ablage
DIST/DST	*Distance*	Distanz zum nächsten Wegpunkt
TTG	*Time to go*	Zeitspanne bis zum nächsten Wegpunkt
ETA	*Estimated Time of Arrival*	berechnete Ankunftszeit
NM	*Nautical Miles*	Seemeilen
KT	*Knots*	Knoten

Magellan GPS Handheld explorist 600
Gerät mit integriertem Barometer, Thermometer und elektronischem Kompass für den mobilen Einsatz: mindestens 500 Wegpunkte und 20 umkehrbare Routen programmierbar. PC-Anschlussmöglichkeit. Alarme (Ankunft, Anker, GPS-Signalverlust, Annäherung, Kursversatz). Mensch-über-Bord-Funktion, hier mit MARK gekennzeichnete Taste. Dauerbetrieb je Batteriesatz 17 h. (Vertrieb: Ferropilot)

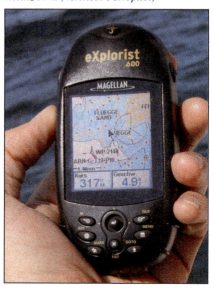

Die Übungskarten D 30 und BA 1875 (Stand VI bzw. V/2005) basieren auf WGS 84.

Übung:
Ein Schiffsort im Bereich der Karte 1875 wird angegeben mit:
LAT 54° 02,4'N   LON 007° 47,7'E
Welche Position muss in einer Karte eingetragen werden, die noch auf ED 50 beruht?
Lösung:
Die Karte 1875 basiert auf WGS 84. Man findet dort folgenden Korrekturhinweis, wenn man Orte aus der Karte 1875 in eine ED-50-basierte Karte übertragen möchte:
0.04 minutes NORTHWARD,
0.08 minutes EASTWARD
Die Länge muss also um (gerundet) +0,1' berichtigt werden:
LAT 54° 02,4'N   LON 007° 47,8'E

GPS-Geräte für die Sportschifffahrt

Die meisten Geräte bieten heute eine Vielzahl von Funktionen:
– Standort nach LAT und LON
– Kurs über Grund (COG)
– Fahrt über Grund (SOG)
– Distanz über Grund (DIST)
– Peilung zu einem Wegpunkt (BRG)

– Distanz zu einem Wegpunkt (DIST)
– Fahrtzeit zum Ziel (TTG)
– seitliche Ablage vom direkten Weg (XTE)

Für alle Funktionen, die über die reine Standortbestimmung hinausgehen, müssen vorher Bezugspunkte, sogenannte Wegpunkte, eingegeben werden. Sie ermöglichen die Wegpunktnavigation (vgl. S. 89).

Daneben verfügen die meisten Geräte über eine **Mensch-über-Bord-Funktion (MOB).** Sie speichert den Ort, an dem wir uns beim Auslösen der MOB-Taste befinden, und gibt uns dann jederzeit die Distanz (DIST) und Richtung (BRG) zu diesem Ort an.

Es gibt spritzwassergeschützte und schwimmfähige Geräte. Der Stromverbrauch ist bei allen Geräten sehr niedrig. Für die Kaufentscheidung ist es wichtig, ob das Gerät DGPS-fähig ist und ob wir es in ein *integriertes Navigationssystem (INS)* einbinden wollen.

> Geschwindigkeitsangaben eines GPS-Gerätes beziehen sich immer auf die **Fahrt über Grund (FüG),** nie auf die Fahrt durchs Wasser (FdW).

Wegpunktnavigation

Die GPS-Technik ermöglicht das Navigieren nach Wegpunkten *(way-points = WPT)*. Hierzu gibt man vor dem Törn die geografischen Koordinaten des Zielpunktes und dazwischen liegender Wegpunkte (Zwischenzielpunkte) in den Wegpunktspeicher ein. Das GPS-Gerät kann nun jederzeit und äußerst genau

- den Schiffsort,
- Distanz und Peilung zum Zielpunkt oder zum nächsten Wegpunkt und
- die Distanz zum vorgesehenen Kurs über Grund

angeben. Man erhält also nicht nur den aktuellen Schiffsort, sondern kann jederzeit jede Abweichung vom vorgesehenen Kurs über Grund erkennen.

> Während sich die Koppelnavigation auf zurückliegende Orte stützt, orientiert sich die Wegpunktnavigation an voraus liegenden Zielen oder Zwischenzielen.

Geeignete Wegpunkte sind Tonnen oder Ansteuerungspunkte. Für vielbefahrene Reviere gibt es auch **Wegpunkthefte** bzw. Wegpunktlisten, in denen eine Vielzahl geeigneter Wegpunkte zusammengestellt ist, die man nur übernehmen muss. Mit ihrer Hilfe erspart man sich das mühsame Abgreifen der Koordinaten in der Karte. Zu prüfen ist, ob das Kartendatum der Wegpunktliste mit dem Kartendatum der jeweiligen Karte übereinstimmt.

Will man von einem Wegpunkt zum nächsten steuern (**Zielfahrt**), so kann man jede Abweichung vom Kurs leicht kontrollieren. Das GPS-Gerät liefert

nämlich Steueranweisungen. Denn die Peilung (BRG) zum nächsten Wegpunkt muss mit dem Kurs über Grund (COG) übereinstimmen. Außerdem darf keine **seitliche Ablage** (XTE oder XTD) zur vorgesehenen Fahrtstrecke angezeigt werden. So können wir leicht erkennen, wenn Wind oder Strom uns vom vorgesehenen Kurs über Grund versetzen. Denn würden wir uns nur an der Peilung zum nächsten Wegpunkt orientieren, könnte unser Kurs eine sogenannte **Hundekurve** beschreiben.

> **Beachte:**
> 1. Alle Wegpunkte müssen sorgfältig auf **Eingabefehler** überprüft werden. Falsch eingegebene Koordinaten können zu schweren Navigationsfehlern führen. Man sollte deshalb stets die vom Gerät aufgrund der Eingabe ermittelten Fahrtstrecken *(tracks)* zwischen den einzelnen Wegpunkten mit den Kartenkursen vergleichen.
> 2. Alle **Fahrtstrecken** zwischen den Wegpunkten sollten mit einem Kurslineal in der Karte auf eventuelle **Untiefen** überprüft werden.

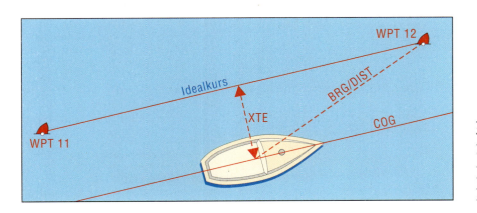

Zielfahrt
Der GPS-Navigator gibt an:
COG (Kurs über Grund)
BRG (rw Peilung zum nächsten Wegpunkt)
DIST (Distanz zum nächsten Wegpunkt)
XTE oder XTD (seitliche Ablage zum Idealkurs zwischen den Wegpunkten in sm)

Radar (1): Arbeitsweise Head up Radar-Seitenpeilung (RaSP)

Frage 103 (NAV SKS)

Die Arbeitsweise von Radar

Ein Radargerät besteht aus
• dem Sender bzw. Empfänger,
• dem Radarsichtgerät (Bildschirm)
• und der Antenne (Scanner).
Hinzu kommt die Stromversorgung.

Radar (*Radio Detecting and Ranging*) funktioniert ähnlich wie ein Echolot. Der Radarsender strahlt über die Radarantenne Impulse ab, die von einem Objekt reflektiert und von der Antenne als Echo wieder aufgefangen werden. Der Empfänger misst die **Laufzeit** eines Impulses vom Senden bis zum Empfang und errechnet hieraus die Entfernung zum reflektierenden Objekt. Außerdem bestimmt er aus der Einfallsrichtung des reflektierten Impulses die Richtung des Objektes.

Radarbildschirm
*Der **Vorausstrich** entspricht bei Head up der Rechtvorausrichtung (rv).*
*Mit dem **Peillineal (Electronic Bearing Lineal – EBL)** wird die Peilung eines Objektes abgelesen.*
***Abstandsringe** können auf verschiedene Messbereiche (Range – R) eingestellt werden.*
*Mit dem **variablen Abstandsring (Variable Range Marker – VRM)** kann man ein Echo markieren, dessen Abstand digital angezeigt wird.*
*Mit dem **Cursor** kann man ein Objekt auf dem Bildschirm markieren und seine Peilung und Entfernung ablesen.*

> Mit einem Radargerät ermittelt man die **Richtung** (Radarpeilung) und **Entfernung** (Radarabstand) zu einem innerhalb der Reichweite liegenden Objekt.

Darstellungsart Head up

Die meisten auf Sportyachten einsetzbaren Geräte arbeiten mit der Darstellungsart **relativ vorausorientiert** bzw. **Head up.** Bei *Head up* gilt:
1. Unser Schiff befindet sich im Mittelpunkt des Bildschirms. (Bei vielen Geräten kann man den Bildmittelpunkt nach unten verschieben, um den Beobachtungsraum nach vorne zu erweitern. Dann spricht man von *Off-center-Darstellung.*)
2. Der Bug, also die Rechtvorausrichtung (rv), ist stets nach oben gerichtet; der Vorausstrich zeigt unabhängig vom jeweiligen Kurs immer auf die 000°-Marke.
3. Alle Bewegungen auf dem Bildschirm erscheinen relativ zum Schiff.

Das bedeutet:
• **Feste Objekte** (Tonnen, Küstenkonturen) bewegen sich auf dem Bildschirm mit unserer Schiffsgeschwindigkeit von oben nach unten.
• **Objekte, die** auf dem Bildschirm **stillstehen**, laufen in der Realität mit gleichem Kurs und gleicher Geschwindigkeit wie unser Schiff.
• Jede Radarpeilung ist eine Seitenpeilung, die **Radar-Seitenpeilung (RaSP)**, die sich auf die Rechtvorausrichtung (rv) bezieht. Bevor wir sie in die Karte eintragen, müssen wir sie – wie eine optische Seitenpeilung – zu einer rwP beschicken (vgl. S. 91).

Vorausstrich

Peillineal (EBL)

Abstandsringe

variabler Abstandsring (VRM)

Cursor

Der Nachteil der Head-up-Darstellung ist, dass sich das Radarbild bei jeder Kursänderung mitdreht. Deshalb kommt es auf Sportbooten durch **Gieren** (ungewolltes, seitliches Ausscheren eines Bootes aus seinem Kurs) leicht zu **verschmierten Bildern**.

Die Radar-Seitenpeilung (RaSP)

Die Peilung eines Objektes kann auf dem Bildschirm mit dem **Peillineal (Electronic Bearing Lineal – EBL)** ermittelt werden. Da sich die Peilung bei *Head up* auf die Rechtvorausrichtung (rv) bezieht, erhält man eine Seitenpeilung, die **Radar-Seitenpeilung (RaSP).**
Um sie in die Karte eintragen zu können, muss sie in eine rechtweisende Peilung verwandelt werden. Dies geschieht wie bei der Seitenpeilung (s. S. 62 f.):

$$
\begin{array}{l}
\text{RaSP} \\
+ \ \underline{\text{rwK}} \\
\text{rwP}
\end{array}
$$

Zur Auswertung benötigt man also den bei der Radarpeilung anliegenden

rwK. Man erhält ihn, indem man den während der Peilung gesteuerten MgK mit Abl und Mw beschickt:

$$
\begin{array}{l}
\text{MgK} \\
+ \ \text{Abl} \\
+ \ \underline{\text{Mw}} \\
\text{rwK}
\end{array}
$$

Die Messung der RaSP erfolgt über den Gradkreis am Bildschirm. Doch sind wegen der azimutalen Streuung (vgl. S. 92) Ungenauigkeiten bis zu einigen Graden möglich.

Die Radar-Abstandsmessung

Der Abstand zu einem Objekt kann auf dem Bildschirm mit einem **variablen Abstandsring (Variable Range Marker – VRM)** ermittelt werden, den man an das Objekt heranfährt. Der ermittelte Abstand wird dann meist digital angezeigt.
Für die Abstandsmessung sollten nur markante und eindeutig identifizierbare Objekte verwendet werden. Eine flache Sandküste ist hierfür ungeeignet, da das Echo meist nicht die Küstenlinie, sondern die dahinter liegenden Dünen wiedergibt.

Schiffsort mit Radar

Den Schiffsort mit Radar erhält man
- aus der Radarpeilung eines Objektes mit EBL und der Radar-Abstandsmessung des gleichen Objektes mit VRM
- oder aus zwei Radar-Abstandsmessungen zweier verschiedener Objekte mit VRM.

Wirklichkeit und Radarbild in Head-up-Darstellung
Links: Begegnung mit einem beweglichen Objekt: Fahrzeug A und Fahrzeug B befinden sich auf Kollisionskurs.
Rechts: A fährt an einem festen Objekt (rote Tonne) vorbei. Auf dem Bildschirm bewegt sich die Tonne von oben nach unten.

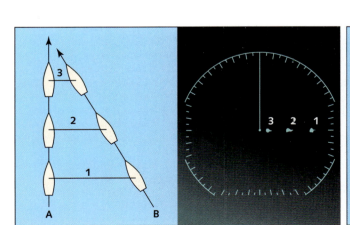

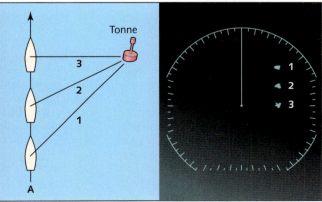

Radar (2): Bildauswertung Radarreflektoren

Frage 104 (NAV SKS)
Frage 163 (SM I SKS)
Frage 146 (SM II SKS)

Horizontale Bündelung	
120-cm-Antenne	2,0°
60-cm-Antenne	3,5°
45-cm-Antenne	6,0°

Eine horizontale Bündelung von 2° ergibt gute Ergebnisse, während ein Winkel von 6° für die Navigation ungeeignet ist. Eine Bündelung von 3,5° stellt für Sportboote aus Platzgründen einen akzeptablen Kompromiss dar.

> Unter der **horizontalen Bündelung** versteht man die »Breite« eines Radarimpulses. Sie hängt von der Länge des Antennenbalkens ab und liegt zwischen 2° und 6°.

Die **vertikale Bündelung**, also die vertikale Öffnung der Radarkeule, beträgt etwa 25°. Dieser große Öffnungswinkel ermöglicht es, dass Radar auch bei starken Schiffsbewegungen (Rollen und Stampfen) sein Ziel erfassen und reflektieren kann.

Je höher die Radarantenne angebracht ist, desto größer ist aber auch der **tote Winkel im Nahbereich**, der von den Radarimpulsen nicht mehr überstrichen wird. Auf dem Bildschirm eines großen Schiffes kann deshalb ein sehr nahes Sportboot möglicherweise überhaupt nicht wahrgenommen werden.

Das Auflösungsvermögen

Für die Qualität der Darstellung auf dem Bildschirm ist das Auflösungsvermögen von Bedeutung. Man unterscheidet *azimutales* und *radiales Auflösungsvermögen*.

Das azimutale Auflösungsvermögen

ist die Fähigkeit eines Radargerätes, zwei **nebeneinander** liegende Punkt-ziele auf dem Bildschirm getrennt darzustellen. Sie erscheinen immer dann als getrennte Objekte, wenn sich ihre Peilung mindestens um eine Keulenbreite, also um den Winkel der horizontalen Bündelung, unterscheidet.
Die azimutale Auflösung hängt also von der horizontalen Bündelung ab: Je besser (größer) die horizontale Bündelung ist, desto besser ist auch das azimutale Auflösungsvermögen.
Außerdem kommt es auf die Größe und den Abstand des Peilobjektes und die Größe des Bildschirms an.

> **Azimutales Auflösungsvermögen** ist die Fähigkeit eines Radargeräts, zwei nebeneinander liegende Punktziele auf dem Bildschirm als getrennte Objekte darzustellen.
>
> Ihre Größe hängt ab von der horizontalen Bündelung, dem Abstand zum Peilobjekt und der Größe des Bildschirms.

Das radiale Auflösungsvermögen ist die Fähigkeit eines Radargeräts, zwei **hintereinander** liegende Punktziele auf dem Bildschirm getrennt darzustellen. Sie hängt vor allem von der Länge des Radarimpulses ab.
Ein Radarimpuls besteht aus einer Folge von Schwingungen mit einer Dauer von etwa 0,1 bis 2 Mikrosekunden. So ergeben sich Impulslängen zwischen 30 und 600 m und ebenso lange Echoimpulse. Die Impulslänge lässt ein Punktziel auf dem Bildschirm als einen in die Länge gestreckten Strich erscheinen *(radiale Verformung)*. Die radiale Verformung ist umso größer, je länger der Radarimpuls, je kleiner der Bildschirm und je größer der Messbereich sind.
Die radiale Verformung kann dazu führen, dass ein nahe hinter dem ersten Punktziel liegendes Zweitziel gleichsam »verschluckt« wird, also auf dem Bildschirm nicht als getrenntes Objekt

Bündelung des Radarimpulses

Radarimpulse breiten sich keulenförmig aus: Sie haben eine bestimmte »Breite«, die *horizontale Bündelung,* und eine bestimmte »Höhe«, die *vertikale Bündelung.*

Die **horizontale Bündelung** von Radarimpulsen beträgt etwa 2° bis 6°. Passiert eine Radarkeule ein punktförmiges Ziel, so reflektiert dieses Ziel so lange, wie die Radarkeule darüber hinwegdreht. Ein punktförmiges Ziel erscheint deshalb auf dem Bildschirm nicht als Punkt, sondern als ein in Antennendrehrichtung gestreckter Strich *(azimutale Verformung)*. Dieser Strich wird umso länger, je »breiter« der Radarimpuls ist und je länger er deshalb über das Ziel hinwegdreht.
Die Größe der horizontalen Bündelung hängt vor allem von der **Länge des Antennenbalkens** ab: Je länger der Antennenbalken ist, desto kleiner ist der Winkel der horizontalen Bündelung. Es gilt:

erscheint. Dies geschieht immer dann, wenn der Abstand beider Objekte kleiner als die halbe Impulslänge ist. Die Impulslänge kann auf dem Radargerät eingestellt werden.

> **Radiales Auflösungsvermögen** ist die Fähigkeit eines Radargeräts, zwei hintereinander liegende Punktziele auf dem Bildschirm getrennt darzustellen.
>
> Ein **»Überlappen« von zwei hintereinander liegenden Objekten** auf dem Bildschirm kann man dadurch vermeiden, dass man
>
> • eine kurze Impulslänge wählt und
> • den Messbereich verkleinert.

Unter **Nahauflösung** versteht man den Bereich, in dem ein Ziel in der Nähe der Antenne gerade noch abgebildet wird. Diese Distanz beträgt etwas mehr als die kleinste Impulslänge, denn das Gerät kann den Echoimpuls erst empfangen, sobald der Sendeimpuls abgeschlossen ist. Bei einer kleinsten Impulslänge von 0,1 Mikrosekunden beträgt die Nahauflösung **etwa 30 m.**

Reflexionseigenschaften

Das Radarbild wird wesentlich von den unterschiedlichen Reflexionseigenschaften der Ziele bestimmt. Diese hängen vor allem von der Größe, der Oberflächenrauigkeit und der elektrischen Leitfähigkeit des Zielobjektes ab; außerdem ist der Einfallswinkel für die Stärke der Reflexion bedeutend. Generell gilt, dass Ziele aus Metall besser reflektieren als Ziele aus Holz und Kunststoffen, Steilküsten sind auf dem Bildschirm deutlicher erkennbar als flache Sandstrände, und ein großer Frachter erscheint auf dem Sichtgerät besser als ein kleiner Fischer.

Radarreflektoren auf Yachten

Sportboote müssen mit einem Radarreflektor ausgerüstet sein, damit sie nachts und bei schlechter Sicht (Nebel) auf dem Radarschirm anderer Fahrzeuge besser wahrgenommen werden können. Man unterscheidet passive und aktive Radarreflektoren.

Ein **passiver Radarreflektor** – am wirksamsten sind sogenannte Oktaeder-Reflektoren mit einer Innenkantenlänge von mindestens 30 cm – muss richtig angebracht sein. Auf Segelyachten bevorzugt man die sogenannte »Yachtstellung«, da das Rigg einer Segelyacht voraus und achteraus wesentlich schlechter als zu den Seiten reflektiert (s. Abb. S. 124). Ein passiver Radarreflektor kann etwa 3,5 sm weit erkannt werden.

Ein **aktiver Radarreflektor** oder **Radarzielverstärker** *(Radar Target Enhancer – RTE)* wird auf einem Radarschirm wesentlich besser wahrgenommen. Denn er sendet empfangene Radarsignale elektronisch verstärkt zurück.

> Sportboote mit einem fest und möglichst hoch angebrachten **passiven oder aktiven Radarreflektor** werden im Radar anderer Fahrzeuge viel besser erkannt als ohne Radarreflektor.

Links: Azimutale Auflösung
*Zwei dicht **nebeneinander** liegende Objekte bilden nur ein Echo, wenn der Winkel der horizontalen Bündelung zu groß ist.*

Rechts: Radiale Auflösung
*Zwei dicht **hintereinander** liegende Objekte bilden nur ein Echo, wenn ihr Abstand kleiner als die halbe Impulslänge ist.*

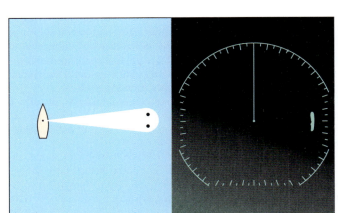

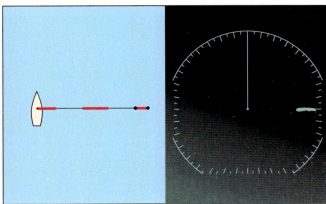

Radar (3):
Antenne
Reichweite
Störungen

Frage 102 (NAV SKS)

Die Antenne

Während des Radarbetriebs werden kontinuierlich Radarimpulse ausgesendet und empfangen; wir erkennen dies an der sich drehenden Antenne.

Die Sendeleistung beträgt während der Impulsaussendung etwa 3 bis 10 kW. (Da diese Leistung aber nur während der kurzen Impulsabgabe nötig ist, liegt der durchschnittliche Verbrauch mit etwa 100 W deutlich niedriger.)

Wegen der hohen Leistungsabgabe besteht in unmittelbarer Nähe der aktiven Antenne erhebliche **Verletzungsgefahr** (Zeugungsunfähigkeit, Erblindung). Der erforderliche Mindestabstand hängt von der Sendeleistung ab, doch sollte man selbst bei kleinen Antennen mindestens **1 m entfernt** sein.

Die Reichweite von Radar

Die Wellenlänge der Radarimpulse beträgt 3 cm (X-Band) oder 10 cm (S-Band), was einer Frequenz von 10 bzw. 3 Gigahertz entspricht. In der Sportschifffahrt verwendet man fast ausschließlich 3-cm-Geräte. Wellen in diesem Bereich breiten sich nahezu geradlinig aus; man sagt, sie haben **quasioptische Eigenschaften**.

Hieraus ergibt sich die begrenzte Reichweite von Radar. Sie hängt vor allem von der Antennenhöhe und der Objekthöhe über der Wasseroberfläche ab. Ähnlich wie beim »Feuer in der Kimm« (vgl. S. 26) müssen wir beim Radar die **Radarkimm** bzw. den **Radarhorizont** berücksichtigen. Eine 5 m hohe Antenne hat einen Radarhorizont von etwa 5 sm.

Der tatsächliche Radarhorizont ist aber meistens kleiner als die geometrische Reichweite. Er wird vor allem bestimmt durch
– Sendeleistung,
– Wetter- und Seegangsbedingungen,
– Empfängerempfindlichkeit,
– Antenneneigenschaften und
– Zielobjekteigenschaften.

Störungen des Radarbildes

Bei Regen und Schneefall erfahren die Radarimpulse erhebliche Verluste. Dies gilt vor allem für Geräte mit 3-cm-Wellen. Objekte im Nahbereich, die wir sonst leicht erkennen würden, erscheinen nicht mehr auf dem Sichtgerät. Hinzu kommt, dass schwere Niederschläge die Radarimpulse reflektieren. Es erscheinen große helle Flächen auf dem Bildschirm. Diese Trübungen können durch das Bedienelement **FTC** *(Fast Time Constant)* gemildert werden **(Regenenttrübung)**.

Auch **Seegang** kann Echoreflexe hervorrufen und den Nahbereich auf dem Bildschirm weiß erscheinen lassen. Echte Ziele können hierin völlig untergehen. Dies gilt umso mehr, je höher die Antenne montiert und je stärker die Sendeleistung ist – wie bei der Großschifffahrt, die unsere Yacht bei gröberer See auf Radar nur sehr schwer erkennt. Seegangstrübungen können durch das Bedienelement **STC** *(Sensitivity Time Control)* gemildert werden **(Seegangsenttrübung)**.

Daneben gibt es Störungen durch **Radarschatten**, die durch eigene Riggteile hervorgerufen werden können, und **Mehrfachechos**, die dadurch entstehen, dass ein Teil des Impulses zwischen Schiffswänden oder Gebäuden hin und her geworfen wird.

Radarechos von kleinen Fahrzeugen und Tonnen können auf dem Bildschirm verschwinden durch:
• Seegang und Niederschläge
• zu große Entfernung
• falsche Bedienung
• Gieren des eigenen Fahrzeugs bei Head-up-Darstellung

Automatisches Schiffsidentifizierungs- system (AIS)

Fragen 105–112 (NAV SKS)

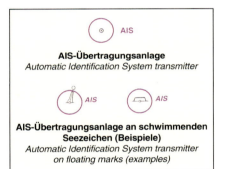

AIS-Übertragungsanlage
Automatic Identification System transmitter

AIS-Übertragungsanlage an schwimmenden Seezeichen (Beispiele)
Automatic Identification System transmitter on floating marks (examples)

Oben: AIS in der Seekarte
Wiedergabe von AIS-Übertragungsanlagen in der Seekarte (Ausschnitt aus Karte 1/INT 1)

Unten: AIS-Wiedergabe auf dem Plotter
So wird die links dargestellte Situation auf einem integrierten Bildschirm (rechts) wieder- gegeben. Man erkennt den optisch vom Kap abgedeckten Frachter, aber auch die Segel- yacht voraus.
Auf dem Bildschirm kann man zusätzlich die Schiffsdaten abrufen (Name, ID, Geschwindig- keit etc.).

Was ist AIS?

Mit dem automatischen Schiffsidenti- fizierungssystem AIS *(Automatic Identification System)* kann man andere Fahrzeuge identifizieren, ihren Standort feststellen und ihre Bewegun- gen auch dann beobachten, wenn sie optisch oder mit Radar nicht wahr- nehmbar sind. AIS ist primär ein **Ver- kehrsinformationssystem** und soll Kollisionen mit anderen Fahrzeugen verhüten helfen. Es kann aber auch die Navigation an Bord unterstützen.

So funktioniert AIS

Mit AIS ausgerüstete Schiffe **senden** laufend Informationen über ihre Iden- tität und Position, ihren Kurs und ihre Geschwindigkeit, die von anderen AIS-Teilnehmern in der Umgebung **empfangen** werden können. Übertra- gen werden sogenannte statische, dy- namische und reisebezogene Daten.

Statische Daten:
• Rufzeichen MMSI *(Maritime Mobile Service Identity)*
• Schiffsname
• Schiffstyp
• Länge und Breite

Dynamische Daten (meist Sensordaten):
• Schiffsposition
• Zeitpunkt der Positionsermittlung
• Kurs und Fahrt über Grund
• gesteuerter Kurs (= Kielrichtung bzw. *heading*)
• Navigationsstatus (Fahrt durchs Was- ser, vor Anker oder manövrierbehin- dert)
• Wendegeschwindigkeit etc.
Reisebezogene Daten:
• Zielhafen mit ETA (voraussichtliche Ankunftszeit)
• Tiefgang etc.

Auf dem Bildschirm des AIS-Gerätes erscheinen Symbole für jedes in der Nähe befindliche und mit AIS ausge- rüstete Schiff in Form von Pfeilen oder Strichen. Richtung und Länge dieser Pfeile zeigen Kurs und Geschwindig- keit der Schiffe an. Durch Anklicken eines Pfeils kann man alle weiteren Daten des anderen Schiffes erfahren. Die gesendeten Datensätze werden laufend aktualisiert.
Auch die deutschen **Verkehrszentra- len** der Wasser- und Schifffahrtsver- waltung sind mit AIS ausgerüstet. Sie können deshalb Sicherheitsmeldun- gen und Warnungen an die mit AIS ausgerüsteten Schiffe weitergeben und den Standort eines in Not geratenen

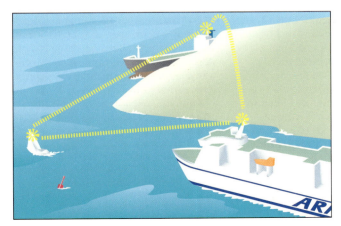

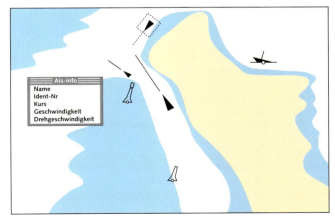

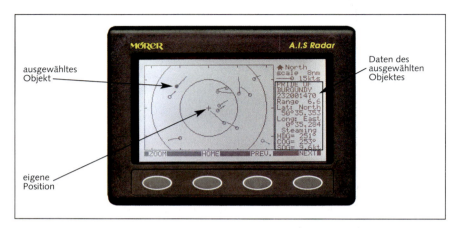

ausgewähltes Objekt

eigene Position

Daten des ausgewählten Objektes

AIS-Empfänger
Dies ist ein für Sportboote geeigneter AIS-Emp-
fänger, der alle Schiffe wiedergibt, die mit
einem AIS-Transponder ausgerüstet sind. Sie
erscheinen als kleine Kreise mit einem Pfeil, der
die Fahrtrichtung angibt. Der Mittelpunkt ist
der eigene Schiffsort.

Schiffes im Empfangsbereich erkennen. Künftig sollen auch wichtige **Schifffahrtszeichen** mit AIS ausgerüstet werden, die laufend ihr Identifikationszeichen und ihre Position senden.

AIS-Geräte

Bei den AIS-Geräten unterscheidet man zwischen Transpondern (Sender und Empfänger) und reinen Empfangsgeräten.
Seit 2005 müssen alle Fahrzeuge mit einer Bruttoraumzahl (BRZ) von 300 und mehr (sowie alle Fahrgastschiffe und Fischereifahrzeuge über 24 Meter Länge) mit einem **AIS-Transponder** ausgerüstet sein. Dies schreibt Kapitel V des *Internationalen Schiffssicherheitsvertrages* (SOLAS, s. S. 342) vor. Sportboote sind also nicht ausrüstungspflichtig, können aber freiwillig am AIS teilnehmen.
Transponder für die Berufsschifffahrt *(AIS Class-A)* sind technisch aufwändig und entsprechend teuer. Für Sportboote gibt es inzwischen preisgünstige Transponder der *AIS Class-B*.
Für nicht ausrüstungspflichtige Fahrzeuge werden aber auch reine **Empfangsgeräte** angeboten. Sie senden zwar nicht ihre eigenen Daten und blei-

ben deshalb für die übrigen Teilnehmer unsichtbar, erkennen aber alle AIS-Sender in der Umgebung und geben diese auf dem Display des Empfängers oder dem Kartenmonitor wieder.
AIS-Geräte müssen vom BSH baumustergeprüft und zugelassen sein.

AIS-Betrieb

Zum Betrieb von AIS an Bord benötigt man eine zusätzliche **UKW-Antenne** und eine **NMEA-Schnittstelle** zu einem GPS-Gerät, um laufend den eigenen Standort weitergeben zu können. *NMEA* bedeutet *National Marine Electronics Association.* (Dieser Verband hat einen einheitlichen Standard zur Übertragung von Daten entwickelt, der die Kompatibilität verschiedener elektronischer Bordgeräte ermöglicht.)
Bei entsprechender Ausrüstung kann der AIS-Empfang auch in die GPS- und Radardarstellung und die elektronische Seekarte integriert werden.
Das AIS-Gerät muss **stets in Betrieb** sein, also auch wenn das Schiff vor Anker liegt, da auch dann seine Daten empfangen werden können.
Die **Ausbreitungsqualität** von AIS entspricht der von UKW. Die **Reichweite** ist von der Antennenhöhe abhän-

gig. Bei Handelsschiffen beträgt die Reichweite etwa 20 bis 30 sm. Sie kann landseitig durch Relaisstationen erhöht werden, wobei auch abschattende Hindernisse (Berge) umgangen werden können.
Die **Positionsgenauigkeit** entspricht der von GPS bzw. von DGPS. Beim Empfang kann man erkennen, ob die übermittelte Position eine GPS- oder DGPS-Position ist. AIS überträgt unter Umständen also auch eine falsche GPS-Position.
Fehler können natürlich auch dadurch entstehen, dass Daten (z. B. Zielort, Tiefgang etc.) manuell falsch eingegeben oder nicht aktualisiert wurden.

Bedeutung von AIS

AIS ist primär ein Verkehrsinformationssystem, weniger ein Navigationssystem. In dicht befahrenen Gewässern kann es die Sicherheit erheblich erhöhen. Dies gilt sowohl für die aktive Wahrnehmung anderer Fahrzeuge als auch für die passive Wahrnehmung des eigenen Fahrzeuges durch die Großschifffahrt.
AIS kann andere Navigationsverfahren wie z. B. Radar nicht ersetzen, sondern nur ergänzen. Denn es bildet nur die am AIS teilnehmenden Schiffe ab. Auch Küstenformationen werden nicht wiedergegeben.

Für **Sportboote**, die mit Radar nicht immer zuverlässig erkannt werden, bietet AIS eine zusätzliche Möglichkeit, von der Berufsschifffahrt wahrgenommen zu werden.

2

Gezeitenkunde

Die Tidenkurve

Frage 72 (NAV SKS)

Fragen 255–258 (SBF)

Hochwasser und Niedrigwasser

In Gezeitenrevieren beobachten wir regelmäßige Änderungen des Wasserstandes **(Gezeiten)** und regelmäßige horizontale Bewegungen des Wassers **(Gezeitenströme).**

In den europäischen Gezeitengewässern treten während eines Mondtages von etwa 24 h 50 min zwei Hoch- und zwei Niedrigwasser auf. (Da der Mondtag also länger ist als der Sonnentag, gibt es manchmal nur *ein* HW bzw. nur *ein* NW pro Tag.) Die Wassertiefe steigt also etwa 6 Stunden lang an und nimmt anschließend ebenso lange ab *(halbtägige Gezeitenform).*

Auch die Gezeitenströme folgen diesem Rhythmus. Man kann sie auch in sogenannten gezeiten- oder tidefreien Gewässern (Ostsee und Mittelmeer) an manchen Engstellen, wie der Straße von Messina, beobachten.

- **Hochwasser (HW)** ist der Eintritt des höchsten Wasserstandes beim Übergang vom Steigen zum Fallen.
- **Niedrigwasser (NW)** ist der Eintritt des niedrigsten Wasserstandes beim Übergang vom Fallen zum Steigen.

Genauer unterscheidet man:
- Hochwasser**höhe** (HWH) und Niedrigwasser**höhe** (NWH) sowie
- Hochwasser**zeit** (HWZ) und Niedrigwasser**zeit** (NWZ)

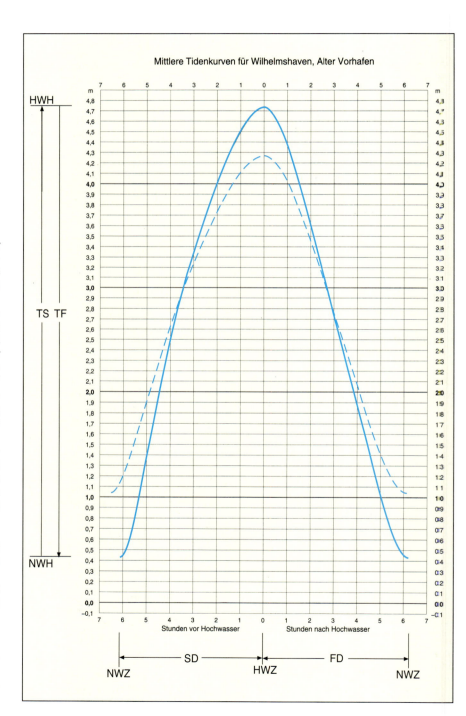

Mittlere Tidenkurven für Wilhelmshaven, Alter Vorhafen

Flut + Ebbe = Tide

- **Flut** ist das Steigen des Wassers vom Niedrigwasser zum folgenden Hochwasser. **Ebbe** ist das Fallen des Wassers vom Hochwasser zum folgenden Niedrigwasser.
- Eine **Tide** oder **Gezeit** setzt sich aus einer Flut und der nachfolgenden Ebbe zusammen.
- **Steigdauer (SD)** ist der Zeitraum von einem NW zum folgenden HW. **Falldauer (FD)** ist der Zeitraum von einem HW bis zum folgenden NW.

Tidenstieg und Tidenfall

- **Tidenstieg (TS)** ist der Höhenunterschied zwischen einer NWH und der folgenden HWH.
- **Tidenfall (TF)** ist der Höhenunterschied zwischen einer HWH und der folgenden NWH.

Da Tidenstieg und Tidenfall meistens nicht gleich groß sind, bildet man als Mittelwert den Tidenhub (TH), also:

$$TH = 1/2 \cdot (TS + TF)$$

- **Tidenhub (TH)** ist das arithmetische Mittel aus Tidenstieg und Tidenfall.

Links: Tidenkurve
Die Tidenkurve zeigt den Verlauf einer Gezeit über einen halben Mondtag, also etwa zwölf Stunden. Eingetragen sind die wichtigsten Bezeichnungen der Hoch- und Niedrigwasserhöhen und -zeiten (Ausschnitt aus den Gezeitentafeln des BSH).

Gezeitenformen

Neben der bei uns verbreiteten **halbtägigen** Gezeitenform gibt es an einigen Küsten Ostasiens und im Pazifik **eintägige Gezeiten** (nur ein Hoch- und Niedrigwasser im Laufe eines Mondtages) und **gemischte Gezeiten** mit zwei Hoch- und Niedrigwassern innerhalb eines Mondtages, wobei die Höhen und Intervalle stark voneinander abweichen. Gemischte Gezeiten treten auch an den südamerikanischen Küsten auf.

Gezeiten: Abkürzungen und Bezeichnungen	
AdG	Alter der Gezeit
FD	Falldauer
GU	Gezeitenunterschied
H	Höhe der Gezeit
HUG	Höhenunterschied der Gezeit
HW	Hochwasser
HWH	Hochwasserhöhe
HWZ	Hochwasserzeit
KN	Kartennull = Seekartennull
LAT	Lowest Astronomical Tide
MHW	Mittleres Hochwasser
MNpHW	Mittleres Nipphochwasser
MNpNW	Mittleres Nippniedrigwasser
MSpHW	Mittleres Springhochwasser
MSpNW	Mittleres Springniedrigwasser
NN	Normalnull
NpHW	Nipphochwasser
NpNW	Nippniedrigwasser
NW	Niedrigwasser
NWH	Niedrigwasserhöhe
NWZ	Niedrigwasserzeit
SD	Steigdauer
SKN	Seekartennull = Kartennull
SpHW	Springhochwasser
SpNW	Springniedrigwasser
TF	Tidenfall
TS	Tidenstieg
UTC	Universal Time Co-ordinated
ZUG	Zeitunterschied der Gezeit

Unterlagen für die Gezeitennavigation

Für die Navigation in Gezeitengewässern gibt das BSH folgende Unterlagen heraus:

- Die **Gezeitentafeln (GT)** für die europäischen Gewässer enthalten Gezeitenangaben für etwa 2000 europäische Orte. Daneben gibt es die britischen **Admiralty Tide Tables (A.T.T.)** in vier Bänden für die ganze Welt.
- Der **Gezeitenkalender** für die Deutsche Bucht und deren Flussgebiete enthält im Wesentlichen Hoch- und Niedrigwasser*zeiten* und *mittlere* Hoch- und Niedrigwasser*höhen*.
- **Gezeitenstromatlanten** (vgl. S. 108).

Die **Gezeitentafeln** bestehen aus vier Teilen:

In **Teil I: Ausführliche Vorausberechnungen für die europäischen Bezugsorte** werden für 38 Bezugsorte mittlere Tidenkurven und für jeden Tag des Jahres die genauen Zeiten und Höhen der Hoch- und Niedrigwasser wiedergegeben.

Teil II: Gezeitenunterschiede für die europäischen Anschlussorte enthält für etwa 2000 Anschlussorte sogenannte Gezeitenunterschiede (GU), die man als Korrekturwerte an die Hoch- und Niedrigwasserzeiten und -höhen der Bezugsorte anbringt, um die entsprechenden Werte für die Anschlussorte zu erhalten.

Teil III: Hilfs-Tafeln enthält verschiedene Tafeln für die Gezeitenberechnungen.

Wir benötigen im Wesentlichen folgende Tafeln:

Tafel 1: *Gezeitengrundwerte europäischer Bezugsorte*
Tafel 2: *Spring-, Mitt- und Nipp-Zeiten*
Tafel 3: *Mondphasen*
Teil IV: Gezeitenkarten und Höhen mittlerer Tidenkurven

Die Gezeitenkurve

Fragen 74–82, 85–87 (NAV SKS)

Springzeit, Mittzeit und Nippzeit

Die Gezeitenkurve beschreibt den Verlauf von Hoch- und Niedrigwasserhöhen über einen Monat. Denn aufeinanderfolgende Hochwasser bzw. Niedrigwasser sind nicht gleich hoch, sondern nehmen im Verlauf von etwa 14 Tagen kontinuierlich ab bzw. zu.

- Zur **Springzeit** hat man ein besonders hohes Hochwasser und ein besonders niedriges Niedrigwasser.
- Zur **Nippzeit** hat man besonders hohe Niedrigwasser- und besonders niedrige Hochwasserhöhen.
- **Mittzeit** heißt der dazwischen liegende Zeitraum mit ausgeglicheneren Wasserhöhen.

Oben: Nippzeit und Springzeit
Zur Nippzeit treten geringe Extremwerte, zur Springzeit vergleichsweise große Extremwerte für Hoch- und Niedrigwasser auf.

Unten: Gezeitenkurve
Die Gezeitenkurve stellt den Verlauf der Gezeit über einen Monat dar. Man erkennt die unterschiedlichen Höhen der Gezeit während der Spring-, Mitt- und Nippzeit.

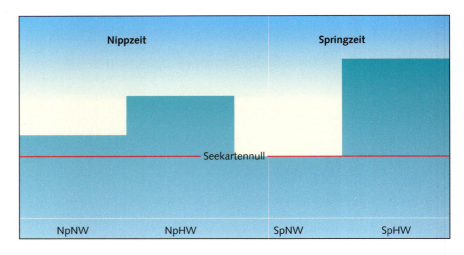

Das in der Spring- bzw. Nippzeit auftretende Hochwasser nennt man dann **Springhochwasser (SpHW)** bzw. **Nipphochwasser (NpHW)**. Springhochwasser ist also ein besonders hohes Hochwasser, Nipphochwasser ein besonders niedriges Hochwasser.
Ebenso gibt es ein **Springniedrigwasser (SpNW)**, also ein besonders niedriges Niedrigwasser, und ein **Nippniedrigwasser (NpNW)**, ein besonders hohes Niedrigwasser.
Gezeitenströme sind zur Springzeit stärker als zur Nippzeit.

Wassertiefe und Kartentiefe

Die **Kartentiefe (KT)** ist die auf das Seekartennull (SKN) bezogene Wassertiefe. Wir finden sie in der Seekarte. Die **Wassertiefe (WT)** ist die von einem Schiff aus etwa mit dem Lot gerade feststellbare Tiefe.
Die **Höhe der Gezeit (H)** ist der auf das örtliche Seekartennull bezogene Wasserstand.
Es gilt also:

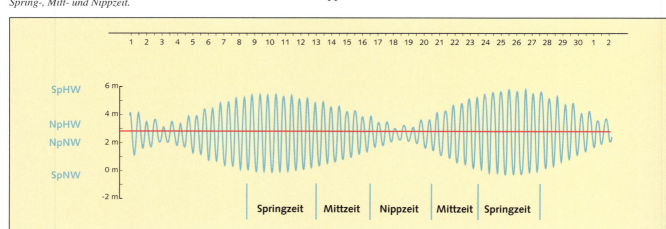

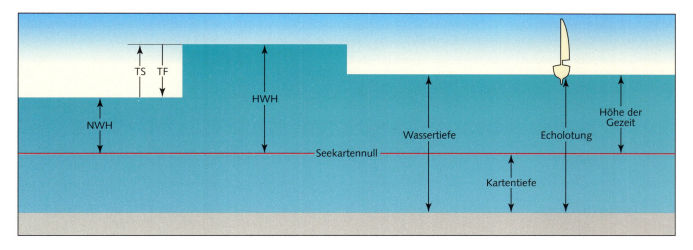

WT = Kartentiefe + Höhe der Gezeit
oder
Kartentiefe = WT – Höhe der Gezeit

Mit einer Handlotung erhält man unmittelbar die Wassertiefe. Bei einer Echolotung muss man aber die **Gebertiefe** addieren, um die Wassertiefe zu erhalten, also:

WT = Echolotung + Gebertiefe

Das Seekartennull (SKN)

Das Seekartennull (SKN) ist die Bezugsfläche für die Tiefenangaben in der Seekarte. In der **deutschen Ostsee** entspricht das SKN dem *mittleren Wasserstand*, in der **deutschen Nordsee** dem **niedrigstmöglichen Gezeitenwasserstand** *(Lowest Astronomical Tide – LAT)* (vgl. S. 22), der kaum unterschritten wird.
Bis 2004 lag das SKN in deutschen Gezeitenrevieren auf der Höhe des mittleren Springniedrigwassers (MSpNW), dessen Niveau etwa 50 cm über LAT liegt. 2005 wurden die Gezeitentafeln und Pegel auf LAT umgestellt. Die Umstellung der Tiefenangaben in den Seekarten dagegen erfolgt schrittweise mit ihren Neuausgaben in den nächsten Jahren.

Beachte:
In der **Übungskarte BA 1875** bezieht sich das SKN noch auf das MSpNW. **In der Prüfung** muss man deshalb von den Höhen in den Gezeitentafeln **0,5 m abziehen**, um mit der Rechnung
WT = KT + Höhe der Gezeit
die vorhandene Wassertiefe zu erhalten.

Im **Englischen Kanal** beziehen sich die britischen Unterlagen ebenfalls auf LAT und die französischen Unterlagen auf das örtliche *niedrigstmögliche Niedrigwasser*.

In englischen Unterlagen bedeutet:
Chart Datum (CD) = Seekartennull (SKN)
charted depth = Kartentiefe

Links: Tidenstieg und Tidenfall
Der Unterschied zwischen der NWH und der HWH ist der Tidenstieg (TS) bzw. der Tidenfall (TF).

Rechts: WT = KT + Höhe der Gezeit
Viele Gezeitenaufgaben beruhen auf diesem Zusammenhang.
Umgekehrt gilt: KT = WT – Höhe der Gezeit

Pegel

Ein Pegel ist eine Skala zur Anzeige des Wasserstandes. An einigen Orten der deutschen Nordseeküste sind für die Zwecke der Schifffahrt besondere Pegel aufgestellt. Sie sind als **Schifffahrtspegel** gekennzeichnet. Ihr Nullpunkt stimmt mit dem örtlichen Seekartennull überein. An ihnen kann man also unmittelbar die Höhe der Gezeit ablesen.
Alle anderen Pegel nennt man **Betriebspegel.** Ihr Nullpunkt liegt in der Regel 5 m unter dem Normalnull. Ihre Anzeige kann also nicht mit dem SKN in Beziehung gesetzt werden.

Tafel 2

Spring-, Mitt- und Nipp-Zeiten. 2005

Tag	Jan	Feb	Mrz	Apr	Mai	Jun	Jul	Aug	Sep	Okt	Nov	Dez	Tag
1	Mt	Mt	Mt	Mt	Np	Np	Np	Mt	Mt	Mt	Mt	Sp	1
2	Mt	Np	Mt	Np	Np	Np	Mt	Mt	Mt	Mt	Sp	Sp	2
3	Np	Np	Np	Np	Np	Mt	Mt	Mt	Sp	Sp	Sp	Sp	3
4	Np	Np	Np	Np	Np	Mt	Mt	Mt	Sp	Sp	Sp	Sp	4
5	Np	Np	Np	Np	Mt	Mt	Mt	Sp	Sp	Sp	Sp	Mt	5
6	Np	Mt	Np	Mt	Mt	Mt	Sp	Sp	Sp	Sp	Mt	Mt	6
7	Mt	Mt	Mt	Mt	Mt	Sp	Sp	Sp	Mt	Mt	Mt	Mt	7
8	Mt	Sp	Mt	Sp	Sp	Sp	Sp	Sp	Mt	Mt	Mt	Np	8
9	Mt	Sp	Mt	Sp	Sp	Sp	Sp	Mt	Mt	Mt	Np	Np	9
10	Sp	Sp	Sp	Sp	Sp	Sp	Mt	Mt	Mt	Np	Np	Np	10
11	Sp	Sp	Sp	Sp	Sp	Mt	Mt	Mt	Np	Np	Np	Np	11
12	Sp	Mt	Sp	Mt	Mt	Mt	Mt	Mt	Np	Np	Np	Mt	12
13	Sp	Mt	Sp	Mt	Mt	Mt	Mt	Np	Np	Np	Mt	Mt	13
14	Mt	Mt	Mt	Mt	Mt	Mt	Np	Np	Np	Mt	Mt	Mt	14
15	Mt	Mt	Mt	Mt	Mt	Np	Np	Np	Mt	Mt	Mt	Sp	15
16	Mt	Np	Mt	Np	Np	Np	Np	Np	Mt	Mt	Sp	Sp	16
17	Np	Np	Np	Np	Np	Np	Np	Mt	Mt	Sp	Sp	Sp	17
18	Np	Np	Np	Np	Np	Np	Mt	Mt	Sp	Sp	Sp	Sp	18
19	Np	Np	Np	Np	Np	Mt	Mt	Sp	Sp	Sp	Sp	Mt	19
20	Np	Mt	Np	Mt	Mt	Mt	Mt	Sp	Sp	Sp	Mt	Mt	20
21	Mt	Mt	Mt	Mt	Mt	Mt	Sp	Sp	Sp	Mt	Mt	Mt	21
22	Mt	Mt	Mt	Mt	Mt	Sp	Sp	Sp	Mt	Mt	Mt	Mt	22
23	Mt	Mt	Mt	Mt	Sp	Sp	Sp	Mt	Mt	Mt	Np	Np	23
24	Mt	Sp	Mt	Sp	Sp	Sp	Sp	Mt	Mt	Mt	Np	Np	24
25	Sp	Sp	Sp	Sp	Sp	Sp	Mt	Mt	Np	Np	Np	Np	25
26	Sp	Sp	Sp	Sp	Sp	Mt	Mt	Np	Np	Np	Np	Np	26
27	Sp	Sp	Sp	Sp	Mt	Mt	Mt	Np	Np	Np	Mt	Mt	27
28	Sp	Mt	Sp	Mt	Mt	Np	Np	Np	Np	Np	Mt	Mt	28
29	Mt		Mt	Mt	Mt	Np	Np	Np	Mt	Mt	Mt	Mt	29
30	Mt		Mt	Mt	Np	Np	Np	Mt	Mt	Mt	Mt	Mt	30
31	Mt		Mt		Np		Np	Mt		Mt		Sp	31

Tafel 3

Mondphasen. 2005

	Letztes Viertel		Neumond		Erstes Viertel		Vollmond		Letztes Viertel		˘Neumond	
	Tag	Zeit	Tag	Zeit	Tag	Zeit	Tag	Zeit	Tag	Zeit	Tag	Zeit
Januar	3	17 46	10	12 03	17	6 57	25	10 32				
Februar	2	7 27	8	22 28	16	0 16	24	4 54				
März	3	17 36	10	9 10	17	19 19	25	20 58				
April	2	0 50	8	20 32	16	14 37	24	10 06				
Mai	1	6 24	8	8 45	16	8 56	23	20 18	30	11 47		
Juni			6	21 55	15	1 22	22	4 14	28	18 23		
Juli			6	12 02	14	15 20	21	11 00	28	3 19		
August			5	3 05	13	2 38	19	17 53	26	15 18		
September			3	18 45	11	11 37	18	2 01	25	6 41		
Oktober			3	10 28	10	19 01	17	12 14	25	1 17		
November			2	1 25	9	1 57	16	0 57	23	22 11		
Dezember			1	15 01	8	9 36	15	16 15	23	19 36	31	3 12

Springverspätung

Frage 71 (NAV SKS)

Wann Springzeit und wann Nippzeit ist, hängt von der jeweiligen Mondphase ab. Es gilt:

> Die **Springzeit** tritt bei Vollmond und Neumond auf, die **Nippzeit** bei Halbmond; die **Mittzeit** liegt dazwischen.

Die Springzeit beginnt zwei Tage vor Eintritt des Vollmondes bzw. Neumondes und endet zwei Tage danach. Springzeit und Nippzeit dauern jeweils vier Tage und die Mittzeit drei Tage. Für einen halben Mondumlauf ergibt sich folgender Ablauf:

Springzeit	**4 Tage**
Mittzeit	**3 Tage**
Nippzeit	**4 Tage**
Mittzeit	**3 Tage**
halber Mondumlauf	**14 Tage**

Die Springzeit fällt allerdings nicht genau mit dem Eintritt des Vollmondes bzw. Neumondes zusammen, sondern verspätet sich um die Springverspätung (SpV).

> **Springverspätung** ist der Zeitunterschied zwischen Voll- bzw. Neumond und der nächsten Springzeit.

Den genauen Wert der Springverspätung für jeden Bezugsort findet man in Tafel 1, Teil III der GT (*Gezeitengrundwerte der europäischen Bezugsorte*). Zusammen mit Tafel 3 (*Mondphasen*) kann man die jeweiligen Gezeitenverhältnisse – man sagt auch **Alter der Gezeit (AdG)** – errechnen. Besser arbeitet man aber mit Tafel 2. Das ist schneller und genauer, denn ein halber Mondumlauf dauert durchschnittlich 14,8 Tage (und nicht 14 Tage).

> **Beispiel**
> **Bestimmen Sie das Alter der Gezeit (AdG) am 8.7.2005 in Wilhelmshaven!**
> Aus *Tafel 3* ergibt sich:
> Neumond 6.7.2005 1202
> In *Tafel 1* finden wir als Springverspätung für *Wilhelmshaven* 1 Tag 9 Stunden. Das heißt:
> Springzeit W'haven: 7.7.2005 2102
> Man rechnet mit Springzeit vom 5.7. bis 9.7. (jeweils 2102 UTC).
> Am 8.7.2005 herrscht also Springzeit.
> Das gleiche Ergebnis findet man in *Tafel 2*.

Linke Seite: Tafeln 2 und 3 (Teil III der GT)
Tafel 2 gibt an, wann Spring-, Mitt- und Nippzeit herrscht. Die Springverspätung ist bereits berücksichtigt. *Tafel 3* gibt den genauen Eintritt der Mondphasen an.

Unten rechts: Auszug aus Tafel 1 (*Teil III der GT*) gibt die **Springverspätung** für die 38 europäischen Bezugsorte wieder.

Unten links: Springverspätung (SpV)
In der Deutschen Bucht beträgt die Springverspätung etwa 1 Tag und 10 Stunden.
Die Zeit, die seit Neumond vergangen ist, nennt man Mondalter oder **Alter der Gezeit**. *Diesen Ausdruck verwendet man auch zur Bezeichnung der jeweiligen Gezeitenverhältnisse.*

Auszug aus Tafel 1
Gezeitengrundwerte europäischer Bezugsorte 2005

Seite	Bezugsort	Springverspätung		Mittlere Steigdauer		Mittlere Falldauer	
		d	h	h	min	h	min
2	Ekaterinskaja	1	10	06	05	06	20
6	Narvik	1	03	06	01	06	24
10	Bergen	1	00	06	21	06	04
14	Helgoland	1	09	05	40	06	45
19	Husum	1	09	06	04	06	21
24	Büsum	1	09	06	20	06	05
29	Cuxhaven	1	10	05	33	06	52
34	Brunsbüttel	1	09	05	24	07	01
39	Hamburg	1	12	05	08	07	17
44	Bremerhaven	1	09	06	12	06	13
49	Bremen	1	12	05	17	07	08
54	Wilhelmshaven	1	09	06	16	06	09
59	Norderney	1	08	06	04	06	21
64	Borkum	1	06	06	06	06	19
69	Emden	1	06	06	10	06	15
74	West-Terschelling	1	07	06	18	06	07
78	Hoek van Holland	1	21	06	47	05	38
82	Vlissingen	1	19	05	57	06	28
86	Le Havre	1	07	06	24	07	01
90	Saint Malo	1	14	05	33	06	52
94	Brest	1	07	06	02	06	23
98	Plymouth	1	04	06	11	06	14
102	Southampton	1	01	06	45	05	40
106	Portsmouth	1	01	06	53	05	32
110	Dover	1	07	05	09	07	16
114	London Bridge	1	17	06	03	06	22
118	Immingham	1	08	06	04	06	21
122	Leith	1	10	06	30	05	55
126	Aberdeen	1	03	06	18	06	07
130	Ullapool	0	17	06	06	06	19
134	Oban	0	23	06	10	06	15
138	Greenock	1	21	06	48	05	37
142	Liverpool	1	00	05	37	06	48
146	Avonmouth	1	04	05	50	06	35
150	Cobh	1	06	05	52	06	33
154	Pointe de Grave	1	00	06	28	05	57
158	Lissabon	0	20	06	32	05	53
162	Gibraltar	1	00	06	39	05	46

Spring-
verspätung
1 Tag

Spring-
zeit
4 Tage

Mitt-
zeit
3 Tage

Nipp-
zeit
4 Tage

Gebrauch der Gezeitentafeln

1. Wann und mit welchen Höhen treffen HW und NW an einem Bezugsort ein?

2. Wann und mit welchen Höhen treffen HW und NW an einem Anschlussort ein?

3. Wann hat man auflaufendes bzw. ablaufendes Wasser, um gegebenenfalls mit dem Strom laufen zu können?

4. Kann man an einer bestimmten Stelle festmachen oder ankern, ohne bei NW trockenzufallen?

Zeitangaben

UTC = Universal Time Co-ordinated
MEZ = Mitteleuropäische Zeit
MESZ = Mitteleuropäische Sommerzeit

Es gilt: UTC + 1 h = MEZ
MEZ + 1 h = MESZ

Die den GT zugrunde liegende Zeit ist auf jeder Seite unten angegeben.

1. Gezeitenaufgabe:

Wann hat man am 21. Juni in Wilhelmshaven Hochwasser und Niedrigwasser? Mit welchen Höhen? Wann sollte eine Yacht mit dem Strom auslaufen?
Lösung:

1. Niedrigwasser	0538	0,6 m
2. Niedrigwasser	1806	0,6 m
1. Hochwasser	1154	4,7 m

Das 2. HW fällt bereits auf den 22. Juni.

Man läuft am günstigsten bei Beginn des ablaufenden Wassers nach HW aus, also nach 1154 Uhr MEZ bzw. 1254 MESZ.

2. Gezeitenaufgabe:

Wann hat man am 9. Mai am Minsener Oog, Buhne C das 1. NW und das 2. HW? Mit welchen Höhen?
Lösung:

1. NW W'haven	0735	0,3 m
GU	− 0019	0,0 m
1. NW Buhne C	0716	0,3 m
2. HW W'haven	1346	4,7 m
GU	− 0043	− 0,9 m
2. HW Buhne C	1303	3,8 m

Beachte:
1. Für HW und NW sind unterschiedliche Zeitunterschiede zu berücksichtigen.
2. Bei der Ermittlung des Höhenunterschieds muss man wissen, ob Spring-, Mitt- oder Nippzeit herrscht. Am 9. Mai hat man Springzeit (Neumond 8. Mai + 1 Tag Springverspätung). Bei Mittzeit müsste zwischen den Werten für die Spring- und Nippzeit interpoliert werden.

3. Gezeitenaufgabe:

Am 9. Mai ankert man gegen 1300 MEZ am Priel Mittelbalje südlich von Wangerooge Ost an einer Stelle, für die die Karte 1,2 m angibt. Die Yacht hat einen Tiefgang von 1,5 m. Muss man damit rechnen, trockenzufallen?
Lösung:
Es gilt: **WT = KT + Höhe der Gezeit**
Die KT von 1,2 m ist bekannt; wir müssen also die Höhe der Gezeit für das folgende NW errechnen:

2. NW Wilhelmshaven	0,3 m
Höhenunterschied (HUG)	0,0 m
2. NW Mittelbalje	0,3 m

Also: WT = 1,2 m + 0,3 m = 1,5 m
Man sollte sich einen günstigeren Ankerplatz suchen.

4. Gezeitenaufgabe:

Bei der Suche nach einem günstigeren Ankerplatz lotet man anschließend 6,7 m. Kann man hier unbesorgt ankern?
Lösung:
Gesucht werden also die KT und die NWH für den Lotungsort. Es gilt:
KT = WT − Höhe der Gezeit
Die WT ist mit 6,7 m bekannt. Wie hoch ist die Höhe der Gezeit beim Loten?

2. HW Wilhelmshaven	1346	4,7 m
GU	− 0053	− 0,9 m
2. HW Mittelbalje	1253	3,8 m

Da man genau zum 2. HW gelotet hatte, ergibt sich:
KT = 6,7 m − 3,8 m = 2,9 m
Da wir aus der 3. Gezeitenaufgabe wissen, dass die NWH an der Mittelbalje 0,3 m beträgt, ergibt sich als WT am Lotungsort beim nächsten NW:
WT = KT + Höhe der Gezeit
WT = 2,9 m + 0,3 m = 3,2 m
Man wird also nicht trockenfallen.

5. Gezeitenaufgabe:

Wie hoch ist in Wilhelmshaven am 6. Mai gegen 1340 MEZ die Wassertiefe an einer Stelle, für die die Karte eine Tiefe von 0,2 m angibt?
Lösung:
Am 6. Mai herrschen Mittverhältnisse.
HW Wilhelmshaven 1141 4,3 m
Gesucht ist die Höhe der Gezeit etwa 2 Stunden nach HW.
Den Tidenkurven (S. 98) entnehmen wir für 2 h nach HW
für SpHW: 4,75 − 3,60 = 1,15 m
für NpHW: 4,25 − 3,45 = 0,80 m
Mittelwert für die Mittzeit also 1,0 m.
H (2 h nach HW): 4,3 − 1,0 = 3,3 m
WT = KT + Höhe der Gezeit
WT = 0,2 + 3,3 = 3,5 m
Man wird gegen 1340 MEZ eine Wassertiefe von 3,5 m haben.

Wilhelmshaven, Alter Vorhafen 2005

Breite: 53° 31' N, Länge: 8° 09' E

Zeiten (Stunden und Minuten) und Höhen (Meter) der Hoch- und Niedrigwasser

Mai

Tag	Zeit	Höhe		Tag	Zeit	Höhe
5 Do	4 15 / 10 47 / 16 38 / 23 02	0,3 / 4,2 / 0,5 / 4,7		**20** Fr	3 45 / 10 14 / 16 10 / 22 27	0,6 / 4,3 / 0,8 / 4,6
6 Fr	5 15 / 11 41 / 17 33 / 23 54	0,2 / 4,3 / 0,3 / 4,7		**21** Sa	4 41 / 11 05 / 17 05 / 23 16	0,5 / 4,4 / 0,7 / 4,7
7 Sa	6 05 / 12 27 / 18 24	0,2 / 4,4 / 0,3		**22** So	5 31 / 11 49 / 17 54	0,4 / 4,6 / 0,6
8 So ●	0 42 / 6 53 / 13 09 / 19 12	4,7 / 0,3 / 4,6 / 0,3		**23** Mo ○	0 02 / 6 16 / 12 30 / 18 38	4,8 / 0,4 / 4,7 / 0,5
9 Mo	1 26 / 7 35 / 13 46 / 19 51	4,7 / 0,3 / 4,7 / 0,3		**24** Di	0 45 / 6 57 / 13 08 / 19 18	4,8 / 0,4 / 4,8 / 0,4
10 Di	2 03 / 8 08 / 14 15 / 20 23	4,7 / 0,4 / 4,7 / 0,3		**25** Mi	1 27 / 7 38 / 13 48 / 20 01	4,8 / 0,4 / 4,8 / 0,3

Juni

Tag	Zeit	Höhe		Tag	Zeit	Höhe
5 So	5 32 / 11 53 / 17 54	0,4 / 4,5 / 0,4		**20** Mo	4 41 / 11 04 / 17 11 / 23 26	0,6 / 4,6 / 0,7 / 4,7
6 Mo ●	0 15 / 6 21 / 12 38 / 18 45	4,7 / 0,5 / 4,6 / 0,4		**21** Di	5 38 / 11 54 / 18 06	0,6 / 4,7 / 0,6
7 Di	1 01 / 7 06 / 13 17 / 19 28	4,7 / 0,5 / 4,7 / 0,4		**22** Mi ○	0 20 / 6 32 / 12 44 / 18 58	4,8 / 0,5 / 4,8 / 0,5
8 Mi	1 40 / 7 43 / 13 51 / 20 04	4,6 / 0,5 / 4,8 / 0,4		**23** Do	1 14 / 7 23 / 13 33 / 19 51	4,8 / 0,5 / 4,9 / 0,4
9 Do	2 15 / 8 15 / 14 24 / 20 38	4,6 / 0,6 / 4,8 / 0,5		**24** Fr	2 10 / 8 16 / 14 25 / 20 46	4,8 / 0,6 / 4,9 / 0,3
10 Fr	2 50 / 8 48 / 14 58 / 21 13	4,5 / 0,6 / 4,8 / 0,5		**25** Sa	3 07 / 9 08 / 15 17 / 21 39	4,7 / 0,5 / 4,9 / 0,2

Juli

Tag	Zeit	Höhe		Tag	Zeit	Höhe
5 Di	5 56 / 12 12 / 18 26	0,7 / 4,7 / 0,6		**20** Mi	5 12 / 11 29 / 17 47	0,8 / 4,7 / 0,6
6 Mi	0 40 / 6 45 / 12 56 / 19 12	4,6 / 0,7 / 4,8 / 0,6		**21** Do ○	0 08 / 6 19 / 12 29 / 18 51	4,7 / 0,7 / 4,8 / 0,5
7 Do	1 23 / 7 26 / 13 35 / 19 52	4,6 / 0,7 / 4,9 / 0,6		**22** Fr	1 10 / 7 19 / 13 25 / 19 48	4,7 / 0,7 / 5,0 / 0,4
8 Fr	2 01 / 8 03 / 14 11 / 20 29	4,6 / 0,7 / 4,9 / 0,6		**23** Sa	2 08 / 8 13 / 14 18 / 20 44	4,7 / 0,5 / 5,0 / 0,3
9 Sa	2 37 / 8 38 / 14 46 / 21 05	4,6 / 0,6 / 4,9 / 0,5		**24** So	3 02 / 9 04 / 15 09 / 21 36	4,7 / 0,4 / 5,1 / 0,2
10 So	3 12 / 9 11 / 15 19 / 21 37	4,5 / 0,6 / 4,9 / 0,5		**25** Mo	3 51 / 9 47 / 15 56 / 22 21	4,6 / 0,4 / 5,1 / 0,2

August

Tag	Zeit	Höhe		Tag	Zeit	Höhe
5 Fr ●	1 08 / 7 14 / 13 20 / 19 40	4,6 / 0,8 / 4,9 / 0,6		**20** Sa	1 05 / 7 13 / 13 15 / 19 43	4,7 / 0,6 / 5,0 / 0,3
6 Sa	1 47 / 7 52 / 13 57 / 20 17	4,6 / 0,7 / 4,9 / 0,6		**21** So	1 59 / 8 04 / 14 07 / 20 34	4,7 / 0,4 / 5,1 / 0,2
7 So	2 22 / 8 27 / 14 31 / 20 50	4,6 / 0,6 / 4,9 / 0,5		**22** Mo	2 47 / 8 49 / 14 54 / 21 21	4,7 / 0,4 / 5,2 / 0,2
8 Mo	2 53 / 8 57 / 15 01 / 21 18	4,6 / 0,5 / 4,9 / 0,5		**23** Di	3 30 / 9 30 / 15 37 / 22 01	4,7 / 0,3 / 5,2 / 0,3
9 Di	3 22 / 9 23 / 15 29 / 21 44	4,6 / 0,5 / 4,8 / 0,4		**24** Mi	4 06 / 10 05 / 16 15 / 22 36	4,7 / 0,4 / 5,0 / 0,4
10 Mi	3 53 / 9 51 / 16 02 / 22 16	4,5 / 0,5 / 4,8 / 0,5		**25** Do	4 39 / 10 38 / 16 52 / 23 07	4,6 / 0,5 / 4,9 / 0,6

● Neumond) erstes Viertel ○ Vollmond (letztes Viertel

UTC+ 1h00min (MEZ)

Bei Tiefenangaben in der Seekarte bezogen auf MSpNW: HW/NW Höhe - 0,5 m

---

Nr.	Ort	Breite ° '	Länge ° '	mittl. Zeitunterschiede HW h min Tf.5	mittl. Zeitunterschiede NW h min Tf.5	SpHW m	NpHW m	SpNW m	NpNW m
512	**Bezugsort: Wilhelmshaven (Seite 55-57)**	**53°31'N**	**8°09'E**			**4,7**	**4,3**	**0,5**	**1,0**
	Jadegebiet								
754	Wangerooge, Langes Riff	53 48	7 56	- 1 07	- 0 40	-1,1	-1,1	-0,1	-0,2
756	Wangerooge, Ost	53 46	7 59	- 0 53	- 0 33	-0,9	-0,8	0,0	-0,1
759	Minsener Oog, Buhne C	53 45	8 02	- 0 43	- 0 19	-0,9	-0,8	0,0	-0,1
760	Mellumplate, Leuchtturm	53 46	8 06	- 0 44	- 0 20	-0,8	-0,8	0,0	-0,1
761	Schillig	53 42	8 03	- 0 29	- 0 14	-0,7	-0,6	0,0	-0,1
764 B	Hooksielplate	53 40	8 09	- 0 17	- 0 07	-0,5	-0,4	0,0	0,0
765	Hooksiel	53 39	8 05	- 0 20	- 0 08	-0,5	-0,4	-0,1	-0,1
766	Voslapp	53 37	8 07	- 0 12	- 0 06	-0,3	-0,3	0,0	0,0
769	Wilhelmshaven, Ölpier	53 34	8 10	- 0 08	- 0 04	-0,1	-0,1	0,0	0,0
770	Wilhelmshaven, Neuer Vorhafen	53 32	8 10	- 0 03	- 0 01	-0,1	-0,1	0,0	0,0

Theorie und Praxis der Gezeiten

Fragen 52, 70, 73, 88 (NAV SKS)
Frage 107 (SM I SKS)
Frage 87 (SM II SKS)

Einfluss des Mondes

Die Gezeiten sind im Wesentlichen auf die von **Sonne, Mond** und Erde aufeinander ausgeübte **Massenanziehung** zurückzuführen. Die Mondanziehung wirkt an verschiedenen Punkten der Erde unterschiedlich stark, da jeder Punkt der Erde sich in einer anderen Richtung und Entfernung zum Mond befindet.

Durch die **Erddrehung** nehmen die Wasserteilchen auf der Oberfläche ständig eine neue Stellung zum Mond ein. Hieraus ergibt sich als horizontale Bewegungskomponente eine Art Schwingung der Wasserteilchen. Die einzelnen Teilchen beschreiben etwa im Rhythmus der Erdumdrehung langgezogene Bahnen um ihre mittlere Lage. Man erhält sogenannte **Gezeitenströme**.

Die von uns beobachteten Gezeiten sind also nichts anderes als das Zusammenwirken dieser Ströme, durch die Wassermassen zusammengedrängt oder abgezogen werden.

Sobald also der Mond den Ortsmeridian eines Beobachters passiert, hat man Hochwasser. Dies trifft jedoch auf unserer Erde nicht genau zu, da Landmassen und vor allem auch wechselnde Wassertiefen in flacheren Meeren den freien Lauf der Flutwelle hemmen und Verzögerungen verursachen. So ergibt sich zwischen dem Durchgang des Mondes durch den Ortsmeridian und dem darauf folgenden Hochwasser ein Zeitunterschied, das *Hochwasserintervall*.

Der Einfluss des Mondes wird noch in einem anderen Zusammenhang deutlich: Der mittlere Mondtag von einem Durchgang des Mondes durch den Ortsmeridian bis zum folgenden beträgt rund 24 h 50 min. Deshalb ist eine Tide bei uns auch länger als 12 Stunden, sodass Hoch- und Niedrigwasser nicht immer auf die gleiche Tageszeit fallen, sondern sich langsam verschieben.

Einfluss der Sonne

Zusätzlich beeinflusst die Sonne den Gezeitenablauf, allerdings aufgrund ihrer großen Entfernung nur etwa halb so stark wie der Mond.

Bei **Voll- oder Neumond** stehen Sonne, Erde und Mond in einer Richtung. Hierdurch verstärkt die Sonne den Mondeinfluss, und wir haben *Springverhältnisse*.

Wirkung von Sonne und Mond
Links: Bei Vollmond und Neumond verstärkt die Massenanziehung von Sonne und Mond ihren Einfluss auf die Gezeiten. Es herrscht **Springzeit** *(hohe HW und niedrige NW).*
Rechts: Bei Halbmond (erstes und letztes Viertel) wirken diese Kräfte gegeneinander. Es herrscht **Nippzeit** *(niedrige HW und hohe NW).*

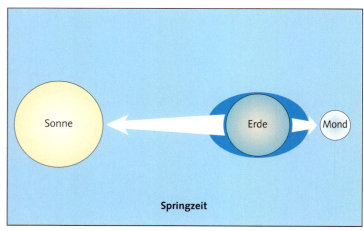

Springzeit

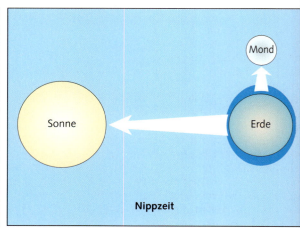

Nippzeit

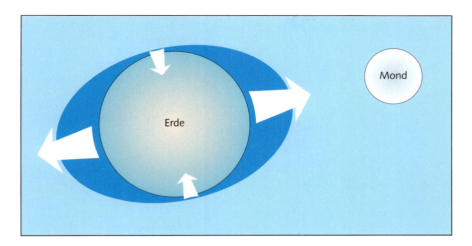

Massenanziehung des Mondes
Auf einer völlig mit Wasser bedeckt gedachten Erdkugel zieht der Mond eine Flutwelle um den Erdball. Eine weitere Hochwasserwelle ist auf der dem Mond entgegengesetzten Seite der Erdkugel zu beobachten.

Bei **Halbmond** (erstes und letztes Viertel) steht die Sonne etwa senkrecht zur Achse Mond – Erde und schwächt den Mondeinfluss ab. Wir haben deshalb *Nippverhältnisse.*
Auch der Eintritt von Spring- und Nippverhältnissen verzögert sich durch den schon erwähnten Einfluss der Landmassen und der wechselnden Wassertiefen in flacheren Meeren.

Windeinfluss

Alle in den Gezeitentafeln zusammengestellten Vorausberechnungen sind natürlich abstrakt, also wetterunabhängig durchgeführt. Starkwinde und extreme Luftdruckverhältnisse können die angegebenen **Wasserhöhen** erheblich verändern, und zwar in Seichtwassergebieten stärker als im Tiefwasser. Daneben können sich auch die vorausberechneten **Zeitpunkte** verschieben. Treffen auflandige Stürme mit Springverhältnissen zusammen, so treten die stärksten Erhöhungen auf. Man spricht dann von **Sturmflut.** Ablandige Winde können die Höhen verringern.

Gezeitenströme

In Inselrevieren oder in Flussmündungsgebieten läuft eine Tide unregelmäßiger ab als im offenen Seerevier. Dies gilt vor allem für die auftretenden Gezeitenströme. Hat man steigendes Wasser, so entsteht sogenannter **Flutstrom,** hat man fallendes Wasser, spricht man von **Ebbstrom.** Dazwischen tritt für einige Zeit **Stillwasser** ein, ehe der Strom kentert.

In aller Regel kentert der Strom nicht genau zur HWZ oder NWZ, sondern erst einige Zeit nach dem örtlichen Hochwasser oder Niedrigwasser. Im oberen Flussbereich wird dieser Zeitunterschied allerdings immer geringer. Je weiter flussaufwärts ein Ort liegt, desto mehr verspätet sich der Tidenablauf gegenüber dem Mündungsgebiet, denn die »Flutwelle« läuft gleichsam flussaufwärts. Fährt man also mit auflaufendem Wasser flussaufwärts, wird man über lange Strecken mit dem Strom laufen können. Bei seewärtigem Kurs dagegen wird der Strom nur kurze Zeit mitlaufen, da die Yacht der folgenden »Flutwelle« entgegenläuft.

> Ein anfangs mit dem Wind, dann aber gegenan laufender Strom kann die Seegangsverhältnisse in kürzester Zeit grundlegend verändern. Hat der Strom zunächst die Höhe der See etwas gedämpft, so schiebt er nun das Wasser dem Wind entgegen. Es entsteht eine kurze, steile und kabbelige See.

Daneben kann ein weiterer Effekt auftreten: Der mit dem Wind laufende Strom versetzt die Yacht etwas vom Winde weg. Folglich wird der an Bord spürbare Wind etwas abgeschwächt. Sobald der Strom kentert, schiebt er die Yacht möglicherweise mit der gleichen Stärke gegen den Wind. Der an Bord spürbare und für die Segelführung allein entscheidende Wind wird also in kurzer Zeit verstärkt. Deshalb muss rechtzeitig vor dem Kentern des Stromes gerefft werden.
Wasserstandsschwankungen und Strömungen können natürlich **auch in gezeitenlosen Gebieten** auftreten – durch starken und lange andauernden Wind und das anschließende »Zurückschwappen« aufgestauter Wassermassen.

Der Gezeitenstromatlas

Frage 83 (NAV SKS)

Der Gezeitenstromatlas *(Die Strömungen in der Deutschen Bucht)* des BSH stellt für jede Stunde vor und nach HW Helgoland getrennt nach Springzeit und Nippzeit den jeweils herrschenden Strom durch **Strompfeile** dar. Sie weisen immer **rechtweisend in Stromrichtung.**

Beispiel:
Wie setzt der Strom am 23. 7. 2005 gegen 1200 MESZ westlich von Helgoland auf der Position $\varphi = 54°11'$ N $\lambda = 007°37'$ E?

Am 23. 7. 2005 herrscht Springzeit. Das nächstgelegene Hochwasser tritt in Helgoland um 1308 MEZ, also um 1408 MESZ ein. Gegen 1200 MESZ hat man also 2 h vor HW Helgoland. Für 2 h vor HW zeigt der nebenstehende Ausschnitt Strom mit **ca. 111° und 1,2 kn.**

Ein ähnliches Ergebnis erhält man aus der britischen **Übungskarte 1875.** Dort findet man etwa 5 sm westlich der angegebenen Position den Buchstaben C (in einer magentafarbenen Raute), für den die Tabelle **110° und 1,2 kn** angibt.

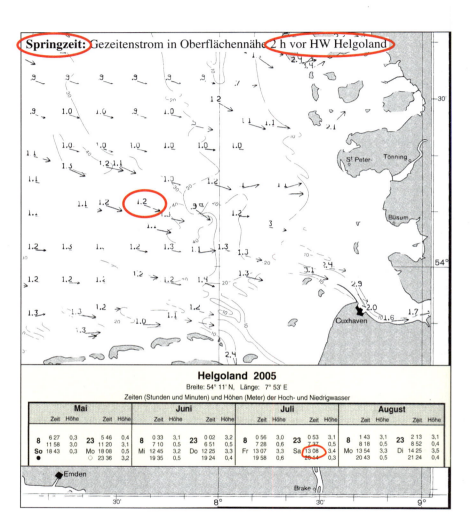

Springzeit: Gezeitenstrom in Oberflächennähe 2 h vor HW Helgoland

Helgoland 2005
Breite: 54° 11' N, Länge: 7° 53' E
Zeiten (Stunden und Minuten) und Höhen (Meter) der Hoch- und Niedrigwasser

Oben: Auszug aus dem Gezeitenstromatlas des BSH (Nr. 2347)
Diese Seite gilt zur Springzeit 2 Stunden vor HW Helgoland. Die langen Pfeile kennzeichnen den Ort der Messung, die kurzen den der Modellrechnung. Die Stromgeschwindigkeit ist in kn (sm/h) angegeben.

Mitte: Ausschnitt aus den Gezeitentafeln.

Unten: Ausschnitt aus der Übungskarte 1875
Aus dieser Tabelle kann man den Gezeitenstrom für jede Stunde vor und nach HW Helgoland für die Spring- und die Nippzeit ablesen.

3
Seemannschaft

Yacht- und Bootsbau

Fragen 1–4 (SM I SKS)
1,5–8 (SM II SKS)

Das Baumaterial

Sportboote werden meist aus **GFK** (= glasfaserverstärkter Kunststoff) gebaut. Früher war **Holz** das hauptsächliche Baumaterial. Für Kielyachten verwendet man manchmal auch **Stahl** oder **Aluminium**.

GFK ist leicht, pflegearm und seewasserbeständig. Es lässt sich bei der Herstellung leicht formen. Ein gut verarbeiteter GFK-Rumpf ist immer dicht.

Vollholz hat eine hohe Festigkeit und eine lange Lebensdauer. Es kann leicht repariert werden, erfordert aber eine intensive Pflege. Holz arbeitet durch Trockenheit und Feuchtigkeit. Ein Holzboot ist deshalb nie völlig dicht und kann bei zu wenig Pflege faulen.

Stahl ist viel schwerer, aber auch fester als Holz. Bei schlechter Pflege kann Stahl rosten und korrodieren.

Aluminium ist ein sehr leichtes und rostfreies, aber korrosionsgefährdetes und teures Material.

Boote aus Stahl und Aluminium sind absolut dicht.

Bauweise

Bootskörper von GFK-Serienyachten werden meistens in einer **Hohlform** (Negativform) von außen nach innen gebaut. Deck und Aufbauten entstehen meist in **Sandwich-Bauweise**. Hierbei wird zwischen zwei GFK-Schichten ein leichter Kern aus PVC-Hartschaum oder Balsaholz einlaminiert. So erreicht man bei geringem Gewicht große Steifigkeit und Verwindungsfestigkeit des Bootskörpers und gute Isolation.

Unter **Laminat** versteht man eine in Kunstharz eingebundene Glasfaserschicht. Die Außenhaut eines GFK-Bootes besteht aus mehreren übereinander gelegten Laminaten. Die äußere Schutzschicht ist das **Gelcoat**.

Kielyacht und Kielschwertyacht

Die **Kielyacht** (oft auch nur *Yacht* genannt) hat einen tief liegenden, mit dem Bootsrumpf fest verbundenen Ballastkiel. Sie kann in der Regel nicht kentern, aber wegen des großen Ballastgewichtes sinken, sobald sie durch ein Leck voll läuft oder im Seegang voll schlägt.

Die **Kielschwertyacht** (*Kielschwerter*) hat einen weniger tief gehenden Ballastkiel und zusätzlich ein durch diesen Ballastkiel absenkbares Schwert. Wegen des verringerbaren Tiefganges wird der Kielschwerter in flachen Gewässern und trockenfallenden Häfen der Kielyacht vorgezogen.

Bug- und Heckformen

Bug- und Heckform einer Yacht sind entscheidend für das Seegangsverhalten. Denn der Auftrieb einer Yacht erhöht sich, wenn Bug oder Heck beim Eintauchen ein großes Volumen *(Reservedeplacement)* ins Wasser bringen. So werden Stampfbewegungen abgeschwächt, und das Schiff unterschneidet nicht so leicht wie mit einem schmalen und spitzen Bug. In gleicher Weise erhöht ein breites Yachtheck den Auftrieb bei einer von hinten anlaufenden See und kann das Schiff über die Welle hinwegheben.

Das **Cockpit** einer seegehenden Yacht muss *selbstlenzend* sein: Es muss gegen den Niedergang fest abgeschottet sein, und sein Boden muss über der Schwimmwasserlinie liegen, damit überkommenes Wasser durch Lenzrohre von selbst abläuft.

Zum Schutz der Besatzung muss jede seegehende Yacht mit einer ausreichend hohen und kräftigen **Seereling, einem Bug- und einem Heckkorb** ausgerüstet sein.

Links und ganz links:
Herstellung moderner GFK-Yachten

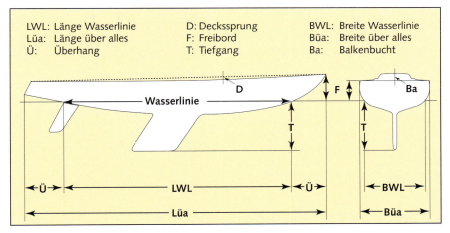

LWL: Länge Wasserlinie	D: Deckssprung	BWL: Breite Wasserlinie
Lüa: Länge über alles	F: Freibord	Büa: Breite über alles
Ü: Überhang	T: Tiefgang	Ba: Balkenbucht

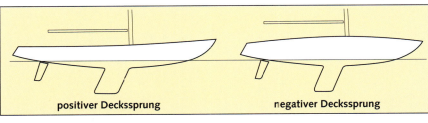

positiver Deckssprung

negativer Deckssprung

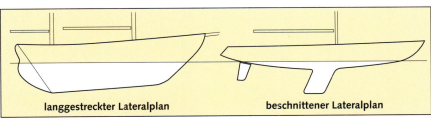

langgestreckter Lateralplan

beschnittener Lateralplan

Oben: Längen

Unter **Länge in der Wasserlinie (LWL)** versteht man die tatsächliche Wasserlinienlänge des segelfertigen Schiffes. Die **Konstruktionswasserlinie (KWL/CWL)** ist die vom Konstrukteur vorgesehene Schwimmwasserlinie.

Die **Länge über alles (Lüa)** nach Vermessung durch die ISAF (International Sailing Federation) ist die Rumpflänge der Yacht ohne überstehende Beschläge (Bug- oder Heckkorb, Klüverbaum, Ausleger oder angehängtes Ruder).

Mitte: Deckssprung

Deckssprung ist die nach unten oder oben verlaufende Kurve der Deckslinie in der Längsschiffsebene. Bei einem **positiven Deckssprung** ist der Freibord in der Schiffsmitte niedriger, bei einem **negativen Deckssprung** höher als an Bug und Heck.

Unten: Lateralplan

Die seitliche Projektion des eingetauchten Unterwasserschiffes einschließlich Ruderblatt heißt **Lateralplan.** Seine Form ist für die Segel- und Seegangseigenschaften einer Kielyacht von Bedeutung, insbesondere für die Größe der Abdrift (Beschickung für Wind).

Ein **langgestreckter Lateralplan** macht die Yacht kursstabil; doch sie reagiert bei Manövern schwerfällig und wird durch den großen Wasserwiderstand langsamer. Ein beschnittener, in der Schiffsmitte **konzentrierter Lateralplan** macht das Boot wendig und schnell; es läuft aber leichter aus dem Ruder.

Verdränger und Gleiter

Fragen 2–4, 30 (SM II SKS)

Verdränger

Kielyachten und konventionelle Motorboote sind *Verdrängerboote*. Sie schwimmen aufgrund des **hydrostatischen Auftriebs** (vgl. S. 142). Ihre Höchstgeschwindigkeit – man nennt sie **Rumpfgeschwindigkeit** – ist durch die Länge ihrer Wasserlinie (LWL) begrenzt: Je länger die Wasserlinie einer Yacht ist, umso schneller kann sie laufen (*»Länge läuft«*). Es gilt folgender Zusammenhang:

$$v \text{ (kn)} = 2{,}43 \cdot \sqrt{\text{LWL (m)}}$$

Beispiel:
Die Rumpfgeschwindigkeit v einer Yacht mit 9 m LWL beträgt:
$v = 2{,}43 \cdot \sqrt{9} = 7{,}3$ kn
Ist die Rumpfgeschwindigkeit erreicht, bildet sich an der Schiffslängswand zwischen Bugwelle und Heckwelle *ein* langes Wellental, das die Yacht – auch mit einer höheren Motorleistung – nicht verlassen kann.

Gleiter

Die Rumpfgeschwindigkeit können nur *Gleiter* oder *Gleitboote* überschreiten – also leichte Yachten mit einem jollenförmigen Rumpf und einem breiten Heck, Gleitjollen und flach gebaute Motorboote. Dabei hebt sich ihr vorderer Bootsteil aus dem Wasser, wobei sich die benetzte Rumpffläche und der Wasserwiderstand verringern. Dann wirkt **zusätzlich** zum hydrostatischen Auftrieb der sogenannte **dynamische Auftrieb**.

Motorgleiter können bei ruhiger See ihre Rumpfgeschwindigkeit um ein Mehrfaches übersteigen. Bei Seegang werden sie aber stark beansprucht, denn sie schlagen hart auf den Wellen auf – eine große Belastung für die Konstruktion des Bootes und die Crew.

Halbgleiter sind Motorboote mit einer zum Gleiten geeigneten Form, aber zu schwach motorisiert, um richtig ins Gleiten zu kommen. Sie können aber ihre Rumpfgeschwindigkeit überschreiten.

Surfen

Moderne Segelyachten (vor allem Kurzkieler) können auf Raumschot- und Vorwindkursen ins *Surfen* kommen. Hierfür muss der Rudergänger etwas anluven, sobald eine von achtern anlaufende Welle das Heck anhebt und unter dem Boot hindurchläuft. Dann kann die Yacht vorübergehend die Wandergeschwindigkeit der Welle erreichen und über ihre Rumpfgeschwindigkeit hinaus beschleunigen.

Verdrängerfahrt
Ein Verdränger hat seine Höchstgeschwindigkeit (Rumpfgeschwindigkeit) erreicht, wenn sich die Heckwelle unmittelbar hinter dem Heck bildet.

Rechts: Das Segel
*Die **Ecken** des Segels nennt man Kopf, Hals und Schothorn, die **Seiten** (Lieken) Vorliek, Achterliek und Unterliek.*
*Die **Reffbändsel** werden durch die Reffgattchen geführt und festgebändselt. Sie dienen dazu, die Segelfläche zu verkleinern (s. S. 165).*
*Die **Segellatten** stabilisieren das Segelprofil und verhindern das Schließen (Einklappen) des Achterlieks.*
*Mit der **Cunningham-Kausch** reguliert man die Vorliekspannung, um das Segel flach oder bauchig zu trimmen (s. S. 146).*
Ganz rechts: Laufendes Gut
Segel werden mit dem Fall gesetzt, mit der Schot geführt und mit dem Baumniederholer, den Liekstreckern, dem Traveller und dem Achterstagspanner getrimmt (vgl. S. 146).

Gleitfahrt
Gleiten können nur Boote, die als Gleitboote konstruiert wurden. Sie gleiten auf der eigenen Bugwelle voran und lassen die Heckwelle weit zurück.

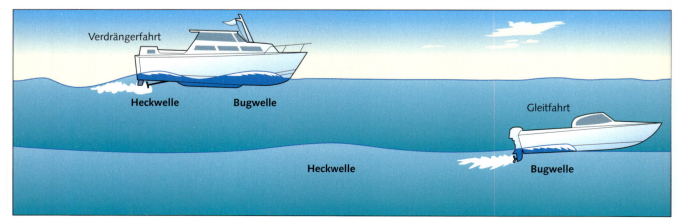

Verdrängerfahrt

Heckwelle Bugwelle

Gleitfahrt

Heckwelle Bugwelle

Das Segel

Fragen 12, 15, 16 (SM I SKS)

Auf Fahrtenyachten bestehen Segel vorwiegend aus Polyester **(Dacron)**. Dacron ist formbeständig und reiß- und dehnungsfest. Da sein Gewebe mit Harz beschichtet ist, nimmt es wenig Wasser auf und hat eine lange Lebensdauer.

Dacron hat aber auch Nachteile, denn es ist empfindlich gegen **Abrieb** und **Knicken**. Die Segel sollten deshalb nicht unnötig lange im Wind killen (hin und her schlagen). Außerdem altert Dacron durch UV-Strahlen rasch. Man sollte die Segel deshalb mit einer *Segelpersenning* abdecken, wenn sie längere Zeit unbenutzt am Baum oder Vorstag bleiben. Nass verstaute Dacron-Segel bekommen leicht Stockflecken.

Zunehmend verwendet man die wesentlich festeren **Folienlaminate** aus *Dacron, Kevlar* oder *Spectra*. Die **Dacronfolie** besteht aus mehreren Schichten von leichtem Dacron, das mit dem Polyesterfilm *Mylar* verklebt wird. Zugfester, weniger dehnbar und leichter ist die gelbliche Aramidfaser **Kevlar**. Da Kevlar-Folien-Tuch bruchempfindlich und sehr teuer ist, wird es vorwiegend auf Regattayachten gefahren. **Spectra-Folien** *(Dyneema)* sind weniger empfindlich gegen Bruchdehnung und UV-Strahlen als Kevlar. Sie setzen sich auf größeren Fahrtenyachten durch.

Spinnaker, Blister und Gennaker (s. S. 114) bestehen meist aus dem sehr leichten und dünnen **Nylon** oder **Perlon**.

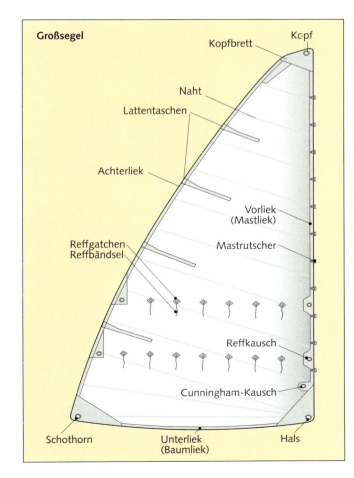

Großsegel

Kopf
Kopfbrett
Naht
Lattentaschen
Achterliek
Vorliek (Mastliek)
Reffgatchen Reffbändsel
Mastrutscher
Reffkausch
Cunningham-Kausch
Schothorn
Unterliek (Baumliek)
Hals

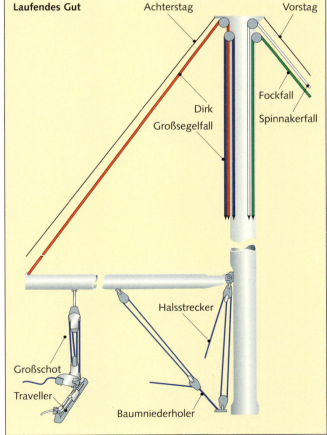

Laufendes Gut

Achterstag
Vorstag
Dirk
Fockfall
Großsegelfall
Spinnakerfall
Halsstrecker
Großschot
Traveller
Baumniederholer

Takelung und Takelage von Yachten

Fragen 9–11, 13, 14, 18, 87 (SM I SKS)

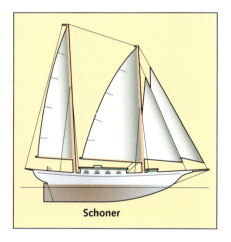

Schoner

Takelungsarten

Eine **Slup** ist ein Einmaster, der neben dem Großsegel (nur) ein Vorsegel führt.

Das **Kutterrigg** besteht wie bei einer Slup neben dem Großsegel aus mehreren Vorsegeln – z. B. Fock und Klüver, der früher an einem den Vorsteven weit überragenden Klüverbaum geführt wurde. Ist er *gaffelgetakelt*, spricht man von einem klassischen Kutter, ist er *hochgetakelt*, von einem modernen Kutter.

Eine **Ketsch** ist ein Zweimaster, dessen achterer, kleinerer Besanmast innerhalb der Wasserlinie steht.

Die **Yawl** ist ein Eineinhalbmaster, dessen achterer, kleinerer Besan (auch *Treiber* genannt) außerhalb der Konstruktionswasserlinie steht.

Der **Schoner** hat zwei oder mehr Masten; der achtere Mast ist mindestens gleich hoch wie der vordere.

Ein **Kat**-getakeltes Boot hat einen weit vorn stehenden Mast und führt nur ein Großsegel, also keine Vorsegel (z. B. *Laser* oder *Finn-Dinghy*).

Segelarten

Man unterscheidet
- Großsegel (reffbar)
- Vorsegel (Fock, Genua, Klüver, Spinnaker, Blister, Gennaker u. a.) oder reffbare Rollfock
- Besan und Besanstagsegel
- Sturmsegel: Trysegel

Der **Blister** ist ein asymmetrisch geschnittenes, Spi-ähnliches Segel, das ohne Baum und deshalb einfacher als ein Spi gefahren werden kann.

Der **Gennaker** (Wortzusammensetzung aus Genua und Spinnaker) hat ebenfalls ein asymmetrisches Profil, wird aber an einem festen Baum gefahren.

Das **Trysegel** ist ein kleines Sturmsegel aus festem Tuch mit losem Unterliek, das anstelle des Großsegels gefahren wird.

Auch die **Sturmfock** (Vorsegel für schweres Wetter) ist im Unterliek hochgeschnitten, damit überkommende Seen nicht ins Segel schlagen und dadurch Rigg und Segel belasten.

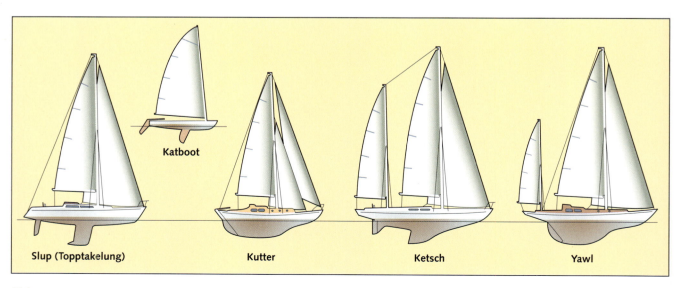

Katboot

Slup (Topptakelung)

Kutter

Ketsch

Yawl

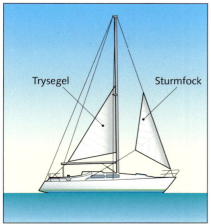

Trysegel   Sturmfock

Das Rigg oder die Takelage

Das Rigg verbindet Rumpf und Segel. Es besteht aus
• Mast(en) und Spieren
• stehendem Gut
• laufendem Gut

Spieren sind Bäume (Großbaum, Spinnakerbaum, Gaffel) und Salinge. Zum **stehenden Gut** gehören die Wanten (Oberwant, Unterwant, Mittelwant) und Stagen (Kutterstag, Vorstag, Babystag, Backstagen, Achterstag). Sie stützen den Mast nach vorn, nach achtern und seitlich ab.

Backstagen stützen den Mast nach achtern ab. Sie werden vor allem bei Gaffel- und nicht toppgetakelten Yachten (z. B. 7/8-Takelung) gefahren.

Zum **laufenden Gut** gehört alles Tauwerk, das zum Setzen, Bergen oder Bedienen der Segel oder anderer Teile der Takelage dient, wie Fallen, Schoten, Dirk, Toppnant, Nieder- und Achterholer, Ausholer, Schmeerreep, Flaggleinen und Bullenstander (s. S. 151).

Stehendes Gut, Mast und Spieren

1 Mast
2 Saling
3 Vorstag
4 Babystag
5 Achterstag
6 Oberwant
7 Unterwant
8 Mittelwant
9 Obersaling
10 Backstag
11 Großbaum

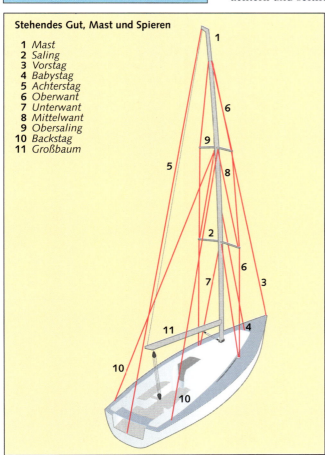

Laufendes Gut

1 Großschot
2 Baumniederholer
3 Spinnakerschot
4 Unterliekstrecker
5 Dirk
6 Großfall
7 Spinnakerfall
8 Spi-Toppnant
9 Spi-Achterholer
10 Vorschot

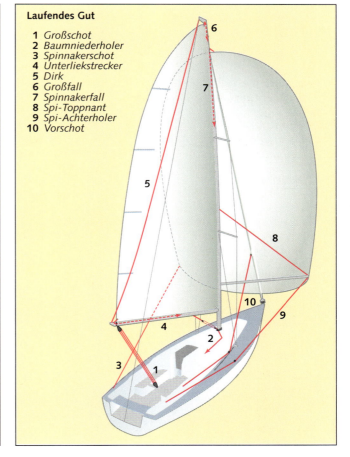

Tauwerk

Fragen 74, 77 (SM I SKS)
Fragen 60, 63 (SM II SKS)

Terminologie rund um das Tauwerk

Das Wort »*Tau*« verwendet man nur in zusammengesetzter Form, wie z. B. in **Tauwerk.**
Statt »*Tau*« sagt man **Ende.** Seine beiden Enden heißen **Tampen.**
Eine **Trosse** ist ein starkes Ende, eine **Leine** ein dünneres Ende und ein **Bändsel** ein sehr dünnes Ende.

Wir verwenden also Festmacheleinen oder Schleppleinen; ist die Schleppleine dicker, so ist es eine Schlepptrosse. Zum Auftuchen des Segels nimmt man Bändsel als *Zeisinge.*

Das Material

Als Tauwerk verwendet man hauptsächlich **Kunstfaser** und **Stahldraht** (Nirostadraht, Massivstahl V2A und V4A, Rod); **Naturfaser** (Baumwolle, Manila- oder Sisalhanf, Kokos) wird nur noch selten eingesetzt.

Oben: Geschlagenes und geflochtenes Tauwerk
Links: Geschlagenes oder gedrehtes Tauwerk ist weniger dehnbar und reißfester als geflochtenes. Oft ist es schon vorgereckt (vorgedehnt). Es wird deshalb als Schot und Fall verwendet.
Mitte: Geflochtenes Tauwerk ist lehnig (= geschmeidig) und dehnbar. Man nimmt es vorwiegend für Festmacheleinen sowie Anker- und Schlepptrossen. Für Fallen ist es nicht geeignet.
Rechts: Geflochtenes Tauwerk für Schoten.

Das äußere Geflecht einer Kunstfaserleine nennt man *Mantel*, den inneren Strang aus locker geflochtenen Fasern *Kern*. Der Mantel schützt die Leine vor Abrieb, der Kern sorgt für eine möglichst geringe Dehnung und hohe Festigkeit. Der **Mantel** besteht aus

• **Polyesterfasern (PES),** z. B. Diolen oder Dacron,
• **Polypropylen (PP)** oder
• **Polyamid (PA),** z. B. Nylon oder Perlon.

Als **Kern** verwendet man extrem dehnungsarme und reißfeste Fasern wie **Dyneema (Spectra)** oder **Vectran. Kevlar** wurde weitgehend durch Dyneema ersetzt.
Polyester (PES) ist das übliche Yachttauwerk. Es ist sehr dehnungsarm, schrumpfbeständig und scheuer- und reißfest.
Polypropylen (PP) ist sehr leicht und schwimmfähig. Man verwendet es gern für Spinnakerschoten, Festmacher, Wurf-, Sicherheits- oder Schleppleinen. Es ist weniger reißfest als PES. Da es UV-Licht-empfindlich ist, schützt man es durch Einfärben vor Verrottung.
Polyamid (PA) ist bei großer Festigkeit sehr dehnbar und wird deshalb gern für Festmacher, Schlepp- oder Ankerleinen verwendet.

Drahttauwerk ist für Wanten und Stagen sehr fest geschlagen, für Fallvorläufer, die Dirk oder eventuell den Baumniederholer lose geschlagen. Auf größeren Regattayachten nimmt man heute für Wanten und Stagen **Massivstahl (Rod).** Er ist kaum dehnbar und bei gleicher Festigkeit wesentlich dünner, wodurch die aerodynamischen Eigenschaften verbessert werden.

Garn – Kardeel – Tau

Tauwerk wird stufenweise hergestellt: Aus mehreren Fasern wird rechtsherum ein Garn gedreht (Z-Schlag = rechtsgeschlagen). Mehrere Garne werden anschließend linksherum zur *Litze* bzw. zum *Kardeel* gedreht (S-Schlag = linksgeschlagen). Aus diesen Kardeelen stellt man durch Flechten oder Drehen geflochtenes oder geschlagenes Tauwerk her.
Trossenschlag nennt man ein 3-kardeeliges (3-schäftiges) rechtsgeschlagenes Tauwerk (ZSZ-Schlag).
Ein **Wantschlag** besteht aus vier, um eine Seele herum rechtsgedrehten Kardeelen.
Zu einer **Trosse** werden drei 3-kardeelige Enden linksgeschlagen vereinigt (ZSZS-Schlag).

Trossenschlag   **Behelfstakling**   **Augspleiß**

Keep

Kardeel

Garn

Takling

Die Tampen eines Endes sichert man durch Betakeln gegen Ausfransen. Hierbei umwickelt man den Tampen mit dünnem Takelgarn zu einem Takling. Man unterscheidet zwischen dem **einfachen (Behelfstakling)** und dem **genähten Takling.**

Der **durchgenähte Takling** verhindert, dass bei Tauwerk aus unterschiedlichem Innen- und Außenmaterial die Seele (das Innenmaterial) in den Mantel rutscht.

Spleiße

Durch einen Spleiß kann man geschlagenes Tauwerk dauerhaft miteinander verflechten.

Beim **Augspleiß** wird ein Tampen in sich zurückgespleißt, wobei eine kleine Schlinge, das Auge, offen gelassen wird.

Mit dem **Kurzspleiß** verbindet man die beiden Parten eines gebrochenen geschlagenen Endes.

Oben: Tauwerk besteht meist aus drei Kardeelen, ein Kardeel aus mehreren Garnen. Zwischen den Kardeelen bildet sich beim Drehen des Tauwerks eine Keep (Ritze).
*Der **Behelfstakling** sichert die Tampen eines Endes gegen Ausfransen. **Kunstfasertauwerk** kann man aber auch sichern, indem man es über einer kleinen Flamme anschmort und mit einem Holzstück oder dem Takelmesser zusammendrückt und verschweißt (Schmelztakling).*

*Unten: Einen Kopfschlag auf einer Klampe oder einen Webeleinstek kann man mit einem **Slipstek** abschließen. So kann man den Knoten auch unter Zug leicht und rasch wieder lösen.*
*Der **Marlschlag** eignet sich gut zum Auftuchen der Segel auf den Baum.*
*Mit einem **Kurzspleiß** verbindet man (nur bei geschlagenem Tauwerk) die beiden Parten eines gebrochenen Endes.*

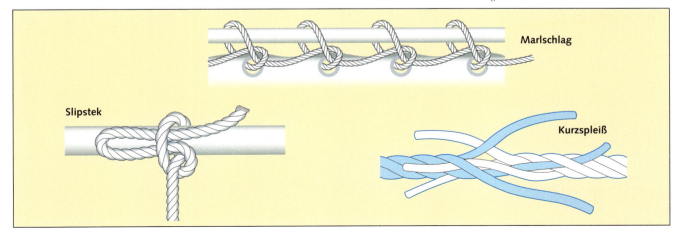

Marlschlag

Slipstek

Kurzspleiß

Knoten

Fragen 76, 154 (SM I SKS)
Fragen 62, 135 (SM II SKS)

Beim Zusammenknoten von Leinen können Festigkeitsverluste bis zu 50 % auftreten!

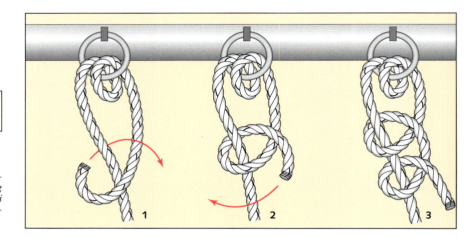

1¹/₂ Rundtörns mit 2 halben Schlägen
*Eine oft gebrauchte Kombination zum Festmachen. Der Knoten lässt sich auch unter Zug stecken und lösen. Oft genügen allein die zwei halben Schläge. **Beispiel**: Festmachen an Ringen auf der Pier.*

Achtknoten
Ein Stopperknoten, der das Ausrauschen eines Endes durch einen Block oder ein Auge verhindert. Er lässt sich auch nach starker Belastung durch Schieben leicht lösen.
***Beispiel**: Endblockierung von Schoten etc.*

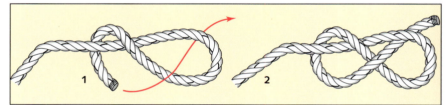

Kreuzknoten
Der Kreuzknoten dient der Verbindung zweier gleich starker Enden. Er muss symmetrisch sein, das heißt die Parten jedes Tampens müssen nebeneinander und auf derselben Seite aus der Bucht des anderen Tampens herauslaufen.
***Beispiele**: Verlängern von Tauwerk, Zusammenstecken von Zeisingen.*

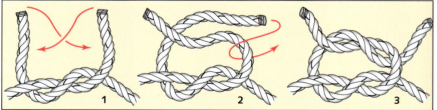

Einfacher und doppelter Schotstek
Beide Knoten verbinden zwei ungleich starke Tampen, wobei das dünnere Ende immer durch die Bucht des dickeren gesteckt wird. Ist das eine Ende wesentlich dünner, so verwendet man immer den doppelten Schotstek.
***Beispiele**: Verlängern von Schlepptrossen und Festmachern, Anstecken einer Flagge an der Flaggleine.*

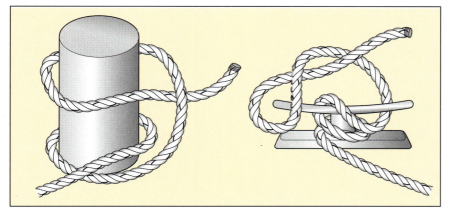

Webeleinstek

Er wird zum Belegen kleiner Boote an Pollern verwendet: Man legt einfach zwei Augen übereinander. Der Webeleinstek kann aber auch gesteckt werden.
Besonders geeignet ist er zum Befestigen von dünnen Leinen an einem Rundholz oder Durchzug.
Beispiel: Befestigung von Fendern am Relingsdurchzug.

Belegen auf einer Klampe

Zunächst legen wir einen Rundtörn, dann mehrere Kreuzschläge und zuletzt einen Kopfschlag, der sich durch Zug bekneift.
Der erste Rundtörn darf sich nicht selbst bekneifen, damit das Ende auch auf Zug freigegeben werden kann.

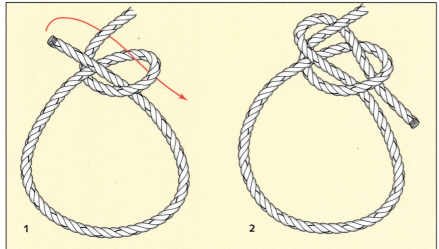

Einfacher Palstek

Er zieht sich bei Belastung nicht zu und dient deshalb zum Überwerfen über Poller oder Pfähle. Man verwendet den einfachen Palstek auch zum Festmachen an Ringen oder zum Befestigen der Schot an Fock oder Genua.

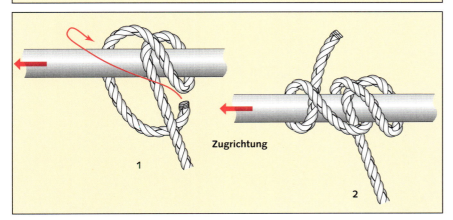

Stopperstek

Mit ihm steckt man einen Tampen an ein laufendes Ende. Er hält nur, solange Kraft in der dargestellten Zugrichtung auf der holenden Part steht. Entlastet lässt er sich verschieben.
Beispiel: Beifangen einer verklemmten Schot unter Zug, um sie von einer Winsch nehmen zu können.

119

Einrichtung von Yachten (1)

Fragen 8, 21, 22, 30, 32–35, 128, 129 (SM I SKS)
Fragen 12–14, 19–22, 109, 110 (SM II SKS)

Fragen 314–316 (SBF)

Flüssiggas an Bord

Flüssiggas (Propan, Butan) birgt zwei Risiken: **Explosionsgefahr** und **Erstickungsgefahr** wegen Sauerstoffmangels.

> **Flüssiggas** ist **schwerer als Luft**. Strömt es aus, sinkt es nach unten und bildet mit Luft ein **hochexplosives Gemisch**, das sich im Schiffsinnern (Bilge) sammelt.

Die Folge kann eine Explosion an Bord mit schweren Verletzungen und dem Totalverlust des Bootes sein. Häufiger sind Kohlenmonoxid-Vergiftungen durch ungenügende Frischluftzufuhr oder ungenügende Ableitung der Abgase während der Arbeit mit Flüssiggas.

Ausführliche Hinweise für die fachmännische Installation und die sachgerechte Nutzung und Wartung von Flüssiggasanlagen auf Sportbooten findet man im Arbeitsblatt G 607 der DVGW (*Deutsche Vereinigung des Gas- und Wasserfaches*), im Merkblatt »*Flüssiggasanlagen auf Sportbooten*« der Kreuzer-Abteilung des DSV und in den entsprechenden Richtlinien des *Germanischen Lloyd* (s. S. 125) für vom Germanischen Lloyd zertifizierte Yachten.

Für eine ordnungsgemäß installierte Anlage wird eine Prüfbescheinigung mit Plakette ausgestellt. Die Prüfung muss alle zwei Jahre wiederholt werden.

Lenzpumpen

> Eine seegehende Yacht sollte **zwei voneinander unabhängige Bilgepumpen** an Bord haben, von denen eine an Deck bedienbar ist, sowie zwei Pützen mit Leinen.

Eine der Pumpen ist meist eine elektrische Bilgepumpe, die man unter Deck und vom Cockpit aus bedienen kann. Die zweite Pumpe sollte **handbedienbar** sein, damit man von einem möglichen Strom- oder Motorausfall unabhängig ist. Nützlich ist außerdem eine tragbare **Handpumpe**, die man an verschiedenen Orten an Bord einsetzen kann.

Die elektrische Bilgepumpe ist meist mit einem **Schwimmschalter** ausgerüstet, der die Pumpe bei steigendem Wasser automatisch einschaltet.

Gaskocher an Bord
*Der **Kocher** sollte kardanisch aufgehängt sein, um Seegangsbewegungen auszugleichen. Er muss über eine **automatische Zündsicherung** verfügen, welche die Gaszufuhr unterbricht, sobald die Flamme erlischt. Hilfreich ist ein in der Bilge angebrachter **Gasdetektor** (Gaswarngerät), der mit einem Ton und einer Warnlampe eine erhöhte Gaskonzentration in der Bilge meldet.*
*Die **Gasflasche** lagert man an Deck in einem abgeschotteten Kasten mit einem Abflussloch am Boden oberhalb der Wasseroberfläche nach außen, damit entweichendes Gas abfließen kann.*
*Die Verbindung zum Verbraucher (Kocher, Heizung, Warmwasseraufbereitung) erfolgt über ein **Sicherheitsventil**, einen **Druckregler**, ein kurzes Stück gasfester Schlauch und eine **fest installierte Leitung**.*

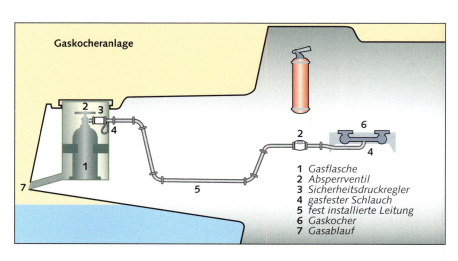

Gaskocheranlage

1 Gasflasche
2 Absperrventil
3 Sicherheitsdruckregler
4 gasfester Schlauch
5 fest installierte Leitung
6 Gaskocher
7 Gasablauf

Nach der Bauart unterscheidet man Membran-, Kolben- und Kreiselpumpen. Gut bewährt hat sich die **Membranpumpe**, da sie leistungsfähig und wenig störanfällig ist. Bei Verstopfung kann sie leicht und schnell gereinigt werden.

Ein **Lenzkorb am Ansaugstutzen** verhindert Verunreinigungen und Verstopfungen der Pumpe. Damit sie funktionsfähig bleibt, muss er regelmäßig überprüft und gereinigt werden.

Yacht-WC und Chemietoilette

Bedienelemente des Bord-WC sind:
- Seeventil und Spülwasserschlauch (Seewasser)
- Handpumpe für Toilettenspülung
- Hebel zur Unterbrechung der Seewasserzufuhr: Handpumpe dient danach nur noch zum Abpumpen
- Abwasserschlauch zum Fäkalientank bzw. Seeventil

Aus Umweltschutzgründen ist das Abpumpen von Fäkalien in den Küstengewässern der Nordsee, innerhalb der

12-Seemeilen-Zone der Ostsee und in weiten Teilen des Mittelmeers verboten (vgl. S. 249). Deshalb findet man immer häufiger eingebaute Fäkalientanks, die nur an Abpumpstationen entleert werden dürfen.

Eine Alternative ist die Chemietoilette, die keine Borddurchlässe hat und nur wenig Platz braucht. Doch ist auch sie auf entsprechende Entsorgungsmöglichkeiten angewiesen, die nicht überall gegeben sind.

Bedienung des Bord-WC
1. Seeventil für Seewasserspülung öffnen.
2. Handpumpe betätigen, sodass das Becken gespült wird und gleichzeitig die Fäkalien abfließen. Ausgiebig spülen.
3. Seewasserzufuhr durch Umlegen des Hebels unterbrechen.
4. Becken mit Handpumpe leer pumpen.
5. Seeventile für Zu- und Abfluss schließen.

Einweisung der Crew
Alle Crewmitglieder sollten die Lage und Funktion sämtlicher **Pumpen und Seeventile** an Bord kennen, damit sie jeder im Bedarfsfall selbst bedienen kann.
Die Crew sollte auch in die Funktion des **Bord-WC** eingewiesen werden, da durch unsachgemäße Bedienung Wasser ins Bootsinnere gelangen kann.

Seeventile

Jede Yacht verfügt über mehrere Seeventile, um die unter Wasser befindlichen Rumpfdurchbrüche abzusichern. Sie müssen vor dem Auslaufen geschlossen werden (Yacht-WC, Spülbecken, Waschbecken, Dusche), damit bei Krängung kein Seewasser ins Boot gelangt.

Daneben gibt es noch andere Rumpfdurchbrüche unterhalb der Wasserlinie (Log, Echolot, Kühlwassereintritt, Motorwelle), deren Lage der Schiffsführer genau kennen sollte, um undichte Stellen rasch zu finden.

Radsteuerung

Bei der Radsteuerung erfolgt die Kraftübertragung vom Steuerrad über ein Zahnrad, über das eine Kette in der Steuersäule nach unten verläuft. Die Kette ist mit den Steuerseilen verbunden, die über Umlenkrollen zum Ruderquadranten führen, der direkt auf dem Ruderschaft sitzt.

Eine radgesteuerte Yacht sollte stets eine **Notpinne** mitführen, die man beim Ausfall der Radsteuerung unmittelbar auf den Vierkantkopf des Ruderschaftes aufsetzen kann.

1 Seeventil
2 Spülventil
3 Pumphebel
4 Fäkalien
5 Spülwasserzuleitung
6 Fäkalientank

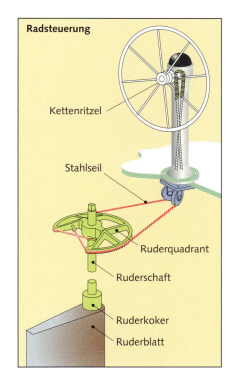

Radsteuerung

Kettenritzel

Stahlseil

Ruderquadrant

Ruderschaft

Ruderkoker

Ruderblatt

Einrichtung von Yachten (2)

Fragen 53, 54, 72, 73
(SM I SKS)
Fragen 55–58 (SM II SKS)

Korrosionsschutz

Zwei unterschiedlich edle Metalle, die sich in einer leitenden Flüssigkeit *(Elektrolyt)* wie Seewasser befinden, reagieren galvanisch. Es fließt Strom vom unedleren Metall zum edleren, wobei das unedlere Metall korrodiert. Eine Yacht hat unter Wasser verschieden edle Metalle (Stahl, Bronze, Aluminium). Um das unedlere Metall, wie z. B. den Bronzepropeller oder die Motorwelle, vor Korrosion zu schützen, befestigt man in seiner Nähe sogenannte **Opferanoden** aus einem niederwertigen Metall, meist aus Zink **(Zinkmäuse)**. Sie werden bewusst der Korrosion preisgegeben und schützen die höherwertigen Metalle. Im Laufe der Zeit werden sie angefressen und verbraucht.

> Auf Kunststoffyachten schützt man den **Propeller** am besten durch eine **Zink-** oder **Opferanode** auf der Propellerwelle. Opferanoden sollen Schäden durch Elektrolyse verhindern. Sie müssen deshalb ersetzt werden, bevor sie verbraucht sind.

Batterien

Die meisten Yachten verfügen über ein Zwei-Batterien-Netz mit

- einer **Starterbatterie** für hohe Kurzzeitbelastung zum Anlassen des Motors und
- einer **Versorgungsbatterie** für Langzeitentladung mit geringem Strom für die übrigen Verbraucher.

Bei einer **konventionellen Batterie** (Blei-Akku) muss der Ladezustand regelmäßig mit einem Säureheber überprüft und gegebenenfalls destilliertes Wasser nachgefüllt werden. Eine **moderne Gel-Batterie** ist wartungsfrei und kippsicher, also hermetisch abgeschlossen. Das Nachfüllen von destilliertem Wasser erübrigt sich.

Blei-Akkus setzen bei starkem **Nachladen** explosive Gase (Knallgas) frei. Der Batterieraum muss deshalb während und nach dem Laden ausreichend belüftet werden. Dies gilt nicht für hermetisch abgeschlossene Batterien.

Die Bordbatterien müssen fest montiert sein, trocken gehalten und vor Oxidation geschützt werden. Pole und Polklemmen müssen stets sauber und eingefettet sein.

Um die erforderliche **Batteriekapazität** in **Ah** (Amperestunden) zu ermitteln, stellt man am besten alle Verbraucher mit der jeweils benötigten Strommenge in Amperestunden (Ah) in einer Tabelle zusammen. Daraus ist dann der **Stromverbrauch** für einen Tag ersichtlich.

> **Beispiel:**
> Welche Strommenge in Ah benötigen 2 Verbraucher von je 24 Watt bei einer 12-Volt-Anlage für den Einsatz von 10 Stunden?
>
> **Lösung:**
> Benötigte Strommenge pro Verbraucher pro Stunde:
> 24 : 12 = 2 Ah
> Für 2 Verbraucher und 10 Stunden:
> 2 Ah x 2 x 10 = 40 Ah

> Die **Nennkapazität** ist auf der Batterie angegeben, z.B. mit 60 Ah. Zwei parallel geschaltete Batterien verfügen über eine Nennkapazität von 2 x 60 Ah = 120 Ah. Die **Nettokapazität** beträgt nur etwa 60 % der Nennkapazität. Denn die Batterie kann kaum über 80 % ihrer Nennkapazität geladen werden und sollte nicht tiefer als bis 20 % der Nennkapazität entladen werden.
>
> **Beispiel:** Eine Batterie mit einer Nennkapazität von 120 Ah verfügt nur über eine Nettokapazität von 60 % von 120 Ah = 72 Ah.

Die Ausrüstung

Fragen 113, 114 (NAV SKS)
Fragen 24–31, 114,
*   120–122, 163 (SM I SKS)*
Fragen 16–18, 95,
*   101–103, 146 (SM II SKS)*

Fragen 261, 317, 320 (SBF)

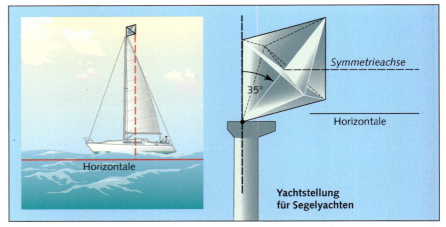

Radarreflektor in Yachtstellung
Diese Stellung (Vorderkante senkrecht zur Wasseroberfläche) begünstigt das Wahrnehmen einer Segelyacht auf dem Radarschirm vor allem unmittelbar von vorn oder achtern.

*Neben diesem **passiven** Radarreflektor gibt es auch **aktive** Radarreflektoren, die auftreffende Radarimpulse empfangen und elektronisch verstärkt zurücksenden. Man nennt sie **Radarzielverstärker** oder **Radar Target Enhancer (RTE)**.*

Informationen über die Ausrüstung und Sicherheit von Sportbooten findet man
- in den **Sicherheitsrichtlinien für die Ausrüstung und Sicherheit von Segelyachten** der *Kreuzer-Abteilung (KA)* des DSV,
- in der Broschüre **Sicherheit im See- und Küstenbereich** des BSH,
- im Leitfaden für den Wassersportler **Sicherheit auf dem Wasser** des *Bundesministeriums für Verkehr, Bau und Stadtentwicklung (BMVBS).*

Seemännische Ausrüstung

Zwei voneinander unabhängige **Bilgepumpen**, deren Saugkörbe auch bei schwerem Wetter zugänglich sind; eine der Pumpen muss handbedienbar sein. **Zwei Pützen** mit Leine. **Zwei Anker**, einer davon mit Kette, der zweite mit Trosse und mindestens 6 m Kettenvorlauf. Der schwerere sollte ein Gewichtsanker (Stockanker) sein.

Mindestens 4 Festmacher in Länge des Bootes und **4 Fender**; Reservetauwerk, Wurfleine und Schlepptrosse. **Notpinne** (insbesondere bei einer Yacht mit Radsteuerung), die im Notfall in kürzester Zeit einsatzbereit ist, vgl. S. 121. **Handlampen**, zum Morsen geeignet und spritzwassergeschützt; zum Anleuchten der Segel geeignet, um nachts auf sich aufmerksam machen zu können. **Feuerlöscher: ABC-Pulverlöscher** für feste Stoffe (Brandklasse A), flüssige Stoffe (Brandklasse B) und unter Druck austretende gasförmige Stoffe (Brandklasse C); **CO_2-Löscher** für geschlossene Motorräume (nur für Brandklasse B). Der Feuerlöscher muss amtlich geprüft und zugelassen sein und mindestens alle 2 Jahre gewartet werden (Prüfplakette beachten!). Zugelassener **Radarreflektor**, s. S. 93. **Flaggen:** Nationalflagge, Gastlandflaggen, Signalflaggen C und N (als

Notsignal), Q (zum Einklarieren) und der 3. Hilfsstander (Zollzeichen). **Sicherheitsausrüstung** der Crew vgl. S. 126.

Werkzeuge und Ersatzteile

Allgemeines Werkzeug: je ein Satz Ring- und Maulschlüssel, Hammer, Kombizange, Seitenschneider, Rohrzange, verschiedene Schraubendreher und Feilen, Metall- und Holzsäge, Meißel, Beil. **Für Segelreparaturen:** Segelhandschuh, Segelnadeln, Segelgarn, Wachs, Zange, selbstklebendes Segeltuch. **Für Arbeiten in der Takelage:** Bootsmannsstuhl, gegen Herabfallen zu sichernde Werkzeugtasche mit Inhalt, Bolzenschneider zum Kappen der Takelage, wenn der Mast gebrochen und eine Bergung nicht möglich ist. **Ersatzteile:** Leinen und Bändsel, Schäkel, Holz- und Metallschrauben

Bau- und Ausrüstungsvorschriften

Fragen 5–7 (SM I SKS)
9–11 (SM II SKS)
Frage 29 (SBF)

aller Art, Unterlegscheiben, Reservelampen und Batterien, Splinte, Drahtstropp, Dichtungsmasse, Schlauch- und Seilklemmen, Isolierbänder, ein- und mehrscheibige Blöcke.

Kleinmaterial und Kleinwerkzeug: Zeisinge, Bändselwerk, Tape, Reserveschäkel; Schäkelöffner und Bordmesser (in der Tasche jedes Mitseglers), Kombizange.

Arbeitstalje, als vielseitig verwendbarer Flaschenzug zum Bewegen schwerer Lasten, als Rettungstalje zum Bergen eines über Bord Gefallenen.

Lecksicherungsmaterial: Weichholzpflöcke und Sperrholzstücke verschiedener Größen, Holzstücke zum Verschalken, Leckscheiben, Segeltuch, Lecksegel und Leckschirm, Unterwasserkleber für kleine Leckagen, Werg und Fett.

Navigatorisch-nautische Mindestausrüstung

Magnetkompass, ordnungsgemäß eingebaut und kompensiert
Ersatzkompass
Peileinrichtung, am besten Peilkompass als Ersatzkompass
Empfänger zur elektronischen Standortbestimmung: GPS
Nautische Karten und Bücher auf dem neuesten Stand
Kartenbesteck: Kurs- und Anlegedreieck, Kartenzirkel

Echolot und Lotleine
Log
Navigationslichter, Signalkörper und -flaggen gemäß KVR und SeeSchStrO; die Navigationslichter so montiert, dass sie von den Segeln oder beim Krängen nicht verdeckt werden
Nebelhorn (Pfeife): Mundnebelhorn; eventuell zusätzlich elektrisch oder druckluftbetriebenes Nebelhorn; für Yachten ab 20 m Länge Schiffsglocke, beide baumustergeprüft (s. S. 214)
Fernglas
Barometer oder **Barograf**
Radioempfänger zum Empfang von Wetterberichten
Uhr und **Stoppuhr**
Logbuch

Navigatorische Mindestausrüstung bei Kurzfahrten im Küstenbereich
- Steuerkompass
- Peilkompass
- Lot
- Log
- Uhr

Funkausrüstung gemäß GMDSS (s. S. 128)

Seefunkanlage mit DSC
NAVTEX-Empfänger
Seenotfunkbake (EPIRB)
Radartransponder (SART)

Aufgrund der **EG-Richtlinie** 94/25/EG müssen seit 1998 alle in der EU verkauften Sportboote (Boote mit einer Rumpflänge von 2,50 m bis 24,00 m, die für Sport- und Freizeitzwecke bestimmt sind) das **CE-Zeichen** (*Conformité Européenne*) tragen. Es garantiert zusammen mit dem dazugehörigen CE-Zertifikat die Einhaltung einheitlicher Bau- und Ausrüstungsvorschriften für folgende Bootskategorien:

Kategorie	Windstärke	Wellenhöhe
A – Hochsee	> 8 Bft	> 4 m
B – Außerhalb von Küstengewässern	≤ 8 Bft	≤ 4 m
C – Küstennahe Gewässer	≤ 6 Bft	≤ 2 m
D – Geschützte Gewässer	≤ 4 Bft	≤ 0,5 m

In Deutschland wird das CE-Zertifikat vom Germanischen Lloyd (GL) und von Lloyd's Register (LR) erteilt.

Der **Germanische Lloyd** (s. S. 341) zertifiziert den Bau von Sportfahrzeugen auch nach eigenen, sehr anspruchsvollen Richtlinien mit entsprechenden Zertifikaten.

Die **Kreuzer-Abteilung (KA)** des *Deutschen Segler-Verbandes (DSV)* gibt auf der Grundlage der *Special Regulations des Offshore Racing Councils (ORC)* **Sicherheitsrichtlinien für die Ausrüstung und Sicherheit von Segelyachten** heraus, die an Seeregatten teilnehmen (vgl. S. 124). Sie gelten auch als Empfehlung für Fahrtenyachten.

Sicherheitsausrüstung der Crew

Fragen 115–119 (SM I SKS)
Fragen 96–100 (SM II SKS)

Fragen 317, 318, 329 (SBF)

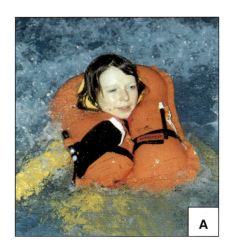

A

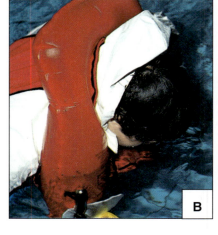

B

> Zur **Sicherheitsausrüstung der Crew** gehören:
> - **Rettungsweste** und **Sicherheitsgurt** (Lifebelt) für jedes Besatzungsmitglied
> - **Rettungsboje** oder Rettungskragen mit Tag- und Nachtsignal
> - **Rettungsinsel**
> - **Erste-Hilfe-Ausrüstung** mit Anleitung

> ### Wartung
> Aufblasbare Rettungswesten und Rettungsinsel müssen **alle 2 Jahre** durch eine Fachwerkstatt gewartet werden. Die Wartungsfälligkeit ist an der farbigen Serviceplakette erkennbar.

- **Rettungsweste** für jedes Crewmitglied: Sie müssen ohnmachtsicher und mit einfachen Signalmitteln (Doppeltonpfeife) ausgestattet sein. Eine ohnmachtsichere Rettungsweste mit Auftriebsschwerpunkt auf der Brust und aufblasbarem Halskragen (Kopfstütze) sorgt dafür, dass Mund und Nase einer erschöpften oder bewusstlosen Person über Wasser bleiben.

Die Verteilung von Halsauftrieb zu Brustauftrieb beträgt etwa 30 zu 70.

Die Rettungsweste wird in unaufgeblasenem Zustand getragen und im Ernstfall entweder automatisch oder durch Handauslösung mit CO_2-Pressgas-Patronen aufgeblasen. Kinder und Nichtschwimmer sollten stets Rettungswesten tragen.

Abb. A zeigt eine ohnmachtsichere Weste, **Abb. B** die Wirkung eines zu geringen Brustauftriebs.

Im Küstenbereich sollten Rettungswesten verwendet werden, die der *Euronorm* EN 396 *(Auftrieb 150 Newton; eingeschränkt ohnmachtsicher bei schwerer wetterfester Kleidung)* oder EN 399 *(Auftrieb 275*

C

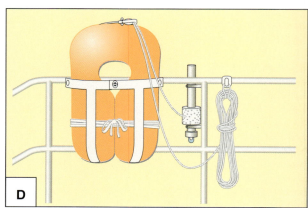

D

Newton; in nahezu allen Fällen umgehende Ohnmachtsicherheit) entsprechen.

• **Sicherheitsgurt** mit Sicherheitsleine entsprechend EN 1095 bzw. **Lifebelt (Abb. C)** für jedes Crewmitglied. Bei schwerem Wetter unter der Rettungsweste angelegt und an Bord eingepickt, soll der Sicherheitsgurt verhindern, dass man bei Arbeiten an Deck über Bord stürzt oder von einer überkommenden See über Bord gewaschen wird.

Der Sicherheitsgurt darf nur in fest montierte und durchgebolzte Beschläge eingepickt werden, damit er nicht ausreißt, wenn man über Bord fällt. Ungeeignet sind die Reling sowie der Heck- und Bugkorb.

Auf manchen Yachten sind hierfür **Strecktaue** aus Stahldraht montiert, die auf dem Deck vom Cockpit zum Vorschiff verlaufen. Man muss sich schon im Niedergang, also bevor man an Deck kommt, einpicken können. Wichtig: möglichst kurz einpicken!

• **Rettungsboje oder Rettungskragen (Abb. D)** mit einem Tagsignal (Flagge an einem langen Flaggenstock) und einer schwimmfähigen Rettungsleuchte, die im Wasser automatisch zu blinken beginnt. Ein Treibanker oder Treibscheit vermindert das rasche Wegtreiben durch Wind und Seegang. Eine an der Boje befestigte Schwimmleine erleichtert das Aufnehmen beim Rettungsmanöver, da sie von der treibenden Boje gezogen in ihrer ganzen Länge nach Luv ausliegt. Weder die Rettungsboje noch das Licht oder die Leine dürfen fest mit der Yacht verbunden sein, damit sie vom Rudergänger schnell über Bord gegeben werden können.

• **Rettungsinsel bzw. Rettungsfloß** für die gesamte Mannschaft, falls längere Distanzen über die freie See gesegelt werden. Das Rettungsfloß bläst sich beim Überbordwerfen selbsttätig auf **(Abb. E)**. Die Außenmaße der Container sind in den letzten Jahren immer kleiner geworden, sodass das Floß auch auf kleineren Yachten mitgeführt werden kann. Es sollte mindestens zwei getrennte Luftkammern haben und so an Deck gefahren werden, dass es im Notfall sofort eingesetzt werden kann. In jeder Rettungsinsel sind meist notdürftiges Reparaturzeug, Notproviant und Süßwasser enthalten.

Ein sinkendes Schiff sollte so spät wie möglich verlassen werden, weil die Überlebenschancen auf einem noch schwimmenden Schiff größer sind (s. S. 182).

• **Seenotsignalmittel:** rote Handfackeln und Signalraketen, orange Rauchfackeln und Rauchtopf, Seewasserfärber, Signalflaggen N und C, orangefarbenes Tuch mit schwarzem Kreis oder Quadrat, Signallampe, Signalpistole und Signalstift mit Munition (nur für Inhaber der Waffenbesitzkarte mit Munitionserwerbsberechtigung).

Aufgedrucktes **Verfallsdatum** beachten! Ist es überschritten, sind Raketen und Munition gefährlich und unzuverlässig. Sie sollten dann im Fachhandel entsorgt werden.

Im Ernstfall müssen die Raketen mit Bedacht abgefeuert werden: Sie sind bei klarer Sicht kaum weiter als etwa 20 sm auszumachen und sollten immer in Zweiergruppen mit einer dazwischen liegenden kurzen Pause abgefeuert werden, damit ein Beobachter sich nicht getäuscht glaubt.

• **Erste-Hilfe-Ausrüstung:** Verbandskasten mit Handbuch und Bordapotheke.

E

Seenot- und Sicherheitsfunksystem (GMDSS)

Die Abkürzung GMDSS bedeutet **Global Maritime Distress and Safety System** *(Weltweites Seenot- und Sicherheitsfunksystem)*. GMDSS wurde von der *International Maritime Organization (IMO)* für die Berufsschifffahrt entwickelt und 1999 eingeführt. Mit GMDSS kann man

- im **Seenotfall** über Satellit eine Rettungsleitstelle und direkt alle Schiffe in der Nähe alarmieren, um eine koordinierte Such- und Rettungsaktion einzuleiten, und
- automatisch und unmittelbar **Sicherheitsmeldungen**, Nautische Warnnachrichten, Wetterberichte und Starkwind- und Sturmwarnungen empfangen.

Zur Teilnahme am GMDSS und zur Ausrüstung mit entsprechenden Funk-

Ausrüstung nach GMDSS
Der genaue Umfang der nach SOLAS vorgeschriebenen GMDSS-Ausrüstung hängt vom befahrenen Seegebiet (sea area) ab.
*Die linke Tabelle beschreibt die vier **Seegebiete** (Area 1 bis Area 4). Die rechte Tabelle führt die **Funkausrüstung** im Einzelnen auf.*

geräten sind alle Fahrzeuge mit einer Bruttoraumzahl (BRZ) von 300 und mehr verpflichtet. Sportboote sind also nicht ausrüstungspflichtig, sollten aber aus Sicherheitsgründen so ausgerüstet sein, dass sie am GMDSS teilnehmen können.

Die für GMDSS erforderliche **Funkausrüstung** schreibt Kapitel IV des Internationalen Übereinkommens von 1974/88 zum Schutz des menschlichen Lebens auf See (SOLAS) vor (vgl. S. 250). Der Ausrüstungsumfang hängt vom jeweils befahrenen **Seegebiet** *(sea area)* ab. Je nach Reichweite der Küstenfunkstellen gibt es die vier Seegebiete *A1* bis *A4*. Eine Yacht im Seegebiet *A1* sollte mit folgenden Geräten ausgerüstet sein:

- **UKW-Sprechfunkanlage mit DSC** *(Digital Selective Calling* – Digitaler Selektivruf)
- **NAVTEX-Empfänger** für Nautische Warnnachrichten
- **Seenotfunkbake** (EPIRB)
- **Radarantwortbake** (SART) zur Ortung im Seenotfall
- **UKW-Handsprechfunkgerät**

Sprechfunkanlage mit DSC

Das digitale Selektivrufverfahren DSC *(Digital Selective Calling)* ermöglicht die automatische Verbindungsaufnah-

me zu Schiffen und zu Küstenfunkstellen. **DSC-Seefunkstellen** (Sprechfunkanlagen mit DSC-Controller) können unmittelbar am voll automatisierten GMDSS teilnehmen und andere DSC-Seefunkstellen direkt anrufen. Jeder DSC-Seefunkstelle wird hierfür ein neunstelliges Unterscheidungssignal zugeteilt, die sogenannte **MMSI** *(Maritime Mobile Service Identity)*.

Im **Seenotfall** können wir von einem DSC-Gerät aus auch einen **Anruf an alle Funkstellen** richten. Er löst bei allen DSC-Seefunkstellen in Reichweite ein optisches und akustisches Signal (mit automatischer Übermittlung des Senderstandortes) aus.

Mit der Einführung von GMDSS ist die früher vorgeschriebene ständige **Hörwache** der Berufsschifffahrt und der Küstenfunkstellen auf dem **UKW-Not- und Anrufkanal 16** eigentlich nicht mehr erforderlich. Doch wird sie bis auf Weiteres beibehalten, damit Notrufe von nicht ausrüstungspflichtigen Schiffen (Sportboote), die noch nicht mit DSC ausgerüstet sind, empfangen werden können.

> Eine Seefunkstelle darf man nur mit einem **Funkbetriebszeugnis** (s. S. 251) bedienen. **Im Notfall** darf man die Anlage auch ohne Zeugnis benutzen.

Seegebiete
A 1: in Sprechfunkreichweite einer UKW-Küstenfunkstelle mit ständiger DSC-Alarmbereitschaft, also bis ca. 30 sm.
A 2: in Sprechfunkreichweite einer Grenzwellen-Küstenfunkstelle mit ständiger DSC-Alarmbereitschaft, also bis ca. 150 sm.
A 3: im Überdeckungsbereich eines geostationären Inmarsat-Satelliten, also bis ca. 70° N bzw. 70° S.
A 4: in den übrigen Polargebieten.

Funkausrüstung	A1	A2	A3	A4
UKW-Sprechfunkanlage mit DSC	x	x	x	x
NAVTEX-Empfänger	x	x	x	x
EPIRB	x	x	x	x
Radartransponder (SART)	x	x	x	x
UKW-Handsprechfunkgerät	x	x	x	x
GW-Sprechfunkanlage mit DSC		x	x	
Inmarsat-Schiffs-Erdfunkstelle		x	x	
GW/KW-Sprechfunkanlage mit DSC			x*	x

*anstelle von Inmarsat und GW-Sprechfunkanlage mit DSC

NAVTEX

NAVTEX bedeutet *Navigational Text Messages*. Als Bestandteil von GMDSS verbreitet NAVTEX maritime Sicherheitsinformationen *(Maritime Safety Information – MSI)*, also
• Nautische Warnnachrichten
• Wetterwarnungen
• Nachrichten zur Suche und Rettung
• Wettervorhersagen
• Meldungen zu AIS, GPS etc.
Ein weltweites Netz von etwa 150 NAVTEX-Sendern überträgt die Aussendungen auf 518 kHz in englischer Sprache und manchmal auf 490 kHz auch in der jeweiligen Landessprache. Ihre Reichweite beträgt 150–250 sm. Sender und Sendezeiten sind im *Handbuch Nautischer Funkdienst* und im *Jachtfunkdienst* aufgeführt.

Die Übertragung erfolgt im Funkfernschreibverfahren, also nicht in Sprache. Für den Empfang ist ein eigener NAVTEX-Empfänger erforderlich. Er speichert die Meldungen automatisch, zeigt sie auf dem Display an und druckt sie auf Anforderung aus. Nicht gewünschte Nachrichten (außer Notmeldungen, Nautischen Warnnachrichten und Starkwind- und Sturmwarnungen) können unterdrückt werden. Der Sender des DWD Pinneberg sendet für das deutsche Seewarngebiet der Nord- und Ostsee in englischer (518 kHz) und in deutscher Sprache (490 kHz).

Inmarsat

Die Organisation Inmarsat *(International Maritime Satellite)* betreibt mit derzeit elf geostationären Satelliten ein Kommunikationssystem, das die gesamte Erde bis auf die Polkappen abdeckt. Für Sportboote interessant ist **Inmarsat C**, das die weltweite Kommunikation per E-Mail, Fax, Telex, Mailbox und SMS (nicht aber per Telefon) ermöglicht. Über **Inmarsat M** kann man zusätzlich weltweit telefonieren. Für den Empfang benötigt man an Bord einen Rechner und Drucker sowie eine entsprechende Parabolantenne.

Im Rahmen von Inmarsat C überträgt **SafetyNet** als Bestandteil von GMDSS gebührenfrei nautische Warnnachrichten, Wetterberichte und Sturmwarnungen per Fax.

EPIRB

EPIRB *(Emergency Position Indicating Radio Beacon)* ist eine **schwimmfähige Satelliten-Seenotfunkbake**, die entweder automatisch nach dem Aufschwimmen oder manuell aktiviert wird. Die aktivierte Bake sendet
• Notsignale auf der Frequenz 406 MHz zur Kennzeichnung der Notposition (Richtung Erde–Weltraum) und
• Peilsignale auf der Frequenz 121,5 MHz.

Die **Notsignale** auf der **Frequenz 406 MHz** enthalten das Unterscheidungssignal (MMSI) und die genaue Position der sendenden Bake. Sie werden von Satelliten des COSPAS-SARSAT-Systems empfangen und von dort über eine unbemannte Bodenstation an die zuständige Rettungsleitstelle *(Maritime Rescue Co-ordination Centre – MRCC)* weitergeleitet – in Deutschland an die *Seenotleitung Bremen* der *Deutschen Gesellschaft zur Rettung Schiffbrüchiger (DGzRS)*. Dort wird die Position der Bake mit einer Genauigkeit von 1 bis 3 sm ermittelt (Dopplereffekt) und die Rettungsaktion eingeleitet. Gute Geräte enthalten einen GPS-Empfänger, der die Position mit GPS-Genauigkeit (bis zu 10 m) ermittelt und überträgt.

Die gesendeten **Peilsignale** auf der **Frequenz 121,5 MHz** können von Suchflugzeugen und SAR-Seenotkreuzern (nicht aber von anderen Wasserfahrzeugen) gepeilt werden und ermöglichen eine Endansteuerung der Bake, das sogenannte *homing*. Für die Suche durch andere Wasserfahrzeuge, die auf dieser Frequenz nicht empfangen, ist der SAR-Radartransponder (SART) geeignet (siehe unten).

COSPAS-SARSAT – COSPAS bedeutet auf Russisch das Gleiche wie das englische SARSAT *(SAR = Search and Recue, SAT = Satellite Aided Tracking)* – ist ein Seenotfunksystem, das von Frankreich, Kanada, Russland und den USA betrieben wird. Es deckt mit 6 polumlaufenden (LEOSAR) und 4 geostationären Satelliten (GEOSAR) die gesamte Erdoberfläche ab. Die empfangene Position wird bei jedem Erdumlauf aktualisiert.
Die Übertragung der Notsignale vom Satelliten an eine Bodenstation kann je nach Standort bis zu einer Stunde dauern. Ein eingebauter GPS-Empfänger verkürzt die Alarmierungszeit jedoch erheblich.

Für den Betrieb einer COSPAS-SARSAT-EPIRB ist eine Registrierung nötig. Sie ermöglicht eine Identifizierung des Schiffes in Seenot mit Daten zur Größe und Art der betroffenen Yacht.

SAR-Radartransponder (SART)

Der *Search and Rescue Radartransponder* ist eine schwimmfähige batteriegespeiste Radarantwortbake, die im Seenotfall aktiviert wird. Sie antwortet auf eingehende Radarimpulse im 9-GHz-Bereich (3-cm-Wellen). Diese Signale sind auf dem Radarschirm suchender Fahrzeuge als Notsignale eines SAR-Transponders erkennbar.

Bootspflege und -reparatur

Fragen 12, 75, 80–82, 85 (SM I SKS)
Fragen 61, 66–68 (SM II SKS)

Winterlager

Für das Winterlager entfernen wir **Trockenbatterien** aus allen Geräten, da sie auslaufen und an den Geräten erhebliche Schäden verursachen können. Um die Bildung von Kondenswasser im **Kraftstofftank** zu vermeiden, wird er am besten randvoll gefüllt. (In Hallen und auf Werften ist dies allerdings im Allgemeinen nicht erlaubt. Dann muss der Tank völlig geleert werden.) Wir entkeimen den leeren **Wassertank** und reinigen die Bilge und den Innenbereich. Die Bodenbretter werden hochgenommen, Schränke und Schubladen lassen wir offen stehen. Die **Segel** spülen wir mit Süßwasser und lassen sie sorgfältig trocknen. Etwaige Schäden müssen gleich beseitigt werden. Wegen der

Yacht im Winterlager
Eine an Land für längere Zeit abgestellte Kielyacht muss sorgfältig aufgepallt (abgestützt) werden, um Verformungen des Rumpfes vorzubeugen und sicheren Stand zu gewährleisten. Beim Abdecken des Bootes mit einer Winterplane müssen Bootskörper und Bootsinneres ausreichend belüftet sein, um Schäden durch Frost, Schimmel oder Verrottung zu vermeiden.

UV-Strahlung sollten Segel vor Sonnenlicht geschützt werden.

Unmittelbar nach dem Aufslippen wird das **Unterwasserschiff** gereinigt, denn der Bewuchs lässt sich im feuchten Zustand am leichtesten entfernen. Bei einem mit bewuchshemmendem **Antifouling** behandelten Unterwasserschiff dürfen wir aus Umweltschutzgründen das zum Reinigen verwendete Wasser nicht unmittelbar in die Kanalisation leiten; das Unterwasserschiff sollte nur an einem entsprechend ausgerüsteten Reinigungsplatz abgespritzt werden.

Kleine Reparaturen

Das **Unterwasserschiff** sollte mindestens einmal jährlich genau überprüft werden, auf jeden Fall aber nach jeder Grundberührung. Denn hierbei
– können sich die Kiel- und Motorblockbefestigung lockern,
– kann der Kiel etwas in den Rumpf gedrückt werden, sodass das Boot undicht wird,
– können Ruderanlage, Propeller, Propellerwelle und Schutzanstrich beschädigt werden.

Das **Gelcoat** muss regelmäßig gereinigt und gewachst werden, in verschmutzten Gewässern mehrmals in der Saison. **Schäden am Gelcoat** müssen sofort beseitigt werden, da das Laminat unter der Gelcoatschicht Wasser aufnimmt und dadurch beschädigt wird.

Ältere GFK-Boote bilden manchmal Blasen an der Außenhaut (**Osmoseschaden**). Dann ist Wasser durch schadhaftes Gelcoat ins Laminat eingedrungen. Das Gelcoat und das schadhafte Laminat müssen abgeschliffen und die entsprechenden Stellen gereinigt werden. Das Laminat muss vollständig austrocknen, bevor neues Laminat und Gelcoat aufgebracht werden.

Auch **Lackschäden an Holzteilen** müssen wir umgehend beseitigen, damit das Holz die Feuchtigkeit nicht aufnimmt. Beachte: Beim Ansetzen von Zweikomponentenlacken oder Kunstharzen bildet sich starke Hitze (Feuergefahr)!

Durch korrodierte Kontakte kann die **Bordelektrik** (z. B. Navigationslichter) ausfallen. Korrodierte Stellen müssen mit Schleifpapier und Kontaktspray gesäubert werden.

Verschleißschäden

Verschleißschäden treten auf
– **an den Segeln** durch Killen und Schamfilen (Reiben) an Wanten und Stagen. Wir dürfen deshalb unsere Segel nicht unnötig killen lassen. Salingnockschoner verhindern das Einreißen der Segel an der Salingnock; reißt das Achterliek auf See etwas ein, können wir es bei wenig Wind behelfsmäßig mit Klebeband reparieren. Bei stärkerem Wind muss das Segel sofort geborgen, zumindest aber bis über den Riss eingerefft werden.
– **am Tauwerk** durch Schamfilen an Klüsen und scharfen Kanten. Dies verhindern wir, indem wir an der Scheuerstelle ein Stück Plastikschlauch über den Festmacher ziehen oder das Tauwerk mit einem Tuchstreifen umkleiden. Schamfilen und lautes Schlagen außenlaufender Fallen am Mast bei starkem Wind im Hafen verhindern wir, indem wir die Fallen durch ein Bändsel vom Mast zum Want hin wegbinden.
– **an Drahttauwerk** durch Kinkenbildung oder zu kleine Rollendurchmesser. Aus einem Drahtseil heraustehende Drähte, sogenannte »Fleischhaken«, sind auf Materialermüdung oder einen zu kleinen Rollendurchmesser zurückzuführen. Er sollte mindestens neunmal so groß sein wie der entsprechende Drahtseildurchmesser.

Der Bootsmotor

Fragen 57, 64–70 (SM 1 SKS)
Fragen 31–36, 52, 53, 72 (SM II SKS)

Innenborder oder Außenborder?

Ob wir einen Innenborder oder Außenborder wählen, hängt im Wesentlichen von der Schiffsgröße ab. Auf Segelyachten unter 7 m Länge ist für eine Einbaumaschine meist zu wenig Raum. Dann sind wir auf den *Outboarder* angewiesen, dessen Nachteile im Küstenrevier allerdings auf der Hand liegen:

Im Seegang kann der Propeller zeitweise freikommen, in der Luft hochdrehen und anschließend wieder in die See eintauchen, wobei er stark abgebremst wird. Dadurch werden Lager und Welle überbeansprucht. Ein **Langschaftmotor**, dessen Propeller tiefer ins Wasser taucht, kann hier Abhilfe schaffen.

Aus Umweltschutzgründen müssen wir vor dem Abstellen des Außenborders den **Vergaser leerfahren**, indem wir vom im Leerlauf drehenden Motor den Tankschlauch abnehmen bzw. den Benzinhahn und die Entlüftung schließen. Auch beim **Verstauen des Außenborders** sollten Tank und Vergaser leer sein. Er sollte nie unter Deck, sondern am besten in einer Backskiste mit Außenentlüftung gelagert oder fest am Heckkorb montiert werden, denn Restbenzin und Benzingase bilden mit Luft ein hochexplosives Gemisch.

Benzin- oder Dieselmotor?

Wenn wir uns für einen Innenborder entschieden haben, können wir weiter fragen: Benzin- oder Dieselmotor?

Beides sind bekanntlich sogenannte Verbrennungskraftmaschinen, deren Prinzip darauf beruht, dass die bei der Kraftstoffverbrennung frei werdende Wärmeenergie in die Kolbenbewegung umgesetzt wird. Der Benzin- oder Ottomotor unterscheidet sich vom Dieselmotor lediglich in der Art des verwendeten Kraftstoffes und im Verbrennungsvorgang.

Beim **Benzinmotor** entsteht ein hochexplosives Gemisch aus Luft und dem im Vergaser feinvernebelten Benzin, das durch Fremdzündung *(Zündkerze)* gezündet wird und während des Arbeitshubes verbrennt. Die verbrannten Gase dehnen sich aus und üben hierbei auf den Kolben sehr hohen Druck aus, der die Drehbewegung der Kurbelwelle einleitet.

Beim **Dieselmotor** wird Luft angesaugt, die bei einer gegenüber dem Ottomotor höheren Verdichtung so stark erhitzt wird, dass das anschließend von der Kraftstoffpumpe durch die Kraftstoffdüse feinstverteilt eingespritzte Dieselöl sich von selbst entzündet (Selbstzündung) und während des Arbeitshubes verbrennt. Der Dieselmotor besitzt also keinen Vergaser und keine elektrische Zündanlage, dafür aber eine Kraftstoffpumpe und -düse. (Einen Dieselmotor könnte man deshalb auch dadurch abstellen, dass man das Luftansaugrohr verschließt. Aber Vorsicht: das Luftansaugrohr nicht mit der Hand abdecken!)

Die **Vor- und Nachteile** beider Motoren lassen sich kurz zusammenfassen: Der Dieselmotor ist explosionssicherer – aber schwerer, lauter und teurer als der Benzinmotor. Die erhöhte Explosionsgefahr des Benzinmotors ergibt sich aus der niedrigen Verdunstungstemperatur von Benzin, sodass sich in der Bilge (vor allem beim Tanken) sehr leicht ein hochexplosives Benzin-Luft-Gemisch bilden kann. Die gesamte

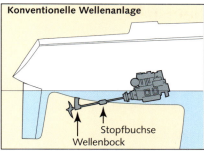

Konventionelle Wellenanlage

Stopfbuchse
Wellenbock

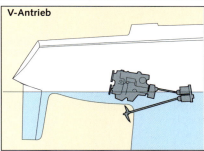

V-Antrieb

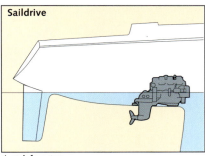

Saildrive

Antriebsarten

Oben: *Die* **konventionelle Wellenanlage** *ist auf Segelyachten weit verbreitet. Die Antriebswelle, das Wendegetriebe und die Propellerwelle sind hintereinander angeordnet.*

Mitte: *Beim* **V-Antrieb** *bilden Antriebswelle und Propellerwelle einen spitzen Winkel. Dadurch kann der Motor platzsparend eingebaut werden.*

Unten: *Der* **Saildrive** *(S-Antrieb) ist eine Kompaktanlage, die den Antrieb der Propellerwelle zweimal rechtwinklig umlenkt. Durch den großen Abstand zum Propeller wird das Ruderblatt nicht direkt angeströmt. Dies verschlechtert die Manövrierfähigkeit insbesondere beim Anfahren und bei langsamer Fahrt (Hafenmanöver).*

elektrische Anlage eines Schiffsbenziners muss also explosionssicher sein. Der Dieselmotor hat dagegen eine höhere Lebensdauer und ist im Allgemeinen weniger störanfällig. Vor allem fehlt die Zündanlage, die den Benziner sehr empfindlich gegen Feuchtigkeit und Nässe macht, weshalb er im entscheidenden Moment oft nicht anspringt. Im Übrigen verbraucht der Dieselmotor weniger Kraftstoff. Als Innenborder auf Segelyachten wird heute der Dieselmotor deutlich bevorzugt.

Mit einem Dieselmotor sollten wir den Tank nie ganz leerfahren. Denn dann wird Luft angesaugt, das Einspritzsystem versagt, und der Motor bleibt stehen. Dann muss man den **Motor** gemäß der Betriebsanleitung **entlüften**. Im Übrigen kann auch Bodensatz das Kraftstoffsystem einschließlich der Einspritzdüsen verstopfen und Kondenswasser, das sich im Laufe der Zeit in jedem Tank sammelt, die Verbrennung unterbrechen. In der Kraftstoffleitung gibt es deshalb meist einen **Wasserabscheider,** der das Kondenswasser sammelt, um Startschwierigkeiten zu verhindern. Wenn wir den Dieselmotor längere Zeit nicht benutzen, können wir die Bildung von Kondenswasser auch durch Volltanken verhindern.

Die Motorkühlung

Die einfachste Art der Motorkühlung, die Luftkühlung, ist für einen Innenborder in der Regel unbrauchbar, da im Motorraum nicht genügend Luft vorhanden ist. Man verwendet deshalb fast ausschließlich die zuverlässigere und wirkungsvollere **Wasserkühlung.** Sie kann als offenes **Einkreissystem,** also als direkte Kühlung ausgeführt sein. Hierbei wird Seewasser von einer Pumpe angesaugt und durch Kühlwasserleitungen und -räume des Motors gedrückt. Ein Thermostat sorgt für die richtige Betriebstemperatur, indem er einen Teil des Kühlwassers am Motorblock vorbei direkt in den Auspuff leitet. Der Kühlwassereinlauf ist durch ein Bodensieb und einen Seewasserfilter geschützt, damit nicht unsauberes Seewasser das Kühlsystem verstopft oder verschlammt.

Aufwändiger ist die indirekte Wasserkühlung **(Zweikreissystem)**. Hier wird der Motor durch einen geschlossenen Süßwasserkreislauf gekühlt, der seinerseits durch einen zweiten Kühlkreislauf, einen offenen Seewasserkreislauf, rückgekühlt wird. Der Vorteil: Sollte der offene Kreislauf plötzlich ausfallen, so steigt die Motortemperatur nicht so rasch wie im Einkreissystem, wo der Motor in ganz kurzer Zeit durch Überhitzung zerstört würde. Außerdem gibt es kein Verschlammen und im geschlossenen Kreislauf keine Korrosion durch das Seewasser.

Das Kühlwasser wird übrigens auch zur Auspuffkühlung und -dämpfung verwendet und anschließend über die Auspuffleitung außenbords geführt **(nasser Auspuff).**

Die Kühlwasserversorgung ist für den Motor lebenswichtig. Man stelle deshalb vor dem Start sicher, dass die Kühlwasserventile geöffnet sind, und nach dem Start, dass Kühlwasser außenbords abgegeben wird! Während der Fahrt muss regelmäßig das Kühlwasserthermometer beobachtet werden.

Getriebe und Welle

Das **Wendegetriebe** dient
• der Drehzahluntersetzung,
• dem Ein- und Auskuppeln der Welle,
• der Umsteuerung der Welle von Vor- auf Rückwärtsfahrt.

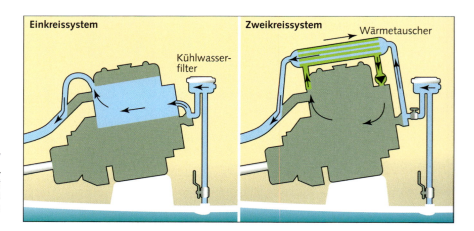

Einkreiskühlung und Zweikreiskühlung
Der Vorteil der Zweikreiskühlung gegenüber der Einkreiskühlung besteht darin, dass bei einem Ausfall der Motor sich nicht so rasch erhitzt. Außerdem gibt es im geschlossenen Kreislauf keine Korrosion durch Seewasser.

Es gibt Einhebel- und Zweihebelschaltungen. Bei der **Zweihebelschaltung** werden Motor und Getriebe mit einem Gashebel und einem Schalthebel gesteuert. Mit dem Gashebel wird die Drehzahl reguliert, mit dem Schalthebel werden Vorausfahrt, Leerlauf und Rückwärtsfahrt gewählt. Die **Einhebelschaltung** vereint beide Funktionen in einem Hebel. Dieser Hebel wird zunächst wie beim Schalthebel auf *vorwärts* oder *rückwärts* gestellt. Bewegt man ihn dann über die Vorwärts- bzw. Rückwärtseinstellung hinaus, wird die Drehzahl erhöht, also Gas gegeben. Sobald der Gang eingelegt ist, dreht der Propeller mit. Um ein hartes Einrucken beim Schalten zu vermeiden, sollte möglichst nur bei Leerlaufdrehzahl geschaltet werden.

Die Wellendurchführung wird durch eine **Stopfbuchse** gegen eindringendes Wasser gesichert. Es gibt wartungsfreie und nicht wartungsfreie Stopfbuchsen. Diese müssen von Zeit zu Zeit nachgestellt oder über eine angebaute Fettpresse auf Druck gehalten werden.

Propeller

> Auf Yachten mit Einbaumotor verwendet man
> • Festflügelpropeller,
> • Faltpropeller,
> • Drehflügelpropeller oder
> • Verstellpropeller.

Der zweiflügelige Propeller bietet in Ruhestellung einen geringeren Wasserwiderstand als der dreiflügelige und ist deshalb auf Segelyachten weit verbreitet. **Faltpropeller** klappen die Flügel in Segelstellung nach hinten und bieten so einen sehr geringen Wasserwiderstand. Bei Rückwärtsfahrt und beim Aufstoppen unter Motor entfalten sich die Flügel nur durch ihre Fliehkraft und deshalb erst bei hoher Drehzahl. Ihr Wirkungsgrad ist deshalb geringer. **Drehflügelpropeller** ändern ihre Stellung je nach Laufrichtung der Welle. In Segelstellung drehen sie sich in eine strömungsgünstige Stellung. Beim **Verstellpropeller** kann die Steigung unterschiedlichen Belastungen durch »Schaltung« angepasst werden (nur für größere Yachten sinnvoll).

Die Drehzahl des Motors sowie die **Steigung** und der **Außendurchmesser** des Propellers müssen gut aufeinander und auf die Schiffsgeschwindigkeit abgestimmt sein. Sind sie zu groß, erreicht der Motor trotz Vollgas nicht seine Nenndrehzahl. Ein ungeeigneter Propeller, an dessen Flügeln bei hoher Drehzahl die Strömung abreißt, kann angefressen und zerstört werden **(Kavitation).**

> Ein Propeller wird durch folgende Angaben definiert:
> • Durchmesser,
> • Steigung,
> • Anzahl der Flügel,
> • Größe ihrer Fläche.

Propeller
*Auf **Motoryachten** findet man zwei- und dreiflügelige Propeller, auf **Segelyachten** wegen des geringeren Wasserwiderstandes meist den zweiflügeligen Propeller.*
Faltpropeller, deren Flügel in Segelstellung automatisch zusammenklappen, bieten einen noch geringeren Widerstand; sie haben allerdings auch einen geringeren Wirkungsgrad und sind bei Rückwärtsfahrt schwer zu handhaben.

Steigung und Durchmesser
*Die **Steigung** eines Propellers ist der Weg, den er mit einer ganzen Umdrehung in einem festen Medium zurücklegen würde – vergleichbar mit dem Weg einer Schraube im Holz.*
*Der **Durchmesser** eines Propellers wird von der Außenkante der Propellerflügel beschrieben.*
Steigung und Durchmesser eines Propellers müssen gut auf die Motordrehzahl und Schiffsgeschwindigkeit abgestimmt sein.

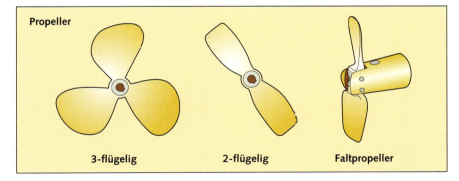

Propeller

3-flügelig · 2-flügelig · Faltpropeller

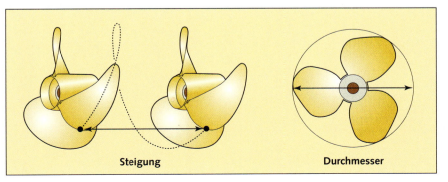

Steigung · Durchmesser

Tanken
Motorstörungen

Fragen 55, 56, 58–64,
71 (SM I SKS)
Fragen 37–51, 54, 59 (SM II SKS)

Fragen 312, 323 SBF

Tanken

Brennstoffdämpfe sind leicht entzündbar und schwerer als Luft. Da beim Tanken hochexplosive Brennstoffdämpfe frei werden, die sich möglicherweise in der Bilge sammeln, und sich Funken aufgrund elektrischer Potenzialunterschiede bilden können, sollen Füllstutzen, Tankbelüftung und Absperrventil der Tankanlage geerdet sein.

Sicherheitsmaßnahmen beim Tanken und Umfüllen von Kraftstoff
- Maschine abstellen!
- Alle offenen Feuer aus (Rauchen einstellen)!
- Vor dem Tanken von Benzin metallischen Kontakt zwischen Zapfhahn und Einfüllstutzen herstellen, um Potenzialunterschied auszugleichen.
- Tragbare Tanks möglichst außerhalb des Bootes füllen!
- Maßnahmen gegen Überlaufen treffen!

Um **Umweltverschmutzungen** beim Tanken zu vermeiden, sollten wir
- die Tanköffnung mit Ölbindetüchern umlegen,
- möglichst an Zapfsäulen mit Zapfhahn tanken,
- beim Umgang mit Kanistern große Trichter mit Schlauch benutzen und
- bei Wind und Seegang Kraftstoff nicht aus Kanistern nachfüllen.

Maßnahmen vor dem Anlassen:	1. Hauptstromschalter ein 2. Beim Benziner: Motorraum mit Bilge entlüften 3. Kraftstoff- und Kühlwasserventile öffnen 4. Getriebe auf »neutral« stellen 5. Kühlwasser prüfen (Zweikreiskühlsystem)
Beim Betätigen des Anlassers beachten:	1. Startknopf oder -schalter fest andrücken bzw. drehen und bei gestartetem Motor sofort loslassen 2. Startet der Motor nicht sofort, den Motor kurz ruhen lassen vor dem erneuten Startversuch 3. Batterie nicht durch andauerndes Starten entleeren, sondern Störung suchen 4. Bei laufendem Motor niemals den Anlasser betätigen
Nach dem Anlassen achten auf:	Kühlwasserdurchlauf, Öldruck und Ladekontrolle (Amperemeter), Motorgeräusch und Auspuffgase
Motorüberwachung während der Fahrt:	Kontrolle der Anzeigegeräte für Öldruck und Öltemperatur, Kühlwassertemperatur, Motordrehzahl und Batterieladung. Außerdem: auf Motorgeräusche, Vibrationen und Farbe der Auspuffgase achten
Maßnahmen nach dem Abstellen des Motors:	1. Kraftstoffventil schließen 2. Hauptstromschalter (Batterie) aus 3. Seeventile schließen

Lichtmaschine und Ladekontrolle

Der die Lichtmaschine antreibende **Keilriemen** muss regelmäßig auf Verschleiß und richtige Spannung überprüft werden. Ein verschlissener oder zu lockerer Keilriemen rutscht durch und quietscht, sodass die Lichtmaschine nicht mit der nötigen Drehzahl angetrieben wird. Ein zu straff gespannter Keilriemen belastet die Lager der Lichtmaschine.

Die Kabel bzw. Anschlüsse der **Drehstromlichtmaschine** dürfen nie umgepolt oder zu Prüfzwecken geerdet werden, da hierdurch Dioden und Transistoren des Reglers zerstört werden. Auch ein Abklemmen der Batterie bei laufender Lichtmaschine verursacht Spannungsschwankungen in der Anlage und zerstört die Transistoren im Regler.

Störung	Mögliche Ursache
Ladekontrolllampe leuchtet auf oder erlischt nicht	Anschlüsse (an Regler, Lichtmaschine und Batterie), Keilriemen, Regler oder Lichtmaschine defekt
Ladekontrolllampe leuchtet bei EIN nicht auf	Warnlampe, Anschlüsse (an Regler, Lichtmaschine und Batterie), Regler oder Lichtmaschine defekt Batterie total leer oder defekt
Ladekontrolllampe leuchtet zeitweilig auf Amperemeter-Nadel zittert bei geladener Batterie ohne Verbrauch	Regler defekt
Batterien sind überladen, Amperemeter zeigt ständig hohe Stromstärke	Regler defekt: Batterien abklemmen

Mögliche Motorstörungen

Die Motoranlage einer Yacht besteht aus
• dem Motor,
• der Kraftstoffversorgung,
• der Kühlwasseranlage,
• der elektrischen Anlage,
• der Wellenanlage mit der Schaltung.

Sie alle können Ursache einer Störung sein und bedürfen der regelmäßigen Wartung und Pflege. In der **Bedienungsanleitung** des Herstellers findet man genaue Angaben über die Intervalle für Pflege und Wartung (wie z. B. die Zeitabstände für die Erneuerung der Kraftstofffilter) und meist auch detaillierte Hinweise zur Störungssuche. Besondere Bedeutung für den störungsfreien Betrieb und die Lebensdauer des Motors hat die sorgfältige Wartung des Luftfilters.

Erste **Störungsanzeichen** beim Motorbetrieb:
• ungewöhnliche und fremde Motorgeräusche
• ungewöhnliche Vibrationen
• Verfärbung der Abgase
• Aufleuchten der Ladekontrolle bzw. Öldruckkontrolle

Die gängigsten Störungen und deren Ursachen sind in den Tabellen unten und auf S. 134 zusammengestellt.

Als **Ersatzteile für den Motor** sollten mindestens an Bord sein:
• Reservekeilriemen
• Dichtungsmaterial
• Impeller für die Wasserpumpe
• Motorenöl

Störung	Mögliche Ursache
Motor startet normal, bleibt aber kurz darauf stehen	verstopfter Luftfilter, verstopfter Kraftstofffilter, Luft im Kraftstoffleitungssystem
Motor startet nicht	zu geringe Anlassdrehzahl (entladene Batterie), kein Dieselkraftstoff im Tank, klemmender Stoppzug, verstopfte Kraftstoffleitung, verstopfter Kraftstofffilter, Luft im Kraftstoffleitungssystem, ungeeigneter Kraftstoff, falsche Bedienung der Kaltstarthilfe
Motor startet schlecht	zu geringe Anlassdrehzahl (entladene Batterie), klemmender Stoppzug, verstopfte Kraftstoffleitung, verstopfter Kraftstofffilter, verstopfter Luftfilter, Luft im Kraftstoffleitungssystem, ungeeigneter Kraftstoff, verstopfte Auspuffanlage (Staudruck), beim Benziner: Vergaser defekt
Motor startet normal, erreicht aber nur mangelhafte Leistung oder bleibt bald wieder stehen	verstopfte Kraftstoffleitung, verstopfter Kraftstofffilter, verstopfter Luftfilter, Luft im Kraftstoffleitungssystem, verstopfte Tankentlüftung, ungeeigneter Kraftstoff, verstopfte Auspuffanlage (Staudruck), Überhitzung
schwarze Auspuffgase	unvollständige Verbrennung durch verstopfte Luftfilter, schlechte Kraftstoffqualität oder verstellte Einspritzpumpe, kalter oder überlasteter Motor
weiße Auspuffgase	Verdampfung von Wasser z. B. durch Kondensat im Auspuffsystem bei noch kaltem Motor, defekte Zylinderkopfdichtung, gerissener Zylinderkopf
blaue Auspuffgase	Zweitakter: zu fettes Benzin-Öl-Gemisch, zu viel Schmieröl im Gemisch Viertakter: zu viel Schmieröl, Ölabstreifringe bzw. Kolbenringe defekt
zu geringer Öldruck	verstopftes Ölsieb (Ölwanne), zu geringer Ölstand, verstopfter Ölfilter, defekte Ölpumpe, defektes Öldruckventil, defektes Anzeigegerät
zu hoher Öldruck	zähflüssiges Schmieröl, defektes Anzeigegerät, klemmendes Überdruckventil (geschlossen)
Motor wird zu heiß	verstopfter Luftfilter, verstopfte Auspuffanlage, undichte Zylinderkopfdichtung, klemmende Kolben, defekter Thermostat, verstopftes Kühlsystem, loser Keilriemen, schadhafte Wasserpumpe, zu geringer Kühlwasserstand (Zweikreiskühlung)
Motor bleibt beim Einkuppeln stehen	Propellerwelle durch Fremdkörper (Tauwerk, Plastiktüten, Angelschnur) blockiert, Getriebe blockiert wegen unzureichender Schmierung, verbogene Propellerwelle

Wahrer Wind und scheinbarer Wind

Fragen 41–42 (SM I SKS)
51 (WK SKS)

Merke:
- Der scheinbare Wind fällt immer vorlicher ein als der wahre Wind. Ausnahme: vor dem Wind.
- Je mehr wir anluven, desto stärker wird der scheinbare Wind – sogar stärker als der wahre Wind. Je mehr wir abfallen, desto schwächer wird der scheinbare Wind – meist sogar schwächer als der wahre Wind.

> Segelyachten auf verschiedenen Kursen nehmen den Wind unterschiedlich stark wahr. Denn die Stärke des scheinbaren Windes hängt vom Kurs zum Wind ab.
> So kann es vorkommen, dass eine am Wind segelnde Yacht reffen muss, während eine gleich große andere Yacht raumschots oder vor dem Wind ungerefft laufen kann.

Man nennt den Wind, den wir an einem festen Punkt wahrnehmen, den wahren Wind. Sobald sich unser Boot bewegt, wird seine Richtung und Stärke durch den Fahrtwind verändert. Wir spüren dann den sogenannten scheinbaren Wind. Also:
- Der **wahre Wind (wW)** ist der an einem festen Punkt (Steg, vor Anker) wahrnehmbare Wind.
- Der **scheinbare Wind (sW)** wird auf dem fahrenden Boot wahrgenommen. Seine Richtung können wir am Stander im Masttopp (= Verklicker) ablesen.
- Der **Fahrtwind (Fw)** ergibt sich aus der Geschwindigkeit des Bootes. Wir spüren ihn, wenn wir bei Windstille unter Motor fahren.

Der scheinbare Wind ist also die Vektorsumme aus wahrem Wind und Fahrtwind.

> Beim Segeln kommt es auf den scheinbaren Wind an; nur beim Anlegen und Aufschießen ist auch die Richtung des wahren Windes wichtig.

Schralen und raumen

- **Der Wind schralt**, wenn er vorlicher einfällt, wenn also der Winkel zwischen Fahrtrichtung und Windrichtung kleiner wird.
- **Der Wind raumt**, wenn er achterlicher einfällt, wenn also der Winkel zwischen Fahrtrichtung und Windrichtung größer wird.

Kurs und scheinbarer Wind
Hart am Wind fällt der scheinbare Wind vorlicher ein als der wahre Wind und weht stärker.
Am Wind fällt der scheinbare Wind noch immer vorlicher ein als der wahre Wind. Doch weht er schwächer, je weiter wir abfallen.
Bei halbem Wind ist der scheinbare Wind bereits schwächer als der wahre Wind.
Vor dem Wind wehen wahrer und scheinbarer Wind aus der gleichen Richtung. Doch ist der an Bord spürbare scheinbare Wind um unsere Fahrgeschwindigkeit schwächer als der wahre Wind.
Also: Je schneller wir vor dem Wind laufen, umso schwächer wird der uns antreibende scheinbare Wind.

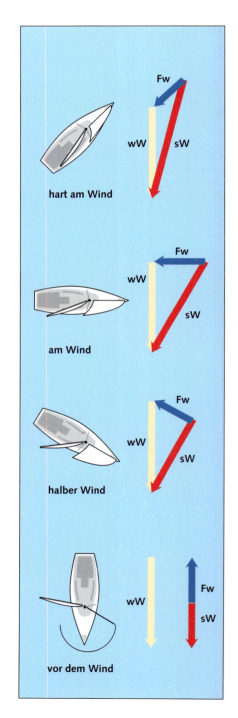

Scheinbarer Wind in Böen

In Böen ändert der scheinbare Wind seine Richtung. Dies können wir ausnutzen, um Höhe zu gewinnen, indem wir der Änderung des scheinbaren Windes konsequent folgen (s. Abb. unten).

Phase A: Die Yacht segelt am Wind. Der scheinbare Wind fällt vorlicher ein und weht stärker als der wahre Wind.

Phase B: Zu Beginn der Bö nimmt der wahre Wind zu, ohne dass wir bereits an Fahrt gewonnen haben. Der scheinbare Wind fällt deshalb etwas achterlicher ein. Wir können also anluven, um Höhe zu gewinnen.

Phase C: Durch den stärkeren Wind haben Fahrt und Fahrtwind zugenommen. Der scheinbare Wind fällt deshalb wieder spitzer ein; er dreht auf die alte Windrichtung zurück und wir müssen auf den ursprünglichen Kurs abfallen. Wir haben aber einige Meter Höhe gewonnen.

Phase D: Die Bö lässt nach, der wahre Wind nimmt ab. Jetzt fällt der scheinbare Wind vorlicher ein, denn unsere Fahrt und somit der Fahrtwind sind noch nicht zurückgegangen. Wir müssen also etwas abfallen, damit die Segel nicht killen.

Phase E: Jetzt verliert auch der scheinbare Wind an Stärke, da sich unsere Fahrt verringert hat, und dreht auf die ursprüngliche Richtung zurück. Wir haben die Ausgangssituation wieder erreicht.

In der Summe haben wir natürlich keine Höhe »gewonnen«, aber wir hätten Höhe verloren, wenn wir die einfallende Bö nicht ausgenutzt hätten, um anzuluven.

Zusammenfassung
- Beim Einfallen einer Bö raumt der scheinbare Wind; wir können deshalb anluven.
- Beim Abflauen einer Bö schralt der scheinbare Wind; wir müssen dann abfallen.

Ausnutzen von Böen
*Die **blaue Linie** zeigt den Kurs, wenn wir die Bö richtig ausnutzen, um Höhe zu gewinnen. Die **weiße Linie** zeigt den Kurs, wenn wir zu Beginn der Bö nicht anluven; dann verlieren wir Höhe.*

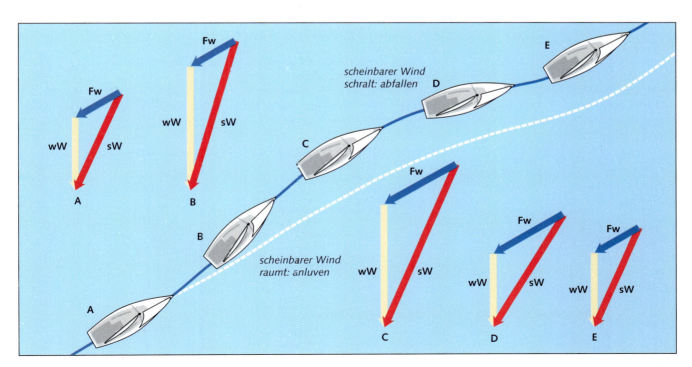

Richtungen und Kurse

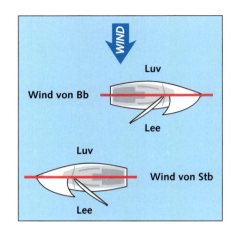

Steuerbord (Stb) – Backbord (Bb)

Steuerbord ist die rechte Schiffsseite in Fahrtrichtung gesehen, Backbord die linke Schiffsseite.

Steuerbordbug – Backbordbug

Man segelt auf **Steuerbordbug**, wenn der Großbaum auf der Stb-Seite gefahren wird, und auf **Backbordbug**, wenn er auf der Bb-Seite gefahren wird.

Luv – Lee

Luv ist die dem Wind zugekehrte Seite eines Schiffes, **Lee** die dem Wind abgekehrte Seite.
An Bord ist Luv die dem Großsegel

gegenüberliegende Seite und Lee die Seite, auf der das Großsegel steht. Dies gilt auch bei achterlichem Wind.

Leeküste – Legerwall

Leeküste ist die in Lee eines Bootes liegende Küste. (Bei einer Insel ist dies die Luvseite der Insel.)
Legerwall ist eine nahe Küste in Lee von uns. Eine Yacht gerät auf Legerwall, wenn sie sich bei auflandigem Wind nicht mehr freikreuzen kann und die Gefahr einer Strandung besteht.

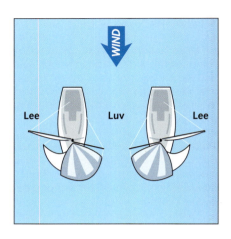

Anluven – Abfallen

Anluven bedeutet: den Kurs nach Luv ändern, also mit dem Bug höher an den Wind gehen.
Abfallen bedeutet: den Kurs nach Lee ändern, also mit dem Bug vom Wind wegdrehen.

Kurse zum Wind

Kein Segelboot kann genau gegen den Wind ansegeln. Denn ab einem bestimmten Winkel zwischen Kurs und

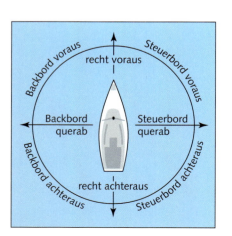

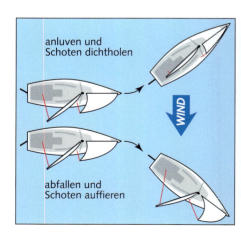

Wind werden die **Segel** nicht mehr angeströmt, sondern beginnen zu **killen** (= im Wind hin und her zu flattern). Die Yacht **steht** dann im Wind und treibt langsam achteraus.

Dieser »tote« Winkel ist von Boot zu Boot unterschiedlich groß. Eine Fahrtenyacht erreicht einen Winkel von etwa 45° zum Wind, sodass sich ein **nicht befahrbarer Sektor** von etwa 90° ergibt. Ein Ziel, das in diesem toten Sektor liegt, kann also nicht direkt, sondern nur durch **Kreuzen** (vgl. S. 148) erreicht werden.

Wir unterscheiden folgende Kurse zum Wind:
- **Hart am Wind** oder **hoch am Wind** laufen wir *maximale* Höhe. Die Segel sind gerade noch gefüllt. Doch sind wir so langsam, dass wir *am Wind* in gleicher Zeit mehr Höhe nach Luv gutmachen würden.
- **Am Wind** laufen wir *optimale* Höhe, unsere *Luvgeschwindigkeit* ist also am größten. (Unter Luvgeschwindigkeit versteht man die nach Luv gewonnene Distanz in Seemeilen pro Stunde, vgl. S. 149.)

- **Voll und bei** segeln wir, wenn wir etwas weiter abfallen, aber noch auf Am-Wind-Kurs bleiben.
- **Halben Wind** haben wir, wenn der an Bord wahrgenommene *scheinbare* Wind genau von querab einfällt.
- **Raumschots** oder mit **raumem Wind** segeln wir, wenn der Wind achterlicher als querab einfällt.
- **Vor dem Wind** oder **mit achterlichem Wind** segeln wir, wenn der Wind genau von achtern kommt.

Generell nennt man alle Kurse zwischen *hart am Wind* und *halbem Wind* **Am-Wind-Kurse** und alle Kurse zwischen *halbem Wind* und *vor dem Wind* **raume Kurse**.

Die **Kursbezeichnungen** zum Wind beziehen sich stets auf den an Bord wahrnehmbaren **scheinbaren** Wind.

Wann segeln wir am schnellsten?
Das Diagramm unten zeigt, dass eine Yacht mit einem Kurs von etwa 80° bis 100° zum wahren Wind am schnellsten läuft.
Vor dem Wind sind wir langsamer, da der Vortrieb nicht so effektiv wirkt wie der aerodynamische Auftrieb. Hart am Wind laufen wir ebenfalls langsamer, auch wenn wir wegen der Krängung und des stärkeren scheinbaren Windes meist glauben, dass wir schneller sind.

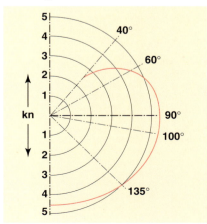

Vortrieb und Auftrieb

Frage 43 (SM I SKS)

Beim Segeln nutzen wir zwei verschiedene Antriebsarten:
• den Vortrieb und
• den aerodynamischen Auftrieb.

Segeln mit Vortrieb

Mit Vortrieb segeln wir **vor dem Wind**. Dann bieten die Segel dem Wind Widerstand, sie bremsen die Luftmassen ab und unterbrechen den Luftstrom. Je größer die Segel sind, desto mehr Vortrieb wird gewonnen und desto schneller läuft unser Boot.
Am besten nutzt man den Vortrieb mit einem sehr bauchig geschnittenen Segel, also mit einem **Spinnaker** oder einem **Blister**, die man auf raumen Kursen und vor dem Wind setzt.

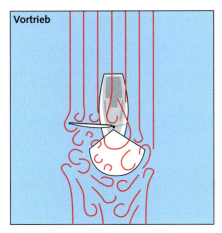

Vortrieb

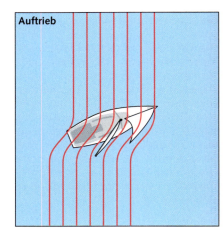

Auftrieb

Segeln mit Auftrieb

Mit dem sogenannten *aerodynamischen Auftrieb* segeln wir auf allen **Am-Wind-Kursen** und den meisten **Raumschotkursen**. Hierbei wird die Luftströmung nicht unterbrochen, sondern in Richtung der Segelfläche abgelenkt. Man verwendet deshalb auf diesen Kursen ein flach geschnittenes und gleichmäßig gewölbtes Segel, dessen größter Bauch etwa in der Mitte

liegt. Dann verlaufen die Strömungslinien eng am Segel und verwirbeln nicht *(laminare Strömung)*.
Der Auftrieb entsteht dadurch, dass die Luft auf der Leeseite des Segels wesentlich schneller als auf der Luvseite strömt. Hierdurch ergibt sich ein **Druckgefälle** zwischen Lee und Luv des Segels. Der Unterdruck in Lee ist etwa dreimal so groß wie der Überdruck in Luv.

Oben links: Vortrieb
*Beim Segeln **vor dem Wind** nutzt man den Vortrieb. Der Wind schiebt das Boot; die Windströmung wird durch das Segel unterbrochen.*

Oben rechts: Auftrieb
*Am Wind segelt man mit Auftrieb. Der Windstrom wird nicht unterbrochen, sondern abgelenkt. Durch das **Druckgefälle** zwischen Luv und Lee des Segels entsteht die Gesamtkraft.*

Rechts: Vortrieb und Querkraft
*Die Gesamtkraft kann vektoriell in den **Vortrieb** und die **Querkraft** zerlegt werden. Mit dem Vortrieb machen wir auch gegen den Wind Fahrt voraus. Der Lateralplan minimiert die seitliche Windversetzung durch die Querkraft. Bei zunehmender **Krängung** verringert sich der seitliche Widerstand gegen die Querkraft, und die Versetzung wächst.*

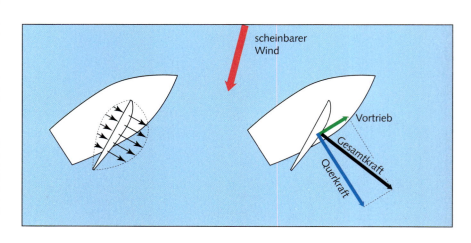

scheinbarer Wind

Vortrieb

Gesamtkraft

Querkraft

Die »Gesamtkraft«

Die Summe dieser am Segel angreifenden Druck- und Sogkräfte können wir uns als eine im sogenannten *Segeldruckpunkt* angreifende **Gesamtkraft** vorstellen, die unser Boot etwa quer zur Windrichtung zieht. Erst der seitliche Widerstand, den das Unterwasserschiff bildet, setzt einen Teil der Gesamtkraft in *Vortrieb* um und ermöglicht das Segeln mit Fahrt voraus – und dies sogar in einem spitzen Winkel zum Wind.

Vortrieb und Querkraft

Die Gesamtkraft kann man also vektoriell zerlegen in den nach vorn gerichteten *Vortrieb* und die quer zur Schiffsrichtung wirkende *Querkraft*.

Dem **Vortrieb** wirken Widerstandskräfte (Wasserwiderstand, Windwiderstand) entgegen, die jedoch – solange wir vorankommen – kleiner sind als der Vortrieb.

Die Wirkung der **Querkraft** spüren wir durch die *Krängung* (= seitliche Neigung des Bootes) und die Versetzung durch Wind.

Der Krängung entgegen wirkt die Stabilität. Also:

Mit zunehmender Krängung wird die Versetzung größer, denn durch die Krängung verringert sich die Lateralplanfläche und somit der seitliche Widerstand des Schiffes im Wasser.

Stabilität

Fragen 36–40 (SM I SKS)
Fragen 23–27 (SM II SKS)

Warum schwimmt ein Boot?

Der sogenannte **hydrostatische Auftrieb** bedingt, dass Boote schwimmen. Der hydrostatische Auftrieb ist die Gegenkraft, die wir spüren, wenn wir eine oben offene Dose oder Flasche ins Wasser drücken. Je tiefer wir sie hineindrücken und je mehr Wasser wir auf diese Weise verdrängen, desto stärker wirkt der Auftrieb. Denn der Auftrieb entspricht nach dem *archimedischen Prinzip* dem Gewicht der verdrängten Flüssigkeitsmenge.

Das gleiche Prinzip gilt für ein Boot, das durch sein **Gewicht** ins Wasser gedrückt wird. Gewicht und Auftrieb wirken gegeneinander: Je schwerer das Boot ist, umso tiefer sinkt es ins Wasser ein und umso stärker wirkt der Auftrieb.

Stabilität eines Bootes

Unter der **Stabilität** eines Bootes versteht man sein Vermögen, in aufrechter Lage zu schwimmen und sich aus einer seitlich geneigten Lage, der *Krängung*, wieder aufzurichten. Die Stabilität hängt ab
• von der Schiffsform (Spantform),

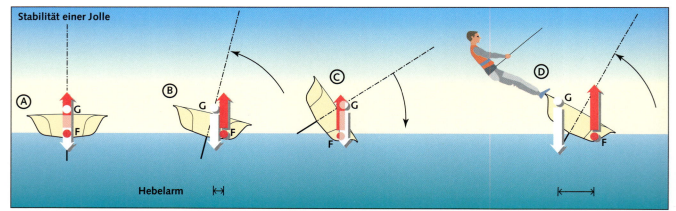

Stabilität einer Jolle

Hebelarm

Stabilitätsverhalten einer Jolle
A: *Der Gewichtsschwerpunkt G einer Jolle liegt über der Wasseroberfläche, da es sich um ein leicht gebautes Boot handelt.*
B: *Bei zunehmender Krängung wandert der Formschwerpunkt F zunächst nach Lee aus. Wegen der breiten Spantform ergibt sich hierbei ein aufrichtendes Moment. Man spricht deshalb von* **Formstabilität.**

C: *Sobald der Gewichtsschwerpunkt G nach Lee über den Formschwerpunkt F hinaus ausgewandert ist, kann sich die Jolle nicht mehr selbstständig aufrichten und wird kentern.*
D: *Durch Ausreiten bzw. Segeln im Trapez wandert der Gewichtsschwerpunkt G nach Luv aus. Das aufrichtende Moment vergrößert sich und die kritische Phase des Kenterns tritt viel später ein.*

- von der Gewichtsverteilung im Schiff (Ausrüstung, Crew, Ballast)
- und von Wind und Seegang.

Man unterscheidet Formstabilität und Gewichtsstabilität. Beide wirken nebeneinander.

Formstabilität

Formstabilität ist die Fähigkeit eines Bootes, sich durch seine Rumpfform aus einer Krängung wieder aufzurichten. Je breiter der Rumpf einer Yacht ist (und je mehr Wasser sie deshalb bei Krängung verdrängt), desto stärker wirkt die Formstabilität.

Jollen sind vorwiegend **formstabil**. Das aufrichtende Kraftmoment einer Jolle nimmt bis zu einem kritischen Winkel ständig zu, danach aber bis zur Kenterung schnell ab. Sie haben eine **große Anfangsstabilität** und eine **geringe Endstabilität**.

Gewichtsstabilität

Gewichtsstabilität ist die Fähigkeit eines Bootes, sich bedingt durch seinen tief liegenden Ballast nach dem Prinzip des Stehaufmännchens aus einer Krängung wieder aufzurichten.

Kielyachten sind vorwiegend **gewichtsstabil**. Das aufrichtende Kraftmoment einer Kielyacht nimmt bis zu einer Krängung von etwa 60° stetig zu und dann wieder langsam ab. Sie haben eine **geringe Anfangsstabilität** und eine **hohe Endstabilität**. Die geringe Anfangsstabilität kann durch eine breite Spantform (formstabil) vergrößert werden.

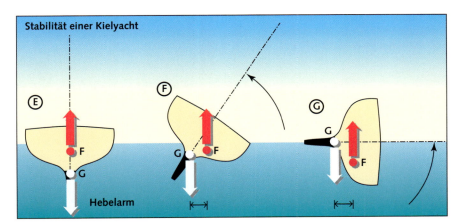

Stabilitätsverhalten einer Kielyacht
E: Bei einer Kielyacht liegt der Gewichtsschwerpunkt G wegen des Ballastes tiefer als der Formschwerpunkt F.
F: Deshalb wächst das aufrichtende Moment mit zunehmender Krängung an. Man spricht deshalb von Gewichtsstabilität.

G: Das aufrichtende Moment ist selbst dann noch sehr groß, wenn die Yacht flach auf das Wasser gedrückt wird. Denn der Gewichtsschwerpunkt G und der Formschwerpunkt F liegen noch weit auseinander. Allerdings kann die Yacht in dieser Lage volllaufen und sinken.

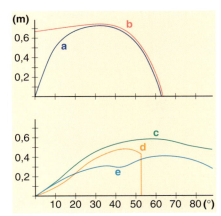

Stabilitätsdiagramme
*Eine **Jolle** (Diagramm a) hat bei etwa 35° Krängung ihre größte aufrichtende Kraft, die dann allerdings rasch abnimmt. Eine **mit Trapez** gesegelte Jolle (b) ist im Anfangsbereich weitaus stabiler.*
*Eine seetüchtige **Kielyacht** (c) erreicht ihre größte Stabilität bei etwa 60° Krängung. Aber auch danach wirkt noch ein starkes aufrichtendes Moment. Eine offene Kielyacht wie z. B. ein **Drachen** (d) läuft bei 52° Krängung voll und sinkt. Das Verhalten einer **Kielschwertyacht** kann man im Diagramm e erkennen.*

143

Bootstrimm

Fragen 44 – 45 (SM I SKS)
Fragen 28 – 29 (SM II SKS)

Luvgierig – leegierig

Ein Boot ist **luvgierig**, wenn es bei mittschiffs gelegtem Ruder anluvt, und **leegierig**, wenn es dabei abfällt. Luvgierigkeit bzw. Leegierigkeit entsteht dadurch, dass die am Segel (im Segeldruckpunkt SD) angreifenden Windkräfte und die am Unterwasserschiff (im Lateraldruckpunkt LD) angreifenden Gegenkräfte einen Hebel bilden.

Der **Segeldruckpunkt SD** ist also der Punkt, an dem wir uns alle am Segel angreifenden Windkräfte konzentriert vorstellen können. Ebenso stellen wir uns im **Lateraldruckpunkt LD** alle am Unterwasserschiff der Windversetzung entgegenwirkenden Kräfte vor.

Trimm einer Segelyacht

Eine Segelyacht liegt **im Trimm**, wenn Segel- und Lateraldruckpunkt etwa übereinander liegen. Wir können den Trimm beeinflussen, indem wir den Segel- oder Lateraldruckpunkt nach vorn oder nach achtern auswandern lassen:

- **Ein Boot wird luvgierig**, wenn der Segeldruckpunkt nach achtern und/oder der Lateraldruckpunkt nach vorn auswandert.
- **Ein Boot wird weniger luvgierig bzw. leegierig**, wenn der Segeldruckpunkt nach vorn und/oder der Lateraldruckpunkt nach achtern auswandert.

Die Luvgierigkeit wächst schon bei zunehmender Krängung, denn dabei wandert der Segeldruckpunkt nach Lee aus.

Eine **gut getrimmte Segelyacht** sollte **etwas luvgierig** sein, da sie sich dann gefühlvoll steuern lässt und im Notfall (Mensch über Bord, Ruderbruch) von selbst in den Wind schießt.

Man **vermindert die Luvgierigkeit** durch folgende Maßnahmen:
- Großsegel reffen bzw. flacher trimmen
- Großschot etwas fieren
- Vorsegel ausreffen
- Traveller nach Lee nehmen
- bei Zweimastern:
  Besansegel bergen oder reffen
- Ballast nach achtern

Man **vergrößert die Luvgierigkeit** wie folgt:
- Großsegel ausreffen bzw. bauchig trimmen
- Vorsegel einreffen
- Traveller nach Luv nehmen
- bei Zweimastern:
  Besansegel setzen oder ausreffen
- Ballast nach vorn

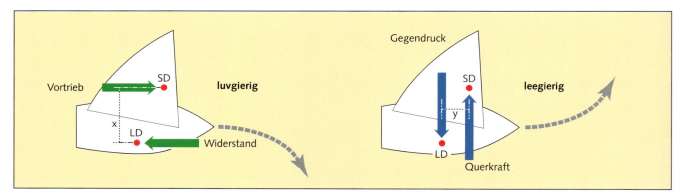

Wie entsteht Luvgierigkeit?
Dem im Segeldruckpunkt SD angreifenden Vortrieb wirkt am Unterwasserschiff ein im Lateraldruckpunkt LD angreifender Widerstand entgegen.
Beide Kräfte bilden ein Drehmoment nach Luv und machen das Boot luvgierig.
Die Luvgierigkeit nimmt zu, wenn der Abstand zwischen beiden Kräften größer wird. Dies geschieht beim Krängen des Bootes:

- *Beim Krängen nimmt die Luvgierigkeit zu, da der Segeldruckpunkt SD weiter nach Lee auswandert.*

Wie entsteht Leegierigkeit?
Dem eben beschriebenen Drehmoment wirkt das Kräftepaar von Querkraft und Gegendruck entgegen. Da meistens der Segeldruckpunkt etwas vor dem Lateraldruckpunkt liegt,

entsteht ein Drehmoment nach Lee, das unser Boot leegierig macht.
Beide Drehmomente, Luvgierigkeit und Leegierigkeit, wirken also gegeneinander. Sobald sie gleich groß sind, heben sie einander auf. Dann hält das Boot Kurs, ohne dass wir die Luv- und Leegierigkeit mit dem Ruder korrigieren müssen, was ja nur unnötig bremsen würde.

Trimm einer Motoryacht

Unter dem Trimm einer Motoryacht versteht man den Unterschied zwischen dem vorderen und dem achteren Tiefgang. Bei **vorlichem Trimm** ist der vordere Tiefgang größer als der achtere, bei **achterlichem Trimm** ist der achtere Tiefgang größer als der vordere. Sind beide gleich, liegt eine Yacht auf ebenem Kiel.

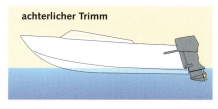

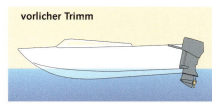

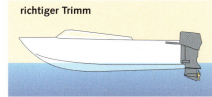

Regattayachten beim Start
Die Boote sind mit hochwertigen Segeln aus Kevlar ausgerüstet. Dieses Material verfügt über eine außerordentliche Festigkeit und hohe Formbeständigkeit. Für Fahrtensegler ist es nicht geeignet.

Segelführung – Segeltrimm

Fragen 17, 46–52, 88 (SM I SKS)

Bedienung der Segel

Segel werden
• mit dem Fall gesetzt,
• mit der Schot geführt und
• mit den Liekstreckern, dem Traveller, dem Achterstagspanner, dem Baumniederholer und der Schotführung getrimmt.

Optimale Segelführung

Für die optimale Segelführung kommt es auf den **richtigen Anstellwinkel** des Segels an. Unter Anstellwinkel versteht man den Winkel zwischen dem scheinbaren Wind und der Tangente an den Segelbauch am Vorliek.
Grundsätzlich gilt:
Die Segel sind dann optimal zum Wind eingestellt, wenn sie gerade noch nicht killen.
In der Praxis finden wir – wenn wir im Auftriebsbereich segeln – den richtigen Anstellwinkel, indem wir das Großsegel so weit auffieren, dass es im unteren Drittel des Vorlieks zu killen beginnt, und es anschließend wieder ein klein wenig dichtholen. Ähnlich verfahren wir mit dem Vorsegel.

Am besten können wir die richtige Segelstellung an den **Trimmfäden im Segel** erkennen. Sie machen den Strömungsverlauf sichtbar und erleichtern es, den richtigen Anstellwinkel zu finden.
• Wehen die Luvfäden und die Leefäden waagerecht nach achtern aus, so ist der Anstellwinkel optimal.
• Steigen die Luvfäden, laufen wir zu hoch am Wind und müssen etwas abfallen.
• Steigen die Leefäden, ist die Strömung auf der Leeseite des Segels abgerissen und wir müssen etwas anluven oder die Schot fieren.
Wenn wir die **Segel zu dicht** fahren, krängt das Boot unnötig stark und verliert dadurch an Fahrt; außerdem vergrößert sich die Windversetzung.

Windfäden
Die Windfäden zeigen uns an, ob das Segel richtig angestellt ist.
• *Steigen die Luvfäden, müssen wir etwas abfallen.*
• *Steigen die Leefäden, müssen wir etwas anluven oder das Segel ein wenig auffieren.*

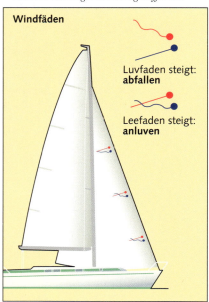

Windfäden

Luvfaden steigt:
abfallen

Leefaden steigt:
anluven

Wirkung des Baumniederholers
Der Baumniederholer verhindert das Steigen des Großbaums auf raumen Kursen und vor dem Wind. Am Wind wird er durchgesetzt, um das Segel flach zu trimmen.

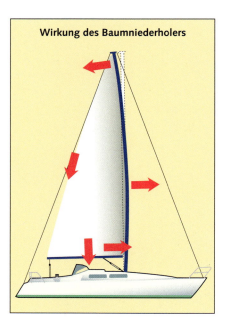

Wirkung des Baumniederholers

Wirkung des Travellers
Mit dem Traveller wird der Angriffspunkt der Großschot querschiffs reguliert:
• *Bei leichtem Wind wird er in der Mitte oder in Luv gefahren, um das Segel bauchig zu trimmen.*
• *Bei stärkerem Wind wird er in Lee gefahren, um das Segel flach zu trimmen.*

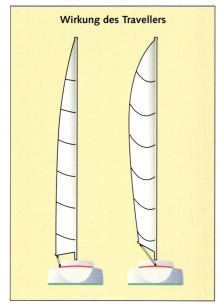

Wirkung des Travellers

Trimm des Großsegels

Nur ein gut getrimmtes Segel ermöglicht optimale Segeleigenschaften. Wir trimmen die Segel vor allem mit den Liekstreckern. Aber auch der Traveller, der Baumniederholer und der Achterstagspanner helfen, die für den jeweiligen Wind optimale Segelform zu erzielen.

Grundsätzlich gilt:
Bei wenig Wind brauchen wir viel Bauch, bei viel Wind wenig Bauch im Großsegel.

Also: Je stärker der Wind weht, desto flacher und am Achterliek offener sollen die Segel gefahren werden.

Dadurch wandert der Segelbauch (das *Profil*) etwas nach vorn und seine Tiefe (die sogenannte *Segeltiefe*) wird kleiner. Ein flach getrimmtes Segel ermöglicht einen kleineren Anstellwinkel; wir können also höher am Wind laufen. Außerdem verringert es die Krängung, weshalb das Boot weniger luvgierig ist (und deshalb besser im Ruder liegt) und schneller segelt.

Maßnahmen zum Flachtrimmen

Ab etwa 4 Windstärken trimmen wir deshalb das Großsegel flach. Dies erreichen wir dadurch, dass wir
- das **Vorliek** mit dem Fall, dem Halsstrecker oder/und dem **Cunningham-Stropp** und
- das **Unterliek** mit dem Unterliekstrecker durchsetzen.

Außerdem muss das **Achterliek** geöffnet werden, indem wir
- den **Traveller** nach Lee setzen und
- die Mastbiegung mit dem **Achterstagspanner** vergrößern.

Zusätzlich setzen wir noch den **Baumniederholer** durch.
Der **Traveller** sollte grundsätzlich
- bei wenig Wind in Luv,
- bei mittlerem Wind in der Mitte,
- bei viel Wind in Lee

gefahren werden.

Der Twist

Bei kräftigerem Wind weht der wahre Wind im Masttopp stärker als unten. Das bedeutet, dass der scheinbare Wind unten spitzer (vorlicher) einfällt als oben. Soll nun der Anstellwinkel oben und unten etwa gleich groß sein, muss das Achterliek des Segels etwas verdreht (getwistet) werden. Um dies zu erreichen, gibt es verschiedene Möglichkeiten. Wir können den Twist durch die Schotführung und den Baumniederholer beeinflussen. Als Faustregel merken wir uns für den Am-Wind-Kurs:
- Je loser Schot und Baumniederholer, desto mehr Twist.
- Großsegel so fahren, dass die oberste Segellatte parallel zum Großbaum verläuft.

Holepunkt der Vorschot

Die Vorschot soll so gefahren werden, dass das Achterliek und das Unterliek nicht killen. Der Schotzug sollte etwa der Winkelhalbierenden zwischen Achter- und Unterliek entsprechen.
- Killt das Achterliek: Holepunkt nach vorn.
- Killt das Unterliek: Holepunkt nach achtern.
- Killt das Vorliek: Fockfall besser durchsetzen.

Zusammenspiel von Groß und Fock

Das Vorsegel hat auch die Aufgabe, den Unterdruck auf der Leeseite des Großsegels zu verstärken (Düseneffekt zwischen Groß- und Vorsegel). Dadurch vergrößert sich der Gesamtauftrieb. Um den Düseneffekt zu erzielen, muss das Vorsegel richtig angestellt sein. Es darf nicht zu dicht gefahren werden, denn dann drückt der Luvwind der Fock das Großsegel im vorderen Drittel ein und bremst.

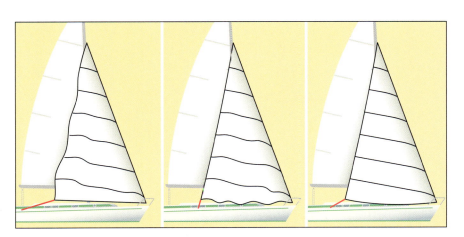

Holepunkt der Fock
Links killt das Achterliek: *Der Holepunkt muss nach vorn.*
In der Mitte killt das Unterliek: *Der Holepunkt muss nach achtern.*
Rechts sind Achterliek und Unterliek gleichmäßig gestrafft und killen nicht: *Der Holepunkt ist richtig eingestellt.*

Wenden und Kreuzen

Wenden

Beim **Wenden** dreht das Boot mit dem Bug durch den Wind, also durch den unerreichbaren Sektor zwischen den beiden Am-Wind-Kursen. Die Wende beginnt am Wind auf dem einen Bug und endet am Wind auf dem anderen. Beim Wenden muss das Boot Fahrt behalten, damit es nicht auf den alten Bug zurückdreht. Wir dürfen deshalb das **Ruder nicht zu hart** legen (was das Boot abbremst). Wir dürfen das Boot aber auch **nicht zu weit** drehen, damit wir nach dem Wenden nicht zu viel Gegenruder geben müssen, um auf den richtigen Kurs zu kommen.
Am besten suchen wir uns vor dem Manöver eine Landmarke querab, auf die wir nach dem Wenden zusteuern, oder wir orientieren uns am Kompass (Kurs ± 90°).

Das Manöver

*1 Der Steuermann gibt auf Am-Wind-Kurs das Kommando: »**Klar zum Wenden!**« Hierauf legt der Vorschoter die Leeschot des Vorsegels bereit zum Loswerfen und die Luvschot zum Dichtholen. Die Fock bleibt aber noch dichtgeholt. Rückmeldung: »**Ist klar!**«*

*2 Jetzt gibt der Rudergänger das Ausführungs- kommando »**Ree!**« und legt Leeruder, luvt an, dreht durch den Wind und fällt auf dem neuen Bug bis zum Am-Wind-Kurs ab. Hierbei kommt das Großsegel über, die Großschot wird nicht bedient.*

*3 Sobald die Fock nicht mehr zieht, wirft der Vorschoter sie los und holt sie auf dem neuen Bug dicht. Sie darf aber nicht zu früh losge- worfen und dichtgeholt werden, da sie sonst back steht und das Boot auf den alten Kurs zurückdrücken kann. Auf größeren Yachten gibt der Rudergänger deshalb das Kom- mando: »**Über die Fock!**«*

Wenden bei stärkerem Wind

- Bei Seegang beginnen wir mit dem Wenden am besten **auf dem Wellen- berg** – keinesfalls im Wellental, wo das Boot abgebremst wird.
- Bei stärkerem Wind und Seegang können wir die Drehbewegung unterstützen, indem wir die **Fock** so lange **stehen lassen**, bis sie **back kommt** und der Wind den Bug auf den neuen Kurs drückt.
- Bei starkem Wind ist es manchmal schwierig, die **Vorschot** auf dem neuen Bug richtig **dicht zu nehmen**.

Dann holen wir die Vorschot dicht, sobald der Bug durch den Wind gegangen ist und noch kein Druck im Segel steht.

Kreuzen

Um ein Ziel zu erreichen, das in Luv von uns liegt, müssen wir **kreuzen**. Da wir das Ziel nicht direkt ansteuern kön- nen, segeln wir im Zickzackkurs – also abwechselnd mit Wind von Backbord und Wind von Steuerbord. Zwischen den einzelnen **Kreuzschlägen** müssen wir wenden.

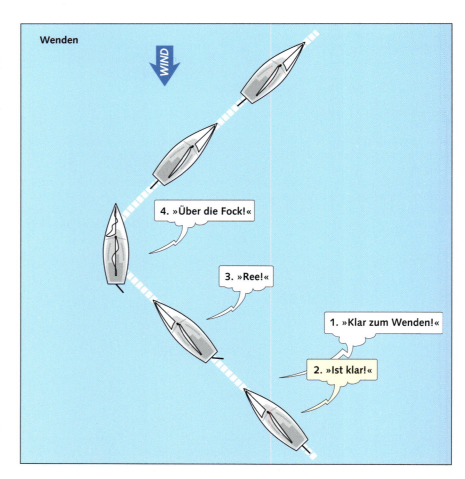

Wenden

WIND

4. »Über die Fock!«

3. »Ree!«

1. »Klar zum Wenden!«

2. »Ist klar!«

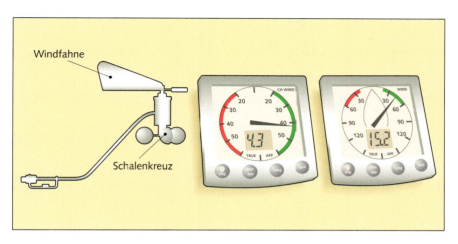

Windfahne

Schalenkreuz

Windanzeige
Die Windanzeige gibt die Stärke und den Ein-fallswinkel des scheinbaren Windes an, kann aber, wenn sie mit dem Log vernetzt ist, auch den wahren Wind anzeigen.

Windlupe
Die Windlupe gibt die Luvgeschwindigkeit in Knoten (sm/h) an. Mit ihrer Hilfe können wir beim Kreuzen den optimalen Kurs finden.

Luvgeschwingkeit (VMG)

Beim Kreuzen kommt es darauf an, die optimale **Luvgeschwindigkeit** zu er-reichen, also die Kreuzschläge so zu legen, dass wir innerhalb einer be-stimmten Zeit so viel Höhe wie mög-lich nach Luv gutmachen. Sie wird auf dem Messinstrument als **VMG** *(velocity made good)* bezeichnet.

Raumen – Schralen

In der Nähe der Küste wird der Wind durch Berge oder Kaps häufig abge-lenkt. Beim Kreuzen müssen wir uns diesen Winddrehungen anpassen.
Raumt der Wind (fällt er also achter-licher ein), können wir anluven und Höhe gewinnen.
Schralt der Wind (fällt er also spitzer ein), müssen wir abfallen und verlieren Höhe. Dann kann es besser sein zu wenden, um auf dem neuen Bug Höhe zu gewinnen.

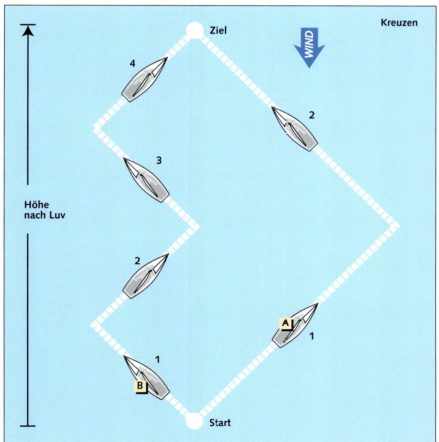

Ziel

Kreuzen

WIND

Höhe
nach Luv

Start

Kreuzen
Beim Kreuzen können wir unser Ziel mit meh-reren kleinen oder zwei großen Kreuzschläge erreichen. Jedes Wenden kostet Zeit. Deshalb sollten wir beim Kreuzen längere Kreuzschläge machen. Bei unstetigem Wind sind mehrere kleine Kreuzschläge günstiger, da man sich bes-ser den Winddrehungen anpassen kann, ohne Höhe zu verlieren.

Halsen, Gefahrenhalse, Q-Wende

Frage 104 (SM I SKS)

Beim **Halsen** dreht das Boot mit dem Heck durch den Wind. Hierbei fallen wir von einem Raumschotkurs ab bis vor den Wind, holen die Segel über und luven dann auf den neuen Raumschotkurs an.

Schiften ist ein Teil der Halse, nämlich das Überholen der Segel vor dem Wind von einem Bug auf den anderen.

Der schwierigste Teil des Halsens besteht – vor allem bei starkem Wind und Seegang – im kontrollierten Überholen

Halsen

1 Abfallen: *Der Steuermann gibt auf raumem Kurs das Kommando:* **»Klar zum Halsen!«** *Auf die Rückmeldung des Vorschoters mit* **»Ist klar!«** *wird zunächst bis vor den Wind abgefallen. Hierbei werden die Schoten entsprechend gefiert (* **»Fier auf die Schoten!«** *).*

2 Dichtholen: *Auf das Kommando des Rudergängers* **»Hol dicht die Großschot!«** *wird die Großschot gleichmäßig und zügig dichtgeholt, bis der Großbaum mittschiffs stehen bleibt.*
Hierbei muss der Rudergänger sehr genau Kurs vor dem Wind halten (Blick auf den Stander!). Der Baum darf nicht überkommen, bevor er mittschiffs geholt wurde.

3 Schiften: *Mit dem Kommando* **»Rund achtern!«** *wird leichtes Leeruder gegeben, bis der Baum von selbst überkommt. Jetzt wird sofort die Großschot bis zur Vor-dem-Wind-Stellung gefiert (* **»Fier auf die Großschot!«** *) und zugleich Stützruder gegeben.*

4 Stützruder *heißt schwaches Leeruder. Dadurch verhindern wir, dass das Boot unmittelbar nach dem Schiften (wegen der Luvgierigkeit) anluvt und stark krängt. Wir stützen also den geraden Kurs.*

5 Anluven: *Erst wenn das Großsegel ganz gefiert ist, können wir auf den neuen Raumschotkurs anluven:* **»Hol dicht die Schoten auf ... Kurs!«**

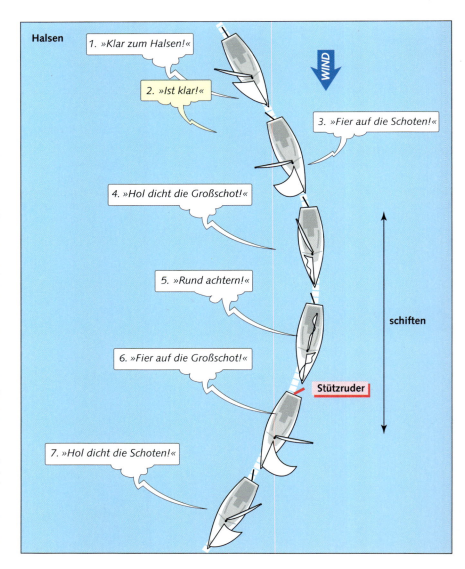

der Segel. In dieser Phase müssen wir eine **Patenthalse**, also das unkontrollierte Überkommen des Großsegels, verhindern. Eine Patenthalse gefährdet die Mannschaft und strapaziert Rigg und Segel.

Sobald das Großsegel übergekommen ist, müssen wir **Stützruder** (etwas Gegenruder) geben, um zu verhindern, dass die Yacht nach dem Halsen stark anluvt.

Bei starkem Seegang kann es besser sein, **vor dem Wind zu kreuzen**. Dann segeln wir nicht genau vor dem Wind, sondern steuern das Ziel auf zwei raumen Schlägen an.

Laufen wir bei Seegang längere Zeit vor dem Wind (± 30°), sollten wir den Großbaum mit der **Bullentalje** bzw. dem **Bullenstander** absichern, um das unkontrollierte Überkommen des Großbaums zu verhindern.

Beachte: Vor der Halse müssen wir eine eventuell ausgebrachte Bullentalje einholen.

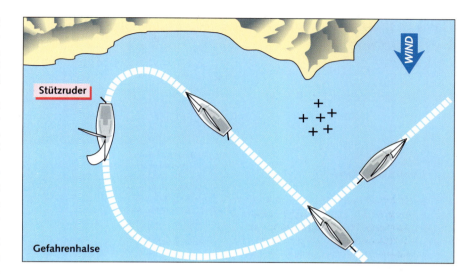

Gefahrenhalse

Gefahrenhalse nennt man eine Halse, die rasch aus einem Am-Wind-Kurs heraus gefahren werden muss, weil – unvorhergesehen – zum Wenden zu wenig Platz ist. Dann können wir das Großsegel vor dem Überkommen meistens nicht mehr richtig fieren. Nach dem Überkommen des Segels müssen wir das **Groß rasch auffieren** und kräftig **Stützruder** legen.

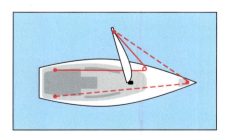

*Oben: Der **Bullenstander** oder die **Bullentalje** verhindert auf dem Vorwindkurs das »unfreiwillige Halsen« (Patenthalse). Er wird von der Nock des Baumes mittschiffs oder zum Vorschiff im Gegenzug zur Schot so dicht gesetzt, dass der Baum nicht überkommen und im Seegang nicht schlagen kann.*

Q-Wende

Eine Q-Wende ist eine anstelle einer Halse gefahrene Wende. Man fährt sie bei schwerem Wetter, um das Rigg nicht unnötig zu belasten.

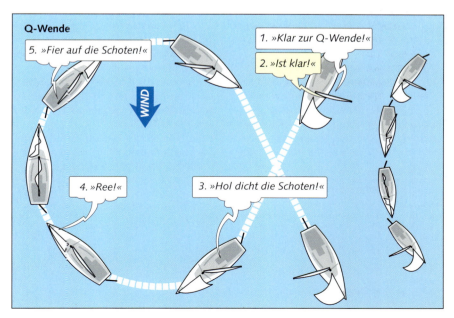

Anlegen und Festmachen

Fragen 78, 79, 89, 90,
96, 106 (SM I SKS)
Fragen 64, 65, 80, 86 (SM II SKS)
Fragen 278, 279 (SBF)

Anlaufen eines unbekannten Hafens

Vor dem Anlaufen eines unbekannten Hafens sollten wir ausgiebig die **An-steuerung**, den **Hafenplan** und das **Hafenhandbuch** bzw. einen Törnführer studieren. Dort finden wir meist Hinweise auf besondere Gefahren und auf die Liegeplätze für Sportboote.

Hafenmanöver werden in aller Regel **unter Motor** und nicht unter Segel gefahren. Wir bergen deshalb die Segel am besten schon vor der Hafeneinfahrt – aber erst, wenn die Maschine läuft. In ein großes Hafenbecken können wir mit dem Groß als Stützsegel einlaufen, ehe wir es bergen.

Rechtzeitig **vor dem Anlegemanöver**
• teilen wir die Crew für das Manöver ein und
• legen Leinen und Fender bereit.

Die Festmacher belegen wir an den jeweiligen Klampen so, dass sie unter der Reling durchlaufen und übergeben werden können. Die Fender befestigen wir an der Reling und dem Heckkorb (Webeleinstek mit halbem Schlag).

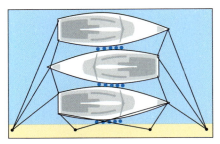

Liegen im Päckchen
Liegen mehrere gleich große Yachten in der Box oder im Päckchen längsseits nebeneinander, können sich bei Schwell ihre Masten verhängen und die Takelage beschädigen. Dann ist es gut, versetzt nebeneinander zu liegen.

Festmachen

Beim **Festmachen längsseits** verwenden wir
• Vor- und Achterleine,
• Vor- und Achterspring und
• ausreichend Fender.

Vor- und Achterspring halten die Yacht parallel zum Steg und kontrollieren ihre Bewegungen nach vorn und achtern. Die Vorspring wird vom Bug oder von einer Springklampe mittschiffs möglichst weit nach achtern, die Achterspring vom Heck oder von der Springklampe möglichst weit nach vorn an Land geführt.

Haben wir in **Tidegewässern** längsseits an der Pier (nicht an einem Schwimmsteg) festgemacht, müssen wir beachten, dass
• die Wassertiefe auch bei Niedrigwasser ausreicht oder ein sicheres Aufsetzen der Yacht gewährleistet ist und

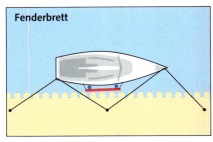

Fenderbrett
Bei einer Pier mit vorstehenden Pfählen kann es sehr hilfreich sein, ein sogenanntes Fenderbrett zwischen der Pier und den Fendern auszubringen.

• die Leinen für den Tidenstieg und Tidenfall ausreichend lang sind.
Bei größerem Tidenhub sollten wir das Boot nicht unbeaufsichtigt lassen.

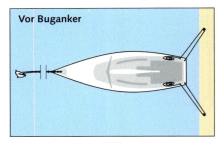

Festmacheleinen auf Slip
Liegt man vor Bug- oder Heckanker, ist es vor allem beim Ablegen sehr hilfreich, die Leinen zur Pier auf Slip zu führen, um unabhängig von fremder Hilfe zu sein.*

Lose Tampen an Bord
Die nicht benötigten Tampen (Enden) der Festmacher werden an Deck aufgeschossen, um die Leinen jederzeit vom Boot aus regulieren zu können.

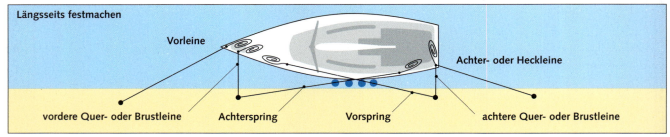

Hafenmanöver

Fragen 97–100 (SM I SKS)
Fragen 71, 73–76, 81–83 (SM II SKS)
Fragen 264, 274–277 (SBF)

Hafenmanöver sollten **grundsätzlich unter Motor** ausgeführt werden und nur in Ausnahmefällen unter Segel.

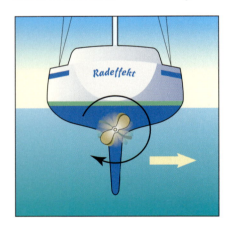

Oben: Radeffekt
Die Schrauben der meisten Segelyachten drehen bei Vorwärtsfahrt linksherum und bei Rückwärtsfahrt rechtsherum; man nennt sie »linksgängig«. Dann wird das Heck bei einem kurzen Rückwärtsstoß nach Stb gezogen. Stb ist deshalb für diese Schrauben die »schöne« Anlegeseite.

Rechts: Wenden auf engem Raum
Mit einer linksgängigen Schraube wenden wir am besten über Bb-Bug und stoßen mit Bb-Ruder mehrmals vor und zurück.
1 Bei langsamer Fahrt voraus Bb-Ruder legen.
2 Langsame Fahrt achteraus. Hierbei brauchen wir kein Ruder zu legen, denn es hätte keine Wirkung. Die Drehung erfolgt allein durch den Radeffekt.
3 Wieder langsame Fahrt voraus.
4 Wie 2.
5 Wie 3.
6 Ruder mittschiffs.

Der Radeffekt

Jede Schiffsschraube schiebt eine Yacht nicht nur vorwärts, sondern gibt ihr auch einen geringen seitlichen Drall – so als ob sie wie ein Rad am Grund entlangliefe.

> Dreht die Schraube rechtsherum, so wird das Heck nach Stb versetzt, dreht sie linksherum, so wird es nach Bb versetzt.

Dieser *Radeffekt* macht sich bei Vorwärtsfahrt kaum bemerkbar, dafür umso mehr **bei Rückwärtsfahrt,** wo er selbst durch starkes Gegenruder oft nicht ganz ausgeglichen werden kann. Lange Fahrten achteraus unter Motor können deshalb schwierig sein.

> Man nennt eine Schiffsschraube
> • **rechtsdrehend,** wenn sie von achtern aus gesehen rechtsherum dreht, und
> • **linksdrehend,** wenn sie von achtern aus gesehen linksherum dreht.
> Dies gilt unabhängig von der jeweiligen Fahrtrichtung.

Dreht eine Schraube bei Vorwärtsfahrt rechtsherum und bei Rückwärtsfahrt linksherum, so spricht man von einer *rechtsgängigen* Schraube. Und umgekehrt: Dreht sie bei Vorwärtsfahrt linksherum und bei Rückwärtsfahrt rechtsherum, so nennt man sie *linksgängig.*

Die meisten Einbaumotoren von Segelyachten sind heute mit **linksgängigen Schrauben** ausgerüstet. Die »schöne« Anlegeseite ist dann die Stb-Seite, weil man mit einem kurzen Rückwärtsstoß die Yacht stoppen und zugleich das Heck an die Pier ziehen kann.

Bei einem **Zweischraubenschiff** drehen beide Propeller gegenläufig. Dadurch heben sich beide Radeffekte auf. Außerdem kann man nahezu **auf der Stelle drehen.** Möchte man z. B. auf engem Raum über Stb drehen, so
• legt man Ruder hart Stb,
• gibt Stb-Maschine rückwärts
• und Bb-Maschine vorwärts.

> Hafenmanöver mit einem **Saildrive-Antrieb** (s. S. 131) sind schwierig, denn durch den großen Abstand vom Propeller wird das Ruder nicht direkt angeströmt. Dies kann die Manövrierfähigkeit beim Anfahren etwas verschlechtern.

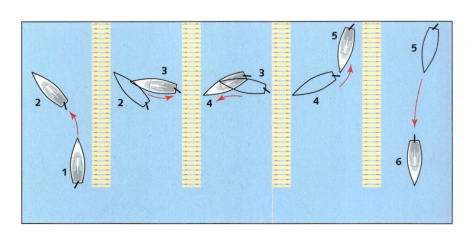

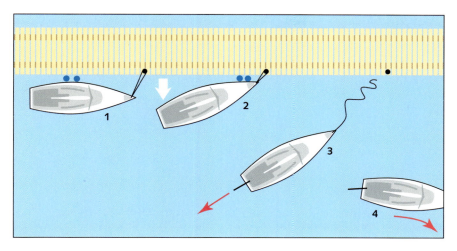

Ein **Bugstrahlruder** (ein im Bug größerer Yachten eingebauter Propeller, der bei geringer Fahrt dem Bug einen Querschub gibt) erleichtert An- und Ablegemanöver sowie das Drehen auf engem Raum erheblich. Mit seiner Hilfe kann man fast parallel von der Pier ablegen. Liegt man z. B. mit der Stb-Seite längsseits, so gibt man bei langsamer Fahrt voraus
• Bugstrahlruder nach Bb und
• gleichzeitig Ruder hart nach Stb.

Die folgenden **Manöverbeschreibungen** gehen von einer linksgängigen Schraube aus; mit einem rechtsgängigen Propeller müsste spiegelbildlich manövriert werden.

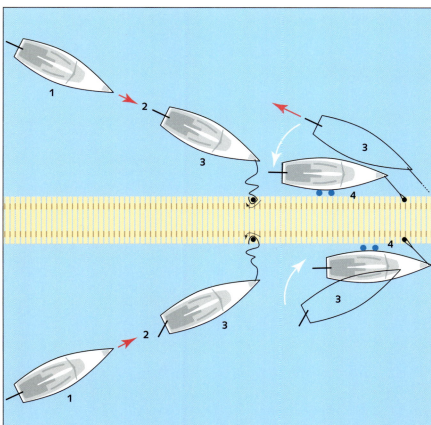

Oben: Längsseits ablegen
Beim Ablegen mit Vorwärtsfahrt auf engem Raum besteht die Gefahr, dass das Heck mit der Pier kollidiert. Deshalb empfiehlt es sich oft, mit Rückwärtsfahrt abzulegen:
1 *Motor an und Leinen los – bis auf die Vorleine, die wir auf Slip legen.*
2 *Achterschiff etwas abstoßen.*
3 *Vorleine los und langsame Fahrt achteraus.*
4 *Bei genügendem Abstand vom Steg: Fahrt voraus.*

Mitte: Längsseits anlegen an Stb
Zunächst also mit der »schönen« Seite, bei einem linksgängigen Propeller mit der Stb-Seite:
1 *Mit langsamer Fahrt und in spitzem Winkel von 20° bis 25° den Steg anlaufen.*
2 *Fahrt verringern, sodass am Poller keine Fahrt mehr im Schiff ist. Eventuell mit Rückwärtsstoß kurz abbremsen.*
3 *Vorleine übergeben und . . .*
4 *. . . mit langsamer Rückwärtsfahrt (Radeffekt!) Heck an die Pier ziehen.*

Unten: Längsseits anlegen an Bb
1 *Langsam in spitzem Winkel von 20° bis 25° den Steg anlaufen.*
2 *Fahrt verringern, doch darf das Boot am Poller noch etwas Fahrt voraus machen.*
3 *Stb-Ruder legen und Vorleine über. Vorleine genügend fieren, damit sie als Spring wirken kann.*
4 *Vorleine fest. Das Heck wird durch die Springwirkung an die Pier geschoben.*

Anlegen bei Strom und Wind

Frage 95 (SM I SKS)
Frage 79 (SM II SKS)

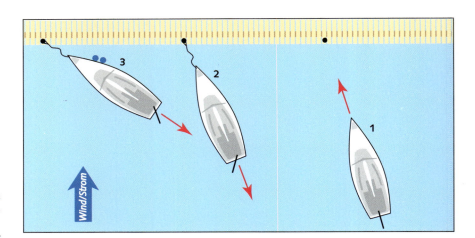

Wind, Seegang, Strom, Wassertiefe und Sog können die Manövrierfähigkeit eines Bootes beeinflussen.

Man legt am besten **gegen Strom oder Wind** an. Wirken Strom oder Wind nicht parallel, so hat der Strom meist die stärkere Wirkung. Dann legt man also gegen den Strom an.

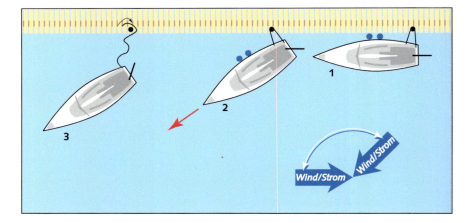

Oben: Anlegen bei auflandigem Strom oder Wind

1 Den Steg mit ganz langsamer Fahrt in einem Winkel von etwa 60° bis 70° anlaufen.
2 Kurz vor dem Steg abstoppen und Vorleine übergeben.
3 Rückwärtsfahrt und ablandiges Ruder (Radeffekt!) ziehen das Heck an die Pier.
Bei starkem auflandigem Wind legen wir besser mit der »ungünstigen« Seite an und bremsen mit dem Radeffekt die Windwirkung ab.

Mitte: Ablegen bei ablandigem oder vorlichem Strom oder Wind

1 Motor an, Leinen los – bis auf die Achterspring. Strom und Wind drücken so die Yacht von der Pier.
2 Ablandiges Ruder geben, Achterspring losgeben und ...
3 ... langsame Fahrt voraus, damit das Heck beim Wegdrehen nicht am Steg kollidiert (Fender).

Unten: Ablegen bei auflandigem bzw. achterlichem Strom oder Wind

1 Motor an, Leinen los – bis auf die Vorspring.
2 Mit Vorwärtsfahrt und auflandigem Ruder Heck vom Steg wegdrücken. Fender! (»Eindampfen in die Spring«)
3 Mit Rückwärtsfahrt und ablandigem Ruder ablegen. Vorspring los!
4 Bei genügendem Abstand vom Steg: Fahrt voraus.

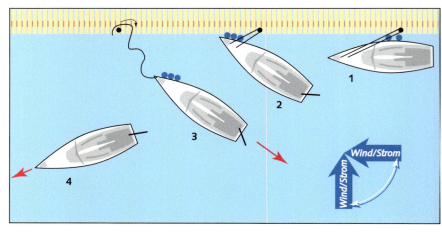

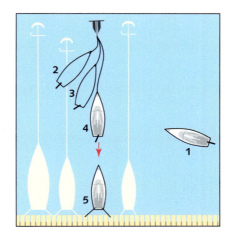

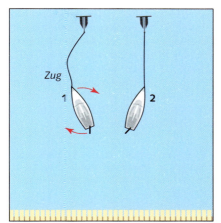

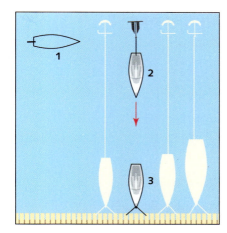

Anlegen vor Buganker

Auch hier müssen wir den Drehsinn der Schraube kennen, um den **Radeffekt** *ausnutzen zu können.*

1 Anfahrt zum Ankerplatz möglichst in großem Stb-Bogen, damit ein etwaiger seitlicher Schwung der Yacht dem Radeffekt entgegenwirkt.

2 »Anker fallen!« in einem Winkel von etwa 30° zur beabsichtigten Rückfahrtrichtung. Hierbei sollte das Schiff keine Fahrt voraus und keine seitliche Drehtendenz mehr haben.

3 Maschine langsam rückwärts und Bb-Ruder: Zunächst werden wir noch keine Ruderwirkung haben, nur der Radeffekt zieht das Heck langsam nach Stb.

4 Bei etwas mehr Fahrt achteraus beginnt jetzt das Ruder zu wirken, der Kurs stabilisiert sich. Wir gleichen den Radeffekt mit etwas (!) Bb-Ruder aus.

5 Ankerleine dicht, Maschine stopp, Achterleinen fest.

Das Problem des nebenstehend beschriebenen Manövers liegt bei der Phase 4, dem Übergang vom seitlichen Drall zur kontrollierten Rückwärtsfahrt. Sollte hier das Heck unserer Yacht zu weit nach Stb wegdrehen, können wir uns helfen, indem wir kurzzeitig die Ankerleine dichtholen. Dadurch wird der Bug zum Anker hin und das Heck wieder nach Bb gedreht.

Anlegen vor Heckanker

Bei starkem und böigem Seitenwind kann es recht schwierig werden, den Kurs bei Rückwärtsfahrt zu stabilisieren. Dann sollten wir den Anker über Heck fallen lassen und mit langsamer Vorwärtsfahrt in die Liegeplatzlücke gehen.

Das **Ablegen** *ist allerdings schwieriger als vor Buganker: Wir müssen uns über Heck (eventuell mit Motorunterstützung) zum Anker verholen. Eine lange auf Slip geführte Bugleine zur Pier verhindert seitliches Wegdriften.*

Das Heckankermanöver ist sicher leichter auszuführen, doch hat man vor Buganker einige Vorteile: Wir können leichter und sicherer ablegen und über Heck auch leichter an Land kommen.

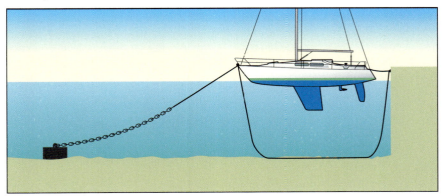

Anlegen in einer Box mit Pfählen

Sehr viel leichter ist es natürlich, in einer Box mit Pfählen festzumachen. Laufen wir vorwärts in die Box ein, sollten die Achterleinen mit einem Auge versehen (Palstek) außerhalb der Reling bis aufs Vorschiff geführt sein, damit wir sie überwerfen können, sobald wir die Pfähle erreicht haben – bei seitlichem Wind zuerst über den Luvpfahl.

In Marinas finden wir häufig sogenannte **Murings**, *an der Pier befestigte Verbindungsleinen zu einer Ankerkette, die an einem Muringstein befestigt sind. Hier können wir die Ankerkette mithilfe der Muringleine aufnehmen und an ihr festmachen.*

Der Anker

Fragen 23, 142, 146, 147, 149,
151–154 (SM I SKS)
Fragen 15, 123, 127–130,
132–136 (SM II SKS)
Frage 271 (SBF)

Ankerarten

Man unterscheidet
• Gewichtsanker und
• Patent- bzw. Leichtgewichtsanker.
Gewichtsanker wirken vor allem durch ihr hohes Eigengewicht, während Patent- oder Leichtgewichtsanker aufgrund ihrer Konstruktion bei gleichem Gewicht über eine deutlich höhere Haltekraft verfügen.

Links und Mitte: Stockanker
*Der klassische Stock- oder Admiralitätsanker ist ein **Gewichtsanker**. Wenn er nicht gleich so fällt, dass der Stock parallel zum Boden liegt, wird er durch geringen Zug in diese Stellung gedreht, da der Stock länger ist als die von den Armen gebildete Sehne.*
Bei stärkerem Zug gräbt sich eine der Flunken tief und fest in den Grund ein.

Der **Stock- oder Admiralitätsanker** ist ein Gewichtsanker. Die wichtigsten Patentanker sind der **Danforth-Anker** und der **Pflugscharanker** bzw. **CQR-Anker**. Zu den vom Germanischen Lloyd (GL) empfohlenen Leichtgewichtsankern mit »hoher Haltekraft« gehören noch der **Bruce-Anker** und der **D'Hone-Anker**.

Eine Küstenyacht sollte stets **zwei verschiedene Anker** an Bord haben (am besten einen Gewichtsanker und einen Patentanker):
• um unterschiedliche Ankergründe berücksichtigen zu können
• um bei schwerem Wetter oder in Tidegewässern vor zwei Ankern liegen zu können
• zum Verwarpen und Verkatten (vgl. S. 163)
• als Ersatz bei Verlust

Ankerkette – Ankerleine

Ein Anker hält dann am besten, wenn die Kette oder Leine möglichst parallel zum Boden am Anker angreift. Der **Angriffswinkel am Anker** wird vor allem durch **Gewicht und Länge der Kette** bzw. Leine bestimmt:

• Je länger die Kette oder Leine ist, desto besser hält der Anker.
• Eine Ankerkette hält den Anker wesentlich besser als eine gleich lange Ankerleine, da die Kette aufgrund ihres Eigengewichtes stärker durchhängt.

Länge der Ankerleine bzw. Ankerkette
Als Faustregel gilt:
Kette: 3- bis 4-fache Wassertiefe
Leine: 5- bis 10-fache Wassertiefe
Leine mit Kettenvorlauf: 4- bis 6-fache Wassertiefe
Der Mindestwert gilt für Windstille und stilles Wasser. Schon bei mittleren Windstärken, etwas Wellenbildung oder bei Strom benötigen wir größere Längen.

Eine **Ankerkette** bzw. ein genügend **langer Kettenvorlauf**
• unterstützt das Eingraben und erhöht die Haltekraft des Ankers,
• verkleinert den Schwojraum,
• wirkt ruckdämpfend und
• kann an Steinen nicht durchscheuern.

Die Haltekraft des Ankers kann man – vor allem auf engem Raum – mit einem **Reitgewicht** erhöhen (vgl. S. 162).

Ankerboje
*Ein kleiner mit einer Fang- oder **Trippleine** am Anker befestigter Schwimmkörper zeigt uns die genaue Lage des ausgebrachten Ankers an. Dies kann das Bergen eines unklaren oder verloren gegangenen Ankers deutlich erleichtern.*

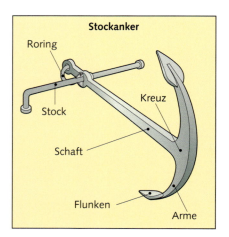

Stockanker

Roring, Stock, Kreuz, Schaft, Flunken, Arme

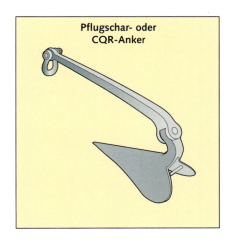

Pflugschar- oder
CQR-Anker

Pflugscharanker
In Stromrevieren kommt häufig der Pflug-scharanker zur Anwendung. Seine Flunken sind als doppelseitige Pflugschar ausgebildet, deren eine beim Fallen immer auf dem Boden zu liegen kommt und durch Zug völlig einge-graben wird. Allerdings slippt er meist noch mehrere Meter über den Boden, bevor er rich-tig greift.

Das richtige Ankergewicht

Grundsätzlich gilt:
Je schwerer der Anker, desto besser. Grenzen sind seinem Gewicht nur durch die Muskelkraft der Crew und der Kraft des Ankerspills gesetzt.
Zum Mindestgewicht des Gewichtsan-kers und Zweitankers geben die *Si-cherheitsrichtlinien* der Kreuzer-Abteilung (KA) des DSV, die in diesem Punkt weitgehend den *Empfehlungen* des Germanischen Lloyd (GL) folgen, Anhaltswerte. Die dort gemachten

Gewichtsangaben hängen im Wesent-lichen von der Verdrängung der jewei-ligen Yacht ab:

Verdrängung	1. Anker	2. Anker
2 t	10,5 kg	9,0 kg
4 t	13,0 kg	10,5 kg
6 t	15,0 kg	13,0 kg
8 t	17,0 kg	15,0 kg

Die Sicherheitsrichtlinien machen auch Ausführungen zur richtigen Dimensionierung der Kettenglieder und des **Ankerschäkels** (zur Befesti-gung der Kette am Anker).

Die Ankerleine sollte nicht mit einem Knoten, sondern stets mit einem **ge-spleißten Auge** und einem Anker-schäkel mit dem Anker verbunden sein. Denn ein Knoten kann die Bruch-last der Leine um bis zu 50 % verrin-gern. Damit die Ankerleine im Notfall schnell gekappt werden kann, sollte sie im Kettenkasten mit einem Taustropp befestigt sein.

Draggen
Den relativ leichten Draggen verwendet man gern als Warpanker.
Unter Verwarpen versteht man das Verholen (Vorziehen) des Schiffes mit zwei Ankern, die man abwechselnd mit dem Beiboot ausbringt.

Danforth-Anker

Links und unten: Danforth-Anker
Der Danforth-Anker kann aufgrund seiner Konstruktion Raum sparend verstaut werden und hält meist besser als der Pflugscharanker.

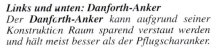

Falt- oder Schirmdraggen

Ankern

Fragen 143–145, 148, 150, 155, 156 (SM I SKS)

Fragen 124–126, 129, 131, 136–139 (SM II SKS)

Fragen 271–273 (SBF)

Vor dem Ankermanöver
- suchen wir einen **geeigneten Ankerplatz** anhand von Seekarte und Handbüchern (Seehandbuch bzw. Törnführer). Hierbei kommt es vor allem auf die Windrichtung, Wassertiefe und Grundbeschaffenheit an,
- planen wir den **Ablauf des Ankermanövers** unter Berücksichtigung der Wind- und Stromrichtung und des vorhandenen Platzes.

Rechts: Ankermanöver
Der Anker fällt, wenn wir ohne Fahrt voraus im Wind stehen. Sobald der Anker gefasst hat, gehen wir unter Motor langsam achteraus. Zum Schluss graben wir den Anker mit kräftiger Rückwärtsfahrt ein.

Unten: Ankerplatz
Auch nach einer Änderung der Windrichtung und/oder dem Kentern des Stroms muss die Yacht frei schwojen können. Hierbei muss man auch auf andere Ankerlieger achten.
Beachte: Kielyachten folgen der Stromrichtung, flachgehende Motorboote dagegen meist der Windrichtung.

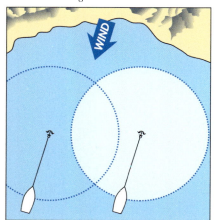

Der Ankerplatz

> Eine **guter Ankerplatz** bietet
> - Schutz vor Wind und Wellen,
> - ausreichend Platz zum Schwojen (auch bei Winddrehungen) und
> - einen geeigneten und nicht zu tiefen Ankergrund.

Absoluten **Schutz vor Wind und Seegang** nach allen Richtungen bieten nur wenige Ankerbuchten. Um **nicht auf Legerwall** zu geraten, müssen wir deshalb nicht nur die aktuelle Windrichtung, sondern auch die weitere Wetterentwicklung berücksichtigen. Aber selbst in »geschützten« Buchten können sich – vor allem im Mittelmeer – gefährliche, von den Bergen wehende Fallwinde entwickeln. Der Ankerplatz muss auch nach Winddrehungen genügend **Raum zum Schwojen** bieten. Wichtig für die Qualität eines Ankerplatzes ist auch der **Ankergrund**. Angaben zur Grundbeschaffenheit finden wir in der Seekarte (s. S. 23).

> **Patent- bzw. Leichtgewichtsanker** sind aufgrund ihrer Konstruktion
> - **gut geeignet** auf Sand, Schlick, weichem Ton und Lehm,
> - **mäßig geeignet** auf hartem Ton und Lehm,
> - **ungeeignet** auf steinigen, verkrauteten und stark schlammigen Böden. Diese Böden sollten wir beim Ankern meiden!

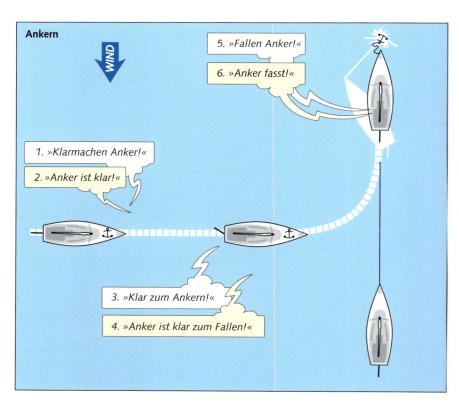

Länge der Ankerleine bzw. -kette
Faustregel:
- *Kette: 3- bis 4-fache Wassertiefe*
- *Leine: 5- bis 10-fache Wassertiefe*
- *Leine mit Kettenvorlauf: 4- bis 6-fache Wassertiefe*

Der jeweilige Mindestwert gilt für Windstille und stilles Wasser. Schon bei mittleren Windstärken, etwas Wellenbildung oder bei Strom benötigen wir größere Längen. Eigentlich kann eine Ankerleine nie lang genug sein.

*In **flachen Gewässern** sollte man nie weniger als 25 m Leine stecken. Im **Gezeitenrevier** müssen wir zusätzlich die Wirkung unterschiedlicher Wassertiefen berücksichtigen.*

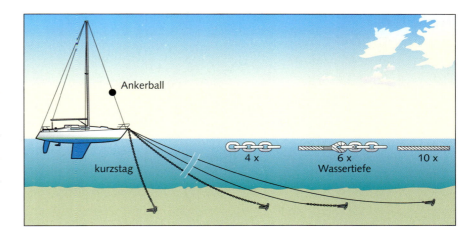

Auf **verkrauteten Böden** hält am ehesten der Stockanker. Er muss aber schwer genug sein, um durch den Bewuchs hindurch im Grund zu greifen. An einer hellen **Wasserfärbung** erkennt man Sandgrund, an einer dunklen Wasserfärbung verkrauteten Grund.

Das Ankermanöver

Das Ankermanöver sollte in der Regel auch auf einer Segelyacht unter Motor gefahren werden.

- **»Klarmachen Anker!«** Ankergeschirr (Anker, Kette bzw. Leine mit Kettenvorlauf) so an Deck bereitlegen, dass es beim Überbordgeben ohne Wuling klar läuft. Die Kette sollte nicht direkt, sondern über einen Taustropp mit dem Schiff verbunden sein, damit man sie im Notfall kappen kann.
  »Anker ist klar!«
- **»Klar zum Ankern!«** – **»Anker ist klar zum Fallen!«** Boot bei langsamer Fahrt voraus mit dem Bug in den Wind bzw. Strom drehen und über dem Ankerplatz zum Stillstand

bringen (Beim Ankern im Strom wird das Manöver gegen den Strom und nicht gegen den Wind gefahren, da meist der Strom die Schwojrichtung bestimmt.)
- **»Fallen Anker!«** Anker bis zum Grund fallen lassen, aber nur so viel Kette bzw. Leine geben, dass sie sich nicht auf den Anker legen und mit ihm vertörnen kann. Keinesfalls die gesamte Kette auf einmal ausrauschen lassen!
- Bei langsamer Rückwärtsfahrt wird die Kette bzw. Trosse kontinuierlich nachgegeben. Zum Schluss: Eingraben des Ankers bei kräftiger Rückwärtsfahrt. **»Anker fasst!«**
- Ankerball/Ankerlicht setzen.

Hält der Anker?

- Durch Deckpeilungen von zwei hintereinander liegenden Objekten quer zur Schiffsrichtung (**Ankerpeilungen**) prüfen wir, ob der Anker hält (»Peilung steht!«) oder langsam über den Boden slippt. Deckpeilungen notieren, um sie mit späteren Kontrollpeilungen vergleichen zu können.

- Einschalten der Ankeralarmfunktion des GPS-Geräts, die reagiert, wenn das Schiff vertrieben wird.
- Slippt der Anker bei Belastung über Grund, können wir mit der Hand auf der Ankertrosse ein unregelmäßiges Rucken spüren.
- Eine Segelyacht, die vor Anker über Grund slippt, legt sich meist quer zum Wind.

Ob der Anker hält, erkennen wir
- am Einrucken des Ankers beim Ankermanöver,
- an der Vibration der Kette,
- durch Ankerpeilungen (Deckpeilungen zweier Objekte an Land),
- an der Ankeralarmfunktion des GPS-Geräts.

Ankerwache

Bei starkem Wind müssen wir – auch und gerade bei Nacht – eine Ankerwache entsprechend dem Wachplan einteilen, die überwacht, dass die Yacht vom Anker gehalten wird und nicht vertreibt.

Besondere Ankermanöver

Fragen 141, 146, 147 (SM I SKS)
Fragen 122, 127, 128 (SM II SKS)

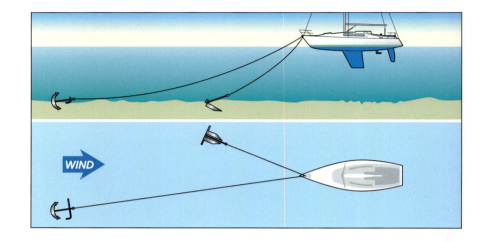

Vor zwei Ankern

Zunächst bringt man den Hauptanker aus, dann den zweiten Anker unter Motor oder mit dem Beiboot. Vor zwei Ankern wird die Yacht immer etwas Fahrt aufnehmen und schwojen, doch wird die starke Dauerbelastung nur eines Ankers vermieden.

Zweiter Anker

Bei starkem Wind liegt man besser vor zwei Ankern. Den zweiten Anker bringt man in einem spitzen Winkel zum Hauptanker aus, doch nicht gleich weit, damit sie sich beim Eingraben nicht behindern, wenn sie über den Grund slippen sollten.

> Beim Ankermanöver **im Stromrevier** muss gegen den Strom, nicht gegen den Wind aufgeschossen werden, da der Strom die Schwojrichtung der Yacht bestimmt.

Reitgewicht

Die Haltekraft eines Ankers können wir mit einem Reitgewicht (Gleitgewicht, Ankergewicht) erheblich erhöhen. Das Gewicht wird an einer Leine mit einem Gleitschäkel auf der Ankerkette bis zum Boden herabgelassen. Dadurch greift der Kettenzug am Anker weitgehend horizontal an. Bei starkem Wind wirkt das Reitgewicht ruckdämpfend und entlastet den Anker und die Ankerklampe.

Ein Reitgewicht ist auch dann sehr hilfreich, wenn man zum Ausbringen der Ankerkette nur wenig Raum hat.

Wirkung eines Reitgewichtes

Mit einem Reitgewicht, das man auf einem Gleitschäkel an der Ankerkette herablässt, erreichen wir, dass der Zug am Anker möglichst horizontal angreift. Man erhöht also die Haltekraft des Ankers vor allem dann, wenn man aus Platzgründen nicht mehr Kette ausbringen kann. Außerdem wirkt das Reitgewicht ruckdämpfend.

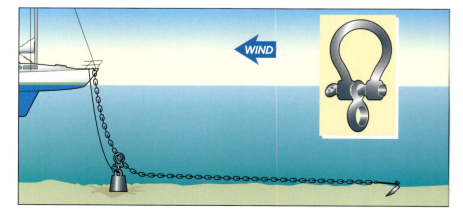

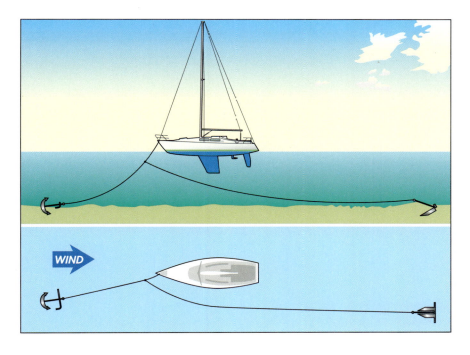

Vermuren

Rechnen wir im Gezeitenrevier damit, dass über Nacht der Strom kentert, müssen wir uns sichern, damit der plötzlich entgegengesetzt belastete Anker nicht ausbricht. Man bringt deshalb einen zweiten Anker gegen den zu erwartenden Strom aus.

Vermuren

Beim Vermuren bringt man einen zweiten Anker gegen den zu erwartenden Strom aus. Beide Ketten werden etwa 2 m vor dem Steven zusammengeschäkelt, um ein *Schamfilen* (Scheuern) der unbelasteten Kette am Vorschiff zu verhindern. Für beide Anker muss natürlich genug Kette gesteckt werden, denn wir hängen jeweils nur an einem Anker.

Anker (verkatteten Anker), an dessen Kreuz man den kleineren Anker (**Kattanker**) befestigt. Diesen lässt man als ersten fallen, dann den schwereren Hauptanker.

Der Kettenabstand zwischen beiden Ankern sollte größer als die Wassertiefe sein, damit man beim Aufholen des ersten Ankers noch sicher vom Kattanker gehalten wird.

Anker klarieren
In kleineren Häfen kommt der Anker leicht in fremden Ketten unklar. Holen wir die fremde Kette mit unserem Anker bis zur Wasseroberfläche hoch, stecken wir einen Tampen unter dieser Kette durch und fieren unseren Anker, bis er freikommt.
Ist die fremde Kette zum Aufholen zu schwer, müssen wir sie mit unserem Zweitanker, am besten mit einem Draggen, der selbst leichter freizumachen ist, etwas aufholen, bis der Hauptanker frei ist.

Verkatten

Man kann einen zweiten Anker auch so ausbringen, dass beide Anker hintereinander an der gleichen Kette liegen. Man spricht dann vom Verkatten. Da die Belastung hauptsächlich auf dem zuletzt ausgebrachten Anker liegt, nimmt man hierfür den schwereren

Verwarpen

Unter Verwarpen versteht man das Verholen des Schiffes mit zwei Ankern, die mit dem Beiboot abwechselnd ausgefahren und kurzstag geholt werden. Als Warpanker verwendet man einen relativ leichten Anker (Draggen).

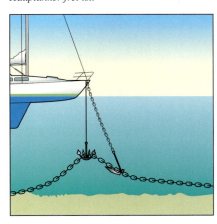

Reffeinrichtungen für das Großsegel

Frage 20 (SM I SKS)

Das früher gebräuchliche **Dreh- oder Patentreff**, bei dem das Großsegel mit einer Kurbel über ein Schneckengetriebe um den Großbaum herumgedreht wird, findet man heute nur noch selten. Es hat den Nachteil, dass das gereffte Segel seinen Bauch verliert und dadurch schlecht steht.

Beim heute weit verbreiteten **Binde- oder Bändselreff** sind im Segel zwei oder drei Reihen von *Reffgatchen (Kauschen)* eingenäht, durch die man *Reffbändsel* führt. Mit diesen wird das weggereffte Tuch am Baum beigebändselt.

Beim **Rollreff** unterscheidet man
• Baumroller und
• Mastroller.
Mit einer Rollreffeinrichtung kann man das Großsegel auf ein Profilrohr entweder im Inneren das **Großbaumes** (horizontales System) oder im Inneren des **Mastes** (vertikales System) aufrollen und **stufenlos** verkleinern.
In beiden Fällen wird das Segel mit der sogenannten *Reffleine* eingeholt und mit der *Ausholerleine* bzw. dem *Ausholer* ausgerollt. Beide Leinen können über Umlenkrollen aus dem Cockpit bedient werden.

Mastrollreffsystem
Beim Mastroller wird das Großsegel im Inneren des Mastes oder unmittelbar hinter dem Mast auf ein Profilstag aufgerollt. Die Segelfläche wird stufenlos verkleinert. Allerdings wandert hierbei der Segeldruckpunkt nach vorn und macht die Yacht leegierig (s. S. 144).

Für das Großsegel gibt es folgende Reffeinrichtungen:
• Dreh- oder Patentreff
• Binde- oder Bändselreff
• Rollreff

Bindereff
Beim Bindereff verkleinert man die Segelfläche, indem man
*1. die **Reffkausch** in den **Reffhaken** einhängt,*
*2. das **Schmeerreep** durchsetzt und*
*3. mit den **Reffbändseln** das freie Segeltuch beibindet (vgl. S. 167).*

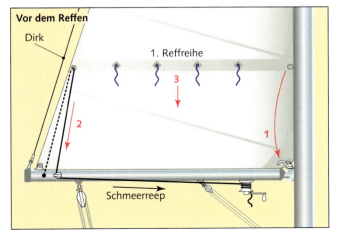

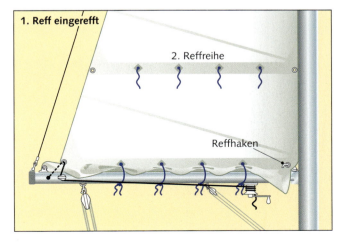

Reffen

Fragen 18, 19, 86 (SM I SKS)

Reffvorgang mit dem Bindereff
1. *Sobald wir hart am Wind laufen, setzen wir die Dirk durch, um den Großbaum anzuheben. Die Großschot muss hierfür freigegeben sein.*
2. *Dann fieren wir das Großfall so weit, bis die Mastliekkausch zum Baum heruntergezogen und in den dafür vorgesehenen Reffhaken eingehängt werden kann.*
3. *Jetzt kann das Großfall wieder durchgesetzt werden.*

4. *Die Achterliekkausch am Schothorn wird über einen Block mit einer besonderen Reffleine (**Schmeerreep**) und oft über eine am Großbaum montierte Winsch zum Baum heruntergezogen und belegt. Hierfür muss die Großschot zuvor freigegeben werden.*

Unten: Rollfockführung
*Mit einer Rollfock oder Rollgenua können wir die Vorsegelfläche **stufenlos** verkleinern. Der Reffvorgang erfolgt gefahrlos vom Cockpit aus, indem man das Vorsegel mit der **Reffleine** um das drehbare Vorstag herum aufwickelt, während die Schot entsprechend freigegeben (gefiert) wird.*
Man refft die Rollfock am besten auf raumem Kurs im Leeschutz des Großsegels oder mit losgeworfener Vorschot am Wind.

Bei stärkerem Wind **reffen** wir die Segel. Dadurch wird
• die Segelfläche verkleinert,
• das Rigg und das Ruder entlastet,
• die Krängung verringert.

Wir sollten nicht zögern, schon bei mittleren Windstärken zu reffen. Denn eine gereffte Yacht ist weniger luvgierig und liegt besser auf dem Ruder. Sie ist deshalb oft schneller als eine Yacht unter Vollzeug.

Reffen des Vorsegels

Die Vorsegelfläche kann man
• entweder mit einer Rollfock
• oder durch Wechseln der Fock verkleinern.

Moderne Fahrtenyachten sind meist mit einer **Rollfock** oder Rollgenua ausgerüstet. Mit ihrer Hilfe kann man gefahrlos aus dem Cockpit heraus die Vorsegelfläche stufenlos verkleinern. Das Segel steht allerdings – vor allem bei stärkerem Wind – nicht optimal, da es beim Einrollen sein Profil verliert. Außerdem verwirbelt das am Vorstag aufgerollte Segel die Anströmung. Bei starkem Wind setzt man deshalb besser eine kleinere Fock.

Mit einer **Vorsegel-Rollreffeinrichtung** wird das Vorsegel um das Vorstag gerollt und kann so stufenlos verkleinert werden.

Die Vorsegelfläche kann man aber auch durch **verschieden große Vorsegel** variieren. Man bezeichnet sie der Größe nach (von der größeren zur kleineren) mit **Genua 1** und **Genua 2** sowie mit **Fock 1** und **Fock 2**. Für sehr starken Wind führt man meistens noch eine Sturmfock an Bord mit.

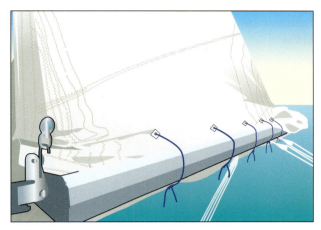

5. Nun kann abgedirkt und die Großschot wieder dichtgeholt werden.

6. Abschließend wird das weggereffte Segeltuch am Baum beigebändselt. Das Segel darf auf die Reffbändsel keinen Zug ausüben.

Eine Segelyacht in der Küstenfahrt sollte mindestens folgende Segel an Bord haben:
- reffbares Großsegel
- reffbare Rollfock oder Vorsegel verschiedener Größen
- Sturmfock

Großsegel: Einreffen mit dem Bindereff

Beim Bindereff finden wir im Segel zwei oder drei Reihen von Kauschen und Gatchen mit Reffbändseln. Der Reffvorgang erfolgt allein über die Vorliek- und die Achterliekkausch, die zum Großbaum heruntergezogen und dort befestigt werden. Zwischen beiden Kauschen wird gleichsam ein neues Unterliek gespannt. Mit den dazwischen liegenden Reffbändseln wird das freie Segeltuch beigebunden. Sie dürfen keinen Zug des Segels übernehmen.

Bindereff: Ein- und Ausreffen

Zum Reffen luven wir langsam so hart wie möglich an, bis wir **fast im Wind** stehen, ohne in den Wind zu schießen, und fieren die Großschot. Dadurch entlasten wir das Großsegel. Diese Position zum Wind ist natürlich nicht sehr stabil. Deshalb muss das Reffmanöver rasch durchgeführt werden. Denn die Yacht muss manövrierfähig bleiben und etwas Fahrt voraus machen; und die Segel dürfen nicht zu lange killen, da sie sonst einreißen können.

Bei stärkerem Wind ist es oft besser, das Manöver durch **Motorhilfe** zu unterstützen. Können wir die Yacht bei grobem Seegang nicht lange genug stabil halten, müssen wir schrittweise vorgehen, also nochmals Fahrt aufnehmen und das ganze Manöver von vorn beginnen. Auf manchen Yachten lässt sich am besten während des Beiliegens (vgl. S. 171) mit back stehender Fock reffen, wobei die Yacht sehr ruhig liegt. Bei schwerem Wetter kann das Großsegel meist noch durch ein **zweites** oder **drittes Reff** verkleinert werden.

Einreffen mit dem Bindereff

1. **Dirk** dichtholen oder sichern, um den Großbaum zu halten.
2. **Großfall** fieren und Großsegel etwas herunterholen.
3. **Vordere Reffkausch** (Segelhals) in Reffhaken einhängen.
4. **Großfall** wieder durchsetzen.
5. **Hintere Reffkausch** (Schothorn) mit Schmeerreep nach achtern auf den Baum holen.
6. Loses Segeltuch auftuchen und mit den **Reffbändseln** oder der Reffleine beibinden.

Wichtig bei diesem Vorgang ist die richtige Reihenfolge.

Beim **Ausreffen** ist die umgekehrte Reihenfolge einzuhalten: Zuerst lösen wir die Mittelkauschen, dann das Achterliek und zuletzt die Mastkausch. Sonst besteht bei etwas Wind im Segel die Gefahr, dass die Kauschen ausreißen.

Schleppen und geschleppt werden

Fragen 30, 78 (SM II SKS)

Fragen 268 – 270 SBF

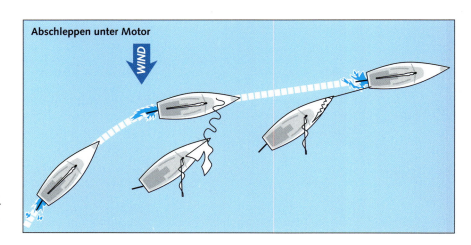

Abschleppen unter Motor

WIND

Rechts: Abschleppen unter Motor
Unter Motor läuft man so langsam am Havaristen entlang, dass gerade noch Ruder im Schiff ist. Sobald man querab ist, wird die Schleppleine übergegeben.

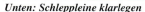

Unten: Schleppleine klarlegen
Um die Schleppleine ohne Wuling hinüber zu werfen, schießt man sie vorher in Buchten auf, teilt sie in zwei Hälften auf und wirft den einen Teil mit der Wurfhand, während der andere Teil von der zweiten Hand geführt wird.

Rechts: Hahnepot
Mit einer Hahnepot (Hahnenpfote) verteilt man die Zugkraft auf mehrere Angriffspunkte. Dies gilt sowohl für die schleppende als auch für die geschleppte Yacht.

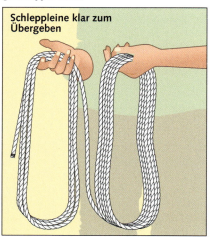

Schleppleine klar zum Übergeben

Auf dem schleppenden Boot

Zur Übergabe der Schleppleine läuft der Schlepper unter Motor mit langsamer Fahrt **an der Luvseite** der abzuschleppenden Yacht entlang.

Auf Höhe der abzuschleppenden Yacht wird die **Schleppleine** ohne Wuling (Durcheinander) übergeben. Hierbei ist zu beachten, dass die Leine nicht in den Propeller der laufenden Maschine gerät.

Wegen der großen Zugbelastung beim Schleppen müssen wir die angreifende Kraft der Schleppleine auf mehrere Klampen oder Poller mit einer **Hah-**

nepot verteilen. Eine Klampe allein kann den Zug nicht auffangen und könnte leicht ausreißen.

Hahnepot

- Eine Hahnepot verteilt die Zugkräfte der Schleppleine auf mehrere Belegpunkte an den beiden Bootsseiten. Dies gilt für den Schlepper wie für das geschleppte Boot.
- Zum Belegen auf dem geschleppten Boot eignen sich die Klampen für die Vorspring auf den Bootsseiten.

Die Schleppleine sollte möglichst nicht geknotet sein, da dies ihre Belastbarkeit erheblich reduziert. An Scheu-

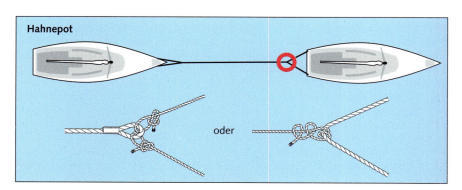

Hahnepot

oder

erstellen muss sie durch Umwickeln geschützt werden.

Sobald die Leinenverbindung hergestellt ist, **fahren wir langsam an**, um ein ruckartiges Steifkommen (= hartes Einrucken) der Leine zu vermeiden. Hierbei könnte die belastete Schleppleine brechen (= reißen) und uns verletzen. Die Crew sollte sich deshalb beim Anfahren und Schleppen von der Fluchtlinie der Schleppleine gut freihalten.

Die **Schleppgeschwindigkeit** darf die Rumpfgeschwindigkeit (vgl. S. 112) des geschleppten Fahrzeugs nicht überschreiten. Sonst unterschneidet die geschleppte Yacht die Heckwelle des Schleppers und läuft voll.

Rumpfgeschwindigkeit

Rumpfgeschwindigkeit ist die rechnerische Höchstgeschwindigkeit eines Verdrängers. Ihre Größe ist abhängig von der Wasserlinienlänge.

Auf dem geschleppten Boot

Auch auf dem zu schleppenden Boot müssen wir die Zugbelastung der Schleppleine mit einer **Hahnepot** gut verteilen. Denn die Vorschiffsbeschläge sind oft nicht ausreichend dimensioniert und verankert.

Beim **Anschleppen** können wir (auf einer kleineren Yacht) das harte Einrucken der Leine dadurch vermeiden,

dass wir sie zunächst über die Vorschiffsklampe führen und der Schleppgeschwindigkeit langsam anpassen.

Schleppleine so belegen, dass wir sie im Notfall jederzeit leicht loswerfen können.

Im **Seegang** sollten wir die Leinenlänge so abstimmen, dass sich das schleppende und das geschleppte Boot zur gleichen Zeit in der gleichen Wellenphase befinden.

Längsseits schleppen

In engen Gewässern und Schleusen schleppt man gern längsseits. Dies verbessert die Manövrierfähigkeit auf engem Raum. Hierbei werden beide Boote durch Leinen und Springs fest miteinander verbunden. Fender ausbringen!

Man nimmt das geschleppte Fahrzeug am besten auf die Seite, nach der der Propeller dreht – auf einer Yacht mit einer linksgängigen Schraube also an Backbord.

Das Heck des schleppenden Fahrzeugs sollte etwas hinter dem Heck des geschleppten Fahrzeugs liegen.

Schlepphilfe oder abschleppen?

Im Allgemeinen ist die **Schlepphilfe** unter Yachtseglern – insbesondere bei Flaute oder bei Kraftstoffmangel – rein

freundschaftlich und oft kostenlos. Man tut dennoch gut daran, vor Übergabe der Schleppleine den Preis zu vereinbaren.

Auf jeden Fall müssen wir vermeiden, dass die reine Schlepphilfe als Abschleppen im Sinne einer **Hilfeleistung** oder gar **Bergung** verstanden werden kann. Dies könnte zu einem Anspruch auf Hilfeleistungslohn oder Bergelohn führen, dessen Höhe vom Wert des Schiffes abhängt.

Deshalb sollten wir auch im Fall des Freischleppens von einer Untiefe den Schlepplohn vorher fest vereinbaren.

Unten links:
*Die **Länge der Schleppleine** ist so abzustimmen, dass das schleppende und geschleppte Boot sich gleichzeitig in der gleichen Wellenphase befinden. Bei starkem Seegang sollte sie mindestens der zwei- bis dreifachen Wellenlänge entsprechen.*

Unten:
*Beim **Längsseitsschleppen** vertäut man beide Boote durch Vor- und Achterleine sowie Vor- und Achterspring fest miteinander. Um die Manövrierfähigkeit zu erhalten, muss das Heck der schleppenden Yacht hinter dem der geschleppten Yacht liegen.*

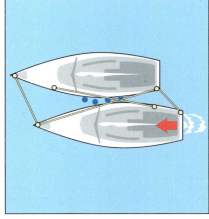

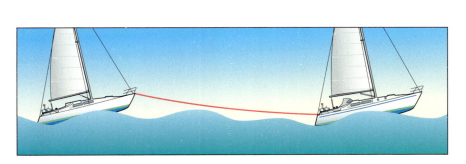

Starkwind und Sturm

Fragen 91, 101–103 (SM I SKS)
Fragen 84, 85 (SM II SKS)
Fragen 283, 313 (SBF)

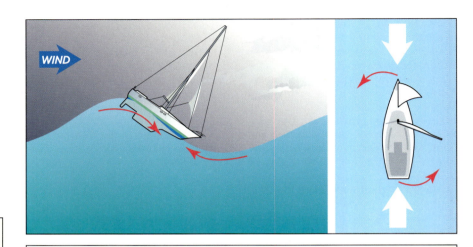

Schwerwetter

> Sturm auf See kann man auf einer **Segelyacht abwettern**
> * durch **aktives Segeln** unter Sturmbesegelung und Aussteuern der brechenden Seen oder
> * durch **Beiliegen**, **Ablaufen vor Topp und Takel** (eventuell mit Ausbringen von Leinen achteraus), **Liegen vor Treibanker.**

Von den letzten drei Möglichkeiten wird man nur in Ausnahmesituationen auf hoher See Gebrauch machen. In der Regel kann man in unseren Revieren auch starken Sturm durch aktives Segeln überstehen. Auf jeden Fall sollten wir stets versuchen, schwerem Wetter auszuweichen und rechtzeitig einen sicheren Hafen anzulaufen.

Oben: Ablaufen vor dem Wind
*Läuft man bei Sturm vor dem Wind ab, darf man nicht zu schnell sein. Denn die Wasserteilchen der Oberfläche beschreiben im Seegang eine angenähert kreisförmige Bahn (**Orbitalbewegung**). Die Teilchen laufen auf dem Kamm mit der Welle, im Tal ihr entgegen. So schiebt der Wellenkamm das Heck voran, während der Bug im Wellental abgebremst wird, sodass die Yacht unterschneiden und querschlagen kann (s. S. 205).*

Rechts: Ausbringen von Trossen
Um den Kurs zu stabilisieren und die Fahrt beim Ablaufen vor dem Wind zu reduzieren, kann man Trossen nach achtern ausbringen. Man darf aber auch nicht so langsam werden, dass man nicht mehr steuerfähig ist.

Auf **Sturm oder Gewitter auf See** bereiten wir uns wie folgt vor:
* rechtzeitiges Verkleinern der Segelfläche (Großsegel klar zum Bergen)
* Anlegen der Rettungswesten, Sicherheitsgurte und Schlechtwetterkleidung
* Schiffsort bestimmen und in der Seekarte eintragen
* gegebenenfalls Hafen oder geschützte Bucht ansteuern

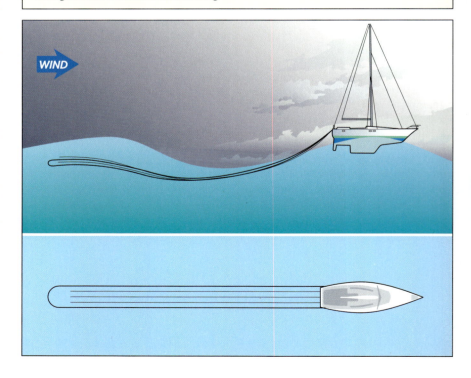

Bei starkem Wind ist jede **Leeküste** (in Lee liegende Küste) gefährlich, da sich eine Yacht nicht immer freikreuzen und deshalb auf **Legerwall** geraten kann. Bei einer kleinen Havarie droht dann die Strandung.

Beim Anlaufen eines Schutzhafens an einer Leeküste besteht bei starkem Wind die Gefahr von **Grund- und Kreuzseen** und **Querstrom**.

> Schweres Wetter wird sicherer auf offener See als im nahen Küstenbereich durchgestanden.

Mit einer Motoryacht im Sturm

Das Verhalten einer **Motoryacht** im Sturm unterscheidet sich erheblich von dem einer Segelyacht, denn die Motoryacht hat **keinen Ballastkiel** und ist deshalb der Kraft des Seegangs mehr ausgesetzt. Es besteht Kentergefahr. Mit einer Motoryacht sollte man deshalb versuchen, rechtzeitig einen Hafen oder Landschutz anzulaufen.

Draußen läuft man am besten langsam gegen Wind und See an oder steuert, wenn die See zu grob wird, einen Kurs von etwa 25° gegen die See, um die Gefahr harten Aufschlagens des Bootes zu verringern. Dies ist allerdings nur mit einer starken Maschine oder

---

Beiliegen
Durch das Abtreiben nach Lee bildet die Yacht in Luv eine Wirbelzone, die die Wucht der auflaufenden See abschwächt, sodass sie vergleichsweise leicht unter dem Schiffskörper durchläuft. Doch werden schlank geschnittene Yachten oder Schiffe mit kurzem und nicht durchgezogenem Lateralplan immer wieder aus der Beiliegestellung auszubrechen und Fahrt aufzunehmen versuchen, sodass der Effekt der Wirbelbildung nicht mehr gegeben ist.

---

auf einer reinen Motoryacht möglich. Auch gegen die See wird man eine Fahrt von etwa 5 Knoten über Grund machen.

Ablaufen vor dem Wind

Hat man viel freien Seeraum nach Lee, so kann eine **Segelyacht vor Topp und Takel lenzen;** man läuft dann mit sehr wenig oder ohne Besegelung vor Wind und Wellen mit einer Fahrt von etwa 5 Knoten ab und benötigt viel Leeraum. Der Niedergang muss abgeschottet sein, damit eine von achtern einsteigende See die Yacht nicht vollschlägt. Die Ruderanlage ist durch die von achtern anlaufenden Seen sehr gefährdet. Vor Topp und Takel abzulaufen, stellt deshalb höchste Anforderungen an die Aufmerksamkeit des Steuermanns.

Hierbei darf man nicht zu viel Fahrt machen, da sonst die Gefahr des Unterschneidens und Querschlagens besteht. Die Yacht kann flach aufs Wasser gedrückt werden und in kurzer Zeit vollaufen. Rigg und Schiffskörper können durch **Seeschlag** schwer beschädigt werden; die Wucht des Querschlagens kann sogar die Leeseite

---

aufreißen. Der Steuermann kann, sofern er nicht am Sicherheitsgurt hängt, über Bord gespült werden.

Um den Kurs zu stabilisieren und die Fahrt zu vermindern, kann man achtern schlaufenförmig **Leinen** oder einen Treibanker **ausbringen.**

Für **Motoryachten** ist das Ablaufen vor dem Wind problematisch, denn sie werden schnell aus dem Ruder laufen und quer zur See liegen und können kopfüber gehen.

Das Beiliegen

> Beim Beiliegen oder Beigedrehtliegen hat man
> - die Fock backgesetzt,
> - das anstelle des Großsegels gesetzte Sturmsegel (Trysegel) dichtgeholt und
> - das Ruder in Luvstellung belegt.

Beigedreht macht die Yacht kaum mehr Fahrt voraus; sie bleibt in einem Winkel von etwa 60° zum Wind liegen und treibt mit einer Geschwindigkeit von etwa 2 bis 3 Knoten nach Lee ab. Man benötigt also weniger Leeraum als beim Ablaufen vor Topp und Takel.

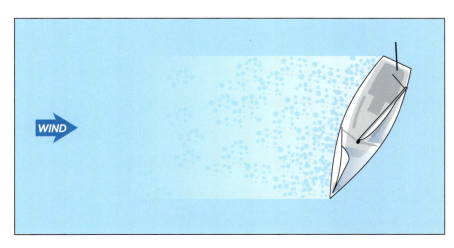

Liegen vor Treibanker

Fragen 101, 105 (SM I SKS)
Frage 282 (SBF)

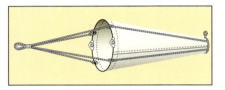

Treibanker
Damit wir den Treibanker nach Gebrauch ohne Widerstand einholen können, muss an seinem Ende eigens eine Bergeleine befestigt sein. Man erkennt das hierfür vorgesehene Auge.

Ein vom Vorschiff gegen den Wind ausgebrachter Treibanker soll
- die **Yacht im Wind** halten und
- die **Driftgeschwindigkeit** nach Lee verringern.

Idealerweise liegt man vor Treibanker genau im Wind. Doch gelingt dies meist nur bei mittlerem bis starkem Wind. Im Sturm liegt die Yacht oft quer zum Treibanker und nimmt Fahrt auf, bis der Anker sie mit einem kräftigen Ruck abbremst, was die Belegklampe am Vorschiff belastet. Danach treibt die quer liegende Yacht bis zur neuerlichen Anspannung der Leine nach achtern. Die meiste Zeit liegt sie also nicht im Wind, sondern quer zur See. Der Zug des Treibankers verhindert, dass die Yacht über eine See von vorn hinwegkommt. Er hält ihren Bug fest, und die See bricht sich über ihr, anstatt unter ihr durchzulaufen.

Vor Treibanker muss die **Länge der Leine** einem Vielfachen der Wellenlänge entsprechen, damit sich Anker und Schiff gleichzeitig in der gleichen Wellenphase befinden. Sonst arbeiten sie gegeneinander und belasten Leine und Beschläge übermäßig.

Wegen der beschriebenen Schwierigkeiten und Risiken ist der Einsatz des Treibankers eine **veraltete und gefährliche Methode,** einen Sturm abzuwettern.

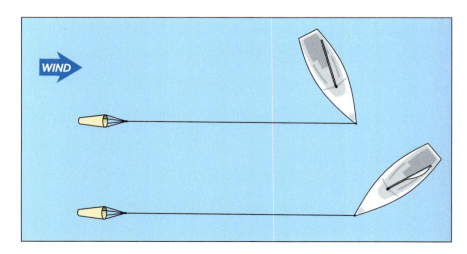

Liegen vor Treibanker
Eine Yacht vor Treibanker, die Fahrt aufnimmt und seitlich auszubrechen versucht, kann man stabilisieren, indem man achtern ein kleines Segel setzt, am besten das Trysegel.

Aussteuern von Wellen bei Sturm

Frage 101 (SM I SKS)

Mit einem leichten **Kurzkieler** – die meisten modernen Fahrtenyachten sind Kurzkieler – übersteht man einen Sturm am besten **aktiv segelnd**. Die Yacht muss hierbei so viel Tuch tragen, dass man stets genügend Ruder im Schiff hat, um manövrierfähig zu bleiben.

Bewährt hat sich das Abwettern eines Sturms auf einem Kurzkieler, indem man unter Sturmfock in einem Winkel von etwa 60° **gegen den Wind** und die anlaufende See ansteuert.

Sobald eine steile, brechende See anrollt, luvt man an, bis man den Wellenkamm erreicht hat. Unmittelbar nach dem Kamm fällt man wieder auf einen Kurs von etwa 60° bis maximal 90° zum Wind ab.

Entscheidend sind bei diesem Manöver folgende drei Momente:

- Wir dürfen **nicht zu früh anluven**, damit wir den Wellenkamm erreichen. Sonst würde die Yacht mit dem Brecher zurückgerissen und querschlagen.
- Wir dürfen **nicht zu stark anluven**, damit die Fock nicht back kommt und wir eine unfreiwillige Wende fahren. Auch hierbei könnte die Yacht mitgerissen werden und querschlagen.
- Auf dem Wellenkamm müssen wir **rasch abfallen**, damit die Yacht nicht steil in das nächste Wellental fällt und dort unterschneidet.

Das Aussteuern der Wellen auf diese Weise erfordert eine hohe Konzentration des Rudergängers. Doch lernt man sehr schnell, den richtigen Rhythmus zu finden. Hilfreich kann hierbei Motorunterstützung sein.

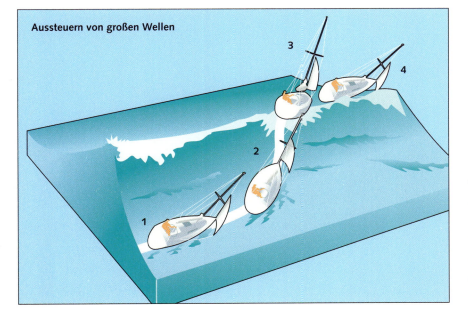

Aussteuern von großen Wellen

Aussteuern von Wellen mit einem Kurzkieler

1 *Im Wellental läuft man etwa quer zur See und nimmt Fahrt auf.*

2 *Auf der Vorderseite der Welle luvt man an.*

3 *Sobald man den Wellenkamm erreicht hat ...*

4 *... fällt man rasch ab, um auf der Rückseite der Welle ins Wellental gleichsam »abzurutschen«.*

Mensch über Bord – Boje über Bord

Fragen 94, 109–113 (SM I SKS)
Fragen 90–94 (SM II SKS)
Fragen 326, 327 (SBF)

Klassisches Mensch-über-Bord-Manöver mit Q-Wende
*Dieses Manöver fahren wir aus einem **Raum-schotkurs** oder **Vor-dem-Wind-Kurs** heraus. Das Manöver wird häufig in der praktischen Prüfung verlangt.*

Der Ruf »Mensch über Bord!« (engl. »Person over Board!«) signalisiert unmittelbare Lebensgefahr für die Person im Wasser und ist deshalb dem Ernstfall vorbehalten. Beim Üben sollten wir nur »Boje über Bord!« rufen.

> Die **wesentlichen Elemente** des Manövers im Ernstfall sind:
> - **Person im Auge behalten**
> - **Manöver ausführen,** das heißt so *rasch* wie möglich reagieren und so *nahe* wie möglich am Verunglückten bleiben
> - **Person bergen**
> - **Erste Hilfe** und Betreuung

Eine Person im Wasser wiederzufinden kann vor allem bei Seegang außerordentlich schwierig sein – nachts ist es fast aussichtslos.

Der Skipper sollte deshalb alles daransetzen, dass der Ernstfall gar nicht erst eintritt, und dafür sorgen, dass **rechtzeitig Rettungswesten und Lifebelts** angelegt und die Sicherheitsleinen in die dafür vorgesehenen Halterungen eingepickt werden. Die Praxis zeigt, dass das oft zu spät geschieht. Nachts sollten wir immer Lifebelts tragen.

Ablauf im Ernstfall

1. »Mensch über Bord!« rufen
Wer sieht, dass eine Person über Bord fällt, ruft sofort: »Mensch über Bord an Bb/Stb!«
Unter Motor: sofort **auskuppeln** und das Heck mit **Hartruderlage** vom Verunglückten wegdrehen.

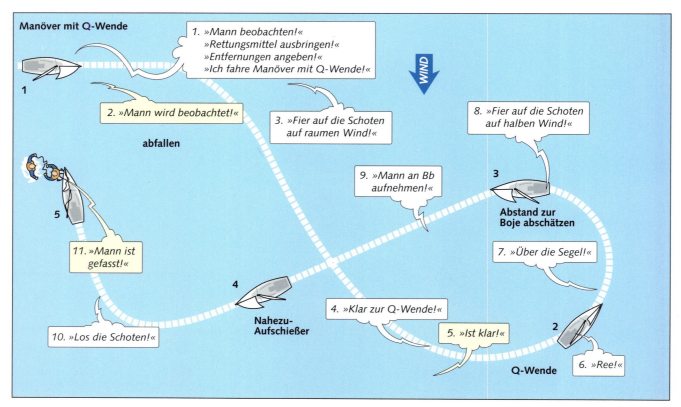

Manöver mit Q-Wende

1. »Mann beobachten!«
»Rettungsmittel ausbringen!«
»Entfernungen angeben!«
»Ich fahre Manöver mit Q-Wende!«

2. »Mann wird beobachtet!«

abfallen

3. »Fier auf die Schoten auf raumen Wind!«

WIND

8. »Fier auf die Schoten auf halben Wind!«

9. »Mann an Bb aufnehmen!«

Abstand zur Boje abschätzen

5

11. »Mann ist gefasst!«

7. »Über die Segel!«

10. »Los die Schoten!«

4
Nahezu-Aufschießer

4. »Klar zur Q-Wende!«

5. »Ist klar!«

2

6. »Ree!«

Q-Wende

2. Rettungsboje nachwerfen
Die in der Nähe des Steuermanns aufgehängte (nicht festgemachte) Rettungsboje mit Markierungsblitz und Leine unmittelbar und gezielt der Person im Wasser nachwerfen.

3. Verunglückten beobachten
Ein Mitsegler wird *namentlich* beauftragt *(»Hans, Mann im Wasser beobachten!«),* nichts anderes zu tun, als die Person im Wasser im Auge zu behalten – am besten, indem er mit ausgestrecktem Arm unentwegt in ihre Richtung weist und gleichzeitig dem Skipper die geschätzte Entfernung zuruft.

4. MOB-Taste betätigen
Die MOB-Taste des GPS-Gerätes auslösen (s. S. 88). Sie speichert die aktuelle Position und aktiviert sie als Zielwegpunkt. Jeder an Bord sollte diese Taste bedienen können.

5. Das Manöver
Eine **Segelyacht** kann die Person im Wasser mit einem der beiden **klassischen Manöver** erreichen:
- mit der *Q-Wende* aus einem Raumschotkurs bzw. Vor-dem-Wind-Kurs oder
- mit der *Halse* aus einem Am-Wind-Kurs heraus.

Beide Manöver werden mit einem **Nahezu-Aufschießer** (= Aufschießer in einem spitzen Winkel zum Wind) abgeschlossen. So können wir durch kurzzeitiges Dichtholen der Segel den Verunglückten auch dann noch erreichen, wenn der Aufschießer zu kurz geraten ist. Die **Länge des Nahezu-Aufschießers** ist abhängig von Wind, Seegang und Strömung sowie von Geschwindigkeit, Form und Gewicht des Bootes.

Weiter auf der nächsten Seite

Klassisches Mensch-über-Bord-Manöver mit Halse
*Dieses Manöver fahren wir aus einem **Am-Wind-Kurs** heraus.*
*Es wird am besten – wie alle Mensch-über-Bord-Manöver – mit einem **Nahezu-Aufschießer** abgeschlossen.*

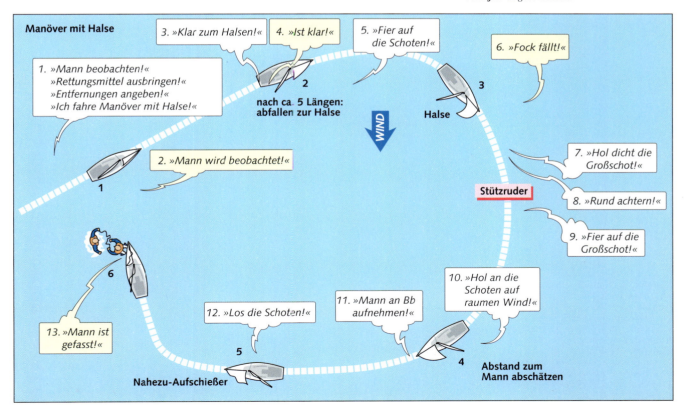

Manöver mit Halse

1. »Mann beobachten!«
»Rettungsmittel ausbringen!«
»Entfernungen angeben!«
»Ich fahre Manöver mit Halse!«

2. »Mann wird beobachtet!«

3. »Klar zum Halsen!«
4. »Ist klar!«
5. »Fier auf die Schoten!«
6. »Fock fällt!«

nach ca. 5 Längen:
abfallen zur Halse

Halse

WIND

7. »Hol dicht die Großschot!«

Stützruder

8. »Rund achtern!«

9. »Fier auf die Großschot!«

10. »Hol an die Schoten auf raumen Wind!«

11. »Mann an Bb aufnehmen!«

12. »Los die Schoten!«

13. »Mann ist gefasst!«

Nahezu-Aufschießer

Abstand zum Mann abschätzen

Um rasch zur Person im Wasser zurückzukehren, haben sich
- das **Quick-Stop-Manöver** (mit Wende oder mit Gefahrenhalse) und
- das **Drift-Manöver**

bewährt. Für das Driftmanöver muss man die Drifteigenschaften seiner Yacht bei schwerem Wetter sehr gut kennen, um den Verunglückten zuverlässig erreichen zu können. Nicht jede Yacht ist dafür geeignet.

Zur Unterstützung des Mensch-über-Bord-Manövers sollten wir stets die **Maschine mitlaufen lassen**.

Auf einer **Motoryacht** müssen wir sofort **auskuppeln** und das Heck mit **Hartruderlage** vom Verunglückten wegdrehen. Dann fahren wir einen Kreis und steuern den Verunglückten mit etwa 45° zum Wind an.

6. Verunglückten bergen
In unmittelbarer Nähe zum Verunglückten: **Propeller auskuppeln** oder **Motor abstellen**.
Sobald der Verunglückte erreicht ist, sichern wir ihn am besten mittschiffs, indem wir eine Leine unter seinen Achseln durchführen (Palstek!).
Die Bergung kann selbst bei wenig Seegang sehr schwierig sein – vor allem wenn der im Wasser Treibende durch **Unterkühlung** geschwächt ist und deshalb nicht mitwirken kann. Auf keinen Fall dürfen wir den Überbordgefallenen außenbords festlaschen, um den nächsten Hafen anzulaufen (Lebensgefahr durch Unterkühlung).

Bergemöglichkeiten:
- Mittschiffs ausgebrachte und unten beschwerte **Badeleiter** oder **Trittschlingen**.
- Über die **Heckplattform** und die dort fest montierte Badeleiter (**Sicherheitsleiter**). Vorsicht: Bei starkem Seegang besteht Verletzungsgefahr durch das untere Ende der Badeleiter!
- **Bergegurt** am Spinnakerfall.
- **Rettungstalje** am Want.
- Über die Dirk geführter **Großbaum als Ladebaum** mit Großschot oder Talje (Flaschenzug).
- Sehr **kleines Segel** (Sturmfock), dessen Hals und Schothorn wir am Boot befestigen und dessen Segelkopf wir unter der Person hindurchziehen und sie mit einem Fall aufholen.
- **Beiboot** (Dingi).

7. Notalarm auslösen
Haben wir Schwierigkeiten, den Verunglückten zu finden oder zu bergen, sollten wir nicht zögern, Hilfe anzufordern:

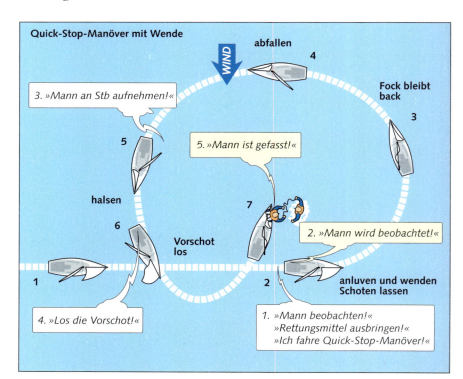

Quick-Stop-Manöver mit Wende

WIND

abfallen · 4

3. »Mann an Stb aufnehmen!«

Fock bleibt back · 3

5 · 5. »Mann ist gefasst!« · 7

halsen

6

Vorschot los

2. »Mann wird beobachtet!«

1

2 · anluven und wenden Schoten lassen

4. »Los die Vorschot!«

1. »Mann beobachten!«
»Rettungsmittel ausbringen!«
»Ich fahre Quick-Stop-Manöver!«

Quick-Stop-Manöver mit Wende
Mit einem Quick-Stop-Manöver soll verhindert werden, dass man sich zu weit vom Verunglückten entfernt. Hierfür fährt man kurz entschlossen einen Vollkreis, ohne zunächst die Schotführung zu ändern.
Mit einer Wende fährt man das Quick-Stop-Manöver aus einem Raumwindkurs oder Vor-dem-Wind-Kurs heraus.
Mit einer Halse (Gefahrenhalse) fährt man es aus einem Am-Wind-Kurs heraus.

- Notalarm (DISTRESS) über UKW-**Kanal 70** oder
- MAYDAY über UKW-**Kanal 16** oder
- im deutschen Mobilfunknetz über **Mobiltelefon** mit der Kurzwahl **124 124**

Ablauf des Mensch-über-Bord-Manövers

1. »Mensch über Bord!« rufen
2. Rettungsboje (möglichst mit Markierungsblitz) nachwerfen
3. Verunglückten beobachten
4. MOB-Taste auslösen
5. Manöver fahren
   Hierfür gegebenenfalls Maschine starten
6. Bergung durchführen
7. Eventuell Notalarm auslösen

Aufnehmen in Luv oder in Lee?

Eine **Segelyacht** driftet bei starkem Wind schneller als eine Person im Wasser. Deshalb besteht auf der Luvseite die Gefahr, dass die Yacht wegtreibt, noch bevor eine Leinenverbindung zum Verunglückten hergestellt werden kann. Die Bergung auf der **Leeseite** ist leichter, denn der Freibord ist wegen des Winddrucks niedriger. Doch zuvor muss die auswehende Fock geborgen werden, da sie mit den schlagenden Schoten (sehr gefährlich!) die Bergung erheblich behindern kann.

Auf einer **Motoryacht** sollte der Verunglückte auf der **Luvseite** übernommen werden. Auf der Leeseite besteht die Gefahr, dass er unter die driftende Motoryacht gerät, da sie im Wind sehr schnell vertreibt.

Wie verhält sich die Person im Wasser richtig?

Keinesfalls dem Boot nachschwimmen! Bei den zugeworfenen Rettungsmitteln bleiben, denn die werden besser gesehen als ein Kopf im Seegang. Die größte Gefahr besteht in der **Auskühlung**. Sie wird meist unterschätzt. Dies gilt auch für warme Gewässer. Der menschliche Körper ist nicht in der Lage, mittelfristig den Wärmeverlust bei Wassertemperaturen unter 32 °C auszugleichen.
Deshalb:
- keine unnötigen Bewegungen im Wasser
- Kleidung, Stiefel und Socken bilden einen Wärmeschutz und ziehen den Schwimmer nicht in die Tiefe
- Igelhaltung (embryonale Haltung) einnehmen: Arme und Oberschenkel an den Körper pressen

Erste Hilfe für den Unterkühlten

Eine stark unterkühlte Person (Symptome: Muskelstarre, Bewusstseinstrübung, langsamer oder unregelmäßiger Puls) sollte möglichst waagerecht geborgen und versorgt werden. Den Geborgenen warm einhüllen und möglichst wenig bewegen. Wenn er bei Bewusstsein ist, reichlich gesüßten Tee verabreichen.
Keinen Alkohol geben!
Über eine Küstenfunkstelle oder im deutschen Mobilfunknetz über 124 124 können wir ärztliche Beratung anfordern.

Quick-Stop-Manöver mit Gefahrenhalse

abfallen mit dichten Schoten

2

1. »Mann beobachten!«
»Rettungsmittel ausbringen!«
»Gefahrenhalse!«

3. »Klar zur Gefahrenhalse!«

4. »Ist klar!«

2. »Mann wird beobachtet!«

3

WIND

halsen

7. »Mann ist gefasst!«

1

6

4

5. »Los die Schoten!«

6. »Mann an Bb aufnehmen!«

5

aufschießen

Quick-Stop-Manöver mit Gefahrenhalse
Auch hier soll durch eine sofort ausgeführte Halse (ohne die Schotführung zu ändern) die Nähe zur Person im Wasser erhalten bleiben, um sie rasch wiederzufinden. Die Schoten werden erst für den Nahezu-Aufschießer freigegeben.

Havarien

Fragen 28, 93, 120, 123,
131–133 (SM I SKS)
Fragen 101, 112–114 (SM II SKS)

Fragen 319, 321, 322, 328 (SBF)

Ruderschaden

Ist die Reparatur eines Ruderschadens mit Bordmitteln nicht möglich, müssen wir ein **Notruder** herstellen. Es muss insbesondere auf einer größeren Yacht stark dimensioniert sein. Am besten verwendet man ein mit Gewichten beschwertes Brett (Bodenbrett, Stauraumdeckel), das mit einem starken Baum (Spinnakerbaum) geführt wird. Der Baum muss sehr gut festgelascht werden. Zur Steuerunterstützung können noch Steuerleinen an jeder Seite des Brettes befestigt werden. Die Yacht kann natürlich auch durch entsprechende Segelführung gesteuert werden.
An Bord einer seegängigen Yacht sollte sich eine **Notpinne** befinden – vor allem wenn sie radgesteuert ist (s. S. 121).

Bruch der Takelage

Der **Mast** bricht vor allem deshalb, weil er falsch getrimmt wurde, und meist im oberen Drittel. Bei einem Mastbruch müssen wir darauf achten, dass nicht auch noch der Bootskörper und die Segel beschädigt werden.

Deshalb müssen wir
- den gebrochenen Mast möglichst an Bord nehmen und sichern.
- Sollte dies nicht möglich sein, Wanten und Stagen mit dem Bolzenschneider kappen, damit der Rumpf nicht dadurch beschädigt wird, dass der Mast durch die See ständig gegen die Bordwand geworfen wird.

Beim Bruch eines zu stark belasteten **Wants** (natürlich des Luvwants) oder **Stags** müssen wir durch ein Manöver den Mast umgehend entlasten:

- Bei Bruch des **Luvwants** muss sofort gewendet werden.
- Bei Bruch des **Vorstags** muss vor den Wind abgefallen werden (keinesfalls wenden!).
- Bei Bruch des **Achterstags** muss an den Wind gegangen werden.

Das gebrochene Want kann durch ein Fall oder die Dirk, das gebrochene Vorstag ebenfalls durch ein Fall provisorisch ersetzt werden.
Alle Schäden der Takelage sollten mit Bordwerkzeug so weit behoben werden, dass der Mast sicher abgestagt wird, um den nächsten Hafen erreichen zu können.

Leckbekämpfung

Wenn unser Schiff leckgeschlagen ist, müssen wir sofort
- die Lenzpumpen betätigen, das Leck suchen und mit Bordmitteln abdichten,
- die Küste oder flaches Wasser ansteuern,
- unter Umständen mit Krängung weitersegeln, wenn das Leck knapp unter der Wasserlinie liegt.

Lecks sollten möglichst von innen abgedichtet werden. Ein von außen über den Schiffskörper gezurrtes Lecksegel bietet meist nur vorübergehenden Schutz. **Kleine Lecks** können häufig mit Holz- oder Kunststoffstücken und Unterwasserkleber abgedichtet werden. Zur vorläufigen Abdichtung **größerer Lecks** eignen sich Kojenpolster, Schaumstoffkissen oder eine überzählige aufblasbare Schwimmweste. Sie können mit einem Brett (Bodenbrett, Tür) über das Leck gepresst werden. Zur vorläufigen Sicherung kann ein Mann mit dem Rücken gegen das Brett drücken. Anschließend kann das Brett gegen den Wasserdruck mit Stützen und Bolzen im Schiffsinneren verkeilt werden.
Völlig dicht wird das Schiff bei einem größeren Leck sicher nicht werden, doch genügt es, wenn wir die Yacht mit der Pumpe halten können und manövrierfähig bleiben.

Steigt das Wasser trotz aller Bemühungen weiter, müssen wir
- einen Notalarm (DISTRESS) oder eine Notmeldung (MAYDAY) aussenden,
- Notsignale geben (s. S. 229),
- Rettungswesten anlegen, die Rettungsinsel klarmachen und das Verlassen des Bootes vorbereiten,
- gegebenenfalls ruhiges Flachwasser anlaufen und das Schiff auf Grund setzen.

Feuer an Bord

Feuer an Bord wird meist durch die Motoranlage, austretende Benzindämpfe oder die Flüssiggasanlage verursacht.

Einen Brand an Bord bekämpft man wirksam, indem man
- alle Öffnungen schließt,
- die Brennstoffzufuhr unterbricht,
- den Feuerlöscher erst am Brandherd betätigt,
- das Feuer von unten bekämpft,
- eine Löschdecke benutzt,
- bei Flüssigkeitsbränden kein Wasser einsetzt.

Der Feuerlöscher soll in der Nähe des Maschinenraums und der Kochstelle montiert sein.

Neben dem Feuerlöscher sollten eine Pütz (Eimer) zum Löschen von Bränden fester Stoffe und eine Feuerlöschdecke an Bord sein. Ein Löschdurchlass zum Motorraum soll das Löschen ohne Sauerstoffzutritt ermöglichen.

> Brennt der Motor:
> • Kraftstoffzufuhr abstellen und Motor mit hoher Drehzahl weiterlaufen lassen
> • Luftzufuhr verhindern
> • Brand mit Decke abdecken und mit ABC-Pulverlöscher löschen

Ein Brand in der elektrischen Anlage darf nicht mit Wasser oder Schaum gelöscht werden.

Grundberührung und Freikommen

In Revieren mit felsigem Grund müssen wir jede Grundberührung vermeiden. In flachen und sandigen Revieren ist das Festkommen aber nicht immer zu umgehen, da Sandbänke ihre Lage häufig verändern. Wie kommen wir dann frei? Gleich nach dem Festkommen ändert sich der an Bord spürbare Wind; er fällt achterlicher ein. Denn während der Fahrt kommt zum wahren Wind (wW) noch der Fahrtwind (Fw) hinzu und ergibt als Resultierende den scheinbaren Wind (sW). Wir unterscheiden deshalb zwei Situationen:

Beim **Festkommen am Wind** besteht die Chance, dass uns der wahre Wind (wW) von der Untiefe wieder herunterdrückt. Dann sollten wir die Schoten dichtlassen und die Yacht rasch krängen (Fock back, Ausreiten der Mannschaft etc.).

Beim **Festkommen raumschots** verschlechtert sich die Situation durch das Stoppen, da der wahre Wind (wW) stärker als der scheinbare Wind (sW) weht und achterlicher. Wir müssen deshalb sofort die Schoten fieren und die Segel bergen, um die Krängung zu verringern und um zu vermeiden, dass die Yacht noch weiter auf die Untiefe gedrückt wird. Dann bringen wir rasch mit dem Beiboot den Anker nach Luv aus, um die Yacht in den Wind zu drehen. Das Manöver kann natürlich mit Motorhilfe unterstützt werden.

Bei auflandigem Wind kommen wir mit Bordmitteln allein kaum mehr frei. Bei stärkerem Seegang oder drohender Wetterverschlechterung sollten wir abwägen, ob die Situation für Schiff und Crew bereits so dramatisch ist, dass Notalarm ausgelöst und ein Notsignal abgeschossen werden muss.

Ganz links: Festkommen
Beim Festkommen raumschots fällt der wahre Wind (wW) achterlicher ein als der scheinbare Wind (sW) und schiebt uns weiter auf die Untiefe. Deshalb müssen wir sofort die Schoten fieren und die Segel bergen.
Mitte links: Um mit Bordmitteln freizukommen, muss die Yacht gekrängt werden. Bei kleineren Yachten genügt oft schon das Ausreiten der Mannschaft in den Wanten. Bei größeren

Yachten muss der querschiffs festgemachte Großbaum mit ein oder zwei Mann oder dem ausgesetzten Dingi belastet werden. Buganker nach Luv ausbringen.
Mitte rechts: Sobald die Yacht durch Krängung freikommt, verholen wir uns am Anker in tieferes Wasser. Eine Kombination aus Spinnakerfall und am Schiff angebrachter Talje verhindert, dass die Krängung beim Verholen aus dem Schiff geht.

Ganz rechts: Gelingt das Freikommen mit Bordmitteln nicht, müssen wir ein fremdes Schiff zu Hilfe rufen. Wir versuchen, die Yacht mit einer über das Spinnakerfall verknüpften Leine zu krängen und freizubekommen. Zugleich verholen wir uns an einem zuvor ausgebrachten Warpanker.

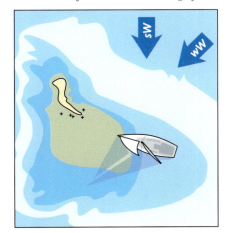

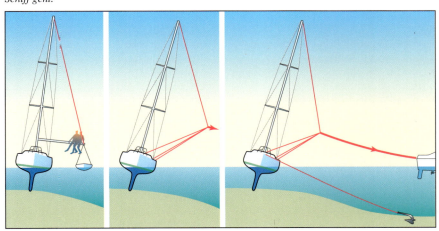

Als Skipper an Bord

Fragen 53 (NAV SKS),
92, 124–127, 130 (SM I SKS)
Fragen 70, 105–108, 111 (SM II SKS)
Fragen 310, 311 (SBF)

Verantwortlichkeit des Skippers

Der Schiffsführer ist für die Sicherheit der Crew und der Yacht verantwortlich. Deshalb muss er vor Reisebeginn prüfen, ob die Mannschaft ausreichend qualifiziert und das Schiff seetüchtig ist.

Die **Mannschaft** sollte so zusammengesetzt sein, dass genügend erfahrene Mitsegler an Bord sind, um die geplante Reise sicher durchführen zu können. Neben dem Schiffsführer sollte mindestens eine Person an Bord sein, die ihn im Notfall ersetzen kann. Denn alle wichtigen Manöver sollten auch ohne den Skipper klappen.

Um die **Seetüchtigkeit** der Yacht sicherzustellen, muss der Skipper prüfen,

- ob ihre Bauweise und ihr Zustand die vorgesehene Reise erlauben,
- ob die technischen Einrichtungen funktionieren und
- ob die Ausrüstung (einschließlich der Rettungsmittel) vollständig und funktionsfähig ist.

Seeklarmachen vor Reisebeginn

Zu Beginn eines Törns machen wir unsere Yacht seeklar. Hierbei überprüfen wir Folgendes:

- Seetüchtigkeit der Yacht
- Anzahl und Zustand der Segel
- Ankergeschirr und Festmacheleinen
- Rettungsmittel und Notsignale
- Navigationsunterlagen
- Funktionsfähigkeit des Motors und der Navigationsinstrumente
- Lenzeinrichtungen
- Feuerlöscher
- Betriebsfähigkeit der UKW-Seefunkstelle
- Treibstoffvorrat
- Trinkwasservorrat und Proviant
- Bootspapiere

Sicherheitseinweisung der Crew

Durch eine Sicherheitseinweisung vor dem ersten Auslaufen muss der Skipper dafür sorgen, dass die Crew die Funktionsweise der wichtigsten **technischen Einrichtungen** einschließlich der Rettungsmittel kennt und sie auch ohne Schiffsführer schnell und sicher bedienen kann. Hierzu zählen insbesondere:

- Rettungswesten und Sicherheitsgurte
- Rettungsinsel (Rettungsfloß) und Seenotsignalmittel
- MOB-Taste (Mensch-über-Bord-Taste) des GPS-Gerätes
- Lenzeinrichtung, Lenzpumpen und Seeventile
- Ankergeschirr
- Notrudereinrichtung
- Bord-WC
- Kocheinrichtung und Feuerlöscher
- Motoranlage
- Elektroanlage
- Rundfunkgerät
- UKW-Seefunkstelle

Außerdem ist die Mannschaft einzuweisen in

- das Verhalten bei **Mensch über Bord** und
- das Erkennen von und das Verhalten bei **Seekrankheit**.

Das **Mensch-über-Bord-Manöver** sollte zu Beginn des Törns **mit der Crew geübt** werden; gerade dieses Manöver sollte außer dem Skipper mindestens eine weitere Person an Bord sicher durchführen können.

Check vor dem Auslaufen

Vor jedem Auslaufen während eines Törns

- holen wir den Wetterbericht ein,
- legen wir die erforderlichen Seekarten und Seebücher bereit und
- überprüfen wir routinemäßig die Sicherheitsausrüstung, die Bilge und das Rigg, den Wasser- und Kraftstoffvorrat, den Motor und die Schaltung, die nautischen Geräte sowie die Navigationslichter und die Schall- und Lichtsignalanlage.

Wachplan

Vor jedem Törn sollte unbedingt ein Wachplan aufgestellt werden. Er legt für die gesamte Reisedauer fest, wer neben dem Skipper als Wachführer und als Wachgänger fungiert und wie sich die einzelnen Wachen zeitlich verteilen. Der Wachplan sollte strikt eingehalten werden. Er sollte auch Zusatzfunktionen und Verantwortlichkeiten festhalten wie für die Navigation, den Motor, den Anker, die Pantry etc.

Es gibt keinen universell gültigen Wachplan. Wie er im Einzelnen aussieht, hängt von der Anzahl der Mitsegler und deren Erfahrung ab. Wichtig ist, dass sich die Wachen im Laufe der Tage zeitlich verschieben, damit nicht ein und dieselbe Wache stets auf den gleichen Zeitraum fällt. So empfiehlt sich beispielsweise bei sechs Mitseglern die Aufteilung in drei Wachen zu je drei Stunden. Denkbar ist auch ein Plan mit nur zwei Wachen, der nachts (20:00 Uhr bis 08:00 Uhr) jeweils dreistündige und tagsüber vierstündige Wachen vorsieht.

Hinweise zur Nachtfahrt

> **Vor einer Nachtfahrt** treffen wir folgende navigatorische Vorbereitungen:
> • Kurse und Kursänderungspunkte vorausbestimmen
> • Untiefen und Hindernisse (insbesondere unbefeuerte Tonnen) in der Karte besonders kennzeichnen
> • in der Karte markieren, wann und wo welche Leuchtfeuer in der Kimm erscheinen
> Von großem Nutzen ist dabei die Wegpunktnavigation (s. S. 89).

• Die Crew sollte, soweit sie sich an Deck befindet, grundsätzlich **Sicherheitsgurte** tragen.
• Wir sollten einen **Scheinwerfer** bereitlegen, um notfalls (bei Annäherung eines großen Schiffes) die Segel anstrahlen zu können.
• Die Aufmerksamkeit, Konzentrationsfähigkeit und Reaktionsschnelligkeit der Wachgänger sinken etwa zwischen 24:00 und 04:00 auf einen Tiefpunkt. Während dieser Zeit sollte der Skipper die Wache unterstützen.
• An Deck **kein Licht** verwenden! Die Wachgänger sollten auch gegen das Kajütlicht abgeschirmt sein. Die Adaption des Auges dauert etwa zehn Minuten, um die volle Nachtsichtigkeit zu erreichen.

> ### Nach einem Sturm
> Müssen wir nach einem Sturm annehmen, dass wir gesucht oder vermisst werden, sollten wir sofort Angehörige und die Seenotleitung Bremen (MRCC) der *Deutschen Gesellschaft zur Rettung Schiffbrüchiger (DGzRS)* benachrichtigen.

Chartern einer Yacht

Man kann heute in allen Revieren der Welt gut ausgerüstete Yachten chartern. Bei der Übernahme einer Charteryacht **überprüfen** wir insbesondere
• die Gültigkeit der Schiffspapiere,
• den Zustand von Boot und Ausrüstung und die Vollständigkeit der Ausrüstung (Checkliste). Mängel sollten schriftlich festgehalten werden.
Vor Reisebeginn sollten wir uns mit den Segeleigenschaften und Manövriereigenschaften unter Motor der für uns meist unbekannten Yacht vertraut machen. Wir sprechen die wichtigsten Manöver mit der Crew durch und üben nach dem Auslaufen
• das Segelsetzen, Segelbergen, Reffen und Ausreffen,
• das Boje-über-Bord-Manöver unter Segel und unter Motor,
• die wichtigsten Motormanöver bei unterschiedlichem Wind und verschiedenen Geschwindigkeiten, wobei wir Stoppweg, Dreheigenschaften und Rückwärtsfahrt prüfen.
Wichtig ist auch die Überprüfung des **Versicherungsschutzes**. Für jede Yacht sollte
• eine *Haftpflichtversicherung* (gegen Ansprüche Dritter, die einen Schaden durch die Yacht erleiden) und
• eine *Kaskoversicherung* (für Schäden am eigenen/gecharterten Boot) abgeschlossen sein. Daneben empfiehlt sich eine Insassenunfall- und Skipperhaftpflichtversicherung.

Seekrankheit

Frage 140 (SM I SKS)
Frage 121 (SM II SKS)

Seekrankheit kann die Einsatzfähigkeit der Crew bei schwerem Wetter erheblich beeinträchtigen. Einige einfache **vorbeugende Maßnahmen** können Seekrankheit vermeiden bzw. in ihrer Wirkung begrenzen:
• ausreichend Schlaf
• warme und trockene Kleidung (also Ölzeug überziehen, bevor der erste Brecher überkommt – am besten schon vor dem Auslaufen, wenn klar ist, dass gröbere See zu erwarten ist)
• kein Alkohol
• leichte Kost (kein leerer Magen)
• frische Luft (kein Dieselgeruch in der Kajüte)
• Küste bzw. Horizont beobachten (am besten beim Rudergehen)
• Arbeiten unter Deck (Kartenarbeit, Kochen) vermeiden
• Angst kann Seekrankheit verstärken
Schwere Seekrankheit mit Erbrechen führt zu Apathie und völliger Erschöpfung. Der Seekranke muss deshalb im Cockpit beaufsichtigt werden und mit dem Sicherheitsgurt gesichert sein. Er kann auch trocken und warm unter Deck in die Koje gelegt werden (am besten in Seitenlage), um etwas Schlaf zu finden. Hat sich der Magen beruhigt, können trockene und leichte Nahrung (Zwieback) und etwas Wasser gegeben werden, um den Flüssigkeitsverlust auszugleichen.
Medikamente gegen Seekrankheit haben eine sedative Wirkung und machen müde. Man muss sie rechtzeitig vor dem Auslaufen einnehmen.

Verhalten in Seenot

*Fragen 132, 134–136,
        138, 139 (SM I SKS)
Fragen 113, 115–117,
        119, 120 (SM II SKS)*

Maritimer Such- und Rettungsdienst

Den Seenotrettungsdienst *(Search and Rescue- bzw. SAR-Dienst)* im deutschen Küstenbereich leitet und koordiniert die *Deutsche Gesellschaft zur Rettung Schiffbrüchiger (DGzRS)* mit der *Seenotleitung Bremen* (**Maritime Rescue Co-ordination Centre – MRCC**). Die Seenotleitung ist über eigene Antennenanlagen aus dem gesamten Seegebiet A1 vor der deutschen Nord- und Ostseeküste auf UKW mit DSC-Notruf oder auf Kanal 16 erreichbar.
Im nahen Küstenbereich kann die Seenotleitung Bremen auch über alle deutschen Mobilfunknetze unter der **Kurzwahl 124 124** (für alle Netze ohne Vorwahl) erreicht werden.

Meldungen mit Vorrang

Im Sprechfunkverkehr des Seefunkdienstes unterscheidet man drei Arten von Meldungen mit Vorrang:
Die **Notmeldung (MAYDAY)** wird im Seenotfall und bei »Mensch über Bord« bzw. »Person over board« gegeben.

Die **Dringlichkeitsmeldung (PAN PAN)** wird gegeben bei einer dringenden Meldung über die Sicherheit eines Fahrzeuges oder einer Person.
Die **Sicherheitsmeldung (SECURITÉ)** wird für wichtige nautische Warnungen, wie z. B. die Verbreitung von Nautischen Warnnachrichten, verwendet.

Obwohl Seefunkgeräte normalerweise nur mit dem entsprechenden Funkbetriebszeugnis bedient werden dürfen, kann in Notfällen natürlich jeder über Funk einen Notruf absetzen. Deshalb im Folgenden kurz der **Aufbau einer Notmeldung auf UKW-Kanal 16:**

1. MAYDAY (3 x)
2. Hier ist oder Delta Echo (DE)
   Schiffsname (3 x)
   Rufzeichen (1 x)
3. MAYDAY
4. Rufzeichen (1 x)
5. Position nach Breite und Länge
6. Kurze Beschreibung des Notfalls
7. Art der benötigten Hilfe
8. Rufzeichen (1 x)
9. »Bitte kommen« oder »Over«

Seenot an Bord

Im Seenotfall

- Ruhe bewahren und überlegt handeln
- Notmeldung abgeben, gegebenenfalls Radartransponder aktivieren
- Rettungsinsel klarmachen
- Rettungsweste und Sicherheitsgurt anlegen
- so lange wie möglich an Bord bleiben
- wärmende Kleidung anziehen

Der **Seenotfall** kann eintreten, wenn nach einer Kollision oder Grundberührung das Wasser im Schiff trotz aller Maßnahmen weiter steigt. Der Seenotfall wird nur vom **Schiffsführer** ausgerufen. Seinen Anordnungen ist mehr noch als sonst unbedingt zu folgen. Jede Eigenmächtigkeit ist zu unterbinden.
Rettungs- und Notsignalmittel müssen gezielt und überlegt eingesetzt werden. Ein falscher oder verfrühter Einsatz kann katastrophale Folgen für Schiff und Mannschaft haben.
Notzeichen dürfen nur im Notfall und auf Anordnung des Schiffsführers gegeben werden, und zwar bei unmit-

Abbergen durch Hubschrauber

Frage 137 (SM I SKS)
Frage 118 (SM II SKS)

Frage 342 (SBF)

Bei einer Bergung durch einen Rettungshubschrauber müssen wir beachten:

- Fahrzeug in den Wind legen! Segel bergen und unter Motor laufen!
- Antennen und Stagen, in denen sich der Windenläufer verhängen kann, bergen! (Personen werden vom Heck oder besser vom Dingi aus abgeborgen.)
- Rettungsschlinge mit dem Zugpunkt nach vorn über den Kopf unter die Arme streifen! Arme nach unten drücken, die Hände sind zu schließen!
- Anweisungen der Hubschrauberbesatzung Folge leisten!

Benutzen der Rettungsschlinge
Ist die Rettungsschlinge offen: zuerst den Karabinerhaken schließen. Dann die geschlossene Schlinge über den Kopf unter die Arme streifen. Arme nach unten drücken und an den Körper pressen.

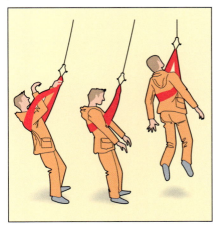

telbarer Gefahr für Schiff oder Besatzung, die nicht ohne fremde Hilfe überwunden werden kann.

Verlassen des Schiffes

Vor dem Übersteigen auf die Rettungsinsel

- Rettungsweste und Sicherheitsgurt anlegen
- wärmende Kleidung anziehen
- gegebenenfalls warme Flüssigkeit trinken
- Proviant, Wasser, Seenotsignalmittel und Seenotfunkbake, Radartransponder und UKW-Handsprechfunkgerät in die Nottasche packen

---

Das **Schiff** sollte **so spät wie möglich** und nur **verlassen** werden, wenn es keine andere Möglichkeit mehr gibt. Die Überlebenschancen sind auf einem Schiff deutlich größer als in der Rettungsinsel, denn das Schiff ist leichter zu orten und an Bord verfügt man über wesentlich mehr Möglichkeiten zur Rettung als auf dem Rettungsfloß. Außerhalb des Schiffes drohen Ertrinken, Unterkühlung, Verdursten, Seekrankheit und Erschöpfung.

In nordeuropäischen Gewässern ist der größte Feind in der Rettungsinsel die **Unterkühlung**, im Mittelmeer und Atlantik auch die Sonne. Kopf und Nacken, Hände und Füße müssen besonders geschützt werden.
Kein Alkohol! Die Reaktionsfähigkeit wird vermindert und die Unterkühlung gefördert!
Auch **im Wasser** sollte die **Kleidung anbehalten** werden; sie schützt gegen Wärmeverlust und beeinträchtigt nicht die Tragfähigkeit der Rettungsweste.

Große Schiffe

Fragen 157–163 (SM I SKS)
Fragen 140–146 (SM II SKS)

Fragen 263, 266 (SBF)

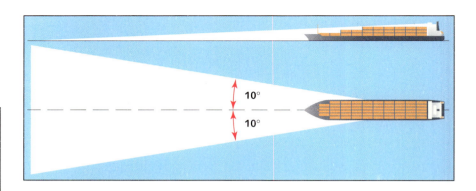

- Die **Manövrierfähigkeit** großer Schiffe ist anders als bei Sportbooten (längere Stoppstrecke, größerer Drehkreis, Heckausschlag).
- Die **Sicht** voraus kann vor allem auf Schiffen mit Deckladung (z. B. Container) eingeschränkt sein.
- Im optisch nicht einsehbaren Bereich vor dem Steven können kleine Fahrzeuge auch vom Radar leicht übersehen werden (**Radarschatten**).
- **Bug- und Heckwelle** eines überholenden großen Schiffes können ein Sportboot vom Kurs abbringen.
- Die Manövrierfähigkeit von Segelyachten kann durch die **Windabdeckung** großer Schiffe beeinträchtigt werden.

Oben: Toter Winkel
Von der Brückenmitte eines großen Schiffes aus ist eine Strecke von etwa 500 bis 600 m voraus in einem Winkel bis zu 10° beiderseits des Bugs nicht einsehbar.
Unten: Ausweichen durch Hartruderlage
Bei einem Ausweichmanöver durch Hartruderlage verlässt das Heck eines 300 m langen Containerschiffes erst nach etwa 500 bis 600 m seine alte Kurslinie.

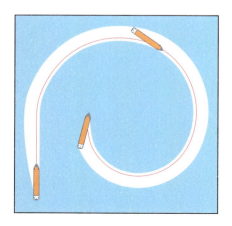

Manövereigenschaften

Die **Stoppstrecke** großer Schiffe hängt vom Schiffstyp, der Schiffsgröße, Beladung, Ausgangsgeschwindigkeit und Wassertiefe ab. Auf einem 300 m langen beladenen Containerschiff steuert die Maschine erst nach 7 Minuten auf rückwärts um. Aus einer Fahrt von 24 kn braucht es eine Stoppstrecke von ca. 2 sm und eine Stoppzeit von 12 Minuten. Seeschiffe dieser Größe leiten deshalb ein Manöver des letzten Augenblicks nicht durch ein Vollrückwärtsmanöver, sondern durch ein Rudermanöver ein.

Bei **Kursänderungen** schwenkt das Heck großer Schiffe deutlich zur entgegengesetzten Richtung aus, bei einer Kursänderung nach Stb schwenkt es also nach Bb aus – und umgekehrt. Bei einem Ausweichmanöver mit **Hartruderlage**, z. B. Ruder hart Stb, schwingt der Steven rasch nach Stb und das Heck (wegen des nach vorn wandernden Drehpunktes) weit nach Bb aus. Erst nach etwa zwei Schiffslängen (500 bis 600 m) verlässt das Heck die alte Kurslinie.

Der **Drehkreisdurchmesser** beträgt bei Containerschiffen von 250 bis 300 m Länge etwa 800 bis 1000 m.

Sicht von großen Schiffen aus

Von der Brückenmitte eines Handelsschiffes aus ist eine Strecke von etwa **500 bis 600 m voraus in einem Winkel bis zu 10°** beiderseits des Bugs nicht einsehbar (toter Winkel). Je nach Trimm kann diese Strecke deutlich länger sein.

Aus einer Augeshöhe von etwa 25 m kann man **Sportboote** in einem Abstand von 3 sm **nicht mehr über der Kimm** sehen. Sie sind deshalb bei ungünstigen Sichtverhältnissen (Dunst, Sonnenreflexion, Seegang) nur schwer erkennbar. Das Radarecho von Sportbooten kann bei Seegang und Regen leicht verschwinden. Ein möglichst hoch und fest montierter passiver oder aktiver **Radarreflektor** erhöht die Chance, erkannt zu werden.

Überholen durch große Schiffe

Die **Bug- bzw. Heckwelle** und der **Bugstau** überholender großer Schiffe können ein Sportboot aus dem Ruder laufen lassen. **Sog**, der sich zwischen den Bordwänden bildet, kann die Yacht an die Bordwand heranziehen (*Bernoulli-Effekt*).

Hochgeschwindigkeitsfahrzeuge

Als **Fähren** gewinnen Hochgeschwindigkeitsfahrzeuge *(High Speed Craft – HSC)* zunehmend an Bedeutung. Sie verfügen über **keine seeverkehrsrechtlichen Sonderrechte.**
Für Sportboote, die nur schlecht wahrzunehmen sind, sind sie besonders gefährlich. Deshalb sollten wir ihre Routen, auf die in deutschen Seekarten hingewiesen wird, möglichst meiden.
Auf jeden Fall sollten wir
• keinesfalls die Geschwindigkeit dieser Fahrzeuge unterschätzen,

• rechtzeitig Navigationslichter führen und den möglichst mit einem Radarzielverstärker ausgerüsteten Radarreflektor (vgl. S. 124) setzen,
• nachts eine starke Handlampe zum Anleuchten der Segel bereithalten,
• im Zweifel, ob das Fahrzeug seiner Ausweichpflicht nachkommt, als Lichtsignal mindestens fünf kurze, rasch aufeinander folgende Blitze geben (vgl. S. 228),
• nicht zögern, als letzte Möglichkeit, rechtzeitig erkannt zu werden, einen weißen Stern zu schießen.

Hochgeschwindigkeitsfahrzeuge (HSC) sind sehr schnell (bis zu 50 kn), aber auch sehr manövrierfähig (Stoppstrecke bis zu 100 m).

Kommandotafel

Die Kommandotafel soll der klaren und eindeutigen Verständigung zwischen Schiffsführung und Crew auf Yachten dienen. Sie ist gedacht als Richtlinie für den praktischen Segelunterricht in Segelschulen und Clubs und kann in dieser Form auch bei Prüfungen verlangt werden.

Manöver		Kommando	Rückmeldung
Segelsetzen		Fock/Großsegel/Alle Segel klar zum Setzen!	Fock/Großsegel/Alle Segel ist/sind klar zum Setzen!
		Heiß Fock/Großsegel/die Segel!	
Segelbergen		Fock/Großsegel/Alle Segel klar zum Bergen!	Fock/Großsegel/Alle Segel ist/sind klar zum Bergen!
		Klar bei Fock-/Großfall!	Fock-/Großfall ist klar!
		Hol nieder Fock/Großsegel!	
Dirken		Klar bei Dirk!	Dirk ist klar!
		An-/Abdirken!	
Segelbedienung	Anluven	Hol an die Schoten/Großschot/Fockschot!	
		Neuer Kurs: Halber Wind!/Am Wind!	
		Fest die Schot/Schoten!	
	Abfallen	Fier auf die Schoten/Großschot/Fockschot!	
		Neuer Kurs: Halber Wind!/Am Wind!	
		Fest die Schot/Schoten	
		Fock an Backbord/Steuerbord!	
	Aufschießen	Klar zum Aufschießen!	Schoten sind klar!
		Schoten los!	

Manöver		Kommando	Rückmeldung
Segel-bedienung	Wenden	(Hol an die Schoten!)	
		Klar zum Wenden!	Fock ist klar!
		Ree!	
		Über die Fock!	
		Neuer Kurs:…	
	Halsen	Klar zum Halsen! (Fier auf die Schoten!)	Fockschot ist klar! Großschot ist klar!
		Hol dicht Großschot!	
		Rund achtern!	
		Über vorn!	
		Fier auf die Großschot!	
		Hol an die Schoten!	
		Neuer Kurs:…	
	Schiften	Klar zum Schiften des…!	…schot ist klar!
		Hol dicht …schot!	
		Über …segel!	
		Fier auf …schot!	
	Reffen	Klar zum Reffen!	
		Klar bei Großfall!	Großfall ist klar!
		Lose auf Großfall!	Ist klar zum Reffen!
		…Törns reffen!	Ist gerefft!
		Dicht Großfall!	
Ruderführung		Backbord-/Steuerbordruder!	Backbord-/Steuerbordruder!
		Hart Backbord/Steuerbord!	Hart Backbord/Steuerbord!
		Komm auf!	Aufkommen!
		Mittschiffs!	Mittschiffs!
		Recht so!	Recht so! …Grad!
		Stütz!	Stütz!
		Kurs zwei drei null!	Kurs zwei drei null! Zwei drei null liegen an!
		Neuer Kurs zwei drei null!	
		Nach Backbord/Steuerbord auf zwei drei null gehen!	Nach Backbord/Steuerbord auf zwei drei null gehen! Zwei drei null liegen an!

Manöver		Kommando	Rückmeldung
Ablegen	Vom Steg	Klar zum Ablegen über Backbord-/ Steuerbordbug!	
		Klar bei Vor-/Achterleine!	Vor-/Achterleine ist klar!
		Klar bei Vor-/Achterspring!	Vor-/Achterspring ist klar!
		Los die …leine/…spring!	…leine/…spring ist los!
		Alle Leinen los und ein!	Alles ist los und ein!
		Fock/Großsegel back an…!	
		Über die Fock/das Groß!	
	Von der Boje	Klar zum Loswerfen!	Ist klar zum Loswerfen!
		Klar bei Vorleine!	Vorleine ist klar!
		Hol dicht Vorleine!	Vorleine ist dicht!
		Fock/Großsegel dicht an …bord!	
		Los die Vorleine!	Vorleine ist los! Vorleine ist ein!
		Über die Fock/das Groß!	
Anlegen	Am Steg (gegen den Wind)	Klar zum Anlegen an Backbord/ Steuerbord!	
		Klar zum Bergen der Fock!	
		Klar bei Fockfall!	Fockfall ist klar!
		Hol nieder Fock!	
		Klar zum Aufschießen!	
		Klar bei Großschot!	Großschot ist klar!
		Großschot los!	Großschot ist los!
		Klar bei Vor-/Achterleine, Vor-/Achterspring!	… ist klar!
		…leine/…spring an Land!	
		…leine/…spring langsam festhalten!	
		Boot so festmachen!	Boot so festmachen!
		Großsegel bergen!	
		Alles aufklaren!	
	An der Boje (gegen den Wind)	Klar zum An-die-Boje-Gehen! Weitere Kommandos etwa wie zuvor…	Abstand …m! Mehr Bb/Stb! Boje ist gefasst! Boot ist fest!

Manöver		Kommando	Rückmeldung
Anlegen	Am Steg (vor dem Wind)	Großsegel klar zum Bergen!	Großsegel klar zum Bergen!
		Klar bei Dirk!	Dirk ist klar!
		Andirken! Klar bei Großfall!	Großfall ist klar!
		Klar zum Aufschießen!	
		Nach …bord in den Wind gehen!	
		Hol nieder Großsegel!	Hol nieder Großsegel!
		Weiter drehen bis vor den Wind!	Weiter drehen bis vor den Wind!
		Großsegel auftuchen und bezeisen!	
		Fock an …bord!	Fock an …bord!
		Fock klar zum Bergen!	Fock ist klar zum Bergen!
		Klar bei Fockfall!	Fockfall ist klar!
		Klar zum Anlegen an Backbord/ Steuerbord!	Klar zum Anlegen an …
		Hol nieder Fock!	Hol nieder Fock!
		Klar bei Achterleine! Klar bei Vorspring!	Klar bei Achterleine! Klar bei Vorspring!
		…leine/…spring an Land!	…leine/…spring an Land!
		Boot langsam aufstoppen!	
		Vorleine/Achterspring an Land!	Vorleine/Achterspring an Land!
		Boot so festmachen!	Boot so festmachen!
		Alles aufklaren!	
Ankermanöver		Die Kommandos richten sich nach den zu fahrenden Manövern. Das bedeutet, dass es zu einer Folge von Kommandos kommt, wie sie etwa bei diesen Manövern angewendet werden: Wenden Anluven Abfallen Aufschießen Segelbergen Segelsetzen Halsen	
Boje über Bord; im Ernstfall: Mensch über Bord		Das/die Manöver werden eingeleitet durch den Ruf: »Boje über Bord!« im Ernstfall »Mensch über Bord!« Danach ergibt sich eine Folge von Kommandos, die sich nach den zu fahrenden Manövern richten (siehe oben).	

4
Wetterkunde

Luftdruck und Wind

Fragen 1, 6, 21, 24 – 27, 31,
66 (WK SKS)

Fragen 286–291, 303, 304 (SBF)

Wetter und Troposphäre

Die Erde ist von einer Lufthülle, der Atmosphäre, umgeben. Sie besteht aus verschiedenen Schichten mit unterschiedlichen Eigenschaften. Fast alle Wettervorgänge spielen sich in der untersten Schicht der Atmosphäre ab, der sogenannten **Troposphäre.** Denn nur dort gibt es Wasser – in Form von Wolken (Wasserdampf), Eiskristallen, Schnee und Regentropfen. Die Troposphäre erreicht in mittleren Breiten eine Höhe von etwa 10 bis 12 km.

Innerhalb der Troposphäre sinkt die Lufttemperatur mit zunehmender Höhe bis auf etwa –60 °C ab. Ebenso nimmt der Luftdruck mit der Höhe ab, und zwar in Bodennähe um etwa 1 Hektopascal (hPa) pro 8 Höhenmeter. In 5400 m Höhe beträgt der Luftdruck nur noch 500 hPa.

Das Wettergeschehen auf der Erde wird im Wesentlichen von der **Lufttemperatur,** dem **Luftdruck** und der **Luftfeuchtigkeit** bestimmt.

Luftdruck

Die Atmosphäre (Lufthülle) unterliegt der Anziehungskraft der Erde. Luft hat deshalb ein Gewicht, das den Luftdruck verursacht.

- Luftdruck wird in **Hektopascal (hPa)** angegeben – manchmal noch in der älteren, gleich großen Einheit *Millibar (mb* oder *mbar).*
  Es gilt also: 1 hPa = 1 mbar.

Der mittlere Luftdruck auf Meereshöhe bei 15 °C Lufttemperatur beträgt 1013 hPa. Der Luftdruck wird mit dem **Barometer** gemessen (s. S. 210).

Tiefdruck und Hochdruck

Der Luftdruck ist nicht an jedem Ort (auf Meereshöhe bezogen) gleich groß, sondern ändert sich laufend. Dies liegt an den dynamischen Prozessen, die durch die Temperaturunterschiede und die Unterschiede des Wasserdampfgehaltes in der Troposphäre ausgelöst werden. So entstehen

- **Tiefdruckgebiete** bzw. Tiefs oder Zyklonen und
- **Hochdruckgebiete** bzw. Hochs oder Antizyklonen.

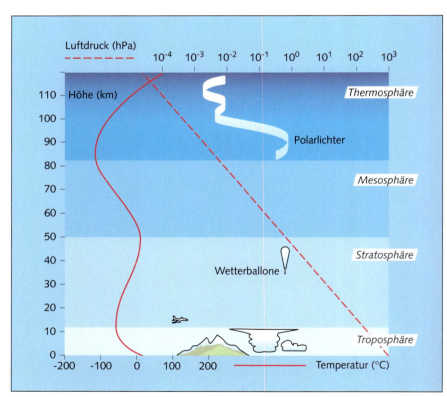

Aufbau der Atmosphäre
Allein die untere Schicht der Atmosphäre, die Troposphäre, ist wetterbestimmend. Darüber befinden sich die Stratosphäre, die Mesosphäre und die Thermosphäre. Sie haben kaum noch

Einfluss auf das Wettergeschehen auf der Erde.
*Die **Lufttemperatur** nimmt innerhalb der Troposphäre mit der Höhe ab. Auch der **Luftdruck** sinkt mit zunehmender Höhe.*

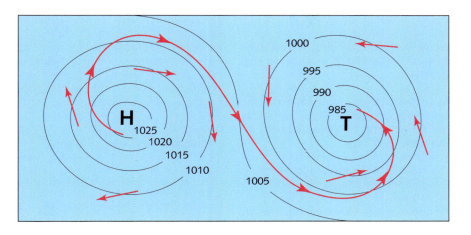

Luftdruckschwankungen

In unseren Breiten schwankt der Luftdruck etwa zwischen 950 hPa und 1050 hPa. Die mittleren Luftdruckschwankungen im Sommer betragen etwa 4 hPa pro Tag. Sie können aber im Einzelfall deutlich größer ausfallen.

Generell gilt:
- Bei Luftdruckabfall können wir mit Wetterverschlechterung, bei Luftdruckanstieg mit Wetterverbesserung rechnen.
- Rasche Änderungen des Luftdrucks zeigen eine schnelle Wetteränderung an.
- Fällt der Luftdruck in unseren Breiten um mehr als 1 hPa pro Stunde, müssen wir mit Starkwind (6 – 7 Bft) oder Sturm (8 Bft) rechnen.
- Fällt der Luftdruck innerhalb von 3 Stunden um mehr als 10 hPa, so ist schwerer Sturm (10 Bft) zu erwarten.

Isobaren

Die Luftdruckverteilung auf der Erdoberfläche stellt man mithilfe von Isobaren dar. Sie verbinden Orte gleichen Luftdrucks.

- **Isobaren** sind Linien gleichen Luftdrucks.

In Wetterkarten sind sie im Abstand von 5 zu 5 hPa gezeichnet (in England von 4 zu 4 hPa). Wetterkarten mit Isobaren stellen also eine Momentaufnahme der aktuellen Luftdruckverteilung bezogen auf Meereshöhe dar. Isobaren können sich natürlich weder berühren noch kreuzen.

Wind

Wind ist bewegte Luft. Er gleicht die Luftdruckunterschiede zwischen Hochdruck- und Tiefdruckgebieten aus und strömt deshalb aus Gebieten höheren Luftdrucks in Gebiete niedrigeren Luftdrucks ein.

Hierbei wird (auf der Nordhalbkugel) der Wind durch die **Erddrehung** (Corioliskraft) und die **Bodenreibung** gegen den Uhrzeigersinn (linksherum) vom Isobarenverlauf abgelenkt (rückgedreht). Der Wind weht also nicht direkt vom Hoch ins Tief und auch nicht parallel zu den Isobaren.

- In Bodennähe weht der Wind auf der Nordhalbkugel mit einem Winkel von etwa 10° bis 20° zu den Isobaren im Uhrzeigersinn (also rechtsherum)

aus dem Hochdruckzentrum heraus und gegen den Uhrzeigersinn (also linksherum) in den Tiefdruckkern hinein.

Deshalb nennt man ein Tief auch Zyklone und ein Hoch Antizyklone.

Für die **Stärke des Windes** ist nicht die absolute Größe des Luftdrucks entscheidend, sondern das **Druckgefälle** (Gradient): Je größer der Luftdruckunterschied zwischen zwei Orten ist – je enger also die Isobaren verlaufen –, desto stärker weht der Wind. Ein Druckgefälle von 5 hPa auf einer Distanz von

100 sm entspricht etwa	7 – 8 Bft
200 sm	5 Bft
300 sm	3 Bft

Diese Werte gelten auf einer geografischen Breite von etwa 50°.

Isobaren,
Windrichtung und Windstärke
Aus der Darstellung der Isobaren in der Wetterkarte kann man neben der **Windrichtung** auch das **Druckgefälle** abschätzen: Je enger die Isobaren verlaufen, desto größer ist das Druckgefälle und desto stärker weht der Wind.

Wind und Beaufortskala

Fragen 5, 9, 11, 61, 68, 69 (WK SKS)

Fragen 285, 299 – 304 (SBF)

Windstärken nach Beaufort und Seegang nach Petersen

Wind beeinflusst den Seegang. Deshalb kann man aus bestimmten charakteristischen Merkmalen der See auf die Windstärke schließen. Diese Merkmale sind in der Seegangsskala nach Petersen festgehalten.

Die **Windstärke** wird in Beaufort (Bft) mit der 12-stufigen Beaufortskala angegeben. Die **Windgeschwindigkeit** wird in m/s, km/h oder kn (= sm/h) gemessen.

Die **Windrichtung** wird mit der Himmelsrichtung bezeichnet, aus welcher der Wind weht. **In Seewetterberichten** verwendet man
- bei den *Vorhersagen* und *Aussichten* die **8-teilige Kompassrose** in 45°-Stufen (also N, NE, E, SE, S, SW, W, NW) und
- bei den *Stationsmeldungen* sogar die **16-teilige Kompassrose** in 22,5°-Stufen (also N, NNE, NE, ENE, E usw.).

Die **Beaufortskala** ist **nicht linear** aufgebaut. Die Wirkung des Windes auf das Segel (Winddruck) wächst mit dem Quadrat der Windgeschwindigkeit. So bedeutet die Zunahme des Windes von 4 auf 5 Bft eine Verdoppelung des Winddrucks.

Ablandiger und auflandiger Wind
- Bei ablandigem Wind müssen wir damit rechnen, dass Wind und Seegang auf der freien See erheblich stärker sind als im Hafen.
- Bei auflandigem Wind entspricht die an Land vorherrschende Windgeschwindigkeit etwa den Verhältnissen auf der freien See.

Windstärken- und Seegangsskala

Windstärke Beaufort	Windgeschwindigkeit m/s	km/h	kn	Auswirkungen des Windes auf die See (Petersen)	Seegang Petersen	Bezeichnung des Seegangs
0 = Windstille	0 – 0,2	< 1	< 1	Spiegelglatte See	0	glatte See
1 = leiser Zug	0,3– 1,5	1– 5	1– 3	Kleine schuppenförmig aussehende Kräuselwellen ohne Schaumköpfe	1	sehr ruhige See
2 = leichter Zug	1,6– 3,3	6– 11	4– 6	Kleine Wellen, noch kurz, aber ausgeprägter. Kämme sehen glasig aus, aber brechen sich nicht.	2	ruhige See
3 = schwacher Wind	3,4– 5,4	12– 19	7–10	Kämme beginnen sich zu brechen. Schaum überwiegend glasig, ganz vereinzelt können kleine weiße Schaumköpfe auftreten.		
4 = mäßiger Wind	5,5– 7,9	20– 28	11–16	Wellen noch klein, werden aber länger. Weiße Schaumköpfe treten schon ziemlich verbreitet auf.	3	leicht bewegte See
5 = frischer Wind	8 –10,7	29– 38	17–21	Mäßige Wellen, die eine ausgeprägte lange Form annehmen. Überall weiße Schaumkämme. Ganz vereinzelt kann schon Gischt vorkommen.	4	mäßig bewegte See
6 = starker Wind	10,8–13,8	39– 49	22–27	Bildung großer Wellen beginnt. Kämme brechen sich und hinterlassen größere weiße Schaumflächen.	5	ziemlich grobe See
7 = steifer Wind	13,9–17,1	50– 61	28–33	See türmt sich. Der beim Brechen entstehende weiße Schaum beginnt sich in Streifen in die Windrichtung zu legen.	6	grobe See
8 = stürmischer Wind	17,2–20,7	62– 74	34–40	Mäßig hohe Wellenberge mit Kämmen von beträchtlicher Länge. Von den Kanten der Kämme beginnt Gischt abzuwehen. Schaum legt sich in gut ausgeprägten Streifen in die Windrichtung.	7	hohe See
9 = Sturm	20,8–24,4	75– 88	41–47	Hohe Wellenberge, dichte Schaumstreifen in Windrichtung. »Rollen« der See beginnt. Gischt kann die Sicht schon beeinträchtigen.		
10 = schwerer Sturm	24,5–28,4	89–102	48–55	Sehr hohe Wellenberge mit langen überbrechenden Kämmen. See weiß durch Schaum. Schweres stoßartiges »Rollen« der See. Sicht durch Gischt beeinträchtigt.	8	sehr hohe See
11 = orkanartiger Sturm	28,5–32,6	103–117	56–63	Außergewöhnlich hohe Wellenberge. Die Kanten der Wellenlänge werden überall zu Gischt verblasen. Sicht herabgesetzt.	9	äußerst schwere See
12 = Orkan	> 32,7	> 118	> 64	Luft mit Schaum und Gischt ausgefüllt. See vollständig weiß. Sicht sehr stark herabgesetzt. Jede Fernsicht hört auf.		

Rechtdrehender und rückdrehender Wind

Ändert der Wind seine Richtung, so spricht man von

- **rechtdrehendem oder rechtsdrehendem Wind,** wenn er seine Richtung im Uhrzeigersinn ändert,
- **rückdrehendem oder linksdrehendem Wind**, wenn er seine Richtung entgegen dem Uhrzeigersinn ändert.

Eine **rasche** rechtsdrehende Änderung der Windrichtung nennt man **Ausschießer;** man sagt, der Wind *schießt aus*. Dies kann man beim Durchzug einer Kaltfront beobachten (s. S. 198). Dreht der Wind nach links, so spricht man auch vom **Krimpen** und sagt, der Wind *krimpt*.

Beides gilt für die Nordhalbkugel.

Rechtsdrehender und linksdrehender Wind
Dreht sich der Wetterhahn auf dem Kirchturm nach rechts (also im Uhrzeigersinn), spricht man von rechtsdrehendem Wind. Dreht er sich nach links (also entgegen dem Uhrzeigersinn), so hat man linksdrehenden Wind.

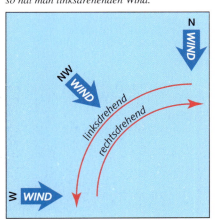

Luftfeuchtigkeit und Nebel

Fragen 2, 3, 63, 76 – 80 (WK SKS)

Taupunkt

Luft nimmt das über der Erde und den Ozeanen verdunstende Wasser als Wasserdampf auf und transportiert es über weite Strecken.

- Je wärmer die Luft ist, desto mehr Wasserdampf kann sie aufnehmen, und je kühler sie ist, desto weniger kann sie aufnehmen.

Wenn Luft abkühlt, erreicht sie irgendwann die Temperatur, bei der sie keine Feuchtigkeit mehr aufnehmen kann. Diese Temperatur nennt man Taupunkttemperatur oder Taupunkt.

- **Taupunkt** ist die Temperatur, auf die die Luft abgekühlt werden muss, damit sie mit Feuchtigkeit gesättigt ist. Dann setzt Kondensation (Taubildung) ein.

Sobald der Taupunkt erreicht ist, beträgt die relative Luftfeuchtigkeit 100 %. Bei weiterer Abkühlung muss die Luft Feuchtigkeit in Form von Tau, Nebel oder Wolken abgeben.

- **Relative Luftfeuchtigkeit** ist das Verhältnis des aktuellen Wasserdampfgehaltes zum möglichen Höchstwert (bei einer bestimmten Lufttemperatur) in Prozent.

Nebel

Zunehmende Luftfeuchtigkeit bemerken wir an der Verschlechterung der Sicht und am Aufkommen von Dunst. Sobald der Taupunkt unterschritten ist, kondensiert überschüssiger Wasserdampf in Form von sehr kleinen Wassertröpfchen in der Luft. Die Sicht verschlechtert sich und wir haben Nebel. Man unterscheidet Kaltwassernebel, Warmwassernebel und Strahlungsnebel.

- Von **Nebel** spricht man, wenn die Sichtweite unter 1000 m sinkt.
- Von **diesigem Wetter** spricht man bei Sichtweiten von 1 km bis 10 km.

Strahlungsnebel bildet sich nachts oder am frühen Morgen bei klarem Himmel und großen Unterschieden der Tages- und der Nachttemperatur über Land, wenn die bodennahe Luftschicht unter die Taupunkttemperatur abkühlt. Er legt sich unmittelbar vor die Küste und verhüllt Hafeneinfahrten, enge Durchfahrten und Flussmündungen, kann aber auch durch leichten Landwind auf die See verdriften. Im Sommer löst er sich durch die Sonneneinstrahlung rasch auf.

Warmwassernebel (Seerauch) tritt bei uns vorwiegend im Herbst (September bis November) auf, wenn kalte Luft über relativ warmes Wasser strömt. Durch die Verdunstung an der Wasseroberfläche kommt es bei einer großen Temperaturdifferenz (etwa 10 °C) zwischen Wasser- und Lufttemperatur rasch zur Kondensation. Sonneneinstrahlung löst den Nebel schnell auf.

Warmwassernebel ist für Sportboote gefährlich, da er oft nur 10 bis 20 m hoch ist, sodass er die Großschifffahrt meist nicht behindert.

Kaltwassernebel (Seenebel) bildet sich vorwiegend im Frühjahr (April bis Juni), wenn warme und feuchte Luft über dem noch kalten Wasser unter den Taupunkt abkühlt und kondensiert. Sonneneinstrahlung trägt nur wenig zur Auflösung von Kaltwassernebel bei, da die Sonne das kalte Wasser kaum erwärmt.

Sichtweiten im Seewetterbericht		
0	bis 200 m	= dichter oder starker Nebel
200	bis 500 m	= mäßiger Nebel
500	bis 1000 m	= leichter Nebel
1	bis 4 km	= stark diesig, schlechte Sicht
4	bis 10 km	= diesig
10	bis 20 km	= mittlere Sicht
20	bis 50 km	= gute Sicht
	über 50 km	= sehr gute Sicht

Wolken

Fragen 14 – 18 (WK SKS)

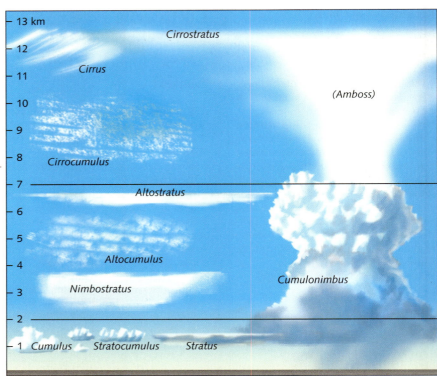

Wolken entstehen nach den gleichen physikalischen Gesetzen wie Nebel, nur dass Luft in größere Höhen aufsteigt, dort unter den Taupunkt abkühlt und Wasserdampf in Form von Wolken kondensiert.

Generell kann man zwei Typen von Wolken unterscheiden, Schichtwolken und Haufenwolken.

- **Schichtwolken** *(Stratus)* entstehen dadurch, dass warme Luftmassen, vor allem an und vor der Warmfront eines Tiefs, langsam und großräumig auf Kaltluftmassen aufgleiten.
- **Haufenwolken** oder **Quellwolken** *(Cumulus)* bilden sich meist durch raschen Aufstieg aufgewärmter Luft, vor allem an warmen Sommertagen über erhitztem Land. Sie sind labiler als Schichtwolken.

Man unterscheidet international **10 Haupttypen von Wolken,** die man der Höhe nach in *hohe, mittelhohe und tiefe Wolken* einteilt und sogenannten *Stockwerken* zuordnet. Hohe Wolken bestehen aus Eiskristallen, mittelhohe aus Eiskristallen und Wassertröpfchen und tiefe Wolken nur aus Wassertröpfchen.

10 Haupttypen der Wolken*

Oberes Stockwerk: hohe Wolken (5000 ** **– 13000 m Höhe)**

Ci	Cirrus	hohe Federwolken
Cc	Cirrocumulus	hohe Schäfchenwolken
Cs	Cirrostratus	hohe Schleierwolken

Mittleres Stockwerk: mittelhohe Wolken (2000 – 7000 ** ** m Höhe)**

Ac	Altocumulus	grobe Schäfchenwolken
As	Altostratus	mittelhohe Schichtwolken
Ns	Nimbostratus	Regenschichtwolken

Unteres Stockwerk: tiefe Wolken (bis 2000 m Höhe)

Cu	Cumulus	Haufenwolken
St	Stratus	niedrige Schichtwolken
Sc	Stratocumulus	Schicht-Haufenwolken

Wolken in allen Stockwerken (2000 – 13000 m Höhe)

Cb	Cumulonimbus	Schauer- und Gewitterwolken

Bedeutung der lateinischen Bezeichnungen:

cirrus	*Haarlocke, Franse*
cumulus	*Haufen*
stratus	*ausgebreitet*
nimbus	*Regen*
alto	*hoch*

*Höhenangaben für gemäßigte Breiten
**fließender Übergang

Rückseitenwetter mit doppelschichtiger Bewölkung: oben Cirrus (Ci), darunter Cumulus (Cu)

Oberes Stockwerk: hohe Schäfchenwolken (Cirrocumulus, Cc)

Annäherung einer Warmfront: oben Cirrostratus (Cs), darunter Strato-cumulus (Sc)

Mittleres Stockwerk: grobe Schäfchenwolken (Altocumulus, Ac)

Aufzug einer Warmfront: links oben Cirrus (Ci) und Cirrostratus (Cs), darunter Altocumulus (Ac) und Altostratus (As), rechts hinten Stratus (St)

Cumulonimbus (Cb) mit Amboss, im Norden von der Abendsonne be-schienen

Tiefdruckgebiet und Fronten

Fragen 22, 23, 28, 29, 32 – 35, 40, 41, 67, 74, 75 (WK SKS)

Fragen 292, 298 (SBF)

Das planetarische Windsystem

Um das Wettergeschehen in unseren Breiten richtig zu verstehen, müssen wir zunächst auf die globale Luftdruckverteilung und die damit zusammenhängenden Windsysteme eingehen. Die Druckverteilung auf der Erdkugel ist der Motor des planetarischen Windsystems. Sie wird im Wesentlichen von der Sonneneinstrahlung bewirkt. Diese erzeugt über dem Äquator ein Tief (äquatoriale Tiefdruckrinne), da sich dort die Luft erwärmt und aufsteigt, und über den Polen ein Hoch (polare Hochdruckkappe), da sich dort die Luft abkühlt und zu Boden sinkt. Dazwischen liegen der subtropische Hochdruckgürtel (bei uns: das Azorenhoch) und die subpolare Tiefdruckrinne (zwischen 50° und 60° Breite).
Zwischen diesen Druckgebilden erfolgt der Ausgleich durch Wind. Man kann deshalb von den Polen bis zum Äquator folgende Windzonen unterscheiden:

- **kalte nordöstliche bzw. südöstliche Winde** zwischen dem polaren Hochdruckgebiet und der subpolaren Tiefdruckrinne
- **gemäßigte Westwinde** zwischen der subpolaren Tiefdruckrinne und dem subtropischen Hochdruckgürtel

Planetarisches Windsystem
In unseren Breiten dominieren die gemäßigten Westwinde. Sie gleichen den Luftdruckunterschied zwischen dem subtropischen Hochdruckgürtel und der subpolaren Tiefdruckrinne aus.

- **Passate** (aus NE auf der Nordhalbkugel bzw. aus SE auf der Südhalbkugel) zwischen dem subtropischen Hochdruckgürtel und der äquatorialen Tiefdruckrinne

Diese Windgürtel verschieben sich im Sommer um etwa 5 Breitengrade polwärts und im Winter um etwa 5 Breitengrade äquatorwärts. Der Nordatlantik, die Nordsee und die Ostsee liegen sommers wie winters im Westwindgürtel, das Mittelmeer dagegen nur im Winter. Im Sommer macht sich dort der subtropische Hochdruckgürtel mit wenig Wind bemerkbar.

Ein Tief entsteht und altert

Mitteleuropa befindet sich also im Einflussbereich von polarer Kaltluft, die nach Westen strömt, und maritim-tropischer Warmluft, die nach Osten strömt. An ihrer Grenze bilden sich – ausgelöst durch kleinste Störungen – Turbulenzen; hierbei kommt es zu Aufgleitvorgängen von leichter subtropischer Warmluft auf schwere polare Kaltluft und zu Kaltlufteinbrüchen in Warmluftbereiche. So entstehen als Luftmassengrenzen eine **Warmfront** und eine **Kaltfront.** Sie grenzen einen Warmluftkeil ab, der von Süden zum Kern des Tiefs reicht. Hinter der Warmfront dringt maritim-tropische Warmluft nach Norden vor, hinter der Kaltfront polare Kaltluft nach Süden. Ein typisches Tiefdruckgebiet ist entstanden.

> Ein **Tief entsteht** durch das Aufeinandertreffen von kalten Luftmassen aus hohen Breiten und subtropischen warmen Luftmassen.

Altert das Tief, so wird die Warmfront auf ihrem Weg nach Osten schrittweise von der Kaltfront »eingeholt«. Beide Fronten bilden dann gemeinsam eine sogenannte **Okklusionsfront.**

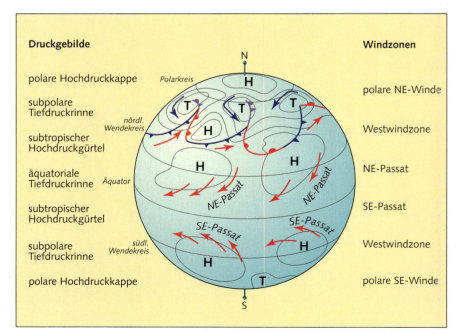

Druckgebilde		Windzonen
polare Hochdruckkappe	*Polarkreis*	polare NE-Winde
subpolare Tiefdruckrinne		
subtropischer Hochdruckgürtel	*nördl. Wendekreis*	Westwindzone
äquatoriale Tiefdruckrinne	*Äquator*	NE-Passat
subtropischer Hochdruckgürtel		SE-Passat
subpolare Tiefdruckrinne	*südl. Wendekreis*	Westwindzone
polare Hochdruckkappe		polare SE-Winde

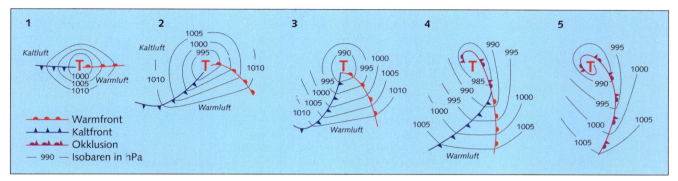

1 | 2 | 3 | 4 | 5

— Warmfront
— Kaltfront
— Okklusion
— 990 — Isobaren in hPa

Fronten sind die vorderen Grenzen einer Luftmasse in ihrer Bewegungsrichtung. Sie trennen Luftmassen mit unterschiedlicher Temperatur und Luftfeuchtigkeit. Man unterscheidet
• Warmfronten,
• Kaltfronten und
• Okklusionsfronten.

In Mitteleuropa ziehen Tiefs meist von West nach Ost. Befinden wir uns südlich des Tiefkerns, so zieht erst die Warmfront, dann der Warmluftsektor und schließlich die Kaltfront durch.

Die **Zuggeschwindigkeit** von Tiefdruckgebieten erreicht in unseren Breiten bis zu 50 kn. Man unterscheidet:
• schnelle Tiefs   30 – 50 kn
• mittelschnelle Tiefs   15 – 30 kn
• langsame Tiefs   bis 15 kn

Die Warmfront

Das Herannahen einer Warmfront ist lange vor ihrem Durchzug an der Wolkenbildung zu erkennen. Zunächst verschleiert sich der Himmel mit hohen Federwolken (*Cirrus, Ci*), die sich langsam verdichten (*Cirrostratus, Cs*) und durch mittelhohe Schichtwolken (*Altostratus, As*) ergänzt werden. Wir beobachten also eine doppelschichtige Bewölkung. Der Luftdruck bleibt zu-

nächst konstant, fällt aber bald bis zur Warmfront kontinuierlich ab. Die Wolkendecke sinkt schließlich immer tiefer (*Nimbostratus, Ns*), bis es zu Niederschlägen kommt, zuerst als Nieselregen, dann als Regen.

Nach dem Durchzug der Warmfront reißt die Bewölkung etwas auf und die Niederschläge lassen nach. Doch herrschen noch immer tiefe Haufen- und Schichtwolken (*Stratocumulus, Sc*) vor. Die Sicht bleibt mäßig. Die Temperatur steigt wegen des Einflusses der tropisch-maritimen Warmluft etwas an; häufig ist es schwül, verbunden mit vereinzeltem Nieselregen. Bei gleichmäßig wehendem Wind bleibt der Luftdruck auf niedrigem Niveau kons-

Lebenszyklus eines Tiefs
1. *Zunächst verläuft die Grenze zwischen Kaltluft und Warmluft geradlinig.*
2. *Dann dringt die Kaltluft nach Süden vor und die Warmluft gleitet nach Norden auf.*
3. *Es bildet sich der Warmsektor.*
4. *Die schneller ziehende Kaltfront holt langsam die Warmfront ein und beginnt zu okkludieren.*
5. *Das Tief füllt sich langsam auf.*

tant. Dieses Wetter kann länger andauern, erst der Durchzug der Kaltfront führt zur Änderung.

Warmfront
Bei der Warmfront gleitet leichte, vom Atlantik kommende subtropische Warmluft auf schwere, am Boden liegende polare Kaltluft auf.

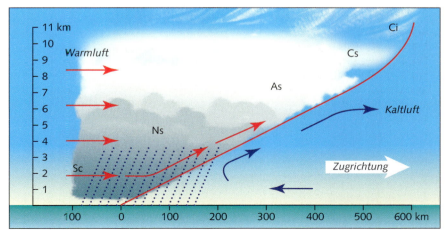

Vor oder nahe der Warmfront erwarten wir typischerweise Sichtverschlechterung durch Niederschlag und länger andauernden Regen.
Im Warmsektor ist es diesig mit mäßiger Sicht, die Wolken lockern auf und zeitweise regnet es.

Die Kaltfront

Eine Kaltfront zieht innerhalb von etwa zwei Stunden durch, also wesentlich schneller als eine Warmfront. Der Durchzug wird begleitet von heftigen, schauerartigen Regenfällen, die oft mit Gewitter und starken Böen verbunden sind. Nach dem Durchzug fällt die Temperatur, der Luftdruck steigt kräftig an und die Sicht verbessert sich erheblich. Später reißt die Bewölkung auf. Der Wind ändert innerhalb kurzer Zeit seine Richtung von SW auf NW (also rechtdrehend um etwa 60° bis 90°) und nimmt um etwa 2 bis 3 Bft zu **(Ausschießer).** Eventuell muss man reffen. Dieses Wetter nach dem Durchzug einer Kaltfront (aufklaren, gute Sicht, frischer böiger NW-Wind, Wechsel von Sonnenschein und Schauern) nennt man **Rückseitenwetter.**

Hinter der Kaltfront verbessert sich die Sicht. Wir beobachten Schauer mit zum Teil kräftigen Böen.

Luftdruckentwicklung beim Durchzug einer Kaltfront
Vor dem Durchzug:
gleichbleibender oder nur geringfügig fallender Luftdruck
Beim Durchzug:
tiefster Stand des Luftdrucks
Nach dem Durchzug:
deutlicher Anstieg des Luftdrucks

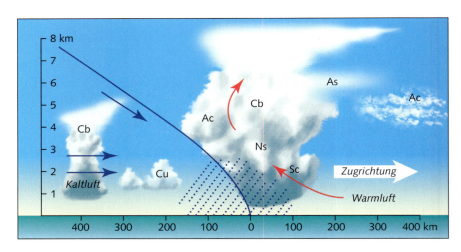

Die Okklusion

Kaltfronten ziehen schneller als Warmfronten, sodass die Warmfront während des Alterungsprozesses eines Tiefs von der Kaltfront eingeholt wird. Hierbei wird der Warmluftkeil von der nachfolgenden Kaltluft unterlaufen und vom Boden abgehoben. Die Vereinigung beider Fronten nennt man **Okklusion, Tiefausläufer** oder kurz **Ausläufer.**
Die Okklusion tritt hauptsächlich in gealterten Tiefs auf, wie sie oft zu uns kommen. Sie weist häufig die Merkmale einer Kaltfront auf. Beim Herannahen nehmen Bewölkung und Wind zu, zugleich fällt der Luftdruck. Während des Durchzugs verschlechtert sich die Sicht, der Wind wird böiger und es beginnt zu regnen. Nach dem Durchzug beobachtet man rechtdrehende Winde, später abnehmend, Druckanstieg und Sichtverbesserung.

Troglage
Bei einem Trog sind die Fronten dem Tief gleichsam vorausgeeilt. Nach dem Durchzug der Kaltfront bzw. Okklusion flaut der Wind zunächst etwas ab und der Luftdruck sinkt. Erst beim Durchzug des Troges dreht der Wind nach rechts und kann dann bis zu Orkanstärke zunehmen.

Kaltfront
Beim Durchzug der Kaltfront beobachtet man schauerartige Niederschläge und kräftig zunehmenden, rechtsdrehenden und böigen Wind. Nach der Kaltfront wird es deutlich kühler, der Luftdruck steigt und die Sicht verbessert sich.

Die Troglage

Hinter der Kaltfront oder Okklusion eines gealterten Tiefs kann sich ein sogenannter Trog bilden. Dann verläuft der Durchzug der Kaltfront unty-

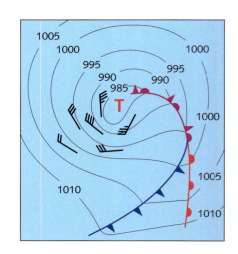

pisch: Wind und Luftdruck nehmen ab anstatt zuzunehmen, und der sonst typische Ausschießer ist nicht deutlich ausgeprägt.

Erst später, wenn der Luftdruck seinen niedrigsten Punkt erreicht hat, zieht der Trog mit den typischen Eigenschaften einer Kaltfront durch. Dann dreht der Wind um 60° bis 90° nach rechts und kann Orkanstärke erreichen.

Ein Trog bildet sich auf der Rückseite eines Tiefs in hochreichender Kaltluft. Der Trog fclgt typischerweise einer Kaltfront.

Während der Passage eines markanten Troges dreht der Wind meist über 60° bis 90° nach rechts. Er kann besonders auf der Rückseite des Troges Orkanstärke erreichen.

Das Hochdruckgebiet

Frage 30 (WK SKS)

Ein Hoch entsteht durch absinkende Luftmassen, die sich hierbei erwärmen und so sehr abtrocknen, dass sich die Wolken weitgehend auflösen. Nur an der kühlen Ostseite des Hochs können sich *Cumulus*- und *Cumulonimbuswolken* mit vereinzelten Schauern bilden.

Im **Zentrum eines Hochs** herrschen meist schwache, umlaufende Winde.

Ein typisches Hoch im Sommer bei uns ist das sogenannte *Azorenhoch*. Es bringt viel Sonne, aber wenig Wind. An den Küsten herrschen dann meist thermische Winde, die Land- und Seewinde (s. S. 202).

Typisches Tiefdruckgebiet
Die Abbildung zeigt den Verlauf der Windrichtungen und Windstärken, des Luftdrucks und der Lufttemperatur nördlich und südlich eines typischen nach Osten ziehenden Tiefs in unseren Breiten.

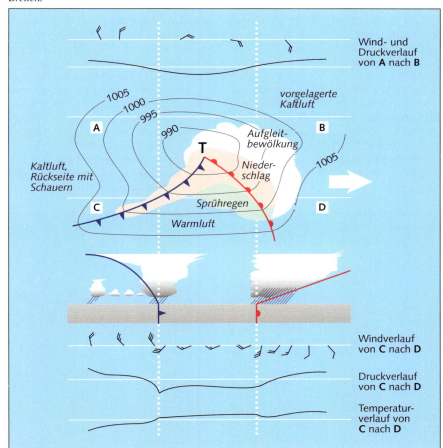

Typisches Hochdruckgebiet
An der Ostseite eines Hochs in unseren Breiten kann böiger Wind mit Regenschauern auftreten. Im Zentrum ist es meist klar und fast windstill. Auf der Westseite bilden sich vereinzelt Cirruswolken.

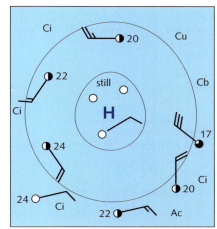

Gewitter

Fragen 7, 8, 19, 20 (WK SKS)

Fragen 305, 306 (SBF)

Gewitter entstehen durch starke vertikale Temperaturunterschiede. Sie sind für Sportboote gefährlich, denn sie können
- Böen bis Orkanstärke,
- plötzliche Winddrehungen,
- starke Regenfälle und erheblich verminderte Sicht sowie
- Hagel und Blitzschlag

mit sich bringen. Man unterscheidet Frontgewitter und Wärmegewitter.

Frontgewitter ziehen mit einer Kaltfront über größere Gebiete hinweg. Sie treten im Frühjahr, vor allem aber im Spätsommer zum Ende einer hochsommerlichen Schönwetterperiode im Zusammenhang mit Kaltfronten auf.

Wärmegewitter entwickeln sich durch die intensive Sonneneinstrahlung meist an sommerlich heißen Nachmittagen. Oft können wir sie schon lange zuvor an der drückenden Schwüle und diesigen Luft erkennen. Zunächst bilden sich – meist am südwestlichen Horizont – mittelhohe und zinnenartige Wolken *(Altocumulus castellanus),* dann turmartige **Haufenwolken (Cumulonimbus),** die sich mehr als 10 km hoch auftürmen können. Der obere weiße und oft ambossförmig abgeflachte Wolkenteil besteht aus Eispartikeln; den unteren Teil bil-

Oben: Aufziehender Böenkragen
In wenigen Minuten werden die ersten sturmstarken Böen einfallen. In der Bildmitte oben kann man noch den Eisschirm des Cumulonimbus erkennen.

Rechts: Typische Gewitterwolke
Durch das Gewitter erfolgt der Ausgleich zwischen kalter Höhenluft mit stark erwärmter Bodenluft.

det ein dunkel- bis schwarzgrauer Böenkragen.

Oft nimmt der Wind beim Herannahen der Wolken bis zur Flaute ab, um anschließend in die schwarzgraue und bedrohlich nahe Wolkenfront hineinzuwehen.

Sobald der Böenkragen fast senkrecht über uns steht, setzen die ersten **Böen mit Sturmstärke** ein. Es beginnt stark zu regnen, und die Sicht verschlechtert sich erheblich. Die heftigen Böen lassen erst nach, wenn die Sicht unterhalb des Böenkragens wieder frei und der Himmel klar wird.

Im Zusammenhang mit Gewittern bilden sich manchmal auch **Wasserhosen.** Dies sind kleine Tornados, die sich bei warmen Wassertemperaturen und Boden- und Höhenwinden aus unterschiedlichen Richtungen entwickeln. Aus einer Wolke heraus wächst ein nach unten gerichteter, rotierender Rüssel, der schließlich Gischt von der Wasseroberfläche ansaugt. Die Windgeschwindigkeit im Rüssel erreicht bis zu 150 kn; der Rüssel hat einen Durchmesser von etwa 200 m. Nach circa 15 Minuten reißt der Rüssel meist ab, und die Wasserhose löst sich auf.

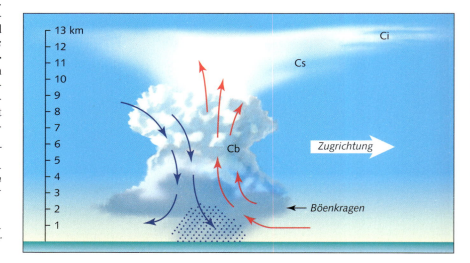

Wetterregeln

Frage 73 (SKS WK)

Die folgenden Wetterregeln haben allgemeinen Charakter. Sie gelten vor allem für die Westwindzone unserer Breiten.

Querwindregeln

Die Zugrichtung von Tiefs wird bei uns vom meist westlichen **Höhenwind** *(Jetstream)* bestimmt. Seine Richtung unterscheidet sich von der Richtung des **Bodenwinds,** die ja dem Drehsinn des Tiefs folgt. Den Höhenwind erkennen wir an der Zugrichtung der hohen Wolken, den Bodenwind spüren wir an Bord. Hieraus leitet man die sogenannten Querwindregeln ab, siehe Abb. unten.

Allgemeine Windregeln

- **Abflauender Wind** am Abend ist oft ein Zeichen für gutes Wetter.
- **Zunehmender Wind** am Abend kündigt häufig Starkwind, Sturm und Regen an.

Wetterentwicklung und Wolken

- Sich verdichtende **Cirren,** die langsam in Cirrostratus und dann in Altostratus übergehen, zeigen schlechtes Wetter an.
- Eine **Halo-Erscheinung** (ein Hof um die Sonne) kündigt schlechtes Wetter an.
- **Morgenrot** am ganzen westlichen Himmel (mit hohen Schleierwolken) ist ein Schlechtwetterzeichen.
- **Abendrot** kündigt eine zumindest kurzfristige Wetterbesserung an.
- Turmartige **Haufenwolken** (Cumulus und Cumulonimbus) mit einem Cirrus-Schirm kündigen Gewitter mit heftigen Böen, starken Regenschauern und schlechter Sicht an.

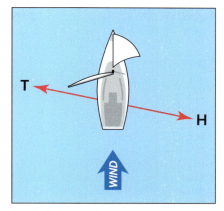

Das barische Windgesetz
Laufen wir in einem Tief vor dem Wind, so liegt der Kern des Tiefs etwa 10° bis 20° vorlicher als Bb querab. Laufen wir in einem Hoch vor dem Wind, so liegt der Hochdruckkern etwa 10° bis 20° achterlicher als Stb querab (Nordhalbkugel).

Oben: Halo-Erscheinung

Links: Querwindregeln
Stellen wir uns mit dem Rücken zum Wind, so gilt:
- *Das Wetter wird sich verschlechtern, wenn die hohen Wolken von links kommen (Punkt A).*
- *Das Wetter wird sich verbessern, wenn die hohen Wolken von rechts kommen (Punkt B).*
- *Wehen Bodenwind und Höhenwind parallel, befinden wir uns im Warmsektor des Tiefs. Das Wetter wird sich nicht rasch ändern (Punkt C).*
- *Wehen Bodenwind und Höhenwind genau entgegengesetzt, so befinden wir uns nördlich des Tiefs. Das Wetter wird sich in nächster Zeit nicht verschlechtern (Punkt D).*

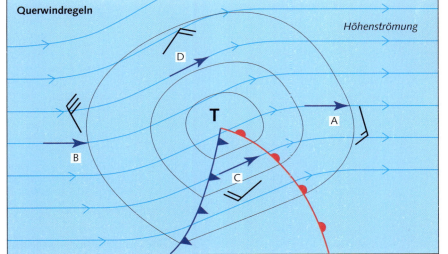

Querwindregeln

Höhenströmung

T

A

B

C

D

Lokale Winde

Fragen 42 – 49, 70 – 72 (WK SKS)

Fragen 296, 297 (SBF)

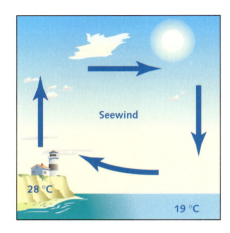

Thermische Winde

Seewind: Durch die Sonneneinstrahlung erwärmt sich das Land tagsüber stärker als das Meer. Dadurch dehnt sich die über dem Land lagernde Luft aus, wird leichter und steigt auf. Über dem Land bildet sich so ein Bodentief, das die kühlere Luft über dem Meer ansaugt und den auflandigen Seewind erzeugt. Man erkennt dies an den Haufenwolken *(Cumulus)*, die sich am späten Vormittag über Land bilden.

Landwind: Nachts dagegen kühlt das Land bei geringer Bewölkung stärker als das Wasser ab. Die relativ warme Luft über dem Wasser steigt auf und bildet dort ein kleines Bodentief, das durch den ablandigen Landwind aufgefüllt wird.

Oben links: Seewind
Der Seewind weht von mittags bis zum frühen Abend und kann an der Nord- und Ostsee 4–5 Bft (manchmal 5–6 Bft) und im Mittelmeer bis 6 Bft erreichen. Er kann den vorher wehenden Wind in Richtung und Stärke erheblich beeinflussen.

Oben rechts: Landwind
Landwind weht von Mitternacht bis früh morgens und ist wegen der geringeren Temperaturunterschiede schwächer als der Seewind (bis zu 3 Bft).

Unten links: Kapeffekt
Vor einem Kap nimmt der Wind zu und folgt dem Küstenverlauf. Hinter dem Kap nimmt der Wind ab. Es können Fallböen aus verschiedenen Richtungen auftreten.

Unten rechts: Düsen- oder Trichtereffekt
Zwischen zwei Inseln nimmt der Wind meist zu, vor allem wenn sie hoch sind.

Kap- oder Eckeneffekt

Vor einem Kap passt der Wind seine Richtung häufig dem Küstenverlauf an und nimmt an Stärke zu. **Hinter dem Kap** wehen meist umlaufende Winde mit starken Fallböen.
Beispiel: Nordhuk von Bornholm.

Düsen- oder Trichtereffekt

In Durchfahrten zwischen zwei Inseln legt der Wind kräftig zu, da die Luftströmung gebündelt und beschleunigt wird. Beispiel: Straße von Bonifacio.

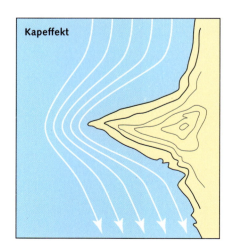

Steilküsten

Vor Steilküsten sind Windrichtung und Windstärke oft schwer vorherzusagen. **Auflandig** oder parallel zur Steilküste wehender Wind kann durch die Küstenformation verstärkt werden.
Ablandig wehender Wind ändert häufig seine Richtung und Stärke (»umlaufende Winde«) und kann – vor allem in Lee von hohen Inseln im Mittelmeer – kräftige **Fallböen** entwickeln. Der gewohnte Schutz in Lee einer Küste ist dann nicht gegeben.

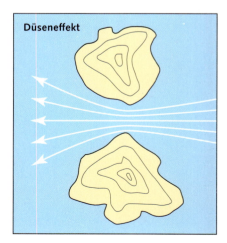

Mittelmeerwinde

Fragen 36–39, 81 (WK SKS)

Das Mittelmeerbecken

Im Mittelmeerbecken dominieren in den Wintermonaten ähnlich wie im nördlichen Europa die Westwinde, doch im Sommer unterscheidet sich das Wetter erheblich von dem an Nord- oder Ostsee. Während das Wettergeschehen bei uns auch im Sommer vom Westwindeinfluss diktiert wird, ist das Mittelmeer durch die Bodenformation vor dem Zufluss polarer Kaltluft geschützt. Das gesamte Mittelmeerbecken ist gegen Norden von hohen Gebirgen umgeben, die von der schweren Kaltluft nicht überstiegen werden können.

In den heißen Sommermonaten dominieren im Allgemeinen **Land- und Seewinde.** Doch gibt es drei große Öffnungen, durch die Kaltluft vordringen kann: das *Rhonetal* nach Norden, die *dalmatinische Küste* gegen das südosteuropäische Hinterland sowie die *Dardanellen* und der *Bosporus* gegen das Schwarze Meer. Durch diese Einschnitte dringt der *Mistral* ins westliche Mittelmeer, die *Bora* in die Adria und der *Meltemi* nach Griechenland. Hinzu kommen der von Nordafrika wehende *Schirokko* und – im westlichen Mittelmeer – der aus SW wehende *Libeccio*.

Fallwinde

Bei den von Norden ins Mittelmeerbecken eindringenden Winden handelt es sich meist um Fallwinde. Ihre Stärke ergibt sich deshalb nicht nur aus vorhandenen Luftdruckunterschieden, sondern auch daraus, dass Polarluft aus großer Höhe eindringt. Sie wird dann zusätzlich beschleunigt, da die in der Höhe trockenere Luft schwerer ist als feuchte Meeresluft. So fällt beispielsweise die Bora von der bis nahezu 2000 m hoch aufsteigenden Küste Dalmatiens herab.

Der gleiche Fallwindeffekt tritt mit sturmstarken Böen auf der ablandigen Seite hoher Inseln auf, wie wir sie oft im Mittelmeer finden. Die Leeseite einer Insel bietet deshalb oft nicht die sonst gewohnte Abdeckung. Auch das muss bei der Wahl eines Ankerplatzes bedacht werden.

Mistral, Bora, Meltemi, Schirokko

• Die Gefahr von **Mistral** besteht immer dann, wenn sich über dem westlichen Mittelmeer, etwa Korsika, ein Tief bildet und zugleich über Spanien oder Portugal ein starkes Hoch steht. Kann dann noch Kaltluft durch das Rhonetal einströmen, entwickelt sich der Mistral in kürzester Zeit und baut eine kurze, steile See auf. Am stärksten weht er im *Golfe du Lion* und erreicht oft die Westküste von Korsika und Sardinien, manchmal sogar Tunesien.

• Die **Bora** tritt in antizyklonaler und zyklonaler Form auf. Im ersten Fall befindet sich ein Hoch über dem europäischen Festland, während in der Adria Normaldruck herrscht. Im zweiten Fall, der hauptsächlich im Sommer auftritt, steht ein Tief südlich der Adria, der Druck über Mitteleuropa ist normal. Die Sommerbora hält meist nicht sehr lange an. Sie weht im gesamten Adriabereich und ist meist mit Regenfällen und schlechter Sicht verbunden.

• Der **Meltemi** (bzw. die Etesien) ist ein im Sommer in der Ägäis regelmäßig wehender Wind aus dem nördlichen Sektor mit bis zu 8 Bft. Er bildet sich zwischen einem über der Türkei liegenden Tief und einem Hoch im westlichen Mittelmeer.

• Der **Schirokko** ist ein im gesamten Mittelmeerraum zu beobachtender warmer und feuchter Süd- bis Südostwind mit schlechter Sicht – vor allem wenn er mit **Saharastaub** angereichert ist. Er entsteht meist an der Vorderseite eines über dem Mittelmeer ostwärts ziehenden Tiefs und baut eine lange grobe See auf.

Seegang

Fragen 59, 60, 82 – 96 (WK SKS)

Windsee und Dünung

Seegang besteht aus den zwei Komponenten Windsee und Dünung.
- **Windsee** ist der Teil des Seegangs, der durch den vor Ort oder in der nahen Umgebung herrschenden Wind entfacht wird.
- **Dünung** ist der Teil des Seegangs, der einem erzeugenden Windfeld vorausläuft oder nachläuft (alternder oder abklingender Seegang).

Dünungswellen sind abgerundet, länger und energiereicher als die vom Wind erzeugten Wellen. Da sie sich schneller fortbewegen als die Windsee, können sie einen aufziehenden Starkwind oder **Sturm ankündigen.** Allein aus dem Vorhandensein von Dünung an einem bestimmten Ort kann man nicht auf den dort herrschenden Wind schließen.

Kreuzsee

Laufen Windsee und Dünung aus unterschiedlichen Richtungen zusammen, so bilden sie eine Kreuzsee. Kreuzseen entstehen dort, wo sich innerhalb kurzer Zeit die Windrichtung rasch ändert, also meistens **vor dem**

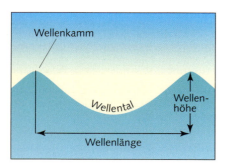

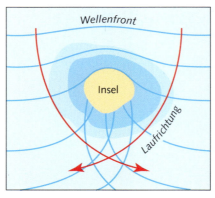

Kreuzsee in Lee einer Insel
In Lee kleiner Inseln bildet sich häufig eine Kreuzsee. Sie entsteht dadurch, dass die Laufrichtung der Wellen beiderseits der Insel so abgelenkt wird, dass sich die Wellen schließlich kreuzen.

Durchzug einer Kaltfront oder eines Troges und **in der Nähe eines Tiefkerns.** Auch **in Lee kleiner Inseln** findet man oft eine kabbelige kreuzlaufende See aus den Wellen, die auf beiden Seiten um die Insel herumlaufen (Beugungseffekt). Im Bereich von Kreuzseen lässt sich eine Yacht meist nur schwer steuern.

Kreuzseen sind **gefährlich,** weil sich durch die Überlagerung zweier verschiedener Wellensysteme unerwartet hohe Einzelwellen bilden können.

Grundseen

Laufen die Wellen von tieferem Wasser über **flache Stellen,** z. B. über eine Untiefe oder Barre oder über den ansteigenden Meeresboden in Küstennähe, so bilden sich gefährliche steile Grundseen mit brandungsartigen Brechern. Sie können das 2,5-Fache der charakteristischen Wellenhöhe erreichen. Grundseen zeigen also Flachwasserstellen an, die wir meiden müssen, damit es zu keiner Grundberührung kommt.

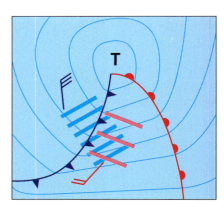

Kreuzsee vor einer Kaltfront
Vor einer klassischen Kaltfront oder einem Trog baut sich häufig eine Kreuzsee auf. Sie entsteht durch zwei Wellensysteme:
- *Windsee, verursacht durch den SW-Wind vor dem Durchzug der Kaltfront (rote Wellenfronten), und*
- *Dünung, die dem NW-Wind hinter der Kaltfront vorausläuft (blaue Wellenfronten).*

> Nähern wir uns einer Küste **bei auflandigem Wind,** müssen wir in der Nähe von Flachwasserstellen oder im Bereich von Untiefen mit Brechern und Grundseen rechnen.

Wellenhöhe und Wellenlänge

Die **Wellenhöhe** ist der senkrechte Abstand zwischen Wellental und Wellenberg, die **Wellenlänge** der horizontale Abstand zwischen zwei aufeinanderfolgenden Wellenbergen.

Da Wellensysteme immer aus unterschiedlich hohen Wellen bestehen, spricht man im Seewetterbericht und in der Literatur von der sogenannten *kennzeichnenden* oder *charakteristischen* oder *signifikanten* Wellenhöhe.

> Die **kennzeichnende (signifikante) Wellenhöhe** $H_{1/3}$ ist die mittlere Wellenhöhe aus dem Drittel der höchsten Wellen eines Seegangs.

Einzelne Wellen können durchaus das 1,5-Fache, manchmal sogar das Doppelte der kennzeichnenden Wellenhöhe erreichen.

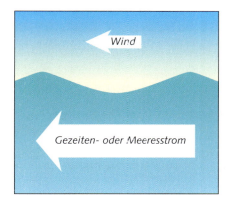

Seegang bei Wind und Strom
Strom, der mit dem Wind setzt, dämpft den See-
gang. Setzt der Strom gegen den Wind, bildet
sich eine kurze steile und kabbelige See.

Kurzer und steiler Seegang wie in der Ostsee und im Mittelmeer kann weitaus gefährlicher sein als eine hohe, aber lang laufende See wie im Atlantik.

Orbitalströmung im Seegang

Beobachtet man die Wellenbewegung auf See, meint man, dass mit der Welle ein Wasserberg vorüberwandert. Das ist eine Täuschung. Denn tatsächlich schwingen die Wasserteilchen in einer nahezu kreisförmigen Bewegung, der sogenannten **Orbitalbewegung,** um ihre Mittellage. Eine Welle transportiert also kein Wasser, sondern nur die durch die Schwingung der Wasserteilchen erzeugte Bewegungsenergie.

Die Orbitalbewegung bewirkt eine räumlich begrenzte **Oberflächenströmung** (Orbitalströmung) – und zwar auf dem Wellenberg in Laufrichtung der Welle und im Wellental in entgegengesetzter Richtung. Ein Schwimmer kann diese Strömungen im Seegang deutlich wahrnehmen. Sie wirken auch auf eine Yacht ein, die vor dem Wind abläuft. Dann wird das Heck auf dem Wellenhang vorangeschoben – oft noch verstärkt durch den Brecher –, während zugleich der Bug abgebremst wird. Dies kann bei starkem Seegang zum **Querschlagen** der Yacht führen (s. S. 170).

Die charakteristische Wellenhöhe hängt von drei Faktoren ab:
• der **Wirkstärke** (Windstärke)
• der **Wirkdauer**
• dem **Wirkweg (Fetch)**

Unter Fetch versteht man die Strecke, die der Wind ungehindert über das freie Meer von der Luvküste bis zum Schiff durchweht.

Bei **ablandigem Wind** ist der Seegang in Küstennähe zunächst relativ gering, da der Fetch (die Windwirklänge) kurz ist. Er wächst aber mit zunehmender Entfernung von der Küste.
Bei **auflandigem Wind** ist der Seegang in Küstennähe ähnlich hoch wie auf freier See, da der Fetch (die Windwirklänge) lang ist.

Wellenlänge und Wellenhöhe hängen auch von den **Meeres- und Gezeitenströmungen** und der **Wassertiefe** ab.
• Haben Wind und Strömungen die gleiche Richtung, werden die Wellen länger und flacher.
• Laufen Wind und Meeresströmungen gegeneinander, werden die Wellen kürzer und steiler.
Auch bei der Annäherung an eine Küste werden die Wellen kürzer und steiler und brechen schließlich, sobald die Wassertiefe geringer als die halbe Wellenlänge ist.
Für die Schwere oder Gefährlichkeit des Seegangs kommt es nicht allein auf die Wellenhöhe, sondern auch auf das Verhältnis Wellenhöhe zu Wellenlänge an: Je länger die Welle, desto ungefährlicher ist sie bei gleicher Höhe.

Orbitalbewegung

Orbitalbewegung des Oberflächenwassers
Die Wasserteilchen an der Wasseroberfläche beschreiben – im Rhythmus der Wellen – eine Kreisbahn um ihre Mittellage (Orbitalbewegung). Hieraus ergibt sich eine Oberflächenströmung in Laufrichtung der Welle vom Wellenkamm herab und im Wellental in entgegengesetzter Richtung.

Der Seewetterbericht

Fragen 10–13, 50, 52–58, 62, 64, 65 (WK SKS)

Fragen 284, 293–294 (SBF)

Aufbau des Seewetterberichtes

Jede seefahrende Nation gibt Seewetterberichte heraus. In Deutschland wird der Seewetterbericht vom *Seewetterdienstes Hamburg* des *Deutschen Wetterdienstes (DWD)* aufbereitet. Er besteht – wie in den meisten anderen Ländern – aus folgenden fünf Teilen:

I   Hinweis auf Starkwind- oder Sturmwarnungen
II   Wetterlage
III   Vorhersage für 12 Stunden
IV   Aussichten für weitere 12 Stunden mit Windvorhersage
V   Stationsmeldungen

Starkwind-, Sturm- und Orkanwarnungen

Starkwindwarnung *(near-gale warning)* wird gegeben bei zu erwartenden oder noch andauernden 6 – 7 Bft,
Sturmwarnung *(gale warning)* bei 8 Bft und mehr,
Orkanwarnung bei 10 Bft und mehr (mit Böen bis über 12 Bft).

Im Teil **Wetterlage** wird der Ort der aktuellen Drucksysteme (Hoch, Tief) sowie ihre Intensität und Verlagerung beschrieben.
Die **Vorhersage** und die **Aussichten** beziehen sich auf die einzelnen Vorhersagegebiete (s. S. 209).
Die **Stationsmeldungen** bringen die Wetterbeobachtungen (Windrichtung, Windstärke, Bedeckungsgrad, Temperatur und Luftdruck) an den Wetterstationen.

Empfang von Seewetterberichten

Deutsche Seewetterberichte erhält man über
• Hörfunksender
• UKW-Küstenfunkstellen
• Revierfunkdienst
• Funkfernschreiben (RTTY)
• Faksimile (Wetterfax)
• NAVTEX
• SafetyNet in Inmarsat C
• Online-Dienste, z. B. SEEWIS–Online
• Faxabruf, z. B. SEEWIS–Fax
• Telefonabruf und SMS
• individuelle Törnberatung

Im Ausland kann man ebenfalls gute Seewetterberichte mit Sturmwarnungen empfangen. In manchen Mittelmeerländern werden im Sommer auch deutsch- oder englischsprachige Seewetterberichte gesendet.

UKW-Küstenfunkstellen
Die Küstenfunkstellen – verantwortlich für die Abwicklung des UKW-Sprechfunks im jeweiligen Küstengebiet – übertragen regelmäßig Seewetterberichte. Für den Empfang benötigt man eine UKW-Seefunkanlage. Die Reichweite beträgt etwa 30 sm.
In Deutschland senden die UKW-Küstenfunkstellen von *DP07-Seefunk* von März bis Oktober einen ausführlichen Seewetterbericht sowie Starkwind- und Sturmwarnungen für die deutsche Nord- und Ostsee.

Funkfernschreiben / RTTY
Der DWD sendet über eigene Sender im Funkfernschreibverfahren (F1B) – auch *Radio Tele Type (RTTY)* genannt – regelmäßig in deutscher und englischer Sprache ausführliche Wetterberichte auf KW und LW mit Starkwind- und Sturmwarnungen sowie Vorhersagen bis zu 5 Tagen für die Nord- und Ostsee, den Nordatlantik und das Mittelmeer. Ein geeigneter Empfänger mit

---

Zum Seewetterbericht

1. **Stationsmeldungen** weichen bisweilen von den tatsächlichen Windverhältnissen auf See ab, da die Umgebung der Wetterstation die Windrichtung und Windstärke verfälschen kann.
2. Bei allen Windvorhersagen muss man
• mit einer **Schwankungsbreite** der Windrichtung von etwa 45° zur Hauptwindrichtung und
• mit **Böen** rechnen, die etwa 1 bis 2 Bft über dem Mittelwind liegen.
3. **Windgeschwindigkeiten** in Windvorhersagen beziehen sich in der Regel auf eine Höhe von **etwa 10 m über der Wasseroberfläche.** Auf Meeresniveau weht der Wind deshalb meist etwas schwächer als angegeben.
4. **Gewitterböen** werden in der Wettervorhersage zusätzlich angegeben, da sie besonders im Sommer bei Schwachwindlagen auftreten und Sturm- und Orkanstärke erreichen können.
5. **Lokale Winde** (Land- und Seewind, Düsen- und Kapeffekt) können das vorherrschende Windfeld örtlich stark verändern. Sie können deshalb in Seewetterberichten nur begrenzt berücksichtigt werden.
6. **Schauerböen** bedeutet Regenschauer mit Böen, die den Mittelwind um etwa 2 Bft überschreiten können (oft auf der Rückseite einer Kaltfront).

Decoder druckt den Wetterbericht in **Klartext** aus.

Faksimilefunk (Wetterfax)
Ergänzend zum Funkfernschreibverfahren überträgt der DWD über seine Sender im Faksimilefunkverfahren (F1C) sehr präzise Bodenwetterkarten. Zum Empfang ist ein **Wetterkartenschreiber** erforderlich, der die Wetterkarten an Bord ausdruckt. Die Reichweite beträgt auf LW etwa 300 sm, auf KW ist ganz Europa abgedeckt.

```
MITTELFRIST - SEEWETTERBERICHT FUER DAS MITTELMEER
HERAUSGEGEBEN VOM SEEWETTERDIENST HAMBURG
AM 08.04.2007 00 UTC:

WETTERLAGE:
TIEF MITTAGS 1007 TAURUS, BIS DIENSTAG WENIG AENDERND, SPAETER
ABSCHWAECHEND, LANGSAM OSTZIEHEND. HOCH MITTAGS 1021 SARDINIEN,
BIS DIENSTAG WENIG AENDERND, SPAETER ABSCHWAECHEND. NEUES TIEF AM
MITTWOCH 1009 GRIECHENLAND, VERTIEFEND, LANGSAM OSTZIEHEND.
HOCH MITTAGS 1027 IRLAND, 1025 HESSEN, ETWAS SUEDWESTVERLAGERND,
AB DIENSTAG OSTNORDOSTWANDERND, AM MITTWOCH 1027 BELGIEN, AM
DONNERSTAG 1030 DEUTSCHE BUCHT UND 1025 SLOWENIEN. TIEF MITTAGS
1012 MADEIRA, SEHR LANGSAM OSTZIEHEND, AM MITTWOCH 1014
WESTLICH VON GIBRALTAR. RANDTIEF 1018 PORTUGAL, WENIG AENDERND.


VORHERSAGEN VON SA, 07.04.2007 12 UTC:
WINDSTAERKE BEAUFORT, WELLENHOEHE METER

GOLFE-LION (42.2N  4.5E) WT: 13 C
MO 09. 00Z: SE-S  0-2 /      0.5 M //
MO 09. 12Z: SE    0-2 /      0.5 M //
DI 10. 00Z: NW-N  0-2 /      0.5 M //
DI 10. 12Z: N     2-3 /      0.5 M //
MI 11. 00Z: W     0-2 /      0.5 M //
MI 11. 12Z: N     0-2 /      0.5 M //
DO 12. 00Z: NE-E   4  /      0.5 M //
DO 12. 12Z: E     4-5 /      1   M //
FR 13. 00Z: E     3-4 /      1   M //
```

Seewetterberichte und Vorhersagen für die Sport- und Küstenschiffahrt

- **Rundfunksender:** NDR Info (Nord- und Ostsee), Deutschlandfunk (DLF), Deutschlandradio Kultur
- **Küstenfunkstellen:** Sender des DP07-Seefunk (deutsche Nord- und Ostsee)
- **Wetterfunksender** DDH und DDK des DWD: im Funkfernschreibverfahren (RTTY) bzw. im Faksimile-Verfahren (Wetterfax) für Nord- und Ostsee, Nordatlantik und Mittelmeer
- **Videotext:** NDR Fernsehen »NDR Text« (deutsche Nord- und Ostsee)
- **Revierfunkdienst:** Sturmwarnungen, Wetterinformationen und Sichtangaben aus den Lagemeldungen der Verkehrszentralen
- **Internet:** Wetterbericht des DWD für Nord- und Ostsee, Mittelmeer und Biskaya unter *www.dwd.de*
- **Privater Informationsdienst (PID)** der Deutschen Telekom: Seewetterberichte für Wassersportler für diverse in- und ausländische Reviere telefonisch oder als Fax

unter verschiedenen 0900-Nummern (kein Zugriff aus dem Ausland)
- **Seewetterinformationssystem SEEWIS des DWD:** Online-Abruf jederzeit über Telefon, Modem und Notebook für alle europäischen Gewässer und die Karibik (gebührenpflichtig)
- **SEEWIS–Fax:** Abruf per Fax (gebührenpflichtig, vorherige telefonische Registrierung erforderlich) siehe *www.seewis.de*
- **Anrufbeantworter des DWD:** Wind- und Sturmwarnungen für deutsche Ost- und Nordseeküste unter (040) 6690-1209
- **Seewettervorhersagen und Routenempfehlungen des DWD:** bis zu 5 Tage oder individuelle Gebietsvorhersagen für ein Seegebiet mit Grafiken und Vorhersagekarten für alle Seegebiete weltweit (gebührenpflichtig). Übermittlung telefonisch, per Fax oder als E-Mail. Vorherige Anmeldung erforderlich (Stichwort: »Routenempfehlung«): Tel. (040) 6690-1811, Fax (040) 6690-1947 oder E-Mail *routing@dwd.de*

NAVTEX

Über das weltweite Netz von NAVTEX-Sendern (s. S. 129) werden regelmäßig alle 4 bis 6 Stunden Wettermeldungen, Nautische Warnnachrichten und nach Eingang **Starkwind- und Sturmwarnungen** übertragen. Für den Empfang benötigt man an Bord einen NAVTEX-Empfänger, der die Nachrichten auf einem Display anzeigt und ausdruckt. Die Übertragung erfolgt auf 518 kHz in englischer Sprache und manchmal auch auf 490 kHz in der jeweiligen Landessprache.
Der Sender Pinneberg sendet für das deutsche Seewarngebiet der Nord- und Ostsee auf Englisch und auf Deutsch.

```
030550 NAVTEX-Hamburg (WCC)
Seewettervorhersage bis 04.10.2006 00 UTC:
Deutsche Bucht:
N um 5, NW-drehend, Ostteil zeitweise uml. 3,
Schauerböen, See 2m.
Westliche Ostsee:
N-NW 4-5, rückdrehend, Schauerböen, See 1m.
Südliche Ostsee:
N 5-6, NW-drehend, Schauerböen, teils Schnee,
See 2m.
Aussichten bis 04.10.2006 12 UTC:
Deutsche Bucht:
NW zunehmend 6.
Westliche Ostsee:
NW-W zunehmend 5-6.
Südliche Ostsee:
NW 6.
```

Wetterbericht über NAVTEX
Beispiel eines über NAVTEX empfangenen Wetterbrichts.

SEEWIS

Über **SEEWIS–Online** kann man mit der vom DWD entwickelten Software SEEWIS *(Seewetterinformationssystem)* jederzeit über Telefon, Modem und Laptop einen ausführlichen und stets aktuellen Seewetterbericht (mit Satellitenbildern) für alle europäischen Gewässer und die Karibik abrufen.
SEEWIS–Fax bietet den Abruf des aktuellen Seewetterberichtes mit Vorhersagen bis zu 5 Tagen für jedes gewünschte Revier in Europa und in der Karibik per Fax an *(www.seewis.de)*.

SafetyNet

SafetyNet ist eine von Inmarsat C angebotene Dienstleistung zur Übertragung von nautischen Warnnachrichten und Wetterberichten per Fax (keine Sprachübertragung), vgl. S. 129.

Übertragung per SMS

Verschiedene Anbieter übermitteln einen gebührenpflichtigen Seewetterbericht entweder regelmäßig oder auf Abruf auch per SMS. Die Reichweite ist allerdings sehr begrenzt, wenn man keine Satellitenkommunikation nutzt.

Auswertung von Seewetterberichten

Zur zeichnerischen Umsetzung des Seewetterberichts gibt es vom DWD die *Bordwetterkarte Nr. 9* für die Nord- und Ostsee und die *Bordwetterkarte Nr. 11* für das Mittelmeer. Dort kann man mit etwas Erfahrung die »Wetterlage« des Seewetterberichtes und die voraussichtlichen Zugbahnen der Druckgebilde eintragen. Besser ist es natürlich, die Wetterkarte an Bord mit dem Wetterfax oder dem Laptop zu empfangen.

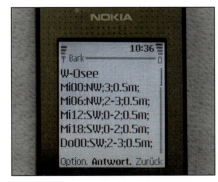

Wettermeldung als SMS
Beispiel einer über SMS empfangenen Wettermeldung für die westliche Ostsee.

Seewetterkarten

Der DWD in Hamburg gibt regelmäßig **Bodenwetterkarten** und **Vorhersagekarten** für die nächsten 24, 48 und 72 Stunden heraus. Die Wetterkarten verwenden einheitliche Symbole, die Folgendes beschreiben:

• Druckgebilde und Isobaren
• Fronten
• Bedeckungsgrad des Himmels
• Windrichtung und Windstärke
• Niederschlagsformen und Sichtigkeit der Luft
• Lufttemperatur

Die **Windgeschwindigkeit** wird in der Regel durch die **Knoten-Befiederung** bezeichnet. Es bedeuten:

$^1/_2$ Fieder   =   5 kn
1   Fieder   =   10 kn
$1^1/_2$ Fiedern   =   15 kn
2   Fiedern   =   20 kn usw.
Sturmwimpeldreieck = 50 kn

Wird die **Beaufort-Befiederung** verwendet, dann gilt: $^1/_2$ Fieder = 1 Bft, 1 Fieder = 2 Bft, $1^1/_2$ Fiedern = 3 Bft, 2 Fiedern = 4 Bft usw., Sturmwimpeldreieck = 10 Bft.

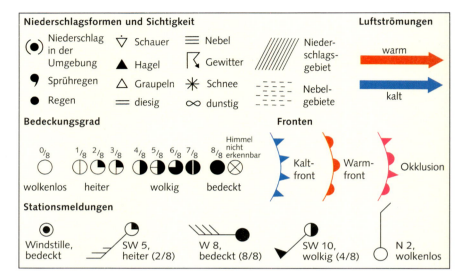

Symbole in der Wetterkarte
*Die Zusammenstellung zeigt die in der Wetterkarte verwendeten Symbole. **Stationsmeldungen** bestehen aus dem Stationskreis, der den Bedeckungsgrad zeigt, versehen mit einer Fieder, aus der man die Windstärke oder Windgeschwindigkeit und die Windrichtung ablesen kann. Oft ist neben dem Kreis noch die Lufttemperatur vermerkt.*

Unten links: Wetterkarte
Die Bodenwetterkarte des DWD wurde mit dem Wetterfax empfangen.

Unten rechts: Wetterkarte im Internet
Diese Wetterkarte mit Windprognosen in Knoten und Seegangprognosen wird täglich vom DWD im Internet bereitgestellt.

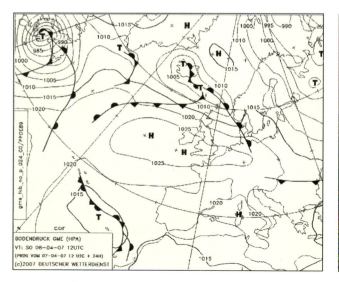

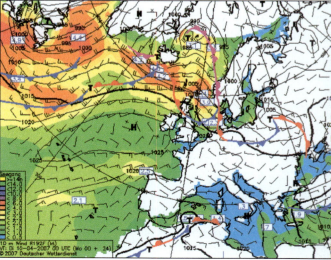

Sendezeiten und Frequenzen

Der Seewetterbericht bezieht sich auf bestimmte **Seegebiete** bzw. **Vorher-sagegebiete.** Die Namen der Sender, ihre Frequenzen und Sendezeiten sowie die Grenzen und Namen der in den Seewetterberichten verwendeten Seegebiete findet man im

- *Handbuch Nautischer Funkdienst* (für Europa) bzw. in der britischen *Admiralty List of Radio Signals* (weltweit),
- *Revierfunkdienst* als Ergänzungs-bände zu den *Seehandbüchern* und im
- *Jachtfunkdienst*, dem Auszug aus dem Nautischen Funkdienst für nichtausrüstungspflichtige Fahr-zeuge (s. S. 42).

Außerdem gibt es zwei Merkblätter des DWD und des BSH, die man im Inter-net als PDF-Datei abrufen kann:

- *»Sturmwarnungen und Seewetterbe-richte für die Sport- und Küsten-schifffahrt«* des DWD für Nord- und Ostsee, Nordatlantik und Mittelmeer unter *www.dwd.de/de/wir/Geschaefts felder/Seeschifffahrt/Dauerbrenner/*
- Merkblatt *»Wetter- und Warnfunk«* des BSH für Nord- und Ostsee unter *www.bsh.de/de/Produkte/Infomate rial/WetterWarnfunk/*

Möchte man sich über die mittleren Windverhältnisse in einem unbekann-ten Revier informieren, so greift man am besten auf Seehandbücher oder Revierführer und auf **Monatskarten** zurück. Diese enthalten für jeden Monat des Jahres eine Darstellung der mittle-ren Wind- und Stromverhältnisse.

Seegebiete bzw. Vorhersagegebiete des DWD Die Vorhersagegebiete anderer Länder findet man ebenfalls im Handbuch Nautischer Funk-dienst bzw. im Jachtfunkdienst.

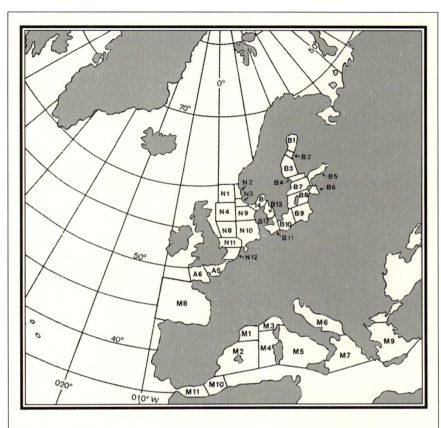

Nordsee

N 1	Viking
N 2	N-lich Utsira
N 3	S-lich Utsira
N 4	Forties
N 8	Dogger
N 9	Fischer
N 10	Deutsche Bucht
N 11	Humber
N 12	Themse
A 5	Englischer Kanal Ostteil
A 6	Englischer Kanal Westteil

Ostsee

B 1	Bottenwiek
B 2	Norra Kvarken
B 3	Bottensee
B 4	Åland-See und -Inseln
B 5	Finnischer Meerbusen
B 6	Rigaischer Meerbusen
B 7	Nördliche Ostsee
B 8	Mittlere Ostsee
B 9	Südöstliche Ostsee
B 10	Südliche Ostsee
B 11	Westliche Ostsee
B 12	Belte und Sund
B 13	Kattegat
B 14	Skagerrak

Atlantik

M 8	Biskaya
M 12	Kanarische Inseln

Mittelmeer

M 1	Golfe du Lion
M 2	Balearen
M 3	Ligurisches Meer
M 4	Westlich Korsika–Sardinien
M 5	Tyrrhenisches Meer
M 6	Adria
M 7	Ionisches Meer
M 9	Ägäis/Taurus
M 10	Palos
M 11	Alborán

Meteorologische Messgeräte

Fragen 4, 51, 97–101 (WK SKS)

Vor dem Auslaufen und auf See sollten wir – neben dem Abhören des Seewetterberichtes – die Wetterentwicklung sorgfältig beobachten und regelmäßig (mindestens alle 4 Stunden) in das Logbuch eintragen. Diese Beobachtungen bestehen aus folgenden Parametern:

- Windrichtung und Windstärke
- Wolken und Bedeckungsgrad
- Seegang und Strom
- Luftdruck und Lufttemperatur

Für einige Messungen – Luftdruck, Windstärke, Windrichtung und Lufttemperatur – stehen uns meteorologische Instrumente zur Verfügung.

Luftdruck: Der Luftdruck wird mit einem **Barometer** gemessen. Für unsere Wettervorhersage kommt es allerdings nicht so sehr auf die absolute Höhe, sondern vor allem auf die relative Änderung des Luftdrucks an, also auf die Luftdruckentwicklung. Diese wird vom **Barografen** in Form einer Kurve *(Barogramm)* über mehrere Stunden oder Tage aufgezeichnet.

Neben dem mechanischen *Dosenbarometer* bzw. *Dosenbarografen* gibt es inzwischen elektronische Marine-Barografen mit Grafik-Display und Druckabfallwarnung. Sie sind unempfindlich gegen Seegangsbewegungen und Motorvibrationen.

Wind: Im Topp der meisten Segelyachten sind **Windmesser** *(Schalenkreuzanemometer)* installiert. Sie arbeiten mechanisch oder elektronisch und zeigen in Fahrt die **Richtung und Stärke** des *scheinbaren* Windes an. Aufwendigere Geräte können in Verbindung mit GPS auch die Richtung und Stärke des *wahren* Windes ermitteln. Daneben ist oft ein **Handwindmesser** nützlich, um zum Beispiel vor dem Auslaufen die Windstärke am Molenkopf messen zu können.

Lufttemperatur und Luftfeuchte: Es gibt elektronische Bordwetterstationen, die neben einem Barografen auch ein **Thermometer** und ein **Hygrometer** enthalten. Um diese Messungen für eine Wetterprognose verwenden zu können, müssen wir allerdings berücksichtigen, dass Lufttemperatur und Luftfeuchte in der Kajüte oft höher sind als außerhalb.

Wassertemperatur: Auf modernen Yachten ist in das Log oft ein **Thermometer** integriert. Die Wassertemperatur kann dann meist auf einem multifunktionalen Display abgelesen werden.

> Auf See können wir
> - die **Windstärke** mithilfe der Beschreibung des Seegangbildes (nach Petersen) und
> - die **Windrichtung** anhand der Verlagerung der Wellenkämme schätzen.

Marine-Barograf
Er zeichnet mitmilfe von zwei Aneroid-Druckdosen die Luftdruckentwicklung über einen längeren Zeitraum auf, die man für die Wetterprognose z. B. bei Annäherung eines Tiefs oder Trogs benötigt. Mit einem Barometer dagegen muss man die Messwerte regelmäßig (etwa alle vier Stunden) notieren.

Elektronische Wetterstation
Sie enthält mehrere Instrumente und gibt Temperatur, Luftdruck und -feuchtigkeit an. Die Luftdruckentwicklung der letzten 24 Stunden wird grafisch dargestellt. Das Instrument wagt aus den Messungen sogar eine einfache Prognose.

Handwindmessgerät

5
Schifffahrtsrecht

Wo gilt welche Vorschrift?

Eine sehr gute Zusammenfassung der rechtlichen Vorschriften und seemännischen Sorgfaltspflichten für Wassersportler im Küstenbereich geben zwei regelmäßig aktualisierte Veröffentlichungen:
* *Sicherheit im See- und Küstenbereich,* herausgegeben vom BSH
* *Sicherheit auf dem Wasser,* herausgegeben vom BMVBS

Verkehrsordnungen

Auf den deutschen Seeschifffahrtsstraßen gelten folgende Verkehrsvorschriften nebeneinander:
* Kollisionsverhütungsregeln (KVR)
* Seeschifffahrtsstraßen-Ordnung (SeeSchStrO)
* Schifffahrtsordnung Emsmündung (EmsSchO)

Die **Kollisionsverhütungsregeln KVR** *(Internationale Regeln zur Verhütung von Zusammenstößen auf See)* – englisch: COLREG *(International Regulations for Preventing Collisions at Sea)* – bilden das internationale Seeverkehrsrecht. Sie gelten auf Hoher See und allen mit ihr zusammenhängenden, von Seeschiffen befahrbaren Gewässern.

Die KVR wurden 1972 von der IMO *(International Maritime Organization)* beschlossen und sind inzwi-

schen mehrfach geändert und ergänzt worden. Ihr Inhalt ist in Deutschland durch die *Verordnung zu den Internationalen Regeln von 1972 zur Verhütung von Zusammenstößen auf See* (VO KVR) in nationales Recht umgesetzt worden.

Die **VO KVR** gilt auf den Seeschifffahrtsstraßen und für Fahrzeuge, die berechtigt sind, die Bundesflagge zu führen, weltweit. Sie übernimmt einige grundsätzliche Regelungen der SeeSchStrO, wie z.B. die *Grundregeln für das Verhalten im Verkehr (§ 3) und Verantwortlichkeit* (§ 4), vgl. S. 231.

Die **Seeschifffahrtsstraßen-Ordnung (SeeSchStrO)** gilt auf den deutschen Seeschifffahrtsstraßen; einige wenige Vorschriften (vor allem für Reeden und tief gehende Schiffe) gelten auch im übrigen deutschen Küstenmeer (»eingeschränkte« SeeSchStrO).

Die **Schifffahrtsordnung Emsmündung (EmsSchO)** gilt aufgrund eines deutsch-niederländischen Abkommens im Mündungsgebiet der Ems und auf der Leda anstelle der SeeSchStrO. Ihre Regelungen sind weitgehend mit der SeeSchStrO identisch.

Die Wasser- und Schifffahrtsdirektionen Nord (Kiel) und Nordwest (Aurich) haben in den **Bekanntmachungen zur SeeSchStrO und zur EmsSchO** bestimmte Festlegungen getroffen, wo dies durch die SeeSchStrO bzw. die EmsSchO vorgesehen ist. Hierdurch werden z. B. Anker- und Liegestellen, Überholverbotsstrecken oder Wasserskigebiete festgelegt (vgl. S. 245).

In vielen deutschen Häfen gelten zusätzlich **örtliche Hafenordnungen** bzw. Sporthafenverordnungen.

Grundsätzlich gelten alle diese Verordnungen nebeneinander. Doch ist im Falle eines Widerspruchs aufgrund des Subsidiaritätsprinzips **stets die speziellere Vorschrift** anzuwenden: also Hafenordnung vor der SeeSchStrO bzw. der EmsSchO und diese vor den KVR.

Schließlich gibt es noch einige **Verordnungen für das Befahren von Naturschutz- und Sperrgebieten** sowie für militärische Sperr- und Warngebiete an der schleswig-holsteinischen Ost- und Westküste und im Nord-Ostsee-Kanal (NOK).

Geltungsbereich von SeeSchStrO und der KVR

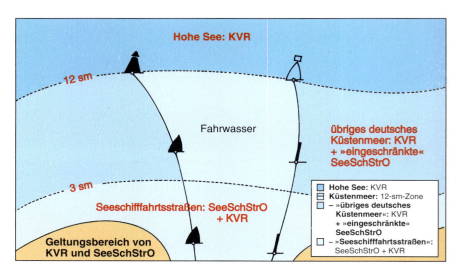

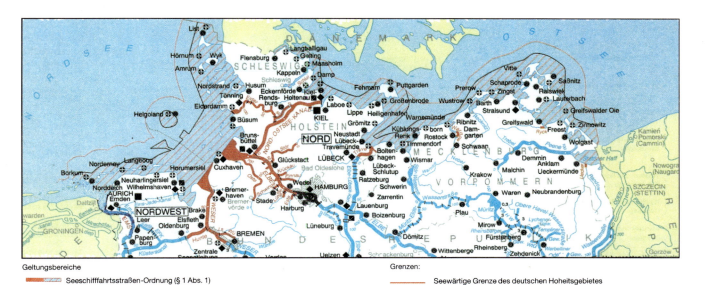

Geltungsbereiche

▨ Seeschifffahrtsstraßen-Ordnung (§ 1 Abs. 1)

▬ Eingeschränkte SeeSchStrO (§ 1 Abs. 2)

Grenzen:

⎯ Seewärtige Grenze des deutschen Hoheitsgebietes

⎯ Seewärtige Grenze der Seeschifffahrtsstraßen nach § 1 Abs.1 SeeSchStrO

Deutsches Küstenmeer

Das *Seerechtsübereinkommen (SRÜ)* der Vereinten Nationen legt fest: Die **Basislinie** trennt das Küstenmeer von den inneren Gewässern eines Staates. Die Basislinie ist an der Küste die mittlere Niedrigwasserlinie; größere Einbuchtungen schneidet sie geradlinig ab. Sie ist in Seekarten großen Maßstabs eingetragen. Landwärts der Basislinie liegen die **inneren Gewässer.** Das **Küstenmeer** (Hoheits- oder Territorialgewässer) erstreckt sich seewärts bis zu 12 sm der Basislinie. Dort verfügt der Küstenstaat über die volle Souveränität, er muss aber »das Recht der friedlichen Durchfahrt« gewähren. Die **Anschlusszone** kann sich bis zu 24 sm von der Basislinie erstrecken. Dort hat der Küstenstaat Kontrollrechte im Zusammenhang mit seinen Einreise-, Zoll-, Finanz- und Gesundheitsbestimmungen.

Oben: Anlage III zur SeeSchStrO
Darstellung des Geltungsbereichs der SeeSchStrO

Bis zu 200 sm von der Basislinie kann ein Küstenstaat eine **ausschließliche Wirtschaftszone** (AWZ) beanspruchen und Hoheitsrechte wahrnehmen, die sich auf die wirtschaftliche und wissenschaftliche Nutzung erstrecken. Den darüber hinausgehenden Seeraum nennt man **Hohe See.**

Seeschifffahrtsstraßen

Die Seeschifffahrtsstraßen umfassen nur einen Teil des Küstenmeeres. Ihre Wasserflächen sind in *§ 1 SeeSchStrO* bzw. in *§ 1 Verordnung zur Einführung der Schifffahrtsordnung Emsmündung (EmsSchEV)* festgelegt. Dies sind:

• **die 3-Seemeilen-Zone,** nämlich die Wasserflächen zwischen der Küstenlinie bei mittlerem Hochwasser oder der seewärtigen Begrenzung der Binnenwasserstraßen und einer Linie von drei Seemeilen Abstand seewärts der Basislinie

• **die betonnten Fahrwasser** des deutschen Küstenmeeres auch außerhalb der 3-Seemeilen-Zone (nur Außenelbe und Außenweser)

• **Teile der angrenzenden Binnenwasserstraßen**, die in *§ 1 Abs.1 SeeSchStrO* genau beschrieben und in *Anlage III zur SeeSchStrO* dargestellt sind (vgl. Abb. oben)

Maritime Verkehrssicherung

In den deutschen Küstengebieten nehmen **Verkehrszentralen** (von der Wasser- und Schifffahrtsverwaltung des Bundes eingerichtete Revierzentralen) die *maritime Verkehrssicherung* wahr. Sie besteht aus über UKW-Funk verbreiteten **Verkehrsinformationen** (Nautische Warnnachrichten, Mitteilungen über die Verkehrslage, Fahrwasser-, Wetter- und Tideverhältnisse), **Verkehrsunterstützungen** (z. B. durch Seelotsen bei verminderter Sicht), **Verkehrsregelungen** (Verfügungen im Einzelfall) und **Verkehrslenkungsmaßnahmen** (auf dem NOK).

Fahrzeuge mit UKW-Sprechfunkanlage (auch Sportfahrzeuge) sind zur Hörbereitschaft auf den bekannt gemachten UKW-Kanälen verpflichtet.

KVR und SeeSchStrO: Allgemeines

Fragen 5, 6, 17 (SR SKS)
Fragen 10, 11, 16, 18, 21–24, 27 (SBF)

Verantwortlichkeit (Regel 2 KVR)

1. Die KVR befreien nicht von den Folgen, die durch unzureichende Einhaltung der KVR oder unzureichende sonstige Vorsichtsmaßnahmen entstehen, die allgemeine seemännische Praxis oder besondere Umstände des Falles erfordern.
2. Bei der Auslegung und Befolgung der KVR sind stets alle Gefahren der Schifffahrt und des Zusammenstoßes sowie alle besonderen Umstände einschließlich Behinderungen der betroffenen Fahrzeuge gebührend zu berücksichtigen, die zum Abwenden unmittelbarer Gefahr ein Abweichen von diesen Regeln erfordern.

Allgemeine Definitionen

Die KVR und die SeeSchStrO enthalten folgende wichtige Begriffsbestimmungen:
- Der Ausdruck **Maschinenfahrzeug** bezeichnet ein Fahrzeug mit Maschinenantrieb.
- Der Ausdruck **Segelfahrzeug** bezeichnet ein Fahrzeug unter Segel, dessen Maschinenantrieb, falls vorhanden, nicht benutzt wird. (Ein Fahrzeug unter Segel, das gleichzeitig mit Maschinenkraft fährt, gilt also als Maschinenfahrzeug und muss die Vorschriften für Maschinenfahrzeuge befolgen.)
- Ein Fahrzeug befindet sich **in Fahrt**, wenn es weder vor Anker liegt noch an Land festgemacht ist noch auf Grund sitzt.

- Unter **verminderter Sicht** versteht man jeden Zustand, bei dem die Sicht durch Nebel, dickes Wetter, Schneefall, heftige Regengüsse, Sandstürme oder ähnliche Ursachen eingeschränkt ist.
- Zwei Fahrzeuge gelten als einander **in Sicht** befindlich, wenn jedes vom anderen optisch wahrgenommen werden kann.
- **Am Tage** bezeichnet den Zeitraum zwischen Sonnenaufgang und Sonnenuntergang.
- **Bei Nacht** bezeichnet den Zeitraum zwischen Sonnenuntergang und Sonnenaufgang.
- Ein **kurzer Ton** hat eine Dauer von etwa einer Sekunde.
- Ein **langer Ton** hat eine Dauer von 4 bis 6 Sekunden.

Signalkörper

Sie sind schwarz und tagsüber zu führen. Man unterscheidet:
- Ball
- Kegel
- Zylinder
- Rhombus (Doppelkegel)
- Stundenglas

Lichter

Die Lichterführung zeigt die Fahrtrichtung und die Lage eines Fahrzeugs an. Die Lichter müssen nachts und bei verminderter Sicht geführt bzw. gezeigt werden. Man unterscheidet:
- **Rundumlicht**
Es ist über den ganzen Horizontbogen sichtbar, das heißt es überstrahlt einen Vollkreis von 360°.
- **Topplicht**
Ein weißes Licht, das über einen Horizontbogen von 225° scheint, und zwar nach jeder Seite von recht voraus bis 22,5° achterlicher als querab.

- **Seitenlichter**
Sie strahlen über einen Horizontbogen von jeweils 112,5°, und zwar entweder nach Stb oder nach Bb von recht voraus bis 22,5° achterlicher als querab. Beide Seitenlichter überstrahlen also gemeinsam den Sektor des Topplichtes.
Das Stb-Seitenlicht ist immer grün, das Bb-Seitenlicht immer rot.
- **Hecklicht**
Das in Hecknähe angebrachte weiße Hecklicht scheint über einen Horizontbogen von 135°, und zwar 67,5° von recht achteraus nach jeder Seite. Topplicht und Hecklicht überstrahlen also gemeinsam einen Vollkreis von 360°.
- **Schlepplicht**
Das Schlepplicht entspricht dem Hecklicht, doch ist es immer gelb.
- **Funkellicht**
Dies ist ein Licht mit 120 oder mehr regelmäßigen Lichterscheinungen in der Minute, die über den ganzen Horizontbogen sichtbar sind.
Die **Mindesttragweite** der vorgeschriebenen Lichter auf Fahrzeugen von weniger als 12 m Länge beträgt 2 sm, ausgenommen die Seitenlichter (= 1 sm).
Auf Fahrzeugen von 12 und mehr, jedoch weniger als 20 m Länge muss das Topplicht 3 sm weit tragen und auf Fahrzeugen von 20 und mehr, jedoch weniger als 50 m Länge 5 sm weit (alle anderen Lichter 2 sm). Vgl. auch die Tabelle auf S. 233.

Schallsignale

Die KVR unterscheiden Schallsignale für Fahrzeuge
- in Sicht und
- bei verminderter Sicht.
Sie werden mit der Pfeife gegeben; nur Ankerlieger und Grundsitzer verwenden Glocken- und Gongsignale.

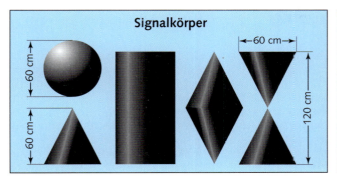

Signalkörper

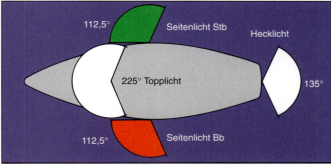

Signalkörper
*Ihr **Durchmesser** und ihre **Höhe** sollen nicht kleiner als 60 cm sein, die Höhe des Zylinders und des Rhombus nicht kleiner als 1,20 m. **Fahrzeuge unter 20 m Länge** dürfen kleinere, der Fahrzeuggröße entsprechende Signalkörper verwenden.*

Lichter
*Die **Seitenlichter** sind jeweils 112,5° von recht voraus sichtbar, das **Topplicht** überdeckt beide Seitenlichter und das **Hecklicht** den Rest zum Vollkreis.*

Ausrüstung für die Abgabe von Schallsignalen

Fahrzeuge ≥ 20 m	Pfeife und Glocke
Fahrzeuge ≥ 12 m	Pfeife
Fahrzeuge < 12 m	anderes Gerät zur Abgabe eines kräftigen Schallsignals

Die KVR und die SeeSchStrO bzw. EmsSchO regeln auch die **Ausrüstung, Anordnung und Anbringung** der Navigationslichter (bisher: Positionslaternen), Sichtzeichen (Signalkörper) und Schallsignalanlagen auf den Fahrzeugen. Alle Navigationslichter, Sichtzeichen und Schallsignalanlagen müssen vom BSH zur Verwendung zugelassen sein.

Darstellung der Schallsignale

1 kurzer Ton	●
1 langer Ton	▬
Glockenschlag	🔔
rasches Läuten mit der Glocke	🔔 5 s
Gongschlag	

Aufbau der KVR

Teil A: Allgemeines
Regel 1: Anwendung
Regel 2: Verantwortlichkeit
Regel 3: Allgemeine Begriffsbestimmungen

Teil B: Ausweich- und Fahrregeln
Regeln 4 – 10: Verhalten von Fahrzeugen bei allen Sichtverhältnissen
Regeln 11 – 18: Verhalten von Fahrzeugen, die einander in Sicht haben
Regel 19: Verhalten von Fahrzeugen bei verminderter Sicht

Teil C: Lichter und Signalkörper
Regeln 20 – 31

Teil D: Schall- und Lichtsignale
Regeln 32 – 37

Teil E: Befreiungen
Regel 38

Anlagen
Anlage I: Anordnung und technische Einzelheiten der Lichter und Signalkörper
Anlage II: Zusatzsignale für nahe beieinander fischende Fahrzeuge
Anlage III: Technische Einzelheiten der Schallsignalanlagen
Anlage IV: Notzeichen

Aufbau der SeeSchStrO

1. Abschnitt:
Allgemeine Bestimmungen (§§ 1–7)
2. Abschnitt
Sichtzeichen und Schallsignale der Fahrzeuge (§§ 8–18)
3. Abschnitt
aufgehoben (§§ 19–20)
4. Abschnitt
Fahrregeln (§§ 21–31)
5. Abschnitt
Ruhender Verkehr (§§ 32–36)
6. Abschnitt
Sonstige Vorschriften (§§ 37–40)
7. Abschnitt
Ergänzende Vorschriften für den Nord-Ostsee-Kanal (§§ 41–54)
8. Abschnitt
Aufgaben und Zuständigkeiten der Behörden der Wasser- und Schifffahrtsverwaltung des Bundes (§§ 55–60)
9. Abschnitt
Bußgeld- und Schlussvorschriften (§§ 61–62)

Anlagen
Anlage I: Schifffahrtszeichen
Anlage II: Sichtzeichen und Schallsignale der Fahrzeuge
Anlage III: Geltungsbereich der SeeSchStrO (Karte zu § 1 Abs. 5)
Anlage IV: aufgehoben

KVR

Fragen 48, 49, 51 (SR SKS)
Fragen 30, 31, 57–60, 115, 117 (SBF)

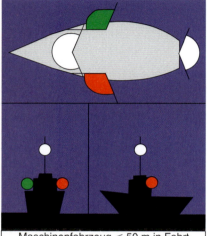

Maschinenfahrzeug < 50 m in Fahrt

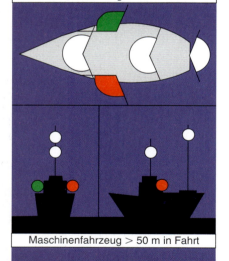

Maschinenfahrzeug > 50 m in Fahrt

Maschinenfahrzeug < 12 m in Fahrt

Maschinenfahrzeug

Ein Maschinenfahrzeug in Fahrt muss führen
- ein Topplicht (weiß/225°) vorn,
- ein zweites Topplicht (weiß/225°) achterlicher und höher als das vordere (ein Fahrzeug von weniger als 50 m Länge braucht dieses Licht nicht zu führen),
- Seitenlichter (rot, grün/112,5°),
- ein Hecklicht (weiß/135°).

Der waagerechte Abstand zwischen beiden Topplichtern entspricht mindestens der halben Fahrzeuglänge.

Auf einem **Maschinenfahrzeug von mindestens 12 m, jedoch weniger als 20 m Länge** muss
- das Topplicht mindestens 2,50 m über dem Schandeck (= oberste und äußerste durchgehende Decksplanke) angebracht sein.

Außerdem dürfen Fahrzeuge von weniger als 20 m Länge
- die Seitenlichter in einer Zweifarbenlaterne führen.

Ein **Maschinenfahrzeug von weniger als 12 m Länge** darf anstelle der vorgeschriebenen Lichter
- ein Topplicht (weiß/225°) mindestens 1 m über den Seitenlichtern,
- Seitenlichter (rot, grün/112,5°) in einer Zweifarbenlaterne,
- ein Hecklicht (weiß/135°)
oder

- ein Rundumlicht (weiß/360°) mindestens 1 m über den Seitenlichtern anstelle des Topplichtes und des Hecklichtes,
- Seitenlichter (rot, grün/112,5°) in einer Zweifarbenlaterne führen.

Ein **Maschinenfahrzeug in Fahrt von weniger als 7 m Länge,** dessen Höchstgeschwindigkeit 7 kn nicht übersteigt, darf anstelle der vorgeschriebenen Lichter
- ein weißes Rundumlicht führen und muss, wenn möglich, außerdem Seitenlichter (rot, grün/112,5°) führen.

Ergänzung durch die SeeSchStrO:
Kann ein Maschinenfahrzeug von weniger als 7 m Länge mit einer Höchstgeschwindigkeit bis zu 7 kn auch dieses weiße Rundumlicht nicht führen, so darf es nachts und bei verminderter Sicht nicht fahren – es sei denn, es liegt ein Notstand vor. Für diesen Fall ist eine elektrische Leuchte oder eine Laterne mit weißem Licht ständig mitzuführen; sie ist bei einem Notstand gebrauchsfertig zur Hand zu halten und rechtzeitig zu zeigen, um einen Zusammenstoß zu verhüten.

Ein **Luftkissenfahrzeug** führt zusätzlich zu den Lichtern eines Maschinenfahrzeugs
- ein gelbes Funkellicht,
ein Bodeneffektfahrzeug (BEF)
- ein rotes Funkellicht.

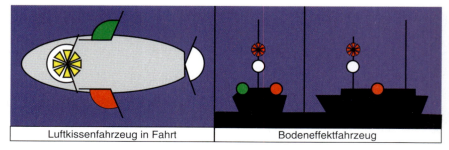

Luftkissenfahrzeug in Fahrt | Bodeneffektfahrzeug

Schleppverband

Ein schleppendes Maschinenfahrzeug muss führen
- an Stelle des Topplichtes vorn oder des zweiten Topplichtes zwei Topplichter senkrecht übereinander (weiß/225°),
- wenn der Schleppanhang **länger als 200 m** ist, drei Topplichter senkrecht übereinander,
- Seitenlichter (rot, grün/112,5°),
- ein Hecklicht (weiß/135°),
- ein Schlepplicht (gelb/135°) senkrecht über dem Hecklicht.

Ein geschlepptes Fahrzeug muss führen
- Seitenlichter (rot, grün/112,5°),
- ein Hecklicht (weiß/135°).

Ist der Schleppanhang länger als 200 m, so müssen der Schlepper und jedes geschleppte Fahrzeug **tagsüber**
- einen Rhombus führen.

Sind das schleppende Fahrzeug und sein Anhang **erheblich behindert, vom Kurs abzuweichen,** so führt der Schlepper **zusätzlich** drei Rundumlichter übereinander, das obere und untere rot, das mittlere weiß, vgl. S. 220.

> **Ergänzung durch die SeeSchStrO:**
> Motorsportfahrzeuge, die andere Sportfahrzeuge schleppen, gelten nicht als schleppende Fahrzeuge im Sinn der KVR (§ 2 Abs. 1 Ziff. 7 SeeSchStrO); sie brauchen deshalb die für schleppende und geschleppte Fahrzeuge vorgeschriebenen Lichter und Signalkörper nicht zu führen.

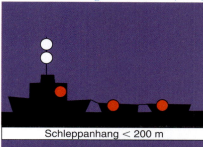

Schleppanhang < 200 m

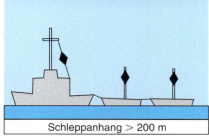

Schleppanhang > 200 m

Die Länge des Schleppanhanges wird vom Heck des schleppenden Fahrzeuges bis zum äußersten Ende des Schleppverbandes gemessen.

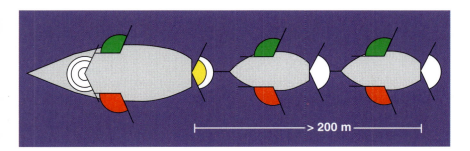

> 200 m

Geschleppte außergewöhnliche Schwimmkörper in Fahrt führen
- nachts: ein weißes Rundumlicht (bei einer Breite von 25 m und mehr: zwei zusätzliche weiße Rundumlichter an den Außenseiten; bei einer Länge von mehr als 100 m: dazwischen zusätzlich weiße Rundumlichter),
- tags: einen rhombusförmigen Signalkörper am äußersten Ende des letzten geschleppten Fahrzeuges (bei einer Länge von mehr als 200 m: einen weiteren rhombusförmigen Signalkörper so weit vorn wie möglich).

Können diese Lichter oder Signalkörper nicht geführt werden, so müssen alle Maßnahmen getroffen werden, um den Schwimmkörper zu beleuchten oder erkennbar zu machen.

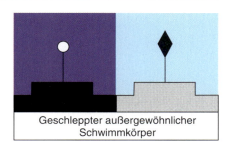

Geschleppter außergewöhnlicher Schwimmkörper

KVR

Frage 16 (SR SKS)
Fragen 18, 53–56, 114, 116, 117 (SBF)

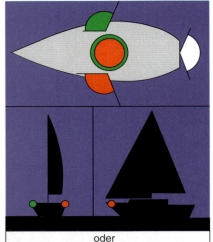

oder

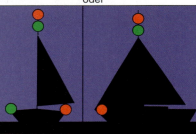

Segelfahrzeug in Fahrt

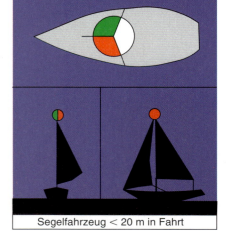

Segelfahrzeug < 20 m in Fahrt

Segelfahrzeuge in Fahrt

Ein Segelfahrzeug in Fahrt muss führen
- Seitenlichter (rot, grün/112,5°),
- ein Hecklicht (weiß/135°).

Ein Segelfahrzeug in Fahrt von **weniger als 20 m Länge** darf
- die Seitenlichter in einer **Zweifarbenlaterne** führen oder
- anstelle der Seitenlichter und des Hecklichtes eine **Dreifarbenlaterne** an oder nahe der Mastspitze führen.

Ein Segelfahrzeug in Fahrt darf
- zusätzlich zu den Seitenlichtern und dem Hecklicht an oder nahe der Mastspitze zwei Rundumlichter senkrecht übereinander führen, **das obere rot und das untere grün.**

Diese Lichter dürfen aber nicht zusammen mit der Dreifarbenlaterne geführt werden.

Ein Segelfahrzeug von weniger als 7 m Länge sowie ein Ruderfahrzeug sollen möglichst die für Segelfahrzeuge vorgeschriebenen Lichter führen. Ist dies nicht möglich, müssen sie
- eine elektrische Lampe oder eine angezündete Laterne mit weißem Licht gebrauchsfertig zur Hand halten.

Ein Fahrzeug unter Segel, das gleichzeitig mit Maschinenkraft fährt, gilt als Maschinenfahrzeug. Es muss dann führen
- tags: einen Kegel – Spitze unten – auf dem Vorschiff,
- nachts: ein Topplicht, Seitenlichter und ein Hecklicht (also die für ein Maschinenfahrzeug vorgeschriebenen Lichter).

> **Ergänzung durch die SeeSchStrO: Segelfahrzeuge von weniger als 12 m Länge sowie Ruderfahrzeuge,** die von den KVR vorgeschriebenen Lichter auf Grund ihrer Bauart nicht führen können, müssen
> - ein weißes Rundumlicht im Topp führen.
>
> Können sie auch dieses weiße Rundumlicht nicht führen, so dürfen sie nachts und bei verminderter Sicht nicht fahren – es sei denn, es liegt ein Notstand vor.
> Für diesen Fall ist eine elektrische Leuchte oder eine Laterne mit weißem Licht ständig mitzuführen; sie ist bei einem Notstand gebrauchsfertig zur Hand zu halten und rechtzeitig zu zeigen, um einen Zusammenstoß zu verhüten.

Ruderboot oder Segelfahrzeug < 7 m in Fahrt

Fahrzeug unter Segel und Motor in Fahrt

Fischereifahrzeuge

KVR
Frage 21 (SR SKS)
Fragen 49–52 (SBF)

Ein **fischendes Fahrzeug** fischt mit Netzen, Leinen, Schleppnetzen oder anderen Fanggeräten, welche seine Manövrierfähigkeit einschränken, jedoch nicht mit Schleppangeln oder anderen Fanggeräten, welche die Manövrierfähigkeit nicht einschränken.

Fischender Trawler

Fischende Trawler sind Fahrzeuge, die mit einem Schleppnetz oder einem anderen geschleppten Fanggerät fischen.

Er führt nachts in Fahrt oder vor Anker

- zwei Rundumlichter senkrecht übereinander, das obere grün und das untere weiß,
- ein Topplicht (weiß/225°) achterlicher und höher als das grüne Rundumlicht. Ein Fahrzeug von weniger als 50 m Länge braucht dieses Licht nicht zu führen.

Bei Fahrt durchs Wasser führt er zusätzlich

- Seitenlichter (rot, grün/112,5°),
- ein Hecklicht (weiß/135°).

Er führt tags

- ein Stundenglas.

Nicht trawlender Fischer

Ein nicht trawlender Fischer fischt mit Treibnetzen oder Ringwaden.

Er führt nachts in Fahrt oder vor Anker

- zwei Rundumlichter senkrecht übereinander, das obere rot und das untere weiß,
- bei ausgebrachtem Fanggerät, das waagerecht mehr als 150 m ins Wasser reicht, ein weißes Rundumlicht in Richtung des Fanggeräts.

Bei Fahrt durchs Wasser führt er zusätzlich

- Seitenlichter (rot, grün/112,5°),
- ein Hecklicht (weiß/135°).

Er führt tags

- ein Stundenglas,
- falls ein Fanggerät weiter als 150 m waagerecht ins Wasser ausgebracht ist, in Richtung dieses Gerätes einen Kegel (Spitze oben).

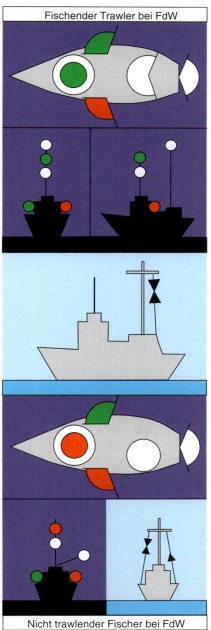

Fischender Trawler bei FdW

Nicht trawlender Fischer bei FdW

Schleppnetzfischer

Schleppleine ca. 600 m

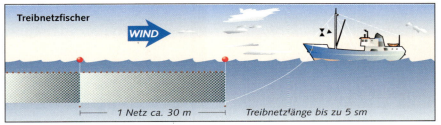

Treibnetzfischer

WIND

1 Netz ca. 30 m

Treibnetzlänge bis zu 5 sm

Manövrierunfähige oder -behinderte Fahrzeuge

KVR
Fragen 8–10, 12–15, 22, 23, 41, 52 (SR SKS)
Fragen 14, 15, 36–43 (SBF)

Manövrierunfähiges Fahrzeug bei FdW

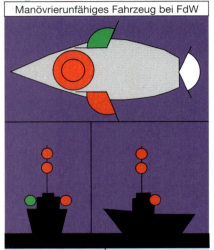

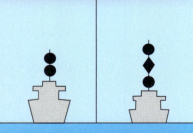

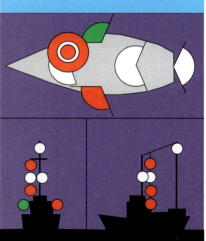

Manövrierbehindertes Fahrzeug bei FdW

Manövrierunfähiges Fahrzeug

Ein manövrier**unfähiges** Fahrzeug kann wegen außergewöhnlicher Umstände (z. B. Ruder- oder Maschinenschaden) nicht vorschriftsgemäß manövrieren und daher einem anderen Fahrzeug nicht ausweichen.

Es führt nachts
- zwei rote Rundumlichter senkrecht übereinander.

Bei Fahrt durchs Wasser führt es zusätzlich
- Seitenlichter (rot, grün/112,5°),
- ein Hecklicht (weiß/135°).

Es führt tags
- zwei Bälle oder ähnliche Signalkörper senkrecht übereinander.

> Ein **Fahrzeug von weniger als 12 m Länge** braucht die Rundumlichter und Bälle nicht zu führen. Um im Falle einer Kollisionsgefahr auf sich aufmerksam zu machen, kann es
> 1. durch andere verfügbare Mittel (UKW-Sprechfunk, Schall- oder Lichtsignal lang–kurz–kurz) anzeigen, dass es manövrierunfähig ist,
> 2. das andere Fahrzeug mit einer starken Handlampe anleuchten,
> 3. ein weißes Rundumlicht führen,
> 4. ein weißes Stern- oder ein Blitz/Knall-signal abfeuern,
> 5. bei Eintritt der Manövrierunfähigkeit die Verkehrszentrale informieren.

Manövrierbehindertes Fahrzeug

Ein manövrier**behindertes** Fahrzeug ist durch die Art seines Einsatzes behindert, wie vorgeschrieben zu manövrieren, und kann daher einem anderen Fahrzeug nicht ausweichen. Manövrierbehindert sind u. a. Fahrzeuge, die Schifffahrtszeichen, Unterwasserkabel oder eine Rohrleitung auslegen oder aufnehmen, die baggern oder Vermessungsarbeiten ausführen.

Es führt nachts
- drei Rundumlichter senkrecht übereinander; das obere und untere sind rot, das mittlere ist weiß.

Bei Fahrt durchs Wasser führt es zusätzlich
- ein Topplicht (weiß/225°) bzw. zwei Topplichter bei 50 m Länge und mehr,
- Seitenlichter (rot, grün/112,5°),
- ein Hecklicht (weiß/135°).

Es führt tags
- drei Signalkörper senkrecht übereinander; der obere und untere sind Bälle, der mittlere ist ein Rhombus.

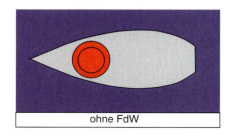

ohne FdW

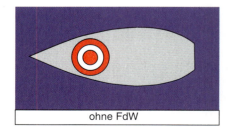

ohne FdW

Bagger etc.

Ein manövrierbehindertes Fahrzeug, das **baggert oder Unterwasserarbeiten ausführt,** führt bei Behinderung **nachts**

- drei Rundumlichter senkrecht übereinander; das obere und untere sind rot, das mittlere ist weiß,
- zwei rote Rundumlichter senkrecht übereinander, die die Seite der Behinderung anzeigen,
- zwei grüne Rundumlichter senkrecht übereinander, die die Passierseite für andere Fahrzeuge anzeigen.

Bei Fahrt durchs Wasser führt es zusätzlich Topplicht(er), Seitenlichter und ein Hecklicht.

Tagsüber führt es

- drei Signalkörper senkrecht übereinander, der obere und untere sind Bälle, der mittlere ist ein Rhombus,
- zwei Bälle senkrecht übereinander, die die Seite der Behinderung anzeigen,
- zwei Rhomben senkrecht übereinander, die die Passierseite für andere Fahrzeuge anzeigen.

Darf das Fahrzeug **an beiden Seiten** passiert werden, so fährt man an der Seite vorbei, die in Fahrtrichtung rechts liegt.

Ergänzung durch die SeeSchStrO:
Die SeeSchStrO stellt in ihrem Geltungsbereich das **Wegerechtschiff** dem manövrierbehinderten Fahrzeug gleich. Unter Wegerechtschiff versteht die SeeSchStrO Fahrzeuge, die wegen ihres Tiefgangs, ihrer Länge oder wegen anderer Eigenschaften gezwungen sind, den tiefsten Teil des Fahrwassers für sich in Anspruch zu nehmen (außer auf dem Nord-Ostsee-Kanal).

Taucherarbeiten

Ein kleines Fahrzeug bei Taucherarbeiten führt nachts

- drei Rundumlichter senkrecht übereinander: das obere und untere sind rot, das mittlere ist weiß.

Tagsüber führt es

- die Flagge »A« des Internationalen Signalbuches. Sie bedeutet: »Ich habe Taucher unten. Halten Sie bei langsamer Fahrt gut frei von mir!«

Fahrzeug beim Minenräumen

Ein Minenräumer führt zusätzlich zu den Lichtern eines Maschinenfahrzeugs in Fahrt **nachts**

- drei grüne Rundumlichter, eins davon nahe dem Vormasttopp, die beiden anderen an den Enden der vorderen Rah.

Tagsüber führt er

- an Stelle der grünen Rundumlichter je einen Ball.

Diese Lichter oder Signalkörper zeigen an, dass es gefährlich ist, sich dem Fahrzeug auf weniger als 1000 m zu nähern.

Zur Ausweichpflicht beachte Regel 18 KVR: Maschinen- und Segelfahrzeuge in Fahrt müssen manövrierunfähigen und -behinderten Fahrzeugen ausweichen, sofern in den Regeln 9 (Enge Fahrwasser), 10 (Verkehrstrennungsgebiete) und 13 (Überholen) nicht etwas anderes bestimmt ist. Deshalb ist ein manövrierunfähiges oder -behindertes Fahrzeug, das ein Maschinen- oder Segelfahrzeug überholt, ausweichpflichtig. Vgl. S. 227.

KVR
Fragen 47, 77, 78 (SR SKS)
Fragen 100–104 (SBF)

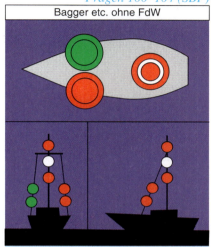

Bagger etc. ohne FdW

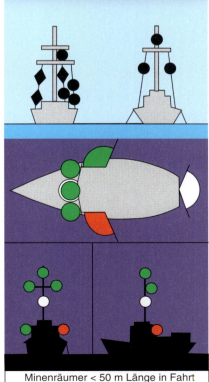

Minenräumer < 50 m Länge in Fahrt

KVR

Fragen 47, 48, 85, 86 (SBF)

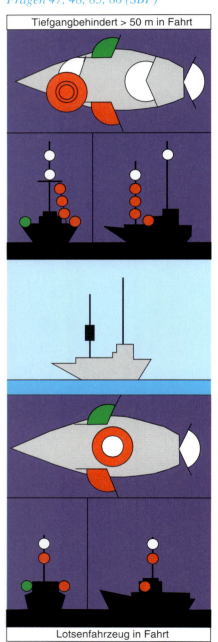

Tiefgangbehindert > 50 m in Fahrt

Lotsenfahrzeug in Fahrt

Tiefgangbehindert, Lotsenfahrzeug

Ein tiefgangbehindertes Fahrzeug ist durch seinen Tiefgang im Verhältnis zur vorhandenen Tiefe und Breite des befahrbaren Gewässers erheblich behindert, von seinem Kurs abzuweichen. Jedes Fahrzeug (mit Ausnahme eines manövrierunfähigen oder eines manövrierbehinderten) muss **vermeiden, die sichere Durchfahrt eines tiefgangbehinderten Fahrzeuges zu behindern.**

Es führt nachts in Fahrt
• ein Topplicht (weiß/225°) bzw. zwei Topplichter bei 50 m Länge und mehr,
• drei rote Rundumlichter senkrecht übereinander,
• Seitenlichter (rot, grün/112,5°),
• ein Hecklicht (weiß/135°).

Tagsüber führt es
• einen Zylinder.

> **Ergänzung durch die SeeSchStrO:**
> Tiefgangbehinderte Fahrzeuge im deutschen Küstenmeer heißen **Wegerechtschiffe** (§ 2 Abs. 1 Ziff. 13 SeeSchStrO). Sie gelten als **manövrierbehinderte Fahrzeuge** und müssen entsprechende Lichter und Signalkörper führen.
> Maschinen- und Segelfahrzeuge müssen ihnen ausweichen, sofern in den Regeln 9 KVR (Enge Fahrwasser), 10 KVR (Verkehrstrennungsgebiete) und 13 KVR (Überholen) nicht etwas anderes bestimmt ist. Vgl. Regel 18 KVR auf S. 227.

Ein Lotsenfahrzeug im Dienst führt nachts
• zwei Rundumlichter senkrecht übereinander, das obere weiß, das untere rot.

In Fahrt führt es zusätzlich
• Seitenlichter (rot, grün/112,5°),
• ein Hecklicht (weiß/135°).

Vor Anker führt es zusätzlich zu den Rundumlichtern die Ankerlichter oder den Ankerball.

Ankerlieger und Grundsitzer

Nachts führt ein vor Anker liegendes Fahrzeug von weniger als 50 m Länge:
- ein weißes Rundumlicht dort, wo es am besten gesehen werden kann;

von 50 m Länge oder mehr:
- im vorderen Teil ein weißes Rundumlicht, an oder nahe dem Heck ein zweites weißes Rundumlicht niedriger als das erste.

Ist der Ankerlieger 100 und mehr Meter lang, muss er zusätzlich die **Deckslichter** einschalten; unter 100 m Länge darf er sie einschalten.

Tags führt ein vor Anker liegendes Fahrzeug:
- einen Ball im vorderen Teil.

Nachts führt ein auf Grund sitzendes Fahrzeug von weniger als 50 m Länge:
- ein weißes Rundumlicht dort, wo es am besten gesehen werden kann;
- zwei rote Rundumlichter senkrecht übereinander;

von 50 m Länge oder mehr:
- im vorderen Teil ein weißes Rundumlicht, an oder nahe dem Heck ein zweites weißes Rundumlicht niedriger als das erste.

Tags führt ein auf Grund sitzendes Fahrzeug:
- drei Bälle senkrecht übereinander.

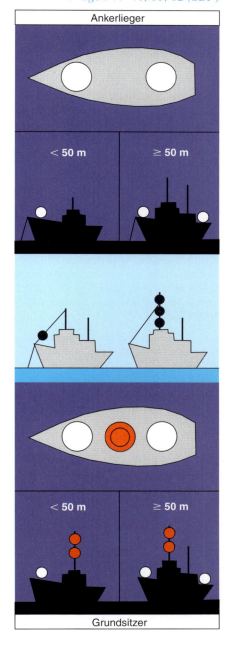

Ankerlieger

< 50 m   ≥ 50 m

< 50 m   ≥ 50 m

Grundsitzer

KVR: Fahrregeln

Fragen 7, 11, 24–27, 31, 33, 35–37, 43, 46, 53 (SR SKS)
Fragen 12, 26, 28, 72, 87, 88, 91, 96–99 (SBF)

Ausguck halten (Regel 5 KVR)

Jedes Fahrzeug muss jederzeit durch Sehen und Hören sowie durch jedes andere verfügbare Mittel gehörigen Ausguck halten.

Sichere Geschwindigkeit (Regel 6 KVR)

Jedes Fahrzeug muss jederzeit mit einer sicheren Geschwindigkeit fahren, sodass es geeignete und wirksame Maßnahmen treffen kann, um einen Zusammenstoß zu vermeiden, und innerhalb einer Entfernung zum Stehen gebracht werden kann, die den gegebenen Umständen und Bedingungen entspricht.

Links unten: Darstellung eines VTG in der Seekarte
Rechts unten: Queren eines VTG möglichst mit der Kielrichtung im rechten Winkel zur allgemeinen Verkehrsrichtung

Zur sicheren Geschwindigkeit bei *verminderter Sicht* s. S. 227!

Enge Fahrwasser (Regel 9 KVR)

Dem Fahrwasser folgende Fahrzeuge müssen sich so nahe wie möglich **am äußeren Rand** des Fahrwassers an **seiner Stb-Seite** halten.

Ein **Fahrzeug von weniger als 20 m Länge oder ein Segelfahrzeug** darf nicht die Durchfahrt eines Fahrzeugs behindern, das nur innerhalb eines engen Fahrwassers oder einer Fahrrinne sicher fahren kann.

Beim **Queren** eines engen Fahrwassers oder einer Fahrrinne darf man kein auf die Fahrrinne oder das Fahrwasser angewiesenes Fahrzeug behindern.

Kann in einem engen Fahrwasser nur dann **überholt** werden, wenn das zu überholende Fahrzeug mitwirkt, so muss der Überholer seine Absicht durch das entsprechende Schallsignal (vgl. S. 228) ankündigen.

Ankern in einem engen Fahrwasser muss vermieden werden.

> Alle Fahrwasser der Seeschifffahrtsstraßen gelten als *enge Fahrwasser*.

Verkehrstrennungsgebiete (VTG) (Regel 10 KVR)

Verkehrstrennungsgebiete sind von der IMO festgelegte Schiffahrtswege, die durch Trennlinien oder -zonen in Einbahnwege geteilt sind.

Ein Fahrzeug, das ein VTG benutzt, muss

- auf dem entsprechenden Einbahnweg in der allgemeinen Verkehrsrichtung dieses Weges fahren;
- sich, soweit möglich, von der Trennlinie oder der Trennzone klarhalten;
- in der Regel an den Enden des Einbahnweges ein- oder auslaufen; wenn es jedoch von der Seite ein- oder ausläuft, muss dies in einem möglichst kleinen Winkel zur allgemeinen Verkehrsrichtung erfolgen;
- das Queren von Einbahnwegen möglichst vermeiden; ist es jedoch zum Queren gezwungen, so muss dies möglichst mit der Kielrichtung im rechten Winkel (± 15°) zur allgemeinen Verkehrsrichtung erfolgen. (Dies gilt auch bei Strom- oder Windversetzung.)

Im VTG gelten die KVR. Fahrzeuge, die dem VTG folgen, haben also kein »Vorfahrtsrecht« gegenüber queren-

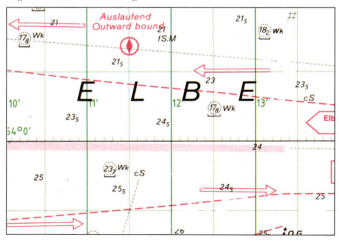

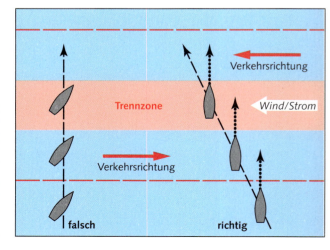

den oder anderen Fahrzeugen. Doch dürfen Segelfahrzeuge oder Fahrzeuge von weniger als 20 m Länge die sichere Durchfahrt eines **Maschinen**fahrzeugs auf dem Einbahnweg nicht behindern. Die Wasserfläche zwischen einem Verkehrstrennungsgebiet und der anliegenden Küste heißt **Küstenverkehrszone.** Sie darf im Allgemeinen nicht benutzt werden – außer von Segelfahrzeugen, Fahrzeugen von weniger als 20 m Länge und fischenden Fahrzeugen.

Möglichkeit der Gefahr eines Zusammenstoßes (Regel 7 KVR)

Jedes Fahrzeug muss mit allen verfügbaren Mitteln feststellen, ob die Möglichkeit der Gefahr eines Zusammenstoßes besteht. Im Zweifelsfall ist diese Möglichkeit anzunehmen.

Eine solche Möglichkeit ist anzunehmen, wenn die Kompasspeilung eines sich nähernden Fahrzeugs sich nicht merklich ändert (»Peilung steht«).

Manöver zur Vermeidung von Zusammenstößen (Regel 8 KVR)

Jedes Manöver zur Vermeidung eines Zusammenstoßes muss, wenn es die Umstände zulassen, entschlossen, rechtzeitig und so ausgeführt werden, wie gute Seemannschaft es erfordert. Jede Kurs- und/oder Geschwindigkeitsänderung zur Vermeidung eines Zusammenstoßes muss, wenn es die Umstände zulassen, so groß sein, dass ein anderes Fahrzeug sie optisch oder durch Radar schnell erkennen kann; aufeinander folgende kleine Kurs- und/oder Geschwindigkeitsänderungen sollen vermieden werden.

Ein Manöver zur Vermeidung eines Zusammenstoßes mit einem anderen Fahrzeug muss zu einem sicheren Passierabstand führen; die Wirksamkeit des Manövers muss sorgfältig überprüft werden, bis das andere Fahrzeug endgültig vorbei und klar ist.

Um einen Zusammenstoß zu vermeiden oder mehr Zeit zur Beurteilung der Lage zu gewinnen, muss ein Fahrzeug erforderlichenfalls seine Fahrt mindern oder durch Stoppen oder Rückwärtsgehen jegliche Fahrt wegnehmen.

Ausweichpflicht und Kurshaltepflicht

1. Die Ausweichregeln der KVR unterscheiden zwischen **Ausweichpflicht und Kurshaltepflicht** von Fahrzeugen. Sie legen also **Pflichten** fest und geben **kein Vorfahrtsrecht.**
2. Entscheidend für die Beurteilung der Frage, ob ein Fahrzeug ausweichpflichtig oder kurshaltepflichtig ist, ist die Lage der Fahrzeuge zueinander beim **ersten Insichtkommen** bzw. beim Eintritt in den Nahbereich.
3. **Maßnahmen des Ausweichpflichtigen (Regel 16):** »*Jedes ausweichpflichtige Fahrzeug muss möglichst frühzeitig und durchgreifend handeln, um sich gut klar zu halten.*«
4. **Maßnahmen des Kurshaltepflichtigen (Regel 17 a i)):** »*Muss von zwei Fahrzeugen eines ausweichen, so muss das andere Kurs und Geschwindigkeit beibehalten (Kurshalter).*«
5. **Manöver des vorletzten Augenblicks:** Fahrzeuge der Berufsschifffahrt weichen Sportbooten nicht immer so aus, wie es Regel 16 vorschreibt. Dann gilt **Regel 17 a ii):** »*Der Kurshalter darf jedoch zur Abwendung eines Zusammenstoßes selbst manövrieren, sobald klar wird, dass der Ausweichpflichtige nicht angemessen nach diesen Regeln handelt.*«
Hierbei gilt **(Regel 17 c):** »*Ein Maschinenfahrzeug ... darf seinen Kurs, sofern die Umstände es zulassen, gegenüber einem Maschinenfahrzeug an seiner Backbordseite nicht nach Backbord ändern.*«

Hierdurch soll eine Kollision vermieden werden, falls der Ausweichpflichtige wider Erwarten doch noch vorschriftsgemäß nach Stb ausweicht. Auf Segelfahrzeuge kann diese Regel nicht unmittelbar übertragen werden, da es im Einzelfall durchaus richtig sein kann, den Kurs nach Bb zu ändern. Grundregel: **Weiche immer in Fahrtrichtung des Ausweichpflichtigen aus!**
6. **Manöver des letzten Augenblicks (Regel 17 b):** »*Ist der Kurshalter dem Ausweichpflichtigen aus irgendeinem Grund so nahe gekommen, dass ein Zusammenstoß durch Manöver des Letzteren allein nicht vermieden werden kann, so muss der Kurshalter so manövrieren, wie es zur Vermeidung eines Zusammenstoßes am dienlichsten ist.*« (= Ausweichmanöver des Kurshalters)

Der Kurshalter
- **muss** Kurs und Geschwindigkeit beibehalten,
- **muss** gegebenenfalls mindestens fünf kurze, rasch aufeinander folgende Pfeifentöne geben und **darf** diese Pfeifentöne durch ein entsprechendes Lichtsignal ergänzen (vgl. S. 228),
- **darf** gegebenenfalls das Manöver des vorletzten Augenblicks ausführen,
- **muss** gegebenenfalls das Manöver des letzten Augenblicks ausführen.

Der Ausweichpflichtige
- **muss** möglichst frühzeitig und durchgreifend handeln, um sich gut klar zu halten,
- **muss** jede Kurs- und/oder Geschwindigkeitsänderung so durchführen, dass ein anderes Fahrzeug sie schnell erkennen kann, und **soll** deshalb aufeinander folgende kleine Kurs- und/oder Geschwindigkeitsänderungen vermeiden,
- **muss** als Maschinenfahrzeug Ausweichmanöver durch entsprechende Kursänderungssignale (vgl. S. 228) anzeigen.

KVR: Ausweichregeln

Fragen 32, 38–42, 44, 45, 48–51 (SR SKS)

Fragen 13, 18, 19, 73–84, 89 (SBF)

Diese Regeln gelten für Fahrzeuge, die **einander in Sicht** haben. Entscheidend für die Frage, ob Ausweichpflicht oder Kurshaltepflicht besteht, ist der **Zeitpunkt des ersten Insichtkommens.**

Segelfahrzeuge untereinander (Regel 12 KVR)

Boot mit Wind von Bb weicht Boot mit Wind von Stb
Haben zwei Segelfahrzeuge den Wind nicht von derselben Seite, muss das Fahrzeug, das den Wind von Bb hat, dem anderen ausweichen.

Die manchmal verwendete Kurzform »Backbordbug vor Steuerbordbug« wird in der Prüfung als falsch bewertet.

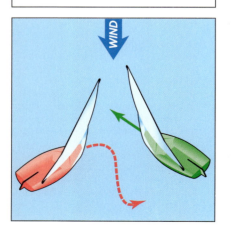

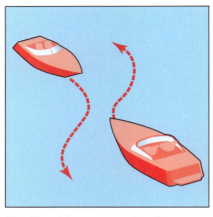

Maschinenfahrzeuge untereinander

Entgegengesetzte Kurse (Regel 14 KVR)
Nähern sich zwei Maschinenfahrzeuge auf (fast) entgegengesetzten Kursen so, dass die Möglichkeit der Gefahr eines Zusammenstoßes besteht, muss jedes seinen Kurs nach Stb so ändern, dass sie einander an Bb passieren.

Luv weicht Lee
Haben zwei Segelfahrzeuge den Wind von derselben Seite, muss das luvwärtige Fahrzeug dem leewärtigen ausweichen.
Luvseite im Sinne dieser Regel ist diejenige Seite, die dem gesetzten Großsegel gegenüberliegt.

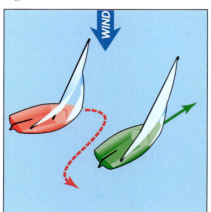

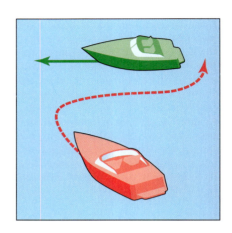

Kreuzende Kurse (Regel 15 KVR)
Kreuzen sich die Kurse zweier Maschinenfahrzeuge so, dass die Möglichkeit der Gefahr eines Zusammenstoßes besteht, muss dasjenige ausweichen, das das andere an seiner Stb-Seite hat. Es muss möglichst vermeiden, den Bug des anderen Fahrzeugs zu kreuzen.

Segler in Bb-Luv voraus
Kann ein Fahrzeug mit Wind von Bb nicht mit Sicherheit feststellen, ob ein sich näherndes Fahrzeug den Wind von Bb oder Stb hat (z. B. wenn es nachts ein grünes Licht an Bb voraus sichtet), muss es dem anderen ausweichen.

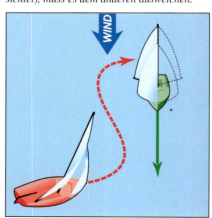

Allgemeines

1. Die **Ausweich- und Fahrregeln** der KVR bestehen aus drei Abschnitten:
   Abschnitt I: Verhalten von Fahrzeugen bei allen Sichtverhältnissen
   Abschnitt II: Verhalten von Fahrzeugen, die einander in Sicht haben
   Abschnitt III: Verhalten von Fahrzeugen bei verminderter Sicht
2. Die Ausweichregeln der KVR **gelten auf Hoher See und außerhalb der Fahrwasser;** innerhalb der Fahrwasser werden sie durch die Vorfahrtsregeln der SeeSchStrO ergänzt.
3. Die Ausweichregeln der KVR unterscheiden nach der **Antriebsart** der Fahrzeuge. Maschinenfahrzeuge untereinander weichen deshalb nach anderen Regeln aus als Segelfahrzeuge untereinander.
4. Ein **Segelfahrzeug, dessen Maschinenantrieb benutzt wird,** gilt als Maschinenfahrzeug und muss die Ausweichregeln für Maschinenfahrzeuge befolgen.

KVR: Verhalten bei verminderter Sicht

Fragen 28–30 (SR SKS)
Fragen 17, 90, 307, 308 (SBF)

Überholer weicht aus (Regel 13 KVR)
Unabhängig von der Antriebsart muss jedes überholende Fahrzeug ausweichen.
Als Überholer gilt, *wer sich einem anderen Fahrzeug aus einer Richtung von mehr als 22,5° achterlicher als querab (**Bereich des Hecklichtes**) nähert.*
Dies gilt auch tagsüber. Doch ist es dann oft schwierig, zu erkennen, ob es sich um einen Überholvorgang oder um bloßes Begegnen auf kreuzenden Kursen handelt.
*Deshalb hat man **im Zweifel** davon auszugehen, dass man überholendes Fahrzeug ist und ausweichen muss.*
*Kann man z. B. nachts wegen des **Gierens einer Segelyacht** nicht erkennen, ob man Überholer ist oder nicht, so muss man davon ausgehen, dass man Überholer ist.*
*Eine **spätere Änderung** der Peilung entbindet das überholende Fahrzeug nicht von seiner Ausweichpflicht (einmal Überholer – immer Überholer!).*

Verschiedene Fahrzeuge untereinander (Regel 18 KVR)
Sofern in den Regeln 9 (Enge Fahrwasser), 10 (Verkehrstrennungsgebiete) und 13 (Überholen) nicht anderes festgelegt ist, gilt:
*Ein **Maschinenfahrzeug** in Fahrt muss ausweichen*
- *manövrierunfähigen oder -behinderten Fahrzeugen,*
- *fischenden Fahrzeugen,*
- *Segelfahrzeugen (**Abb. unten**).*
*Ein **Segelfahrzeug** in Fahrt muss ausweichen*
- *manövrierunfähigen oder -behinderten Fahrzeugen,*
- *fischenden Fahrzeugen.*
*Außerdem darf kein Fahrzeug (mit Ausnahme eines manövrierunfähigen oder -behinderten) die sichere Durchfahrt eines **tiefgangbehinderten Fahrzeuges** behindern.*
Beachte den Vorbehalt der Regel 13:
Ein manövrierunfähiges, -behindertes oder fischendes Fahrzeug, das ein Maschinen- oder Segelfahrzeug überholt, ist ausweichpflichtig.

Bei verminderter Sicht (vgl. S. 214) treffen wir folgende **Maßnahmen:**
- mit sicherer Geschwindigkeit fahren, das heißt so fahren, dass man das Fahrzeug auf halber Sichtweite zum Stehen bringen kann (*Half-Distance Rule*)
- Schallsignal geben
- Positionslichter einschalten
- Ausguck gehen

Seemännische Sorgfaltspflicht gebietet es, bei verminderter Sicht das Fahrwasser zu verlassen oder, falls dies nicht möglich ist, sich im Fahrwasser äußerst rechts zu halten. Wir sollten möglichst ein Flachwassergebiet aufsuchen und ankern. Außerdem müssen wir den Radarreflektor aufheißen; hat unser Fahrzeug keinen **Radarreflektor,** sollten wir es in eine möglichst waagerechte Schwimmlage bringen. Schließlich sind alle Navigationsanlagen wie Radar oder Echolot sorgfältig zu gebrauchen; mit einer UKW-Sprechfunkanlage muss man die Verkehrsinformationen und -unterstützungen der Verkehrszentralen abhören.
Hören wir Nebelsignale anderer Fahrzeuge vorlicher als querab, müssen wir unsere Fahrt auf das für die Erhaltung der Steuerfähigkeit geringstmögliche Maß verringern, eventuell sogar völlig die Fahrt wegnehmen. Auf jeden Fall ist mit äußerster Vorsicht zu manövrieren, bis die Gefahr eines Zusammenstoßes vorüber ist.

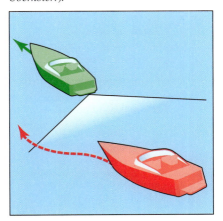

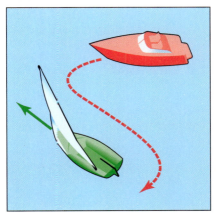

KVR

Fragen 19–21, 31, 48, 51 (SR SKS)
Fragen 63–71, 92–95 (SBF)

Schallsignale

Die KVR unterscheiden
- **Schallsignale bei verminderter Sicht** (links) und
- **Manöver- und Warnsignale** für Fahrzeuge, die einander in Sicht haben (rechts).

Ein **Fahrzeug von weniger als 12 m Länge** braucht die Schallsignale bei verminderter Sicht nicht zu geben, muss dann aber mindestens alle zwei Minuten ein anderes kräftiges Schallsignal geben. Ein **Fahrzeug von 12 und mehr, aber weniger als 20 m Länge** muss die für Ankerlieger und Grundsitzer vorgeschriebenen Glockensignale nicht geben, muss dann aber mindestens alle zwei Minuten ein anderes kräftiges Schallsignal geben.

Kursänderungssignale: Ein Maschinenfahrzeug in Fahrt muss nach den KVR ausgeführte Manöver durch Pfeifensignale anzeigen. Sie können durch entsprechende **Lichtsignale** (Blitz von etwa einer Sekunde Dauer) ergänzt werden, die während der Dauer des Manövers, soweit erforderlich, wiederholt werden.

Kurshaltersignal: Versteht ein Fahrzeug die Absicht oder die Maßnahmen eines anderen, sich nähernden Fahrzeugs nicht oder zweifelt es, ob das andere zur Vermeidung eines Zusammenstoßes ausreichend manövriert, muss es dies sofort durch **mindestens fünf kurze rasch aufeinander folgende Pfeifentöne** anzeigen. Dieses Signal darf ebenfalls durch ein entsprechendes **Lichtsignal** (mindestens fünf kurze, rasch aufeinander folgende Blitze) ergänzt werden.
Dieses Schall- und Lichtsignal ist zeitlich zwischen die Situationen der Regel 17ai) (Kurshaltepflicht) und 17aii) (Manöver des vorletzten Augenblicks) einzuordnen, vgl. S. 225.

Manöver- und Warnsignale

Kursänderungssignale
(für Maschinenfahrzeuge in Fahrt)

•

»Ich ändere meinen Kurs nach Stb!«

• •

»Ich ändere meinen Kurs nach Bb!«

• • •

»Ich arbeite rückwärts!«

Kurshaltersignal

• • • • •

(mindestens fünf kurze, rasch aufeinander folgende Pfeifentöne)

Überholen in einem engen Fahrwasser oder einer Fahrrinne

▬ ▬ •

»Ich beabsichtige, Sie an Ihrer Stb-Seite zu überholen!«

▬ ▬ • •

»Ich beabsichtige, Sie an Ihrer Bb-Seite zu überholen!«

▬ • ▬ •

Zustimmung des zu überholenden Fahrzeugs

Vor einer unübersichtlichen Fahrwasserkrümmung

▬

(ein langer Ton)

Ein Fahrzeug, das dieses Signal jenseits der Krümmung hört, muss es mit einem langen Ton beantworten.

Notsignale

Fragen 330–341 (SBF)

KVR

Die nebenstehenden internationalen Notzeichen sind in den KVR aufgeführt. Sie dürfen nur gegeben werden,
• wenn Not und die Notwendigkeit der Hilfe vorliegen (Anlage IV zu den KVR).

Hierunter versteht man Gefahr für Schiff und Leib und Leben der Besatzung, die ohne fremde Hilfe nicht überwunden werden kann.

In anderen Fällen dürfen diese oder ähnliche Signale nicht gegeben werden, um unnötige und kostspielige Rettungsaktionen zu vermeiden.

Vor der Anwendung der einzelnen Signale sollten wir uns Gedanken über ihre Wirksamkeit machen: Das Flaggensignal NC dürfte kaum über weite Entfernungen erkannt werden. Für unsere Zwecke kommen vor allem die Feuerwerksignalmittel (pyrotechnische Signalmittel) in Frage. Leuchtkugeln und Handfackeln tragen tagsüber etwa 3 sm weit, nachts dagegen bereits 10 sm. Am ehesten geeignet sind Fallschirmraketen, da sie höher steigen und langsamer fallen. Bei günstigen Bedingungen kann man sie bis zu 25 sm weit erkennen. Überlegen Sie immer, ob die Notsignale überhaupt gesehen werden können – bevor Sie Ihre Signalmunition sinnlos abfeuern. Schießen Sie zwei Signale kurz hintereinander ab, damit ein möglicher Beobachter jede Täuschung ausschließt!

Einige Signalraketen und Rauchsignale können nur mit einem **Waffenerwerbsschein** gekauft werden.

Die einzelnen Signale

Kanonenschüsse oder andere Knallsignale in Zwischenräumen von ungefähr einer Minute.

Anhaltendes Ertönen eines Schallsignalgerätes.

Raketen oder Leuchtkugeln mit roten Sternen einzeln in kurzen Zwischenräumen.

Das durch Telegrafiefunk oder eine andere Signalart gegebene Morsesignal *SOS*.

Das Sprechfunksignal aus dem gesprochenen Wort *MAYDAY*.

Das Notzeichen *NC* des Internationalen Signalbuches.

Ein Signal aus einer viereckigen Flagge, darüber oder darunter ein Ball oder etwas, das einem Ball ähnlich sieht.

Flammensignale auf dem Fahrzeug, z. B. brennende Teer- oder Öltonnen.

Rote Fallschirmleuchtrakete oder rote Handfackel.

Ein Rauchsignal mit orangefarbenem Rauch.

Langsames und wiederholtes Heben und Senken der nach beiden Seiten ausgestreckten Arme.

Ohne Abbildung:
Signale einer Seenotfunkboje.
Zugelassene Zeichen, die über Funksysteme übermittelt werden.

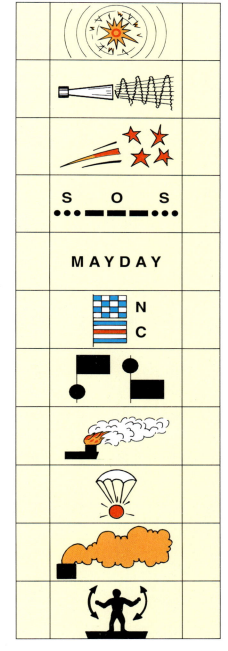

229

SeeSchStrO und EmsSchO: Allgemeines

Fragen 3, 4, 55, 56, 83, 84 (SR SKS)
Fragen 5–9, 112 (SBF)

Grundregeln für das Verhalten im Verkehr (§ 3 SeeSchStrO)

Die *SeeSchStrO*, die *Einführungsverordnung der EmsSchO* und die *Verordnung zu den Kollisionsverhütungsregeln (VO KVR)* formulieren folgende Grundregeln für das Verhalten im Verkehr:

1. Jeder Verkehrsteilnehmer hat sich so zu verhalten,
- dass die Sicherheit und Leichtigkeit des Verkehrs gewährleistet ist und
- dass kein Anderer geschädigt, gefährdet oder mehr als nach den Umständen unvermeidbar behindert oder belästigt wird.

Er hat insbesondere die Vorsichtsmaßregeln zu beachten, die Seemannsbrauch oder die besonderen Umstände des Falles erfordern.

2. Zur Abwehr einer unmittelbar drohenden Gefahr müssen unter Berücksichtigung der besonderen Umstände auch dann alle erforderlichen Maßnahmen ergriffen werden, wenn diese ein Abweichen von den Vorschriften dieser Verordnung notwendig machen.

3. Wer infolge körperlicher oder geistiger Mängel oder des Genusses alkoholischer Getränke **(0,25 mg/l oder mehr Alkohol in der Atemluft oder 0,5 Promille oder mehr Alkohol im Blut)** oder anderer berauschender Mittel in der sicheren Führung des Fahrzeugs oder in der sicheren Ausübung einer anderen Tätigkeit an Deck behindert ist, darf weder ein Fahrzeug führen noch als Mitglied der Crew dessen Kurs oder Geschwindigkeit selbstständig bestimmen.

Zehn Sicherheitsregeln für Wassersportler

1. Fahrzeugführer
Schätzen Sie Ihre Kenntnisse und Fähigkeiten richtig ein!

2. Fahrzeug
Machen Sie sich mit den Eigenschaften und der Einrichtung Ihres Fahrzeugs vertraut!

3. Sicherheitsausrüstung
Rüsten Sie Ihr Fahrzeug mit geeigneten Rettungsmitteln aus!

4. Reiseplanung
Informieren Sie sich über das vorgesehene Fahrtgebiet!

5. Wetter
Unterrichten Sie sich über die herrschenden und vorhergesagten Wetter- und Seegangsverhältnisse!

6. Einweisung
Unterrichten Sie Ihre Besatzungsmitglieder und Gäste über Sicherheitsvorkehrungen an Bord!

7. Mensch über Bord
Treffen Sie Maßnahmen gegen das Überbordfallen und prüfen Sie Möglichkeiten, Überbordgefallene zu bergen!

8. Nebel
Verlassen Sie keinen sicheren Liegeplatz bei Nebel!

9. Berufsschifffahrt
Halten Sie sich von der Berufsschifffahrt nach Möglichkeit fern!

10. Ausguck
Halten Sie stets einen gehörigen Ausguck!

Seemännische Sorgfaltspflicht

Unter seemännischer Sorgfaltspflicht versteht man die Verpflichtung zur Beachtung von Vorsichtsmaßregeln über die Verkehrsvorschriften hinaus, die Seemannsbrauch oder besondere Umstände des Falles erfordern. Zur Erfüllung der seemännischen Sorgfaltspflicht gehört auch die Anwendung der *Sicherheitsregeln für Wassersportler,* die in der BSH-Broschüre *Sicherheit im See- und Küstenbereich* enthalten sind.

Im Rahmen seiner seemännischen Sorgfaltspflicht sollte der Fahrzeugführer als Sicherheitsmaßnahme vor Fahrtantritt zum Schutze und für die Sicherheit der Personen an Bord die Besatzungsmitglieder und Gäste
- über die Sicherheitsvorkehrungen an Bord unterrichten,
- in die Handhabung der Rettungs- und Feuerlöschmittel einweisen,
- auf geeignete Maßnahmen gegen das Überbordfallen hinweisen.

Fahrzeuge mit einer UKW-Sprechfunkanlage sind verpflichtet, die von der Verkehrszentrale gegebenen Verkehrsinformationen und -unterstützungen abzuhören und zu berücksichtigen.

Verantwortlichkeit des Schiffsführers (§ 4 SeeSchStrO)

Der Fahrzeugführer und jeder sonst für die Sicherheit Verantwortliche (Rudergänger, Wachführer etc.) haben die Vorschriften
- über das Verhalten im Verkehr und
- über die Ausrüstung des Fahrzeugs mit Einrichtungen für das Führen und Zeigen der Sichtzeichen und das Geben von Schallsignalen

zu befolgen.

Steht vor Antritt der Fahrt nicht fest, wer Fahrzeugführer ist, so muss der verantwortliche Fahrzeugführer bestimmt werden. Er muss zum Führen des Fahrzeugs durch den erforderlichen Führerschein berechtigt sein.

Der Fahrzeugführer muss nicht selbst das Ruder bedienen; er kann eine geeignete Person als Rudergänger einsetzen.

SeeSchStrO/ EmsSchO: Kleine Fahrzeuge und Navigationslichter

Fragen 20, 24, 25 (SBF)

Kleine Fahrzeuge

Die Ausrüstung, Anordnung und Anbringung der Navigationslichter (früher: Positionslaternen) schreiben die KVR, die SeeSchStrO und die EmsSchO vor. Im Küstenbereich gelten für Fahrzeuge von weniger als 12 m Länge folgende Regeln:

• Die **Tragweite** aller Lichter, also *auch der Seitenlichter* für Fahrzeuge von weniger als 12 m Länge, muss *mindestens 2 sm* betragen.

• **Segelfahrzeuge von weniger als 12 m Länge** haben im Topp **ein weißes Rundumlicht** zu führen, wenn sie die vorgeschriebenen Lichter (Seitenlichter und Hecklicht bzw. Dreifarbenlaterne) auf Grund ihrer Bauart nicht führen können.

• **Kann das Segelfahrzeug auch dieses Licht nicht führen, so darf es nachts und bei verminderter Sicht nicht fahren** – es sei denn, es liegt ein Notstand vor. Für diesen Fall ist eine elektrische Leuchte oder eine Laterne mit weißem Licht ständig mitzuführen; sie ist bei einem Notstand gebrauchsfertig zur Hand zu halten und rechtzeitig zu zeigen, um einen Zusammenstoß zu verhüten. Das gleiche gilt für Maschinenfahrzeuge unter 7 m Länge und mit einer Höchstgeschwindigkeit unter 7 kn, wenn sie das weiße Rundumlicht nicht führen können.

• **Fahrzeuge von weniger als 12 m Länge** brauchen die Lichter und Signalkörper für *manövrierunfähige*

und -behinderte Fahrzeuge sowie für *Grundsitzer* nicht zu führen. Ebensowenig brauchen sie auf den als Anker- und Liegestellen bekannt gemachten Wasserflächen *Ankerlichter* oder einen *Ankerball* zu führen.

Unter Motor

Segelboote von weniger als 20 m Länge dürfen zwar die energiesparende Dreifarbenlaterne (bzw. weiße Rundumlaterne) führen – doch nur unter Segel und nicht beim Motoren. Denn das Topplicht für Maschinenfahrzeuge muss höher als die Seitenlichter angebracht sein.

Bei Fahrzeugen von weniger als 12 m Länge können Topplicht und Hecklicht in einem Rundumlicht zusammengefasst sein.

Einfacher haben es nur Segelfahrzeuge von weniger als 7 m Länge: Für sie genügt ein weißes Rundumlicht beim Segeln und auch beim Motoren.

Navigationslichter

Unter Navigationslichtern versteht man alle Lichter, die zur Lichterführung nach KVR und SeeSchStrO bzw. EmsSchO verwendet werden müssen. Alle vorgeschriebenen Lichter sind ständig und gebrauchsfertig mitzuführen und während der Zeit, in der sie zu führen sind, fest anzubringen. Es ist nicht zulässig, die Navigationslichter bei Nacht oder verminderter Sicht nur zur Hand zu halten und zu zeigen. Als einzige Ausnahme sieht die SeeSchStrO bzw. EmsSchO den Fall eines Notstandes vor. Tagsüber und bei normalen Sichtverhältnissen dürfen die Laternen aus ihrer mechanischen Halterung entfernt werden.

Auf deutschen Sportbooten dürfen nur solche Navigationslichter verwendet werden, deren Baumuster von einer von den Mitgliedstaaten der Europäi-

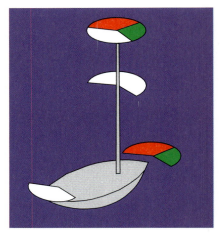

Auf einer Segelyacht mit Hilfsmotor von weniger als 20 m Länge müssen neben der Dreifarbenlaterne noch Seitenlichter, Hecklicht und Topplicht montiert sein. Denn **während des Segelns** *muss die Dreifarbenlaterne brennen,* **beim Motoren** *Seitenlichter, Topplicht und Hecklicht.*

schen Union benannten Stelle, in Deutschland vom BSH, zur Verwendung auf Seeschifffahrtsstraßen zugelassen ist.

Schiffsführer und Eigentümer sind dafür verantwortlich, dass die Wirksamkeit und Betriebssicherheit der Navigationslichter jederzeit gewährleistet sind. Ist die Wirksamkeit oder Betriebssicherheit erkennbar beeinträchtigt, so haben sie unverzüglich für die sachgemäße Instandsetzung zu sorgen. Eine Reparatur darf nur in einem vom BSH anerkannten Reparaturbetrieb erfolgen, von dem sie auch bescheinigt werden muss.

Wer sein Schiff mit nicht zugelassenen Navigationslichtern ausrüstet, sie falsch angebracht oder falsch abgeschirmt führt oder nicht für eine sofortige Instandsetzung in einem anerkannten Reparaturbetrieb sorgt, begeht eine Ordnungswidrigkeit, die mit Geldbuße geahndet werden kann.

Sichtzeichen nach KVR und SeeSchStrO bzw. EmsSchO			
	< 20 m	< 12 m	< 7 m
unter Segel	Seitenlichter in Zweifarbenlaterne Hecklicht oder: Dreifarbenlaterne evtl. rotes über grünem Rundumlicht, aber nicht in Verbindung mit der Dreifarbenlaterne (alle 2 sm)	Seitenlichter in Zweifarbenlaterne (1 sm) (2 sm) Hecklicht (2 sm) oder: Dreifarbenlaterne Falls Laternen nicht fest montierbar: festes weißes Rundumlicht (2 sm). Falls auch diese Laterne nicht fest montierbar: Fahrverbot bei Nacht und verminderter Sicht, es sei denn, dass ein Notstand vorliegt. Für diesen Fall weiße Leuchte ständig an Bord mitführen.	Falls Laternen nicht fest montierbar: weiße Leuchte zur Hand halten.
unter Motor	Topplicht (3 sm), min. 2,50 m über dem Schandeck Seitenlichter (2 sm) oder Zweifarbenlaterne (2 sm) Hecklicht (2 sm) Motorkegel, falls zugleich unter Segel	Topplicht (2 sm), mindestens 1 m über den Seitenlichtern Seitenlichter (1 sm) (2 sm) oder Zweifarbenlaterne (1 sm) (2 sm) Hecklicht (2 sm) oder: weißes Rundumlicht (2 sm) statt Topplicht und Hecklicht Motorkegel, falls zugleich unter Segel	Rundumlicht (2 sm) evtl. Seitenlichter (1 sm) (2 sm) Motorkegel, falls zugleich unter Segel Falls Lichter nicht fest montierbar: Fahrverbot bei Nacht und verminderter Sicht, es sei denn, dass ein Notstand vorliegt. Für diesen Fall weiße Leuchte ständig an Bord mitführen.
manövrierunfähig oder -behindert	Lichter (2 sm) und Signalkörper für manövrierunfähige bzw. manövrierbehinderte Fahrzeuge	Keine Lichter und Signalkörper für manövrierunfähige bzw. manövrierbehinderte Fahrzeuge nötig. Bei Taucherarbeiten mindestens die Flagge A des Internationalen Signalbuchs bzw. rotes über weißem über rotem Rundumlicht.	
vor Anker	Ankerlicht (2 sm) Ankerball	Ankerlicht (2 sm) Ankerball Kein Ankerball und -licht auf bekannt gemachten Anker- und Liegestellen nötig.	Ankerball und -licht nur in engem Fahrwasser etc. nötig.
auf Grund	Grundsitzerlichter (2 sm) Grundsitzerbälle	Grundsitzerlichter und -bälle brauchen nicht geführt zu werden.	

Der rot gesetzte Text gibt die Abweichungen der SeeSchStrO bzw. EmsSchO gegenüber den KVR wieder, die Zahlen in Klammern die Mindesttragweiten der Lichter.

SeeSchStrO/ EmsSchO

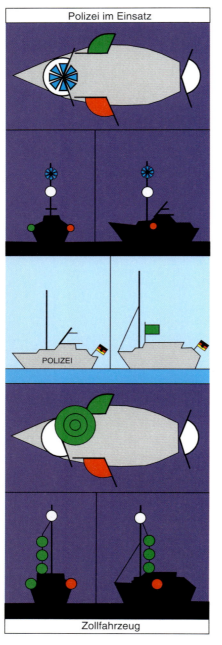

Polizei im Einsatz

POLIZEI

Zollfahrzeug

Polizei und Zoll

Fragen 107, 163, 164 (SBF)

Fahrzeuge des öffentlichen Dienstes bei der Erfüllung polizeilicher Aufgaben sowie Fahrzeuge der Deutschen Gesellschaft zur Rettung Schiffbrüchiger (DGzRS) bei der Durchführung eines Rettungseinsatzes zeigen, wenn dadurch die Sicherheit und Leichtigkeit des Verkehrs gefährdet wird, neben den sonst vorgeschriebenen Lichtern
• ein *dauerndes blaues Funkellicht* über dem Topplicht.

Zusätzlich führen sie die **Dienstflagge**. Außerdem ist das Fahrzeug meist mit »Polizei« beschriftet.

Sie sind von den Vorschriften der SeeSchStrO befreit, wenn dies zur Erfüllung hoheitlicher Aufgaben bzw. von Maßnahmen des Such- und Rettungsdienstes in Seenotfällen unter gebührender Berücksichtigung der öffentlichen Sicherheit und Ordnung dringend geboten ist.

Ein **Zollfahrzeug** führt nachts
• ein Topplicht (weiß/225°), bei 50 und mehr Meter Länge zwei Topplichter,
• *drei grüne Rundumlichter übereinander,*
• Seitenlichter (rot, grün/112,5°),
• ein Hecklicht (weiß/135°).

Tagsüber führt es
• eine viereckige *grüne Flagge* an beliebiger Stelle. Das Fahrzeug ist meist mit »Zoll« beschriftet.

Aufforderung zum Anhalten

Polizei- und Zollfahrzeuge können ein Fahrzeug anhalten oder zum Anlegen auffordern. In diesem Fall dürfen die Beamten in der Ausübung ihrer hoheitlichen Tätigkeit nicht behindert werden; unter Umständen ist ihnen sogar das Betreten des Fahrzeuges zu ermöglichen.
Fahrzeuge des öffentlichen Dienstes fordern durch das **Licht- oder Schallsignal L** des Morsealphabetes (• ▬ • •) oder die **Flagge L** des Internationalen Signalbuches zum Anhalten auf.

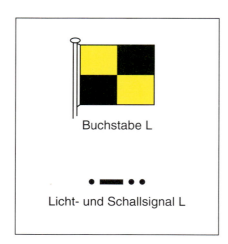

Buchstabe L

• ▬ • •

Licht- und Schallsignal L

Verschiedene Fahrzeuge

Fragen 108, 113 (SBF)

SeeSchStrO/ EmsSchO

Fahrzeuge und Schub- und Schleppverbände, die bestimmte gefährliche Güter transportieren, oder ein nicht entgastes Tankschiff, von dem eine Gefahr ausgehen kann, führen nachts
- ein Topplicht (weiß/225°), bei 50 und mehr Meter Länge zwei Topplichter,
- *ein rotes Rundumlicht,*
- Seitenlichter (rot, grün/112,5°),
- ein Hecklicht (weiß/135°).

Tagsüber führt es
- einen *roten Doppelstander* (= die Flagge B des Internationalen Signalbuches).

Diese Sichtzeichen werden auch geführt, wenn die Fahrzeuge ankern oder festgemacht haben.

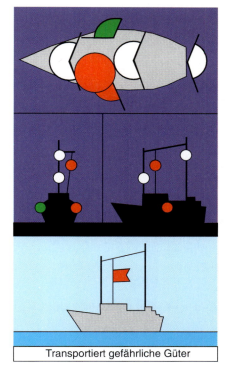

Transportiert gefährliche Güter

Schwimmendes Zubehör, das von Fahrzeugen, die baggern oder Unterwasserarbeiten ausführen, bei ihrem Einsatz verwendet wird, führt
- nachts: ein *weißes Rundumlicht,*
- tags: eine viereckige *rote Tafel.*

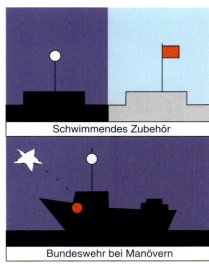

Schwimmendes Zubehör

Fahrzeuge der Bundeswehr und der Bundespolizei (früher: Bundesgrenzschutz) sowie Maschinenfahrzeuge, die Schießscheiben schleppen, denen sich bei Nacht Fahrzeuge in Gefahr drohender Weise nähern und von denen ein ausreichender Sicherheitsabstand zu halten ist, schießen:
- Leuchtkugeln mit weißen Sternen.

Ein Maschinenfahrzeug, das Schießscheiben schleppt und dem sich bei Nacht ein Fahrzeug in Gefahr drohender Weise nähert, gibt
- als Schallsignal einen langen Ton (■).

Bundeswehr bei Manövern

SeeSchStrO/ EmsSchO: Fähren

Frage 172 (SBF)

Fährstelle

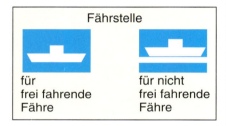

| für frei fahrende Fähre | für nicht frei fahrende Fähre |

Eine **nicht frei fahrende Fähre** (Ketten- oder Seilfähre) in Fahrt führt nachts
- ein grünes Rundumlicht über einem weißen Rundumlicht.

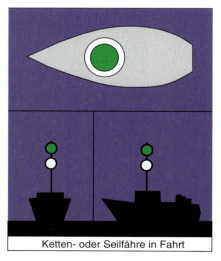

Ketten- oder Seilfähre in Fahrt

SeeSchStrO/ EmsSchO: Schallsignale

Fragen 62, 63 (SR SKS)

Fragen 119–123 (SBF)

Schallsignale bei verminderter Sicht

Bei verminderter Sicht (Nebel, Schneefall, heftige Regengüsse etc.) schreibt die SeeSchStrO folgende ergänzende Schallsignale vor:

Fähren während der ganzen Fahrt
- **nicht frei fahrende** Fähren: dauernde Einzelschläge der Glocke;
- **frei fahrende** Fähren: kurz–lang–lang.

Bugsierte Maschinenfahrzeuge in Fahrt mindestens alle 2 Minuten: lang–kurz–lang–lang.

Das **Achtungssignal** (ein langer Ton) ist zu geben, wenn die Verkehrslage es erfordert, insbesondere
- beim Einlaufen in andere Fahrwasser und Häfen,
- beim Auslaufen aus ihnen und aus Schleusen,
- beim Verlassen von Anker- und Liegeplätzen.

Das **Allgemeine Gefahr- und Warnsignal** (ein langer Ton, vier kurze Töne, ein langer Ton, vier kurze Töne) ist zu geben, wenn
- ein Fahrzeug ein anderes Fahrzeug gefährdet
- oder wenn es durch dieses selbst gefährdet wird.

Das **Bleib-weg-Signal** wird gegeben, wenn auf Fahrzeugen oder im Bereich von Liege- und Umschlagstellen bestimmte gefährliche Güter oder radioaktive Stoffe frei werden oder frei zu werden drohen oder Explosionsgefahr besteht: kurz–lang in jeder Minute mindestens 5-mal hintereinander mit jeweils 2 s Zwischenpause. Gleichzeitig mit dem Schallsignal kann ein Lichtsignal mit einem weißen Rundumlicht gegeben werden.
Wenn wir dieses Signal hören, müssen wir den Gefahrenbereich sofort verlassen und wegen Explosionsgefahr Feuer und Zündfunken möglichst vermeiden.

Bei verminderter Sicht

Nicht frei fahrende Fähre

Frei fahrende Fähre

Bugsiertes Maschinenfahrzeug (alle 2 min)

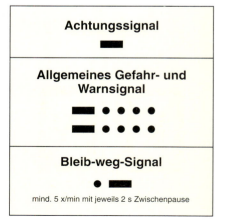

Achtungssignal

Allgemeines Gefahr- und Warnsignal

Bleib-weg-Signal

mind. 5 x/min mit jeweils 2 s Zwischenpause

SeeSchStrO/ EmsSchO: Fahrregeln

Fragen 72–74 (SR SKS)

Fragen 126, 127, 129, 130, 139, 140, 153, 158 (SBF)

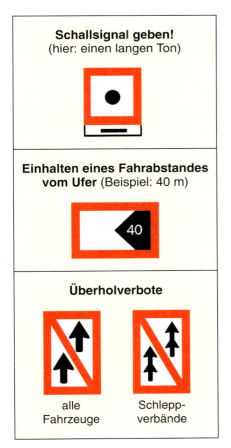

Schallsignal geben!
(hier: einen langen Ton)

Einhalten eines Fahrabstandes vom Ufer (Beispiel: 40 m)

40

Überholverbote

alle Fahrzeuge

Schlepp- verbände

Verhalten im Fahrwasser

Die Fahrregeln der SeeSchStrO bzw. der EmsSchO unterscheiden die Fahrzeuge nicht nach ihrer Antriebsart, sodass Segelfahrzeuge und Maschinenfahrzeuge grundsätzlich gleichgestellt sind. Doch dürfen **Fahrzeuge unter 20 m Länge und Segelfahrzeuge** die Durchfahrt der auf die Fahrrinne angewiesenen Fahrzeuge nicht behindern, vgl. S. 224.
Es gelten folgende Fahrregeln:

• Rechts fahren
Im Fahrwasser muss so weit wie möglich rechts gefahren werden. Nur beim Überholen darf links gefahren werden. Ein Sportboot muss sich so nahe am äußeren Rand des Fahrwassers an seiner Stb-Seite halten, wie dies ohne Gefahr möglich ist.
Außerhalb des Fahrwassers ist so zu fahren, dass klar erkennbar ist, dass das Fahrwasser nicht benutzt wird; eine bestimmte Seite oder Fahrtrichtung braucht nicht eingehalten zu werden.
Ein Segelfahrzeug darf vom Rechtsfahrgebot abweichen, wenn es durch die Windrichtung gezwungen ist, möglichst hoch am Wind gegenan zu kreuzen und deshalb einen längeren Schlag auf der linken Fahrwasserseite machen muss. Doch darf die Yacht hierbei die durchgehende Schifffahrt nicht behindern.

• Links überholen
Grundsätzlich muss links überholt werden. Soweit die Umstände des Falles es erfordern, darf rechts überholt werden.
Die Umstände auf dicht befahrenen Wasserstraßen erfordern es vielfach, dass Sportfahrzeuge aus Sicherheitsgründen rechts überholen.
Durch das Überholmanöver darf der Gegenverkehr nicht gefährdet werden. Ist das Überholen nur durch die Mitwirkung des vorausfahrenden Fahr-

zeuges möglich, so sind die von den KVR vorgeschriebenen Schallsignale (vgl. S. 228) zu geben.
Das Überholen ist verboten
– wenn das vorausfahrende Fahrzeug, das beim Überholen mitwirken muss, nicht das Schallsignal »Ich bin mit dem Überholen einverstanden!« (▬ • ▬ •) gegeben hat,
– in der Nähe von in Fahrt befindlichen, nicht frei fahrenden Fähren,
– an engen Stellen und in unübersichtlichen Krümmungen,
– vor und innerhalb von Schleusen sowie innerhalb der Schleusenvorhäfen und Zufahrten des Nord-Ostsee-Kanals mit Ausnahme von schwimmenden Geräten im Einsatz,
– an den durch die Tafel »Überholverbot« gekennzeichneten Stellen und Strecken.

• Nach Stb ausweichen
Beim Begegnen im Fahrwasser auf entgegengesetzten oder fast entgegengesetzten Kursen ist nach Stb auszuweichen. Dies gilt auch für Segelfahrzeuge untereinander, die dem Fahrwasserverlauf folgen.

Schiffsunfälle im Fahrwasser

Wird unser Fahrzeug im Fahrwasser manövrierunfähig, so sind wir verpflichtet, mit allen Mitteln das Fahrwasser zu räumen, damit die Schifffahrt nicht beeinträchtigt wird.
Ebenso müssen wir versuchen, das Fahrwasser möglichst schnell zu räumen, wenn für unser Fahrzeug die **Gefahr des Sinkens** besteht. Nach einer Kollision muss hierbei auch der Führer eines beteiligten schwimmfähig gebliebenen Fahrzeuges helfen.
Der Platz eines gesunkenen Bootes muss sofort behelfsmäßig gekennzeichnet und die Schifffahrtspolizeibehörde benachrichtigt werden.

SeeSchStrO/ EmsSchO: Vorfahrtsregeln im Fahrwasser

Fragen 54, 58, 60, 61, 68–71, 75 (SR SKS)

Fragen 109, 124, 125, 128, 145 (SBF)

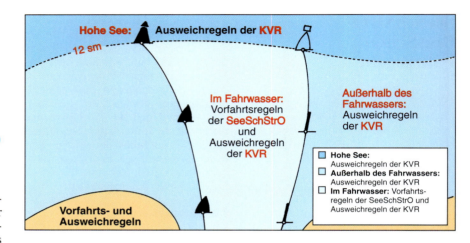

Hohe See: Ausweichregeln der KVR

– 12 sm

Im Fahrwasser: Vorfahrtsregeln der SeeSchStrO und Ausweichregeln der KVR

Außerhalb des Fahrwassers: Ausweichregeln der KVR

Vorfahrts- und Ausweichregeln

- **Hohe See:** Ausweichregeln der KVR
- **Außerhalb des Fahrwassers:** Ausweichregeln der KVR
- **Im Fahrwasser:** Vorfahrtsregeln der SeeSchStrO und Ausweichregeln der KVR

Geltungsbereich

Außerhalb der Fahrwasser der SeeSch-StrO gelten die Ausweichregeln der KVR (vgl. S. 226). Innerhalb der Fahrwasser gehen die Vorfahrtsregeln des § 25 SeeSchStrO als speziellere Vorschrift den Ausweichregeln der KVR vor. Die Vorfahrtsregeln der SeeSch-StrO gelten also

- **nur im Geltungsbereich der SeeSchStrO** (also nicht auf Schifffahrtswegen oder in Verkehrstrennungsgebieten außerhalb des Küstenmeers) und
- **nur im Fahrwasser** bzw. beim Einlaufen in das Fahrwasser und beim Queren des Fahrwassers.

Fahrwasser im Sinne der SeeSchStrO sind

- die Teile der Wasserflächen, die durch laterale Zeichen (vgl. S. 32/33) begrenzt oder gekennzeichnet sind,
- auf den Binnenwasserstraßen der SeeSchStrO auch nicht betonnte Wasserflächen, wenn sie für die durchgehende Schifffahrt bestimmt sind.

Unter *»durchgehender Schifffahrt«* versteht man den gesamten Längsverkehr, der nicht mehr als 10° von der allgemeinen Verkehrsrichtung abweicht.

Vorfahrtsrecht und Wartepflicht

Die Vorfahrtsregeln enthalten ein Vorfahrtsrecht und eine Wartepflicht. Das **vorfahrtsberechtigte Fahrzeug** darf die Vorfahrt nicht erzwingen. Es muss als Kurshalter gemäß Regel 17 KVR Kurs und Geschwindigkeit beibehalten und unter Umständen das Manöver des letzten Augenblicks einleiten. Das **wartepflichtige Fahrzeug** muss rechtzeitig durch sein Verhalten erkennen lassen, dass es warten wird. Es darf nur weiterfahren, wenn es übersehen kann, dass die Schifffahrt nicht beeinträchtigt wird.

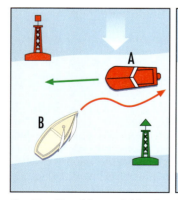

Das Maschinenfahrzeug A folgt dem Fahrwasserverlauf (Längsfahrer). Es hat deshalb Vorfahrt vor dem querenden Segler B.

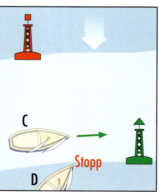

Der Segler C folgt dem Fahrwasserverlauf und hat Vorfahrt vor D, der in das Fahrwasser einlaufen möchte. D ist wartepflichtig.

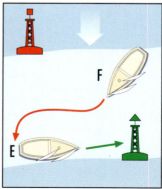

Der Segler E ist Längsfahrer und hat Vorfahrt vor dem querenden Segelfahrzeug F.

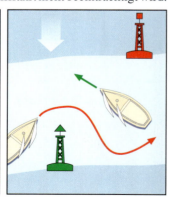

Beide Segler folgen nicht dem Fahrwasserverlauf; sie müssen deshalb untereinander nach den KVR ausweichen.

Längsfahrer und Querfahrer

Im Fahrwasser fahrende Fahrzeuge sind entweder Längsfahrer oder Querfahrer.

- **Längsfahrer** sind *»dem Fahrwasserverlauf folgende Fahrzeuge«,* unabhängig davon, ob es auf der richtigen oder falschen Fahrwasserseite fährt.
- **Querfahrer** weichen mit ihrem Kurs über Grund (KüG) deutlich, das heißt mehr als 10°, von der allgemeinen Fahrtrichtung ab. Dies gilt unabhängig davon, ob das ganze Fahrwasser oder nur ein Teil des Fahrwassers gequert wird.

Die Vorfahrtsregeln im Einzelnen

1. Die Vorfahrtsregeln gelten **unabhängig von den Sichtverhältnissen,** also auch für Fahrzeuge, die einander nicht in Sicht haben, aber mit Radar wahrnehmen können.
2. Im Fahrwasser haben **dem Fahrwasserverlauf folgende Fahrzeuge** Vorfahrt gegenüber Fahrzeugen, die

- in das Fahrwasser einlaufen,
- das Fahrwasser queren,
- im Fahrwasser drehen,
- ihre Anker- und Liegeplätze verlassen.

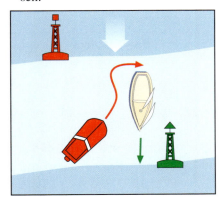

Der Segler und das Motorboot folgen nicht dem Fahrwasserverlauf. Sie müssen deshalb untereinander nach den KVR ausweichen.

Begegnungsverbot an Engstellen

3. Sofern **Segelfahrzeuge** *nicht* deutlich der Richtung eines Fahrwassers folgen, haben sie sich **untereinander** nach den KVR zu verhalten, wenn sie dadurch vorfahrtsberechtigte Fahrzeuge nicht gefährden oder behindern.
4. Fahrzeuge im Fahrwasser haben unabhängig davon, ob sie dem Fahrwasserverlauf folgen, Vorfahrt vor Fahrzeugen, die in dieses Fahrwasser aus einem **abzweigenden oder einmündenden Fahrwasser** einlaufen.
5. Nähern sich Fahrzeuge einer **Engstelle,** die nicht mit Sicherheit hinreichenden Raum für die gleichzeitige Durchfahrt gewährt, oder einer durch die Tafel *»Begegnungsverbot an Engstellen«* gekennzeichneten Stelle des Fahrwassers von beiden Seiten, so hat Vorfahrt

- **in Tidegewässern und in tidefreien Gewässern mit Strömung** das mit dem Strom fahrende Fahrzeug, bei Stromstillstand das Fahrzeug, das vorher gegen den Strom gefahren ist,
- **in tidefreien Gewässern ohne Strömung** das Fahrzeug, das grundsätzlich die Stb-Seite des Fahrwassers zu benutzen hat (also in aller Regel das einlaufende Fahrzeug).

Tidegewässer in diesem Sinne sind alle Seeschifffahrtsstraßen der Nordsee, **tidefrei** alle Seeschifffahrtsstraßen der Ostsee einschließlich des Nord-Ostsee-Kanals (NOK).

Querende Fahrzeuge untereinander

Die SeeSchStrO regelt nicht, wie zwei Maschinenfahrzeuge bzw. ein Segel- und ein Maschinenfahrzeug, die *nicht* dem Fahrwasserverlauf folgen, untereinander auszuweichen haben. Für sie gelten die Ausweichregeln der KVR.

Zusammenfassung

1. Geltungsbereich: *Innerhalb* der Fahrwasser der SeeSchStrO gelten die Vorfahrtsregeln der SeeSchStrO und die Ausweichregeln der KVR nebeneinander. *Außerhalb* der Fahrwasser gelten allein die Ausweichregeln der KVR.

2. Fahrwasser sind durch laterale Zeichen begrenzte oder gekennzeichnete bzw. für die durchgehende Schifffahrt bestimmte Wasserflächen.

3. Die Vorfahrtsregeln beinhalten ein **Vorfahrtsrecht** und eine **Wartepflicht.**

4. Vorfahrtsregeln:

- Dem Fahrwasserverlauf folgende Fahrzeuge haben Vorfahrt vor Fahrzeugen, die in das Fahrwasser einlaufen, das Fahrwasser queren, im Fahrwasser drehen oder ihre Anker- und Liegeplätze verlassen.
- Dem Fahrwasserverlauf nicht folgende Segelfahrzeuge weichen untereinander nach den KVR aus.
- Fahrzeuge im Fahrwasser haben Vorfahrt vor Fahrzeugen, die aus einem abbiegenden oder einmündenden Fahrwasser einlaufen.
- An Engstellen hat in Tidegewässern und Gewässern mit Strömung das mit dem Strom fahrende Fahrzeug, in tidefreien Gewässern und in Gewässern ohne Strömung das Fahrzeug, das die Stb-Seite des Fahrwassers benutzen muss, Vorfahrt.

5. Dem Fahrwasserverlauf folgende Fahrzeuge (Längsfahrer) sind Fahrzeuge, deren KüG nicht mehr als 10° von der allgemeinen Fahrtrichtung abweicht.

6. Zwei Maschinenfahrzeuge bzw. ein Segel- und ein Maschinenfahrzeug, die dem Fahrwasserverlauf *nicht* folgen, weichen untereinander nach den KVR aus.

SeeSchStrO/ EmsSchO: Sperrung der Seeschifffahrtsstraße oder von Wasserflächen

Fragen 1 (SR SKS), 67, 69 (NAV SKS)

Fragen 151, 161, 162, 165–168 (SBF)

Sperrung einer Seeschifffahrtsstraße

Die **dauernde Sperrung** der *gesamten* Seeschifffahrtsstraße wird gekennzeichnet
* nachts durch drei feste Lichter übereinander: Rot über Grün über Weiß,
* tags durch drei Körperzeichen übereinander, oben ein schwarzer Ball, darunter zwei schwarze Kegel mit den Spitzen zueinander.

Wird nur eine *Teilstrecke* gesperrt, z. B. eine von mehreren Brückenöffnungen, so wird das angezeigt durch
* eine rechteckige rote Tafel mit waagerechtem weißem Streifen.

Die **vorübergehende Sperrung** einer Seeschifffahrtsstraße wird gekennzeichnet
* durch das Schwenken eines roten Lichtes oder einer roten Flagge; ist die Sperrung beendet, so wird ein grünes Licht bzw. eine grüne Flagge geschwenkt.

Sperrung von Wasserflächen

1. Wegen **Badebetriebs** können bestimmte Wasserflächen für Maschinenfahrzeuge, Wassermotorräder und Surffahrzeuge durch weiß-gelbe Tonnen gesperrt werden.

2. Für militärische oder zivile Zwecke können **Sperrgebiete** festgelegt werden, die von der allgemeinen Schifffahrt überhaupt nicht befahren werden dürfen. Sie sind durch Sperrgebietszeichen abgegrenzt, die nachts gegebenenfalls mit einem gelben Blz., Ubr. (2) oder Ubr. (3) befeuert sind.

3. Durch Warngebietszeichen (vgl. Abb. S. 242) abgegrenzte **Warngebiete** sind für die allgemeine Schifffahrt frei, können aber zeitweise für die gesamte Schifffahrt gesperrt werden, erkennbar an bestimmten Tag- und Nachtsignalen, die nach der *Schifffahrtspolizeiverordnung über Sicherungsmaßnahmen für militärische Sperr- und Warngebiete* gesetzt werden.

4. **Übungsgebiete** sind für die allgemeine Schifffahrt frei; doch kann dort geschossen werden, wenn das Schussfeld frei ist und niemand gefährdet werden kann.

5. **Schießgebiete** sind während der Schießzeiten, die in den benachbarten Häfen bekannt gemacht werden, gesperrt.

6. **Sicherheitszonen** dürfen nicht befahren werden. Das sind Wasserflächen in einem Umkreis von 500 m um Anlagen zur Erforschung oder Ausbeutung von Naturschätzen im Festlandssockelbereich wie Bohrinseln, Plattformen etc. (§ 7 VO KVR).

Schallsignal

Sperrung der Seeschifffahrtsstraße

Dauernde Sperrung

der gesamten Seeschifffahrtsstraße

nur einer Teilstrecke

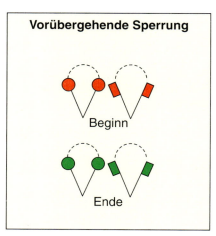

Vorübergehende Sperrung

Beginn

Ende

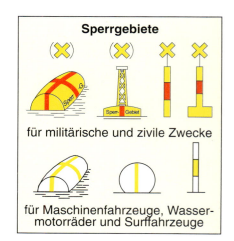

Sperrgebiete

für militärische und zivile Zwecke

für Maschinenfahrzeuge, Wassermotorräder und Surffahrzeuge

SeeSchStrO/ EmsSchO: Fahrgeschwindigkeit

Frage 76 (SR SKS)

Fragen 146, 147, 149, 150, 152, 262, 265, 267, 280, 281 (SBF)

Jedes Fahrzeug, Wassermotorrad und Segelsurfbrett muss unter Beachtung von Regel 6 KVR (s. S. 224) mit einer **sicheren Geschwindigkeit** fahren. Wird der Verkehr durch Sichtzeichen und bei verminderter Sicht zusätzlich durch Schallsignale geregelt, so ist die Geschwindigkeit so einzurichten, dass bei einer kurzfristigen Änderung der gezeigten Sichtzeichen oder des gegebenen Schallsignals das Fahrzeug sofort gestoppt werden kann.

Geschwindigkeitsverminderung

Die Fahrgeschwindigkeit ist rechtzeitig so weit zu vermindern, dass eine Gefährdung durch Sog oder Wellenschlag vermieden wird, insbesondere beim Vorbeifahren an

– Häfen, Schleusen, Sperrwerken,
– festliegenden Fähren,
– manövrierunfähigen und festgekommenen Fahrzeugen sowie an manövrierbehinderten Fahrzeugen im Sinne der KVR,
– schwimmenden Geräten und Anlagen,

– außergewöhnlichen Schwimmkörpern, die geschleppt werden, und
– an Stellen, die durch die Sichtzeichen »Geschwindigkeitsbeschränkung wegen Gefährdung durch Sog und Wellenschlag« oder die Flagge A des Internationalen Signalbuches (»Ich habe Taucher unten; halten Sie bei langsamer Fahrt gut frei von mir!«) gekennzeichnet sind.

In engen Gewässern müssen wir vorsichtig und langsam fahren und Sog und Wellenschlag vermeiden, um die Uferböschung zu schonen und am Ufer festgemachte Fahrzeuge nicht zu gefährden. Beim **Begegnen und Überholen** in engen Fahrwassern müssen wir auf ausreichenden Passierabstand achten. Auch **bei geringer Wassertiefe** müssen wir langsam fahren.

Geschwindigkeitsbeschränkung

Eine bestimmte Geschwindigkeit darf nicht überschritten werden

– an den durch die Tafel »*Geschwindigkeitsbeschränkung*« gekennzeichneten Strecken; die angegebene Zahl setzt die zulässige Höchstgeschwindigkeit durch das Wasser, auf dem Nord-Ostsee-Kanal über Grund in km/h fest;
– vor Stellen mit erkennbarem Badebetrieb außerhalb des Fahrwassers in einem Abstand von weniger als 500 m von der Wasserlinie des Ufers; hier darf eine Höchstgeschwindigkeit durch das Wasser von 8 km (4,3 sm) in der Stunde nicht überschritten werden. Diese Strecken sind vielfach durch das Zeichen »*Geschwindigkeitsbeschränkung vor Stellen mit Badebetrieb*« gekennzeichnet.

Geschwindigkeitsbeschränkung
wegen Gefährdung durch
Sog und Wellenschlag

Geschwindigkeit vermindern
wegen Taucherarbeiten

Geschwindigkeitsbeschränkung
auf 12 km/h

Geschwindigkeitsbeschränkung
vor Stellen mit Badebetrieb auf
8 km/h durch das Wasser

SeeSchStrO/ EmsSchO: Festmachen, Ankern, Wasserski, Segelsurfen, Schifffahrts- behinderung

Frage 82 (SR SKS)

Fragen 111, 118, 133–138, 155, 157, 159, 160, 173 (SBF)

Festmacheverbot

am Ufer

Liegeverbote

am Ufer

1000

auf einer Strecke von 1000 m links von diesem Zeichen

Anlegen und Festmachen

Die Schifffahrt darf durch das Anlegen und Festmachen nicht beeinträchtigt werden. Doch hat die Schifffahrt Rücksicht zu nehmen und vorsichtig zu navigieren, sobald ein Fahrzeug mit dem Anlegemanöver begonnen hat. **Festgemachte Fahrzeuge,** die **nachts** durch andere Lichtquellen nicht ausreichend und dauernd erkennbar sind, müssen

- **ein weißes Rundumlicht** mittschiffs an der Fahrwasserseite möglichst in Deckshöhe setzen.

Das Anlegen und Festmachen ist verboten

- an Sperrwerken, Strombauwerken, Leitwerken, Pegeln, festen und schwimmenden Schifffahrtszeichen,
- an abbrüchigen Stellen am Ufer,
- an engen Stellen und in unübersichtlichen Krümmungen,
- vor Hafeneinfahrten, an nicht für die Sportschifffahrt bestimmten Anlegestellen von Fahrgastschiffen und Fähren, an Schleusen und Sielen sowie in den Zufahrten zum Nord-Ostsee-Kanal,
- innerhalb von Fähr- und Brückenstrecken,
- an Stellen, die durch die Tafel *»Festmacheverbot«* (Verbot, in der nachfolgenden Strecke am Ufer festzumachen) oder die Tafel *»Liegeverbot«* (Verbot, in der nachfolgenden Strecke zu ankern oder festzumachen) gekennzeichnet sind.

Ankern

Abgesehen von seemannschaftlichen Überlegungen (vgl. S. 160) müssen wir den Ankerplatz so wählen, dass die Schifffahrt im Fahrwasser nicht beeinträchtigt wird.

Das Ankern ist verboten

- im Fahrwasser, ausgenommen auf den Reeden und den von der Schifffahrtspolizeibehörde bekannt gemachten Wasserflächen,
- an engen Stellen und in unübersichtlichen Krümmungen,
- in einem Umkreis von 300 m von schwimmenden Geräten, Wracks und sonstigen Schifffahrtshindernissen und Leitungstrassen sowie von Stellen, die durch die Sichtzeichen *»Warnstelle«* oder *»Kabel«* gekennzeichnet sind (das Zeichen *»Warnstelle«* dient der Markierung von Forschungs- und Vermessungsarbeiten, hydrografischen Untersuchungen und ähnlichen Arbeiten bzw. der Markierung von Stellen für militärische Zwecke),
- bei verminderter Sicht in einem Abstand von weniger als 300 m von Hochspannungsleitungen,
- in einem Abstand von 100 m vor und hinter Sperrwerken,
- vor Hafeneinfahrten, Anlegestellen, Schleusen und Sielen sowie in den Zufahrten zum Nord-Ostsee-Kanal,
- innerhalb von Fähr- und Brückenstrecken,

Warngebiete und Warnstellen für militärische und zivile Zwecke

– an Stellen und auf Wasserflächen, die von der Schifffahrtspolizeibehörde bekannt gemacht sind, sowie
– 300 m vor und hinter Ankerverbotszeichen.

Ankerwache

Auf allen Fahrzeugen muss ständig Ankerwache gegangen werden, sofern sie in der Nähe des Fahrwassers oder auf einer Reede vor Anker liegen. Dies gilt nicht für Fahrzeuge von weniger als 12 m Länge auf besonders bezeichneten Anker- und Liegeplätzen.

Wasserski, Wassersportanhänge, Wassermotorräder, Kite- und Segelsurfen (§ 31 SeeSchStrO)

Wasserskilaufen, Wassermotorradfahren, Schleppen von Wassersportanhängen, Kite- und Segelsurfen sind

- **im Fahrwasser verboten** – außer auf Flächen, die durch eine blaue Tafel mit dem weißen Symbol eines Wasserskiläufers, Wassermotorradfahrers oder Segelsurfers bezeichnet sind,
- **außerhalb des Fahrwassers erlaubt** – wenn es nicht von der Wasser- und Schifffahrtsdirektion durch Bekanntmachung verboten ist,
- **verboten** bei Nacht und verminderter Sicht und während der bekannt gemachten Verbotszeiten.

Zugboote von Wasserskiläufern und Wassersportanhängen sowie Wassermotorräder, Kite- und Segelsurfer müssen allen anderen Fahrzeugen ausweichen. Untereinander haben sie entsprechend den KVR auszuweichen. Bei der Begegnung mit Fahrzeugen, Wassermotorrädern, Kite- und Segelsurfern haben sich Wasserskiläufer im Kielwasser ihrer Zugboote zu halten.

Zugboote, die Wassersportanhänge schleppen, haben diese bei der Begegnung mit Fahrzeugen, Wassermotorrädern, Kite- und Segelsurfern in ihrem Kielwasser zu halten.

Wassermotorräder sind motorisierte Wassersportgeräte, die als *Personal Water Craft* wie Wasserbob, Wasserscooter, Jetbike oder Jetski bezeichnet werden, oder sonstige gleichartige Geräte. Sie gelten nicht als Fahrzeuge im Sinne der SeeSchStrO.

Wassersportanhänge sind von Wassersportfahrzeugen gezogene aufblasbare Schwimmkörper, auf denen sich Personen befinden.

Kitesurfer sind Surfer mit einem von einem Drachen gezogenen Surfbrett.

Schifffahrtsbehinderung

Eine außergewöhnliche Behinderung der Schifffahrt kann gekennzeichnet werden

- **nachts** durch drei Lichter übereinander: Rot über Rot über Grün,
- **tags** durch zwei schwarze Bälle übereinander und darunter einen schwarzen Kegel – Spitze unten.

Ankerverbote

Im Uferbereich (gilt 300 m vor und hinter dem Zeichen bzw. der Verbindungslinie)

Im Umkreis von 300 m von Kabeln

Im Fahrwasser

Segelsurfen erlaubt

Wasserski erlaubt

Wassermotorrad erlaubt

Ende einer Gebots- oder Verbotsstrecke

Außergewöhnliche Schifffahrtsbehinderung

SeeSchStrO: Brücken und Schleusen

Fragen 131, 132, 148, 154, 169–171 (SBF)

Durchfahren von Brücken

Eine quadratische, auf der Spitze stehende **gelbe Tafel** an einer Brücke zeigt uns die für die Schifffahrt **empfohlene Brückendurchfahrt** an. Sind zwei derartige Tafeln nebeneinander angebracht, so brauchen wir in dieser Durchfahrt nicht mit Gegenverkehr zu rechnen, da er gesperrt ist.

Zwei quadratische, auf der Spitze stehende **rot-weiße Tafeln** begrenzen den **erlaubten Durchfahrtsraum** innerhalb einer Brückenöffnung. Außerhalb der Markierung darf diese Durchfahrt also nicht passiert werden, doch verbieten die Tafeln nicht das Durchfahren anderer Brückenöffnungen. *Diese rot-weißen Tafeln gelten nicht für Fahrzeuge von weniger als 12 m Länge.*

Eine bestimmte Brückendurchfahrt kann durch eine rechteckige rote Tafel mit waagerechtem weißem Streifen **für den gesamten Verkehr gesperrt** werden (vgl. S. 240).

Begegnen und Überholen während der Brückendurchfahrt ist nur gestattet, wenn das Fahrwasser mit Sicherheit genügend Raum für die gleichzei-

tige Durchfahrt beider Fahrzeuge gibt. Im Übrigen müssen wir die Vorfahrtsregel an Engstellen (vgl. S. 239) beachten.

Sollte die Brückenhöhe für unser Schiff nicht ausreichen, so müssen wir den Mast legen. Das **Öffnen einer beweglichen Brücke** dürfen wir mit 2 langen Tönen (– –) nur verlangen, wenn das Legen des Mastes unverhältnismäßig schwierig wäre.

Schleusen

Solange das Einfahren in eine Schleuse nicht freigegeben ist, müssen wir in ausreichender Entfernung anhalten. Manchmal finden wir eine quadratische Tafel mit rotem Rand und schwarzem Querstrich, die wir nicht überfahren dürfen. An den Leitwerken und Abweisedalben darf nicht festgemacht werden, an den Festmachedalben nur kurzfristig.

Die Fahrzeuge laufen in der Reihenfolge ihrer Ankunft in die Schleuse ein, doch sollten Sportfahrzeuge erst als Letzte einfahren. Hierbei und beim Ausfahren sind folgende **Lichtsignale** zu beachten:

Anhalten vor beweglichen Brücken, Sperrwerken und Schleusen bis zur Freigabe der Durchfahrt

● ● ● ●
(4 kurze Töne)
Brücke, Sperrwerk, Schleuse kann vorübergehend nicht geöffnet werden

🔴🔴	**Die Anlage ist für die Schifffahrt dauernd gesperrt!**
🔴 🔴	**Anlage geschlossen. Durch- oder Einfahren verboten!**
🔴	**Anhalten! Freigabe wird vorbereitet!**
🟢 🟢	**Einfahren! Gegenverkehr ist gesperrt!**
⚪ 🟢🟢	**Einfahren! Gegenverkehr! Vorfahrt an Engstellen beachten** (vgl. S. 239)!
🟢	**Ausfahren!**

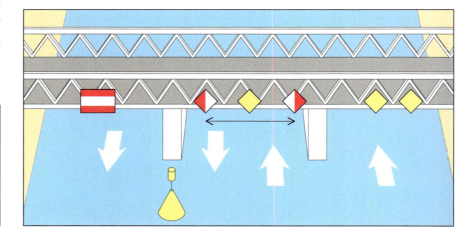

SeeSchStrO: Der Nord-Ostsee-Kanal

Fragen 64–67, 81 (SR SKS)
Fragen 141–144 (SBF)

Besondere Vorschriften

Die Durchfahrt durch den Nord-Ostsee-Kanal (NOK) ist
- im 7. Abschnitt der SeeSchStrO (*»Ergänzende Vorschriften für den Nord-Ostsee-Kanal«*) und
- in einer *Bekanntmachung der Wasser- und Schifffahrtsdirektion Nord* geregelt.

Das Merkblatt zum Befahren des NOK findet man unter folgenden Adressen: *www.kiel-canal.org* und *www.nord-ostsee-kanal.org*

Sportfahrzeuge auf dem NOK

Diese Vorschriften gelten auch für **Sportfahrzeuge;** hierzu zählen alle Wasserfahrzeuge, die ausschließlich Sport- und Erholungszwecken dienen.

Ein unterbrochenes weißes Licht
Sportfahrzeuge können einfahren!

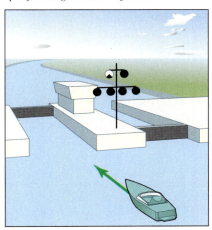

Sportfahrzeuge dürfen die Zufahrten und den NOK **nur zur Durchfahrt** und ohne Lotsen **nur während der** bekannt gemachten **Tagfahrzeiten** und nicht bei verminderter Sicht benutzen, es sei denn, sie haben ihre Liegeplätze im Zufahrtbereich.

Sie müssen ihre Kanalfahrt so einrichten, dass sie vor Ablauf der Tagfahrzeit eine für Sportfahrzeuge bestimmte Liegestelle erreichen können. Bei plötzlich auftretender verminderter Sicht dürfen sie in den Weichengebieten hinter den Dalben oder an geeigneten Liegestellen festmachen.

Das **Segeln** auf dem NOK ist **verboten.** Sportfahrzeuge mit Maschinenantrieb dürfen zusätzlich die Segel setzen. Die zulässige **Höchstgeschwindigkeit** beträgt 15 km/h über Grund.

Ein motorbetriebenes Sportfahrzeug darf nur *ein* Sportfahrzeug mit einer Länge bis zu 15 m **schleppen.** Die Mindestgeschwindigkeit muss 9 km/h (4,9 kn) betragen.

Lichtsignale

Vor den Schleusenvorhäfen und Schleusen des NOK werden folgende Lichtsignale gezeigt:
- **ein unterbrochenes rotes Licht:** Einfahrt verboten;
- **ein unterbrochenes weißes über einem unterbrochenen roten Licht:** Freigabe wird vorbereitet;
- **ein unterbrochenes weißes Licht:** Sportfahrzeuge können einfahren.

An einem **Weichensignalmast** bedeuten
- **drei unterbrochene rote Lichter übereinander:** Ausfahren für alle Fahrzeuge verboten; die Weichengebietsgrenze darf nicht überfahren werden. In diesem Fall müssen wir möglichst hinter den in Fahrtrichtung rechts liegenden Dalben festmachen und die Aufhebung des Stopp-Signals abwarten.

Bekanntmachungen der WSD

Frage 106 (SBF)

Die SeeSchStrO und die EmsSchO ermächtigen die Wasser- und Schifffahrtsdirektionen (WSD) Nord und Nordwest, in bestimmten Fällen örtlich und sachlich begrenzte Gebote und Verbote durch *Bekanntmachungen* zu erlassen. Im Text der SeeSchStrO finden wir dann z. B.: Das Überholen, das Ankern oder das Wasserskilaufen ist verboten an *»Stellen, die nach § 60 Abs. 1 bekannt gemacht sind«.*

Diese Bekanntmachungen sind also Ergänzungen zur SeeSchStrO und zur EmsSchO, die ebenso befolgt werden müssen wie die Verordnungen selbst. Denn Verstöße gegen die Bekanntmachungen können genauso wie Verstöße gegen die Verordnungen als Ordnungswidrigkeiten geahndet werden.

Alle gültigen Bekanntmachungen sind im Beiheft 20005 zum *Handbuch für Brücke und Kartenhaus* des BSH zusammengefasst.

Beachte: Die Bekanntmachungen der WSD dürfen nicht verwechselt werden mit den *Bekanntmachungen für Seefahrer (BfS)* von S. 47!

Hilfeleistung, Kollision, Seeunfalluntersuchung, Logbuch

Fragen 91–96, 98–100 (SR SKS)
Frage 83 (SM I SKS)
Frage 69 (SM II SKS)
Fragen 323–325 (SBF)

VO über die Sicherung der Seefahrt

Die *Verordnung über die Sicherung der Seefahrt* ergänzt und präzisiert das Kapitel V *Sicherung der Seefahrt* von SOLAS (s. S. 250). Sie gilt für Seeschiffe, die berechtigt sind, die Bundesflagge zu führen, also auch für Sportfahrzeuge. Ihre wichtigsten Regelungen sind:

1. Hilfeleistung in Seenotfällen (§ 2)
Der Schiffsführer eines zur Hilfeleistung fähigen Schiffes hat Menschen in Seenot mit größter Geschwindigkeit zu Hilfe zu eilen und ihnen oder dem Such- und Rettungsdienst möglichst hiervon Kenntnis zu geben. Hierbei ist den Anordnungen der für die Koordinierung der Suche und Rettung beauftragten Stelle Folge zu leisten. Ist das Schiff zur Hilfeleistung außerstande oder hält der Schiffsführer sie für unzumutbar oder unnötig, muss er die Unterlassung der Hilfeleistung ins Schiffstagebuch eintragen und den betreffenden Such- und Rettungsdienst unterrichten.

2. Verhalten nach Zusammenstößen (§ 6)
Nach einem Zusammenstoß haben die beteiligten Schiffsführer allen von dem Unfall Betroffenen **Beistand zu leisten**, soweit sie dazu ohne erhebliche Gefahr für ihr Schiff und die darauf befindlichen Personen imstande sind. Die Schiffsführer haben mit ihren Schiffen so lange beieinander zu bleiben, bis sie sich vergewissert haben, dass weiterer Beistand nicht mehr erforderlich ist.
Setzen sie ihre Fahrt fort, so haben sie den anderen am Zusammenstoß beteiligten Fahrzeugen ihren **Namen und die Anschrift sowie Namen und Unterscheidungssignal, Heimat-, Abgangs- und Bestimmungshafen ihres Schiffes** mitzuteilen. Auf jeden Fall sollten der genaue Hergang jedes Seeunfalls und die im Zusammenhang mit ihm getroffenen Maßnahmen **im Schiffstagebuch aufgezeichnet** werden.
Diese Vorschrift wird ergänzt durch die SeeSchStrO bzw. die EmsSchO: Bei **Gefahr des Sinkens** ist das Fahrzeug so weit aus dem Fahrwasser zu schaffen, dass die Schifffahrt nicht beeinträchtigt wird. Der Ort eines im Fahrwasser gesunkenen Fahrzeugs ist vom Schiffsführer unverzüglich behelfsmäßig (z. B. durch Bojen) zu kennzeichnen.

3. Meldung bestimmter schaden- und gefahrverursachender Vorkommnisse (§ 7)
Siehe Seeunfalluntersuchung.

Seeunfalluntersuchung

Seeunfälle werden von der **Bundesstelle für Seeunfalluntersuchung (BSU)** in Hamburg untersucht. Das Verfahren folgt dem **Seesicherheits-Untersuchungs-Gesetz (SUG)**. Es gilt für die zivile Seefahrt im In- und Ausland, also auch für Sportboote. Seeunfälle im Sinn des SUG sind **schaden- oder gefahrverursachende Vorkommnisse** im Zusammenhang mit dem Betrieb eines Schiffes, durch die
- der Tod, das Verschwinden oder die schwere Verletzung eines Menschen,
- der Verlust oder Schiffbruch, das Aufgrundlaufen, die Aufgabe oder die Kollision eines Schiffes,
- ein maritimer Umweltschaden,
- eine Gefahr für einen Menschen oder ein Schiff oder
- die Gefahr eines schweren Schadens an einem Schiff, einem meerestechnischen Bauwerk oder der Meeresumwelt

verursacht worden ist.

Seeunfälle müssen gemäß § 7 der **Verordnung über die Sicherung der Seefahrt** vom Schiffsführer oder bei dessen Verhinderung von einem anderen Besatzungsmitglied oder dem Betreiber des Schiffes **unverzüglich** der Bundesstelle **gemeldet** werden. Dies kann in einem deutschen Einlaufhafen über die Wasserschutzpolizei, im Ausland über die zuständigen Hafenbehörden erfolgen. Die Meldung sollte folgende Angaben enthalten:
- Ort und Zeit des Unfalls
- Name, IMO-Schiffsidentifikationsnummer, Unterscheidungssignal, Betreiber und Flagge des Schiffes
- Name des verantwortlichen Schiffsführers
- letzter Auslauf- und nächster Anlaufhafen des Schiffes
- Anzahl der Personen an Bord
- Umfang des Personen- und Sachschadens
- Darstellung des Verlaufs des Vorkommnisses
- Angaben über andere am Unfall beteiligte Schiffe
- Wetterbedingungen
- Darstellung der Gefahr einer Meeresverschmutzung

Auf den deutschen Seeschifffahrtsstraßen muss das Ereignis außerdem unverzüglich der zuständigen Verkehrszentrale oder dem **Maritimen Lagezentrum (MLZ)** in Cuxhaven als Meldestelle für Unfälle auf See gemeldet werden. Ebenso sind auf See treibende Container zu melden.
Die Bundesstelle ermittelt Umstände und Ursachen des Seeunfalls; sie untersucht aber nicht eventuelles Verschulden beteiligter Personen oder

zivilrechtliche Ansprüche. Die Untersuchung der Bundesstelle wird mit der Veröffentlichung eines **Berichtes** und eventueller **Sicherheitsempfehlungen** zur Verhütung von Seeunfällen abgeschlossen. Der Bericht kann als Grundlage weiterer straf- oder zivilrechtlicher Verfahren dienen.

Unabhängig von der Untersuchung durch die Bundesstelle entscheidet die WSD Nordwest, ob aufgrund des SUG ein Verfahren vor einem der fünf **Seeämter** (Bremerhaven, Emden, Hamburg, Kiel und Rostock) eingeleitet wird. Seeämter sind bei der WSD Nord und Nordwest gebildete Untersuchungsausschüsse zur Untersuchung der Frage, ob gegenüber einem Beteiligten ein **Fahrverbot ausgesprochen** oder ein **Führerschein eingezogen** werden muss. **Alkohol** als Unfallursache führt regelmäßig zum **Entzug der Fahrerlaubnis**.

Hilfeleistung und Bergung

Hilfeleistung liegt vor, wenn ein Schiff oder Sachen aus einer Seenotlage gerettet werden, z. B. beim Abschleppen eines festgekommenen Fahrzeugs oder beim Löschen eines Feuers an Bord. Es besteht Anspruch auf Entlohnung. Entsteht später Streit über die Höhe des vereinbarten Lohns, entscheidet ein Gericht oder Schiedsgericht.
Bergung liegt vor, wenn ein Schiff oder Sachen von Außenstehenden in Besitz genommen werden, nachdem die Schiffsführung und Besatzung die Verfügungsgewalt hierüber aufgegeben oder verloren haben, z. B. wenn ein von der Besatzung verlassenes Schiff von Dritten eingeschleppt wird. Es besteht Anspruch auf Bergelohn, dessen Höhe sich nach dem Schiffswert und der Schwierigkeit und Gefährlichkeit der Bergung richtet. Er kann gerichtlich eingeklagt werden.

- Hilfeleistung nie mit Notsignalen, sondern mit dem Buchstabensignal V (●●● ■) anfordern!

Um spätere Streitigkeiten zu vermeiden, sollte bereits vorher und möglichst in Schriftform vereinbart werden,
- dass eine Hilfeleistung und keine Bergung vorliegt,
- wie hoch der Hilfslohn ist,
- dass der Grundsatz »kein Erfolg – keine Zahlung« (»no cure – no pay«) gilt.

Das Logbuch (Schiffstagebuch)

Die Führung eines Logbuches ist auch für die Sportschifffahrt nach § 6 Abs. 3 Schiffssicherheitsgesetz (SchSG) und § 13 Abs. 1 Nr. 3 Schiffssicherheitsverordnung (SchSV) **gesetzlich vorgeschrieben;** für sie ist allerdings die Form der Logbuchführung nicht festgelegt. Am besten verwendet man einen der im Handel angebotenen Logbuchvordrucke. Das Logbuch muss mindestens drei Jahre aufbewahrt werden.
Das Logbuch dient als **Fahrtprotokoll** und sollte regelmäßige Eintragungen mit der jeweiligen Uhrzeit von Wind und Wetter, Kurs und Fahrt, Versetzung durch Wind und Strom, Segelführung, Navigation und Routinekontrollen etc. enthalten. Zu Beginn werden Crew und Wachplan aufgeführt. Der Skipper zeichnet die Aufzeichnungen täglich ab.
Das Logbuch soll belegen können, dass der Schiffsführer alle erforderlichen Maßnahmen zur sicheren Schiffsführung getroffen hat. Im Streitfall oder bei einer Seeunfalluntersuchung kann es als Beweismittel für eine sachgerechte Schiffsführung dienen. Darüber hinaus kann eine rückblickende Betrachtung der eigenen Entscheidungen Aufschluss über richtig oder falsch getroffene Maßnahmen geben.

Flaggenführung

Ein zur Seefahrt bestimmtes Schiff *muss* auf Grund des **Flaggenrechtsgesetzes** die Bundesflagge führen, wenn der Eigner Deutscher ist und seinen Wohnsitz im Geltungsbereich des Grundgesetzes hat. Wohnt der deutsche Eigentümer im Ausland, so darf sein Schiff die Bundesflagge führen. Die Berechtigung zum Führen der Bundesflagge wird durch das *Schiffszertifikat* bzw. das *Flaggenzertifikat* nachgewiesen, vgl. S. 251.
Die Bundesflagge ist beim Einlaufen in einen Hafen und beim Auslaufen zu setzen. Ein Verstoß kann als Ordnungswidrigkeit geahndet werden.
Auf einer Slup wird die **Nationale** am Heck, auf einer Ketsch oder Yawl im Topp des Besanmastes gesetzt. Beim Regattasegeln wird keine Nationale geführt.
In ausländischen Gewässern und Häfen wird die **Flagge des Gastlandes** unter der Steuerbordsaling gesetzt. Hiermit unterwirft man sich der Rechtsordnung des Gastlandes. Um Verwechslungen mit Notsignalen zu vermeiden, soll immer nur eine Gastlandflagge gesetzt werden. Nur beim Einlaufen in den Heimathafen am Ende einer Auslandsreise können die Flaggen aller besuchten Länder gleichzeitig gefahren werden. Sie werden nach dem Alphabet der deutschen Ländernamen von oben nach unten gezeigt.
Die **Flagge der Kreuzer-Abteilung (KA)** des DSV darf nur von ihren Mitgliedern geführt werden. In deutschen Gewässern wird sie unter der Stb-Saling, im Ausland unter der Bb-Saling geführt.
In einigen Ländern wird Wert gelegt auf die **Flaggenparade:** Von Mai bis September werden die Flaggen um 08:00 Uhr vorgeheißt, in den übrigen Monaten um 09:00 Uhr. Abends werden die Flaggen bei Sonnenuntergang, spätestens um 21:00 Uhr, eingeholt.

Natur- und Umweltschutz, MARPOL

Fragen 101–110 (SR SKS)
Fragen 215–222 (SBF)

Die »Zehn goldenen Regeln«

Die **»Zehn goldenen Regeln«** für das richtige Verhalten von Wassersportlern in der Natur sind 1980 von den deutschen Wassersportverbänden und dem Deutschen Naturschutzring erarbeitet worden. Sie sollen die Lebensmöglichkeiten der Tier- und Pflanzenwelt in Gewässern und Feuchtgebieten bewahren helfen. Sie beinhalten

- Hinweise für das Verhalten der Sportschiffer zum Schutz seltener Tiere und Pflanzen,
- Hinweise zur Reinhaltung der Gewässer.

Von trockenfallenden Zonen im Wattengebiet müssen wir uns freihalten, da sie oft Rastplätze für seltene Tiere und Seehunde bilden.

Die »Zehn goldenen Regeln für das Verhalten von Wassersportlern in der Natur« lauten im Einzelnen:

1 Meiden Sie das Einfahren in Röhrichtbestände, Schilfgürtel, Ufergehölze und in alle sonstigen dicht und unübersichtlich bewachsenen Uferpartien. Meiden Sie darüber hinaus Kies-, Sand- und Schlammbänke (Rast- und Aufenthaltsplatz von Vögeln).

Meiden Sie auch seichte Gewässer (Laichgebiete), insbesondere solche mit Wasserpflanzen.

2 Halten Sie einen ausreichenden Mindestabstand zu Röhrichtbeständen, Schilfgürteln und anderen unübersichtlich bewachsenen Ufergehölzen – auf großen Flüssen beispielsweise 30 bis 50 m. Halten Sie einen ausreichenden Mindestabstand zu Vogelansammlungen auf dem Wasser – wenn möglich mehr als 100 m.

3 Befolgen Sie in Naturschutzgebieten unbedingt die geltenden Vorschriften. Häufig ist Wassersport in Naturschutzgebieten ganzjährig, zumindest aber zeitweilig, völlig untersagt oder nur unter ganz bestimmten Bedingungen möglich.

4 Nehmen Sie in »Feuchtgebieten internationaler Bedeutung« bei der Ausübung von Wassersport besondere Rücksicht. Diese Gebiete dienen als Lebensstätte seltener Tier- und Pflanzenarten und sind daher besonders schutzwürdig.

5 Benutzen Sie beim Landen die dafür vorgesehenen Plätze oder solche Stellen, an denen sichtbar kein Schaden angerichtet werden kann.

6 Nähern Sie sich auch von Land her nicht Schilfgürteln und der sonstigen dichten Ufervegetation, um nicht in den Lebensraum von Vögeln, Fischen, Kleintieren und Pflanzen einzudringen und diese zu gefährden.

7 Laufen Sie im Bereich der Watten keine Seehundbänke an, um die Tiere nicht zu stören oder zu vertreiben. Halten Sie mindestens 300 bis 500 m Abstand zu Seehundliegeplätzen und Vogelansammlungen. Bleiben Sie hier auf jeden Fall in der Nähe des markierten Fahrwassers. Fahren Sie mit langsamer Fahrstufe.

8 Beobachten und fotografieren Sie Tiere nur aus der Ferne.

9 Helfen Sie, das Wasser sauber zu halten. Abfälle gehören nicht ins Wasser, z. B. der Inhalt von Chemietoiletten. Diese Abfälle müssen genauso wie Altöle in bestehenden Sammelstellen der Häfen abgegeben werden. Benutzen Sie in Häfen ausschließlich die sanitären Anlagen an Land. Lassen Sie beim Stillliegen den Motor Ihres Bootes nicht unnötig laufen, um die Umwelt nicht zusätzlich durch Abgase zu belasten.

10 Informieren Sie sich vor Ihren

Fahrten über die für Ihr Fahrtgebiet bestehenden Bestimmungen und sorgen Sie dafür, dass diese Kenntnisse und Ihr eigenes vorbildliches Verhalten gegenüber der Umwelt auch an die Jugend und an nicht organisierte Wassersportler weitergegeben werden.

Befahrensregelungen in Nationalparken und Naturschutzgebieten

In den Naturschutzgebieten und Nationalparken der Ost- und Nordsee (insbesondere in den Wattenmeeren) gelten besondere Befahrensregelungen. Diese Gebiete dürfen während bestimmter Schutzzeiten und innerhalb bestimmter Schutzzonen nicht oder nur eingeschränkt befahren werden. Besonderen Schutz genießen die sogenannten **»Schutzzonen 1«** mit Seehundschutzgebieten und Brut- und Mausergebieten für Vögel. Hier dürfen die Fahrwasser zwischen 3 Stunden nach Hochwasser und 3 Stunden vor dem folgenden Hochwasser nicht verlassen werden. In der übrigen Zeit beträgt die Höchstgeschwindigkeit für Sportfahrzeuge im Fahrwasser 12 kn FdW, außerhalb des Fahrwassers 8 kn FdW.
Das Fahren mit Wasserski, Wassermotorrädern und sonstigen motorisierten Wassersportgeräten ist dort generell verboten.
Die genauen Grenzen der Naturschutzgebiete und Nationalparke sowie der Schutzzonen 1 sind in den Seekarten wiedergegeben.

Umweltschutz

Zum Schutz der Meere vor Verschmutzungen durch Schiffsabfälle gelten
• das Internationale Übereinkommen von 1973 zur Verhütung der Meeresverschmutzung durch Schiffe

(**Mar**ine **Pol**lution) in der Fassung des Protokolls von 1978 (kurz: **MARPOL 73/78**) und
• das Übereinkommen über den Schutz der Meeresumwelt des Ostseegebietes (**Helsinki-Übereinkommen**) 1992.

Während MARPOL allgemeine Vorschriften zur Beseitigung von Öl, Schiffsmüll und Schiffsabwässern durch Seeschiffe enthält, wurde das Helsinki-Übereinkommen zum besonderen Schutze der Ostsee verabschiedet.
Deutschland ist beiden Übereinkommen beigetreten und hat sie in nationales Recht umgesetzt. Dementsprechend gibt das BSH ein »Verzeichnis von Auffanganlagen gemäß MARPOL und Helsinki-Übereinkommen« heraus.
MARPOL benennt besonders gefährdete und schützenswerte Meere als Sondergebiete. Hierzu zählen **die Ostsee, die Nordsee und das Mittelmeer.** In diesen Sondergebieten dürfen keine Kunststoffgegenstände und sonstiger Müll (Papiererzeugnisse, Lumpen, Glas, Metall, Steingut, Stauholz, Verpackungsmaterial etc.) beseitigt werden. Ebenso wie für die Beseitigung von Lebensmittelabfällen und sonstigem Müll sind 12 sm Mindestabstand vom nächstgelegenen Land vorgeschrieben.

Auf der **Ostsee** müssen alle Boote mit Bordtoilette, die nach dem 1.1.2003 gebaut wurden, mit einem tragbaren oder eingebauten **geschlossenen Fäkalientank** und einem Anschlussstutzen für die landseitige Entsorgung ausgerüstet sein. Innerhalb der 12-Seemeilen-Zone dürfen sie ihre Abwässer nicht mehr ins Meer einleiten. Gebrauchtboote mussten bis zum 1.1.2005 entsprechend nachgerüstet werden.

Einklarieren und Ausklarieren

Frage 85 (SR SKS)

Beim Anlaufen ausländischer Gewässer müssen die dort geltenden Einreise-, Zoll- und Gesundheitsbestimmungen beachtet werden. Sie sind – vor allem außerhalb der Europäischen Union – von Land zu Land sehr unterschiedlich. Deshalb informiert man sich am besten vor Reisebeginn über die jeweils geltenden Vorschriften.
Unter **Einklarieren** versteht man die Formalitäten beim Einlaufen in den ersten ausländischen Hafen. Oft kann man nicht in jedem, sondern nur in bestimmten Häfen, die man am besten den Törnführern oder Hafenhandbüchern entnimmt, einklarieren. Dort erfolgen die Pass- und eventuell die Zoll- und Gesundheitskontrolle.
Zwischen den Schengen-Staaten der EU sind die Grenzkontrollen entfallen. Nur an den Schengen-Außengrenzen werden nach wie vor Grenzkontrollen durchgeführt. Wer im Besitz einer *Grenzerlaubnis* ist, braucht bei Ein- und Ausreise keinen als Grenzübergangsstelle zugelassenen Hafen anzulaufen *(www.bundespolizeiamt-see.de/ Grenzerlaubnis)*.
In manchen Ländern wird ein spezielles Yachtpapier *(Permit of navigation)* ausgestellt, das die Crewliste und die genauen Daten des Schiffes enthält. Häufig werden Gebühren erhoben.
Manchmal muss man in den Hoheitsgewässern bis zum Einklarieren die **gelbe Flagge Q** des Internationalen Signalbuches unter der Backbordsailing führen. Sie bedeutet: *»An Bord ist alles gesund; ich bitte um freie Verkehrserlaubnis.«*
Möchte man das Land wieder verlassen, muss man vor dem Auslaufen **ausklarieren**.

SOLAS, Schiffssicherheitsgesetz und Schiffssicherheitsverordnung

SOLAS 74/88

SOLAS 74/88 *(International Convention for the Safety of Life at Sea)* – deutsch: **Schiffssicherheitsvertrag** *(Internationales Übereinkommen von 1974 zum Schutze des menschlichen Lebens auf See)* mit den Protokollen von 1974 und 1988 legt Mindestnormen für den Bau und die Ausrüstung von Seeschiffen fest. Die umfangreiche Anlage regelt u. a.

- in Kapitel II die Bauart und Bauweise von Schiffen, Maschinen und elektrischen Anlagen unter dem Gesichtspunkt der Stabilität und des Brandschutzes,
- in Kapitel III die Ausrüstungspflicht mit Rettungsmitteln und -vorrichtungen und ihre Handhabung,
- in Kapitel IV die mit GMDSS *(Global Maritime Distress and Safety System)* verbundene Ausrüstungspflicht mit Funkanlagen (vgl. S. 128),
- in Kapitel V die Verpflichtung und das Verfahren von Gefahrenmeldungen (gefährliches Eis oder Wrack,

Wirbelsturm oder Sturm von 10 Bft etc.), die Ausrüstung mit Navigationsgeräten, Seekarten und nautischen Veröffentlichungen, Hilfeleistungspflicht in Seenotfällen, Missbrauch von Notzeichen, Einrichtung und Befolgung von internationalen Schiffswegen und Schiffsmeldesystemen; dieses Kapitel bildet die Grundlage der deutschen *Verordnung über die Sicherung der Seefahrt* (vgl. S. 246).

Die meisten Vorschriften von SOLAS gelten für Frachtschiffe ab BRZ 300 oder 500. Einige Teile sind aber auf alle Seeschiffe anzuwenden, also auch auf seegehende Sportyachten.

Die SOLAS-Vorschriften für den Bau und die Ausrüstung gelten nicht für Sportyachten. Da es für sie keine behördlich anerkannten Regeln der Technik gibt, greift man am besten auf nicht amtliche Sicherheitssysteme zurück: für den Bau auf Bescheinigungen der Klassifikationsgesellschaften, z. B. des *Germanischen Lloyd*, und für die Ausrüstung auf die *Sicherheitsrichtlinien für die Ausrüstung und Sicherheit von Segelyachten* der Kreuzer-Abteilung des DSV.

Schiffssicherheitsgesetz (SchSG) und Schiffssicherheitsverordnung (SchSV)

Das *Schiffssicherheitsgesetz (SchSG)* dient der einheitlichen und wirksamen Durchführung der geltenden *internationalen Schiffssicherheitsregelungen* zur Gewährleistung der Sicherheit und des Umweltschutzes auf See. Hierzu zählen insbesondere die internationalen Abkommen SOLAS und MARPOL.

Das SchSG gilt für die gesamte Seefahrt. Seine Vorschriften sind auf Schiffe anzuwenden, die die Bundesflagge führen, also auch auf seegehende Sportboote.

> § 3 SchSG enthält als **Grundsatz**, dass jeder, der ein Schiff zur Seefahrt einsetzt, für dessen sicheren Betrieb zu sorgen hat und dafür, dass es samt Zubehör in betriebssicherem Zustand gehalten und sicher geführt wird und dass die notwendigen Vorkehrungen zum Schutze Dritter und der Meeresumwelt vor Gefahren aus dem Betrieb getroffen werden.

Das SchSG wird ergänzt durch die *Schiffssicherheitsverordnung (SchSV)*. Sie geht vom Prinzip der Selbstkontrolle und Eigenverantwortung des Einzelnen aus.

> **Prinzip der Selbstkontrolle**
> (§ 2 SchSV):
> »*Wer ein Schiff zur Seefahrt einsetzt, hat dafür zu sorgen, dass im Schiffsbetrieb auftretende Gefahrenquellen überprüft, im Betrieb gewonnene Erkenntnisse sowie andere wichtige hierzu zur Verfügung stehende Informationen und Unterlagen einschließlich der Aufzeichnungen der mit der Bedienung des Schiffes beauftragten Personen im Rahmen der Sicherheitsvorsorge ausgewertet und die zur Gefahrenvermeidung und -verminderung erforderlichen Maßnahmen getroffen werden.*«

Aus dem SchSG und der SchSV ergibt sich in Verbindung mit SOLAS auch für Sportboote die Pflicht,

- ein Logbuch zu führen und es mindestens drei Jahre lang aufzubewahren (§ 6 Abs. 3 SchSG i.V.m. § 13 Abs. 1 Nr. 3 SchSV),
- angemessene und auf den neuesten Stand berichtigte Seekarten, Seehandbücher und sonstige für die Reise erforderliche nautische Veröffentlichungen mitzuführen. Bei Sportfahrzeugen genügt es, wenn an Bord mit nichtamtlichen Ausgaben gearbeitet wird. (Kapitel V Regel 27 SOLAS i.V.m. § 7 Nr. 3 SchSG und § 13 Abs. 1 Nr. 2a SchSV)

Schiffspapiere

Fragen 86, 87 (SR SKS)

Schiffszertifikat

Das Schiffszertifikat wird ausgestellt für Schiffe, die im Seeschiffsregister (SSR) eingetragen sind. Die Eintragung wird vom Amtsgericht des Heimathafens vorgenommen, sofern dort ein Seeschiffsregister geführt wird. Das Schiffszertifikat bescheinigt das Eigentum am Schiff und die Berechtigung zum Führen der Bundesflagge.

Der Eigentümer eines zur Seefahrt bestimmten Schiffes mit einer Rumpflänge über 15 m ist verpflichtet, sein Schiff ins SSR eintragen zu lassen, kleinere Schiffe können jedoch eingetragen werden.

Bei der Anmeldung zur Eintragung ist das Ergebnis der amtlichen Vermessung vorzulegen, über das der Eigner den **Schiffsmessbrief** erhält. In dem Messbrief werden ferner Schiffsname, Heimathafen (nach dem Flaggenrechtsgesetz darf nur ein deutscher Hafen angegeben werden), Unterscheidungssignal, Baujahr, Hauptabmessungen sowie weitere Identifikationsmerkmale amtlich ausgewiesen. Zuständig für die Vermessung von Sportfahrzeugen ist das BSH.

Flaggenzertifikat

Das Flaggenzertifikat ist ein freiwilliger amtlicher Ausweis für Seeschiffe bis zu 15 m Rumpflänge, die nicht in einem Schiffsregister eingetragen sind. Es bescheinigt das Recht zum Führen der Bundesflagge. Der Eigentümer muss Deutscher sein oder die Staatsangehörigkeit eines EU-Mitgliedstaates haben. Auf französischen Küsten- und Seegewässern ist das Flaggenzertifikat zwingend vorgeschrieben. Es wird vom BSH ausgestellt, ist acht Jahre lang gültig und kann verlängert werden.

Internationaler Bootsschein für Wassersportfahrzeuge (IBS)

Der IBS enthält alle wichtigen Daten über Schiff und Motor sowie die Anschrift des Eigners. Er ist mit dem Kraftfahrzeugschein vergleichbar, dient also nicht als Eigentumsnachweis, sondern als Registriernachweis, der vor allem bei Reisen ins Ausland und im grenzüberschreitenden Verkehr den Umgang mit Behörden erleichtert. In Deutschland wird der IBS vom DSV, DMYV und ADAC ausgegeben und ist als Reisedokument im Ausland zwei Jahre gültig. Danach muss er verlängert werden. Innerhalb von Deutschland ist er als Registrierung unbefristet gültig, solange sich an den eingetragenen Bootsdaten nichts ändert.

Messbrief

Der Messbrief enthält alle Daten über das Schiff und ist für die Teilnahme an Segelregatten erforderlich. Durch die Vermessung wird erreicht, dass die Maße aller an einer Regatta teilnehmenden Boote innerhalb gewisser Toleranzen liegen. Die Vermessung wird durch freie, vom DSV anerkannte Vermesser vorgenommen.

Segelregatten werden nach den Wettfahrtregeln – Segeln – (kurz: WR) der *International Sailing Federation (ISAF)* durchgeführt. Diese werden in Deutschland durch die Wettsegelordnung (WO) des DSV und die Segelanweisungen des Regattaveranstalters ergänzt oder eingegrenzt.

Funkbetriebszeugnisse

Der Führer eines Sportfahrzeugs muss Inhaber eines gültigen Seefunkzeugnisses sein, sofern das Fahrzeug mit einer Seefunkanlage ausgerüstet ist. Man unterscheidet das

- **Beschränkt Gültige Funkbetriebszeugnis SRC** *(Short Range Certificate)* und das
- **Allgemeine Funkbetriebszeugnis LRC** *(Long Range Certificate)*.

Beide Zeugnisse können vor einem vom DMYV und DSV eingerichteten Prüfungsausschuss abgelegt werden. Sie berechtigen nicht zur Teilnahme am Binnenschifffahrtsfunk. Hierfür gibt es das *UKW-Sprechfunkzeugnis für den Binnenschifffahrtsfunk (UBI)*.

Frequenzzuteilungsurkunde

Für das Betreiben einer Seefunkstelle benötigt man eine von der *Bundesnetzagentur (BNetzA)*, Außenstelle Hamburg, ausgestellte Frequenzzuteilungsurkunde. Sie ist stets an Bord mitzuführen.

Zulassung von Funkanlagen

Das Errichten von Funkanlagen auf deutschen Schiffen ist genehmigungsfrei. Es dürfen aber nur von der BNetzA zugelassene Geräte betrieben werden. Zugelassene Anlagen tragen eine Buchstaben- und Ziffernkombination als Zulassungszeichen.

Bootszeugnis

Im deutschen Küstenbereich und im Ausland unter deutscher Flagge vermietete Sportboote benötigen ein Bootszeugnis gemäß *See-Sportbootverordnung* (s. S. 343).

Sicherheitszeugnis

Im deutschen Küstenbereich gewerbsmäßig genutzte Sportboote und Sportboote unter deutscher Flagge, die im Ausland gewerbsmäßig genutzt werden, benötigen ein Sicherheitszeugnis gemäß *See-Sportbootverordnung* (s. S. 343) oder eine Prüfbescheinigung der See-Berufsgenossenschaft.

Führerscheine

Frage 4 (SBF)

Sportbootführerschein Binnen

Pflichtführerschein auf den **Binnen-schifffahrtsstraßen** für Sportboote
- von weniger als 15 m Länge,
- mit Motor mit einer Maschinenleistung von mehr als 3,68 kW (5 PS)
- oder unter Segel (nur auf Berliner Gewässern).

Voraussetzungen:
- Mindestalter für das Führen eines Sportbootes mit Motor 16 Jahre, unter Segel (ab 3 m²) 14 Jahre
- Ärztliches Zeugnis
- Führungszeugnis bzw. Kfz-Führerschein (auf Verlangen des Prüfungsausschusses)

Sportbootführerschein See

Pflichtführerschein auf den **Seeschifffahrtsstraßen** für Sportboote mit Motor mit einer Maschinenleistung von mehr als 3,68 kW (5 PS).

Voraussetzungen:
- Mindestalter 16 Jahre
- Ärztliches Zeugnis
- Führungszeugnis bzw. Kfz-Führerschein

Sportküstenschifferschein (SKS)

Freiwilliger amtlicher Führerschein zum Führen von Yachten in **Küstengewässern** aller Meere bis zu 12 sm Abstand von der Festlandsküste. Es gibt ihn zum Führen von Motoryachten für die Antriebsart »Antriebsmaschine« und zum Führen von Segelyachten für die Antriebsart »Antriebsmaschine und unter Segel«.

Voraussetzungen:
- Mindestalter 16 Jahre
- Sportbootführerschein See
- Erfahrungsnachweis von 300 sm auf Yachten in Küstengewässern

Sportseeschifferschein (SSS)

Freiwilliger amtlicher Führerschein zum Führen von Yachten mit Antriebsmaschine und unter Segel in **küstennahen Seegewässern** aller Meere bis zu 30 sm Abstand von der Festlandsküste sowie in den Seegebieten der Ost- und Nordsee, des Kanals, des Bristolkanals, der Irischen und der Schottischen See, des Mittelmeeres und des Schwarzen Meeres.

Voraussetzungen:
- Mindestalter 16 Jahre
- Sportbootführerschein See
- Erfahrungsnachweis von 1000 sm auf Yachten in Küstengewässern (nach Erwerb des Sportbootführerscheins See)

Sporthochseeschifferschein (SHS)

Freiwilliger amtlicher Führerschein zum Führen von Yachten sowie Ausbildungs- und Traditionsschiffen »mit Antriebsmaschine« oder »mit Antriebsmaschine und unter Segel« in der **weltweiten Fahrt**.

Voraussetzungen:
- Mindestalter 18 Jahre
- Sportseeschifferschein
- Erfahrungsnachweis von 1000 sm auf Yachten im Seebereich

Segelscheine des DSV

Der **Sportsegelschein** gilt für das Segeln in Binnenrevieren und auf küstennahen Wasserflächen, die auf Sicht befahren werden können, sowie als Befähigungsnachweis für Regatten, soweit kein amtlicher Führerschein vorgeschrieben ist.
Mindestalter: 14 Jahre.
Der Sportsegelschein wird nur durch DSV-Vereine geprüft und erteilt.

Die Verbandsführerscheine des DSV A (Binnenfahrt), R (Revierfahrt), BR (Küstenfahrt), BK (Große Küstenfahrt) und C (Seefahrt) werden nicht mehr erteilt. Bereits erteilte Führerscheine bleiben weiterhin gültig.
Daneben gibt es den **Jüngstensegelschein** (Mindestalter 7 Jahre) und den **Segelsurfgrundschein** des DSV.

Wichtige Adressen

Deutscher Segler-Verband (DSV)
Gründgensstraße 18
22309 Hamburg
Tel. 0 40/6 32 00 90
Internet: www.dsv.org

Deutscher Motoryachtverband (DMYV)
Vinckeufer 12–14
47119 Duisburg
Tel. 02 03/80 95 80
Internet: www.dmyv.de

Koordinierungsausschuss des DSV und DMYV für den Sportbootführerschein See
Lenkungsausschuss des DSV und DMYV für den Sportküstenschifferschein
Gründgensstraße 18
22309 Hamburg
Tel. 0 40/6 32 00 90

ADAC Sportschifffahrt
Am Westpark 8
81373 München
Tel. 0 89/76 76 26 13
Internet: www.adac.de

Bundesamt für Seeschifffahrt und Hydrographie (BSH)
Bernhard-Nocht-Straße 78
20359 Hamburg
Tel. 0 40/3 19 00
Internet: www.bsh.de

Deutscher Wetterdienst (DWD)
Geschäftsfeld Seeschifffahrt
Bernhard-Nocht-Str. 76
20359 Hamburg
Tel.: 0 40/66 90-18 51
Internet: www.dwd.de

6

Fragenkataloge und Prüfungsvorschriften

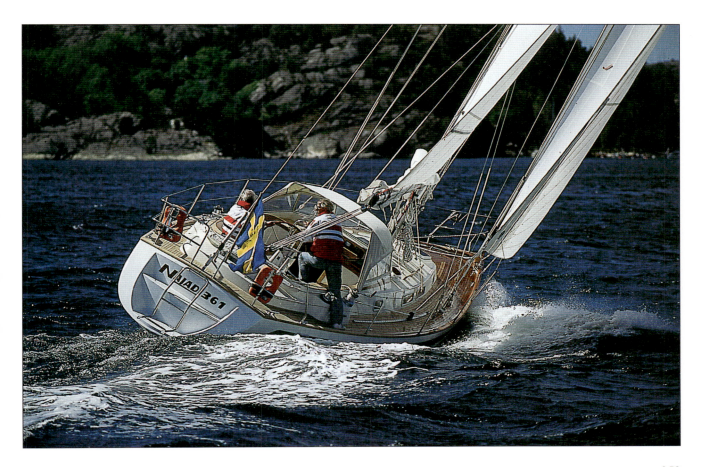

Teil 1:
Fragenkatalog Sportküstenschifferschein (SKS)

Navigation

Schifffahrtsrecht

Wetterkunde

Seemannschaft I
(Antriebsmaschine und unter Segel)

Seemannschaft II
(Antriebsmaschine)

Auf den folgenden Seiten ist der komplette Fragenkatalog zum SKS mit den offiziellen Antwortvorschlägen wiedergegeben.
Die Antwort des Bewerbers braucht nicht wörtlich mit der Musterantwort übereinzustimmen. Die Bewertung richtet sich danach, in welchem Umfang die gegebene Antwort mit dem sachlichen Inhalt, der Vollständigkeit und der fachlichen Terminologie des Antwortvorschlages übereinstimmt.
Im Prüfungsteil Fragebogen sind **60 Punkte** erreichbar.
- Wer **39 und mehr Punkte** erreicht, hat diesen Prüfungsteil bestanden.
- Wer **33 bis 38 Punkte** erreicht, muss sich einer mündlichen Prüfung unterziehen. Sie dauert 15 Minuten und wird meist am gleichen Prüfungstag durchgeführt.
- Wer nur **32 oder weniger Punkte** erreicht, hat nicht bestanden.
Für die Bearbeitung des Fragebogens stehen 90 Minuten zur Verfügung.
Die Seitenzahl bzw. Seitenzahlen neben der jeweiligen Frage verweisen auf die Seite bzw. Seiten dieses Lehrbuches, wo auf die Frage im Einzelnen eingegangen wird.
Der amtliche Fragenkatalog findet sich auch im Internet unter *www.elwis.de*

Navigation

Nr. 1   **Seite 42**
Worauf müssen Sie als Schiffsführer vor Reiseantritt hinsichtlich der Seekarten und Seebücher achten?

Auf Vollständigkeit der Unterlagen und deren Berichtigung auf den neuesten Stand.

Nr. 2   **Seiten 17, 88**
Warum muss in der GPS-Navigation das jeweilige Kartendatum unbedingt berücksichtigt werden?

Weil sich das von GPS verwendete Bezugssystem WGS 84 (World Geodetic System 1984) von anderen verwendeten Bezugssystemen (Kartendatum) unterscheiden kann.

Nr. 3   **Seiten 17, 88**
Welche Differenzen können zwischen WGS 84 und anderen Bezugssystemen auftreten?

Die Differenzen von φ und λ liegen im Allgemeinen in der Größenordnung von 0,1 kbl bis 1 kbl, also etwa von 20 bis 200 m. Es können größere Unterschiede auftreten.

Nr. 4   **Seite 17**
Wo finden Sie in der Seekarte Angaben über das benutzte Bezugssystem und ggf. entsprechende Korrekturhinweise?

Am Kartenrand unter dem Titel.

Nr. 5   **Seite 87**
Wie lautet ggf. der Korrekturhinweis bezüglich GPS in der Seekarte, wenn das benutzte Kartendatum (z. B. ED 50) und WGS 84 nicht übereinstimmen?

Durch Satellitennavigation (z. B. GPS) erhaltene Positionen im WGS 84 sind 0,... Minuten nordwärts/südwärts und 0,... Minuten westwärts/ostwärts zu verlegen, um mit dieser Karte übereinzustimmen.

Nr. 6   **Seite 18**
Woran erkennen Sie, bis wann eine deutsche Seekarte »amtlich« berichtigt ist?

Am Berichtigungsstempel des BSH oder einer amtlichen Seekartenberichtungsstelle.

Nr. 7   **Seite 18**
Woran erkennen Sie, bis wann eine britische Seekarte »amtlich« berichtigt ist?

Am Berichtigungsstempel auf der Rückseite der Seekarte.

Nr. 8   **Seite 18**
Was bedeutet der Stempel auf der britischen Seekarte: Corrected up to N.T.M. 3595 1998?

Seekarte ist berichtigt bis zur Mitteilung Nr. 3595 der Admiralty Notices to Mariners (N.T.M.) in 1998.

Nr. 9   **Seite 46**
Welche Angaben enthalten die Nachrichten für Seefahrer (NfS)?

In den NfS werden für die sichere Schiffsführung wichtige Maßnahmen, Ereignisse und Veränderungen an den Seeschifffahrtsstraßen, auf der Hohen See sowie in den Hoheitsgewässern anderer Staaten im europäischen und angrenzenden Bereich bekannt gegeben.

Nr. 10   **Seite 46**
In welcher Sprache werden die Nachrichten für Seefahrer (NfS) verfasst?

Die Angaben erfolgen in deutscher und in englischer Sprache.

Nr. 11   **Seiten 44, 45**
Welche Angaben enthalten deutsche und britische Leuchtfeuerverzeichnisse?

Beschreibung der Leuchtfeuer, Feuerschiffe und Großtonnen sowie deren geografische Lage.

Nr. 12   **Seite 44**
Welche schwimmenden Schifffahrtszeichen werden in der britischen List of Lights und in deutschen Leuchtfeuerverzeichnissen nicht angegeben?

Tonnen kleiner als 8 m Höhe.

Nr. 13   **Seiten 30, 44**
Wo finden Sie Angaben über die Merkmale der Schifffahrtszeichen?

1. In den Leuchtfeuerverzeichnissen bzw. in der List of Lights sowie auszugsweise in den Seekarten.
2. In der Karte 1/INT 1 des BSH.
3. Schwimmende Schifffahrtszeichen zusätzlich in der Anlage I zur SeeSchStrO (z. B. Tonnen des Lateral- bzw. Kardinalsystems).

Nr. 14   **Seite 44**
Worauf beziehen sich die Höhenangaben der Leuchtfeuer in Leuchtfeuerverzeichnissen in der Nord- und Ostsee?

In Gewässern mit Gezeiten (z. B. Nordsee) auf mittleres Hochwasser, in gezeitenlosen Gewässern (z. B. Ostsee) auf mittleren Wasserstand.

Nr. 15   **Seiten 44**
Wo finden Sie Angaben über Brückensignale?

In den See- und Hafenhandbüchern und in den Seekarten.

Nr. 16   **Seite 42**
Welche Themen (Grobgliederung) enthalten die Seehandbücher des BSH?

1. Schifffahrtsangelegenheiten,
2. Naturverhältnisse,
3. Küstenkunde und Segelanweisungen.

Nr. 17   **Seiten 28, 44**
Wie werden Richtungsangaben in nautischen Veröffentlichungen gemacht?

1. Rechtweisend in Grad,
2. im Uhrzeigersinn (rechtsherum) zählend.

Nr. 18   **Seite 28**
In welchem Quadranten liegt der rote Warnsektor eines Leitfeuers mit der Angabe rot 030° – 042°? (Begründung!)

Im Südwest-Quadranten. Angegeben sind die Peilungen zum Leuchtfeuer.

Nr. 19   **Seite 28**
Was sind Leitfeuer (direction lights)?

Leitfeuer sind Einzelfeuer, die durch Sektoren verschiedener Farbe oder Kennung (Leit- oder Warnsektoren) im Allgemeinen ein Fahrwasser, eine Hafeneinfahrt oder einen freien Seeraum zwischen Untiefen bezeichnen.

Nr. 20   **Seite 28**
1. Was sind Richtfeuer (leading lights)?
2. Wann befindet man sich in einer Richtlinie eines Richtfeuers?

1. Richtfeuer sind Feuer, die als Unter- und Oberfeuer in Deckpeilung als Richtlinie beispielsweise einen Kurs im Fahrwasser, durch eine Hafeneinfahrt oder im freien Seeraum zwischen Untiefen bezeichnen.
2. Ein Schiff befindet sich in der Richtlinie, wenn Unter- und Oberfeuer senkrecht unter-/übereinander erscheinen.

Nr. 21
Was ist ein Torfeuer?   **Seite 29**

Ein Torfeuer besteht aus zwei Feuern gleicher Höhe, gleicher Lichtstärke und gleicher Kennung, die zu beiden Seiten der Fahrwasserachse einander genau gegenüber (rechtwinklig zur Fahrwasserachse) und von der Fahrwasserachse gleich weit entfernt angeordnet sind.

Nr. 22   **Seite 26**
Was ist die »Tragweite« eines Feuers?

Unter Tragweite versteht man denjenigen Abstand, in dem ein Feuer einen eben noch deutlichen Lichteindruck im Auge des Beobachters hervorruft.

Nr. 23   **Seite 26**
Was ist die »Nenntragweite« eines Feuers?

Nenntragweite ist die Tragweite eines Feuers für einen definierten Wert bei einer meteorologischen Sichtweite am Tage von 10 sm.

Nr. 24   **Seite 26**
Wovon hängt die »Tragweite« eines Feuers ab?

Sie hängt u. a. ab
1. von der Lichtstärke (Helligkeit) des Feuers und
2. vom Sichtwert (Lichtdurchlässigkeit der Atmosphäre).

Nr. 25   **Seite 44**
In der Seekarte finden Sie bei einem Leuchtfeuer die Eintragung: 18 M. Was bedeutet diese Angabe?

Es ist die Nenntragweite, hier 18 Seemeilen.

Nr. 26   **Seite 26**
Was ist die »Sichtweite« eines Feuers? Wovon hängt sie ab?

Sichtweite ist die Entfernung, auf die ein Leuchtfeuer über die Erdkrümmung (Kimm) hinweg vom Beobachter gesehen werden kann.
Sie hängt ab
1. von der Feuerhöhe und
2. von der Augeshöhe des Beobachters.

Nr. 27   **Seite 27**
Wie müssen sich Tragweite und Sichtweite zueinander verhalten, damit das Verfahren zur Ortsbestimmung »Feuer in der Kimm« angewandt werden kann?

Die Tragweite muss mindestens gleich der Sichtweite sein.

Nr. 28   **Seite 27**
Wo findet man Tabellen zur Ermittlung des Abstandes eines Feuers in der Kimm?

In deutschen und britischen Leuchtfeuerverzeichnissen.

Nr. 29   **Seite 20**
Wo sind die in Seekarten verwendeten Symbole und Abkürzungen erklärt?

In der Karte 1/INT 1 des BSH.

Nr. 30   **Seite 47**
Wer veröffentlicht die Bekanntmachungen für Seefahrer (BfS) und was umfassen diese Veröffentlichungen?

1. Die BfS werden von den jeweils zuständigen Behörden der Wasser- und Schifffahrtsverwaltung des Bundes bzw. der Länder veröffentlicht.
2. Sie enthalten alle wichtigen Maßnahmen und Ereignisse auf den Seeschifffahrtsstraßen und der ausschließlichen Wirtschaftszone Deutschlands.

Nr. 31   **Seite 47**
Wie werden die Bekanntmachungen für Seefahrer (BfS) der Sportschifffahrt zur Kenntnis gebracht?

Die BfS werden an den amtlichen Aushangstellen (z. B. bei Wasser- und Schifffahrtsämtern, Hafenverwaltungen, WSP-Dienststellen, Schleusen, Yachthäfen) für das betreffende Seegebiet, in dem die Aushangstelle liegt, und für die angrenzenden Reviere und Gebiete sowie im Internet unter www.elwis.de zur Kenntnis gebracht.

Nr. 32   **Seite 47**
Zählen Sie die am häufigsten vorkommenden Ereignisse und Maßnahmen auf, über die die Bekanntmachungen für Seefahrer (BfS) unterrichten.

1. Änderungen an Befeuerung, Betonnung und Landmarken,
2. veränderte Wassertiefen,
3. Wracks, Schifffahrtshindernisse, Rohrleitungen usw.,
4. Bauarbeiten, Baggerarbeiten, militärische Übungen und damit zusammenhängende Sperrungen oder Behinderungen.

Nr. 33   **Seite 47**
Wer gibt die nautischen Warnnachrichten (NWN) heraus und von wem werden sie verbreitet?

Nautische Warnnachrichten (NWN) werden von den Verkehrszentralen für deren Zuständigkeitsbereich und von dem ständig besetzten Seewarndienst Emden für das gesamte deutsche Warngebiet zur Verbreitung über Funk herausgegeben.
Der Rundfunksender Deutschlandfunk verbreitet alle über Funk abgegebenen NWN.

Nr. 34   **Seite 47**
Was bedeutet der Zusatz »vital« bei einer nautischen Warnnachricht (NWN)?

Die NWN erhält den Zusatz »vital«, wenn die Warnung auf eine lebensbedrohliche Gefahr hinweist.

Nr. 35   **Seite 47**
Welche Besonderheit bezüglich des Zusatzes »vital« bei einer nautischen Warnnachricht (NWN) gibt es für die Sportschifffahrt?

Vitale nautische Warnnachrichten für die Sportschifffahrt werden während der Zeit vom 1. April bis zum 31. Oktober zur Verbreitung über ausgewählte private und öffentlich-rechtliche Rundfunkanstalten weitergeleitet.

Nr. 36   **Seite 46**
Wer gibt die Nachrichten für Seefahrer (NfS) heraus und wie und wie oft erfolgt die Herausgabe?

Die NfS werden vom BSH in Heftform und im Internet herausgegeben und erscheinen einmal wöchentlich.

Nr. 37   **Seite 47**
Welche Unterlage steht Ihnen zur Verfügung zur Berichtigung von britischen Seekarten, die nicht von den NfS erfasst werden?

Die britischen Notices to Mariners.

Nr. 38   **Seite 46**
1. Was sind P-Nachrichten?
2. Wie verfährt man mit diesen Nachrichten im Berichtigungsverfahren? (Begründung!)

1. P-Nachrichten sind solche, die eine bevorstehende (preliminary) Maßnahme ankündigen.
2. Wegen der begrenzten Geltungsdauer werden keine Berichtigungen auf der Grundlage von P-Nachrichten vom BSH bzw. von amtlichen Seekartenberichtigungsstellen durchgeführt. Deshalb müssen vor Gebrauch jeder Seekarte die noch gültigen P-Nachrichten erfasst und in der Karte vermerkt werden.

Nr. 39   **Seite 46**
1. Was sind T-Nachrichten?
2. Wie verfährt man mit diesen Nachrichten im Berichtigungsverfahren? (Begründung!)

1. T-Nachrichten sind solche, die über einen zeitweiligen (temporary) Zustand unterrichten.
2. Wegen der begrenzten Geltungsdauer werden keine Berichtigungen auf der Grundlage von T-Nachrichten vom BSH bzw. amtlichen Seekartenberichtigungsstellen durchgeführt. Deshalb müssen vor Gebrauch jeder Seekarte die noch gültigen T-Nachrichten erfasst und in der Karte vermerkt werden.

Nr. 40   **Seite 16**
Worauf muss beim Ansteuern einer Küste bei der Auswahl von Seekarten geachtet werden? Begründen Sie Ihre Antwort.

Seekarten mit größtmöglichem Maßstab verwenden. Nur in diesen Karten sind alle Schifffahrtszeichen und weitere für die Navigation wichtigen Informationen eingetragen.

Nr. 41   **Seite 55**
Was müssen Sie bei Kursberechnungen hinsichtlich der in der Seekarte angegebenen Ortsmissweisungen beachten?

Die für ein bestimmtes Jahr angegebene Missweisung muss mittels der in der Seekarte angegebenen jährlichen Änderung für das aktuelle Jahr berichtigt werden.

Nr. 42   **Seite 18**
Was müssen Sie bei der Benutzung von deutschen »Sportbootkarten« beachten?

Sie werden nach dem Druck weder vom BSH noch von den Seekartenvertriebsstellen berichtigt. Sie müssen also vom Nutzer nach dem Kauf vor Benutzung über die NfS auf den aktuellen Stand berichtigt werden.

Nr. 43   **Seite 51**
Nach welcher Faustregel können Sie m/s in Knoten umrechnen?

»Doppelt so viele Knoten (kn) wie m/s« oder »m/s multipliziert mit 2 = kn«.

Nr. 44   **Seite 49**
Was müssen Sie beachten, wenn Sie die mit Loggen ermittelte Fahrt z. B. für das Arbeiten in Seekarten berücksichtigen wollen?

Die üblichen Logmethoden liefern ausschließlich die »Fahrt durchs Wasser (FdW)«. Um die »Fahrt über Grund (FüG)« zu ermitteln, müssen Stromrichtung und Stromgeschwindigkeit berücksichtigt werden.

Nr. 45   **Seite 88**
Welche Fahrt zeigen GPS-Geräte an?

Die Fahrt über Grund (FüG).

Nr. 46   **Seite 88**
Welchen Kurs zeigen GPS-Geräte an?

Den Kurs über Grund (KüG).

Nr. 47   **Seite 73**
Warum müssen Sie Ihre Position regelmäßig in die Seekarte eintragen?

Um Abweichungen von der Kurslinie frühzeitig und sicher zu erkennen und um ggf. den Kurs zu berichtigen.

Nr. 48   **Seite 66**
Was ist die Besteckversetzung (BV)?

Richtung (rw) und Entfernung (in sm) vom Koppelort (O_k) zum beobachteten Ort (O_b), bezogen auf den gleichen Zeitpunkt.

Nr. 49   **Seite 66**
Welche Ursachen kann die Besteckversetzung (BV) haben?

Die BV kann folgende Ursachen haben:
1. ungenaues Steuern und Koppeln,
2. Kursfehler (z. B. ungenaue Steuertafel) und
3. fehlende oder unvollständige Berücksichtigung von Strom und Wind.

Nr. 50   **Seite 75**
Warum sollte der Winkel zwischen zwei Peilungen nicht kleiner als 30° und nicht größer als 150° sein?

Damit der gefundene Standort eine ausreichend sichere Positionsbestimmung ergibt.

Nr. 51   **Seite 64**
Warum sind regelmäßige Kompasskontrollen erforderlich?

Zur Überprüfung der Funktionsfähigkeit des Kompasses und der Werte in der Ablenkungstabelle.

Nr. 52   **Seite 107**
Wodurch können auch in gezeitenlosen Revieren erhebliche Wasserstandsschwankungen und Strömungen (z. B. Triftstrom) hervorgerufen werden?

Durch Stärke, Dauer und Richtung des Windes oder »Zurückschwappen« aufgestauter Wassermassen (z. B. Ostsee).

Nr. 53   **Seite 181**
Welche navigatorischen Vorbereitungen treffen Sie vor einer Fahrt in Dunkelheit?

1. Kurse und Kursänderungspunkte möglichst vorausbestimmen,
2. Untiefen und Hindernisse in der Karte besonders kennzeichnen,
3. in der Seekarte markieren, welche Leuchtfeuer wann und wo in der Kimm erscheinen und
4. Wegstrecke nach unbefeuerten Tonnen absuchen.

Nr. 54   **Seiten 70, 72, 73, 74**
Welche Möglichkeiten der terrestrischen Ortsbestimmung muss man kennen?

1. Kreuzpeilung,
2. Peilung und Abstand (Feuer in der Kimm, Radarabstand),
3. Peilung und Lotung.

Nr. 55   **Seiten 72, 73**
Nennen Sie zwei Möglichkeiten der Ortsbestimmung, wenn Sie nur ein Objekt mit bekannten Merkmalen (z. B. Leuchtturm) in Sicht haben.

1. Peilung und Abstand (Feuer in der Kimm, Radarabstand),
2. Peilung und Lotung.

Nr. 56   **Seite 57**
Welche Nordrichtungen werden in der Navigation unterschieden? Erläutern Sie diese kurz.

1. rwN: rechtweisend Nord ist die Richtung eines Meridians zum geografischen Nordpol
2. mwN: missweisend Nord ist die Richtung des erdmagnetischen Feldes zum magnetischen Nordpol, abhängig von Schiffsort und Datum (Jahr). In diese Richtung stellt sich eine ungestörte Magnet-(Kompass-)nadel ein.
3. MgN: ist die Richtung zu Magnetkompass-Nord. In diese Richtung zeigt die durch das schiffsmagnetische Feld beeinflusste Kompassnadel an Bord.

Nr. 57   **Seiten 54, 56**
Nennen Sie die Winkel zwischen den Nordrichtungen rechtweisend Nord (rwN), missweisend Nord (mwN) und Magnetkompass-Nord (MgN).

1. Mw: Missweisung ist der Winkel von rwN nach mwN.
2. Abl: Ablenkung (Abl) oder Deviation (Dev) ist der Winkel von mwN nach MgN.

Nr. 58   **Seite 57**
Nennen Sie den Winkel zwischen den Nordrichtungen rwN und MgN.

Der Winkel von rwN nach MgN ist die Fehlweisung (Fw; Abl + Mw = Fw).

Nr. 59   **Seite 55**
Wo finden Sie die erforderlichen Werte der Missweisung? Worauf ist dabei zu achten?

1. Die Missweisung findet sich in der Seekarte eingedruckt für ein bestimmtes Jahr.
2. Dieser Wert muss mit der ebenfalls in der Seekarte angegebenen jährlichen Änderung auf das Jahr der Benutzung berichtigt werden.

Nr. 60   **Seite 58**
Wo finden Sie die erforderlichen Werte der Ablenkung (Abl)? Worauf ist dabei zu achten?

1. Die Abl wird einer Ablenkungstabelle entnommen.
2. Die Abl ist abhängig vom anliegenden Kurs.

Nr. 61   **Seite 58**
Warum muss für jedes Fahrzeug eine eigene Ablenkungstabelle (Steuertafel) erstellt werden?

Die Ablenkungstabelle kann auf jedem Schiff andere Werte haben.

Nr. 62   **Seite 61**
Worauf müssen Sie achten, wenn eine Magnetkompasspeilung (MgP) auf eine rechtweisende Peilung (rwP) beschickt werden soll?

Abl für den anliegenden MgK (Magnetkompasskurs) aus der Steuertafel (Ablenkungstabelle) entnehmen; an den so erhaltenen mwK (missweisenden Kurs) die für das laufende Jahr der Seekarte entnommene Mw anbringen.

Nr. 63   **Seite 72**
Unter welchen Voraussetzungen ergibt sich eine brauchbare Standlinie aus einer Lotung?

Der Meeresgrund muss ausreichend regelmäßig und ausreichend steil ansteigen/abfallen.

Nr. 64   **Seite 31**
Neben den Fahrwassertonnen liegen auf den Seeschifffahrtsstraßen weitere Tonnen aus, die für die Sportschifffahrt besonders wichtig sind. Welche Schifffahrtszeichen sind das?

Sonderzeichen zur Bezeichnung von Sperrgebieten und Kardinalzeichen für allgemeine Gefahrenstellen.

Nr. 65   **Seite 38**
Aus welchen nautischen Publikationen können Sie Sperr- und Verbotsgebiete mit ihren Grenzen ersehen?

Aus den Seekarten, Bekanntmachungen für Seefahrer (BfS) und Nautischen Warnnachrichten (NWN).

Nr. 66   **Seite 38**
Welche Sonderzeichen kennzeichnen Reeden, besondere Gebiete oder Stellen, z. B. Warngebiete?

Gelbe Fasstonnen, Leuchttonnen, Spierentonnen oder Stangen.

Nr. 67   **Seiten 38, 240**
Welche Sonderzeichen kennzeichnen Sperrgebiete?

Gelbe Fasstonnen, Leuchttonnen, Spierentonnen oder Stangen mit einem breiten roten Band. Beschriftung auf Fasstonne oder Leuchttonne mit schwarzen Buchstaben: »Sperrgebiet« oder »Sperr-G.«

Nr. 68   **Seite 38**
Welche Farbe haben Feuer auf Sonderzeichen, wenn vorhanden?

Farbe gelb.

Nr. 69   **Seite 240**
Was bedeutet das Ausliegen der folgenden Schifffahrtszeichen: weiße Fasstonne, Kugeltonne oder Stange mit einem – von oben gesehen – rechtwinkligen gelben Kreuz bzw. bei Stangen mit einem breiten gelben Band?

Fahrverbot für Maschinenfahrzeuge und Wassermotorräder auf wegen Badebetrieb gesperrten Wasserflächen.

Nr. 70   **Seite 106**
Wie stehen Sonne und Mond winkelmäßig zur Erde bei Springzeit und bei Nippzeit (die Springverspätung soll hier unberücksichtigt bleiben)?

Bei Springzeit befinden sich Mond und Sonne in <u>einer</u> Ebene mit der Erde, bei Nippzeit stehen die Verbindungslinien Erde/Sonne und Erde/Mond im rechten Winkel zueinander.

Nr. 71   **Seite 103**
Erklären Sie den Begriff »Alter der Gezeit«.

Das Alter der Gezeit gibt an, in welcher Phase (Nippzeit, Mittzeit, Springzeit) sich das aktuelle Tidengeschehen befindet.

Nr. 72   **Seite 98**
**Warum findet man z. B. bei Bezugs-
orten in der Nordsee bzw. im Englischen Kanal zeitweise nur <u>ein</u> Hoch-
bzw. Niedrigwasser pro Tag?**

Die Umlaufzeit des Mondes um die Erde
dauert im Mittel 24 h 50 min (Mondtag)
gegenüber dem Sonnentag (= 24 h).
Deshalb »rutscht« das letzte HW oder
NW zeitweise in den nächsten Tag.

Nr. 73   **Seite 107**
**Weshalb und wie können die tatsäch-
lichen Wasserstände von den Angaben
in den Gezeitentafeln teilweise erheblich abweichen?**

Durch Wind und/oder durch sehr hohen
bzw. sehr niedrigen Luftdruck können
erhebliche Wasserstandsänderungen
entstehen. HWH bzw. NWH können
höher oder niedriger sein als angegeben,
die Hoch- und Niedrigwasserzeit kann
früher oder später eintreten als angegeben.

Nr. 74   **Seiten 22, 101**
**Worauf beziehen sich die Tiefenan-
gaben in Seekarten in den deutschen
Gewässern der Ost- und Nordsee?**

Auf Kartennull (KN).

Nr. 75   **Seiten 22, 101**
Was ist Kartennull?

Kartennull (KN) ist die Bezugsfläche für
die Tiefenangaben in einer Seekarte.

Nr. 76   **Seiten 22, 101**
**Wie ist Kartennull (KN) in der Ost-
und Nordsee und im Englischen Kanal
definiert?**
**Wo finden Sie die entsprechenden
Angaben zur Kartennullebene?**

In der Ostsee entspricht KN dem mittleren
Wasserstand.
In der Nordsee und im Englischen Kanal
entspricht KN dem niedrigstmöglichen
Gezeitenwasserstand (LAT = Lowest
Astronomical Tide).
In der jeweiligen Seekarte ist die Karten-
nullebene beschrieben.

Nr. 77   **Seiten 49, 101**
**Was müssen Sie bedenken, wenn Sie
die Wassertiefe außerhalb der Niedrigwasserzeit loten?**

Beim folgenden Niedrigwasser wird die
Wassertiefe geringer sein als zum Zeitpunkt der Lotung.

Nr. 78   **Seite 101**
Was ist die Kartentiefe?

Die Kartentiefe (KT) ist die auf Kartennull bezogene Wassertiefe. Kartentiefe ist
Wassertiefe abzüglich Höhe der Gezeit.

Nr. 79   **Seiten 22, 101**
**Mit welcher Wassertiefe können Sie bei
einer Lotung normalerweise mindestens rechnen?**

Mit der Kartentiefe.

Nr. 80   **Seite 100**
**Welche Bedeutung hat die Angabe
»Springzeit« für die Wasserstände in
Gezeitengebieten?**

Zur Springzeit sind besonders hohe Hochwasser und besonders niedrige Niedrigwasser zu erwarten.

Nr. 81   **Seite 100**
**Welche Bedeutung hat die Angabe
»Nippzeit« für die Wasserstände in
Gezeitengebieten?**

Zur Nippzeit sind besonders niedrige
Hochwasser und besonders hohe Niedrigwasser zu erwarten.

Nr. 82   **Seite 100**
**Welche Bedeutung haben die Angaben
»Nippzeit« bzw. »Springzeit« für die
Gezeitenströme?**

Zur Springzeit setzen die Gezeitenströme
z. T. deutlich stärker als zur Nippzeit.

Nr. 83   **Seiten 42, 108**
**Wo können Sie Informationen über
Gezeitenströme in Küstengewässern
finden?**

1. In Gezeitenstromatlanten, Seehandbüchern,
2. in Seekarten aus Gezeitenstrom-
   tabellen, die bezogen sind auf die
   Hochwasserzeiten des dort genannten Bezugsortes.

Nr. 84   **Seite 22**
**Auf einer Seekarte finden Sie in
Küstennähe die Tiefenangabe 2₃.
Was bedeutet das?**

Der Ort der Zahl liegt 2,3 m über
Kartennull und kann trockenfallen.

Nr. 85   **Seite 101**
**In welchem Zusammenhang stehen
Kartentiefe (KT), Wassertiefe (WT)
und Höhe der Gezeit (H)?**

$WT - H = KT$ oder $KT + H = WT$
(Lösung auch als Skizze möglich).

Nr. 86   **Seite 49**
**Warum ist es in Tidengewässern
wichtig, die Uhrzeit einer Lotung
festzuhalten?**

Um anhand der Gezeitentafel feststellen
zu können, ob das Wasser steigt oder
fällt.

Nr. 87   **Seite 101**
Was ist ein Pegel?

Eine Skala zur Anzeige des Wasserstandes.

Nr. 88   **Seite 107**
**Welchen Einfluss kann der Wind auf
die Gezeiten haben?**

Der Wind kann Strömungen und
Wasserstandsänderungen hervorrufen,
die zu den Gezeitenströmen und den
Gezeiten hinzutreten.

Nr. 89   **Seite 86**
Nennen Sie drei wichtige Vorzüge von GPS.

1. GPS arbeitet weltweit.
2. Die Positionsanzeige ist jederzeit verfügbar.
3. Der Positionsfehler ist gering.

Nr. 90   **Seiten 87**
Wie groß ist die typische und realistische Genauigkeit von Positionen, die mit GPS und DGPS ermittelt werden?

1. GPS: 10–20 m bei einer Wahrscheinlichkeit von etwa 95 %.
2. DGPS: 1–10 m bei einer Wahrscheinlichkeit von etwa 95 %.

Nr. 91   **Seite 87**
Wo muss man mit ungenauen Anzeigen des GPS rechnen?

1. Bei Abschattung der GPS-Antenne.
2. In der Nähe von Flughäfen und in der Nähe von Fernsehsendern.
3. In der Nähe von Marineeinrichtungen.
4. Bei Nutzung von UKW-Geräten und anderen elektronischen/elektrischen Geräten an Bord.

Nr. 92   **Seite 86**
Was bedeutet die Abkürzung GPS?

Global Positioning System.

Nr. 93   **Seite 86**
Was ist das Grundprinzip von GPS?

Durch Laufzeitmessungen von GPS-Signalen vom Satelliten zum Empfänger und damit durch Abstandsmessungen zu den Satelliten wird die Ortsbestimmung ermöglicht.

Nr. 94   **Seite 87**
Was bedeutet die Abkürzung DGPS und nach welchem Prinzip arbeitet DGPS?

DGPS = Differential Global Positioning System. Hierbei handelt es sich um eine regionale Verbesserung der Ortsbestimmung. Dabei werden von Referenzstationen über Funk Korrekturwerte für die GPS-Messwerte an die Schiffe übertragen.

Nr. 95   **Seite 87**
Was ist bei Anbringung einer GPS-Antenne zu beachten?

1. Sie muss ringsum freie Sicht (ohne Abschattungen) haben.
2. Einwandfreie Erdung.

Nr. 96   **Seite 88**
Was bewirkt die Bedienung der MOB-Taste bei GPS-Geräten?

1. Die Position zur Zeit des Tastendrucks wird gespeichert.
2. Rechtweisende Peilung (rwP) und Distanz zu diesem Punkt werden angezeigt.

Nr. 97   **Seite 87**
Was bedeutet die Aussage: »Die Ortsgenauigkeit beträgt 100 m mit einer Wahrscheinlichkeit von 95 %«?

Das Schiff befindet sich mit einer Wahrscheinlichkeit von 95 % in einem Fehlerkreis von 100 m Radius um den beobachteten Ort. Also: jede 20. Ortsbestimmung (5 %) ist ungenauer als ca. 100 m.

Nr. 98   **Seite 87**
Wie kann man feststellen, ob die GPS-Position genau bzw. zuverlässig ist?

1. Durch den vom Empfänger angezeigten HDOP (horizontal dilution of precision = Satellitenverteilung).
2. Durch die vom Empfänger angezeigte Anzahl der getrackten Satelliten.
3. Durch Vergleich mit anderen Navigationssystemen und der Koppelposition.

Nr. 99   **Seite 88**
Was ist bei Eintragung eines GPS-Ortes in eine Seekarte zu beachten?

Das Bezugssystem muss übereinstimmen. Dieses kann geschehen durch:
1. Auswahl und Einstellung des Kartenbezugssystems im Empfänger.
2. Manuelle Verschiebung des GPS-Ortes um die in der Seekarte angegebenen N/S- und E/W-Korrekturen.
3. Verwendung von Seekarten, die auf dem System WGS 84 beruhen.

Nr. 100   **Seite 89**
Was ist ein Wegpunkt?

Geographische Koordinaten eines anzusteuernden Punktes.

Nr. 101   **Seite 87**
Was bedeutet WGS 84 und was wird damit erreicht?

1. Globales Bezugssystem »World Geodetic System 1984«.
2. Mit diesem System (= Referenzellipsoid bei GPS) wird weltweit eine optimale Anpassung an die reale Form des gesamten Erdkörpers erreicht.

Nr. 102   **Seite 94**
Wodurch können Radarechos von kleinen Fahrzeugen und Tonnen auf den Sichtschirmen von Radargeräten »verschwinden«?

1. Durch Seegang und/oder Niederschlag,
2. durch falsche Bedienung,
3. durch zu große Entfernung,
4. durch Gieren des eigenen Fahrzeugs bei relativ vorausorientierter Radarstellung (head up).

Nr. 103   **Seite 91**
Wie kann man mit Radar den eigenen Schiffsort bestimmen?

1. Peilung eines Objektes gibt einen Peilstrahl als Standlinie.
2. Abstandsmessung mit dem VRM (Variable Range Marker) gibt einen Abstandskreis als Standlinie.

Nr. 104   **Seite 93**
Wie kann man gegebenenfalls verhindern, dass sich Echoanzeigen von Zielen (z. B. 2 Tonnen, 2 Molenköpfe) überlappen?

1. Kurze Impulslänge wählen.
2. Messbereich verkleinern.

Nr. 105   **Seite 95**
Was bedeutet der Begriff AIS auf See?

AIS bezeichnet das automatische Identifi-
zierungssystem (Automatic Identification
System).

Nr. 106   **Seite 95**
Welche Aufgaben hat AIS?

Alle ausgerüsteten Schiffe senden automatisch (also ohne Aufforderung und
menschliches Eingreifen) in regelmäßigen
kurzen Abständen ihre Identität und einen
schiffsbezogenen Datensatz. Außerdem
können bei Bedarf sicherheitsrelevante
Nachrichten (»safety related messages«)
von Bord oder von Landstationen
gesendet werden.

Nr. 107   **Seite 96**
**Welche Reichweite hat ein AIS-Bord-
gerät und wovon ist sie abhängig?**

Die Reichweite und Ausbreitungsbedin-
gungen entsprechen denen von UKW.
Bei Handelsschiffen kann man von 20 bis
30 sm ausgehen. Die Reichweite ist
abhängig von der Antennenhöhe.

Nr. 108   **Seite 96**
**Wie kann die Reichweite eines AIS-
Bordgerätes landseitig erhöht werden
und wie wirken sich dabei Hindernisse
(z. B. Berge) aus?**

Unter bestimmten Umständen kann die
Reichweite heraufgesetzt werden (z. B.
mit Hilfe von »Relaisstationen«), wobei
ggf. auch abschattende Hindernisse
umgangen werden können.

Nr. 109   **Seite 95**
**Welche AIS-Daten werden von Schiffen
aus der Berufsschifffahrt gesendet?**

– Statische Daten: ID, Rufzeichen, Länge
  und Breite des Schiffes u. a.
– Dynamische Daten (im Wesentlichen
  Sensordaten): UTC, Position, Heading,
  Kurs und Fahrt über Grund, ggf. Rate-
  of-turn, Fahrtstatus (z. B. Maschinen-
  fahrzeug mit Fahrt durchs Wasser,
  Ankerlieger, manövrierbehindertes
  Fahrzeug).
– Reisebezogene Daten: Tiefgang, Zielort
  (Destination), ETA u. a.

Nr. 110   **Seite 96**
**Wann kann man sich auf die Verfüg-
barkeit und Anzeige von AIS-Signalen
anderer Fahrzeuge verlassen?
Nennen Sie die wesentlichen Voraussetzungen!**

Andere Fahrzeuge werden nur angezeigt,
wenn das Fahrzeug auch sendet, d. h.,
wenn

1. das Fahrzeug mit AIS ausgerüstet ist,
2. das sendende Fahrzeug AIS nicht
   abgeschaltet hat (darf der Kapitän
   allerdings nur bei bestimmten zwin-
   genden Gründen),
3. GPS aktiv ist und
4. aus Kapazitätsgründen (z. B. durch zu
   viele Schiffe in einem Seegebiet =
   »target overflow«) keine Fahrzeuge
   ausgeschlossen werden.

Nr. 111   **Seite 96**
**Wie ist die Genauigkeit von AIS-Daten
zu beurteilen (Position und manuell
eingegebene Daten)?**

– Position:
  Mit AIS wird zusätzlich zur GPS-Position eines Schiffes die Information
  übertragen, ob es sich um einen GPS-
  oder DGPS-Ort handelt. Ist die GPS-
  Position eines Schiffes falsch, wird
  diese falsche Position auf allen anderen
  Schiffen angezeigt.
– Manuell eingegebene Daten:
  Es muss damit gerechnet werden, dass
  Zielort, Tiefgang, Fahrtstatus u. a.
  falsch sind, wenn sie – z. B. aus Nach-
  lässigkeit – nicht von der Schiffsführung aufdatiert werden.

Nr. 112   **Seite 96**
**Welche besondere Bedeutung hat AIS
für die Sportschifffahrt im Vergleich
mit der Radaranzeige auf anderen
Schiffen?**

Sportfahrzeuge werden häufig auf den
Radargeräten anderer Schiffe nicht
sicher angezeigt bzw. die Anzeigen
gehen im Seegangsclutter oder in der
Informationsfülle unter. Da jetzt auf
vielen Schiffen die AIS-Daten zusätzlich
im Radar dargestellt werden, besteht die
Gefahr, dass Sportfahrzeuge noch
weniger auffällig sind, wenn sie nicht
selbst mit AIS ausgerüstet sind.

Nr. 113   **Seite 125**
**Welche Navigationsgeräte sollten Sie
auf einer Yacht auch bei Kurzfahrten
nahe der Küste mindestens an Bord
haben?**

Steuerkompass, Peilkompass, Lot, Log,
Uhr.

Nr. 114   **Seite 125**
**Was gehört zur navigatorischen
Mindestausrüstung einer Yacht in
Küstengewässern? Nennen Sie
mindestens 6 Beispiele.**

1. Steuerkompass,
2. Peileinrichtung,
3. terrestrisches oder satellitengestütztes Funknavigationsgerät,
4. Log,
5. Lot,
6. Fernglas,
7. Barometer,
8. Weltempfänger für Rundfunk,
9. Seebücher und auf den neuesten
   Stand berichtigte Seekarten für das
   zu befahrende Seegebiet,
10. Logbuch,
11. Uhr/ Zeitmesser.

Nr. 115   **Seite 52**

Welchen Vorteil hat ein Kugelkompass gegenüber einem Flachglaskompass?

1. Der Kugelkompass kann auch bei größerer Krängung noch als Messinstrument benutzt werden.
2. Die Kugelform verbessert die Ablesbarkeit der Kompassrose (Vergrößerungseffekt).

Nr. 116   **Seite 56**

Was beeinflusst die Ablenkung eines Kompasses dauerhaft?

Veränderung des magnetischen Zustandes an Bord, z. B. Einbauten und Lageänderung von Ausrüstungsgegenständen.

Nr. 117   **Seite 56**

Was beeinflusst die Ablenkung eines Kompasses vorübergehend?

Elektronische Geräte (z. B. Radio, Handy), magnetisierte Gegenstände (z. B. Werkzeug, Peilkompass) und Gleichstromleitungen in der Nähe des Kompasses.

Nr. 118   **Seite 53**

Welchen Abstand muss magnetisierbares Material vom Magnetkompass haben?

Mindestens 1 Meter.

Schifffahrtsrecht

Nr. 1   **Seite 240**

Was sind »Sicherheitszonen« im Sinne der Verordnung zu den KVR?

Sicherheitszonen sind Wasserflächen im Umkreis von 500 m von Plattformen, Bohrinseln, Forschungsanlagen u. a., die nicht befahren werden dürfen.

Nr. 2   **Seite 212**

Die Verordnung zu den KVR verbietet die Führung eines Fahrzeugs, wenn man infolge des Genusses alkoholischer Getränke in der sicheren Führung des Fahrzeugs behindert ist. Welchen örtlichen Geltungsbereich hat die vorgenannte Verordnung?

Die Verordnung gilt auf Seeschifffahrtsstraßen und für Schiffe, die die Bundesflagge führen, seewärts der Begrenzung des Küstenmeeres der Bundesrepublik Deutschland (also weltweit), soweit nicht in den Hoheitsgewässern anderer Staaten abweichende Regelungen gelten.

Nr. 3   **Seite 231**

Wer darf lt. Verordnung zu den KVR ein Fahrzeug nicht führen oder als Mitglied der Crew eine andere Tätigkeit des Brücken- oder Decksdienstes nicht ausüben (allgemein ohne Zahlen zu beantworten)?

Wer infolge körperlicher oder geistiger Mängel oder des Genusses alkoholischer Getränke oder anderer berauschender Mittel in der sicheren Führung eines Fahrzeugs oder in der sicheren Ausübung einer anderen Tätigkeit des Brücken- oder Decksdienstes behindert ist.

Nr. 4   **Seite 231**

Welche Atem- bzw. Blutalkoholkonzentration darf lt. Verordnung zu den KVR nicht erreicht werden, damit kein Verbot für ein Führen eines Fahrzeugs oder als Mitglied der Crew für ein Ausüben des Brückendienstes besteht?

0,25 mg/l oder mehr Alkohol in der Atemluft oder 0,5 Promille oder mehr Alkohol im Blut oder eine Alkoholmenge, die zu einer solchen Atem- oder Blutalkoholkonzentration führt.

Nr. 5   **Seite 214**

Die KVR regeln u. a. das Verhalten der Schiffsführungen bei Kollisionsgefahr. Was ist im Rahmen der Verantwortlichkeit bei der Auslegung und Befolgung der KVR zu berücksichtigen?

Bei der Auslegung und Befolgung der KVR sind stets alle Gefahren der Schifffahrt und des Zusammenstoßes sowie alle besonderen Umstände einschließlich Behinderungen der betroffenen Fahrzeuge gebührend zu berücksichtigen, die zum Abwenden unmittelbarer Gefahr ggf. auch ein Abweichen von diesen Regeln erfordern können (z. B. Abweichen von der Kurshaltepflicht, wenn der Ausweichpflichtige nicht angemessen handelt).

Nr. 6   **Seite 214**

Welche Grundregeln für das Verhalten im Verkehr verlangen die KVR, die ein Schiffsführer zu berücksichtigen hat, auch wenn keine konkrete Regel anwendbar ist?

Die KVR befreien nicht von den Folgen, die durch unzureichende Einhaltung der KVR oder unzureichende Vorsichtsmaßnahmen entstehen, d. h., allgemeine seemännische Praxis oder besondere Umstände des Falles können über die Mindestanforderungen der KVR hinausgehende Maßnahmen erfordern.

Nr. 7   **Seite 224**

Was sind Verkehrstrennungsgebiete? Wie sind sie zu befahren?

1. Verkehrstrennungsgebiete sind Schifffahrtswege, die durch Trennlinien oder Trennzonen in Einbahnwege geteilt sind.
2. Diese dürfen nur in Fahrtrichtung rechts der Trennlinie/Trennzone befahren werden, aber unter Nutzung der vollen Breite des Einbahnweges.

Nr. 8   **Seite 220**
Was ist ein »manövrierunfähiges Fahrzeug«?

Manövrierunfähig ist ein Fahrzeug, das wegen außergewöhnlicher Umstände (z. B. Ruderbruch) nicht regelgerecht manövrieren und daher einem anderen Fahrzeug nicht ausweichen kann.

Nr. 9   **Seite 220**
Was ist ein »manövrierbehindertes Fahrzeug«?

Manövrierbehindert ist ein Fahrzeug, das durch die Art seines Einsatzes behindert ist (z. B. Bagger, Kabelleger), regelgerecht zu manövrieren, und daher einem anderen Fahrzeug nicht ausweichen kann.

Nr. 10   **Seite 220**
Nennen Sie mindestens 3 Beispiele für »manövrierbehinderte Fahrzeuge«.

1. Tonnenleger, Kabelleger, Rohrleger im Einsatz,
2. Bagger, Vermessungsfahrzeuge im Einsatz,
3. Versorger im Einsatz,
4. Flugzeugträger im Einsatz,
5. Minenräumfahrzeuge im Einsatz,
6. Fahrzeuge während eines Schleppvorganges, bei dem das schleppende Fahrzeug und sein Anhang erheblich behindert sind, vom Kurs abzuweichen.

Nr. 11   **Seite 224**
Was ist unter »sicherer Geschwindigkeit« zu verstehen?

Das Fahrzeug muss jederzeit innerhalb einer solchen Entfernung zum Stehen gebracht werden können, dass ein Zusammenstoß vermieden wird.

Nr. 12   **Seiten 220, 233**
Ab welcher Länge müssen Sportfahrzeuge mit den Lichtern/Signalkörpern ausgerüstet sein, die bei Manövrierunfähigkeit zu setzen sind?

Fahrzeuge ab 12 m Länge.

Nr. 13   **Seite 220**
Sie sehen in der Dämmerung in der Nordsee in der Zufahrt zur Jade einen großen Tanker mit der üblichen Lichterführung, auf dem kurze Zeit später die Lichter rot-weiß-rot senkrecht übereinander zusätzlich zu den Fahrtlichtern gesetzt werden. Welche rechtliche Bedeutung hat die geänderte Signalgebung für Sie?

Beim Erreichen des Geltungsbereiches der SeeSchStrO kennzeichnet sich der Tanker als Wegerechtschiff, das als manövrierbehindertes Fahrzeug gilt. Diesem so gekennzeichneten Fahrzeug muss im Falle einer Kollisionsgefahr ausgewichen werden.

Nr. 14   **Seite 220**
Welche Lichter müssen manövrierbehinderte Fahrzeuge (außer Minenräumfahrzeuge) führen
1. ohne Fahrt durchs Wasser (FdW),
2. mit FdW,
3. vor Anker?

1. Ohne FdW: rot-weiß-rot senkrecht übereinander.
2. Mit FdW: rot-weiß-rot senkrecht übereinander und Lichter eines Maschinenfahrzeugs (Topplicht[er]), Seitenlichter, Hecklicht).
3. Vor Anker: rot-weiß-rot senkrecht übereinander und Ankerlicht(er).

Nr. 15   **Seite 220**
Wie sind manövrierbehinderte und manövrierunfähige Fahrzeuge <u>am Tage</u> bezeichnet?

1. Manövrierbehinderte Fahrzeuge: Ball-Rhombus-Ball senkrecht übereinander.
2. Manövrierunfähige Fahrzeuge: zwei schwarze Bälle senkrecht übereinander.

Nr. 16   **Seite 218**
Wie müssen Sie Ihr Fahrzeug unter Segel bei Tage und bei Nacht kennzeichnen, wenn Sie gleichzeitig mit Maschinenkraft fahren?

1. Bei Nacht Lichterführung eines Maschinenfahrzeugs entsprechender Größe,
2. bei Tage einen Kegel – Spitze unten – im Vorschiff gut sichtbar.

Nr. 17   **Seite 214**
Was müssen Sie hinsichtlich der Zeiten der Lichterführung beachten?

Die Lichter müssen geführt werden
1. zwischen Sonnenuntergang und Sonnenaufgang,
2. bei verminderter Sicht auch zwischen Sonnenaufgang und Sonnenuntergang.

Nr. 18   **Seite 217**
Sie sehen am Tage ein Fahrzeug, augenscheinlich kürzer als 50 m, mit dem Sichtzeichen »schwarzer Rhombus«, dahinter in gleichbleibendem Abstand ein weiteres Fahrzeug mit dem gleichen Signalkörper.
1. Worum handelt es sich?
2. Wie sind die Fahrzeuge bei Nacht gekennzeichnet?

1. Es handelt sich um einen Schleppverband länger als 200 m (Heck des Schleppers – Heck des Anhangs).
2. Der Schlepper führt nachts drei weiße Topplichter senkrecht übereinander, Seitenlichter, Hecklicht und das gelbe Schlepplicht über dem Hecklicht. Der Anhang führt Seitenlichter und Hecklicht.

Nr. 19   **Seite 228**
Man hört bei Nebel folgendes Schallsignal mit der Pfeife ▬ ●● (lang-kurz-kurz), unmittelbar gefolgt von ▬ ●●● (lang-kurz-kurz-kurz) etwa jede Minute. Worum handelt es sich dabei?

Es ist das Schallsignal eines Schleppverbandes in Fahrt (schleppendes Fahrzeug lang-kurz-kurz; Anhang lang-kurz-kurz-kurz).

Nr. 20   **Seite 228**

Bei Nebel im Küstenbereich fahrend, hört man etwa jede Minute folgendes Signal: drei Glockenschläge, dann ca. 5 Sekunden lang rasches Läuten einer Glocke, dann drei Glockenschläge. Wer gibt dieses Signal?

Dieses Signal gibt ein Fahrzeug auf Grund unter 100 m Länge.

Nr. 21   **Seiten 219, 228**

Sie sehen ein Fahrzeug mit folgender Lichterführung:

1. Worum handelt es sich?
2. Welches Schallsignal müsste dieses Fahrzeug bei unsichtigem Wetter geben?

1. Treibnetzfischer (Fahrzeug, das nicht trawlt) in Fahrt oder vor Anker mit ausgebrachtem Fanggerät, das waagerecht weiter als 150 m ins Wasser reicht. (Das untere weiße Licht kann auch das Hecklicht sein.)
2. Schallsignal ▬▬ ●● (lang-kurz-kurz) mindestens alle 2 Minuten.

Nr. 22   **Seite 220**

Sie sehen nachts auf See 2 rote Lichter senkrecht übereinander:

Worum handelt es sich?

Um ein manövrierunfähiges Fahrzeug in Fahrt ohne Fahrt durchs Wasser.

Nr. 23   **Seite 220**

Die Lichteranordnung eines Fahrzeugs ändert sich plötzlich

von   in

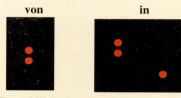

Was schließen Sie daraus?

Ein manövrierunfähiges Fahrzeug in Fahrt ohne Fahrt durchs Wasser (FdW) hat FdW aufgenommen, da man jetzt auch das Bb-Seitenlicht sieht.

Nr. 24   **Seite 224**

Was bestimmen die KVR über das Ausguckhalten?

Es muss jederzeit durch Sehen und Hören sowie durch jedes andere verfügbare Mittel gehöriger Ausguck gehalten werden, der einen vollständigen Überblick über die Lage und die Möglichkeit der Gefahr eines Zusammenstoßes gibt.

Nr. 25   **Seite 224**

Was bestimmen die KVR für das Verhalten von Fahrzeugen von weniger als 20 m Länge oder von Segelfahrzeugen im Fahrwasser einer Seeschifffahrtsstraße?

Fahrzeuge von weniger als 20 m Länge oder Segelfahrzeuge dürfen nicht die Durchfahrt eines Fahrzeuges behindern, das nur innerhalb eines engen Fahrwassers oder einer Fahrrinne sicher fahren kann.
Sie müssen, wenn es die Umstände erfordern, frühzeitig Maßnahmen ergreifen, um genügend Raum für die sichere Durchfahrt des anderen Fahrzeugs zu lassen.

Nr. 26   **Seite 225**

Was ist eine »Küstenverkehrszone«?

Das Gebiet zwischen der Küste und der landwärtigen Grenze eines Verkehrstrennungsgebietes.

Nr. 27   **Seite 225**

Welche Fahrzeuge dürfen die Küstenverkehrszone benutzen, ohne einen Hafen innerhalb der Küstenverkehrszone anzusteuern?

Fahrzeuge von weniger als 20 m Länge und Segelfahrzeuge.

Nr. 28   **Seite 227**

Wie müssen Maschinenfahrzeuge ohne Radar bei verminderter Sicht ihre Fahrweise einrichten?

Maschinenfahrzeuge müssen mit sicherer Geschwindigkeit fahren, die den gegebenen Umständen und Bedingungen der verminderten Sicht angepasst ist.

Nr. 29   **Seite 227**

Wie müssen sich Segelfahrzeuge ohne Radar bei verminderter Sicht verhalten? Was gehört dabei zu den Regeln guter Seemannschaft?

1. Segelfahrzeuge müssen mit sicherer Geschwindigkeit fahren, die den gegebenen Umständen und Bedingungen der verminderten Sicht angepasst ist.
2. Bei Segelfahrzeugen, die eine Maschine an Bord haben, gehört das Bereithalten der Maschine zu den Regeln guter Seemannschaft.

Nr. 30   **Seite 227**

Wie müssen sich Fahrzeuge ohne Radar bei verminderter Sicht verhalten, wenn sie voraus das Schallsignal eines anderen Fahrzeuges hören?

Jedes Fahrzeug, das anscheinend vorlicher als querab das Schallsignal eines anderen Fahrzeuges hört, muss seine Fahrt auf das für die Erhaltung der Steuerfähigkeit geringstmögliche Maß verringern. Erforderlichenfalls muss es jegliche Fahrt wegnehmen und in jedem Fall mit äußerster Vorsicht manövrieren, bis die Gefahr eines Zusammenstoßes vorüber ist.

Nr. 31   Seiten 225, 228

Sie segeln in der Nordsee bei guter Sicht. Ihnen kommt in stehender Peilung ein Maschinenfahrzeug entgegen, das keine Anstalten macht, seiner Ausweichpflicht nachzukommen. Geben Sie in einer sinnvollen Reihenfolge an, was von Ihnen zu unternehmen ist. Welche dieser Maßnahmen sind zwingend vorgeschrieben?

1. Über Funk versuchen, das andere Fahrzeug auf seine Ausweichpflicht aufmerksam zu machen.
2. Schallsignal: mindestens fünf kurze, rasch aufeinander folgende Pfeifentöne geben.
3. Ggf. Ergänzung zu 2.: Lichtsignal von mindestens fünf kurzen, rasch aufeinander folgenden Blitzen.
4. Manöver des sog. »vorletzten Augenblicks« fahren.
5. Manöver des sog. »letzten Augenblicks« fahren.

Zwingend vorgeschrieben sind die Maßnahmen nach 2 und 5.

Nr. 32   Seite 226

Auf einem Segelfahrzeug unter Motor sieht man nachts fast recht voraus ein näher kommendes Fahrzeug mit folgender Lichterführung: oben ein weißes Licht, seitlich darunter ein grünes Licht, zeitweise rechts von dem grünen Licht auf gleicher Höhe auch ein rotes Licht. Um was für ein Fahrzeug handelt es sich, was ist von Ihnen und was ist auf dem anderen Fahrzeug zu unternehmen?

Es handelt sich um ein Maschinenfahrzeug von weniger als 50 m Länge, das im Seegang durch schlechtes Steuern giert. Man muss annehmen, dass sich zwei Maschinenfahrzeuge auf entgegengesetzten oder fast entgegengesetzten Kursen nähern und die Möglichkeit der Gefahr eines Zusammenstoßes besteht. Beide Fahrzeuge müssen den Kurs nach Steuerbord ändern und dieses durch einen kurzen Ton anzeigen.

Nr. 33   Seite 224

Wie muss man sich verhalten, wenn man gezwungen ist, ein Verkehrstrennungsgebiet zu queren?

Kielrichtung (rwK) muss möglichst rechtwinklig zur allgemeinen Verkehrsrichtung zeigen.

Nr. 34   Seite 212

Wie muss man sich verhalten, wenn man einen betonnten Schifffahrtsweg (z. B. in der Ostsee) queren will?

Die Ausweichregeln der KVR beachten.

Nr. 35   Seite 225

Wie ist die Gefahr eines Zusammenstoßes sicher erkennbar?

Wenn die Kompasspeilung zu einem anderen Fahrzeug steht und sie sich einander nähern.

Nr. 36   Seite 225

Wie müssen Sie Ausweichmanöver durchführen?

1. Möglichst frühzeitig,
2. durchgreifend, sodass das andere Fahrzeug rasch Ihre Absicht erkennen kann, und um sich gut klar zu halten.

Nr. 37   Seite 225

Wie müssen Sie sich verhalten, nachdem Sie ein vorgeschriebenes Ausweichmanöver durchgeführt haben?

Der Erfolg des Manövers ist laufend zu überprüfen, bis das andere Fahrzeug klar passiert ist.

Nr. 38   Seite 226

Sie segeln mit Wind von Steuerbord und sehen nachts in Luv ein einzelnes rotes Licht, das in stehender Peilung näher kommt.
1. Was ist das für ein Licht?
2. Wer muss ausweichen? (Begründung!)

1. Das Licht ist das Backbordlicht eines Segelfahrzeugs in Fahrt.
2. Das Segelfahrzeug in Luv muss ausweichen, entweder weil es den Wind von Backbord hat oder weil es – wenn mit Wind von Stb. segelnd – luvwärts steht.

Nr. 39   Seite 226

Sie segeln mit Wind von Backbord und sehen nachts in Luv ein einzelnes grünes Licht, das in stehender Peilung näher kommt.
1. Was ist das für ein Licht?
2. Wer muss ausweichen? (Begründung!)

1. Das Licht ist das Steuerbordlicht eines Segelfahrzeugs in Fahrt.
2. Ihr Fahrzeug muss als leewärtiges Fahrzeug ausweichen, weil Sie (mit Wind von Backbord segelnd) nicht erkennen können, von welcher Seite das andere Fahrzeug den Wind hat.

Nr. 40   Seite 226

Sie segeln nachts mit raumem Wind und machen gute Fahrt. Sie sehen an Steuerbord voraus ein einzelnes weißes Licht in (nahezu) stehender Peilung. Näher kommend verschwindet das weiße Licht gelegentlich und es erscheint stattdessen in etwa gleicher Höhe und links davon ein rotes Licht. Jeweils kurzfristig sind beide Lichter gleichzeitig zu sehen.
1. Worum handelt es sich bei diesen Lichtern?
2. Wer muss ausweichen? (Begründung!)

1. Man sieht Hecklicht und/oder Bb.-Seitenlicht eines Segelfahrzeugs in Fahrt, das im Seegang giert.
2. Mein Fahrzeug nähert sich aus dem Hecksektor des anderen Fahrzeugs. Es steht eben auf dessen Sektorengrenze und muss als überholendes Fahrzeug ausweichen. Im Zweifel (hier Sektorengrenze!) muss man sich als Überholer betrachten.

Nr. 41   **Seiten 220, 227**

Sie segeln nachts mit raumem Wind und sehen nahezu achteraus ein Fahrzeug mit der Lichterführung rot-weiß-rot senkrecht übereinander, das näher kommt. Zusätzlich sehen Sie neben zwei weißen Topplichtern links ein grünes und rechts ein rotes Licht auf gleicher Höhe.
1. Was bedeuten diese Lichter?
2. Wer muss ausweichen? (Begründung!)

1. Man sieht ein manövrierbehindertes Fahrzeug mit FdW (Topplichter, Seitenlichter).
2. Dieses Fahrzeug nähert sich im Hecklichtsektor und muss deshalb als Überholer ausweichen.

Nr. 42   **Seite 226**

Welcher Zeitpunkt ist im freien Seeraum entscheidend für die Verantwortlichkeit (hier = Ausweichpflicht!) der Fahrzeuge untereinander?

Der Augenblick des ersten Insichtkommens. Eine spätere Änderung der Lage der Fahrzeuge zueinander verändert nicht die Verantwortlichkeit.

Nr. 43   **Seite 225**

Ein anderes Fahrzeug muss Ihnen ausweichen. Welche Verpflichtung nach KVR haben Sie?
Was unternehmen Sie, wenn das andere Fahrzeug nicht ausweicht?

1. Mein Fahrzeug ist »Kurshalter«, d. h., es muss Kurs und Geschwindigkeit beibehalten.
2. Mein Fahrzeug darf zur Abwendung eines Zusammenstoßes manövrieren, sobald erkennbar wird, dass das andere Fahrzeug nicht angemessen (= regelgerecht) manövriert (»Manöver des vorletzten Augenblicks!«).
3. Mein Fahrzeug muss zweckdienlich manövrieren, wenn ein Manöver des Ausweichpflichtigen allein einen Zusammenstoß nicht mehr vermeiden kann (»Manöver des letzten Augenblicks!«).

Nr. 44   **Seite 227**

Welchen Fahrzeugen muss ein Segelfahrzeug ausweichen?

1. Einem manövrierunfähigen Fahrzeug,
2. einem manövrierbehinderten Fahrzeug,
3. einem fischenden Fahrzeug,
4. ggf. einem anderen Segelfahrzeug, abhängig von der Segelstellung in Bezug auf den Wind.

Nr. 45   **Seite 227**

1. Wie muss sich ein Sportfahrzeug gegenüber einem tiefgangbehinderten Fahrzeug verhalten?
2. Schlagen Sie entsprechende Maßnahmen/Manöver vor.

1. Das Sportfahrzeug muss vermeiden, die sichere Durchfahrt eines tiefgangbehinderten Fahrzeugs zu behindern.
2. Dieses kann durch eine frühzeitige Kursänderung, Geschwindigkeitsänderung oder beides geschehen.

Nr. 46   **Seite 224**

Wo unterliegt Ihr Segelfahrzeug bzw. Ihre Motoryacht unter 20 m Länge einem Behinderungsverbot?

1. In engen Fahrwassern,
2. auf dem Einbahnweg eines Verkehrstrennungsgebietes (VTG) gegenüber Maschinenfahrzeugen im VTG.

Nr. 47   **Seite 221**

Welchen Abstand muss man von Minenräumfahrzeugen halten?

Mindestens 1000 m.

Nr. 48   **Seiten 216, 226, 228**

Auf einer Motoryacht A sieht man nachts etwa recht voraus Topplicht und beide Seitenlichter eines Fahrzeugs B. Die Lichter werden rasch heller.
1. Was ist B?
2. Wie ist die Situation zu klären?

1. B ist ein Maschinenfahrzeug von weniger als 50 m Länge in Fahrt.
2. A und B müssen ihren Kurs so nach Stb. ändern, dass sie einander an der Bb.-Seite passieren. Dabei müssen A und B das Signal »ein kurzer Ton« geben.

Nr. 49   **Seiten 216, 226**

Auf einer Motoryacht A erkennt man nachts etwa 2 Strich an Bb. folgende Lichter des Fahrzeugs B, die rasch näher kommen.

Die Kompasspeilung zum Fahrzeug B ändert sich dabei nur geringfügig.
1. Worum handelt es sich bei Fahrzeug B?
2. Wer muss ausweichen?
3. Was muss Fahrzeug A tun?

1. B ist ein Maschinenfahrzeug von weniger als 50 m Länge in Fahrt, dessen Stb.-Seite man sieht.
2. B muss ausweichen, weil es die Motoryacht A an seiner Stb.-Seite hat.
3. Die Motoryacht A muss Kurs und Geschwindigkeit beibehalten.

Nr. 50   **Seite 227**

Welchen Fahrzeugen muss eine Motoryacht ausweichen?

1. Manövrierunfähigen Fahrzeugen,
2. manövrierbehinderten Fahrzeugen,
3. fischenden Fahrzeugen,
4. Segelfahrzeugen,
5. ggf. einem anderen Maschinenfahrzeug.

Nr. 51   **Seiten 216, 227, 228**
Auf einer Motoryacht A sieht man nachts etwa querab an Stb. ein einzelnes weißes Licht in (nahezu) stehender Kompasspeilung. Näher kommend erkennt man unterhalb des weißen Lichtes und etwas rechts davon ein rotes Licht (Fahrzeug B).

1. **Worum handelt es sich?**
2. **Was müssen jeweils beide Fahrzeuge tun? (Begründung!)**

1. Topplicht und später Bb.-Seitenlicht eines Maschinenfahrzeuges B von weniger als 50 m Länge in Fahrt.
2. A muss ausweichen, weil es B an seiner Stb.-Seite hat. A muss das Signal »ein kurzer Ton« geben.
3. B muss Kurs und Geschwindigkeit beibehalten.

Nr. 52   **Seite 220**
Eine Motoryacht, Länge 8 m, treibt nachts manövrierunfähig in der Nordsee und sieht ein großes Fahrzeug direkt auf sich zukommen. Welche Maßnahmen hat die Motoryacht zu ergreifen?

Ein Fahrzeug von weniger als 12 m Länge, das die zwei roten Rundumlichter senkrecht übereinander nicht führt, muss folgende Maßnahmen ergreifen:
1. Durch jedes andere verfügbare Mittel anzeigen, dass es manövrierunfähig ist, z. B. über UKW-Sprechfunk oder durch ein Schallsignal oder Lichtsignal lang-kurz-kurz.
2. Bei weiterer Annäherung das andere Fahrzeug mit einer starken Handlampe anleuchten und so auf sich aufmerksam machen.
3. Führen eines weißen Rundumlichtes, das mit keinem anderen Licht verwechselt werden kann.
4. Abfeuern eines Signals »weißer Stern« oder »Blitz-Knall«.
5. Sofort bei Eintritt der Manövrierunfähigkeit Verkehrszentrale informieren (wenn vorhanden).

Nr. 53   **Seite 224**
Wie sind Fahrwasser in der Seeschifffahrtsstraßen-Ordnung im Sinne der KVR eingestuft?

Fahrwasser der Seeschifffahrtsstraßen gelten als enge Fahrwasser im Sinne der KVR.

Nr. 54   **Seite 238**
Erläutern Sie den Begriff »durchgehende Schifffahrt« auf einem Fahrwasser einer Seeschifffahrtsstraße.

Die durchgehende Schifffahrt umfasst alle Fahrzeuge, die deutlich dem Fahrwasserverlauf einer Seeschifffahrtsstraße folgen. Dies erlaubt nach allgemeiner Verkehrsauffassung ein Abweichen von höchstens ± 10° von der Richtung des Fahrwassers. Dabei ist es gleichgültig, zu welchem Zweck das Fahrzeug betrieben wird.

Nr. 55   **Seite 231**
Was fordern die Grundregeln für das Verhalten im Verkehr?

Jeder Verkehrsteilnehmer
1. muss die Sicherheit und Leichtigkeit des Verkehrs gewährleisten,
2. darf andere (nicht nur Verkehrsteilnehmer!) nicht schädigen, gefährden oder mehr als unvermeidbar behindern oder belästigen.

Nr. 56   **Seite 231**
Welche verkehrsrechtliche Verantwortung hat der Schiffsführer?

1. Befolgung der Vorschriften im Verkehr, u. a. KVR, SeeSchStrO.
2. Ausrüstung/Einrichtung seines Fahrzeugs zum Führen und Zeigen von Lichtern und Signalkörpern und Geben von Schallsignalen.

Nr. 57   **Seite 213**
Was sind Seeschifffahrtsstraßen im Sinne der SeeSchStrO?

Seeschifffahrtsstraßen im Sinne dieser Verordnung sind:
1. Wasserflächen zwischen der Küstenlinie bei mittlerem Hochwasser oder der seewärtigen Begrenzung der Binnenwasserstraßen und einer Linie von drei Seemeilen seewärts der Basislinie,
2. die durchgehend durch laterale Zeichen (Tonnen) begrenzten Wasserflächen der seewärtigen Teile der Fahrwasser im Küstenmeer,
3. Wasserflächen zwischen den Ufern bestimmter Binnenwasserstraßen.

Nr. 58   **Seite 238**
Was sind Fahrwasser im Sinne der SeeSchStrO?

Fahrwasser sind die Teile der Wasserflächen, die durch Tonnen (laterale Zeichen) begrenzt oder gekennzeichnet sind oder die, soweit das nicht der Fall ist, auf den Binnenwasserstraßen für die durchgehende Schifffahrt bestimmt sind.

Nr. 59   **Seite 212**
Welche verkehrsrechtlichen Bestimmungen gelten auf deutschen Seeschifffahrtsstraßen?

Auf deutschen Seeschifffahrtsstraßen gelten:
1. die KVR,
2. die Seeschifffahrtsstraßen-Ordnung, ggf. die Bekanntmachungen der Wasser- und Schifffahrtsdirektionen (WSD) Nord und Nordwest,
3. ggf. die Hafenordnungen.

Nr. 60   **Seite 212**
Wo und unter welcher Bedingung gelten im Geltungsbereich der SeeSchStrO die KVR?

Die KVR gelten im gesamten Geltungsbereich der SeeSchStrO innerhalb und außerhalb der Fahrwasser, soweit die SeeSchStrO nicht ausdrücklich etwas anderes bestimmt (z. B. Vorfahrt, Grundsatz des Vorranges der spezielleren Rechtsvorschrift vor der allgemeinen).

Nr. 61   Seite 239
Wie haben Segelfahrzeuge in einem Fahrwasser der SeeSchStrO unterein-ander auszuweichen, wenn sie nicht deutlich der Richtung eines Fahrwassers folgen?

Sie haben untereinander nach den Regeln der KVR auszuweichen, wenn sie dadurch vorfahrtberechtigte Fahrzeuge nicht gefährden oder behindern.

Nr. 62   Seite 236
Auf der Elbe hören Sie nachts vor sich von einem Fahrzeug, das zusätzlich zu seinen Fahrtlichtern ein rotes Rundumlicht führt, fortwährend das Schallsignal kurz-lang.
Um welches Schallsignal handelt es sich, wann ist es zu geben und wie verhalten Sie sich?

Es handelt sich um das Bleib-weg-Signal, das von einem Fahrzeug gegeben wird, bei dem bestimmte gefährliche Güter oder radioaktive Stoffe frei werden oder drohen frei zu werden oder es besteht Explosionsgefahr.
Man hat sich mit seinem Fahrzeug möglichst weit von dem anderen Fahrzeug zu entfernen (sicherer Abstand) und darf keine elektrischen Schalter bedienen. Kein offenes Feuer.

Nr. 63   Seite 236
Wann ist von einem Fahrzeug auf einer Seeschifffahrtsstraße das »allgemeine Gefahr- und Warnsignal« zu geben und wie lautet es?

Gefährdet ein Fahrzeug ein anderes Fahrzeug oder wird es durch dieses selbst gefährdet, hat es, soweit möglich, rechtzeitig das Schallsignal zu geben: ein langer Ton, vier kurze Töne; ein langer Ton, vier kurze Töne.

Nr. 64   Seite 245
Nennen Sie die speziellen Verhaltensregeln für Sportfahrzeuge im Nord-Ostsee-Kanal (NOK).

1. Sportfahrzeuge dürfen in der Regel die Zufahrten und den NOK lediglich zur Durchfahrt und ohne Lotsen nur während der Tagfahrzeiten und nicht bei verminderter Sicht benutzen.
2. Sportfahrzeuge müssen ihre Kanalfahrt so einrichten, dass sie vor Ablauf der Tagfahrzeit eine für Sportfahrzeuge bestimmte Liegestelle erreichen können.
3. Bei plötzlich auftretender verminderter Sicht dürfen Sportfahrzeuge in den Weichengebieten hinter den Dalben oder an geeigneten Liegestellen festmachen.

Nr. 65   Seite 245
Welche speziellen Fahrregeln haben Sportfahrzeuge im Nord-Ostsee-Kanal (NOK) einzuhalten?

1. Das Segeln ist auf dem NOK verboten.
2. Sportfahrzeuge mit Maschinenantrieb dürfen zusätzlich die Segel setzen.
3. Ein motorbetriebenes Sportfahrzeug darf nur ein Sportfahrzeug schleppen.

Nr. 66   Seite 245
Während der Durchfahrt durch den Nord-Ostsee-Kanal (NOK) wird man auf einem Sportboot von Nebel überrascht. Was ist zu unternehmen?

Schnellstmöglich in einem Weichengebiet hinter den Dalben oder an geeigneten Liegestellen festmachen.

Nr. 67   Seite 245
Sie sehen vor dem Einlaufen in den NOK in Brunsbüttel folgende Lichtsignale:
1. **ein unterbrochenes rotes Licht,**
2. **ein unterbrochenes weißes Licht über einem unterbrochenen roten Licht,**
3. **ein unterbrochenes weißes Licht. Geben Sie die Bedeutung dieser Signale an.**

1. Einfahren verboten.
2. Freigabe wird vorbereitet.
3. Sportfahrzeuge können einfahren.

Nr. 68   Seite 238
Erläutern Sie den Begriff »Vorfahrt beachten«.

»Vorfahrt beachten« begründet eine Wartepflicht. Wer die Vorfahrt zu beachten hat, muss rechtzeitig durch sein Fahrverhalten erkennen lassen, dass er warten wird. Er darf nur weiterfahren, wenn er übersehen kann, dass die Schifffahrt im Fahrwasser nicht beeinträchtigt wird. Ggf. hat der Wartepflichtige seinen Kurs und/oder seine Geschwindigkeit zu ändern (gilt rechtlich nicht als Ausweichen!).

Nr. 69   Seite 238
Erläutern Sie den Begriff »Vorfahrt haben«.

»Vorfahrt haben« gilt nur für ein im Fahrwasser fahrendes oder dem Fahrwasserverlauf folgendes Fahrzeug. Das bedeutet, dass andere Fahrzeuge, die in das Fahrwasser einlaufen wollen, dort drehen oder an- und ablegen wollen, mit diesem Vorhaben warten müssen, bis das vorfahrtberechtigte Fahrzeug vorüber ist. »Vorfahrt haben« bedeutet aber nicht: Vorfahrt erzwingen! Ggf. muss ein vorfahrtberechtigtes Fahrzeug Maßnahmen zur Verhinderung einer drohenden Kollision ergreifen.

Nr. 70   Seite 239
Wie hat sich ein in das Fahrwasser einlaufendes Fahrzeug gegenüber im Fahrwasser fahrenden Fahrzeugen zu verhalten?

Es muss die Vorfahrt der Fahrzeuge im Fahrwasser beachten, d. h., es muss warten, bis das Fahrwasser frei ist. Es muss rechtzeitig durch sein Fahrverhalten erkennen lassen, dass es warten wird.

Nr. 71   Seite 239
Wie hat sich ein den Ankerplatz oder Liegeplatz verlassendes Fahrzeug gegenüber im Fahrwasser fahrenden Fahrzeugen zu verhalten?

Es muss die Vorfahrt der Fahrzeuge im Fahrwasser beachten, d. h., es muss warten, bis das Fahrwasser frei ist. Es muss rechtzeitig durch sein Fahrverhalten erkennen lassen, dass es warten wird.

Nr. 72   **Seite 237**
**Welche Fahrregeln muss ein Sportfahr-
zeug beachten, wenn es der Richtung
des Fahrwassers folgt?**

Beim Fahren im Fahrwasser muss das
Sportfahrzeug sich so nahe am äußeren
Rand des Fahrwassers an seiner Steuerbordseite halten, wie dieses ohne Gefahr
möglich ist.

Nr. 73   **Seite 237**
**Was muss ein Sportfahrzeug in Bezug
auf das Fahrwasser beachten, wenn es
außerhalb des Fahrwassers fährt?**

Außerhalb des Fahrwassers ist so zu
fahren, dass klar erkennbar ist, dass das
Fahrwasser nicht benutzt wird.

Nr. 74   **Seite 237**
**Wie müssen sich Segelfahrzeuge
verhalten, die, dem Fahrwasserverlauf
folgend, sich auf (nahezu) entgegengesetzten Kursen begegnen?**

Jedes Fahrzeug muss nach Steuerbord
ausweichen.

Nr. 75   **Seite 239**
**Was bedeutet »Queren eines Fahr-
wassers« im Sinne der SeeSchStrO?**

Queren bedeutet deutliches Abweichen
vom Fahrwasserverlauf, nach allgemeiner
Verkehrsmeinung mehr als 10° (z. B.
Kreuzen eines Segelfahrzeuges über die
gesamte oder auch nur teilweise Fahr-
wasserbreite).

Nr. 76   **Seite 241**
**Wie müssen Sie die Geschwindigkeit
Ihres Sportbootes einrichten, wenn Sie
außerhalb eines Fahrwassers an Stellen
mit erkennbarem Badebetrieb vorbeifahren?**

Höchstgeschwindigkeit 8 km/h im Abstand von weniger als 500 m vom Ufer.

Nr. 77   **Seite 221**
**Sie sehen auf der Elbe bei Nacht ein
Fahrzeug mit der nachfolgenden
Lichterführung. Um was für ein Fahrzeug handelt es sich? Was bedeuten
die beiden roten und die beiden
grünen Lichter senkrecht übereinander?**

Manövrierbehindertes Fahrzeug. Länge
wahrscheinlich 50 m oder mehr, von
vorn mit Fahrt durchs Wasser, das
Unterwasserarbeiten ausführt (z. B.
baggert).
Passierseite an Stb. (zwei grüne Rundumlichter übereinander), Passierbehinderung an Bb.-Seite (zwei rote Rundumlichter übereinander).

Nr. 78   **Seite 221**
**Sie sehen auf der Elbe bei Tage ein
Fahrzeug mit den nachfolgenden
schwarzen Signalkörpern, dessen
Bugwelle man klar erkennen kann.
Um was für ein Fahrzeug handelt es
sich? Was bedeuten die beiden
schwarzen Bälle und die beiden
schwarzen Rhomben senkrecht
übereinander?**

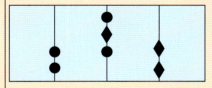

Entgegenkommendes manövrierbehindertes Fahrzeug von vorn, mit Fahrt
durchs Wasser, das Unterwasserarbeiten
ausführt (z. B. baggert).
Passierseite an Bb. des Baggers (zwei
schwarze Rhomben übereinander),
Passierbehinderung an Stb.-Seite des
Baggers (zwei schwarze Bälle übereinander).

Nr. 79   **Seite 32**
**Beim Passieren von Cuxhaven sichten
Sie, elbabwärts segelnd, an Ihrer Stb.-
Seite die Tonne 32a. Um was für eine
Tonne handelt es sich, welche Bezeich-
nung hat die nächste Tonne an der
gleichen Seite?**

Es handelt sich um eine Backbordfahr-
wassertonne; die nächste Tonne hat die
Aufschrift 32.

Nr. 80   **Seite 217**
**Welche besondere Lichterführung/
Kennzeichnung ist vorgeschrieben,
wenn ein Motorsportfahrzeug ein
anderes Sportfahrzeug schleppt?**

Motorsportfahrzeuge, die andere Sportfahrzeuge schleppen, gelten nicht als
schleppende Maschinenfahrzeuge im
Sinne der KVR. Daher keine besonderen
Lichterführung/Kennzeichnung.

Nr. 81   **Seite 245**
**Welche besonderen Bestimmungen
gelten auf dem Nord-Ostsee-Kanal
(NOK) für Sportfahrzeuge beim
Schleppen?**

1. Ein motorbetriebenes Sportfahrzeug
   darf nur ein Sportfahrzeug schleppen.
2. Das geschleppte Sportfahrzeug darf
   nur eine Höchstlänge von weniger als
   15 m haben.
3. Die Mindestgeschwindigkeit beim
   Schleppen muss 9 km/h betragen.

Nr. 82   **Seite 245**
**Während einer Revierfahrt erkennen
Sie ein Signal an Land, jeweils
schwarze Signalkörper:**

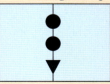

1. **Was bedeutet dieses Signal?**
2. **Welches Signal wird stattdessen
   nachts gezeigt?**

1. Außergewöhnliche Schifffahrtsbehinderung.
2. Nachts: Rundumlichter rot-rot-grün
   senkrecht übereinander.

Nr. 83   **Seite 231**
Wer darf lt. SeeSchStrO ein Fahrzeug nicht führen oder als Mitglied der Crew eine andere Tätigkeit des Brücken- oder Decksdienstes nicht ausüben (allgemein ohne Zahlen zu beantworten)?

Wer infolge körperlicher oder geistiger Mängel oder des Genusses alkoholischer Getränke oder anderer berauschender Mittel in der sicheren Führung eines Fahrzeugs oder in der sicheren Ausübung einer anderen Tätigkeit des Brücken- oder Decksdienstes behindert ist.

Nr. 84   **Seite 231**
Welche Atem- bzw. Blutalkoholkonzentration darf lt. SeeSchStrO nicht erreicht werden, damit kein Verbot für ein Führen eines Fahrzeugs oder als Mitglied der Crew für ein Ausüben des Brückendienstes besteht?

0,25 mg/l oder mehr Alkohol in der Atemluft oder 0,5 Promille oder mehr Alkohol im Blut oder eine Alkoholmenge, die zu einer solchen Atem- oder Blutalkoholkonzentration führt.

Nr. 85   **Seite 249**
Was müssen Sie beim ersten Anlaufen eines ausländischen Hafens beachten?

Die Einreise-, Gesundheits- und Zollformalitäten sind zu erledigen.

Nr. 86   **Seite 251**
Was ist ein Flaggenzertifikat? Für welche Fahrzeuge kann es ausgestellt werden?

Vom BSH ausgestellter Ausweis, mit dem das Recht und die Pflicht zum Führen der Bundesflagge nachgewiesen wird. Für Fahrzeuge unter 15 m Lüa = »nicht registerpflichtige Fahrzeuge«.

Nr. 87   **Seite 246**
Was ist das Schiffszertifikat, wer stellt es aus, ab welcher Schiffslänge ist es vorgeschrieben?

Das Schiffszertifikat ist der Nachweis, dass ein Schiff im Seeschiffsregister eingetragen ist. Ausgestellt wird es vom Registergericht. Vorgeschrieben ist es ab 15 m Rumpflänge.

Nr. 88   **Seite 213**
Was versteht man unter dem Begriff »Küstenmeer«?

Die seewärts der Küstenlinie bei mittlerem Hochwasser oder der Basislinie gelegenen Meeresgewässer bis zu einer Breite von 12 sm.

Nr. 89   **Seite 213**
Was versteht man unter dem Begriff »innere Gewässer«?

Als »innere Gewässer« bezeichnet man die Gewässer landwärts der Basislinien.

Nr. 90   **Seite 213**
Was versteht man unter dem Begriff »Basislinie« und wo finden Sie diese?

Als Basislinie bezeichnet man die Grenze zwischen den inneren Gewässern (eines Staates) und dem Küstenmeer. Basislinien sind in Seekarten eingezeichnet.

Nr. 91   **Seite 246**
Welche Aufgaben hat die Bundesstelle für Seeunfalluntersuchung?

– Amtliche Untersuchung eines schaden- oder gefahrverursachenden Vorkommnisses (Seeunfall) im Zusammenhang mit dem Betrieb eines Schiffes (z. B. Kollision zwischen zwei Fahrzeugen) und Ermittlung der Umstände, durch die es zu dem Seeunfall gekommen ist.
– Herausgabe von Untersuchungsberichten und insbesondere Sicherheitsempfehlungen zur Verhütung von Seeunfällen.

Nr. 92   **Seite 246**
Wann liegt ein schaden- oder gefahrverursachendes Vorkommnis (Seeunfall) im Sinne des Seesicherheits-Untersuchungs-Gesetzes (SUG) vor? Nennen Sie mindestens 3 Merkmale.

1. Schiffsverlust, Aufgrundlaufen, Kollision eines Schiffes,
2. Tod oder Verschollenheit oder schwere Verletzung einer Person,
3. maritimer Umweltschaden oder sonstiger Sachschaden,

4. Gefahr für einen Menschen oder ein Schiff,
5. Gefahr eines schweren Schadens an einem Schiff, einem meerestechnischen Bauwerk oder der Meeresumwelt.

Nr. 93   **Seite 246**
Was müssen Sie nach einem Seeunfall veranlassen? Wie kann es umgesetzt werden?

Den Seeunfall unverzüglich der Bundesstelle für Seeunfalluntersuchung melden. Das kann in einem deutschen Einlaufhafen auch über die Wasserschutzpolizei bzw. im Ausland über die zuständigen Hafenbehörden veranlasst werden.

Nr. 94   **Seite 246**
Welche Angaben müssen der Bundesstelle für Seeunfalluntersuchung gemeldet werden? Nennen Sie mindestens 5 dieser Angaben?

Es sind folgende Angaben zu melden:
– Name und derzeitiger Aufenthalt des Meldenden,
– Ort (geographische Position) und Zeit des Unfalles,
– Name, Rufzeichen und Flagge des Schiffes sowie Rufnummer des zu diesem Schiff gehörenden mobilen Seefunkdienstes (MMSI),
– Typ, Verwendungszweck,
– Name des Betreibers des Schiffes,
– Name des verantwortlichen Schiffsführers,
– Herkunfts- und Zielhafen des Schiffes,
– Anzahl der Besatzungsmitglieder und weiterer Personen an Bord,
– Umfang des Personen- und Sachschadens,
– Darstellung des Verlaufs des Vorkommnisses,
– Angaben über andere Schiffe, die am Unfall beteiligt sind,
– Wetterbedingungen,
– Darstellung der Gefahr einer Meeresverschmutzung.

Nr. 95   **Seite 246**
In welcher Vorschrift ist geregelt, welche Angaben der Bundesstelle für Seeunfalluntersuchung bei einem schaden- oder gefahrverursachenden Vorkommnis (Seeunfall) gemeldet werden müssen?
Wer ist verantwortlich für die Meldung?

Geregelt in der »Verordnung über die Sicherung der Seefahrt«.
Verantwortlich für die Meldung sind der Schiffsführer oder bei dessen Verhinderung ein anderes Besatzungsmitglied bzw. ggf. auch der Betreiber des Schiffes, falls keine der vorgenannten Personen dazu in der Lage ist.

Nr. 96   **Seite 247**
Was sind Seeämter und was sind ihre Aufgaben?

Seeämter sind bei den Wasser- und Schifffahrtsdirektionen Nord und Nordwest gebildete Untersuchungsausschüsse zur Untersuchung der Frage, ob gegenüber einem Verfahrensbeteiligten ein Fahrverbot ausgesprochen oder ein Befähigungszeugnis bzw. ein amtlicher Führerschein der Sportschifffahrt entzogen werden muss.

Nr. 97   **Seite 212**
Welche behördlichen Veröffentlichungen für Wassersportler geben Ihnen rechtliche Informationen und Hinweise über das Verhalten auf Seeschifffahrtsstraßen?

»Sicherheit auf dem Wasser, Leitfaden für Wassersportler«.
»Sicherheit im See- und Küstenbereich, Sorgfaltsregeln für Wassersportler«.

Nr. 98   **Seite 246**
Sie sehen von Ihrem Sportfahrzeug aus in der Nordsee nördlich von Helgoland eine noch unbekannte Gefahr, z. B. einen treibenden Container.
Was haben Sie zu unternehmen?

Man muss dies auf dem schnellsten Weg direkt oder über eine Verkehrszentrale bzw. Küstenfunkstelle dem Maritimen Lagezentrum (MLZ) in Cuxhaven als Meldestelle für Unfälle auf See mitteilen.

Nr. 99   **Seite 247**
Wann und wo wird eine Flagge des Gastlandes gehisst?

Beim Einlaufen in die Küstengewässer des Gastlandes unter der Steuerbordsaling.

Nr. 100   **Seite 247**
Wann und wo wird die Bundesflagge geführt?

Auf in Betrieb befindlichen Yachten während der Flaggzeit in den Küstengewässern, auf See und im Hafen am Flaggenstock am Heck, auf segelnden mehrmastigen Yachten auch im Topp des hintersten Mastes (nicht am Achterstag).

Nr. 101   **Seite 249**
Welche Befahrensregelungen gelten für die Schutzzonen I in den Nationalparks im deutschen Wattenmeer außerhalb der speziellen Schutzgebiete?

Das Verlassen der Fahrwasser zwischen 3 h nach Hochwasser und 3 h vor dem folgenden Hochwasser ist untersagt. In der übrigen Zeit beträgt für Sportfahrzeuge die Höchstgeschwindigkeit außerhalb des Fahrwassers 8 kn und generell im Fahrwasser 12 kn.

Nr. 102   **Seite 249**
Wo sind die Grenzen der Schutzzonen I und der speziellen Schutzgebiete in den Nationalparks aufgeführt?

In den Seekarten.

Nr. 103   **Seite 249**
Welchen Zweck soll das MARPOL-Übereinkommen erfüllen?

Das MARPOL-Übereinkommen soll die Verschmutzung der Meere verhindern.

Nr. 104   **Seite 249**
Was sind Sondergebiete im Sinne des MARPOL-Übereinkommens in Europa?

Ostsee, Nordsee und Mittelmeer.

Nr. 105   **Seite 249**
Was ist nach dem MARPOL-Übereinkommen für die Sportschifffahrt in Sondergebieten grundsätzlich verboten?

Das Einleiten von Öl, Schiffsabwässern, Schiffsmüll und anderen Schadstoffen.

Nr. 106   **Seite 249**
Gilt das MARPOL-Übereinkommen grundsätzlich auch für Sportfahrzeuge?

Das MARPOL-Übereinkommen gilt grundsätzlich für alle Schiffe, somit auch für Sportfahrzeuge.

Nr. 107   **Seite 249**
Woraus können Sie Informationen über Entsorgungsmöglichkeiten in deutschen Sportboothäfen entnehmen?

Aus der Broschüre »Entsorgungsmöglichkeiten für Öl, Schiffsmüll und Schiffsabwässer – eine Übersicht für Sport- und Kleinschifffahrt« des BSH.

Nr. 108   **Seite 249**
Wie ist auf Sportfahrzeugen mit ölhaltigem Bilgenwasser zu verfahren, wenn die Bedingungen, unter denen nach MARPOL das Lenzen zulässig ist, nicht eingehalten werden können?

Es muss im Hafen entsorgt werden.

Nr. 109   **Seite 249**
Was ist hinsichtlich der Entsorgung von Müll in Nord- und Ostsee und im Mittelmeer zu beachten? (Begründung!)

Da Nord-, Ostsee und Mittelmeer Sondergebiete nach MARPOL sind, darf dort kein Müll in die See entsorgt werden.

Nr. 110   **Seite 249**
Welche Müllanteile dürfen in Sondergebieten nicht auf See entsorgt werden?

Synthetische Seile, Netze, Segel, Kunststofftüten u. Ä., Papiererzeugnisse, Lumpen, Glas, Metall, Steingut, Schalungs- oder Verpackungsmaterial.

Wetterkunde

Nr. 1 Seite 191
Was ist Wind und wie entsteht er?

Wind ist bewegte Luft. Die Bewegung entsteht durch die Druckunterschiede zwischen Hoch- und Tiefdruckgebieten.

Nr. 2 Seite 193
Was ist der Taupunkt?

Der Taupunkt ist die Temperatur, auf die Luft abgekühlt werden muss, damit sie mit Feuchtigkeit gesättigt ist. Es setzt Kondensation (Taubildung) ein.

Nr. 3 Seite 193
In welcher Größe wird in der Schifffahrt die Luftfeuchtigkeit allgemein angegeben?

Relative Feuchtigkeit in Prozent.

Nr. 4 Seite 210
Nennen Sie mindestens 6 Parameter, aus denen sich eine Wetterbeobachtung an Bord zusammensetzt.

Windrichtung, Windstärke, Luftdruck, aktuelles Wetter, Bedeckungsgrad, Wolken, Seegang, Strom, Temperatur und ggf. Luftfeuchte.

Nr. 5 Seite 192
1. In welcher Maßeinheit wird die Windstärke angegeben?
2. In welchen Maßeinheiten wird die Windgeschwindigkeit angegeben?

1. Nach der Beaufortskala (Bft).
2. In kn, m/s und km/h.

Nr. 6 Seite 191
1. Wie heißen die Linien gleichen Luftdrucks?
2. In welcher Maßeinheit wird der Luftdruck angegeben?

1. Isobaren.
2. Hektopascal (hPa) oder vereinzelt auch noch Millibar (mb, teilweise auch mbar).

Nr. 7 Seite 200
Welche Gefahren kann ein Gewitter mit sich bringen?

1. Böen bis Orkanstärke,
2. plötzliche Winddrehungen,
3. Regen- oder Hagelschauer mit zum Teil starker Sichtminderung,
4. Blitzschlag.

Nr. 8 Seite 200
Wann entstehen besonders starke Gewitter?

Besonders zum Ende einer hochsommerlichen Schönwetterperiode im Zusammenhang mit Kaltfronten.

Nr. 9 Seite 192
Welche Skala wird verwendet für die Angabe der Windrichtung in Seewetterberichten bei
1. den Vorhersagen und Aussichten,
2. den Stationsmeldungen?

1. Die 8-teilige mit Auflösung in 45°-Stufen.
2. Die 16-teilige mit Auflösung in 22,5°-Stufen.

Nr. 10 Seite 206
Ab welcher Windstärke werden Orkanwarnungen ausgegeben?

Ab Windstärke 10 Bft, erfahrungsgemäß mit Böen über Bft 12.

Nr. 11 Seite 192
1. Welche Skala wird für die Schätzung der Windstärke verwendet?
2. Was verstehen Sie unter mäßigem Wind, was unter Starkwind?

1. Die 12-teilige Beaufortskala.
2. Mäßiger Wind bedeutet Stärke 4 der Beaufortskala, Starkwind 6 und 7 Beaufort.

Nr. 12 Seite 209
Welche amtlichen Veröffentlichungen enthalten Sendezeiten und Frequenzen für Seewetterberichte
1. für Europa,
2. Europa und weltweit?

1. Das »Handbuch Nautischer Funkdienst« und der »Jachtfunkdienst«.
2. Die »Admiralty List of Radio Signals«.

Nr. 13 Seite 207
Nennen Sie 6 Möglichkeiten, um Wetterinformationen an Bord zu erhalten.

Hörfunksender (UKW, KW, MW, LW), Küstenfunkstellen, Verkehrszentralen, NAVTEX, SafetyNet (Satcom), Online-Dienste (z. B. SEEWIS-Online des Deutschen Wetterdienstes, T-Online), RTTY (Funkfernschreiben), Faksimile (Wetterfax), Faxpolling (z. B. SEEWIS-Fax des Deutschen Wetterdienstes), Telefonabruf, Törnberatung.

Nr. 14 Seite 195
Welche Bedeutung für die Wetterentwicklung hat ein Halo um die Sonne und ein Hof um den Mond?

Wolkenaufzug, meist Cirrostratus. Ggf. Niederschlag und Wetterverschlechterung.

Nr. 15 Seite 195
Bei welchen Wolkenformen müssen Sie mit erhöhter Böigkeit rechnen?

Bei Haufenwolken, besonders beim Cumulonimbus (Schauer- und Gewitterwolke).

Nr. 16 Seite 194
1. Welche Formen von Wolken gibt es?
2. Nennen Sie 6 der 10 Haupttypen!

1. Es gibt Haufenwolken und Schichtwolken.
2. Cirrus, Cirrostratus, Cirrocumulus, Altostratus, Altocumulus, Nimbostratus, Stratocumulus, Stratus, Cumulus, Cumulonimbus.

Nr. 17   **Seite 194**
1. **Welche Höhen unterscheidet man bei Wolken?**
2. **Welche Höhen haben sie etwa in den gemäßigten Breiten?**

1. Tiefe, mittelhohe und hohe Wolken.
2. Tiefe Wolken zwischen 0 und 2 km, mittelhohe Wolken zwischen 2 und 7 km und hohe Wolken zwischen 7 und 13 km.

Nr. 18   **Seite 195**
Woraus bestehen hohe Wolken?

Aus kleinen Eiskristallen.

Nr. 19   **Seiten 195, 200**
Woran erkennt man bei Wolkenbildung eine kräftige Gewitterentwicklung?

Am Cumulonimbus, wenn er in großer Höhe einen ambossförmigen Schirm hat.

Nr. 20   **Seite 200**
Welche Wolken kündigen oft schon vormittags kräftige Wärmegewitter an?

Altocumulus castellanus (mittelhohe türmchenartige Haufenwolken).

Nr. 21   **Seite 191**
Wie verhält sich der Wind in Bodennähe auf der Nordhalbkugel zwischen Hoch- und Tiefdruckgebieten?

Er weht rechtsherum aus dem Hochdruckzentrum heraus und linksherum in den Tiefdruckkern hinein.

Nr. 22   **Seite 197**
1. **Was ist eine Front?**
2. **Welche Fronten unterscheidet man im Allgemeinen?**

1. Front ist die vordere Grenze einer Luftmasse in Bewegungsrichtung.
2. Warm-, Kalt- und Okklusionsfronten.

Nr. 23   **Seite 198**
Wie verhält sich typischerweise der Luftdruck
1. **vor,**
2. **während und**
3. **nach dem Durchzug einer Kaltfront?**

1. Der Luftdruck ist gleichbleibend oder fällt nur wenig.
2. Während des Durchgangs der Front erreicht der Luftdruck seinen tiefsten Wert.
3. Der Luftdruck steigt wieder deutlich an.

Nr. 24   **Seite 191**
Was lässt sich aus der Darstellung der Isobaren in einer Wetterkarte erkennen?

Windrichtung und Druckgefälle; je enger sie liegen, desto größer ist das Druckgefälle und desto stärker ist der Wind.

Nr. 25   **Seite 191**
Warum weht der Wind nicht parallel zu den Isobaren? (Begründung!)

Durch die Bodenreibung ist der Wind rückgedreht (gegen den Uhrzeigersinn).

Nr. 26   **Seite 191**
1. **Wie weht der Wind über See in Bodennähe um ein Tiefdruckgebiet?**
2. **Mit wie viel Grad Änderung in der Windrichtung müssen Sie etwa rechnen?**

1. Der Wind weht nicht parallel zu den Isobaren, er ist rückgedreht und weht in das Tief hinein.
2. Ein bis zwei Strich bzw. ca. 10° bis 20°.

Nr. 27   **Seite 191**
1. **Wie weht der Wind über See in Bodennähe um ein Hochdruckgebiet?**
2. **Mit wie viel Grad Änderung in der Windrichtung müssen Sie etwa rechnen?**

1. Der Wind weht nicht parallel zu den Isobaren, er ist rückgedreht und weht aus dem Hoch hinaus.
2. Ein bis zwei Strich bzw. 10° bis 20°.

Nr. 28   **Seite 196**
Welche Verlagerungsgeschwindigkeiten haben Tiefdruckgebiete:
1. **schnelle,**
2. **mittlere,**
3. **langsame?**

1. Schnelle: 30 bis 50 kn.
2. Mittlere: 15 bis 30 kn.
3. Langsame: bis 15 kn.

Nr. 29   **Seite 196**
Wie entstehen Tiefdruckgebiete?

Durch das Aufeinandertreffen von kalten Luftmassen aus hohen Breiten und subtropischen warmen Luftmassen.

Nr. 30   **Seite 199**
Welche Windverhältnisse herrschen in der Nähe des Zentrums eines Hochdruckgebiets?

Meist schwache umlaufende Winde.

Nr. 31   **Seite 191**
In welchem Abstand werden Isobaren international dargestellt oder gezeichnet?

Im Abstand von 5 hPa oder im Abstand von 4 mbar.

Nr. 32   **Seiten 197, 198**
Welche Sicht- und Wetterverhältnisse erwarten Sie typischerweise
1. **vor oder nahe der Warmfront,**
2. **im Warmsektor,**
3. **hinter der Kaltfront?**

1. Sichtverschlechterung durch Niederschlag, bedeckt, länger andauernder Regen.
2. Diesig oder mäßige Sicht, Wolkenauflockerung, zeitweise Regen.
3. Sichtbesserung, meist gute Sicht. Schauer mit zum Teil kräftigen Böen.

Nr. 33   **Seite 199**
**Welche Windrichtungen erwarten Sie
an den Punkten 1, 2, 3, 4, 5 eines Tiefdruckgebiets auf der Nordhalbkugel?**

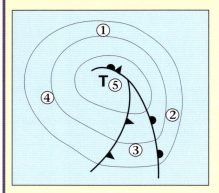

1. Nordost.
2. Süd.
3. Südwest.
4. Nordwest.
5. Umlaufender Wind.

Nr. 34   **Seite 199**
**Um welche Arten von Fronten handelt
es sich in der Abbildung, die mit 1, 2
und 3 bezeichnet sind?**

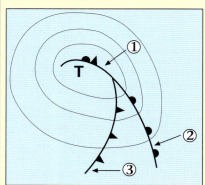

1. Okklusionsfront (Tiefausläufer).
2. Warmfront.
3. Kaltfront.

Nr. 35   **Seite 197**
1. Was sind Luftmassengrenzen?
**2. Welche Luftmassengrenzen kennen
    Sie? Nennen Sie mindestens
    2 Beispiele.**

1. Luftmassengrenzen sind Fronten. Sie
trennen Luftmassen mit unterschiedlicher Temperatur und Luftfeuchtigkeit.
2. Kaltfront, Warmfront, Okklusion.

Nr. 36   **Seite 203**
**Mit welchen lokalen Windsystemen
müssen Sie insbesondere im Mittelmeer
rechnen?**

Mit der Land-/Seewind-Zirkulation.

Nr. 37   **Seite 203**
**Nennen Sie mindestens 3 regionale
Windsysteme im Mittelmeer, die beim
küstennahen Segeln im Mittelmeer
besonders beachtet werden müssen.**

– Mistral,
– Scirocco,
– Bora und
– Etesien/Meltemi.

Nr. 38   **Seite 203**
**Mit welchem regionalen Windsystem
muss in der Adria gerechnet werden?**

Mit Bora.

Nr. 39   **Seite 203**
**Mit welchem regionalen Windsystem
muss in der Ägäis gerechnet werden?**

Mit den Etesien/dem Meltemi.

Nr. 40   **Seite 198**
**Wo bilden sich Tröge um ein Tiefdruck-
gebiet?**

Auf der Rückseite von Tiefdruckgebieten
in hochreichender Kaltluft. Ein Trog folgt
typischerweise einer Kaltfront.

Nr. 41   **Seite 198**
**Welche Front wird auch als
»Ausläufer« bezeichnet?**

Die Okklusion.

Nr. 42   **Seite 202**
**Wodurch und wie entsteht am Tage
Seewind?**

Das Land erwärmt sich bei Sonneneinstrahlung tagsüber stärker als das Wasser.
Über Land steigt die erwärmte Luft auf.
Das dabei entstehende Bodentief wird
durch Seewind (Wind von See) aufgefüllt.

Nr. 43   **Seite 202**
**Welche Wolkenform zeigt sich am
späten Vormittag über Land am
Himmel und kündigt Seewind an?**

Haufenwolke (Cumulus).

Nr. 44   **Seite 202**
**Welche Windgeschwindigkeiten in
Knoten oder Beaufort erreicht der
Seewind etwa
1. im Mittelmeer,
2. in Nord- und Ostsee?**

1. Bis zu 25 kn oder Bft 6.
2. Bis 15 kn, in Einzelfällen bis 20 kn
oder Bft 4/5, in Einzelfällen Bft 5/6.

Nr. 45   **Seite 202**
**Zu welcher Tageszeit müssen Sie mit
Seewind rechnen?**

Von Mittag bis zum frühen Abend.

Nr. 46   **Seite 202**
**Welche Windänderung kann der ein-
setzende Seewind bewirken?**

Er verändert den vorher wehenden Wind
zum Teil erheblich in Richtung und Stärke.

Nr. 47   **Seite 202**
**Wodurch und wie entsteht nachts
Landwind?**

Das Land kühlt sich bei geringer Bewölkung stark ab. Das Wasser ändert seine
Temperatur an der Oberfläche dagegen
nur geringfügig. Über dem Wasser steigt
daher erwärmte Luft auf. Das dabei
entstehende Bodentief wird durch Landwind (Wind von Land) aufgefüllt.

Nr. 48 **Seite 202**
**Welche Windgeschwindigkeiten er-
reicht nachts der Landwind?**

Er weht allgemein schwächer als der
Seewind, etwa 1 bis 10 kn oder Bft 1–3.

Nr. 49 **Seite 202**
**Wann müssen Sie im Laufe eines Tages
mit Landwind rechnen?**

Von Mitternacht bis zum frühen Morgen.

Nr. 50 **Seite 206**
**Im Internet finden Sie auf einer
»Wetterseite« eine Vorhersagekarte mit
Windpfeilen. In welcher Höhe über
dem Erdboden/der Wasseroberfläche
gelten die vorhergesagten Windgeschwindigkeiten?**

Meistens etwa 10 Meter über dem
Erdboden/der Wasseroberfläche.

Nr. 51 **Seite 136**
**Sie segeln mit Ihrer Yacht »raum-
schots«. Nach der nächsten Tonne
müssen Sie anluven. Wie wird sich die
wahre Windgeschwindigkeit auf Ihrem
Windmesser/Anemometer entwickeln?**

Sie bleibt unverändert.

Nr. 52 **Seite 206**
**Welche Windsituation ist mit der
Formulierung »Nordwest 6« bezüglich
1. der Schwankungsbreite in Windrichtung und
2. der Schwankungsbreite in der
Windstärke (Böen)
verbunden?**

1. Die Schwankung in der Windrichtung
kann bis zu 45° um die Hauptwindrichtung betragen, also von Westnordwest
(WNW) bis Nordnordwest (NNW).
2. Es können Böen auftreten, die etwa
1 bis 2 Bft über dem Mittelwind
liegen.

Nr. 53 **Seite 206**
**Was ist mit dem Zusatz »Schauerböen«
bei der Windvorhersage verbunden?**

Besonders während der Passage und auf
der Rückseite von Kaltfronten treten in
der näheren Umgebung von Schauern
Böen auf, die den Mittelwind um 2 Bft
überschreiten können.

Nr. 54 **Seite 206**
**Warum werden Gewitterböen in der
Windvorhersage zusätzlich angegeben?**

Besonders im Sommer können bei
Schwachwindlagen Gewitter mit Böen
auftreten, die Sturm- oder Orkanstärke
erreichen können.

Nr. 55 **Seite 206**
**Wie ist der Aufbau von Seewetterbe-
richten?**

Hinweise auf Starkwind oder Sturm,
Wetterlage, Vorhersagen, Aussichten und
Stationsmeldungen.

Nr. 56 **Seite 206**
**Welche lokalen Effekte, die das vor-
herrschende Windfeld stark verändern,
können in Seewetterberichten nur
eingeschränkt berücksichtigt werden?**

U. a. Land-/Seewind-Zirkulation, Düsen-
und Kapeffekte.

Nr. 57 **Seite 206**
**1. Wann werden Starkwindwarnungen
verbreitet?**
**2. Welche Bezeichnung hat die Stark-
windwarnung im internationalen
Sprachgebrauch?**

1. Bei erwarteten oder noch andauernden
Windstärken zwischen 6 und 7 Bft.
2. Near-gale warning.

Nr. 58 **Seite 207**
**1. Wann werden Sturmwarnungen
verbreitet?**
**2. Welche Bezeichnung hat die
Sturmwarnung im internationalen
Sprachgebrauch?**

1. Bei zu erwartenden oder noch andauernden Windstärken von mindestens
8 Bft.
2. Gale warning.

Nr. 59 **Seite 204**
**Welche Wellenhöhe wird bei der
Angabe des Seegangs in Seewetterbe-
richten verwendet?**

Die kennzeichnende (charakteristische)
Wellenhöhe.

Nr. 60 **Seite 204**
**1. Wie ist die kennzeichnende
(charakteristische) Wellenhöhe
definiert?**
2. Womit müssen Sie rechnen?

1. Mittlere Höhe der gut ausgeprägten
(Mittel des oberen Drittels) – nicht
extremen – Wellen.
2. Einzelne Wellen können das 1,5fache
der kennzeichnenden Wellenhöhe
erreichen.

Nr. 61 **Seite 193**
**Was bedeutet rechtdrehender bzw.
rückdrehender Wind?**

Rechtdrehend bedeutet Änderung der
Windrichtung im Uhrzeigersinn. Rückdrehend bedeutet Änderung der Windrichtung gegen den Uhrzeigersinn um
mindestens 45°.

Nr. 62 **Seite 206**
**Sie hören am Ende eines Seewetterbe-
richts die Stationsmeldungen. Was
sagen Windrichtung und Windgeschwindigkeit gegenüber den Verhältnissen auf See aus?**

Durch die Umgebung der Wetterstation
kann die Windrichtung verfälscht
werden. Die Windgeschwindigkeit ist
meist reduziert, in Einzelfällen auch
erhöht.

Nr. 63   **Seite 193**
Welche Sichtweiten umfasst der Begriff »diesig«?

Sichtweiten über 1 km bis 10 km (bzw. ca. 0,5 bis 6 Seemeilen).

Nr. 64   **Seite 209**
Seegebiete sind international festgelegt. In welchen amtlichen Veröffentlichungen können Sie nachlesen, wo sich das Seegebiet »Fischer« befindet?

Im »Handbuch Nautischer Funkdienst«, im »Jachtfunkdienst für Nord- und Ostsee« oder in der »Admiralty List of Radio Signals«.

Nr. 65   **Seite 209**
Sie wollen einen Törn in einem für Sie fremden Küstenrevier fahren. Wie können Sie sich über mittlere Windverhältnisse für bestimmte Jahreszeiten oder Monate informieren?

In den entsprechenden Hafen-, Revierführern. Außerdem z. B. in Monatskarten.

Nr. 66   **Seite 191**
1. **Was für Wetter muss meistens erwartet werden, wenn der Luftdruck über einen Zeitraum von 3 Stunden um 10 hPa fällt?**
2. **Was muss bei einem an Bord beobachteten starken Luftdruckfall beachtet werden?**

1. Schwerer Sturm.
2. Der Kurs und die Fahrt des Schiffes in Bezug auf das Tiefdruckgebiet.

Nr. 67   **Seite 199**
Wie verändert sich der an Bord beobachtete Luftdruckfall, wenn sich ein Fahrzeug mit Westkurs dem Zentrum eines ostwärts ziehenden Tiefdruckgebiets nähert?

Der Luftdruckfall wird verstärkt.

Nr. 68   **Seite 192**
Mit welchen Windverhältnissen müssen Sie rechnen, wenn Sie im Hafen liegen und der Wind ablandig weht?

Die im Hafen vorherrschenden Windgeschwindigkeiten entsprechen nicht den Verhältnissen auf der freien See.

Nr. 69   **Seite 192**
Mit welchen Windverhältnissen müssen Sie rechnen, wenn Sie in einem relativ ungeschützten Hafen liegen und der Wind auflandig weht?

Die im Hafen vorherrschenden Windgeschwindigkeiten entsprechen etwa den Verhältnissen auf der freien See.

Nr. 70   **Seite 202**
Warum verstärkt sich der Wind in engen Durchfahrten?

Durch den Düseneffekt (Trichtereffekt) in Durchfahrten. Dabei wird die Luftströmung »zusammengepresst« und beschleunigt.

Nr. 71   **Seite 202**
Mit welcher Windentwicklung ist zu rechnen
1. **in Luv und**
2. **in Lee von Kaps oder Inseln?**

1. Die Windrichtung ändert sich in Luv des Kaps zum Teil stark und verläuft oft parallel zum Kap. Die Windgeschwindigkeit nimmt zu.
2. Die Windrichtung kann bei besonders hohen Gebirgen auch umlaufend werden. Die Windgeschwindigkeit ist meist schwach, kann dafür örtlich aber sehr böig sein (Fallwinde).

Nr. 72   **Seite 202**
Welche Windverhältnisse erwarten Sie in der Nähe von Steilküsten
1. **bei auflandigem und**
2. **bei ablandigem Wind?**

1. Der Wind wird durch Küstenführung zum Teil beschleunigt, wenn er nahezu auflandig oder parallel zur Küste weht.
2. Weht der Wind ablandig, muss örtlich mit umlaufenden Winden und erhöhter Böigkeit (Fallwinden) gerechnet werden.

Nr. 73   **Seite 201**
Wie wird sich das Wetter wahrscheinlich entwickeln, wenn der Wind am Abend
1. **abflaut oder**
2. **zunimmt?**

1. Langsames Abflauen des Windes ist oft ein Zeichen für gutes Wetter.
2. Windzunahme am Abend kündigt häufig Starkwind, Sturm und Regen an.

Nr. 74   **Seite 198**
1. **Womit müssen Sie auf der Nordhalbkugel rechnen, wenn nach Durchzug einer Kaltfront der Wind rückdreht und der Luftdruck wieder fällt?**
2. **Wie nennt man die Wetterlage?**

1. Meist deutliche Wetterverschlechterung mit erneut auffrischendem Wind bis Sturmstärke.
2. Troglage.

Nr. 75   **Seite 198**
Welche Windverhältnisse erwarten Sie auf der Nordhalbkugel während der unmittelbaren Passage eines markanten Troges?

Der Wind dreht recht, meist über 60 bis 90°. Winde bis Orkanstärke besonders auf der Rückseite eines Troges.

Nr. 76   **Seite 193**
Wie entsteht Nebel?

Zufuhr von Feuchte, Mischung von Luft-massen mit hoher Feuchtigkeit und verschiedener Temperatur, Abkühlung der Luftmasse.

Nr. 77   **Seite 193**
Wie ist Nebel definiert?

Sichtweite unter 1000 Meter.

Nr. 78   **Seite 193**
1. **Wie entsteht Kaltwassernebel?**
2. **Zu welcher Jahreszeit tritt diese Nebelart in europäischen Gewässern bevorzugt auf?**

1. Warme und feuchte Luftmassen werden durch den kalten Untergrund (Meer) unter den Taupunkt abgekühlt.
2. Überwiegend im Frühjahr.

Nr. 79   **Seite 193**
1. **Wie entsteht Warmwassernebel?**
2. **Zu welcher Jahreszeit tritt diese Nebelart in europäischen Gewässern bevorzugt auf?**

1. Kalte Luft strömt über warmes Wasser. Durch Verdunstung an der Wasserober-fläche kommt es bei hoher Differenz zwischen der Luft- und Wassertempe-ratur zur Feuchtesättigung.
2. Überwiegend im Herbst.

Nr. 80   **Seite 193**
1. **Wie entsteht Strahlungsnebel?**
2. **Wo ist diese Nebelart anzutreffen?**

1. Nach Sonnenuntergang kann sich bei klarem Himmel die bodennahe Luft-schicht über Land unter den Taupunkt abkühlen.
2. Besonders auf Flüssen und engen Durchfahrten, außerdem durch seewär-tige Windverdriftung in Küstennähe.

Nr. 81   **Seite 203**
Wodurch kann es im Mittelmeerraum in besonderen Fällen zur Sichtreduk-tion kommen?

Bei bestimmten Wetterlagen kann mit der Luftmasse transportierter Saharastaub die Sicht stark vermindern.

Nr. 82   **Seite 204**
Woraus besteht Seegang?

Aus Windsee und Dünung.

Nr. 83   **Seite 204**
Was verstehen Sie unter Windsee?

Seegang, der durch den Wind am Ort oder in der näheren Umgebung angefacht wird.

Nr. 84   **Seite 204**
Wovon hängt die Höhe der Windsee ab?

Windgeschwindigkeit, Fetch (Windwirk-länge) und Wirkdauer des Windes.

Nr. 85   **Seite 204**
1. **Was verstehen Sie unter Dünung?**
2. **Was kann einsetzende hohe Dünung andeuten?**

1. Seegang, der dem erzeugenden Wind-feld vorausläuft, sowie abklingender (alter) Seegang.
2. Einen eventuell aufziehenden Sturm.

Nr. 86   **Seite 204**
Was verstehen Sie unter der Wellen-höhe?

Der senkrechte Abstand zwischen Wellen-berg und Wellental.

Nr. 87   **Seite 204**
Was verstehen Sie unter der Wellen-länge?

Der horizontale Abstand zwischen zwei Wellenbergen.

Nr. 88   **Seite 204**
Welchen Seegang müssen Sie erwarten, wenn Sie küstennah bei ablandigem Wind fahren?

Der Seegang wird nicht so hoch sein wie auf der freien See, da der Fetch (Wind-wirklänge) nur sehr kurz ist.

Nr. 89   **Seite 204**
1. **Welchen Seegang müssen Sie erwarten, wenn Sie küstennah bei auflandigem Wind fahren?**
2. **Welche Gefahr besteht bezüglich der Entwicklung des Seegangs außerdem?**

1. Der Seegang wird ähnlich ausgeprägt sein wie auf der freien See, da genü-gend Fetch (Windwirklänge) vorhanden ist.
2. Dort, wo das Wasser flacher wird, oder im Bereich von Untiefen muss mit Brechern und Grundseen gerechnet werden.

Nr. 90   **Seite 204**
1. **Was verstehen Sie unter einer Grundsee?**
2. **Welche Höhen kann sie erreichen?**

1. Meereswellen mit besonders hohen Brechern, die durch Untiefen oder Küstennähe bzw. durch ansteigenden Meeresboden entstehen.
2. Etwa das 2,5fache der kennzeich-nenden (charakteristischen) Wellen-höhe.

Nr. 91   **Seite 205**
Wie verändert sich Seegang, wenn Wind und Meeresströmungen (z. B. Gezeitenstrom) entgegengesetzte Richtungen haben?

Die Wellen werden kürzer und steiler.

Nr. 92   **Seite 205**
Wie verändert sich Seegang, wenn Wind und Meeresströmungen (z. B. Gezeitenstrom) die gleiche Richtung haben?

Die Wellen werden länger und flacher.

Nr. 93   **Seite 204**
1. **Was verstehen Sie unter einer Kreuzsee?**
2. **Geben Sie 3 Beispiele an, wo mit Kreuzsee zu rechnen ist.**

1. Windsee und Dünung laufen aus unterschiedlichen Richtungen heran.
2. Kurz vor und bei dem Durchzug einer Kaltfront oder eines Troges sowie in der Nähe des Tiefkerns.

Nr. 94   **Seite 204**
Welcher Seegang ist in Lee kleiner Inseln zu erwarten?

Kreuzlaufende See, die meist kurz und kabbelig ist.

Nr. 95   **Seite 205**
Welche Faktoren können die Länge und Höhe des Seegangs erheblich verändern?

Wassertiefe sowie Meeres- und Gezeitenströmungen.

Nr. 96   **Seite 204**
Im Internet finden Sie auf einer »Wetterseite« eine Vorhersagekarte für die Dünung. Können Sie daraus ungefähr den vorherrschenden Wind über See ableiten?

Nein. Dünung kann vorhanden sein, auch wenn kein Windfeld unmittelbar vorhanden ist.

Nr. 97   **Seite 210**
Mit welchem Messinstrument wird an Bord die Windgeschwindigkeit gemessen?

Mit einem Anemometer.

Nr. 98   **Seite 210**
Welche Windgeschwindigkeit zeigt das Anemometer an, wenn das Fahrzeug Fahrt durchs Wasser macht?

Die scheinbare Windgeschwindigkeit.

Nr. 99   **Seite 210**
1. **Warum sollten Luftdrucktendenzen an Bord beobachtet und aufgezeichnet werden?**
2. **In welchem zeitlichen Abstand sollte man den Luftdruck aufzeichnen?**

1. Eventuelle Wetterveränderungen (z. B. Trog, Annäherung eines Tiefdruckgebiets) können registriert werden.
2. Mindestens alle 4 Stunden.

Nr. 100   **Seite 210**
Mit welchem Messinstrument wird an Bord der Luftdruck gemessen?

Mit dem Barometer oder Barografen.

Nr. 101   **Seite 210**
1. **Wie bestimmen Sie an Bord die Windstärke, wenn keine Windmessanlage vorhanden ist?**
2. **Wie bestimmen Sie an Bord die Windrichtung, wenn keine Windmessanlage vorhanden ist?**

1. Die Windstärke wird geschätzt mithilfe der Beaufortskala in Anlehnung an das Seegangsbild.
2. Die Windrichtung wird anhand der Verlagerung der Wellenkämme geschätzt.

Seemannschaft I
(Antriebsmaschine und unter Segel)

Nr. 1   **Seite 110**
Was versteht man im Bootsbau unter Gelcoat?

Die äußere Schutzschicht eines Bauteils aus glasfaserverstärktem Kunststoff.

Nr. 2   **Seite 110**
Was versteht man beim GFK-Bootsbau unter Sandwichverfahren (GFK = glasfaserverstärkter Kunststoff)?

Zwischen zwei GFK-Schichten wird eine Zwischenlage zur Versteifung einlaminiert, z. B. aus Balsaholz.

Nr. 3   **Seite 110**
Welchen Vorteil hat die Sandwichbauweise gegenüber der Massivbauweise bei GFK-Yachten (GFK = glasfaserverstärkter Kunststoff)?

Große Steifheit, Verwindungsfestigkeit, geringes Gewicht, gute Isolierung.

Nr. 4   **Seite 110**
Beschreiben Sie die Vor- und Nachteile von Stahl als Baumaterial für Yachten.

Vorteile: zuverlässiges, problemloses Baumaterial mit sehr hoher Festigkeit und langer Lebensdauer. Nachteile: hohes Gewicht, Rostanfälligkeit.

Nr. 5   **Seite 125**
Was bedeutet der Begriff »Kategorie« im Zusammenhang mit dem CE-Zeichen für Wassersportfahrzeuge?

Mit der Kategorie legt der Hersteller fest, in welchem Fahrgebiet, bis zu welcher Windstärke und bis zu welcher charakteristischen Wellenhöhe das Fahrzeug sicher betrieben werden kann.

Nr. 6   **Seite 125**
Welche Kategorien können im Zusammenhang mit dem CE-Zeichen für Wassersportfahrzeuge vergeben werden?

1. A Hochsee,
2. B Außerhalb von Küstengewässern,
3. C Küstennahe Gewässer,
4. D Geschützte Gewässer.

Nr. 7   **Seite 125**
Was bedeutet die im Zusammenhang mit dem CE-Zeichen für Wassersport-fahrzeuge angegebene Kategorie »B Außerhalb von Küstengewässern«?

Das Fahrzeug ist ausgelegt für Fahrten außerhalb von Küstengewässern, in denen Windstärken bis einschließlich 8 Bft und signifikante Wellenhöhen bis einschließlich 4 m auftreten können.

Nr. 8   **Seite 121**
Beschreiben Sie den Aufbau einer Radsteuerung mit Seilzügen.

Das Rad dreht ein Zahnrad, über das eine Kette in der Steuersäule nach unten verläuft. Die Kette ist mit den Steuer-seilen verbunden, welche über Umlenk-rollen zum Ruderquadranten führen.

Nr. 9   **Seite 115**
Wie nennt man die Teile des »stehenden Gutes«, die den Mast nach vorn, achtern und seitlich verankern?

Stagen und Wanten.

Nr. 10   **Seite 115**
1. Wozu dienen Backstagen?
2. Bei welchen Takelungen werden sie vor allem gefahren?

1. Zum zusätzlichen Abstagen des Mastes nach achtern.
2. Bei 7/8-Takelung und anderen nicht toppgetakelten Yachten.

Nr. 11   **Seite 115**
Was ist das »laufende Gut«?

Tauwerk, das zum Setzen, Bergen oder Bedienen der Segel oder anderer Teile der Takelage dient.

Nr. 12   **Seiten 113, 130**
Was gehört zur regelmäßigen Pflege der Segel?

1. Nasse Segel trocknen,
2. Segel vor Sonnenlicht schützen,
3. Salzwasserreste abspülen und
4. Beschädigungen umgehend beseitigen.

Nr. 13   **Seite 114**
Warum sollten Vorsegel für schweres Wetter im Unterliek hoch geschnitten sein?

Damit überkommende Seen nicht ins Segel schlagen und so Rigg und Segel belasten.

Nr. 14   **Seite 114**
Was ist ein Trysegel und wie wird es gefahren?

Ein Schwerwettersegel, das anstelle des Großsegels mit losem Unterliek gefahren wird.

Nr. 15   **Seite 113**
Warum soll man das Schlagen eines Segels vermeiden, vor allem bei stärkerem Wind?

Um Beschädigungen zu vermeiden.

Nr. 16   **Seite 112**
Wozu dienen Segellatten?

Zur Profilierung des Segels, damit das Achterliek nicht einklappt.

Nr. 17   **Seite 147**
Wozu dient ein »Cunningham-Stropp«?

Zur Regulierung der Vorliekspannung des Großsegels, um es so zu trimmen.

Nr. 18   **Seite 114**
Welche Segel sollte eine Segelyacht in der Küstenfahrt mindestens an Bord haben?

1. Reffbares Großsegel,
2. reffbare Rollfock oder Vorsegel verschiedener Größen,
3. Sturmfock.

Nr. 19   **Seite 166**
Wozu dient eine Vorsegel-Rollreffein-richtung?

Mit ihr wird das Vorsegel um das Vorstag gerollt und kann so stufenlos verkleinert werden.

Nr. 20   **Seite 165**
Wozu dient eine Großsegel-Rollreff-einrichtung?

Mit ihr wird das Großsegel entweder im Mast oder im Baum aufgerollt und kann stufenlos verkleinert werden.

Nr. 21   **Seite 120**
Wozu dient der Lenzkorb am Ansaug-stutzen einer Lenzpumpe und wie erhalten Sie damit ihre Funktions-fähigkeit?

Der Lenzkorb verhindert Verunreini-gungen und Verstopfungen der Lenz-pumpe. Er muss regelmäßig überprüft und gereinigt werden.

Nr. 22   **Seite 120**
Welche Lenzvorrichtungen und -möglichkeiten sollten auf jeder see-gehenden Yacht vorhanden sein?

Zwei voneinander unabhängige Bilgen-pumpen, von denen eine über Deck und eine unter Deck bedienbar ist, sowie 2 Pützen mit Leinen.

Nr. 23   **Seite 158**
Warum sollten Sie mehr als einen Anker an Bord haben, möglichst unterschiedlicher Art?

1. Als Ersatz bei Verlust,
2. zum Verwarpen oder Verkatten,
3. um unterschiedliche Ankergründe berücksichtigen zu können,
4. um bei schwerem Wetter oder in Tidengewässern vor 2 Ankern liegen zu können.

Nr. 24   **Seite 124**
Wie viele Fender und Festmacherleinen sollten Sie mindestens an Bord haben?

4 Festmacherleinen und 4 Fender.

Nr. 25   **Seite 124**
Was sollte auf jeder Yacht außer Festmacherleinen, Fallen und Schoten an Tauwerk vorhanden sein?

Reservetauwerk, Wurfleine, Schlepptrosse und Ankerleine.

Nr. 26   **Seite 124**
Für welche unterschiedlichen Reparaturbereiche sollten Sie Ersatzteile und Werkzeug an Bord haben?

1. Segelreparaturen,
2. Reparaturen an Rumpf und Rigg,
3. Motorreparaturen,
4. Elektroreparaturen und
5. Reparaturen an Schlauchleitungen.

Nr. 27   **Seite 124**
Welches Werkzeug sollten Sie zur Segelreparatur an Bord haben?

Segelhandschuh, Segelnadeln, Segelgarn, Wachs, Zange und selbstklebendes Segeltuch.

Nr. 28   **Seiten 124**
Ihr Mast ist gebrochen, eine Bergung ist nicht möglich. Welche Werkzeuge benötigen Sie, um die Takelage zu kappen?

Bolzenschneider, Metallsäge mit Ersatzblättern, Schraubenschlüssel und verschiedene Zangen.

Nr. 29   **Seite 124**
Welches Kleinmaterial und Kleinwerkzeug muss an Bord jederzeit greifbar sein?

Zeisinge, Bändselwerk, Tape, Reserveschäkel, Schäkelöffner, Bordmesser und Kombizange.

Nr. 30   **Seiten 121, 124**
Womit muss insbesondere eine Yacht mit Radsteuerung zusätzlich ausgerüstet sein, und warum sollten alle Mitsegler mit dieser Einrichtung vertraut sein?

Mit einer Notpinne. Sie muss ggf. in kürzester Zeit einsatzbereit sein.

Nr. 31   **Seite 124**
Wo finden Sie amtliche Informationen über die Ausrüstung und Sicherheit von Sportbooten, die auch bei der Beurteilung von Sportbootunfällen herangezogen werden?

1. »Sicherheit im See- und Küstenbereich, Sorgfaltsregeln für Wassersportler«, herausgegeben vom BSH,
2. »Sicherheit auf dem Wasser, Leitfaden für Wassersportler«, herausgegeben vom Bundesministerium für Verkehr, Bau und Stadtentwicklung.

Nr. 32   **Seite 120**
Warum müssen auf Yachten zusätzlich zu elektrisch oder motorgetriebenen Lenzpumpen auch Handlenzpumpen vorhanden sein?

Weil sie auch bei Strom- oder Motorausfall betätigt werden können.

Nr. 33   **Seite 120**
Warum ist Flüssiggas (Propan, Butan) an Bord einer Yacht besonders gefährlich?

Es ist schwerer als Luft, sinkt nach unten und bildet mit Luft ein explosives Gemisch; es kann sich im Schiffsinneren (z. B. in der Bilge) sammeln.

Nr. 34   **Seite 121**
Welche 4 Bedienelemente besitzt ein mit Handpumpe betriebenes Bord-WC auf einer Yacht?

1. Seeventil und Spülwasserschlauch (Seewasser).
2. Handpumpe für Toilettenspülung.
3. Hebel zur Unterbrechung der Seewasserzufuhr (Handpumpe dient dann nur noch zum Abpumpen).
4. Abwasserschlauch (via Fäkalientank) zum Seeventil.

Nr. 35   **Seite 121**
Beschreiben Sie in 5 Schritten die Bedienung eines Bord-WC auf einer Yacht.

1. Seeventil für Seewasserspülung öffnen,
2. Handpumpe betätigen, sodass das Becken gespült wird und gleichzeitig die Fäkalien abfließen – ausgiebig spülen,
3. Seewasserzufuhr unterbrechen (Hebel umlegen),
4. Becken mit Handpumpe leer pumpen,
5. Seeventile für Zu- und Abfluss schließen.

Nr. 36   **Seite 142**
Was versteht man unter der »Stabilität« eines Schiffes?

Unter Stabilität eines Schiffes versteht man seine Eigenschaft, in aufrechter Lage zu schwimmen und sich aus einer Krängung wieder aufzurichten.

Nr. 37   **Seite 142**
Wovon hängt die Stabilität eines Schiffes in ruhigem Wasser ab? Nennen Sie Beispiele für äußere Momente, welche die Stabilität beanspruchen!

Die Stabilität eines Schiffes hängt ab von:
1. seiner Geometrie (Form),
2. der Gewichtsverteilung im Schiff (Ausrüstung, Crew, Ballast).
Beispiele für eine Beanspruchung der Stabilität sind krängende Momente durch Seitenwind, Trossenzug oder Drehkreisfahrt bei schnellen Motoryachten.

Nr. 38   **Seite 142**

Wovon hängt eine in ruhigem Wasser vorhandene Stabilität zusätzlich in schwerem Wetter ab?

Die Stabilität in schwerem Wetter hängt zusätzlich von Wind und Seegang, besonders von brechenden Wellen ab.

Nr. 39   **Seite 142**

Was versteht man unter
1. **Formschwerpunkt (F)?**
2. **Massenschwerpunkt (Gewichtsschwerpunkt, G)?**

Welche Kräfte wirken in den beiden Punkten?
1. Im Formschwerpunkt F kann man sich die Masse des vom Schiff verdrängten Wassers vereinigt denken. In F wirkt die Auftriebskraft senkrecht zur Wasseroberfläche nach oben.
2. Im Massenschwerpunkt G kann man sich die Masse des Schiffes einschließlich Ausrüstung und Besatzung vereinigt denken. In G wirkt die Gewichtskraft senkrecht zur Wasseroberfläche nach unten.

Nr. 40   **Seite 142**

Was geschieht bei einer Neigung des Schiffes, z. B. durch seitlichen Winddruck, solange sich die Lage des Massenschwerpunktes (Gewichtsschwerpunktes) nicht verändert? (Begründung!)

Der Formschwerpunkt F wandert zur geneigten Seite aus, weil dort ein größerer Teil des Bootskörpers unter Wasser gelangt. Die Wirklinie der Auftriebskraft bekommt dadurch einen seitlichen Abstand zur Wirklinie der Gewichtskraft. Es entsteht ein Kräftepaar, der seitliche Abstand zwischen den Wirklinien ist der Hebelarm. Es entsteht ein aufrichtendes Moment, welches gleich dem Produkt aus Gewichtskraft und Hebelarm ist.

Nr. 41   **Seite 136**

Erklären Sie mithilfe eines Vektorparallelogramms aus »wahrem Wind (wW)«, »Fahrtwind (Fw)« und »scheinbarem Wind (sW)«, warum beim Einfallen einer Bö (Windzunahme) der »scheinbare Wind« raumt. Welcher Vorteil ergibt sich dadurch beim Kreuzen? (Zeichnung!)

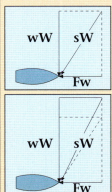

Verhältnisse vor Einfall der Bö

Verhältnisse bei Einfall der Bö: Der »scheinbare Wind« fällt etwas achterlicher ein, er »raumt«, und das Segelboot kann etwas höher an den »wahren Wind« gehen.

Nr. 42   **Seite 136**

Auf Amwindkurs mussten Sie reffen. Ein entgegenkommendes Boot gleicher Größe segelt ungerefft. Wie erklären Sie das?

Der »scheinbare Wind« ist unterschiedlich stark. Er ist auf Amwindkursen stärker und auf Raumschot- oder Vorwindkursen schwächer als der »wahre Wind«.

Nr. 43   **Seite 141**

Warum wird die Versetzung einer Yacht durch den Wind mit zunehmender Krängung größer?

Der Lateralplan wird kleiner, dadurch verringert sich der seitliche Widerstand des Schiffes im Wasser.

Nr. 44   **Seite 144**

Welchen Einfluss hat zunehmende Krängung auf den Trimm eines Segelbootes? (Begründung!)

Die Luvgierigkeit nimmt zu, weil der Segeldruckpunkt nach Lee auswandert.

Nr. 45   **Seite 144**

Sie segeln am Wind, Krängung und Ruderdruck nehmen stark zu.
1. **Wie bezeichnet man das Verhalten des Bootes?**
2. **Mit welchem Mitteln können Sie die Krängung und den Ruderdruck vermindern?**

1. Luvgierigkeit.
2. Traveller nach Lee setzen und/oder Großschot (etwas) fieren, Großsegel reffen.

Nr. 46   **Seite 147**

Welche Funktion hat ein Unterliekstrecker und wie kann mit dem Unterliekstrecker der Trimm des Großsegels beeinflusst werden?

Er reguliert die Spannung des Unterlieks. Je nach Zugkraft wird der untere Teil des Großsegels flacher oder bauchiger.

Nr. 47   **Seite 147**

Das Vorliek der Fock wirft Falten. Welches ist die häufigste Ursache?

Das Fall ist nicht genügend durchgesetzt.

Nr. 48   **Seite 147**

Das Unterliek Ihres Vorsegels killt. Was ist die Ursache?

Der Holepunkt der Schot liegt zu weit vorne.

Nr. 49   **Seite 147**

Das Achterliek Ihres Vorsegels killt. Was ist die Ursache?

Der Holepunkt der Schot liegt zu weit achtern.

Nr. 50   **Seite 146**

Wozu dienen Windfäden am Segel?

Sie machen den Strömungsverlauf am Segel sichtbar, um das Segel optimal trimmen zu können.

Nr. 51   **Seite 146**
1. **Wann sollte ein Großsegel flach getrimmt sein?**
2. **Wie kann ein Großsegel flach getrimmt werden?**

1. Bei Starkwind.
2. Dichtholen von Unterliek- und Vorliekstrecker, Dichtholen der Großschot, Durchsetzen des Großfalls, Spannung des Achterstags erhöhen, Traveller nach Lee.

Nr. 52   **Seite 146**
Mit welchen 6 Teilen des laufenden und stehenden Guts können Sie ein Großsegel trimmen?

Großschot, Traveller, Unterliekstrecker, Cunninghamstrecker, Großfall, Achterliek.

Nr. 53   **Seite 122**
Wozu dienen »Opferanoden« und wann sollten sie ausgewechselt werden?

Sie dienen dem Schutz gegen Schäden durch Elektrolyse. Verbrauchte Anoden müssen nach einer Saison ersetzt werden, nicht erst wenn sie verbraucht sind.

Nr. 54   **Seite 122**
Wie schützt man auf Kunststoffyachten den Propeller gegen Elektrolyse?

Durch eine Zinkanode auf der Propellerwelle.

Nr. 55   **Seite 134**
Welche Sicherheitsmaßnahmen sind vor und beim Tanken von Diesel zu treffen?

1. Maschine abstellen,
2. offenes Feuer löschen (Rauchen einstellen),
3. Maßnahmen gegen Überlaufen treffen.

Nr. 56   **Seite 134**
Wie können Sie beim Tanken Umweltverschmutzungen vermeiden?

1. Tanköffnung mit Ölbindetüchern umlegen,
2. möglichst an Zapfsäulen mit Zapfhahn tanken,
3. beim Tanken aus Kanistern großen Trichter mit Schlauch benutzen,
4. Nachfüllen aus Kanistern bei Wind und bewegter See möglichst vermeiden.

Nr. 57   **Seite 133**
Wozu dient das Wendegetriebe eines Motors?

1. Zum Ein- und Auskuppeln des Propellers,
2. zum Umsteuern des Propellers auf Rückwärtsfahrt,
3. zur Drehzahluntersetzung.

Nr. 58   **Seite 134**
Welche Maßnahmen sind vor dem Anlassen eines eingebauten Motors zu treffen?

1. Hauptstromschalter einschalten,
2. Kraftstoff- und Kühlwasserventile öffnen,
3. Getriebe auf »neutral« stellen.

Nr. 59   **Seite 134**
Was sollte nach dem Anlassen der Maschine kontrolliert werden?

1. Kühlwasserdurchlauf,
2. Öldruck und Ladung,
3. Motorengeräusche und
4. Auspuffgase.

Nr. 60   **Seite 135**
Was können erste Störungsanzeichen im Motorbetrieb sein?

Ungewöhnliche und fremde Motorengeräusche, Vibrationen, Verfärbung der Abgase, Aufleuchten der Ladekontrolle bzw. Öldruckkontrolle und die entsprechenden akustischen Warnungen.

Nr. 61   **Seite 135**
Wie können Sie einen Dieselmotor abstellen, wenn die vorgesehene Abstellvorrichtung defekt ist?

1. Kraftstoffzufuhr unterbrechen.
2. Verschließen des Luftansaugrohres/ der Luftansaugrohre.

Nr. 62   **Seite 135**
Der Dieselmotor Ihres Bootes startet nicht. Welche Fehler, die Sie selber überprüfen können, könnten die Ursache sein?

1. Anlasserdrehzahl zu gering (Batterie zu schwach),
2. kein Kraftstoff im Tank,
3. Luft in der Kraftstoffleitung,
4. falsche Bedienung der Kaltstarthilfe (eventuell Vorglühen zu kurz),
5. Anlasser defekt.

Nr. 63   **Seite 135**
Der Motor Ihres Bootes bleibt beim Einkuppeln stehen. Nennen Sie mögliche Ursachen.

1. Propellerwelle durch Tauwerk o. Ä. blockiert,
2. Schwerlauf des Getriebes wegen defekter Zahnräder, Lagerschaden, dicken Öls oder
3. verbogene Propellerwelle.

Nr. 64   **Seite 135**
Während Sie unter Maschine laufen, steigt plötzlich die Kühlwassertemperatur stark an. Ihre Yacht ist mit einem Saildrive-Antrieb ausgestattet.
1. **Welche typische Ursache hat der Temperaturanstieg, wenn eine technische Störung unwahrscheinlich ist?**
2. **Wie können Sie die Störung einfach beheben?**

1. Fremdkörper (Folienstücke, Plastiktüten, Pflanzenteile o. Ä.) haben den Kühlwassereinlass verstopft.
2. Mehrmals abwechselnd vor- und zurückfahren, sodass sich die Fremdkörper vom Kühlwassereinlass lösen.

Nr. 65 Seite 133
Welche Propeller werden auf Yachten mit Einbaumotor eingesetzt?

Festflügelpropeller, Faltpropeller, Drehflügelpropeller und Verstellpropeller.

Nr. 66 Seite 133
Was müssen Sie beim Aufstoppen unter Maschine mit einem Faltpropeller beachten?

Der Propeller entfaltet sich eventuell erst bei relativ hoher Drehzahl und der Wirkungsgrad ist geringer als beim Festflügelpropeller.

Nr. 67 Seite 133
Mit welchen 4 Angaben werden Propeller auf Yachten beschrieben?

Anzahl der Flügel, Größe ihrer Fläche, Durchmesser und Steigung.

Nr. 68 Seite 131
Was sollten Sie beachten, wenn Sie den kleinen Außenborder mit eingebautem Tank Ihres Beibootes an Bord verstauen? (Begründung!)

1. Tank und Vergaser müssen leer sein.
2. Lagerung an Deck oder in einer Backskiste mit Außenentlüftung, niemals unter Deck.
3. Restbenzin und entweichende Benzingase bilden mit Luft ein leicht entzündliches Gemisch.

Nr. 69 Seite 132
Wozu dient ein Wasserabscheider in der Kraftstoffleitung?

In ihm sammelt sich das Kondenswasser aus dem Tank; dadurch werden Startschwierigkeiten vermieden.

Nr. 70 Seite 132
Warum sollten Sie bei seltener Motorbenutzung den eingebauten Tank eines Dieselmotors möglichst voll getankt halten?

Um Kondenswasserbildung zu verringern, was zu Startschwierigkeiten führen kann.

Nr. 71 Seite 135
Welche Motor-Ersatzteile bzw. Schmierstoffe sollten Sie mindestens an Bord haben?

1. Impeller für die Wasserpumpe,
2. Reservekeilriemen,
3. Motorenöl,
4. Dichtungsmaterial.

Nr. 72 Seite 122
1. Was bedeutet die Angabe einer Batteriekapazität »2 x 60 Ah«? (Begründung!)
2. Welche Nettokapazität steht in dem Fall zur Verfügung? (Begründung!)

1. Es handelt sich um 2 Batterien (Akkus) mit jeweils 60 Amperestunden, insgesamt also 120 Ah Nennkapazität.
2. Dem entspricht eine Nettokapazität von etwa 72 Ah, da ein Akku kaum über 80 % seiner Nennkapazität geladen werden kann.

Nr. 73 Seite 122
Geben Sie die benötigte Strommenge (in Amperestunden) an, um bei einer 12-Volt-Anlage zwei Verbraucher mit je 24 Watt 10 Stunden betreiben zu können (mit Angabe der Berechnung)!

Benötigte Strommenge je Verbraucher:
$24 : 12 = 2$ Ampere mal Anzahl der Verbraucher mal Stunden ergibt:
$2 \times 2\,A \times 10\,h = 40\,Ah$.

Nr. 74 Seite 116
Wie muss Tauwerk beschaffen sein, das für Festmacherleinen, Anker- und Schlepptrossen verwendet wird?

Es muss bruchfest und elastisch sein.

Nr. 75 Seite 130
Wodurch können Sie verhindern, dass Festmacherleinen durch Schamfilen in Klüsen oder an Kanten an der Pier beschädigt werden?

Durch einen gegen Verrutschen gesicherten Plastikschlauch, der über den Festmacher an der Scheuerstelle gezogen wird, hilfsweise mit Tuchstreifen.

Nr. 76 Seite 118
Was müssen Sie hinsichtlich der Festigkeit bedenken, wenn Sie Leinen zusammenknoten?

Beim Knoten können Festigkeitsverluste bis zu 50 % auftreten.

Nr. 77 Seite 117
Wodurch können Sie verhindern, dass bei Tauwerk aus unterschiedlichem Innen- und Außenmaterial die Seele in den Mantel rutscht?

Durch einen genähten Takling.

Nr. 78 Seite 152
Wie sind längsseits liegende Fahrzeuge festzumachen? Ergänzen Sie die Skizze und benennen Sie die Leinen.

Lösung: in Zeichnung

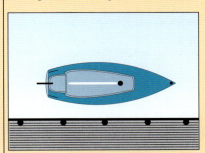

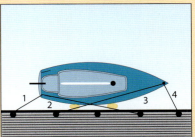

1. Achterleine.
2. Achterspring.
3. Vorspring.
4. Vorleine.

Nr. 79   **Seite 152**

Wie können Sie mithilfe von zwei Fendern und einem Fenderbrett Ihr Boot festmachen, wenn die Pier mit vorspringenden Pfählen versehen ist? Ergänzen Sie die Skizze mit Leinen.

Lösung: in Zeichnung

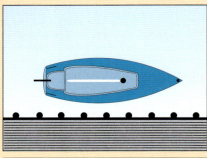

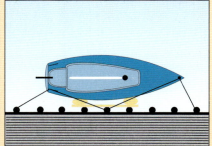

Nr. 80   **Seite 130**

Was ist an Land beim Reinigen eines mit Antifouling behandelten Unterwasserschiffes zu beachten?

Umweltschutzbestimmungen beachten, d. h., das Schiff nur auf einem entsprechend ausgerüsteten Reinigungsplatz abspritzen und Wasser und Schmutz auffangen, also nicht in die Kanalisation leiten.

Nr. 81   **Seite 130**

Ein funktionsfähiges elektrisches Gerät arbeitet an Bord nicht. Nennen Sie häufige Ursachen und was kann zur Behebung getan werden?

1. Schlechte Kontakte und Korrosion.
2. Kontakte fest anziehen, korrodierte Stellen mit feinstem Schleifpapier säubern, Kontaktspray verwenden.

Nr. 82   **Seite 130**

Warum müssen Schäden im Gelcoat unverzüglich beseitigt werden?

Das Laminat unter der Gelcoatschicht nimmt sonst Wasser auf und wird dadurch geschädigt.

Nr. 83   **Seite 239**

Welche Daten sollten mindestens an Bord im Logbuch dokumentiert werden?

1. Namen und Funktionen der Crewmitglieder,
2. Beginn und Ende einer Fahrt und
3. in angemessenen Zeitabständen: Position, Kurs, Geschwindigkeit, Strömung, Wetter, Luftdruck.

Nr. 84

Worauf müssen Sie vor dem Setzen des Großsegels achten? Welche Gefahr besteht nach dem Setzen des Großsegels, solange der Wind von vorne kommt?

1. Großschot und Baumniederholer müssen ausreichend Lose haben.
2. Das Großfall muss frei laufen und darf nicht vertörnt sein.
3. Verletzungsgefahr durch schlagenden Großbaum.

Nr. 85   **Seite 130**

Was tun Sie, wenn Ihr Großsegel unter der untersten Lattentasche einreißt?

1. Untere Latte entfernen.
2. Segel bis über den Riss reffen.

Nr. 86   **Seite 167**

Beschreiben Sie die Schritte für den Reffvorgang mit dem Bindereff.

1. Sicherstellen, dass Dirk angeschlagen oder Baum durch stützenden Baumniederholer in der Höhe gehalten wird,
2. Fall fieren und Segel etwas herunterholen,
3. Segelhals in Reffhaken am Lümmelbeschlag einhaken und festsetzen,
4. Fall wieder dichtholen,
5. Segelschothorn (hintere Reffkausch) mit Schmeerreep oder Reffleine nach achtern auf den Baum holen und
6. eventuell loses Segeltuch auftuchen und mit Reffbändseln /Reffleine einbinden.

Nr. 87   **Seite 115**

1. Wozu dient ein »Bullenstander«?
2. Wie wird er gefahren?

1. Er soll das ungewollte Überkommen des Großbaums bei achterlichen Winden verhindern.
2. Von der Baumnock zum Vorschiff.

Nr. 88   **Seite 146**

Warum muss beim Segeln vor dem Wind oder mit raumem Wind der Baumniederholer entsprechend der Windstärke durchgesetzt werden?

Um das Steigen des Baumes zu verhindern.

Nr. 89   **Seite 152**

Wenn gleich große Boote im Päckchen oder in der Box zusammenliegen, kann es zu Berührungen und Schäden in der Takelage kommen. Wie ist das zu verhindern?

Boote versetzt legen, damit Masten nicht auf gleicher Höhe sind oder im Wechsel Heck – Bug zur Pier legen.

Nr. 90   **Seite 152**

Worauf ist beim Liegen in einer Box in Bezug auf benachbarte Boote zu achten, wenn Schwell in den Hafen läuft?

Dass benachbarte Boote mit ihren Masten versetzt liegen und nicht gegeneinander schlagen.

Nr. 91   **Seite 170**

Sie sind mit Ihrer Segelyacht auf See. Was veranlassen Sie bei einem Gewitteraufzug?

1. Vorsegel rechtzeitig verkleinern,
2. Großsegel klar zum Reffen oder Bergen,
3. Schlechtwetterkleidung, Sicherheitsgurte und Rettungswesten anlegen,
4. Position in Karte eintragen.

Nr. 92   **Seite 180**

Sie übernehmen in einem Hafen eine Ihnen unbekannte Yacht. Wie machen Sie sich zu Reisebeginn mit den Segeleigenschaften vertraut?

Ich fahre diverse Manöver – Wende, Halse, Q-Wende, verschiedene Rettungsmanöver – mit unterschiedlicher Geschwindigkeit und Besegelung.

Nr. 93   **Seite 178**

Wie verhalten Sie sich nach einem Mastbruch, was müssen Sie veranlassen?

1. Nach Möglichkeit den Mast an Bord nehmen und sichern.
2. Falls nicht möglich, Mast und Wanten kappen, um Rumpfschäden zu vermeiden.

Nr. 94   **Seite 175**

Von welchen Faktoren ist die Länge eines Nahezu-Aufschießers zu einer im Wasser treibenden Person abhängig?

Geschwindigkeit, Wind, Seegang, Strömung und Form und Gewicht des Bootes.

Nr. 95   **Seite 157**

Sie wollen in eine Box einlaufen. Wie bereiten Sie die Achterleinen vor und machen sie fest?

Achterleinen mit Auge versehen (z. B. Palstek), möglichst früh über die Pfähle legen, bei seitlichem Wind zuerst über den Luvpfahl.

Nr. 96   **Seite 152**

Welche Vorbereitung haben Sie für ein Anlegemanöver zu treffen?

1. Crew für Manöver einteilen.
2. Leinen und Fender bereitlegen.

Nr. 97   **Seite 154**

Welchen Nachteil hat ein »Saildrive-Antrieb« insbesondere bei Hafenmanövern?

Durch den großen Abstand zwischen Propeller und Ruder wird dieses nicht direkt angeströmt. Das kann die Manövrierfähigkeit beim Anfahren etwas verschlechtern.

Nr. 98   **Seite 155**

Was ist ein Bugstrahlruder und wozu dient es?

Eine im Bug einer Yacht befindliche Röhre mit einem Propeller, mit dem ein Querschub und damit ein Drehen des Buges bei geringen Vorausgeschwindigkeiten erreicht werden kann.

Nr. 99   **Seite 155**

Bei welchen Manövern können Sie ein Bugstrahlruder sinnvoll einsetzen?

1. Beim An- und Ablegen.
2. Beim Drehen auf engem Raum.

Nr. 100   **Seite 155**

Sie liegen längsseits mit der Steuerbordseite an einer Pier. Beschreiben Sie ein Ablegemanöver unter gleichzeitigem Einsatz von Bugstrahlruder und Maschine.

1. Hebel für Bugstrahlruder nach Backbord legen, sodass der Bug von der Pier weggedrückt wird (nach Backbord schwenkt) und gleichzeitig
2. Ruderlage deutlich nach Steuerbord und langsame Fahrt voraus, sodass das Heck nach Backbord ausschwenkt.

So wird das Schiff fast parallel von der Pier abgedrückt.

Nr. 101   **Seiten 170, 172, 173**

Wie können Sie im freien Seeraum auf einer Segelyacht einen Sturm abwettern?

1. Durch Beiliegen; Lenzen vor Topp und Takel, dabei Leinen achteraus schleppen; Liegen vor Treibanker oder
2. unter Sturmbesegelung aktiv segelnd und nach Möglichkeit brechende Seen aussteuernd.

Nr. 102   **Seite 171**

Warum kann das Anlaufen eines Hafens bei auflandigem Starkwind bzw. schwerem Wetter gefährlich werden?

Gefahr durch Grundseen bzw. Kreuzseen. Möglichkeit von Querstrom.

Nr. 103   **Seite 171**

Warum kann eine Leeküste bei schwerem Wetter einer Segelyacht gefährlich werden?

Wenn die Yacht sich nicht freikreuzen kann, droht Strandung.

Nr. 104 **Seite 151**
Mit welchem Manöver können Sie bei Starkwind das Halsen vermeiden (Name)?
Vervollständigen Sie die Skizze durch Einzeichnen der Kurslinie und geben Sie die erforderlichen Manöver an.

Lösung: in Zeichnung

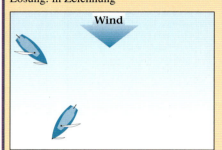

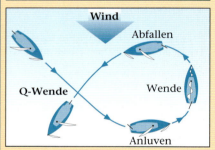

Nr. 105 **Seite 172**
Was erreicht man mit dem Ausbringen eines Treibankers bei schwerer See?

Man hält bei richtiger Leinenlänge den Bug im Wind und verringert die Driftgeschwindigkeit.

Nr. 106 **Seite 152**
Worauf müssen Sie achten, wenn Sie in Tidegewässern längsseits einer Pier festgemacht haben?

1. Die Wassertiefe muss auch bei Niedrigwasser ausreichen oder sicheres Aufsetzen muss gewährleistet sein.
2. Die Leinen müssen für den Tidenstieg oder -fall ausreichend lang sein. Bei größerem Tidenhub darf das Fahrzeug keinesfalls unbeaufsichtigt bleiben.

Nr. 107 **Seite 107**
Sie kreuzen bei frischem Wind und mitlaufendem Strom (Wind gegen Strom) nach Luv auf. Welche Auswirkungen hat ein gegen den Wind setzender Strom auf den Seegang?

Durch den Strom entsteht eine kurze, steile und kabbelige See.

Nr. 108 **Seite 49**
Wie wirkt sich mitlaufender Strom auf die Fahrt eines Fahrzeugs und die Loganzeige aus?

1. Der Strom erhöht die Fahrt über Grund.
2. Das Log zeigt dies nicht an.

Nr. 109 **Seite 176**
Welche Hilfsmittel können Sie einsetzen, um einen Überbordgefallenen an Deck zu bekommen?

Bewegliche (und gesicherte) Badeleiter, eventuell Großschot, beschwerte Trittschlinge, Rettungstalje, Unterfangen mit kleinem Segel, Bergegurt, Dingi.

Nr. 110 **Seite 174**
Welche Sofortmaßnahmen sind einzuleiten, wenn jemand über Bord gefallen ist?

1. Ruf: »Mensch über Bord!«,
2. Rettungsmittel zuwerfen,
3. Ausguck halten, Mann im Auge behalten,
4. Maschine starten,
5. »Mensch-über-Bord-Manöver« einleiten,
6. Notmeldung abgeben,
7. ggf. Markierungsblitzboje werfen,
8. ggf. MOB-Taste eines satellitengestützten Navigationsgerätes drücken,
9. Bergung durchführen.

Nr. 111 **Seite 174**
Welche Maßnahmen können gegen das Überbordfallen getroffen werden?

1. Sicherheitsgurte anlegen und einpicken.
2. Anbringen von »Streck«- oder Laufleinen vom Bug zum Heck.
3. Crew auf Befestigungspunkte (Einpickpunkte für Karabinerhaken) hinweisen.

Nr. 112 **Seite 174**
Nennen Sie die grundsätzlichen Schritte und ihre Ziele zur Rettung einer über Bord gegangenen Person.

1. Maschine starten,
2. Suche, Herstellung eines Sichtkontaktes zur über Bord gegangenen Person,
3. »Mensch-über-Bord-Manöver«, Annäherung an die im Wasser treibende Person und Herstellung einer ersten Leinenverbindung,
4. Bergung, sicheres und schnelles Anbordnehmen der Person,
5. Erste Hilfe, Betreuung,
6. ggf. Notalarm abgeben.

Nr. 113 **Seite 175**
Mit welchen Hilfsmitteln können Sie den Bezugspunkt (internationaler Begriff; Datum) für die Suche nach einem Überbordgefallenen sichern?

1. Markierungsblitzboje,
2. MOB-Taste eines satellitengestützten Navigationsgerätes (z. B. GPS).

Nr. 114 **Seite 124**
Was gehört u.a. zur Sicherheitsausrüstung z. B. einer 10-m-Yacht? Nennen Sie mindestens 6 Ausrüstungsgegenstände.

1. Lenzpumpen und Pützen,
2. Lecksicherungsmaterial,
3. Feuerlöscher,
4. Werkzeug und Ersatzteile,
5. Seenotsignalmittel,
6. Handlampen,
7. Funkeinrichtung,
8. Anker,
9. Erste-Hilfe-Ausrüstung,
10. Radarreflektor und
11. Rettungsmittel.

Nr. 115 **Seite 126**
Was gehört zur Sicherheitsausrüstung der Besatzung in der Küstenfahrt?

1. Rettungsweste und Sicherheitsgurt (Lifebelt) für jedes Besatzungsmitglied,
2. Rettungsfloß (Rettungsinsel),
3. Rettungskragen mit Tag- und Nachtsignal und
4. Erste-Hilfe-Ausrüstung mit Anleitung.

Nr. 116   **Seite 127**

Wie erhalten Sie Kenntnis über das nächste Wartungsdatum eines Rettungsfloßes?

Die runde, auf der Insel klebende farbige Serviceplakette oder das bei der letzten Wartung mitgelieferte Zertifikat geben Auskunft über den nächsten Wartungstermin.

Nr. 117   **Seite 127**

Worauf müssen Sie bei Ihren Automatikrettungswesten hinsichtlich der Funktionssicherheit achten?

Auf regelmäßige Wartung. Wartungsfälligkeit erkennbar an der farbigen Serviceplakette.

Nr. 118   **Seite 127**

Was ist auf Deck einer Yacht ein Strecktau (auch Laufleine genannt) und wozu dient es?

Ein neben der Fußreling verlaufender Draht, Gurt oder eine starke Leine zwischen Cockpit und Vorschiff straff gespannt zum Einpicken der Sicherheitsleine (Lifebelts).

Nr. 119   **Seite 127**

Welche Seenotsignalmittel sollten Sie an Bord haben? Nennen Sie mindestens 6 Beispiele.

1. Handfackeln, rot,
2. Handraketen, rot,
3. Rauchfackeln oder Rauchtopf, orange,
4. Signalpistole mit Munition,
5. Seewasserfärber,
6. Signalflaggen N und C,
7. Signallampe,
8. Seenotfunkboje.

Nr. 120   **Seiten 124, 179**

Welche Feuerlöscheinrichtungen sollten an Bord vorhanden sein?

1. Feuerlöscher (ABC-Pulverlöscher und eventuell CO_2-Löscher),
2. Pütz zum Löschen von Bränden fester Stoffe,
3. Feuerlöschdecke,
4. Löschdurchlass für geschlossene Motorräume, der das Löschen von Bränden mit CO_2-Löschern ohne Sauerstoffzutritt ermöglicht.

Nr. 121   **Seite 124**

Welche Feuerlöscharten sind für Sportboote geeignet?
Wie und wo sind sie an Bord unterzubringen?

1. Der ABC-Pulverlöscher, für geschlossene Motorräume der CO_2-Löscher.
2. Der Feuerlöscher muss gebrauchsfertig und leicht erreichbar sein, CO_2-Löscher nicht im Schiffsinneren unterbringen (Erstickungsgefahr bei Leckage).
3. Er soll in der Nähe der Maschinenräume, der Kombüse bzw. der Koch- oder Heizstelle montiert sein.

Nr. 122   **Seite 124**

Wie wird die ständige Funktionssicherheit eines Feuerlöschers sichergestellt?

1. Durch Einhaltung des vorgeschriebenen Prüftermins, ersichtlich auf der Prüfplakette.
2. Der Feuerlöscher muss vor Feuchtigkeit und Korrosion geschützt werden.

Nr. 123   **Seite 178**

Wie wird ein Brand an Bord wirksam bekämpft?

1. Alle Öffnungen schließen,
2. Brennstoffzufuhr (Hauptschalter) unterbrechen,
3. Feuerlöscher erst am Brandherd betätigen,
4. Feuer von unten und von vorn bekämpfen,
5. Löschdecke einsetzen,
6. Flüssigkeitsbrände nicht mit Wasser bekämpfen.

Nr. 124   **Seite 180**

Was ist vor Reisebeginn beim Seeklarmachen zu überprüfen und zu beachten? Nennen Sie mindestens 6 Beispiele.

1. Seetüchtigkeit der Yacht,
2. Zahl und Zustand der Segel,
3. Treibstoffvorrat,
4. Navigationsunterlagen,
5. Sicherheitseinweisung der Besatzung,
6. Rettungsmittel,
7. Seenotsignale,
8. Trinkwasser- und Proviantvorräte,
9. Funktionsfähigkeit des Motors,
10. Funktionsfähigkeit der elektronischen Navigationsgeräte,
11. Lenzeinrichtungen,
12. Feuerlöscher,
13. Boots- und Personalpapiere,
14. Betriebsfähigkeit der UKW-Seefunkanlage.

Nr. 125   **Seite 180**

Was gehört zur Sicherheitseinweisung der gesamten Besatzung vor Reisebeginn? Nennen Sie mindestens 6 Beispiele.

Einweisung in Gebrauch und Bedienung
1. der Rettungswesten und Sicherheitsgurte,
2. des Rettungsfloßes,
3. der Signalmittel,
4. der Lenzpumpen,
5. der Seeventile und des Bord-WC,
6. der Kocheinrichtung,
7. der Feuerlöscher,
8. der Motoranlage,
9. der Elektroanlage,
10. des Rundfunkgerätes und der UKW-Seefunkanlage,
11. Verhalten bei »Mensch über Bord«,
12. Erkennen und Verhalten bei Seekrankheit.

Nr. 126   **Seite 180**
In welche technischen Einrichtungen/ Ausrüstungen muss der Schiffsführer die Besatzung vor Reiseantritt unbedingt einweisen? Nennen Sie mindestens 6 Beispiele.

1. Ankergeschirr,
2. Lenzeinrichtung,
3. Feuerlöscheinrichtungen,
4. Motoranlage,
5. Seeventile,
6. UKW-Seefunkanlage,
7. MOB-Taste vom satellitengestützten Navigationsgerät (z. B. GPS),
8. Seenotsignalmittel,
9. Notrudereinrichtung.

Nr. 127   **Seite 180**
Welche Sicherheitsmaßnahmen sind vor jedem Auslaufen durchzuführen? Nennen Sie mindestens 6 Beispiele.

1. Wetterbericht einholen,
2. Kontrolle der Sicherheitsausrüstung,
3. Kontrolle von Motor und Schaltung,
4. Kontrolle der nautischen Geräte,
5. Kontrolle der Bilge,
6. Überprüfen des Wasser- und Kraftstoffvorrats,
7. Kontrolle der Schall- und Lichtsignaleinrichtung,
8. Kontrolle der Navigationslichter,
9. Bereitlegen der aktuellen Seekarten und nautischen Veröffentlichungen.

Nr. 128   **Seite 121**
Warum sollten alle Crewmitglieder Lage und Funktion sämtlicher Pumpen und Ventile kennen?

Damit im Bedarfsfall sie jeder bedienen kann.

Nr. 129   **Seite 121**
Warum sollte die Crew in die Funktion des Bord-WC eingewiesen werden?

Weil durch unsachgemäße Bedienung Wasser ins Bootsinnere gelangen kann.

Nr. 130   **Seite 180**
Warum sollte die Crew vor Reisebeginn in die Funktion des Ankergeschirrs und die Durchführung eines Ankermanövers eingewiesen werden?

Damit jeder den Anker sicher ausbringen und einholen kann.

Nr. 131   **Seite 178**
Wie verhalten Sie sich, wenn Ihr Schiff leckgeschlagen ist?

1. Meldung abgeben.
2. Je nach Erfordernissen Fahrt aus dem Schiff nehmen.
3. Lenzpumpen betätigen, Lecksuche, Leck mit Bordmitteln abdichten.
4. Küste bzw. flaches Wasser ansteuern.
5. Fahrzeug so trimmen, dass Leckstelle aus dem Wasser kommt bzw. möglichst wenig unter Wasser ist.

Nr. 132   **Seiten 178, 182**
Was tun Sie, wenn Ihr Schiff leckgeschlagen ist und das Wasser im Schiff trotz aller Maßnahmen weiter steigt?

1. Notzeichen geben, Funkmeldung abgeben, ggf. Radartransponder einschalten.
2. Verlassen des Bootes vorbereiten, Rettungswesten anlegen, Rettungsfloß klarmachen.
3. Wenn möglich, ruhiges Flachwasser anlaufen und Schiff auf Grund setzen.

Nr. 133   **Seite 179**
Welche Folgen können Grundberührungen und harte Stöße, z. B. bei Anlegemanövern oder Kollisionen mit treibenden Gegenständen, haben?

1. Eine Beschädigung der Bordwand kann eintreten.
2. Es kann Sinkgefahr entstehen.

Nr. 134   **Seite 182**
Welche grundsätzliche Verhaltensweise sollte beachtet und welche Maßnahmen sollten ergriffen werden, wenn Ihr Schiff in Seenot kommt?

1. Ruhe bewahren und überlegt handeln.
2. Notmeldung abgeben, ggf. Radartransponder einschalten.
3. Rettungsfloß klarmachen.
4. Rettungsweste und Sicherheitsgurt anlegen.
5. So lange wie möglich an Bord bleiben.
6. Wärmende Kleidung anziehen.

Nr. 135   **Seite 182**
Welche Maßnahmen treffen Sie, bevor Sie von Ihrem Fahrzeug in ein Rettungsfloß übersteigen?

1. Rettungsweste und Sicherheitsgurt anlegen.
2. Wärmende Kleidung anziehen.
3. Nach Möglichkeit vorher reichlich warme Flüssigkeit trinken.
4. Soweit noch nicht geschehen, Proviant, Wasser, Seenotsignalmittel und ggf. Seenotfunkbake, Radartransponder und UKW-Handsprechfunkgeräte in das Rettungsfloß bringen.

Nr. 136   **Seite 182**
Warum sollte ein sinkendes Schiff im Notfall so spät wie möglich verlassen werden?

1. Die Überlebensmöglichkeiten sind auf dem Schiff größer.
2. Ein Schiff ist besser zu orten.
3. Einstieg in das Rettungsfloß und Aufenthalt können sehr schwierig sein.

Nr. 137   **Seite 183**
Erklären Sie die Handhabung der Hubschrauberrettungsschlinge im Einsatz.

1. Bei offener Rettungsschlinge: zuerst den Karabinerhaken einpicken.
2. Mit dem Kopf und beiden Armen in die Rettungsschlinge einsteigen.
3. Die Arme müssen nach unten gedrückt werden und die Hände sind zu schließen.
4. Das Windenseil muss frei hängen, es darf nicht an Bord befestigt werden.

Nr. 138   **Seite 183**
Wann dürfen Notzeichen gegeben werden?

Nach Feststellung des Notfalles auf Anordnung des Schiffsführers; bei unmittelbarer Gefahr für das Schiff oder die Besatzung, die ohne fremde Hilfe nicht überwunden werden kann.

Nr. 139   **Seite 183**
Wann darf ein UKW-Sprechfunkgerät auch ohne entsprechenden Befähigungsnachweis benutzt werden?

In Notfällen.

Nr. 140   **Seite 181**
Worauf ist zu achten, wenn Crewmitglieder seekrank sind?

1. Aufenthalt im Cockpit beaufsichtigen und Crewmitglieder gegen Überbordfallen sichern,
2. Flüssigkeitsverlust ausgleichen (Wasser),
3. Crewmitglied anhalten, zur Küste oder zum Horizont zu schauen,
4. mit Arbeiten beschäftigen.

Nr. 141   **Seite 162**
Wozu dient ein Reitgewicht (Gleitegewicht, Ankergewicht) beim Ankern?

Es soll die Ankertrosse auf den Grund ziehen, damit der Anker nicht durch einen zu steilen Winkel aus dem Grund gebrochen wird. Es wirkt ruckdämpfend.

Nr. 142   **Seite 158**
Warum sollte beim Verwenden einer Ankertrosse ein Kettenvorlauf benutzt werden?

Damit der Zug auf den Anker nicht zu steil wird.

Nr. 143   **Seite 160**
Welcher Ankergrund ist für die üblichen Leichtgewichtsanker
1. gut geeignet?
2. mäßig geeignet?
3. ungeeignet?

1. Sand, Schlick, weicher Ton und Lehm,
2. harter Ton und Lehm,
3. steinige, verkrautete und stark schlammige Böden.

Nr. 144   **Seite 160**
Was müssen Sie bei der Auswahl eines Ankerplatzes beachten?

1. Der Ankerplatz sollte Schutz vor Wind und Wellen bieten.
2. Auf ausreichenden Platz zum Schwojen achten.
3. Mögliche Winddrehungen einplanen.

Nr. 145   **Seite 160**
Welchen Ankergrund sollten Sie nach Möglichkeit meiden?

Steinige, verkrautete und stark schlammige Böden.

Nr. 146   **Seite 162**
Wie können Sie die Haltekraft eines Ankers erhöhen, wenn Sie auf engem Raum (z. B. zwischen zwei Stegen) nicht die erforderliche Kettenlänge stecken können?

Mit einem Reitgewicht, um so den Anker besser am Boden zu halten.

Nr. 147   **Seiten 158, 162**
Sie ankern in einer Bucht. Wie können Sie bei zunehmendem Wind die Haltekraft Ihres Ankers verbessern?

1. Mehr Trosse oder Kette stecken,
2. Reitgewicht verwenden.

Nr. 148   **Seite 161**
Sie wollen auf verkrautetem Grund ankern. Ihnen steht ein Leichtgewichtsanker und ein Stockanker zur Verfügung. Welchen benutzen Sie und warum?

Den Stockanker, weil er sich insbesondere auch aufgrund seines höheren Gewichtes besser eingräbt.

Nr. 149   **Seite 158**
Wozu dient eine Ankerboje?

1. Sie zeigt die Lage des Ankers an.
2. Mit der Trippleine kann das Bergen eines unklaren Ankers unterstützt werden.

Nr. 150   **Seite 161**
Wie erkennen Sie, ob der Anker hält?

1. Vibration von Kette oder Trosse prüfen,
2. Einrucken des Ankers prüfen,
3. durch wiederholte Peilungen und ggf. Schätzungen des Abstands zu anderen Schiffen oder zu Landmarken,
4. falls GPS vorhanden ist, die Ankeralarmfunktion einschalten.

Nr. 151   **Seite 158**
Welche Ankerarten finden überwiegend auf Sportbooten Verwendung? Nennen Sie drei.

1. Patentanker,
2. Stockanker (einklappbarer Stock),
3. Draggen (klappbare Flunken),
4. Pflugscharanker.

Nr. 152   **Seite 158**
Nennen Sie 3 Ankertypen, die vom Germanischen Lloyd als Anker mit hoher Haltekraft anerkannt sind.

Bruce-Anker, CQR-Anker, Danforth-Anker, D'Hone-Anker.

Nr. 153   **Seite 158**

1. **Welches sind die Vorteile einer Ankerkette gegenüber einer Ankerleine?**
2. **Wie kombiniert man auf Yachten häufig die Systeme?**

1. Die Kette unterstützt das Eingraben, verkleinert den Schwojeraum, wirkt ruckdämpfend, kann nicht an Steinen durchschheuern und erhöht die Haltekraft des Ankers.
2. Es wird zwischen Anker und Leine ein Kettenvorlauf von 3 bis 5 m gefahren.

Nr. 154   **Seite 159**

1. **Warum soll eine Ankerleine nicht an den Anker geknotet werden?**
2. **Warum muss die Ankerkette mit einem Taustropp am Schiff bzw. im Kettenkasten befestigt werden?**

1. Knoten reduzieren die Bruchlast einer Leine um bis zu 50 %.
2. Damit die Kette im Notfall schnell gekappt werden kann.

Nr. 155   **Seite 160**

Sie wollen in einer Bucht ankern, in der das (ausreichend tiefe) Wasser unterschiedliche Färbungen zeigt. Wo wählen Sie den Ankerplatz? (Begründung!)

Ich ankere auf hellem Wasser. Begründung: Der Grund ist hier sandig, der Anker hält gut. Dunkler Grund weist auf Bewuchs hin, wo der Anker schlecht hält.

Nr. 156   **Seite 160**

Warum darf der Anker nicht zusammen mit seiner Leine am Ankerplatz über Bord geworfen werden?

Die Leine könnte mit dem Anker vertörnen und dadurch das Eingraben des Ankers verhindern. Der Anker würde dann nicht halten.

Nr. 157   **Seite 184**

Was müssen Sie bedenken, wenn ein großes Schiff auf Ihr Sportboot zukommt?

1. Andere Manövrierfähigkeit (größere Drehkreise, längere Stoppstrecken),
2. u. U. eingeschränkte Sicht des anderen Fahrzeugs, insbesondere nach voraus,
3. Möglichkeit des Übersehenwerdens, weil man sich im Radarschatten befindet,
4. Beeinträchtigung durch Bugwellen des großen Schiffes,
5. mögliche Beeinträchtigung der Manövrierfähigkeit des eigenen Bootes durch Windabdeckung.

Nr. 158   **Seite 184**

Warum sollten Sie nicht zu dicht hinter dem Heck eines vorbeifahrenden Schiffes durchfahren?

Sog und Hecksee können das eigene Boot erheblich gefährden.

Nr. 159   **Seite 184**

Was müssen Sie beim Passieren eines großen Schiffes bei dessen Kursänderungen, z. B. in einem kurvenreichen Fahrwasser beachten?

Bei einer Kursänderung schwenkt das Heck deutlich in die entgegengesetzte Richtung aus, also nach Backbord bei einer Kursänderung nach Steuerbord und umgekehrt.

Nr. 160   **Seite 184**

Mit welchen Stoppstrecken und Stoppzeiten müssen Sie bei großen Schiffen in voller Fahrt rechnen und wovon hängen sie ab?

Abhängig von Schiffstyp und -größe, Beladungszustand und Ausgangsgeschwindigkeit ist mit der 8- bis 12fachen Schiffslänge und bis zu 8 bis 12 Minuten Dauer (z. B. ein 300 m langes Containerschiff voll abgeladen mit 24 kn: Stoppstrecke ca. 2 sm, Stoppzeit ca. 12 Minuten) zu rechnen.

Nr. 161   **Seite 184**

Wie reagiert ein großes Schiff, wenn bei ca. 20 kn Fahrt ein Ausweichmanöver durch Hartruderlage eingeleitet wird? Nach welcher Distanz verlässt es in etwa die alte Kurslinie?

Der Steven bewegt sich in Richtung der Hartruderlage, das Heck schlägt relativ weit zur entgegengesetzten Richtung aus. Das Schiff verlässt mit seinem Heck erst nach mehreren Schiffslängen seine bisherige Kurslinie, bewegt sich also zunächst in der alten Kursrichtung fort. Diese Strecke kann bei 300 m langen Containerschiffen 1,5 bis 2,5 Schiffslängen, d. h. ca. 500 bis 600 m betragen.

Nr. 162   **Seite 184**

Auf vielen großen Schiffen ist die Sicht nach vorne eingeschränkt. Welchen Abstand vor einem Schiff müssen Sie als nicht einsehbar mindestens berücksichtigen?

Sichtbeschränkung nach voraus maximal 2 Schiffslängen oder 500 m.

Nr. 163   **Seiten 93, 124**

Wie können Sie die Wahrscheinlichkeit erhöhen, im Radar von anderen Fahrzeugen gesehen zu werden?

Durch einen möglichst hoch und fest angebrachten passiven Radarreflektor bzw. besser noch durch einen »aktiven« Radarreflektor.

Seemannschaft II

(Antriebsmaschine)

Nr. 1   **Seite 110**
Welche Bootsbau-Werkstoffe finden im Sportbootbau für den Rumpf überwiegend Verwendung?

1. GFK = glasfaserverstärkter Kunststoff,
2. Stahl,
3. Aluminium,
4. wasserfest verleimtes Sperrholz,
5. Massivholz.

Nr. 2   **Seite 112**
Was versteht man unter einem Gleiter (schnelle Schiffe) und welche Fahreigenschaften hat solch ein Motorboot?

Schnellere Schiffe, deren Gewicht überwiegend von Auftriebskomponenten getragen wird (flache und breite Konstruktion) und die auf glattem Wasser bei höherer Geschwindigkeit in Gleitfahrt kommen. Bei Seegang können die Boote hart aufschlagen, sodass die Konstruktionen stark beansprucht werden.

Nr. 3   **Seite 112**
Was versteht man unter einem »Verdränger« und welche Fahreigenschaften hat solch ein Motorboot?

Konventionelle Schiffe – unabhängig vom Tiefgang –, deren Gewicht ausschließlich vom hydrostatischen Auftrieb getragen wird und deren Geschwindigkeit dementsprechend beschränkt ist (Rumpfgeschwindigkeit).

Nr. 4   **Seite 112**
Was versteht man unter einem »Halbgleiter« und welche Fahreigenschaften hat solch ein Motorboot?

Halbgleiter sind Motorboote mit geringem Tiefgang, sehr hoher Formstabilität und schneller Fahrweise bei starker Motorisierung.

Nr. 5   **Seite 110**
Was versteht man im Bootsbau unter Gelcoat?

Die äußere Schutzschicht eines Bauteils aus glasfaserverstärktem Kunststoff.

Nr. 6   **Seite 110**
Was versteht man beim GFK-Bootsbau unter Sandwichverfahren (GFK = glasfaserverstärkter Kunststoff)?

Zwischen zwei GFK-Schichten wird eine Zwischenlage zur Versteifung einlaminiert, z. B. aus Balsaholz.

Nr. 7   **Seite 110**
Welchen Vorteil hat die Sandwichbauweise gegenüber der Massivbauweise bei GFK-Yachten (GFK = glasfaserverstärkter Kunststoff)?

Große Steifheit, Verwindungsfestigkeit, geringes Gewicht, gute Isolierung.

Nr. 8   **Seite 110**
Beschreiben Sie die Vor- und Nachteile von Stahl als Baumaterial für Yachten.

Vorteile: zuverlässiges, problemloses Baumaterial mit sehr hoher Festigkeit und langer Lebensdauer. Nachteile: hohes Gewicht, Rostanfälligkeit.

Nr. 9   **Seite 125**
Was bedeutet der Begriff »Kategorie« im Zusammenhang mit dem CE-Zeichen für Wassersportfahrzeuge?

Mit der Kategorie legt der Hersteller fest, in welchem Fahrgebiet, bis zu welcher Windstärke und bis zu welcher charakteristischen Wellenhöhe das Fahrzeug sicher betrieben werden kann.

Nr. 10   **Seite 125**
Welche Kategorien können im Zusammenhang mit dem CE-Zeichen für Wassersportfahrzeuge vergeben werden?

1. A Hochsee,
2. B Außerhalb von Küstengewässern,
3. C Küstennahe Gewässer,
4. D Geschützte Gewässer.

Nr. 11   **Seite 125**
Was bedeutet die im Zusammenhang mit dem CE-Zeichen für Wassersportfahrzeuge angegebene Kategorie »B Außerhalb von Küstengewässern«?

Das Fahrzeug ist ausgelegt für Fahrten außerhalb von Küstengewässern, in denen Windstärken bis einschließlich 8 Bft und signifikante Wellenhöhen bis einschließlich 4 m auftreten können.

Nr. 12   **Seite 121**
Beschreiben Sie den Aufbau einer Radsteuerung mit Seilzügen.

Das Rad dreht ein Zahnrad, über das eine Kette in der Steuersäule nach unten verläuft. Die Kette ist mit den Steuerseilen verbunden, welche über Umlenkrollen zum Ruderquadranten führen.

Nr. 13   **Seite 120**
Wozu dient der Lenzkorb am Ansaugstutzen einer Lenzpumpe und wie erhalten Sie seine Funktionsfähigkeit?

Der Lenzkorb verhindert Verunreinigungen und Verstopfungen der Lenzpumpe. Er muss regelmäßig überprüft und gereinigt werden.

Nr. 14   **Seite 120**
Welche Lenzvorrichtungen und -möglichkeiten sollten auf jeder seegehenden Yacht vorhanden sein?

Zwei voneinander unabhängige Bilgepumpen, von denen eine über Deck bedienbar ist, sowie 2 Pützen mit Leinen.

Nr. 15   **Seite 158**
Warum sollten Sie mehr als einen Anker an Bord haben, möglichst unterschiedlicher Art?

1. Als Ersatz bei Verlust,
2. zum Verwarpen oder Verkatten,
3. um unterschiedliche Ankergründe berücksichtigen zu können,
4. um bei schwerem Wetter oder in Tidengewässern vor 2 Ankern liegen zu können.

Nr. 16   **Seite 124**
Wie viele Fender und Festmacherleinen sollten Sie mindestens an Bord haben?

4 Festmacherleinen und 4 Fender.

Nr. 17   **Seite 124**
Was sollte auf jeder Motoryacht außer Festmacherleinen an Tauwerk vorhanden sein?

Reservetauwerk, Wurfleine, Schlepptrosse und Ankerleine.

Nr. 18   **Seite 124**
In welchen Publikationen finden Sie amtliche Informationen über die Ausrüstung und Sicherheit von Sportbooten, die auch bei der Beurteilung von Sportbootunfällen herangezogen werden?

1. »Sicherheit im See- und Küstenbereich, Sorgfaltsregeln für Wassersportler«, herausgegeben vom BSH,
2. »Sicherheit auf dem Wasser, Leitfaden für Wassersportler«, herausgegeben vom Bundesministerium für Verkehr, Bau und Stadtentwicklung.

Nr. 19   **Seite 120**
Warum müssen auf Yachten zusätzlich zu elektrisch oder motorgetriebenen Lenzpumpen auch Handlenzpumpen vorhanden sein?

Weil sie auch bei Strom- und Motorausfall betätigt werden können.

Nr. 20   **Seite 120**
Warum ist Flüssiggas (Propan, Butan) auf einer Yacht besonders gefährlich?

Es ist schwerer als Luft, sinkt nach unten und bildet mit Luft ein explosives Gemisch; es kann sich im Schiffsinneren (z. B. in der Bilge) sammeln.

Nr. 21   **Seite 121**
Welche 4 Bedienelemente besitzt ein mit Handpumpe betriebenes Bord-WC auf einer Yacht?

1. Seeventil und Spülwasserschlauch (Seewasser).
2. Handpumpe für Toilettenspülung.
3. Hebel zur Unterbrechung der Seewasserzufuhr (Handpumpe dient dann nur noch zum Abpumpen).
4. Abwasserschlauch (via Fäkalientank) zum Seeventil.

Nr. 22   **Seite 121**
Beschreiben Sie in 5 Schritten die Bedienung eines Bord-WC auf einer Yacht.

1. Seeventil für Seewasserspülung öffnen,
2. Handpumpe betätigen, sodass das Becken gespült wird und gleichzeitig die Fäkalien abfließen – ausgiebig spülen,
3. Seewasserzufuhr unterbrechen (Hebel umlegen),
4. Becken mit Handpumpe leer pumpen,
5. Seeventile für Zu- und Abfluss schließen.

Nr. 23   **Seite 142**
Was versteht man unter der »Stabilität« eines Schiffes?

Unter Stabilität eines Schiffes versteht man seine Eigenschaft, in aufrechter Lage zu schwimmen und sich aus einer Krängung wieder aufzurichten.

Nr. 24   **Seite 142**
Wovon hängt die Stabilität eines Schiffes in ruhigem Wasser ab? Nennen Sie Beispiele für äußere Momente, welche die Stabilität beanspruchen!

Die Stabilität eines Schiffes hängt ab von
1. seiner Geometrie (Form),
2. der Gewichtsverteilung im Schiff (Ausrüstung, Crew, Ballast).
Beispiele für eine Beanspruchung der Stabilität sind krängende Momente durch Seitenwind, Trossenzug oder Drehkreisfahrt bei schnellen Motoryachten.

Nr. 25   **Seite 142**
Wovon hängt eine in ruhigem Wasser vorhandene Stabilität zusätzlich in schwerem Wetter ab?

Die Stabilität in schwerem Wetter hängt zusätzlich von Wind und Seegang, besonders von brechenden Wellen ab.

Nr. 26   **Seite 142**
Was versteht man unter
1. Formschwerpunkt (F)?
2. Massenschwerpunkt (Gewichtsschwerpunkt G)?
Welche Kräfte wirken in den beiden Punkten?

1. Im Formschwerpunkt F kann man sich die Masse des vom Schiff verdrängten Wassers vereinigt denken. In F wirkt die Auftriebskraft senkrecht zur Wasseroberfläche nach oben.
2. Im Massenschwerpunkt G kann man sich die Masse des Schiffes einschließlich Ausrüstung und Besatzung vereinigt denken. In G wirkt die Gewichtskraft senkrecht zur Wasseroberfläche nach unten.

Nr. 27   **Seite 142**
Was geschieht bei einer Neigung des Schiffes, z. B. durch seitlichen Winddruck, solange sich die Lage des Massenschwerpunktes (Gewichtsschwerpunktes) nicht verändert? (Begründung!)

Der Formschwerpunkt F wandert zur geneigten Seite aus, weil dort ein größerer Teil des Bootskörpers unter Wasser gelangt. Die Wirklinie der Auftriebskraft bekommt dadurch einen seitlichen Abstand zur Wirklinie der Gewichtskraft. Es entsteht ein Kräftepaar, der seitliche Abstand zwischen den Wirklinien ist der Hebelarm. Es entsteht ein aufrichtendes Moment, welches gleich dem Produkt aus Gewichtskraft und Hebelarm ist.

Nr. 28   **Seite 145**
Was verstehen Sie unter »Trimm«?

Der Trimm ist der Unterschied zwischen dem vorderen und dem achteren Tiefgang.

Nr. 29 Seite 145
Nennen Sie mögliche Trimmlagen einer Motoryacht.

Ist der vordere Tiefgang größer als der achtere, ergibt dies einen vorlichen Trimm. Ist der achtere Tiefgang größer als der vordere, ergibt dies einen achterlichen Trimm. Sind beide gleich, liegt eine Yacht auf ebenem Kiel.

Nr. 30 Seiten 112, 169
Was verstehen Sie unter »Rumpfgeschwindigkeit« und wovon ist sie abhängig?

Rumpfgeschwindigkeit ist die rechnerische Höchstfahrt eines Verdrängers. Sie ist abhängig von der Wasserlinienlänge.

Nr. 31 Seite 131
Erklären Sie die wesentlichen Vorteile des Dieselmotors gegenüber dem Benzinmotor.

1. Der zum Betrieb erforderliche Kraftstoff (Diesel) ist weniger feuergefährlich als der für einen Benzinmotor.
2. Er hat einen geringeren Kraftstoffverbrauch.

Nr. 32 Seite 131
Erklären Sie die wesentlichen Nachteile des Benzinmotors gegenüber dem Dieselmotor.

1. Das Benzin-Luft-Gemisch birgt Explosions- und Brandgefahr im Schiff.
2. Die Zündanlage kann störempfindlich gegen Feuchtigkeit und Nässe sein.
3. Der Motor hat einen höheren Kraftstoffverbrauch als der Dieselmotor.

Nr. 33 Seite 133
Wozu dient das Wendegetriebe eines Motors?

1. Zum Ein- und Auskuppeln des Propellers,
2. zum Umsteuern des Propellers auf Rückwärtsfahrt,
3. zur Drehzahluntersetzung.

Nr. 34 Seite 133
Wodurch unterscheiden sich Einhebel- und Zweihebelschaltung?

1. Bei Einhebelschaltung werden Gas und Getriebe gleichzeitig bedient.
2. Bei Zweihebelschaltung werden Gas und Getriebe mit 2 Hebeln getrennt bedient.

Nr. 35 Seite 132
Erklären Sie die Grundstruktur des Zweikreis-Kühlsystems bei der Motorkühlung.

Das Zweikreis-Kühlsystem besteht aus einem geschlossenen inneren Süßwasserkreislauf mit eigenem Kühlwassertank und einem offenen Seewasserkreislauf. Beide Kreisläufe sind in einem thermostatgeregelten Wärmetauscher wärmetechnisch miteinander verbunden. Der innere Süßwasserkreislauf durchfließt den Motor.

Nr. 36 Seite 132
Welchen Vorteil hat die Zweikreis-Kühlung gegenüber der Einkreis-Kühlung?

Im Zweikreis-Kühlsystem wird im inneren geschlossenen Kühlwasserkreislauf Süßwasser gefahren. Dem geschlossenen Kühlwassersystem können Zusätze (z.B. Frostschutzmittel) zugegeben werden. Ablagerungen durch Fremdwasser werden verhindert.
Durch die thermostatische Regelung des Wärmeaustausches zwischen innerem und äußerem Kreislauf erreicht der Motor schneller seine Betriebstemperatur, diese wird auch konstant gehalten.

Nr. 37 Seite 134
Was sollte nach dem Anlassen der Maschine kontrolliert werden?

1. Kühlwasserdurchlauf,
2. Öldruck und Ladung,
3. Motorengeräusche und
4. Auspuffgase.

Nr. 38 Seite 134
Was können erste Störungsanzeichen im Motorbetrieb sein?

Ungewöhnliche und fremde Motorengeräusche, Vibrationen, Verfärbung der Abgase, Aufleuchten der Ladekontrolle bzw. Öldruckkontrolle und die entsprechenden akustischen Warnungen.

Nr. 39 Seite 135
Der Dieselmotor Ihres Bootes startet nicht. Welche Teile der Kraftstoffanlage sollten überprüft werden?

1. Kraftstofffüllung,
2. Kraftstoffabsperrhahn,
3. Kraftstoffschläuche,
4. Kraftstofffilter,
5. Kraftstoffpumpe.

Nr. 40 Seite 135
Der Benzinmotor Ihres Bootes startet nicht. Welche Teile der Kraftstoffanlage sollten überprüft werden?

1. Kraftstofffüllung,
2. Kraftstoffabsperrhahn,
3. Kraftstoffschläuche,
4. Kraftstofffilter,
5. Kraftstoffpumpe,
6. Vergaser.

Nr. 41 Seite 135
Welche Ursachen können zu einer Anzeige eines zu geringen Öldrucks führen?

1. Ein verstopftes Ölsieb (Ölwanne),
2. ein zu geringer Ölstand,
3. ein verstopfter Ölfilter,
4. eine defekte Ölpumpe,
5. ein defektes Öldruckventil,
6. ein defektes Anzeigegerät.

Nr. 42　　　　　　　　**Seite 134**

Welche Ursachen kann das Aufleuchten der Warnlampe der Batterie-Lade-kontrolle während des Betriebes zur Folge haben?

1. Die Kabelverbindungen sind unterbrochen (oxidiert, lose oder gebrochen).
2. Der Keilriemen zum Antrieb der Lichtmaschine ist defekt und es erfolgt keine Stromerzeugung.
3. Der Regler oder die Lichtmaschine können defekt sein.

Nr. 43　　　　　　　　**Seite 135**

Welche Fehlerursachen kann eine schwarze Färbung der Auspuffgase haben?

Unvollständige Verbrennung durch:
1. kalten Motor,
2. verschmutzten Luftfilter,
2. schlechte Kraftstoffqualität,
3. verstellte Einspritzpumpe,
5. Überlastung des Motors.

Nr. 44　　　　　　　　**Seite 135**

Welche Fehlerursachen kann eine weiße Färbung der Auspuffgase haben?

Verdampfung von Wasser durch z. B.
1. Kondensat im Auspuffsystem bei noch kaltem Motor,
2. gerissenen Zylinderkopf,
3. defekte Zylinderkopfdichtung.

Nr. 45　　　　　　　　**Seite 134**

Welche Vorsichtsmaßnahmen müssen beim Tanken und Umfüllen von Brennstoffen getroffen werden?

1. Maschine abstellen.
2. Offenes Feuer löschen (Rauchen einstellen).
3. Keine elektrischen Schalter betätigen.
4. Alle Öffnungen schließen.
5. Tragbare Tanks möglichst außerhalb des Bootes befüllen.

Nr. 46　　　　　　　　**Seite 134**

Welche Maßnahmen sind vor dem Anlassen eines Dieselmotors zu treffen?

1. Hauptstromschalter einschalten.
2. Kraftstoff- und Kühlwasserventile öffnen.
3. Getriebe auf »neutral« stellen.
4. Kühlwasser prüfen (Zweikreis-Kühlsystem).

Nr. 47　　　　　　　　**Seite 134**

Welche Maßnahmen sind vor dem Anlassen eines Benzinmotors zu treffen?

1. Hauptstromschalter einschalten.
2. Motorraum mit Bilge entlüften.
3. Kraftstoff- und Kühlwasserventile öffnen.
4. Getriebe auf »neutral« stellen.
5. Kühlwasser prüfen (Zweikreis-Kühlsystem).

Nr. 48　　　　　　　　**Seite 134**

Wie kontrollieren Sie den ordnungsgemäßen Betrieb des Motors?

Kontrolle der Anzeigegeräte:
1. Öldruck und Öltemperatur,
2. Kühlwassertemperatur,
3. Motordrehzahl und
4. Batterieladung.
Außerdem auf Motorgeräusche, Vibrationen und Farbe der Auspuffgase achten.

Nr. 49　　　　　　　　**Seite 134**

Welche Maßnahmen treffen Sie nach dem Abstellen des Motors?

1. Kraftstoffventil schließen.
2. Hauptstromschalter (Batterie) ausschalten.
3. Seeventile schließen.

Nr. 50　　　　　　　　**Seite 135**

Während Sie unter Maschine laufen, steigt plötzlich die Kühlwassertemperatur stark an. Ihre Yacht ist mit einem Saildrive-Antrieb ausgestattet.
1. **Welche typische Ursache hat der Temperaturanstieg, wenn eine technische Störung unwahrscheinlich ist?**
2. **Wie können Sie die Störung einfach beheben?**

1. Fremdkörper (Folienstücke, Plastiktüten, Pflanzenteile o. Ä.) haben den Kühlwassereinlass verstopft.
2. Mehrmals abwechselnd vor- und zurückfahren, sodass sich die Fremdkörper vom Kühlwassereinlass lösen.

Nr. 51　　　　　　　　**Seite 135**

Welche Fehlerursachen kann eine blaue Färbung der Auspuffgase haben?

Zweitaktmotor: zu fettes Benzin-Öl-Gemisch. Es ist zu viel Schmieröl im Gemisch.
Viertaktmotor: zu viel Schmieröl, Ölabstreifringe bzw. Kolbenringe defekt.
In beiden Fällen verbrennt/verdampft Schmieröl.

Nr. 52　　　　　　　　**Seite 132**

Erklären Sie die Arbeitsweise in Bezug auf die Zündung beim Ottomotor und Dieselmotor.

Beim Ottomotor wird das zündfähige Benzin-Luft-Gemisch im Vergaser durch Einspritzung erzeugt und mit Fremdzündung durch die Zündkerze gezündet.
Beim Dieselmotor wird die angesaugte Luft hoch verdichtet und so erwärmt, dass der eingespritzte Dieselkraftstoff sich durch Eigenzündung in dieser komprimierten Luft entzündet.

Nr. 53   **Seite 132**
Weshalb sollte dringend vermieden werden, dass beim Dieselmotor der Kraftstofftank leer gefahren wird?

In die Einspritzpumpe/Kraftstoffleitung würde Luft gelangen. Startversuche nach dem Tanken wären erfolglos. Vor dem Tanken müssten die Leitung und die Einspritzpumpe entlüftet werden. Ablagerungen sowie Kondenswasserbildung durch Temperaturschwankungen können entstehen.

Nr. 54   **Seite 135**
Während der Fahrt lässt plötzlich die Motordrehzahl abrupt nach und der Motor geht beim Zurücklegen des Gashebels gänzlich aus. Was kann die Ursache sein?

Es ist möglicherweise ein schwimmender Fremdkörper (Leine, Trosse, Plane, Persenning o. Ä.) in den Propeller geraten und behindert bzw. blockiert ihn.

Nr. 55   **Seite 122**
In welchen Bereichen werden an Bord Batterien eingesetzt?

Zum Starten und für das Bordnetz.

Nr. 56   **Seite 122**
Was ist beim Laden von Batterien dringend zu beachten?

Die Batteriekästen bzw. -räume müssen ausreichend be- und entlüftet sein.

Nr. 57   **Seite 122**
1. Was bedeutet die Angabe einer Batteriekapazität »2 x 60 Ah«? (Begründung!)
2. Welche Nettokapazität steht in dem Fall zur Verfügung? (Begründung!)

1. Es handelt sich um 2 Batterien (Akkus) mit jeweils 60 Amperestunden, insgesamt also 120 Ah Nennkapazität.
2. Dem entspricht eine Nettokapazität von etwa 72 Ah, da ein Akku kaum über 80 % seiner Nennkapazität geladen werden kann.

Nr. 58   **Seite 122**
Geben Sie die benötigte Strommenge (in Amperestunden) an, um bei einer 12-Volt-Anlage zwei Verbraucher mit je 24 Watt 10 Stunden betreiben zu können (mit Angabe der Berechnung)!

Benötigte Strommenge je Verbraucher:
$24 : 12 = 2$ Ampere mal Anzahl der Verbraucher mal Stunden ergibt:
$2 \times 2\,A \times 10\,h = 40\,Ah$.

Nr. 59   **Seite 135**
Was könnte zu möglichen Motorschäden bis hin zum Kolbenfresser führen?

– Zu wenig Kühlwasser, Dampfblasen im Kühlwasserschauglas,
– Kühlwassertemperatur zu hoch,
– zu niedriger oder stetig fallender Öldruck,
– zu wenig oder nicht geeignetes Öl,
– fallende Drehzahl, zitternde Nadel im Drehzahlmesser, klopfende Motorgeräusche.

Nr. 60   **Seite 116**
Wie muss Tauwerk beschaffen sein, das für Festmacheleinen, Anker- und Schlepptrossen verwendet wird?

Es muss bruchfest und elastisch sein.

Nr. 61   **Seite 130**
Wodurch können Sie verhindern, dass Festmacherleinen durch Schamfilen in Klüsen oder an Kanten an der Pier beschädigt werden?

Durch einen gegen Verrutschen gesicherten Plastikschlauch, der über den Festmacher an der Scheuerstelle gezogen wird, hilfsweise mit Tuchstreifen.

Nr. 62   **Seite 118**
Was müssen Sie hinsichtlich der Festigkeit bedenken, wenn Sie Leinen zusammenknoten?

Durch einen Knoten können Festigkeitsverluste bis zu 50 % auftreten.

Nr. 63   **Seite 117**
Wodurch können Sie verhindern, dass bei Tauwerk aus unterschiedlichem Innen- und Außenmaterial die Seele in den Mantel rutscht?

Durch einen genähten Takling.

Nr. 64   **Seite 152**
Wie sind längsseits liegende Fahrzeuge festzumachen? Ergänzen Sie die Skizze und benennen Sie die Leinen.

Lösung: in Zeichnung

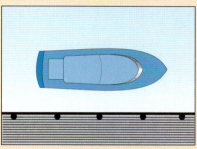

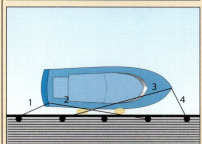

1. Achterleine
2. Achterspring
3. Vorspring
4. Vorleine

Nr. 65   **Seite 152**
Wie können Sie mithilfe von zwei Fendern und einem Fenderbrett Ihr Boot festmachen, wenn die Pier mit vorspringenden Pfählen versehen ist? Ergänzen Sie die Skizze mit Leinen.

Lösung: in Zeichnung

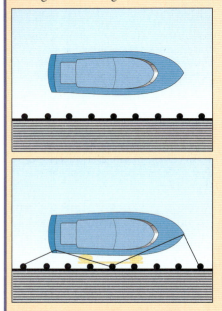

Nr. 66   **Seite 130**
Was ist beim Reinigen eines mit Antifouling behandelten Unterwasserschiffes zu beachten?

Umweltschutzbestimmungen beachten, d.h., das Schiff nur auf einem entsprechend ausgerüsteten Reinigungsplatz abspritzen und Wasser und Schmutz auffangen, also nicht in die Kanalisation leiten.

Nr. 67   **Seite 130**
Ein funktionsfähiges elektrisches Gerät arbeitet an Bord nicht. Nennen Sie häufige Ursachen und was kann zur Behebung getan werden?

1. Schlechte Kontakte und Korrosion.
2. Kontakte fest anziehen, korrodierte Stellen mit feinstem Schleifpapier säubern, Kontaktspray verwenden.

Nr. 68   **Seite 130**
Warum müssen Schäden im Gelcoat unverzüglich beseitigt werden?

Das Laminat unter der Gelcoatschicht nimmt Wasser auf und wird dadurch geschädigt.

Nr. 69   **Seite 239**
Welche Daten sollten an Bord mindestens dokumentiert werden?

1. Namen und Funktionen der Crewmitglieder.
2. Beginn und Ende einer Fahrt und
3. in angemessenen Zeitabständen: Position, Kurs, Geschwindigkeit, Strömung, Wetter, Luftdruck.

Nr. 70   **Seite 181**
Welche Sicherheitsmaßnahmen müssen auch bei ruhigem Wetter bei Nachtfahrten beachtet werden?

1. Bei jeder Tätigkeit an Deck Rettungswesten und Sicherheitsgurt tragen.
2. Nur mit am Schiff eingepickter Sicherheitsleine über Deck gehen.

Nr. 71   **Seite 154**
Was verstehen Sie unter »Radeffekt« des Schiffspropellers (Schraube)?

»Radeffekt« ist die seitliche Versetzung des Hecks durch die drehende Schraube.

Nr. 72   **Seite 133**
Mit welchen 4 Angaben werden Propeller auf Yachten beschrieben?

Anzahl der Flügel, Größe ihrer Fläche, Durchmesser und Steigung.

Nr. 73   **Seite 154**
Wie wirkt der rechts- bzw. linksdrehende Propeller auf das Schiffsheck bei Rückwärtsfahrt?

Ein rechtsdrehender Propeller versetzt das Heck bei Rückwärtsfahrt nach Backbord, ein linksdrehender nach Steuerbord.

Nr. 74   **Seite 154**
1. Wie drehen bei einem Zweischrauber in der Regel die Propeller?
2. Welchen manövriertechnischen Vorteil haben Yachten mit 2 Propellern?

1. Gegenläufig.
2. Mit 2 Propellern kann man nahezu auf der Stelle drehen, indem man einen Propeller vorwärts und einen Propeller rückwärts arbeiten lässt. Die Manövrierfähigkeit wird dadurch verbessert.

Nr. 75   **Seite 154**
Warum gibt es bei einem Zweischrauben-Schiff (in der Regel) keinen Radeffekt?

Die Drehrichtungen der Schrauben sind gegenläufig. So heben sich die jeweiligen Radeffekte gegenseitig auf.

Nr. 76   **Seite 155**
Was ist ein Bugstrahlruder und wozu dient es?

Eine im Bug einer Yacht befindliche Röhre mit einem Propeller, mit dem ein Querschub und damit ein Drehen des Buges bei geringen Vorausgeschwindigkeiten erreicht werden kann.

Nr. 77
Wann sollte aus Gründen der Sicherheit auf Motoryachten der Außenfahrstand besetzt werden?

1. Bei verminderter Sicht zum Wahrnehmen der Schallsignale.
2. Bei Manövern in engen Gewässern zur besseren Rundumsicht.

Nr. 78   **Seite 168**
Warum empfiehlt sich beim Schleppen die Verwendung einer Hahnepot und wo sollte sie belegt werden?

1. Eine Hahnepot verteilt die Zugkräfte auf mehrere Belegpunkte für die Schleppleine an der Durchführung an Bug und auf den beiden Bootsseiten.
2. Zum Belegen eignen sich zumeist kräftigere Klampen für die Vorspring auf den Bootsseiten.

Nr. 79 Seite 157
Sie wollen in eine Box einlaufen. Wie bereiten Sie die Achterleinen vor und machen sie fest?

Achterleinen mit Auge versehen. Möglichst frühzeitig über die Pfähle legen, bei seitlichem Wind zuerst über den Luvpfahl.

Nr. 80 Seite 152
Welche Vorbereitung haben Sie für ein Anlegemanöver zu treffen?

1. Crew für Manöver einteilen,
2. Leinen und Fender bereitlegen.

Nr. 81 Seite 154
Beschreiben Sie das Fahrmanöver mit einem Zweischrauben-Schiff bei einer Drehung auf engem Raum über Steuerbord.

Ruder hart Steuerbord, Steuerbordmaschine rückwärts, Backbordmaschine voraus.

Nr. 82 Seite 155
Bei welchen Manövern können Sie ein Bugstrahlruder sinnvoll einsetzen?

1. Beim An- und Ablegen.
2. Beim Drehen auf engem Raum.

Nr. 83 Seite 155
Sie liegen längsseits mit der Steuerbordseite an einer Pier. Beschreiben Sie ein Ablegemanöver unter gleichzeitigem Einsatz von Bugstrahlruder und Maschine.

1. Hebel für Bugstrahlruder nach Backbord legen, sodass der Bug von der Pier weggedrückt wird (nach Backbord schwenkt) und gleichzeitig
2. Ruderlage deutlich nach Steuerbord und langsame Fahrt voraus, sodass das Heck nach Backbord ausschwenkt.
So wird das Schiff fast parallel von der Pier abgedrückt.

Nr. 84 Seite 171
Warum kann das Anlaufen eines Hafens bei auflandigem Starkwind bzw. schwerem Wetter gefährlich werden?

Gefahr durch Grundseen bzw. Kreuzseen. Möglichkeit von Querstromwirbeln.

Nr. 85 Seite 171
Sie werden in Küstennähe von einem Sturm überrascht. Wie verhalten Sie sich mit einer Motoryacht?

1. Möglichst rasch versuchen, Hafen oder Landschutz anzulaufen.
2. Ggf. Motoryacht mit langsamer Fahrt gegen die See halten.
3. Sicherheitsmaßnahmen für die Besatzung treffen.

Nr. 86 Seite 152
Worauf müssen Sie achten, wenn Sie in Tidengewässern längsseits einer Pier festgemacht haben?

1. Die Wassertiefe muss auch bei Niedrigwasser ausreichen oder sicheres Aufsetzen gewährleistet sein.
2. Die Leinen müssen für den Tidenstieg oder -fall ausreichend lang sein. Bei größerem Tidenhub darf das Fahrzeug keinesfalls unbeaufsichtigt bleiben.

Nr. 87 Seite 107
Sie fahren bei frischem Wind und mitlaufendem Strom (Wind gegen Strom) nach Luv. Welche Auswirkungen hat ein gegen den Wind setzender Strom auf den Seegang?

Durch den Strom entsteht eine kurze, steile und kabbelige See.

Nr. 88 Seite 49
Wie wirkt sich mitlaufender Strom auf die Fahrt eines Fahrzeugs und die Loganzeige aus?

1. Der Strom erhöht die Fahrt über Grund.
2. Das Log zeigt dies nicht an.

Nr. 89 Seite 171
Welcher Kurswinkel ist bei schwerer See am besten geeignet, das Aufschlagen des Bootes zu verringern?

Ein Kurswinkel von 20 bis 25° bezogen auf die Seegangsrichtung ist am besten geeignet, hartes Aufschlagen zu verringern.

Nr. 90 Seite 176
Welche Hilfsmittel können Sie einsetzen, um einen Überbordgefallenen an Deck zu bekommen?

Bewegliche (und gesicherte) Badeleiter, beschwerte Trittschlinge, Rettungstalje, Bergegurt.

Nr. 91 Seite 174
Welche Sofortmaßnahmen sind einzuleiten, wenn jemand über Bord gefallen ist?

1. Ruf: »Mensch über Bord!«,
2. Rettungsmittel zuwerfen,
3. Ausguck halten, Mann im Auge behalten,
4. Maschine starten,
5. »Mensch-über-Bord-Manöver« einleiten,
6. Notmeldung abgeben,
7. ggf. Markierungsblitzboje werfen,
8. ggf. MOB-Taste eines satellitengestützten Navigationsgerätes drücken,
9. Bergung durchführen.

Nr. 92 Seite 174
Welche Maßnahmen können gegen das Überbordfallen getroffen werden?

1. Sicherheitsgurte anlegen und einpicken.
2. Anbringen von Strecktau oder Laufleinen vom Bug zum Heck.
3. Crew auf Befestigungspunkte (Einpickpunkte für Karabinerhaken) hinweisen.

Nr. 93   **Seite 175**

Nennen Sie die grundsätzlichen Schritte und ihre Ziele zur Rettung einer über Bord gegangenen Person.

1. Maschine starten,
2. Suche, Herstellung eines Sichtkontaktes zur über Bord gegangenen Person,
3. »Mensch-über-Bord-Manöver«, Annäherung an die im Wasser treibende Person und Herstellung einer ersten Leinenverbindung,
4. Bergung, sicheres und schnelles Anbordnehmen der Person,
5. Erste Hilfe, Betreuung,
6. ggf. Notmeldung abgeben.

Nr. 94   **Seite 175**

Mit welchen Hilfsmitteln können Sie den Bezugspunkt (internationaler Begriff: Datum) für die Suche nach einem Überbordgefallenen sichern?

1. Markierungsblitzboje,
2. MOB-Taste eines satellitengestützten Navigationsgerätes (z. B. GPS).

Nr. 95   **Seite 124**

Was gehört u. a. zur Sicherheitsausrüstung z. B. einer 10-m-Yacht? Nennen Sie mindestens 6 Ausrüstungsgegenstände.

1. Lenzpumpen und Pützen,
2. Lecksicherungsmaterial,
3. Feuerlöscher,
4. Werkzeug und Ersatzteile,
5. Seenotsignalmittel,
6. Handlampen,
7. Funkeinrichtung,
8. Anker,
9. Erste-Hilfe-Ausrüstung,
10. Radarreflektor und
11. Rettungsmittel.

Nr. 96   **Seite 126**

Was gehört zur Sicherheitsausrüstung der Besatzung in der Küstenfahrt?

1. Rettungsweste und Sicherheitsgurt (Lifebelt) für jedes Besatzungsmitglied,
2. Rettungsfloß (Rettungsinsel),
3. Rettungskragen mit Tag- und Nachtsignal und
4. Erste-Hilfe-Ausrüstung mit Anleitung.

Nr. 97   **Seite 127**

Wie erhalten Sie Kenntnis über das nächste Wartungsdatum eines Rettungsfloßes?

Die runde, auf der Insel klebende farbige Serviceplakette oder das bei der letzten Wartung mitgelieferte Zertifikat geben Auskunft über den nächsten Wartungstermin.

Nr. 98   **Seite 127**

Worauf müssen Sie bei Ihren Automatikrettungswesten hinsichtlich der Funktionssicherheit achten?

Auf regelmäßige Wartung. Wartungsfälligkeit erkennbar an der farbigen Serviceplakette.

Nr. 99   **Seite 127**

Was ist auf Deck einer Yacht ein Strecktau (auch Laufleine genannt) und wozu dient es?

Ein neben der Fußreling verlaufender Draht, Gurt oder eine starke Leine zwischen Cockpit und Vorschiff straff gespannt zum Einpicken der Sicherheitsleine (Lifebelts).

Nr. 100   **Seite 127**

Welche Seenotsignalmittel sollten Sie an Bord haben? Nennen Sie mindestens 6 Beispiele.

1. Handfackeln, rot,
2. Handraketen, rot,
3. Rauchfackeln oder Rauchtopf, orange,
4. Signalpistole mit Munition,
5. Seewasserfärber,
6. Signalflaggen N und C,
7. Signallampe,
8. Seenotfunkboje.

Nr. 101   **Seiten 124, 179**

Welche Feuerlöscheinrichtungen sollten an Bord sein?

1. Feuerlöscher (ABC-Pulverlöscher und eventuell CO_2-Löscher),
2. Pütz zum Löschen von Bränden fester Stoffe,
3. Feuerlöschdecke,
4. Löschdurchlass für geschlossene Motorräume, der das Löschen von Bränden mit CO_2-Löschern ohne Sauerstoffzutritt ermöglicht.

Nr. 102   **Seite 124**

Welche Feuerlöscharten sind für Sportboote geeignet? Wie und wo sind sie an Bord unterzubringen?

1. Der ABC-Pulverlöscher, für geschlossene Motorräume der CO_2-Löscher.
2. Der Feuerlöscher muss gebrauchsfertig und leicht erreichbar sein, CO_2-Löscher nicht im Schiffsinneren unterbringen (Erstickungsgefahr bei Leckage).
3. Er soll in der Nähe der Maschinenräume, der Kombüse sowie der Kochoder Heizstelle montiert sein.

Nr. 103   **Seite 124**

Wie wird die ständige Funktionssicherheit eines Feuerlöschers sichergestellt?

1. Durch Einhaltung des vorgeschriebenen Prüftermins, ersichtlich auf der Prüfplakette.
2. Der Feuerlöscher muss vor Feuchtigkeit und Korrosion geschützt werden.

Nr. 104   **Seite 178**

Wie wird ein Brand an Bord wirksam bekämpft?

1. Alle Öffnungen schließen,
2. Brennstoffzufuhr (Hauptschalter) unterbrechen,
3. Feuerlöscher erst am Brandherd betätigen,
4. Feuer von unten und von vorn bekämpfen,
5. Löschdecke einsetzen,
6. Flüssigkeitsbrände nicht mit Wasser bekämpfen.

Nr. 105   **Seite 180**

Was ist vor Reisebeginn beim Seeklarmachen zu überprüfen und zu beachten? Nennen Sie mindestens 6 Beispiele.

1. Seetüchtigkeit der Yacht,
2. Treibstoffvorrat,
3. Navigationsunterlagen,
4. Sicherheitseinweisung der Besatzung,
5. Rettungsmittel,
6. Seenotsignale,
7. Trinkwasser- und Proviantvorräte,
8. Funktionsfähigkeit des Motors,
9. Funktionsfähigkeit der elektronischen Navigationsgeräte,
10. Lenzeinrichtungen,
11. Feuerlöscher,
12. Boots- und Personalpapiere.

Nr. 106 Seite 180
Was gehört zur Sicherheitseinweisung der gesamten Besatzung vor Reisebeginn? Nennen Sie mindestens 6 Beispiele.

Einweisung in Gebrauch und Bedienung
1. der Rettungswesten und Sicherheitsgurte,
2. des Rettungsfloßes,
3. der Signalmittel,
4. der Lenzpumpen,
5. der Seeventile und des Bord-WC,
6. der Kocheinrichtung,
7. der Feuerlöscher,
8. der Motoranlage,
9. der Elektroanlage,
10. des Rundfunkgerätes und der UKW-Seefunkanlage,
11. Verhalten bei »Mensch über Bord«,
12. Erkennen der Seekrankheit und entsprechendes Verhalten.

Nr. 107 Seiten 180
In welche technischen Einrichtungen/ Ausrüstungen muss der Schiffsführer die Besatzung vor Reiseantritt unbedingt einweisen? Nennen Sie mindestens 6 Beispiele.

1. Ankergeschirr,
2. Lenzeinrichtung,
3. Feuerlöscheinrichtungen,
4. Motoranlage,
5. Seeventile,
6. UKW-Seefunkanlage,
7. MOB-Taste vom satellitengestützten Navigationsgerät (z. B. GPS),
8. Seenotsignalmittel,
9. Notrudereinrichtung.

Nr. 108 Seite 180
Welche Sicherheitsmaßnahmen sind vor jedem Auslaufen durchzuführen? Nennen Sie mindestens 6 Beispiele.

1. Wetterbericht einholen,
2. Kontrolle der Sicherheitsausrüstung,
3. Kontrolle von Motor und Schaltung,
4. Kontrolle der nautischen Geräte,
5. Kontrolle der Bilge,
6. Überprüfen des Wasser- und Kraftstoffvorrats,
7. Kontrolle der Schall- und Lichtsignaleinrichtung,
8. Kontrolle der Navigationslichter,
9. Bereitlegen der aktuellen Seekarten und nautischen Veröffentlichungen.

Nr. 109 Seite 121
Warum sollten alle Crewmitglieder Lage und Funktion sämtlicher Pumpen und Ventile kennen?

Damit im Bedarfsfall sie jeder bedienen kann.

Nr. 110 Seite 121
Warum sollte die Crew in die Funktion des Bord-WC eingewiesen werden?

Weil durch unsachgemäße Bedienung Wasser ins Bootsinnere gelangen kann.

Nr. 111 Seiten 180
Warum sollte die Crew vor Reisebeginn in die Funktion des Ankergeschirrs und die Durchführung eines Ankermanövers eingewiesen werden?

Damit jeder den Anker sicher ausbringen und einholen kann.

Nr. 112 Seite 178
Wie verhalten Sie sich, wenn Ihr Schiff leckgeschlagen ist?

1. Meldung abgeben.
2. Je nach Erfordernissen Fahrt aus dem Schiff nehmen.
3. Lenzpumpen betätigen, Lecksuche, Leck mit Bordmitteln abdichten.
4. Küste bzw. flaches Wasser ansteuern.
5. Fahrzeug so trimmen, dass Leckstelle aus dem Wasser kommt bzw. möglichst wenig unter Wasser ist.

Nr. 113 Seiten 178, 182
Was tun Sie, wenn Ihr Schiff leckgeschlagen ist und das Wasser im Schiff trotz aller Maßnahmen weiter steigt?

1. Notzeichen geben, Funkmeldung abgeben, ggf. Radartransponder einschalten.
2. Verlassen des Bootes vorbereiten, Rettungswesten anlegen, Rettungsfloß klarmachen.
3. Wenn möglich, ruhiges Flachwasser anlaufen und Schiff auf Grund setzen.

Nr. 114 Seite 178
Welche Folgen können Grundberührungen und harte Stöße, z. B. bei Anlegemanövern oder Kollisionen mit treibenden Gegenständen, haben?

1. Eine Beschädigung der Bordwand kann eintreten.
2. Es kann Sinkgefahr entstehen.

Nr. 115 Seite 182
Welche grundsätzliche Verhaltensweise sollte beachtet und welche Maßnahmen sollten ergriffen werden, wenn Ihr Schiff in Seenot kommt?

1. Ruhe bewahren und überlegt handeln.
2. Notmeldung abgeben, ggf. Radartransponder einschalten.
3. Rettungsfloß klarmachen.
4. Rettungsweste und Sicherheitsgurt anlegen.
5. So lange wie möglich an Bord bleiben.
6. Wärmende Kleidung anziehen.

Nr. 116 Seite 182
Welche Maßnahmen treffen Sie, bevor Sie von Ihrem Fahrzeug in ein Rettungsfloß übersteigen?

1. Rettungsweste und Sicherheitsgurt anlegen.
2. Wärmende Kleidung anziehen.
3. Nach Möglichkeit vorher reichlich warme Flüssigkeit trinken.
4. Soweit noch nicht geschehen, Proviant, Wasser, Seenotsignalmittel und ggf. Seenotfunkbake, Radartransponder und UKW-Handsprechfunkgeräte in das Rettungsfloß bringen.

Nr. 117 Seite 182
Warum sollte ein sinkendes Schiff im Notfall so spät wie möglich verlassen werden?

1. Die Überlebensmöglichkeiten sind auf dem Schiff größer.
2. Ein Schiff ist besser zu orten.
3. Einstieg in das Rettungsfloß und Aufenthalt können sehr schwierig sein.

Nr. 118   **Seite 183**
Erklären Sie die Handhabung der Hubschrauberrettungsschlinge im Einsatz.

1. Bei offener Rettungsschlinge: zuerst den Karabinerhaken einpicken.
2. Mit dem Kopf und beiden Armen in die Rettungsschlinge einsteigen.
3. Die Arme müssen nach unten gedrückt werden und die Hände sind zu schließen.
4. Das Windenseil muss frei hängen, es darf nicht an Bord befestigt werden.

Nr. 119   **Seite 183**
Wann dürfen Notzeichen gegeben werden?

Nach Feststellung des Notfalles auf Anordnung des Schiffsführers; bei unmittelbarer Gefahr für das Schiff oder die Besatzung, die ohne fremde Hilfe nicht überwunden werden kann.

Nr. 120   **Seite 183**
Wann darf ein UKW-Sprechfunkgerät auch ohne entsprechenden Befähigungsnachweis benutzt werden?

In Notfällen.

Nr. 121   **Seite 181**
Worauf ist zu achten, wenn Crewmitglieder seekrank sind?

1. Aufenthalt im Cockpit beaufsichtigen und Crewmitglieder gegen Überbordfallen sichern,
2. Flüssigkeitsverlust ausgleichen (Wasser),
3. Crewmitglied anhalten, zur Küste oder zum Horizont zu schauen,
4. mit Arbeiten beschäftigen.

Nr. 122   **Seiten 162**
Wozu dient ein Reitgewicht (Gleitgewicht, Ankergewicht) beim Ankern?

Es soll die Ankertrosse auf den Grund ziehen, damit der Anker nicht durch einen zu steilen Winkel aus dem Grund gebrochen wird. Es wirkt ruckdämpfend.

Nr. 123   **Seite 158**
Warum sollte beim Verwenden einer Ankertrosse ein Kettenvorlauf benutzt werden?

Damit der Zug auf den Anker nicht zu steil wird.

Nr. 124   **Seite 160**
Welcher Ankergrund ist für die üblichen Leichtgewichtsanker
1. gut geeignet?
2. mäßig geeignet?
3. ungeeignet?

1. Sand, Schlick, weicher Ton und Lehm,
2. harter Ton und Lehm,
3. steinige, verkrautete und stark schlammige Böden.

Nr. 125   **Seite 160**
Was müssen Sie bei der Auswahl eines Ankerplatzes beachten?

1. Der Ankerplatz sollte Schutz vor Wind und Wellen bieten.
2. Auf ausreichenden Platz zum Schwojen achten.
3. Mögliche Winddrehungen einplanen.

Nr. 126   **Seite 160**
Welchen Ankergrund sollten Sie nach Möglichkeit meiden?

Steinige, verkrautete und stark schlammige Böden.

Nr. 127   **Seite 162**
Wie können Sie die Haltekraft eines Ankers erhöhen, wenn Sie auf engem Raum (z. B. zwischen zwei Stegen) nicht die erforderliche Kettenlänge stecken können?

Mit einem Reitgewicht, um so den Anker besser am Boden zu halten.

Nr. 128   **Seiten 158, 162**
Sie ankern in einer Bucht. Wie können Sie bei zunehmendem Wind die Haltekraft Ihres Ankers verbessern?

1. Mehr Trosse oder Kette stecken,
2. Reitgewicht verwenden.

Nr. 129   **Seite 160**
Sie wollen auf verkrautetem Grund ankern. Ihnen steht ein Leichtgewichtsanker und ein Stockanker zur Verfügung. Welchen benutzen Sie und warum?

Den Stockanker, weil er sich insbesondere auch aufgrund seines höheren Gewichtes besser eingräbt.

Nr. 130   **Seite 158**
Wozu dient eine Ankerboje?

1. Sie zeigt die Lage des Ankers an.
2. Mit der Trippleine kann das Bergen eines unklaren Ankers unterstützt werden.

Nr. 131   **Seite 161**
Wie erkennen Sie, ob der Anker hält?

1. Vibration von Kette oder Trosse prüfen,
2. Einrucken des Ankers prüfen,
3. durch wiederholte Peilungen und ggf. Schätzungen des Abstands zu anderen Schiffen oder zu Landmarken,
4. falls GPS vorhanden ist, die Ankeralarmfunktion einschalten.

Nr. 132   **Seite 158**
Welche Ankerarten finden überwiegend auf Sportbooten Verwendung? Nennen Sie 3.

1. Patentanker,
2. Stockanker (einklappbarer Stock),
3. Draggen (klappbare Flunken),
4. Pflugscharanker.

Nr. 133   **Seite 158**
Nennen Sie 3 Ankertypen, die vom Germanischen Lloyd als Anker mit hoher Haltekraft anerkannt sind.

Bruce-Anker, CQR-Anker, Danforth-Anker, D'Hone-Anker.

Nr. 134   **Seite 158**
1. Welches sind die Vorteile einer Ankerkette gegenüber einer Ankerleine?
2. Wie kombiniert man auf Yachten häufig die Systeme?

1. Die Kette unterstützt das Eingraben, verkleinert den Schwojeraum, wirkt ruckdämpfend, kann nicht an Steinen durchscheuern und erhöht die Haltekraft des Ankers.
2. Es wird zwischen Anker und Leine ein Kettenvorlauf von 3 bis 5 m gefahren.

Nr. 135   Seite 159
1. **Warum soll eine Ankerleine nicht an den Anker geknotet werden?**
2. **Warum muss die Ankerkette mit einem Taustropp am Schiff bzw. im Kettenkasten befestigt werden?**

1. Knoten reduzieren die Bruchlast einer Leine um bis zu 50 %.
2. Damit die Kette im Notfall schnell gekappt werden kann.

Nr. 136   Seite 160
Sie wollen in einer Bucht ankern, in der das (ausreichend tiefe) Wasser unterschiedliche Färbungen zeigt. Wo wählen Sie den Ankerplatz? (Begründung!)

Ich ankere auf hellem Wasser. Begründung: Der Grund ist hier sandig, der Anker hält gut. Dunkler Grund weist auf Bewuchs hin, wo der Anker schlecht hält.

Nr. 137   Seite 160
Warum darf der Anker nicht zusammen mit seiner Leine am Ankerplatz über Bord geworfen werden?

Die Leine könnte mit dem Anker vertörnen und dadurch das Eingraben des Ankers verhindern. Der Anker würde dann nicht halten.

Nr. 138   Seite 160
Beschreiben Sie die Vorbereitung eines Ankermanövers.

– Auswählen eines geeigneten Ankerplatzes anhand der Seekarte bzw. des Seehandbuches (Meeresgrund/Wassertiefe geeignet?),
– Ermitteln der Wind- und/oder Stromrichtung und -stärke,
– Klarmachen des Ankergeschirrs und des Ankersignals,
– mit langsamster Fahrt – Kurs gegen Strom bzw. Wind – einen Ankerplatz ansteuern.

Nr. 139   Seite 160
Beschreiben Sie wichtige Elemente eines Ankermanövers.

– Geeigneten Ankerplatz festlegen/planen,
– Ansteuerung planen (in der Regel gegen Wind und/oder Strom),
– bei langsamer Fahrt rückwärts über Grund Anker fallen lassen,
– Kette/Leine in Abhängigkeit vom Wetter/Strom bis auf das 3- bzw. 5fache der Wassertiefe stecken,
– Ankerball/Ankerlicht setzen,
– Ankerposition feststellen, dokumentieren und ausreichend kontrollieren.

Nr. 140   Seite 184
Was müssen Sie bedenken, wenn ein großes Schiff auf Ihr Sportboot zukommt?

1. Andere Manövrierfähigkeit (größere Drehkreise, längere Stoppstrecken),
2. u. U. eingeschränkte Sicht des anderen Fahrzeugs, insbesondere nach voraus,
3. Möglichkeit des Übersehenwerdens, weil man sich im Radarschatten befindet,
4. Beeinträchtigung durch Bugwellen des großen Schiffes,
5. mögliche Beeinträchtigung der Manövrierfähigkeit des eigenen Bootes durch Windabdeckung.

Nr. 141   Seite 184
Warum sollten Sie nicht zu dicht hinter dem Heck eines vorbeifahrenden Schiffes durchfahren?

Sog und Hecksee können das eigene Boot erheblich gefährden.

Nr. 142   Seite 184
Was müssen Sie beim Passieren eines großen Schiffes bei dessen Kursänderungen, z. B. in einem kurvenreichen Fahrwasser, beachten?

Bei einer Kursänderung schwenkt das Heck deutlich in die entgegengesetzte Richtung aus, also nach Backbord bei einer Kursänderung nach Steuerbord und umgekehrt.

Nr. 143   Seite 184
Mit welchen Stoppstrecken und Stoppzeiten müssen Sie bei großen Schiffen in voller Fahrt rechnen und wovon hängen sie ab?

Abhängig von Schiffstyp und -größe, Beladungszustand und Ausgangsgeschwindigkeit ist mit der 8- bis 12fachen Schiffslänge und bis zu 8 bis 12 Minuten Dauer (z. B. ein 300 m langes Containerschiff voll abgeladen mit 24 kn: Stoppstrecke ca. 2 sm, Stoppzeit ca. 12 Minuten) zu rechnen.

Nr. 144   Seite 184
Wie reagiert ein großes Schiff, wenn bei ca. 20 kn Fahrt ein Ausweichmanöver durch Hartruderlage eingeleitet wird? Nach welcher Distanz verlässt es in etwa die alte Kurslinie?

Der Steven bewegt sich in Richtung der Hartruderlage, das Heck schlägt relativ weit zur entgegengesetzten Richtung aus. Das Schiff verlässt mit seinem Heck erst nach mehreren Schiffslängen seine bisherige Kurslinie, bewegt sich also zunächst in der alten Kursrichtung fort. Diese Strecke kann bei 300 m langen Containerschiffen 1,5 bis 2,5 Schiffslängen, d. h. ca. 500 bis 600 m betragen.

Nr. 145   Seite 184
Auf vielen großen Schiffen ist die Sicht nach vorne eingeschränkt. Welchen Abstand vor einem Schiff müssen Sie als nicht einsehbar mindestens berücksichtigen?

Sichtbeschränkung nach voraus maximal 2 Schiffslängen oder 500 m.

Nr. 146   Seiten 93, 124
Wie können Sie die Wahrscheinlichkeit erhöhen, im Radar von anderen Fahrzeugen gesehen zu werden?

Durch einen möglichst hoch und fest angebrachten passiven Radarreflektor bzw. besser noch durch einen »aktiven« Radarreflektor.

Teil 2:
Fragenkatalog Sportbootführerschein See

Amtlicher Fragenkatalog
mit offiziellen Musterantworten

Auf den folgenden Seiten finden Sie den amtlichen Fragenkatalog mit den offiziellen Musterantworten für den schriftlichen Teil der theoretischen Prüfung zum amtlichen Sportbootführerschein See.

Im schriftlichen Teil der theoretischen Prüfung muss der Kandidat 33 Fragen des Fragenkatalogs innerhalb von 75 Minuten ohne Hilfsmittel beantworten. Die Fragen sind etwa gleich schwer.

Richtig und vollständig beantwortete Fragen werden mit 2 Punkten bewertet, nur zum Teil oder nicht richtig beantwortete Fragen mit 1 bzw. 0 Punkten. Maximal sind 66 Punkte erreichbar.

• Wer 55 und mehr Punkte erreicht hat, hat die theoretische Prüfung bestanden und braucht (außer bei besonderen Umständen) nicht mehr in die mündliche Prüfung.

• Wer mehr als 43, aber weniger als 55 Punkte erreicht hat, wird mündlich geprüft.

• Wer nur 43 oder weniger Punkte erreicht hat, hat (außer bei besonderen Umständen) die Prüfung nicht bestanden.

Den amtlichen Fragenkatalog mit Musterantworten findet man auch im Internet unter *www.elwis.de/Sportschiff fahrt/Patentinformationen*

Die Seitenzahl bzw. Seitenzahlen neben der jeweiligen Frage verweisen auf die Seite bzw. Seiten dieses Lehrbuches, wo auf die Frage im Einzelnen eingegangen wird.

Zeichenerklärung

Darstellung der Lichter

 Rundumlicht

 Festes Licht, sichtbar über einen begrenzten Horizontbogen

 Festes Licht, sichtbar über einen begrenzten Horizontbogen, vom Beobachter abgekehrte Richtung

 Funkellicht, sichtbar über den ganzen Horizont

 Festes Licht, sichtbar über drei begrenzte Horizontbögen

Darstellung der Schallsignale

— 1 langer Ton

• 1 kurzer Ton

 Glockenschlag

Rasches Läuten der Glocke

 Rasches Schlagen des Gongs

Darstellung der Kennungen
mit Abkürzung der Kennungen (englisch/deutsch)

Funkelfeuer mit dauerndem Funkeln	(Q/Fkl.)
Schnelles Funkelfeuer mit dauerndem schnellem Funkeln	(VQ/SFkl.)
Funkelfeuer mit Gruppen von 3 Funkeln	(Q[3]/Fkl.[3])
Schnelles Funkelfeuer mit Gruppen von 3 schnellen Funkeln	(VQ[3]/SFkl.[3])
Funkelfeuer mit Gruppen von 6 Funkeln und 1 Blink	(Q[6]+LFl/Fkl.[6]+Blk.)
Schnelles Funkelfeuer mit Gruppen von 6 schnellen Funkeln und 1 Blink	(VQ[6]+LFl/SFkl.[6]+Blk.)
Funkelfeuer mit Gruppen von 9 Funkeln	(Q[9]/Fkl.[9])
Schnelles Funkelfeuer mit Gruppen von 9 schnellen Funkeln	(VQ[9]/SFkl.[9])
Funkelfeuer mit Unterbrechungen	(IQ/Fkl.unt.)

Gesetzeskunde

Allgemeines

1 Seite 212
Welche drei gesetzlichen Bestimmungen regeln den Verkehr auf den Seeschifffahrtsstraßen?

1. Die Kollisionsverhütungsregeln (KVR).
2. Die Seeschifffahrtsstraßen-Ordnung (SeeSchStrO).
3. Die Schifffahrtsordnung Emsmündung (EmsSchO).

2 Seite 212
Wo gelten die nachfolgend aufgeführten Verkehrsvorschriften:
1. Kollisionsverhütungsregeln (KVR),
2. Seeschifffahrtsstraßen-Ordnung (SeeSchStrO),
3. Schifffahrtsordnung Emsmündung (EmsSchO)?

1. Auf der Hohen See und auf den mit dieser zusammenhängenden, von Seeschiffen befahrbaren Gewässern.
2. Auf den deutschen Seeschifffahrtsstraßen.
3. Im Mündungsgebiet der Ems und auf der Leda.

3 Seite 212
Welche Vorschrift gilt, wenn eine Bestimmung der Seeschifffahrtsstraßen-Ordnung (SeeSchStrO) bzw. der Schifffahrtsordnung Emsmündung (EmsSchO) mit den Kollisionsverhütungsregeln im Widerspruch steht?

Die Vorschrift der Seeschifffahrtsstraßen-Ordnung (SeeSchStrO) bzw. der Schifffahrtsordnung Emsmündung (EmsSchO).

4 Seite 252
Auf welchen Gewässern der Bundesrepublik Deutschland ist der Besitz des Sportbootführerscheins – See als Erlaubnis für das Führen eines Sportbootes oder eines Wassermotorrades vorgeschrieben? Welche Sportboote sind davon ausgenommen?

1. Auf den deutschen Seeschifffahrtsstraßen.
2. Sportboote ohne Motorantrieb oder solche mit einer größten nicht überschreitbaren Nutzleistung von 3,68 Kilowatt (5 PS) oder weniger an der Propellerwelle.

5 Seite 231
1. Wer ist für die Befolgung der Verkehrsvorschriften verantwortlich?
2. Was ist zu tun, wenn vor Antritt der Fahrt nicht feststeht, wer Fahrzeugführer ist?

1. Der Fahrzeugführer oder sein Stellvertreter.
2. Der verantwortliche Fahrzeugführer muss bestimmt werden. Er muss zur Führung des Fahrzeugs berechtigt sein.

6 Seite 231
In welchen Fällen dürfen Sie weder ein Sportboot führen oder dessen Kurs oder Geschwindigkeit selbstständig bestimmen noch ein Wassermotorrad oder ein Segelsurfbrett fahren?

1. Wenn ich infolge körperlicher oder geistiger Mängel oder infolge des Genusses alkoholischer Getränke oder anderer berauschender Mittel in der sicheren Führung behindert bin.
2. Wenn ich eine Blutalkoholkonzentration von 0,5 ‰ oder mehr im Körper habe.

7 Seite 231
Was beinhaltet Absatz 1 der Grundregeln der Verordnung zu den Kollisionsverhütungsregeln (KVR), der Seeschifffahrtsstraßen-Ordnung (SeeSchStrO) und der Verordnung zur Einführung der Schifffahrtsordnung Emsmündung (EmsSchO) über das Verhalten im Verkehr?

1. Sicherheit und Leichtigkeit des Verkehrs müssen gewährleistet sein.
2. Kein anderer darf geschädigt, gefährdet oder unnötig behindert oder belästigt werden.
3. Vorsichtsmaßnahmen beachten, die Seemannsbrauch oder besondere Umstände erfordern.

8 Seite 231
Was verstehen Sie unter dem Begriff »seemännische Sorgfaltspflicht« und wie wird sie erfüllt?

1. Die Verpflichtung zur Beachtung von Vorsichtsmaßregeln über die Verkehrsvorschriften hinaus, die Seemannsbrauch oder besondere Umstände des Falles erfordern.
2. Zur Erfüllung der seemännischen Sorgfaltspflicht gehört auch die Anwendung der Sicherheitsregeln, die u. a. in der nautischen Veröffentlichung des Bundesamtes für Seeschifffahrt und Hydrographie (BSH) »Sicherheit im See- und Küstenbereich« enthalten sind.

9 Seite 231
Welche Sicherheitsmaßnahmen sollte der Fahrzeugführer im Rahmen seiner seemännischen Sorgfaltspflicht vor Fahrtantritt zum Schutze und für die Sicherheit der Personen an Bord treffen?

Der Fahrzeugführer hat die Besatzungsmitglieder und Gäste
1. über die Sicherheitsvorkehrungen an Bord zu unterrichten,
2. in die Handhabung der Rettungs- und Feuerlöschmittel einzuweisen,
3. auf geeignete Maßnahmen gegen das Überbordfallen hinzuweisen.

10   Seite 214

Was verstehen Sie unter dem Begriff »in Fahrt«?

Wenn ein Fahrzeug
– weder vor Anker liegt
– noch an Land festgemacht ist,
– noch auf Grund sitzt.

11   Seite 214

1. Wie lang ist die Dauer eines kurzen Tons (●)?
2. Wie lang ist die Dauer eines langen Tons (━)?

1. Etwa 1 Sekunde.
2. Etwa 4–6 Sekunden.

12   Seite 225

Was verstehen Sie unter dem Begriff »Manöver des letzten Augenblicks« und in welcher Situation ist es durchzuführen?

1. Ausweichmanöver des Kurshalters.
2. Es muss durchgeführt werden, wenn ein Zusammenstoß durch Manöver des Ausweichpflichtigen allein nicht mehr vermieden werden kann.

13   Seite 227

In welchem Fall gelten Sie als überholendes Fahrzeug?

Wenn ich mich einem anderen Fahrzeug aus einer Richtung von mehr als 22,5° achterlicher als querab (Bereich des Hecklichtes) nähere. Im Zweifelsfalle habe ich mich als überholendes Fahrzeug zu betrachten.

14   Seite 220

Was verstehen Sie unter dem Begriff »manövrierunfähiges Fahrzeug«?

Ein Fahrzeug, das wegen außergewöhnlicher Umstände nicht so wie vorgeschrieben manövrieren und daher einem anderen Fahrzeug nicht ausweichen kann (z. B. Ausfall der Ruder- oder Maschinenanlage).

15   Seite 220

Was verstehen Sie unter dem Begriff »manövrierbehindertes Fahrzeug«?

Ein Fahrzeug, das durch die Art seines Einsatzes behindert ist, so wie vorgeschrieben zu manövrieren, und daher einem anderen Fahrzeug nicht ausweichen kann (z. B. Tonnenleger, Kabelleger, Bagger).

16   Seite 214

Was verstehen Sie unter dem Begriff »verminderte Sicht«?

Sichteinschränkung durch Nebel, dickes Wetter, Schneefall, heftige Regengüsse oder ähnliche Umstände.

17   Seite 227

Welche Maßnahmen müssen Sie bei verminderter Sicht treffen?

1. Es muss mit sicherer, den verminderten Sichtverhältnissen angepasster Geschwindigkeit gefahren werden.
2. Es müssen Schallsignale gegeben werden.
3. Es müssen Positionslichter eingeschaltet werden.
4. Es muss Ausguck gegangen werden.

18   Seiten 214, 218, 227

1. Wann gilt ein Fahrzeug unter Segel als Maschinenfahrzeug?
2. Welches zusätzliche Signal führt es am Tage?

1. Wenn es gleichzeitig mit Maschinenkraft fährt.
2. Einen schwarzen Kegel, Spitze unten.

19   Seite 226

Welche Seite wird als Luv-, welche als Leeseite bezeichnet?

Die dem Wind zugekehrte Seite wird als Luvseite, die dem Wind abgekehrte Seite als Leeseite bezeichnet.

20   Seite 232

Wann und in welchem Zustand müssen Positionslaternen an Bord sein?

Sie müssen ständig und gebrauchsfertig mitgeführt werden.

21   Seite 214

Wann müssen die Lichter von Fahrzeugen geführt oder gezeigt werden?

Von Sonnenuntergang bis Sonnenaufgang und bei verminderter Sicht.

22   Seite 214

1. Welcher Zeitraum gilt als »am Tage«?
2. Welcher Zeitraum gilt als »bei Nacht«?

1. Von Sonnenaufgang bis Sonnenuntergang.
2. Von Sonnenuntergang bis Sonnenaufgang.

23   Seite 214

Wozu dient die Lichterführung?

Sie zeigt die Fahrtrichtung und Lage eines Fahrzeugs an.

24   Seiten 215, 232

Welche Vorschriften regeln die Ausrüstung, Anordnung und Anbringung der Positionslaternen, Sichtzeichen und Schallsignalanlagen auf Fahrzeugen?

1. Die Kollisionsverhütungsregeln (KVR).
2. Die Seeschifffahrtsstraßen-Ordnung (SeeSchStrO).
3. Die Schifffahrtsordnung Emsmündung (EmsSchO).

25 Seite 232
Welche Positionslaternen, Sichtzeichen und Schallsignalanlagen dürfen Sie verwenden?

Solche, deren Baumuster vom Bundesamt für Seeschifffahrt und Hydrographie (BSH) zur Verwendung zugelassen sind.

26 Seite 224
Was verstehen Sie unter dem Begriff »Verkehrstrennungsgebiet«?

1. Es sind bekannt gemachte Schifffahrtswege, die durch Trennlinien oder Trennzonen in Einbahnwege geteilt sind.
2. Sie dürfen jeweils nur in Fahrtrichtung rechts der Trennlinie oder Trennzone befahren werden.

27 Seite 214
Was verstehen Sie unter dem Begriff »in Sicht befindlich«?

Wenn jedes Fahrzeug vom anderen optisch wahrgenommen werden kann.

28 Seite 224
Wie haben Sie allgemein Ihre Geschwindigkeit einzurichten?

Jedes Fahrzeug muss mit einer »sicheren Geschwindigkeit« fahren, d. h. es muss sich der Verkehrslage, den Sicht- und Witterungsverhältnissen anpassen und jederzeit aufgestoppt werden können.

29 Seite 125
Was bedeutet
1. das CE-Zeichen und
2. worauf haben Sie beim Betrieb eines Sportbootes als verantwortlicher Fahrzeugführer zu achten?

1. Das CE-Zeichen bedeutet, dass die Sicherheitsanforderungen der EU an Bau und Ausrüstung bei Inbetriebnahme des Sportbootes erfüllt worden sind;
2. trotzdem habe ich als verantwortlicher Schiffsführer beim Betrieb eines Sportbootes darauf zu achten, dass vor Antritt der Fahrt alle sicherheitsrelevanten Systeme geprüft worden sind und während der Fahrt die im Schiffsbetrieb auftretenden Gefahrenquellen laufend überprüft werden.

Kollisionsverhütungsregeln (KVR)

30 Seite 216
Sie sehen folgendes Fahrzeug:

Was ist das für ein Fahrzeug?

Maschinenfahrzeug in Fahrt von weniger als 50 Meter Länge.

31 Seite 216
Sie sehen folgendes Fahrzeug:

Welches Fahrzeug muss diese Lichter führen?

Maschinenfahrzeug in Fahrt von 50 und mehr Meter Länge.

32 Seite 217
Sie sehen folgenden Schleppverband:

1. Was ist das für ein Schleppverband?
2. Was bedeutet es, wenn das schleppende Fahrzeug zusätzlich drei Rundumlichter senkrecht übereinander – das obere und untere rot, das mittlere weiß – führt?

1. Schleppverband in Fahrt von 200 Meter Länge oder weniger.
2. Der Schleppverband ist manövrierbehindert.

33   Seite 217

Sie sehen folgenden Schleppverband:

1. Was ist das für ein Schleppverband?
2. Was bedeutet es, wenn das schleppende Fahrzeug zusätzlich drei Rundumlichter senkrecht übereinander – das obere und untere rot, das mittlere weiß – führt?

1. Schleppverband in Fahrt von mehr als 200 Meter Länge.
2. Der Schleppverband ist manövrierbehindert.

34   Seite 217

Welche Lichter führen geschleppte Fahrzeuge?

Seitenlichter rot und grün und ein weißes Hecklicht.

35   Seite 217

Was bedeutet es, wenn jedes Fahrzeug eines Schleppverbandes einen schwarzen Rhombus führt?

Schleppverband von mehr als 200 Meter Länge.

36   Seite 220

Sie sehen folgendes Fahrzeug:

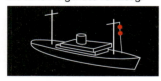

Was ist das für ein Fahrzeug?

Ein manövrierunfähiges Fahrzeug in Fahrt.

37   Seite 220

Sie sehen folgendes Fahrzeug:

Was ist das für ein Fahrzeug?

Ein manövrierunfähiges Fahrzeug mit Fahrt durchs Wasser.

38   Seite 220

Sie sehen folgendes Fahrzeug:

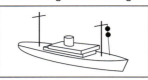

Was ist das für ein Fahrzeug?

Ein manövrierunfähiges Fahrzeug.

39   Seite 220

Welche Signalkörper haben Sie zu führen, wenn Ihr Fahrzeug von 12 und mehr Meter Länge manövrierunfähig ist?

Zwei schwarze Bälle senkrecht übereinander.

40   Seite 220

Welche Lichter haben Sie zu führen, wenn Ihr Fahrzeug von 12 und mehr Meter Länge manövrierunfähig ist, und zwar
1. in Fahrt (ohne Fahrt durchs Wasser),
2. mit Fahrt durchs Wasser?

1. Zwei rote Rundumlichter senkrecht übereinander.
2. Zwei rote Rundumlichter senkrecht übereinander und zusätzlich die Seitenlichter und das Hecklicht.

41   Seite 220

Sie sehen folgendes Fahrzeug:

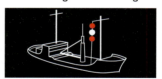

Was ist das für ein Fahrzeug?

Ein manövrierbehindertes Fahrzeug in Fahrt.

42   Seite 220

Sie sehen folgendes Fahrzeug:

Welches Fahrzeug muss diese Lichter führen?

Ein manövrierbehindertes Fahrzeug mit Fahrt durchs Wasser von 50 und mehr Meter Länge.

43   Seite 220
Sie sehen folgendes Fahrzeug:

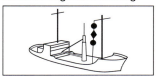

Was ist das für ein Fahrzeug?

Ein manövrierbehindertes Fahrzeug.

44   Seite 223
Sie sehen folgendes Fahrzeug:

Was ist das für ein Fahrzeug?

Ein Grundsitzer von weniger als 50 Meter Länge.

45   Seite 223
Sie sehen folgendes Fahrzeug:

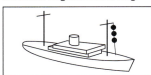

Was ist das für ein Fahrzeug?

Ein Grundsitzer.

46   Seite 223
Sie sehen folgendes Fahrzeug:

Welches Fahrzeug muss diese Lichter führen?

Ein Grundsitzer von 50 und mehr Meter Länge.

47   Seite 222
Sie sehen folgendes Fahrzeug:

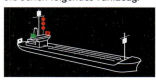

Welches Fahrzeug muss diese Lichter führen?

Ein tiefgangbehindertes Fahrzeug von 50 und mehr Meter Länge in Fahrt.

48   Seite 222
Sie sehen folgendes Fahrzeug:

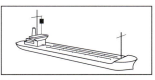

Was ist das für ein Fahrzeug?

Ein tiefgangbehindertes Fahrzeug in Fahrt.

49   Seite 219
Sie sehen folgendes Fahrzeug:

Welches Fahrzeug muss diese Lichter führen?

Ein fischender Trawler (Fischereifahrzeug) mit Fahrt durchs Wasser von 50 und mehr Meter Länge.

50   Seite 219
Sie sehen folgendes Fahrzeug:

Was ist das für ein Fahrzeug?

Ein fischendes Fahrzeug in Fahrt, das nicht trawlt, z. B. Treibnetzfischer.

51   Seiten 219
Sie sehen folgendes Fahrzeug:

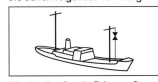

Was ist das für ein Fahrzeug?

Ein fischendes Fahrzeug in Fahrt.

52 Seite 219
Was verstehen Sie unter dem Begriff »fischendes Fahrzeug«?

Ein Fahrzeug, das mit Netzen, Leinen, Schleppnetzen oder anderen Fanggeräten fischt, welche seine Manövrierfähigkeit einschränken.

53 Seiten 217, 218
Welche Fahrzeuge führen nur Seitenlichter rot und grün und ein weißes Hecklicht?

Segler, Ruderboote und geschleppte Fahrzeuge.

54 Seite 218
Was für eine Laterne kann ein Segelfahrzeug von weniger als 20 Meter Länge anstelle der Seitenlichter und des Hecklichtes führen?

Eine Dreifarbenlaterne an oder nahe der Mastspitze.

55 Seite 218
Welche Lichter darf ein Fahrzeug unter Ruder führen oder zeigen?

Es darf die Seitenlichter und das Hecklicht oder eine Dreifarbenlaterne führen. Andernfalls ist ein weißes Licht gebrauchsfertig zur Hand zu haben, das rechtzeitig gezeigt werden muss, um einen Zusammenstoß zu verhüten.

56 Seite 218
Welche Lichter muss ein Fahrzeug unter Segel, das gleichzeitig mit Maschinenkraft fährt, führen?

Die für ein Maschinenfahrzeug vorgeschriebenen Lichter.

57 Seite 216
Welche Lichter kann bzw. muss ein Maschinenfahrzeug in Fahrt von weniger als 7 Meter Länge, dessen Höchstgeschwindigkeit 7 Knoten nicht übersteigt, führen?

1. kann:

2. muss, soweit möglich:

1. kann:

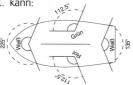

2. muss, soweit möglich:

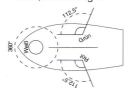

3. muss mindestens:

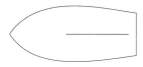

Tragen Sie die Lichter unter Angabe der Farben und Sichtwinkel ein, geben Sie an, in welcher Mindesthöhe das Topp- oder Rundumlicht über den Seitenlaternen geführt werden muss, und geben Sie ferner an, welche Erleichterung anstelle der beiden Seitenlaternen zulässig ist.

58 Seite 216
Welche Lichter kann bzw. muss ein Maschinenfahrzeug in Fahrt von weniger als 12 Meter Länge führen?

1. kann:

2. muss mindestens:

Tragen Sie die Lichter unter Angabe der Farben und Sichtwinkel ein, geben Sie an, in welcher Mindesthöhe das Topp- oder Rundumlicht über den Seitenlaternen geführt werden muss, und geben Sie ferner an, welche Erleichterung anstelle der beiden Seitenlaternen zulässig ist.

3. muss mindestens:

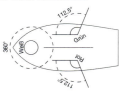

Das Topp- oder Rundumlicht muss mindestens 1 Meter höher als die Seitenlaternen geführt werden. Anstelle der beiden Seitenlaternen kann eine Zweifarbenlaterne geführt werden.

1. kann:

2. muss mindestens:

Das Topp- oder Rundumlicht muss mindestens 1 Meter höher als die Seitenlaternen geführt werden. Anstelle der beiden Seitenlaternen kann eine Zweifarbenlaterne geführt werden.

59 Seite 216
Welche Lichter muss ein Maschinenfahrzeug in Fahrt von 12 und mehr, jedoch weniger als 20 Meter Länge führen?

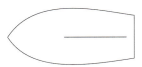

Tragen Sie die Lichter unter Angabe der Farben und Sichtwinkel ein, geben Sie an, in welcher Mindesthöhe das Topplicht über dem Schandeckel geführt werden muss, und geben Sie ferner an, welche Erleichterung anstelle der beiden Seitenlaternen zulässig ist.

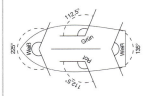

Höhe des Topplichtes über dem Schandeckel: Mindestens 2,50 Meter. Anstelle der beiden Seitenlaternen kann eine Zweifarbenlaterne geführt werden.

60 Seite 216
Welche Lichter muss ein Maschinenfahrzeug in Fahrt von 20 und mehr, jedoch weniger als 50 Meter Länge führen?

Tragen Sie die Lichter unter Angabe der Farben und Sichtwinkel ein und geben Sie ferner die Mindesthöhe des Topplichtes über dem Schiffskörper an.

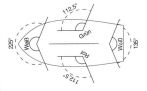

Höhe des Topplichtes über dem Schiffskörper:
Mindestens 6 Meter oder in einer der Breite des Fahrzeugs mindestens gleichkommenden Höhe, es braucht jedoch nicht höher als 12 Meter angebracht zu sein.

61 Seite 223
1. Was für ein Licht muss ein Ankerlieger von weniger als 50 Meter Länge führen?
2. Was für einen Signalkörper muss ein Ankerlieger führen?

1. Ein weißes Rundumlicht an gut sichtbarer Stelle.
2. Einen schwarzen Ball an gut sichtbarer Stelle.

62 Seite 223
Sie sehen folgendes Fahrzeug:

Welches Fahrzeug muss diese Lichter führen?

Ein vor Anker liegendes Fahrzeug von 100 und mehr Meter Länge.

63 Seite 228
Sie hören bei verminderter Sicht mindestens alle zwei Minuten einen langen Ton mit der Pfeife (▬).
Welches Fahrzeug gibt dieses Signal?

Ein Maschinenfahrzeug, das Fahrt durchs Wasser macht.

64 Seite 228
Sie hören bei verminderter Sicht mindestens alle zwei Minuten zwei aufeinander folgende lange Töne mit der Pfeife (▬ ▬).
Welches Fahrzeug gibt dieses Signal?

Ein Maschinenfahrzeug in Fahrt, das seine Maschine gestoppt hat und keine Fahrt durchs Wasser macht.

65 Seiten 228
Sie hören bei verminderter Sicht mindestens alle zwei Minuten drei aufeinander folgende Töne mit der Pfeife, und zwar lang, kurz, kurz (▬ ● ●).
Welche Fahrzeuge geben dieses Signal?

1. Ein manövrierunfähiges Fahrzeug in Fahrt.
2. Ein manövrierbehindertes Fahrzeug in Fahrt oder vor Anker.
3. Ein tiefgangbehindertes Fahrzeug in Fahrt.
4. Ein Segelfahrzeug in Fahrt.
5. Ein schleppendes oder schiebendes Fahrzeug in Fahrt.
6. Ein fischendes Fahrzeug in Fahrt oder vor Anker.

66 Seite 228
Sie hören bei verminderter Sicht mindestens alle zwei Minuten drei aufeinander folgende Töne mit der Pfeife, und zwar lang, kurz kurz (▬ ● ●), und im Anschluss daran vier aufeinander folgende Töne mit der Pfeife, und zwar lang, kurz, kurz, kurz (▬ ● ● ●).
Welches Fahrzeug gibt das letztgenannte Signal?

Ein geschlepptes Fahrzeug oder das letzte bemannte Fahrzeug eines Schleppverbandes in Fahrt.

67   Seite 228
Was für ein Schallsignal muss ein Segelfahrzeug in Fahrt von 12 und mehr Meter Länge bei verminderter Sicht geben?

Mindestens alle zwei Minuten drei aufeinander folgende Töne mit der Pfeife, und zwar lang, kurz, kurz (— ● ●).

68   Seite 228
Welches Schallsignal muss ein Fahrzeug in Fahrt von weniger als 12 Meter Länge bei verminderter Sicht geben, wenn es die sonst vorgeschriebenen Schallsignale nicht geben kann?

Mindestens alle zwei Minuten ein kräftiges Schallsignal, das mit den vorgeschriebenen nicht verwechselt werden kann.

69   Seite 228
Sie hören bei verminderter Sicht mindestens jede Minute etwa 5 Sekunden lang rasches Läuten der Glocke.

Welches Fahrzeug gibt dieses Signal?

Ein Fahrzeug vor Anker von weniger als 100 Meter Länge.

70   Seite 228
Sie hören bei verminderter Sicht mindestens jede Minute etwa 5 Sekunden lang rasches Läuten der Glocke und unmittelbar danach ungefähr 5 Sekunden lang rasch den Gong schlagen.

Welches Fahrzeug gibt dieses Signal?

Ein Fahrzeug vor Anker von 100 und mehr Meter Länge.

71   Seite 228
Welches zusätzliche Schallsignal darf jeder Ankerlieger bei verminderter Sicht geben, um einem sich nähernden Fahrzeug seinen Standort anzuzeigen?

Mit der Pfeife kurz, lang, kurz (● — ●).

72   Seite 225
Wie stellen Sie fest, ob die Möglichkeit der Gefahr eines Zusammenstoßes besteht?

Wenn sich der Abstand zum anderen Fahrzeug verringert und sich die Kompasspeilung nicht oder nicht merklich ändert. Im Zweifelsfall ist die Gefahr als bestehend anzunehmen.

73   Seite 226
Zwei in Sicht befindliche Segelfahrzeuge nähern sich im freien Seeraum oder außerhalb des Fahrwassers so, dass die Möglichkeit der Gefahr eines Zusammenstoßes besteht.
Welches Fahrzeug muss dem anderen ausweichen, wenn sie den Wind nicht von derselben Seite haben?

Es muss dasjenige Fahrzeug ausweichen, das den Wind von Backbord hat.

74   Seite 226
Zwei in Sicht befindliche Segelfahrzeuge nähern sich im freien Seeraum oder außerhalb des Fahrwassers so, dass die Möglichkeit der Gefahr eines Zusammenstoßes besteht.
Welches Fahrzeug muss dem anderen ausweichen, wenn sie den Wind von derselben Seite haben?

Es muss das luvwärtige Fahrzeug dem leewärtigen Fahrzeug ausweichen.

75   Seite 226
Wie hat sich ein Segelfahrzeug im freien Seeraum oder außerhalb des Fahrwassers zu verhalten, wenn es mit dem Wind von Backbord ein Segelfahrzeug in Luv sichtet und nicht mit Sicherheit feststellen kann, ob das andere Fahrzeug den Wind von Backbord oder von Steuerbord hat und die Möglichkeit der Gefahr eines Zusammenstoßes besteht?

Es muss ausweichen.

76   Seite 226
Wie müssen sich zwei in Sicht befindliche Maschinenfahrzeuge verhalten, die sich einander auf entgegengesetzten oder fast entgegengesetzten Kursen nähern, um die Möglichkeit der Gefahr eines Zusammenstoßes zu vermeiden?

Jedes Fahrzeug muss seinen Kurs nach Steuerbord ändern.

77   Seite 226
Welches von zwei in Sicht befindlichen Maschinenfahrzeugen, deren Kurse einander so kreuzen, dass die Möglichkeit der Gefahr eines Zusammenstoßes besteht, ist ausweichpflichtig?

Dasjenige Fahrzeug muss ausweichen, welches das andere an seiner Steuerbordseite hat.

78 Seite 227
Wie hat sich ein Maschinenfahrzeug im freien Seeraum oder außerhalb des Fahrwassers gegenüber einem in Sicht befindlichen Segelfahrzeug zu verhalten, wenn die Möglichkeit der Gefahr eines Zusammenstoßes besteht?

Das Maschinenfahrzeug muss ausweichen.

79 Seite 227
Wie hat sich ein Maschinenfahrzeug im freien Seeraum oder außerhalb des Fahrwassers gegenüber einem in Sicht befindlichen manövrierunfähigen Fahrzeug zu verhalten, wenn die Möglichkeit der Gefahr eines Zusammenstoßes besteht?

Das Maschinenfahrzeug muss ausweichen.

80 Seite 227
Wie hat sich ein Maschinenfahrzeug im freien Seeraum oder außerhalb des Fahrwassers gegenüber einem in Sicht befindlichen manövrierbehinderten Fahrzeug zu verhalten, wenn die Möglichkeit der Gefahr eines Zusammenstoßes besteht?

Das Maschinenfahrzeug muss ausweichen.

81 Seite 227
Wie hat sich ein Maschinenfahrzeug im freien Seeraum oder außerhalb des Fahrwassers gegenüber einem in Sicht befindlichen fischenden Fahrzeug zu verhalten, wenn die Möglichkeit der Gefahr eines Zusammenstoßes besteht?

Das Maschinenfahrzeug muss ausweichen.

82 Seite 227
Wie hat sich ein Segelfahrzeug im freien Seeraum oder außerhalb des Fahrwassers gegenüber einem in Sicht befindlichen manövrierunfähigen Fahrzeug zu verhalten, wenn die Möglichkeit der Gefahr eines Zusammenstoßes besteht?

Das Segelfahrzeug muss ausweichen.

83 Seite 227
Wie hat sich ein Segelfahrzeug im freien Seeraum oder außerhalb des Fahrwassers gegenüber einem in Sicht befindlichen manövrierbehinderten Fahrzeug zu verhalten, wenn die Möglichkeit der Gefahr eines Zusammenstoßes besteht?

Das Segelfahrzeug muss ausweichen.

84 Seite 227
Wie hat sich ein Segelfahrzeug im freien Seeraum oder außerhalb des Fahrwassers gegenüber einem in Sicht befindlichen fischenden Fahrzeug zu verhalten, wenn die Möglichkeit der Gefahr eines Zusammenstoßes besteht?

Das Segelfahrzeug muss ausweichen.

85 Seiten 222
Sie sehen folgendes Fahrzeug:

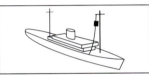

Wie verhalten Sie sich gegenüber diesem Fahrzeug?

Ich darf die sichere Durchfahrt des Fahrzeugs nicht behindern.

86 Seiten 222
Sie sehen folgendes Fahrzeug:

Wie verhalten Sie sich gegenüber diesem Fahrzeug?

Ich darf die sichere Durchfahrt des Fahrzeugs nicht behindern.

87 Seite 225
Wie verhalten Sie sich als Kurshalter vor Einleitung des Manövers des letzten Augenblicks gegenüber einem ausweichpflichtigen Fahrzeug?

Kurs und Geschwindigkeit sind zunächst beizubehalten, und dem Ausweichpflichtigen ist besondere Aufmerksamkeit zu widmen.

88 Seite 225
Wie verhalten Sie sich als Ausweichpflichtiger gegenüber einem Kurshalter?

Ich muss das Ausweichmanöver frühzeitig, durchgreifend und klar erkennbar durchführen.

89   Seite 227

Wie hat sich ein überholendes Fahrzeug zu verhalten?

Es hat dem zu überholenden Fahrzeug auszuweichen.

90   Seite 227

Wie haben Sie sich zu verhalten, wenn Sie bei verminderter Sicht anscheinend vorlicher als querab das Schallsignal eines anderen Fahrzeugs hören?

1. Ebenfalls Schallsignal geben.
2. Fahrt soweit verlangsamen, dass die Steuerfähigkeit noch erhalten bleibt.
3. Erforderlichenfalls muss jegliche Fahrt weggenommen werden.
4. Vorsichtig manövrieren, bis die Gefahr eines Zusammenstoßes vorüber ist.

91   Seite 225

Wie verhalten Sie sich als Kurshalter, wenn Sie feststellen, dass ein anderes Fahrzeug seiner Ausweichpflicht nicht nachkommt und die Gefahr einer unmittelbar bevorstehenden Kollision besteht?

1. Ich gebe mindestens fünf kurze Töne mit der Pfeife.
2. Ich führe das »Manöver des letzten Augenblicks« durch.
3. Es ist so zu manövrieren, wie es zur Vermeidung eines Zusammenstoßes am dienlichsten ist.

92   Seite 228

Welche Bedeutung haben die folgenden von Maschinenfahrzeugen gegebenen Schallsignale:
1. ein kurzer Ton (●),
2. zwei kurze Töne (● ●)?

1. Kursänderung nach Steuerbord.
2. Kursänderung nach Backbord.

93   Seite 228

Welche Bedeutung hat folgendes von Maschinenfahrzeugen gegebene Schallsignal: drei kurze Töne (● ● ●)?

Antrieb läuft rückwärts.

94   Seite 228

Welche Bedeutung hat folgendes Schallsignal: mindestens fünf kurze, rasch aufeinander folgende Töne (● ● ● ●)?

Ein Ausweichpflichtiger wird auf seine Ausweichpflicht aufmerksam gemacht.

95   Seite 228

Welche Bedeutung hat folgendes Schallsignal bei verminderter Sicht: ein kurzer Ton, ein langer Ton, ein kurzer Ton (● ▬ ●)?

Ein Ankerlieger macht ein sich näherndes Fahrzeug auf eine gefährliche Annäherung aufmerksam.

96   Seite 224

Was ist bei der Benutzung eines Verkehrstrennungsgebietes zu beachten?

1. Auf dem entsprechenden Einbahnweg in der allgemeinen Verkehrsrichtung fahren.
2. Soweit wie möglich von der Trennlinie oder der Trennzone klarhalten.
3. In der Regel an den Enden des Einbahnweges ein- oder auslaufen; bei seitlichem Ein- oder Auslaufen hat dies in einem möglichst kleinen Winkel zur allgemeinen Verkehrsrichtung zu erfolgen.

97   Seite 224

Was ist hinsichtlich des Querens der Einbahnwege von Verkehrstrennungsgebieten zu beachten?

1. Das Queren ist möglichst zu vermeiden.
2. Falls gequert werden muss, hat dies möglichst mit der Kielrichtung im rechten Winkel zur allgemeinen Verkehrsrichtung zu erfolgen.
3. Die Kielrichtung des querenden Fahrzeugs muss auch dann einen rechten Winkel zur allgemeinen Verkehrsrichtung bilden, wenn das Fahrzeug durch Strom und Wind versetzt wird.

98   Seite 224

Sie fahren in einem Verkehrstrennungsgebiet auf dem Einbahnweg in der allgemeinen Verkehrsrichtung:
1. Nach welchen Regeln müssen Sie in diesem Bereich fahren und ausweichen?
2. Wie haben Sie sich als Maschinenfahrzeug in einem Einbahnweg gegenüber einem Maschinenfahrzeug zu verhalten, das den Einbahnweg von Steuerbord kommend quert, wenn die Möglichkeit der Gefahr eines Zusammenstoßes besteht?
3. Wie haben Sie sich als Segelfahrzeug beim Queren eines Verkehrstrennungsgebietes gegenüber einem Maschinenfahrzeug zu verhalten, das auf einem Einbahnweg in der allgemeinen Verkehrsrichtung fährt?

1. Nach den Kollisionsverhütungsregeln (KVR).
2. Ich muss ausweichen.
3. Ich darf die sichere Durchfahrt des Maschinenfahrzeugs nicht behindern.

99 Seite 224

Wie hat sich ein Fahrzeug von weniger als 20 Meter Länge oder ein Segelfahrzeug in Verkehrstrennungsgebieten zu verhalten?

100 Seite 221

Sie sehen folgendes Fahrzeug:

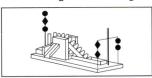

1. Was ist das für ein Fahrzeug?
2. Wie müssen Sie an diesem Fahrzeug vorbeifahren?

101 Seite 221

Sie sehen folgendes Fahrzeug im Fahrwasser:

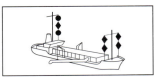

1. Was ist das für ein Fahrzeug?
2. Wie müssen Sie an diesem Fahrzeug vorbeifahren?

102 Seite 221

Sie sehen folgendes Fahrzeug:

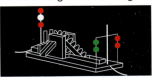

1. Was ist das für ein Fahrzeug?
2. Wie müssen Sie an diesem Fahrzeug vorbeifahren?

Es darf die sichere Durchfahrt eines dem Einbahnweg folgenden Maschinenfahrzeugs nicht behindern.

1. Ein manövrierbehindertes Fahrzeug, das baggert oder Unterwasserarbeiten ausführt und dabei die Schifffahrt behindert.
2. An der Seite, an der sich zwei schwarze Rhomben senkrecht übereinander angeordnet befinden.

1. Ein manövrierbehindertes Fahrzeug, das im Fahrwasser baggert oder Unterwasserarbeiten ausführt und dabei die Schiffe an keiner Seite behindert.
2. An der Seite, die in meiner Fahrtrichtung rechts liegt.

1. Ein manövrierbehindertes Fahrzeug, das baggert oder Unterwasserarbeiten ausführt und dabei die Schifffahrt behindert.
2. An der Seite, an der sich 2 grüne Rundumlichter senkrecht übereinander angeordnet befinden.

103 Seite 221

Sie sehen folgendes Fahrzeug im Fahrwasser:

1. Welches Fahrzeug muss diese Lichter führen?
2. Wie müssen Sie an diesem Fahrzeug vorbeifahren?

104 Seite 221

Sie sehen auf einem Fahrzeug folgende Flagge:

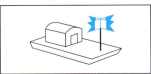

1. Was bedeutet dieses Signal?
2. Wie verhalten Sie sich beim Passieren dieses Fahrzeugs?

1. Ein manövrierbehindertes Fahrzeug mit Fahrt durchs Wasser von 50 und mehr Meter Länge, das im Fahrwasser baggert oder Unterwasserarbeiten ausführt und dabei die Schiffe an keiner Seite behindert.
2. An der Seite, die in meiner Fahrtrichtung rechts liegt.

1. Taucherarbeiten.
2. Ausreichenden Abstand halten, mit äußerster Vorsicht passieren.

Verkehrsregeln der Seeschiff- fahrtsstraßen-Ordnung/ Schifffahrtsordnung Emsmündung

105 Seite 212
Wo ist festgelegt, welche Wasser- flächen Seeschifffahrtsstraßen sind?

In § 1 der Seeschifffahrtsstraßen-Ord- nung (SeeSchStrO) und § 1 der Ein- führungsverordnung zur Schifffahrts- ordnung Emsmündung (EmsSchEV).

106 Seiten 212, 245
Welche örtlichen Sondervorschrif- ten zusätzlich zur Seeschifffahrts- straßen-Ordnung (SeeSchStrO) und zur Schifffahrtsordnung Emsmün- dung (EmsSchO) gibt es, und was ist darin geregelt?

Die Bekanntmachungen der Wasser- und Schifffahrtsdirektionen (WSD) Nord und Nordwest zur Seeschiff- fahrtsstraßen-Ordnung (SeeSchStrO) und zur Schifffahrtsordnung Ems- mündung (EmsSchO), die besondere örtliche Regelungen enthalten und Hinweise für die einzelnen Seeschiff- fahrtsstraßen geben.

107 Seite 234
Sie sehen folgendes Fahrzeug:

1. Was ist das für ein Fahrzeug?
2. Welche Sonderstellung hat es?

1. Fahrzeug des öffentlichen Dienstes im Einsatz.
2. Es darf von den Verkehrsvorschrif- ten abweichen.

108 Seite 236
Sie sehen Leuchtkugeln mit weißen Sternen:
1. Wer gibt dieses Signal?
2. Wie verhalten Sie sich?

1. Fahrzeuge der Bundeswehr, des Bundesgrenzschutzes (jetzt: Bun- despolizei) oder Maschinenfahr- zeuge, die Schießscheiben schlep- pen, bei Übungen.
2. Ausreichenden Abstand halten.

109 Seite 239
Was sind Fahrwasser im Sinne der Seeschifffahrtsstraßen-Ordnung (SeeSchStrO) und der Schifffahrts- ordnung Emsmündung (EmsSchO)?

1. Es sind Wasserflächen, die durch- gehend durch Fahrwasserseiten- bezeichnung begrenzt oder gekennzeichnet sind,
2. binnenwärts der Flussmündungen auch nicht gekennzeichnete Was- serflächen, die für die durchge- hende Schifffahrt bestimmt sind.

110 Seite 31
Welches ist – außer in Wattgebie- ten – die Steuerbordseite eines Fahrwassers?

Es ist die Seite, die ein von See kom- mendes Schiff an seiner Steuerbord- seite hat.

111 Seite 243
Was verstehen Sie unter dem Begriff »Wassermotorräder«?

Motorisierte Wassersportgeräte, z. B. Wasserbob, Wasserskooter, Jetbike oder Jetski sowie sonstige gleichartige Geräte.

112 Seiten 231
Welche besondere Verpflichtung hat ein Fahrzeugführer, dessen Fahrzeug mit einer UKW-Sprech- funkanlage ausgerüstet ist?

Er ist verpflichtet, die von der Ver- kehrszentrale gegebenen Verkehrsin- formationen und -unterstützungen abzuhören und zu berücksichtigen.

113 Seite 235
Sie sehen folgendes Fahrzeug (tags, nachts):

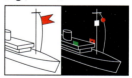

Was bedeutet die rote Flagge bzw. das rote Rundumlicht?

Ein Fahrzeug, das bestimmte gefähr- liche Güter befördert, oder ein nicht entgaster Tanker, von dem eine Gefahr ausgehen kann.

114 Seite 218
Welche Lichter muss ein Fahrzeug unter Segel von weniger als 12 Meter Länge oder ein Fahrzeug unter Ruder auf der Seeschiff- fahrtsstraße führen, wenn es die nach den Kollisionsverhütungsre- geln (KVR) vorgeschriebenen Lich- ter nicht führen kann?

Ein weißes Rundumlicht.

115 Seite 216

Wann darf ein Maschinenfahrzeug von weniger als 7 Meter Länge auf Seeschifffahrtsstraßen nicht fahren, wenn es die nach den Kollisionsverhütungsregeln (KVR) vorgeschriebenen Lichter nicht führen kann?

Es darf in der Zeit, in der die Lichterführung vorgeschrieben ist, nicht fahren, es sei denn, dass ein Notstand vorliegt.

116 Seite 216

Wann darf ein Fahrzeug unter Segel von weniger als 12 Meter Länge oder unter Ruder auf Seeschifffahrtsstraßen nicht fahren, wenn es nicht mindestens ein weißes Rundumlicht führen kann?

Es darf in der Zeit, in der die Lichterführung vorgeschrieben ist, nicht fahren, es sei denn, dass ein Notstand vorliegt.

117 Seiten 216, 218

Wie muss sich ein Fahrzeug auf Seeschifffahrtsstraßen bei einem Notstand verhalten, wenn es die vorgeschriebenen Lichter nicht führen kann?

1. Eine elektrische Leuchte oder Laterne mit einem weißen Licht ständig gebrauchsfertig bereithalten.
2. Zur Verhütung eines Zusammenstoßes das weiße Licht rechtzeitig zeigen.

118 Seite 242

Was für ein Licht müssen Sie auf einem Sportboot setzen, wenn Sie festgemacht haben und keine ausreichende Beleuchtung vom Ufer her vorhanden ist?

Ein festes weißes Rundumlicht mittschiffs an der Fahrwasserseite.

119 Seite 237

Welches Schallsignal müssen Sie, wenn es die Verkehrslage erfordert, beim Einlaufen in andere Fahrwasser und Häfen und beim Auslaufen aus ihnen geben?

Einen langen Ton als Achtungssignal.

120 Seite 237

Sie hören
2 Gruppen von je einem langen und vier kurzen Tönen
(— ● ● ● ●)
(— ● ● ● ●):
Was bedeutet dieses Schallsignal?

Allgemeines Gefahr- und Warnsignal.

121 Seite 237

Wie lautet das »Allgemeine Gefahr- und Warnsignal«?

2 Gruppen von je einem langen und vier kurzen Tönen.
(— ● ● ● ●)
(— ● ● ● ●)

122 Seite 237

Wann ist das »Allgemeine Gefahr- und Warnsignal« zu geben?

Wenn ein Fahrzeug ein anderes Fahrzeug gefährdet oder durch dieses selbst gefährdet wird.

123 Seite 237

Sie hören in jeder Minute mindestens fünfmal hintereinander mit jeweils 2 Sekunden Zwischenpause einen kurzen und einen langen Ton
(● — ● — ● — ● — usw. 2 s):
1. Was bedeutet dieses Schallsignal?
2. Wie haben Sie sich zu verhalten?

1. Bleib-weg-Signal, Gefahr durch gefährliche Güter.
2. Sofort den Gefahrenbereich verlassen, Feuer und Zündfunken möglichst vermeiden (Explosionsgefahr).

124 Seite 239

Wie haben sich die Fahrzeuge zu verhalten, die
1. in das Fahrwasser einlaufen,
2. das Fahrwasser queren,
3. im Fahrwasser drehen,
4. ihre Anker- und Liegeplätze verlassen?

Sie haben die Vorfahrt der im Fahrwasser fahrenden Fahrzeuge zu beachten.

125 Seite 239

Wie haben Segelfahrzeuge im Fahrwasser, die nicht deutlich der Richtung eines Fahrwassers folgen, untereinander auszuweichen?

Sie haben untereinander nach den Regeln der KVR auszuweichen, wenn sie dadurch vorfahrtberechtigte Fahrzeuge nicht gefährden oder behindern.

126 Seite 238

Wo muss im Fahrwasser grundsätzlich gefahren werden?

So weit wie möglich rechts.

127 Seite 238

Was muss ein Fahrzeug, das außerhalb des Fahrwassers fährt, durch seine Fahrweise klar erkennen lassen?

Es muss klar erkennbar sein, dass das Fahrwasser nicht benutzt wird.

128   Seite 239
Nach welchen Regeln muss außerhalb des Fahrwassers ausgewichen werden?

Nach den Kollisionsverhütungsregeln (KVR).

129   Seite 238
Wo ist das Überholen verboten?

1. In der Nähe von in Fahrt befindlichen nicht frei fahrenden Fähren.
2. An Engstellen.
3. In unübersichtlichen Krümmungen.
4. In Schleusenbereichen.
5. Innerhalb von Strecken, die durch Überholverbotszeichen gekennzeichnet sind.

130   Seite 238
Sie sehen folgendes Sichtzeichen:

Überholverbot für alle Fahrzeuge.

Was bedeutet dieses Sichtzeichen?

131   Seite 244
Wo muss ein wartepflichtiges Fahrzeug vor einer Brücke, einem Sperrwerk oder einer Schleuse anhalten, solange die Durchfahrt nicht freigegeben ist?

In ausreichender Entfernung oder, wenn vorhanden, vor dem Halteschild.

132   Seite 244
Wo darf ein wartepflichtiges Fahrzeug vor einer Brücke, einem Sperrwerk oder einer Schleuse nicht festmachen?

An den Leitwerken und Abweisedalben.

133   Seite 243
Wo darf Wasserski gelaufen, Wassermotorrad oder mit einem Kite- oder Segelsurfbrett gefahren werden?

1. Außerhalb des Fahrwassers, wenn es nicht von der Wasser- und Schifffahrtsdirektion (WSD) durch Bekanntmachung verboten ist.
2. Im Fahrwasser auf Abschnitten, die durch die Wasser- und Schifffahrtsdirektion (WSD) bekannt gemacht oder durch blaue Tafeln mit dem weißen Symbol eines Wasserskiläufers, eines Wassermotorrades oder eines Segelsurfers bezeichnet sind.

134   Seite 243
Wann darf kein Wasserski gelaufen, Wassermotorrad oder mit einem Kite- oder Segelsurfbrett gefahren werden?

Bei Nacht und bei verminderter Sicht und während der bekannt gemachten Verbotszeiten.

135   Seite 243
1. Wie haben sich die Führer von Zugbooten der Wasserskiläufer sowie Wassermotorradfahrer und Kite- oder Segelsurfer bei Annäherung an Fahrzeuge zu verhalten?
2. Wie hat sich der Wasserskiläufer dabei zu verhalten?

1. Sie haben auszuweichen.
2. Der Wasserskiläufer hat sich im Kielwasser des Zugbootes zu halten.

136   Seite 243
Nach welchen Vorschriften haben Führer von Zugbooten der Wasserskiläufer, Fahrer von Wassermotorrädern und Kite- oder Segelsurfer untereinander auszuweichen?

Entsprechend den Kollisionsverhütungsregeln (KVR).

137   Seite 242
Wo ist Ankern verboten?
(Nennen Sie mindestens 4 Stellen oder Bereiche.)

1. Im Fahrwasser.
2. An engen Stellen und in unübersichtlichen Krümmungen.
3. Im Umkreis von 300 m von schwimmenden Geräten, Wracks und sonstigen Schifffahrtshindernissen, von Kabeltonnen sowie von Stellen für militärische und zivile Zwecke.
4. Vor Hafeneinfahrten, Anlegestellen, Schleusen und Sielen sowie in den Zufahrten des Nord-Ostsee-Kanals (NOK).
5. Innerhalb von Fähr- und Brückenstrecken.
6. 300 m vor und hinter Ankerverbotszeichen.

138   Seite 242
Wo dürfen Sie mit Ihrem Fahrzeug nicht anlegen bzw. nicht festmachen?
(Nennen Sie mindestens 4 Stellen, Bauwerke oder Bereiche.)

1. An Sperrwerken, Strombauwerken, Leitwerken, Pegeln, festen und schwimmenden Schiffahrtszeichen.
2. An engen Stellen und in unübersichtlichen Krümmungen.
3. Vor Hafeneinfahrten und an Anlegestellen, die nicht für Sportboote bestimmt sind.
4. Innerhalb von Fähr- und Brückenstrecken.
5. An Stellen, die durch die Sichtzeichen »Festmacheverbot« oder »Liegeverbot« gekennzeichnet sind.

139   Seite 238
Was unternehmen Sie, wenn für Ihr Fahrzeug die Gefahr des Sinkens im Fahrwasser besteht?

Es ist so weit wie möglich aus dem Fahrwasser zu bringen, um eine Beeinträchtigung der Schifffahrt zu vermeiden.

140   Seite 238
Was unternehmen Sie, um die Schifffahrt zu warnen, wenn Ihr Fahrzeug gesunken ist?

Stelle des gesunkenen Fahrzeugs behelfsmäßig kennzeichnen und die Schifffahrtspolizeibehörde benachrichtigen.

141   Seite 245
Wann und zu welchem Zweck dürfen Sportfahrzeuge ohne Lotsen die Zufahrten und den Nord-Ostsee-Kanal (NOK) benutzen?

Sportfahrzeuge dürfen die Zufahrten und den Nord-Ostsee-Kanal (NOK) lediglich zur Durchfahrt nur während der Tagfahrzeiten und nicht bei verminderter Sicht benutzen. Das gilt nicht für das Aufsuchen der für Sportfahrzeuge zugelassenen Liegestellen in Kiel-Holtenau und Brunsbüttel sowie das angemeldete Ausschleusen zur Elbe.

142   Seite 245
Bei welchem Signal dürfen Sportfahrzeuge ohne Lotsen von den Kanalreeden in die Zufahrten und in die Schleusen des Nord-Ostsee-Kanals (NOK) einfahren?

Wenn ein weißes unterbrochenes Licht gezeigt wird.

143   Seite 245
In welchen besonderen Vorschriften ist die Durchfahrt durch den Nord-Ostsee-Kanal (NOK) geregelt?

1. Im Abschnitt »Ergänzende Vorschriften für den Nord-Ostsee-Kanal« der Seeschifffahrtsstraßen-Ordnung (SeeSchStrO).
2. In der Bekanntmachung der Wasser- und Schifffahrtsdirektion (WSD) Nord zur Seeschifffahrtsstraßen-Ordnung (SeeSchStrO).

144   Seite 245
Sie sehen im Nord-Ostsee-Kanal (NOK) an einem Weichensignalmast drei unterbrochene rote Lichter übereinander:
1. Was bedeutet dieses Signal?
2. Wie haben Sie sich dann in der Weiche zu verhalten?

1. Ausfahren für alle Fahrzeuge verboten.
2. Aufhebung des Signals abwarten, ggf. hinter der rechten Dalbenreihe.

145   Seite 239
Sie sehen an Land folgendes Sichtzeichen:

Was bedeutet dieses Sichtzeichen?

1. Begegnungsverbot an einer Engstelle.
2. Vorfahrtsregelung beachten.

146   Seite 241
Sie sehen an Land folgendes Sichtzeichen:

12

Was bedeutet dieses Sichtzeichen?

Die Geschwindigkeit durch das Wasser in km/h, auf dem Nord-Ostsee-Kanal (NOK) über Grund in km/h, die nicht überschritten werden darf; hier 12 km/h.

147 Seite 241
Sie sehen eines der folgenden Sichtzeichen (tags, nachts):

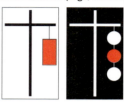

1. Was bedeutet dieses Sichtzeichen?
2. Wie haben Sie sich zu verhalten?

1. Schutzbedürftige Anlage.
2. Sog und Wellenschlag vermeiden.

148 Seite 244
Sie hören folgendes Schallsignal – 4 kurze Töne (●●●):
1. Was bedeutet dieses Signal?
2. Wie verhalten Sie sich?

1. Brücke, Sperrwerk, Schleuse kann vorübergehend nicht geöffnet werden.
2. Fahrt unterbrechen, Freigabe abwarten.

149 Seite 241
Sie sehen an Land folgendes Sichtzeichen:

Was bedeutet dieses Sichtzeichen?

Geschwindigkeitsbeschränkung, Sog und Wellenschlag vermeiden.

150 Seite 241
Sie sehen folgendes Sichtzeichen:

Was bedeutet dieses Sichtzeichen?

Geschwindigkeit von 8 km/h (4,3 sm/h) Fahrt durch das Wasser, die innerhalb eines Mindestabstandes von 500 m von der jeweiligen Uferlinie wegen Badebetriebes nicht überschritten werden darf.

151 Seite 240
Sie sehen folgende Tonne:

Was bedeutet diese Tonne?

Gesperrt für Maschinenfahrzeuge, Wassermotorräder und Surffahrzeuge wegen Badebetriebes.

152 Seite 240
Welche Höchstgeschwindigkeit dürfen Sie vor Stellen mit erkennbarem Badebetrieb – außerhalb des Fahrwassers – in einem Abstand von 500 Meter und weniger vom Ufer nicht überschreiten?

8 km/h (4,3 sm/h) Fahrt durch das Wasser.

153 Seite 240
Sie sehen folgendes Sichtzeichen:

Was bedeutet dieses Sichtzeichen?

Mindestabstand in Metern, der in der nachfolgenden Strecke vom Aufstellungsort der Tafel (hier 40 m von der in Fahrtrichtung rechten Seite) eingehalten werden muss.

154 Seite 244
Sie sehen folgendes Sichtzeichen:

1. Was bedeutet dieses Sichtzeichen?
2. Wie haben Sie sich zu verhalten?

1. Anhalten vor beweglichen Brücken, Sperrwerken und Schleusen.
2. Vor dem Sichtzeichen anhalten, warten, bis die Durchfahrt freigegeben wird.

155 Seite 242
Sie sehen folgendes Sichtzeichen:

1. Was bedeutet dieses Sichtzeichen?
2. Wie haben Sie sich zu verhalten?

1. Ankerverbot.
2. In einem Abstand von weniger als
   300 m beiderseits des Sichtzei-
   chens nicht ankern.

156 Seite 38
Sie sehen eines der folgenden
Schifffahrtszeichen (hier ohne
Beschriftung):
1. Was kennzeichnet dieses Schifffahrtszeichen?
2. Wo entnehmen Sie die Bedeutung dieses Schifffahrtszeichens?

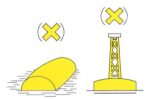

1. Kennzeichnung besonderer
   Gebiete und Stellen, z. E. Warngebiete, Fischereigründe.
2. Die Bedeutung kann der Seekarte
   entnommen und aus der Beschriftung des Schifffahrtszeichens
   erkannt werden.

157 Seite 242
Sie sehen folgende Sichtzeichen:

1.   2.
Was bedeuten diese Sichtzeichen?

1. Festmacheverbot.
2. Liegeverbot.

158 Seite 238
Sie sehen folgendes Sichtzeichen:

1. Was bedeutet dieses Sichtzeichen?
2. Wie haben Sie sich zu verhalten?

1. Abgabe eines Schallsignals.
2. Das in der Zusatztafel angegebene
   Schallsignal – hier ein langer Ton
   – ist zu geben.

159 Seite 243
Sie sehen folgende Sichtzeichen:

1.   2.
Was bedeuten diese Sichtzeichen?

1. Wasserflächen im Fahrwasser, auf
   denen das Wasserskilaufen erlaubt
   ist.
2. Wasserflächen im Fahrwasser, auf
   denen das Fahren mit Wassermotorrädern erlaubt ist.

160 Seite 243
Sie sehen folgendes Sichtzeichen:

Was bedeutet dieses Sichtzeichen?

Ende einer Gebots- oder Verbotsstrecke.

161 Seite 240
Woran können Sie erkennen,
dass ein militärisches Warngebiet wegen Schießübungen für
die Schifffahrt gesperrt ist?

An bestimmten Tag- und Nachtsignalen, die nach der Schifffahrtspolizeiverordnung (SchPolV) der Wasser- und
Schifffahrtsdirektion (WSD) Nord für
militärische Sperr- und Warngebiete
an entsprechenden Signalstellen und
auf Sicherungsfahrzeugen gezeigt
werden.

162 Seiten 38, 240
Sie sehen eines der folgenden Schifffahrtszeichen:

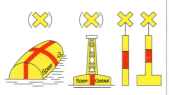

1. Was bezeichnet dieses Schifffahrtszeichen?
2. Wie haben Sie sich zu verhalten?

1. Sperrgebiet.
2. Befahren für alle Fahrzeuge verboten.

163 Seite 234
Sie sehen folgende Flagge:

1. Was bedeutet dieses Flaggensignal?
2. Wer zeigt dieses Signal?

1. Anhalten.
2. Fahrzeuge des öffentlichen Dienstes.

164 Seite 234
Sie sehen oder hören folgendes Licht- bzw. Schallsignal: einmal kurz, einmal lang, zweimal kurz (●▬●●).
1. Was bedeutet dieses Signal?
2. Wer gibt dieses Signal?

1. Anhalten.
2. Fahrzeuge des öffentlichen Dienstes.

165 Seite 240
Sie sehen eines der folgenden Sichtzeichen (tags, nachts):

1. Was bedeutet dieses Sichtzeichen?
2. Wie haben Sie sich zu verhalten?

1. Dauernde Sperrung der Seeschifffahrtsstraße.
2. Weiterfahrt verboten.

166 Seite 240
Beschreiben Sie das Körperzeichen und das Lichtsignal für die dauernde Sperrung der Seeschifffahrtsstraße.

1. Drei Körperzeichen übereinander, oben ein schwarzer Ball, in der Mitte ein schwarzer Kegel – Spitze unten –, unten ein schwarzer Kegel – Spitze oben.
2. Drei feste Lichter übereinander, das obere rot, das mittlere grün, das untere weiß.

167 Seite 240
Sie sehen folgendes Sichtzeichen:

1. Was bedeutet dieses Sichtzeichen?
2. Wie haben Sie sich zu verhalten?

1. Dauernde Sperrung einer Teilstrecke der Seeschifffahrtsstraße.
2. Weiterfahrt in der Teilstrecke verboten.

168 Seite 240
Sie hören auf der Seeschifffahrtsstraße zwei Gruppen von je drei langen Tönen:
(▬▬▬)
(▬▬▬)
1. Was bedeutet dieses Signal?
2. Wie haben Sie sich zu verhalten?

1. Sperrung der Seeschifffahrtsstraße.
2. Weiterfahrt verboten.

169 Seite 244
Sie sehen an Brücken, Sperrwerken oder Schleusen folgende feste Lichter:

1. Was bedeutet dieses Sichtzeichen?
2. Wie haben Sie sich zu verhalten?

1. Brücke, Sperrwerk oder Schleuse geschlossen.
2. Durchfahren oder Einfahren verboten.

170 Seite 244

Sie sehen an Brücken, Sperrwerken oder Schleusen folgende feste Lichter:

1. Was bedeutet dieses Sichtzeichen?
2. Wie haben Sie sich zu verhalten?

1. Diese Anlage ist dauernd gesperrt.
2. Durchfahren oder Einfahren verboten.

171 Seite 244

Sie sehen an einer Brücke folgende Tafeln:

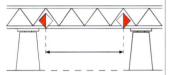

Was bedeuten diese Sichtzeichen?

Die Brückenöffnung darf nur innerhalb des durch die beiden Tafeln begrenzten Raumes durchfahren werden. Dies gilt nicht für kleine Fahrzeuge (Fahrzeuge von weniger als 12 m Länge).

172 Seite 236

Sie sehen folgende Sichtzeichen:

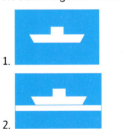

1.

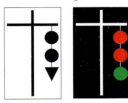

2.

Was bedeuten diese Sichtzeichen?

1. Fährstelle, frei fahrende Fähre.
2. Fährstelle, nicht frei fahrende Fähre.

173 Seite 235

Sie sehen eines der folgenden Sichtzeichen (tags, nachts):

Was bedeutet dieses Sichtzeichen?

Außergewöhnliche Schifffahrtsbehinderung.

Bezeichnung der Fahrwasser

174 Seite 33

Sie sehen folgende Tonne:

Was bezeichnet diese Tonne?

1. Kennzeichnung der Zufahrt zu Fahrwassern von See.
2. Kennzeichnung der Mitte von Schifffahrtswegen.

175 Seite 33

Sie sehen folgende Tonne:

Was bezeichnet diese Tonne?

Von See beginnend die erste Tonne der Steuerbordseite eines Fahrwassers.

176 Seite 33

Sie sehen folgende Tonne:

Was bezeichnet diese Tonne?

Von See beginnend die erste Tonne der Backbordseite eines Fahrwassers.

177 Seite 33

Sie sehen eines der folgenden Schifffahrtszeichen:

Welche Seite des Fahrwassers bezeichnet dieses Schifffahrtszeichen?

Die Steuerbordseite des Fahrwassers.

178 Seite 33

Sie sehen eines der folgenden Schifffahrtszeichen:

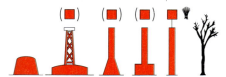

Welche Seite des Fahrwassers bezeichnet dieses Schifffahrtszeichen?

Die Backbordseite des Fahrwassers.

179 Seite 33

Welche Beschriftung tragen die Fahrwassertonnen
1. an der Backbordseite,
2. an der Steuerbordseite?

1. Fortlaufende gerade Nummern.
2. Fortlaufende ungerade Nummern.

180 Seite 33

Welchen Anstrich und welche Toppzeichen haben die Fahrwassertonnen
1. an der Backbordseite,
2. an der Steuerbordseite?

1. Rot, stumpfe Toppzeichen.
2. Grün, spitze Toppzeichen.

181 Seite 33

Sie sehen folgendes feste Schifffahrtszeichen:

1. Welche Seite des Fahrwassers bezeichnet dieses Schifffahrtszeichen?
2. Wo findet es überwiegend Verwendung?

1. Die Steuerbordseite des Fahrwassers.
2. In Wattengebieten.

182 Seite 33

Sie sehen eines der folgenden festen Schifffahrtszeichen:

1. Welche Seite des Fahrwassers bezeichnet dieses Schifffahrtszeichen?
2. Wo findet es überwiegend Verwendung?

1. Die Backbordseite des Fahrwassers.
2. In Wattengebieten.

183 Seite 33

Sie sehen folgende Tonne:

Was bezeichnet diese Tonne?

Steuerbordseite des durchgehenden Fahrwassers, Backbordseite des abzweigenden Fahrwassers.

184 Seite 33

Sie sehen folgende Tonne:

Was bezeichnet diese Tonne?

Backbordseite des durchgehenden Fahrwassers, Steuerbordseite des einmündenden Fahrwassers.

185 Seiten 24, 28

Was bedeuten folgende Abkürzungen:
1. Oc (2) R. Whis / Hl-Tn. Ubr. (2) r.?
2. Fl (2) G / Blz. (2) gn.?
3. Oc. WRG. 12M / Ubr. w/r/gn. 12 sm?
4. LFl / Blk.?
5. Bell / Gl-Tn.?
6. Dir / Lt-F.?

1. Heultonne mit unterbrochenem Feuer Gruppe 2 rot.
2. Blitzfeuer Gruppe 2 grün.
3. Unterbrochenes Feuer mit weißem und rotem und grünem Sektor, Nenntragweite 12 sm.
4. Blinkfeuer.
5. Glockentonne.
6. Leitfeuer.

186 Seite 35

Welche Kennung und Farbe haben die Feuer der Leuchttonnen an der Backbordseite des Fahrwassers?

Rotes Blitzfeuer, rotes Funkelfeuer, rotes unterbrochenes Feuer oder rotes Gleichtaktfeuer.

187 Seite 35

Welche Kennung und Farbe haben die Feuer der Leuchttonnen an der Steuerbordseite des Fahrwassers?

Grünes Blitzfeuer, grünes Funkelfeuer, grünes unterbrochenes Feuer oder grünes Gleichtaktfeuer.

188 Seite 35

Welche Kennung und Farbe hat das Feuer der Leuchttonnen in der Mitte von Schifffahrtswegen oder zur Kennzeichnung der Zufahrt zu Fahrwassern von See aus?

Weißes Gleichtaktfeuer oder weißes unterbrochenes Feuer.

Bezeichnung der Gefahrenstellen

189 Seite 37

Sie sehen eines der folgenden Schifffahrtszeichen:

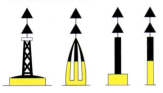

1. Was bezeichnet dieses Schifffahrtszeichen?
2. Wie verhalten Sie sich beim Passieren?

1. Es zeigt eine allgemeine Gefahrenstelle an und liegt, erkennbar an seiner Farbgebung und seinem Toppzeichen, nördlich von ihr.
2. Ich passiere nördlich.

190 Seite 37

Sie sehen eines der folgenden Schifffahrtszeichen:

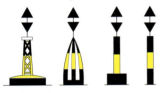

1. Was bezeichnet dieses Schifffahrtszeichen?
2. Wie verhalten Sie sich beim Passieren?

1. Es zeigt eine allgemeine Gefahrenstelle an und liegt, erkennbar an seiner Farbgebung und seinem Toppzeichen, östlich von ihr.
2. Ich passiere östlich.

191 Seite 37

Sie sehen eines der folgenden Schifffahrtszeichen:

1. Was bezeichnet dieses Schifffahrtszeichen?
2. Wie verhalten Sie sich beim Passieren?

1. Es zeigt eine allgemeine Gefahrenstelle an und liegt, erkennbar an seiner Farbgebung und seinem Toppzeichen, südlich von ihr.
2. Ich passiere südlich.

192 Seite 37

Sie sehen eines der folgenden Schifffahrtszeichen:

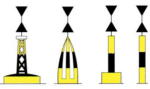

1. Was bezeichnet dieses Schifffahrtszeichen?
2. Wie verhalten Sie sich beim Passieren?

1. Es zeigt eine allgemeine Gefahrenstelle an und liegt, erkennbar an seiner Farbgebung und seinem Toppzeichen, westlich von ihr.
2. Ich passiere westlich.

193 Seite 37

Sie sehen das weiße Feuer einer Leuchttonne mit folgender Kennung:

oder

1. Was bezeichnet diese Kennung?
2. Wie verhalten Sie sich beim Passieren?

1. Es zeigt eine allgemeine Gefahrenstelle an und liegt, erkennbar an der Kennung, nördlich von ihr.
2. Ich passiere nördlich.

194 Seite 37

Sie sehen das weiße Feuer einer Leuchttonne mit folgender Kennung:

oder

1. Was bezeichnet diese Kennung?
2. Wie verhalten Sie sich beim Passieren?

1. Es zeigt eine allgemeine Gefahrenstelle an und liegt, erkennbar an der Kennung, östlich von ihr.
2. Ich passiere östlich.

195 Seite 37

Sie sehen das weiße Feuer einer Leuchttonne mit folgender Kennung:

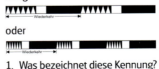

oder

1. Was bezeichnet diese Kennung?
2. Wie verhalten Sie sich beim Passieren?

1. Es zeigt eine allgemeine Gefahrenstelle an und liegt, erkennbar an der Kennung, südlich von ihr.
2. Ich passiere südlich.

196 Seite 37

Sie sehen das weiße Feuer einer Leuchttonne mit folgender Kennung:

oder

1. Was bezeichnet diese Kennung?
2. Wie verhalten Sie sich beim Passieren?

1. Es zeigt eine allgemeine Gefahrenstelle an und liegt, erkennbar an der Kennung, westlich von ihr.
2. Ich passiere westlich.

197 Seite 38

Sie sehen eines der folgenden Schifffahrtszeichen:

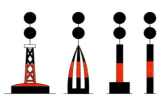

1. Was bezeichnet dieses Schifffahrtszeichen?
2. Wie verhalten Sie sich beim Passieren?

1. Es zeigt eine Einzelgefahrenstelle an, erkennbar an seiner Farbgebung und seinem Toppzeichen.
2. Ich kann an allen Seiten passieren.

198 Seite 38

Sie sehen das weiße Feuer einer Leuchttonne mit der Kennung Fl(2):
1. Was bezeichnet dieses Feuer?
2. Wie verhalten Sie sich beim Passieren?

1. Es zeigt eine Einzelgefahrenstelle an, erkennbar an der Kennung.
2. Ich kann an allen Seiten passieren.

199 Seite 38

Sie sehen folgende doppelt ausgelegte Schifffahrtszeichen:

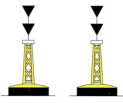

1. Was bezeichnen diese Schifffahrtszeichen?
2. Wie verhalten Sie sich beim Passieren?

1. Sie zeigen eine neue Gefahrenstelle an, erkennbar an ihrer Farbgebung und ihrem Toppzeichen, und liegen südlich von ihr.
2. Ich passiere südlich.

Befeuerung

200 Seite 29

Welche Farbe eines Festfeuers treffen Sie einlaufend in der Regel bei Hafeneinfahrten
1. an der Backbordseite,
2. an der Steuerbordseite
an?

1. Rot.
2. Grün.

201 Seite 28

Was verstehen Sie unter einem Leitfeuer und wozu dient es?

Es ist ein Sektorenfeuer verschiedener Kennungen und Farben (ein weißer Leitsektor und zwei farbige Warnsektoren), das ein Fahrwasser bezeichnet.

202 Seite 28

Wie navigieren Sie mithilfe eines Leitfeuers?

Ich muss mit meinem Fahrzeug in Fahrtrichtung rechts des durch den weißen Leitsektor gekennzeichneten Fahrwassers fahren.

203 Seite 28

Wenn Sie von See kommend auf ein Leitfeuer zufahren und aus dem weißen Leitsektor in den roten Warnsektor kommen, nach welcher Seite müssen Sie den Kurs ändern?

Nach Steuerbord.

204 Seite 28

Wenn Sie von See kommend auf ein Leitfeuer zufahren und aus dem weißen Leitsektor in den grünen Warnsektor kommen, nach welcher Seite müssen Sie den Kurs ändern?

Nach Backbord.

205 Seite 28

1. Was verstehen Sie unter einem Richtfeuer?
2. Wie navigieren Sie danach?

1. Es besteht aus einem Ober- und Unterfeuer.
2. Ich halte zunächst Ober- und Unterfeuer in Deckpeilung und fahre dann in Fahrtrichtung rechts der Richtfeuerlinie.

206 Seite 29

Was verstehen Sie unter einem Quermarkenfeuer und wozu dient es?

Ein Sektorenfeuer verschiedener Kennungen und Farben (zwei weiße Ankündigungssektoren und ein farbiger Kursänderungssektor), das auf eine erforderliche Kursänderung im Fahrwasser hinweist.

207   Seite 29
Wie navigieren Sie mithilfe eines Quermarkenfeuers?

Ich muss mit meinem Fahrzeug beim Übergang von dem weißen Ankündigungssektor in den folgenden farbigen Kursänderungssektor meinen Kurs ändern.

208   Seite 24
Was verstehen Sie unter einem unterbrochenen Feuer?

Die Lichterscheinungen sind stets länger als die Verdunkelungen.

209   Seite 24
Was verstehen Sie unter einem Blinkfeuer?

Die Lichterscheinungen sind stets kürzer als die Verdunkelungen. Ein Blink ist mindestens zwei Sekunden lang.

210   Seite 24
Was verstehen Sie unter einem Blitzfeuer?

Die Lichterscheinungen sind stets kürzer als die Verdunkelungen. Ein Blitz ist weniger als zwei Sekunden lang.

211   Seite 24
Was verstehen Sie unter einem Funkelfeuer bzw. einem schnellen Funkelfeuer?

Schnell aufeinander folgende Lichterscheinungen (50 oder 60 bzw. 100 oder 120 Lichterscheinungen/Minute).

212   Seite 24
Was verstehen Sie unter einem Gleichtaktfeuer?

Die Lichterscheinungen und Verdunkelungen sind von gleicher Dauer.

213   Seite 24
Welche verschiedenen Kennungen von Leuchtfeuern gibt es?

Festfeuer, unterbrochenes Feuer, Gleichtaktfeuer, Blinkfeuer, Blitzfeuer, Funkelfeuer, schnelles Funkelfeuer.

214   Seite 25
Was verstehen Sie unter der Wiederkehr eines Leuchtfeuers?

Das ist der Zeitraum vom Einsetzen einer Taktkennung bis zum Einsetzen der nächsten gleichen Taktkennung.

Umweltschutz, Befahrensregelungen für Naturschutzgebiete und Nationalparke

215   Seite 248
Wie haben Sie sich beim Befahren von Naturschutzgebieten und Nationalparken zu verhalten?

Befahrensregelungen (örtliche Befahrensverbote, zeitliche Befahrensbeschränkungen, festgesetzte Höchstgeschwindigkeiten und dergleichen) beachten.

216   Seite 248
Welche Sondervorschriften enthalten die örtlichen Befahrensregelungen in den Naturschutzgebieten und Nationalparken?

1. Befahrensverbote.
2. Zeitliche Befahrensbeschränkungen.
3. Geschwindigkeitsbeschränkungen.
4. Besondere Regelungen für das Wasserskilaufen, das Fahren mit Wassermotorrädern und das Segelsurfen.

217   Seite 248
Wie können Sie mithelfen, die Lebensmöglichkeiten der Pflanzen- und Tierwelt in Gewässern und Feuchtgebieten zu bewahren und zu fördern?

Indem ich mich umweltbewusst verhalte und hierbei insbesondere die »Zehn goldenen Regeln für das Verhalten von Wassersportlern in der Natur« beachte, die von den Wassersportverbänden und dem Deutschen Naturschutzring erarbeitet wurden.

218   Seite 248
Warum sollen Sie sich von Schilf- und Röhrichtzonen sowie von dicht bewachsenen Uferzonen möglichst weit fernhalten?

Weil diese Zonen vielfach Rast- und Brutplätze besonders schutzwürdiger Vögel oder Fischlaichplätze sind.

219   Seite 248
Sie stellen während einer Fahrt mit Ihrem Motorboot fest, dass sich Öl in der Bilge angesammelt hat. Was tun Sie mit dem ausgelaufenen Öl?

In einem geeigneten Behälter sammeln und im nächsten Hafen bei einer Altölsammelstelle entsorgen.

220   Seite 248
Was können Sie als Führer eines Sportbootes tun, um einen Beitrag zur Reinhaltung der Gewässer zu leisten?

Sämtliche Abfälle einschließlich Öle und Betriebsstoffe an Bord in geeigneten Behältern sammeln und an Land vorschriftsmäßig entsorgen.

221 Seite 248
Durch welche Maßnahmen können Sie die Schadstoffeinleitungen in die Gewässer verringern?

1. Durch den Einsatz umweltfreundlicher 2-Takt-Öle.
2. Durch den Einsatz von bleifreiem Benzin.
3. Durch die Nutzung der modernen Speichertank-Technik.
4. Durch die sorgfältige Auswahl und den Einsatz von Antifoulingfarben.

222 Seite 248
Wo finden Sie Informationen über das umweltgerechte Verhalten in der Schifffahrt?

1. Bei den Wassersportverbänden und -vereinen.
2. Bei den Hafen- und Schifffahrtsbehörden.
3. In Befahrensregelungen für Naturschutzgebiete und Nationalparke.
4. In Kartenwerken und Büchern zum Umweltschutz.

Navigation

223 Seite 42
Welche amtlichen nautischen Veröffentlichungen geben Aufschluss über die für das Fahrtgebiet benötigten Angaben?

Seekarten, Leuchtfeuerverzeichnis, Seehandbücher, Gezeitentafeln oder -kalender, Atlas der Gezeitenströme, Jachtfunkdienst, Nachrichten für Seefahrer (NfS), Bekanntmachungen für Seefahrer (BfS).

224 Seiten 18, 46
Welche Angaben enthalten die Nachrichten für Seefahrer (NfS) und die Bekanntmachungen für Seefahrer (BfS)?

Sie enthalten alle Veränderungen hinsichtlich Betonnung, Befeuerung, Wracks, Untiefen sowie andere die Schifffahrt betreffende Maßnahmen und Ereignisse.

225 Seite 46
Wo können Sie von den Bekanntmachungen für Seefahrer (BfS) Kenntnis erlangen?

An den dafür eingerichteten Aushangstellen (z. B. in Häfen und Schleusen).

226 Seite 42
Wo finden Sie Angaben über Schifffahrtsangelegenheiten, insbesondere Hinweise auf Schifffahrtsvorschriften der Länder, deren Küsten, Häfen und Naturverhältnisse?

In den See- und Hafenhandbüchern.

227 Seite 18
Wovon sollten Sie sich vor Gebrauch einer Seekarte überzeugen?

Dass die Karte auf den neuesten Stand berichtigt ist.

228 Seite 18
Woran erkennen Sie, ob die Seekarte auf den neuesten Stand berichtigt ist?

An dem letzten amtlichen Berichtigungsdatum, das sich in der Regel an der linken Seite des unteren Kartenrandes befindet.

229 Seite 22
In welcher Maßeinheit werden in deutschen Seekarten die Tiefen angegeben?

In Meter und Dezimeter.

230 Seite 20
Wo finden Sie Angaben über die Zeichen, Abkürzungen und Begriffe in den deutschen Seekarten?

In der INT 1/ Karte 1 des Bundesamtes für Seeschifffahrt und Hydrographie (BSH).

231 Seite 42, 44
Wo finden Sie die für die Navigation wichtigen Beschreibungen der Schifffahrtszeichen, Angaben über deren Befeuerung und Angaben über Signalstellen?

Im Leuchtfeuerverzeichnis, im Seehandbuch und in den Seekarten.

232 Seiten 11, 15
Wo entnehmen Sie in der Seekarte die Seemeilen?

Am rechten oder linken Kartenrand in Höhe des Standortes.

233 Seite 11
1. Was verstehen Sie unter einer Seemeile?
2. Wie lang ist eine Seemeile (in Metern)?

1. Sie ist die Länge einer Bogenminute auf einem größten Kreis der Erdkugel (z. B. Äquator).
2. 1852 m.

234 Seite 49
Was verstehen Sie unter dem Geschwindigkeitsbegriff »Knoten«?

Das sind die in einer Stunde zurückgelegten Seemeilen.

235 Seite 49
Wie errechnen Sie die Zeit (in Minuten), die ein Fahrzeug benötigt, um eine bestimmte Distanz bei bekannter Geschwindigkeit abzulaufen?

$$\text{Zeit in min} = \frac{\text{Distanz in sm} \times 60 \text{ min/h}}{\text{Geschwindigkeit in sm/h}}$$

236 Seite 49
Wie errechnen Sie die Geschwindigkeit (in Knoten) eines Fahrzeugs bei bekannter Distanz (in Seemeilen) und Zeit (in Minuten)?

$$\text{Geschwindigkeit (kn)} = \frac{\text{Distanz (sm)} \times 60}{\text{Zeit (min)}}$$

237 Seite 54
Was verstehen Sie unter dem rechtweisenden Kurs (Winkelangabe)?

Es ist der Winkel zwischen rechtweisend Nord und der Rechtvorausrichtung des Fahrzeugs

238 Seite 79
Wie entnehmen Sie aus der Seekarte den Kartenkurs?

Durch Messen des Winkels zwischen rechtweisend Nord und der beabsichtigten Richtung des Weges über Grund.

239 Seite 54
Was verstehen Sie unter dem missweisenden Kurs (Winkelangabe)?

Es ist der Winkel zwischen missweisend Nord und der Rechtvorausrichtung des Fahrzeugs.

240 Seite 56
Was verstehen Sie unter dem Magnetkompasskurs (Winkelangabe)?

Es ist der Winkel zwischen Magnetkompass-Nord und der Rechtvorausrichtung des Fahrzeugs.

241 Seite 54
Was verstehen Sie unter Missweisung (Winkelangabe)?

Es ist der Winkel zwischen rechtweisend Nord und missweisend Nord.

242 Seite 56
Was verstehen Sie unter Magnetkompassablenkung (Winkelangabe)?

Es ist der Winkel zwischen missweisend Nord und Magnetkompass-Nord.

243 Seite 58
Woraus setzt sich die Magnetkompassfehlweisung zusammen?

Es ist die Summe aus Magnetkompassablenkung und Missweisung.

244 Seite 55
Wo entnehmen Sie die Missweisung und ihre jährliche Änderung?

Aus der dem Standort nächstgelegenen Kompassrose oder den entsprechenden Angaben in der Seekarte.

245 Seite 58
Woraus entnehmen Sie die Ablenkung (Deviation)?

Aus der für das betreffende Schiff aufgestellten Ablenkungstabelle (Deviationstabelle).

246 Seite 56
Wie verwandeln Sie den rechtweisenden Kurs in den zu steuernden Magnetkompasskurs?

Durch Anbringung der Missweisung und der Ablenkung oder der Fehlweisung mit entgegengesetztem Vorzeichen.

247 Seite 56
Wie verwandeln Sie den Magnetkompasskurs in den rechtweisenden Kurs?

Durch Anbringung der Ablenkung und der Missweisung oder der Fehlweisung mit richtigem Vorzeichen.

248 Seite 60
Was ist eine Peilung?

Das Feststellen der Richtung eines bekannten feststehenden Objektes durch Winkelmessung, um eine Standlinie zu erhalten, auf der sich das Schiff befindet.

249   Seite 68
Wie erhalten Sie eine Standlinie?

Durch die Peilung eines bekannten feststehenden Objektes und Eintragung der rechtweisenden Peilung in die Seekarte.

250   Seite 74
Was ist eine Kreuzpeilung?

Die Peilung zweier feststehender und bekannter Objekte in dichter Zeitfolge, die in einem möglichst rechten Winkel (90°) zueinander stehen.

251   Seite 74
Wie erhalten Sie mithilfe einer Kreuzpeilung Ihren Standort?

Durch Eintragung der rechtweisenden Peilungen zweier feststehender und bekannter Objekte als Standlinien in die Seekarte; ihr Schnittpunkt ist der Standort.

252   Seite 66
Was verstehen Sie unter
1. Stromversetzung?
2. Windversetzung?

1. Die Versetzung des Schiffes über Grund in Richtung und Distanz, die durch Gezeiten- oder Meeresströmungen verursacht wird.
2. Die Versetzung des Schiffes über Grund in Richtung und Distanz, die durch den Wind verursacht wird.

253   Seite 66
Was verstehen Sie unter dem Koppelort?

Das ist der Schiffsort, der unter Berücksichtigung der gesteuerten Kurse und zurückgelegten Distanzen und aller vorhersehbaren Einflüsse rechnerisch und zeichnerisch ermittelt wird.

254   Seite 53
Was müssen Sie bei der Aufstellung eines Magnetkompasses an Bord beachten?

1. Sein Steuerstrich muss mit der Kiellinie zusammenfallen oder parallel dazu verlaufen.
2. Der Kompass muss gut ablesbar sein.
3. Die Nähe von Eisenteilen und elektrischen Geräten soll vermieden werden.

255   Seite 99
Was verstehen Sie unter
1. Ebbe?
2. Flut?

1. Fallen des Wassers vom Hochwasser zum folgenden Niedrigwasser.
2. Steigen des Wassers vom Niedrigwasser zum folgenden Hochwasser.

256   Seite 99
Was verstehen Sie unter einer Tide?

Das ist der Zeitraum zwischen einem Niedrigwasser und dem nächstfolgenden Niedrigwasser.

257   Seite 98
Was ist
1. Niedrigwasser?
2. Hochwasser?

1. Eintritt des niedrigsten Wasserstandes beim Übergang vom Fallen zum Steigen.
2. Eintritt des höchsten Wasserstandes beim Übergang vom Steigen zum Fallen.

258   Seite 99
Was verstehen Sie unter »Tidenhub«?

Das ist der Unterschied zwischen den Höhen des Hoch- und des Niedrigwassers.

259   Seite 42
Wo finden Sie für einen bestimmten Ort die Angaben über Hoch- und Niedrigwasserzeiten und den Tidenhub?

In den Gezeitentafeln oder dem Gezeitenkalender des Bundesamtes für Seeschifffahrt und Hydrographie (BSH).

260   Seiten 42
Wie lange sind Gezeitentafeln und Gezeitenkalender gültig?

Nur für das Jahr, für das sie herausgegeben sind.

261   Seite 124
Was gehört zur Mindestausrüstung für die sichere Navigation?

1. Seekarten für die Sportschifffahrt, Seehandbücher, Leuchtfeuerverzeichnis, Jachtfunkdienst, Gezeitentafeln oder -kalender nebst Bleistift, Zirkel und Kursdreiecke.
2. Kompass.
3. Lot.
4. Log.
5. Peileinrichtung.
6. Fernglas.

Manövrieren

262   Seite 241
Wie müssen Sie in engen Gewässern Ihre Fahrt einrichten?

Vorsichtig und langsam fahren; Sog und Wellenschlag vermeiden.

263   Seite 184
Warum soll ein kleines Fahrzeug nicht dicht an ein großes in Fahrt befindliches Fahrzeug heranfahren?

Es kann durch dessen Bug- oder Heckwelle kentern oder durch den Sog mit dem Fahrzeug kollidieren.

264   Seite 156
Warum soll man möglichst gegen Strom und Wind anlegen?

Weil sich das Fahrzeug dabei besser manövrieren lässt.

265   Seite 243
Wie verhalten Sie sich beim Begegnen mit anderen Fahrzeugen in einem engen Fahrwasser?

Geschwindigkeit herabsetzen und ausreichenden Passierabstand halten.

266   Seite 184
Welche Gefahren können entstehen, wenn ein größeres Fahrzeug Sie überholt?

Mein Fahrzeug kann durch Stau, Sog oder Schwell aus dem Kurs laufen und kollidieren oder querschlagen, in flachen Gewässern auf Grund laufen; Gefahr des Überbordfallens.

267   Seite 241
Wie ist ein Überholmanöver durchzuführen?

Zügig und im ausreichenden Abstand und nur dann, wenn die Verkehrslage es erlaubt.

268   Seite 169
Wie lang sollte eine Schleppleine bei starkem Seegang sein?

Mindestens 2- oder 3fache Wellenlänge.

269   Seite 169
Was ist zu beachten, wenn ein Sportboot geschleppt werden soll?

1. Die Schleppleine ist den Seegangsverhältnissen anzupassen, ein ruckartiges Steifkommen der Schleppleine ist zu vermeiden.
2. Die Schleppgeschwindigkeit darf nicht größer sein als die Geschwindigkeit, die der Anhang frei fahrend bei Verdrängerfahrt erreichen kann.

270   Seite 169
Wie vertäuen Sie Ihr Boot, wenn Sie längsseits geschleppt werden?

Durch 2 Querleinen (vorn und achtern je eine) sowie durch eine Vorund eine Achterspring. Das Heck des schleppenden Fahrzeugs soll über das Heck des geschleppten Fahrzeugs hinausragen.

271   Seiten 158, 161
Wieviel Ankerkette bzw. -leine soll man normalerweise beim Ankern ausstecken?

Mindestens die dreifache Wassertiefe bei Kette oder die fünffache bei Leine.

272   Seite 161
Woran können Sie erkennen, ob der Anker hält?

1. Wenn beim Handauflegen auf die Ankerkette oder -leine kein Rucken zu verspüren ist.
2. Wenn sich die Ankerpeilung nicht ändert.

273   Seite 161
Warum sollen Sie sich die Ankerpeilungen aufschreiben?

Um mit späteren Kontrollpeilungen festzustellen, ob der Anker hält.

274   Seite 154
Welches ist der günstigste Anlaufwinkel beim Anlegen in stromfreien Gewässern?

Ein möglichst spitzer Winkel.

275   Seite 156
Welche äußeren Einflüsse können sich auf die Manövrierfähigkeit Ihres Bootes auswirken?

Wind, Seegang, Strom, Sog, Wassertiefe.

276   Seite 156
Was verstehen Sie unter einer rechts- bzw. linksgängigen Schraube?

Bei Vorwärtsgang dreht sich, von hinten gesehen, eine rechtsgängige Schraube nach rechts, eine linksgängige nach links.

277   Seite 156
Nach welcher Seite dreht sich im Allgemeinen das Heck im Rückwärtsgang bei einer rechts- bzw. linksgängigen Schraube?

Bei einer rechtsgängigen Schraube nach Backbord, bei einer linksgängigen nach Steuerbord.

278 Seite 152
Was müssen Sie beim Festmachen Ihres Fahrzeugs beachten?

Es ist so festzumachen, dass das Fahrzeug sicher liegt und sich nicht losreißen kann. Wind, Strom und Wasserstandsänderungen sind zu berücksichtigen.

279 Seite 152
Welche Vorkehrungen sollten Sie neben dem sicheren Festmachen treffen, wenn Sie Ihr festgemachtes Fahrzeug für längere Zeit verlassen?

1. Alle Seeventile schließen.
2. Hauptschalter des Bordnetzes ausschalten.

280 Seite 241
Warum müssen Sie bei geringer Wassertiefe mit der Geschwindigkeit heruntergehen?

1. Zur Verbesserung der Steuerfähigkeit.
2. Zur Vermeidung einer Grundberührung durch das Absenken des Hecks.

281 Seite 241
Welche Geschwindigkeit müssen Sie in engen Gewässern wählen, in denen am Ufer festgemachte Fahrzeuge liegen?

Eine Geschwindigkeit, bei der gefährlicher Sog oder Wellenschlag vermieden wird.

282 Seite 172
Womit kann ein steuerunfähiges Sportboot mit dem Bug in den Wind gehalten werden?

Mit dem Treibanker oder anderen geeigneten schwimmfähigen Gegenständen.

283 Seite 171
Warum ist es wichtig, bei starkem Seegang die Fahrt des Sportbootes zu vermindern?

Um Schäden durch Seeschlag möglichst zu vermeiden.

Wetterkunde

284 Seite 208
Was bedeutet folgendes Zeichen in der Wetterkarte?

Windrichtung: NW; Windstärke: Bft 3; Bewölkung: wolkenlos.

285 Seite 192
Welche Angaben liefert Ihnen die Beaufort-Skala?

1. Einheiten der Windstärke von 0 bis 12.
2. Die Auswirkungen des Windes auf die See.

286 Seite 191
Wie wird der Luftdruck in der Wetterkarte dargestellt, und in welcher Maßeinheit wird er angegeben?

1. Durch Isobaren.
2. In Hektopascal (hPa).

287 Seite 191
Welche Schlüsse können Sie aus raschen Luftdruckänderungen ziehen?

Schnelle Wetteränderung; bei fallender Tendenz Wetterverschlechterung, bei steigender Tendenz Wetterverbesserung.

288 Seite 191
Was bedeutet rasches Fallen des Luftdrucks?

In der Mehrzahl der Fälle Starkwind- oder Sturmgefahr.

289 Seite 191
Was für eine Wetterentwicklung können Sie erwarten, wenn in unseren Breiten der Luftdruck um mehr als 1 Hektopascal in der Stunde fällt?

Es gibt Starkwind oder Sturm.

290 Seite 191
Was bedeuten die um einen Hoch- oder Tiefdruckkern in der Wetterkarte abgebildeten Linien, und wie werden sie bezeichnet?

Linien, die Orte gleichen Luftdrucks miteinander verbinden. Es sind Isobaren.

291 Seite 199
Erklären Sie folgende Abbildung:

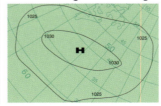

1. Hochdruckgebiet.
2. Isobaren mit Luftdruckangaben in Hektopascal (hPa).

292 Seite 199
Erklären Sie folgende Abbildung:

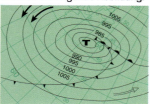

1. Tiefdruckgebiet auf Nordbreite mit Warm- und Kaltfront.
2. Isobaren mit Luftdruckangaben in Hektopascal (hPa).
3. Warme und kalte Luftströmungen.

293 Seite 206
Nennen Sie mindestens 4 Möglichkeiten, einen Wetterbericht zu erhalten.

1. Rundfunk.
2. Deutscher Wetterdienst, Geschäftsfeld Seeschifffahrt in Hamburg.
3. Küstenfunkstellen.
4. Private Informationsdienste.
5. Zeitung.
6. Fernsehen.
7. NAVTEX.

294 Seite 206
Für welche Windstärken wird eine Starkwindwarnung herausgegeben?

Für Windstärken 6 und 7 der Beaufort-Skala.

295 Seite 206
Für welche Windstärken wird eine Sturmwarnung herausgegeben?

Für Windstärken 8 und mehr der Beaufort-Skala.

296 Seite 202
Was verstehen Sie unter Landwind und wann tritt er in der Regel auf?

1. Ablandiger Wind von geringer Stärke.
2. Meistens nachts.

297 Seite 202
Was verstehen Sie unter Seewind und wann tritt er in der Regel auf?

1. Auflandiger Wind von schwacher bis mäßiger Stärke.
2. Meistens nachmittags.

298 Seite 197
Welche Zuggeschwindigkeit und -richtung haben Tiefdruckgebiete in der Regel in unseren Breiten?

1. Fünf bis vierzig Knoten.
2. Von West nach Ost.

299 Seite 192
Was verstehen Sie in amtlichen Wetterberichten unter »schwachem Wind«?

Wind bis zur Stärke 3 der Beaufort-Skala.

300 Seite 192
Was verstehen Sie in amtlichen Wetterberichten unter »mäßigem Wind«?

Wind der Stärke 4 der Beaufort-Skala.

301 Seite 192
Was verstehen Sie in amtlichen Wetterberichten unter »frischem Wind«?

Wind der Stärke 5 der Beaufort-Skala.

302 Seite 192
Was verstehen Sie in amtlichen Wetterberichten unter »schwerem Sturm«, »orkanartigem Sturm«, »Orkan«?

Wind der Stärke 10, 11 bzw. 12 der Beaufort-Skala.

303 Seite 193
Sie hören im Wetterbericht die Meldung: Sturm aus Südwest rechtdrehend. Was bedeutet das?

Der Sturm dreht in Richtung West (im Uhrzeigersinn).

304 Seite 193
Sie hören im Wetterbericht die Meldung: Sturm aus Südost rückdrehend. Was bedeutet das?

Der Sturm dreht in Richtung Ost (entgegen dem Uhrzeigersinn).

305 Seite 200
Woran erkennt man ein aufziehendes Gewitter?

1. Turmartige, mächtige Haufenwolken.
2. Ein evtl. vorhandener Wind schläft zunächst ein, frischt danach wieder auf und kommt aus anderer Richtung.
3. Aus einem auf Mittelwelle geschalteten Rundfunkgerät ertönen lange vor Gewitterausbruch starke Störgeräusche.

306 Seite 200
Welche Gefahren kann ein Gewitter mit sich bringen?

1. Böen bis Orkanstärke mit Winddrehungen.
2. Blitzschlag.
3. Starke Regenfälle oder Hagelschlag mit verminderter Sicht.

Sicherheit

307 Seite 227

Wie haben Sie Ihre Fahrweise im Fahrwasser bei verminderter Sicht aufgrund seemännischer Sorgfaltspflicht einzurichten, wenn Ihr Fahrzeug nicht über die technische Ausrüstung, insbesondere zur Ortung anderer Fahrzeuge und zur Positionsbestimmung des eigenen Fahrzeuges, verfügt?

1. Das Fahrwasser verlassen;
2. wenn dies nicht möglich ist, im Fahrwasser äußerst rechts halten.
3. Möglichst Flachwassergebiet aufsuchen und ankern.

308 Seite 227

Welche Sicherheitsmaßnahmen treffen Sie an Bord aufgrund der seemännischen Sorgfaltspflicht neben den in den Kollisionsverhütungsregeln (KVR) vorgeschriebenen Verhaltensmaßregeln bei verminderter Sicht?

1. Radarreflektor aufheißen, falls nicht fest angebracht. Ist kein Radarreflektor an Bord, Fahrzeug möglichst in eine waagerechte Schwimmlage bringen.
2. Alle Navigationsanlagen, z. B. Radar, Echolot, sorgfältig gebrauchen.
3. In einem Revier mit Landradarberatung die Radarberatung über UKW-Sprechfunk mithören.

309 Seite 200

Wie verhalten Sie sich bei Gewittergefahr? (Nennen Sie mindestens 4 Maßnahmen.)

1. Hafen oder zumindest Landschutz aufsuchen.
2. Ggf. Segel stark reffen, besser ganz wegnehmen.
3. Sonstige Maßnahmen wie in schwerem Sturm ergreifen (z. B. alle Gegenstände seefest laschen, Rettungsweste und Sicherheitsgurt anlegen).
4. Funkanlagen abschalten.
5. Möglichst keine Metallteile berühren.
6. Position ermitteln und in die Seekarte eintragen.

310 Seite 180

Welche Sicherheitsmaßnahmen treffen Sie vor dem Auslaufen?

Insbesondere:
1. Überprüfung der Rettungs- und Sicherheitsmittel.
2. Belehrung der Besatzung über Rettungs- und Sicherheitsmaßnahmen.
3. Wetterbericht und nautische Warnnachrichten einholen.
4. Namen der an Bord befindlichen Personen und geplante Reiseroute an Land hinterlassen.

311 Seite 181

Was soll ein Bootsführer unternehmen, wenn er Grund zur Annahme haben muss, dass er vermisst wird und dadurch eine Suchaktion ausgelöst worden ist?

Die Seenotleitung Bremen der Deutschen Gesellschaft zur Rettung Schiffbrüchiger und Angehörige benachrichtigen.

312 Seite 132

Welche Sicherheitsmaßnahmen sind für das Tanken zu treffen? (Nennen Sie mindestens 4 Maßnahmen.)

Insbesondere:
1. Motor abstellen.
2. Alle offenen Feuer aus, nicht rauchen.
3. Keine elektrischen Schalter betätigen.
4. Alle Räume verschließen und nach dem Tanken wieder gut lüften.
5. Zur Vermeidung elektrostatischer Ladung ist die Zapfanlage zu erden.

313 Seite 170

Welche Sicherheitsmaßnahmen treffen Sie auf See vor Eintritt von schwerem Wetter (Starkwind, Sturm)?

1. Alle Öffnungen vor Wassereinbruch sichern.
2. Lose Gegenstände festzurren.
3. Rettungsweste und Sicherheitsgurt mit Sorgleine anlegen, diese in Augbolzen, Strecktau oder Laufleine einhaken und andere Rettungsmittel bereithalten.
4. Unter Umständen Schutzhafen anlaufen.

314 Seite 120

Warum ist Flüssiggas gefährlich?

1. Es bildet mit Luft ein explosionsfähiges Gemisch.
2. Es ist schwerer als Luft und kann sich daher unbemerkt im Bootsinnern sammeln.

315 Seite 120

Wo sollen die Gasbehälter einer Flüssiggasanlage gelagert werden?

1. Möglichst an Deck, geschützt vor Sonneneinstrahlung.
2. Sonst in einem besonders abgeschlossenen Raum für Gasbehälter, der in Bodenhöhe eine Öffnung nach außenbords hat.

316 Seite 120
1. Was ist vor Inbetriebnahme einer Flüssiggasanlage zu prüfen und
2. zu beachten, wenn die Flüssiggasanlage außer Betrieb gesetzt wird?

1. Die Leitungen und Anschlüsse müssen dicht sein, Kocher und Heizgeräte müssen einwandfrei arbeiten.
2. Haupthahn und andere Absperrventile sind zu schließen.

317 Seiten 124, 126
Was gehört zur Mindestausrüstung für die Sicherheit des Fahrzeugs und der an Bord befindlichen Personen?
(Nennen Sie mindestens 8 Gegenstände.)

1. Ohnmachtsichere Rettungsweste mit Signalpfeife für jede Person.
2. Sicherheitsgurte (Lifebelts) in ausreichender Anzahl.
3. Rettungsring mit Wurfleine und Leuchte.
4. Notsignale.
5. Erste-Hilfe-Kasten.
6. Feuerlöscher.
7. Lenzpumpe, Eimer und Ösfass.
8. Riemen oder Paddel, Bootshaken.
9. Taschenlampe.
10. Anker mit Kettenvorläufer und Leine sowie Treibanker.
11. Radarreflektor.
12. Schleppleine.

318 Seite 127
Wie oft müssen Sie Ihr aufblasbares Rettungsfloß und Ihre aufblasbare Rettungsweste warten lassen?

Mindestens alle 2 Jahre oder die Herstellerangabe beachten.

319 Seite 179
Welche Löschmittel dürfen Sie keinesfalls bei einem Brand in der elektrischen Anlage einsetzen?

Schaum und Wasser.

320 Seite 124
1. Welcher Feuerlöscher ist für Sportboote zweckmäßig?
2. Wie oft müssen Sie einen Feuerlöscher überprüfen lassen?

1. ABC-Pulverlöscher.
2. Mindestens alle 2 Jahre.

321 Seite 178
Was ist zu tun, wenn es am Motor brennt?

1. Kraftstoffzufuhr abstellen, Motor mit möglichst hoher Drehzahl weiterlaufen lassen.
2. Brand mit nasser Decke abdecken oder mit ABC-Pulverlöscher bekämpfen.
3. Luftzufuhr verhindern.

322 Seite 178
Welche Maßnahmen ergreifen Sie, um einen Brand mit dem Feuerlöscher wirksam zu bekämpfen?

1. Luftzufuhr verhindern.
2. Feuerlöscher erst am Brandherd in Tätigkeit setzen.
3. Das Feuer möglichst von unten bekämpfen.

323 Seite 246
Was ist nach schaden- oder gefahrdrohenden Vorkommnissen im Sinne des Seesicherheits-Untersuchungs-Gesetzes (SUG) unbedingt zu tun?

Das Vorkommnis ist unverzüglich der Bundesstelle für Seeunfalluntersuchung (BSU) in Hamburg zu melden; dabei sind möglichst die in § 7 der Verordnung über die Sicherung der Seefahrt vorgeschriebenen Angaben zu machen.

324 Seite 246
Wie verhalten Sie sich nach einem Zusammenstoß?

1. Erste Hilfe leisten und so lange am Unfallort bleiben, bis ein weiterer Beistand nicht mehr erforderlich ist.
2. Vor Weiterfahrt alle erforderlichen Schiffs- und Personendaten einschließlich Versicherung austauschen.

325 Seite 246
Welches Gesetz und welche Verordnung enthalten neben der Seeschifffahrtsstraßen-Ordnung (SeeSchStrO) und der Schifffahrtsordnung Emsmündung (EmsSchO) Vorschriften über das Verhalten nach dem Zusammenstoß und bei sonstigen schaden- oder gefahrdrohenden Vorkommnissen?

1. Das Seesicherheits-Untersuchungs-Gesetz (SUG).
2. Die Verordnung über die Sicherung der Seefahrt.

326 Seiten 174, 175
Was ist sofort zu tun, wenn jemand über Bord gefallen ist?

1. Ausruf: »Mensch über Bord« und Rettungsring zuwerfen.
2. Gut Ausguck halten und sofort Maschine stoppen.
3. Mensch-über-Bord-Manöver ausführen.

327 Seite 176

Wie können Sie nach einem Mensch-über-Bord-Manöver eine erschöpft im Wasser treibende Person möglichst schnell und sicher an Bord bekommen?

1. Leinenverbindung zwischen Boot und Person im Wasser herstellen.
2. Leinenbuchten über die Bordwand hängen; wenn vorhanden, Badeleiter herunterklappen bzw. ausbringen.
3. Mit dem Großbaum und der Großschot oder über eine Badeleiter oder mithilfe von Rettungsmitteln Person an Bord holen.

328 Seite 178

Was ist zu tun, wenn Ihr Fahrzeug gekentert ist?

1. Möglichst am Fahrzeug bleiben.
2. Besatzung zusammenhalten.
3. Unnötigen Kräfteverschleiß vermeiden (Unterkühlungsgefahr).
4. Aufmerksamkeit zur Hilfeleistung erregen.

329 Seite 127

Wie verhindern Sie das Überbordfallen von Personen bei starkem Seegang?

1. Sicherheitsleinen spannen.
2. Sicherheitsgurt anlegen und einpicken.

Notsignale

330 Seite 229

In welcher Situation dürfen Notsignale gegeben werden?

Wenn Gefahr für Leib oder Leben der Besatzung und daher die Notwendigkeit zur Hilfe besteht.

331 Seite 229

Welche Notsignale können gegeben werden?
(Nennen Sie mindestens 8 Signale.)

1. Leuchtrakete mit einem roten Leuchtstern oder rote Handfackel.
2. Orangefarbenes Rauchsignal.
3. Dauerton eines Nebelsignalgerätes.
4. Langsames Heben und Senken der seitlich ausgestreckten Arme.
5. Morsesignal SOS durch Licht- oder Schallsignale.
6. MAYDAY durch Sprechfunk.
7. Seewasserfärber.
8. Radartransponder.
9. Signale einer Seenotfunkbake.
10. Flaggensignal NC.
11. Ball über oder unter Flagge.
12. Knallsignale in Zwischenräumen von ungefähr 1 Minute.
13. Flammensignal.

332 Seite 229

Sie sehen auf See einen roten Leuchtstern oder eine rot brennende Handfackel.
1. Was bedeuten diese Signale?
2. Wie verhalten Sie sich?

1. Seenotfall.
2. Hilfe leisten, ggf. weitere Hilfe anfordern.

333 Seite 229

Sie hören von einem Schiff anhaltendes Ertönen eines Nebelsignalgerätes.
1. Was bedeutet dieses Signal?
2. Wie verhalten Sie sich?

1. Seenotfall.
2. Hilfe leisten, ggf. weitere Hilfe anfordern.

334 Seite 229

Sie hören oder sehen folgendes Morsesignal:
dreimal kurz, dreimal lang, dreimal kurz (●●● ━ ━ ━ ●●●).
1. Was bedeutet dieses Signal?
2. Wie verhalten Sie sich?

1. Seenotfall.
2. Hilfe leisten, ggf. weitere Hilfe anfordern.

335   Seite 229
Sie hören über Sprechfunkgerät:
MAYDAY, MAYDAY, MAYDAY.
1. Was bedeutet dieses Signal?
2. Wie verhalten Sie sich?

1. Seenotfall.
2. Hilfe leisten, ggf. weitere Hilfe anfordern.

336   Seite 229
Sie sehen ein Schiff, das folgendes Flaggensignal gesetzt hat:

1. Was bedeutet dieses Signal?
2. Wie verhalten Sie sich?

1. Seenotfall.
2. Hilfe leisten, ggf. weitere Hilfe anfordern.

337   Seite 229
Sie sehen auf einem Schiff eines der folgenden Signale:

1. Was bedeutet dieses Signal?
2. Wie verhalten Sie sich?

1. Seenotfall.
2. Hilfe leisten, ggf. weitere Hilfe anfordern.

338   Seite 229
Sie sehen auf einem Schiff ein orangefarbenes Rauchsignal.
1. Was bedeutet dieses Signal?
2. Wie verhalten Sie sich?

1. Seenotfall.
2. Hilfe leisten, ggf. weitere Hilfe anfordern.

339   Seite 229
Sie sehen auf einem Schiff eine Person stehen, die ihre seitlich ausgestreckten Arme wiederholt langsam auf und ab bewegt.
1. Was bedeutet dieses Signal?
2. Wie verhalten Sie sich?

1. Seenotfall.
2. Hilfe leisten, ggf. weitere Hilfe anfordern.

340   Seite 229
Warum dürfen Seenotsignale nur bei einem Seenotfall verwendet werden?

Weil bei ihrer Anwendung der gesamte Seenotrettungsdienst an der Küste alarmiert wird.

341   Seite 229
Welches Seenotsignal können Sie mit einer Leuchte geben?

Das Lichtsignal: dreimal kurz, dreimal lang, dreimal kurz.
(●●● ━ ━ ━ ●●●)

342   Seite 183
Wie verhalten Sie sich bei Hilfeleistung durch einen Hubschrauber?

1. Fahrzeug in den Wind legen.
2. Soweit möglich, Antennen, Stagen usw. entfernen.
3. Rettungsschlinge mit dem Zugpunkt nach vorn über den Kopf unter die Arme streifen und Arme abwärts anwinkeln.
4. Anweisungen der Hubschrauberbesatzung Folge leisten.

Kartenaufgaben

Die Kartenaufgaben (Fragen 343–362) sowie ihre Lösungen befinden sich bei den jeweiligen Kartenausschnitten, die am Ende des Buches (zeichnerische Lösung auf dem Klapper) beigelegt sind.

Sportküstenschifferschein: Wissenswertes für die Prüfung

Allgemeines

Der Sportküstenschifferschein (SKS) ist ein **freiwilliger amtlicher Führerschein** für die Küstengewässer aller Meere bis zu 12 sm Abstand von der Festlandsküste.

Das Prüfungsverfahren und die Prüfungsinhalte sind in der **Sportseeschifferscheinverordnung** und den **Durchführungsrichtlinien Sportküstenschifferschein** geregelt.

Mit der **Erteilung** von Sportküstenschifferscheinen sind der *Deutsche Motoryachtverband (DMYV)* und der *Deutsche Segler-Verband (DSV)* beauftragt.

Den Sportküstenschifferschein gibt es für die Antriebsarten

– **Antriebsmaschine** und
– **Antriebsmaschine und unter Segel.**

Zulassung zur Prüfung

Der Bewerber wird zur Prüfung zugelassen, wenn er folgende Voraussetzungen erfüllt:

- Besitz des **Sportbootführerscheins See**
- **Nachweis von mindestens 300 sm** in den Küstengewässern auf Motoryachten für die Antriebsart »Antriebsmaschine« bzw. auf Segelyachten mit Antriebsmaschine für die Antriebsart »Antriebsmaschine und unter Segel«. Die Seemeilen müssen vor der Zulassung zur praktischen Prüfung nachgewiesen werden.
- Nachweis über die Entrichtung der jeweiligen **Gebühren** (Zulassungs-, Prüfungs- und Wiederholungsgebühr)

Theoretische Prüfung

Die Prüfung besteht aus einem theoretischen und einem praktischen Teil.

Die theoretische Prüfung wird in zwei Prüfungsteilen abgelegt:

- Bearbeitung eines Fragebogens aus dem Fragenkatalog und
- Bearbeitung einer Kartenaufgabe.

Für die Kartenaufgabe muss der Bewerber die **deutsche Übungskarte Nr. 30** (Stand 3. VI. 2005), die **britische Übungskarte Nr. 1875** (Stand V. 2005) und das **Begleitheft** (Ausgabe 2006) für die Kartenaufgaben im Fach Navigation mit den entsprechenden Auszügen aus der nautischen Literatur mitbringen. Daneben sind die **Karte 1/INT 1:** *Zeichen, Abkürzungen, Begriffe in deutschen Seekarten* (Stand 2005) und ein Taschenrechner zugelassen.

Der **Prüfungsteil Fragebogen** ist nicht bestanden, wenn der Bewerber von 60 erreichbaren Punkten nur 32 oder weniger Punkte erreicht. Erreicht er 33 bis 38 Punkte, ist eine mündliche Prüfung erforderlich. Erreicht er 39 oder mehr Punkte, ist der Prüfungsteil ohne mündliche Prüfung bestanden.

Der Prüfungsteil **Kartenaufgabe** ist nicht bestanden, wenn der Bewerber von 30 erreichbaren Punkten nur 16 oder weniger Punkte erreicht. Erreicht er 17 bis 19 Punkte, ist eine mündliche Prüfung erforderlich. Erreicht er 20 oder mehr

Punkte, ist der Prüfungsteil Kartenaufgabe ohne mündliche Prüfung bestanden. In der schriftlichen Prüfung stehen für die Bearbeitung des Fragebogens und der Kartenaufgabe jeweils 90 Minuten zur Verfügung; die mündliche Prüfung dauert maximal 15 Minuten und findet in der Regel am Tage der schriftlichen Prüfung statt.

Praktische Prüfung

Die praktische Prüfung wird von mindestens zwei Prüfern abgenommen und kann in Gruppen durchgeführt werden. Sie dauert für jeden Bewerber bis zu 30 Minuten und wird im Bereich der Ostsee, der Nordsee, des Mittelmeeres oder des Atlantiks durchgeführt.

Die praktische Prüfung besteht aus *Pflichtaufgaben* und *sonstigen Aufgaben,* die der Prüfer auswählt und festlegt (siehe unten: *Prüfungsfächer praktische Prüfung*).

Prüfungsfächer theoretische Prüfung

1. Navigation

1.1 Gebrauch von Seekarten und weiterer nautischer Veröffentlichungen
1.2 Kurs- und Peilungsverwandlung (ohne Peilscheibe)
1.3 Terrestrische Schiffsortbestimmung (ohne Vertikal- und Horizontalwinkel)
1.4 Stromnavigation
1.5 Terrestrische Kompasskontrolle
1.6 Gezeitenkunde: Gebrauch der Gezeitentafeln (ohne Berechnung der Höhe der Gezeit), Anwendung der Gezeitenstromtabelle in der Seekarte
1.7 Magnetkompass
1.8 Elektronische Navigation: Aufbau und Gebrauch des Automatischen Schiffsidentifizierungssystems AIS, Satellitengestütztes Navigationsverfahren (z. B. GPS), Wegpunktnavigation

1.9 Radar (Darstellungsarten in der Sportschifffahrt, Ortsbestimmung, Einstellen des Radarbildes, Störung des Radarbildes durch Seegang und Regen)

2. Schifffahrtsrecht

2.1 Allgemeines: Schiffspapiere, Logbuchführung, Ausrüstungspflicht (Seekarten, Seebücher und navigatorische und sonstige Sicherheitsausrüstung), Flaggenrecht, Seeunfalluntersuchung

2.2 Seeverkehrsrecht: Kollisionsverhütungsregeln (KVR) in der jeweils geltenden Fassung (ohne Radarplotten), Seeschifffahrtsstraßen-Ordnung in der jeweils geltenden Fassung (§§ 1 bis 35, 37, 41 bis 53) und nationale Ergänzungsvorschriften, soweit die Sportschifffahrt betroffen ist

2.3 Umweltschutz im 12-sm-Bereich (MARPOL-Übereinkommen: Sondergebiete)

3. Wetterkunde

3.1 Allgemeine Begriffe aus der Wetterkunde
3.2 Wolkenformen
3.3 Druckgebilde
3.4 Land- und Seewind
3.5 Anwenden von Seewetterberichten
3.6 Wichtige Wetterregeln
3.7 Nebel (Ursachen)
3.8 Seegang
3.9 Meteorologische Messgeräte: Thermometer, Barometer

4. Seemannschaft

4.1 Das Segelfahrzeug: Yacht- und Bootsbau, Takelung, stehendes und laufendes Gut, Segel, Ausrüstung (allgemein), Kenntnisse über Segelstellung, Stabilität, Rumpfgeschwindigkeit, Antriebsmaschine (Betrieb und Wartung), Umgang mit Tauwerk, Bootspflege, Instandhaltung

4.2 Das Motorfahrzeug: Yacht- und Bootsbau, Ausrüstung (allgemein), Kenntnisse über Trimm, Stabilität, Rumpfgeschwindigkeit, Antriebsmaschine (Betrieb und Wartung), Umgang mit Tauwerk, Bootspflege, Instandhaltung

4.3 Führen einer Segelyacht: Vorbereitung, Manöver im Hafen und auf See, bei schwerem Wetter im Küstenbereich, in strömenden Gewässern, Mensch über Bord

4.4 Führen einer Motoryacht: siehe 4.3

4.5 Sicherheitsausrüstung (einschließlich Funk)

4.6 Seetüchtigkeit

4.7 Maßnahmen bei Notfällen: Kollision, Grundberührung, Feuer, Wassereinbruch usw., Unfälle der Besatzung, Hilfeleistung und Rettung auf See

4.8 Ankern: Ankergeschirr, Auswahl der Ankerplätze, Ankermanöver

4.9 Manövrierverhalten (Kursänderungen, Aufstoppen, Geschwindigkeit, Tiefgang), eingeschränkte Sicht

Prüfungsfächer praktische Prüfung

1. Pflichtaufgaben

Für jedes Manöver gibt es zwei Versuche. Wird die Pflichtaufgabe auch bei der Wiederholung mit »nicht ausreichend« bewertet, so ist die praktische Prüfung nicht bestanden.
Rettungsmanöver: Durchführung eines Boje-über-Bord-Manövers
– unter Segel
– mit Maschinenantrieb

2. Sonstige Aufgaben

Von den »sonstigen Aufgaben« dürfen maximal 5 Aufgaben gestellt werden, davon müssen drei mit »ausreichend« bewertet werden.

2.1 Seemannschaft/Fertigkeiten

Prüfung der Seetüchtigkeit der Yacht einschließlich der Sicherheitsausrüstung und deren Handhabung
Anwendung von Leinen beim An- und Ablegen (Spring, Vor- und Achterleine, Leine auf Slip)
Sicherer Umgang mit Tauwerk (Knoten, Belegen)

2.2 Wetterkunde

Ablesen der Wetterinstrumente Thermometer und Barometer, Beurteilen der Wetterlage und -entwicklung am Ort und zum Zeitpunkt der Prüfung

2.3 Navigation

Bestimmen von Kursen und des Schiffsortes unter Anwendung der terrestrischen und elektronischen Navigation
Arbeiten mit Steuerkompass und/oder Handpeilkompass

2.4 Motor, elektrische Anlage und Gasanlage

Motor: Kontrolle und Starten (z. B. Ölstand, Kühlwasser), Störungen (z. B. zu niedriger bzw. zu hoher Öldruck, Verhalten bei Ausfall des Kühlwassers, Warnleuchte der Ladekontrolle erlischt nicht)

Elektrische Anlage: Kontrolle, Störungen (z. B. Batteriezustand, Batterieschaltung, Batterieladung/Eigen- oder Fremdladung)

Gasanlage: (z. B. Zündsicherung, Anschlüsse, Vorrat, Absperrung)

2.5 Seemannschaft/Manöver

Manöver mit Antriebsmaschine: An- und/oder Ablegen, Drehen und/oder Aufstoppen auf engem Raum, Vorbereitung der Yacht für das Ein- und Auslaufen, Steuern nach Kompass und festen Seezeichen/Landmarken, Durchführen eines Ankermanövers

Manöver unter Segel: Steuern nach Kompass und festen Seezeichen/Landmarken, Segelsetzen/Segelbergen in Fahrt, Einreffen und/oder Ausreffen in Fahrt, Beidrehen und/oder Aufschießer fahren, Wenden und/oder Halsen, Steuern verschiedener Kurse zum Wind

Prüfungsausschüsse für den amtlichen SKS

Eine aktuelle Adressenliste finden Sie unter *www.dsv.org* (Führerscheine).

Sportboot-führerschein See: Wissenswertes für die Prüfung

Wer benötigt den Führerschein?

Den Sportbootführerschein See braucht jeder, der auf den deutschen Seeschifffahrtsstraßen ein Sportboot oder ein Wassermotorrad führen will, dessen (Hilfs-) Motor an der Propellerwelle mehr als 3,68 kW (5 PS) abgibt. Dies gilt für alle
• Motorsportfahrzeuge und
• Segelfahrzeuge,
ohne Rücksicht darauf, ob der Motor in Betrieb ist oder nicht.
Führer von Sportbooten ohne Motorantrieb oder mit einer größten nicht überschreitbaren Nutzleistung von 3,68 kW (5 PS) oder weniger an der Propellerwelle bedürfen keiner Fahrerlaubnis.

Wo braucht man den Führerschein?

Der Sportbootführerschein See ist auf den deutschen Seeschifffahrtsstraßen erforderlich:

1. im Geltungsbereich der Seeschifffahrtsstraßen-Ordnung auf den Wasserflächen zwischen der Küstenlinie bei mittlerem Hochwasser oder der seewärtigen Begrenzung der Binnenwasserstraßen und einer Linie von drei Seemeilen Abstand seewärts der Basislinie sowie auf den durch Sichtzeichen begrenzten Fahrwassern im Küstenmeer mit Ausnahme der Emsmündung, außerdem zwischen den Ufern der nachstehend bezeichneten Teile der angrenzenden Binnenwasserstraßen:
• Weser bis zur Eisenbahnbrücke in Bremen mit den Nebenarmen
• Lesum und Wümme bis Borgfeld
• Hunte bis Oldenburg
• Elbe bis zur unteren Grenze des Hamburger Hafens mit der Wischhafener Süderelbe, dem Ruthenstrom und der

• Bützflether Süderelbe
• Oste bis Bremervörde
• Freiburger Hafenpriel bis zur Deichschleuse in Freiburg
• Schwinge bis Stade
• Lühe bis Horneburg
• Este bis Schleuse Buxtehude
• Stör bis zum Pegel Rensing
• Krückau bis Elmshorn
• Pinnau bis zur Eisenbahnbrücke in Pinneberg
• Eider bis Rendsburg
• Giselaukanal
• Nord-Ostsee-Kanal mit den unmittelbar anhängenden Gewässern
• Trave bis Lübeck
• Warnow bis Rostock
• Ryck bis Greifswald
• Uecker bis Ueckermünde

2. im Geltungsbereich der Schifffahrtsordnung Emsmündung
a) auf den Wasserflächen in der Emsmündung, die begrenzt werden durch die Küstenlinie bei mittlerem Hochwasser oder die seewärtige Begrenzung der Binnenwasserstraßen, die seewärtige Begrenzung des Küstenmeeres sowie im Osten durch die Verbindungslinie zwischen dem Pilsumer Watt, Borkum und dem Schnittpunkt mit der seewärtigen Begrenzung des Küstenmeeres,
b) zwischen den Ufern der nachstehend bezeichneten Teile der angrenzenden Binnenwasserstraßen:
• Ems bis zu der bei der Hafeneinfahrt nach Papenburg über die Ems gehenden Verbindungslinie zwischen dem Diemer Schöpfwerk und dem Deichdurchlass bei Halte
• Leda bis zur Einfahrt in den Vorhafen der Seeschleuse von Leer

Eignung und Befähigung

Die Fahrerlaubnis kann erhalten, wer
• das 16. Lebensjahr vollendet hat,
• körperlich und geistig zum Führen eines Sportbootes *tauglich* und aufgrund seines Verhaltens im Verkehr als *zuverlässig* anzusehen ist und

• seine Befähigung zum Führen eines Sportbootes (durch die Führerscheinprüfung) nachgewiesen hat.
Wer jünger als 18 Jahre ist, benötigt die schriftliche Zustimmung des gesetzlichen Vertreters.
Untauglich zum Führen eines Sportbootes ist insbesondere, wer über kein ausreichendes Hör-, Seh- und Farbunterscheidungsvermögen verfügt oder von Alkohol, Betäubungsmitteln im Sinne des Betäubungsmittelgesetzes oder von psychoaktiv wirkenden Stoffen oder Arzneien abhängig ist. *Beschränkt tauglichen* Bewerbern (z. B. Brillenträgern) kann die Fahrerlaubnis unter Auflagen erteilt werden, die im Führerschein eingetragen sind.
Unzuverlässig kann eine Person sein, die erheblich gegen verkehrsstrafrechtliche Vorschriften (auch außerhalb des Schiffsverkehrs) verstoßen hat.

Zulassung zur Prüfung

Mit der Abnahme der Prüfung hat das Bundesministerium für Verkehr, Bau und Stadtentwicklung (BMVBS) den *Deutschen Motoryachtverband (DMYV)* und den *Deutschen Segler-Verband (DSV)* beauftragt. Zu diesem Zweck haben die Verbände *Prüfungsausschüsse für den amtlichen Sportbootführerschein See* gebildet (vgl. S. 339).
Anträge auf Zulassung zur Prüfung sind auf einem Formblatt ausschließlich an einen dieser Ausschüsse zu richten, und zwar mindestens zwei Wochen vor dem beantragten Prüfungstermin. Sie müssen enthalten:
• ein Lichtbild (Halbprofil ohne Kopfbedeckung, 38 x 45 mm);
• ein ärztliches Zeugnis über die körperliche und geistige Tauglichkeit gemäß Formular;
• die Fotokopie eines gültigen amtlichen Kfz-Führerscheins, wenn spätestens bei der Prüfung der Kfz-Führerschein vorgelegt wird; andernfalls eine beglaubigte Fotokopie (nicht älter als 6 Monate); oder auf Verlangen des Prü-

fungsausschusses ein Führungszeugnis gemäß Bundeszentralregistergesetz. Wer keinen amtlichen Kfz-Führerschein vorlegen kann, benötigt ein Führungszeugnis für Behörden;
• bei Bewerbern, die das 18. Lebensjahr noch nicht vollendet haben, die Zustimmung des gesetzlichen Vertreters.

Diese Unterlagen, mit Ausnahme des Kfz-Führerscheins, dürfen nicht älter als 12 Monate sein (Führungszeugnis nicht älter als 6 Monate). Dies gilt auch dann, wenn der Antragsteller bereits eine Prüfung nicht bestanden hat und eine erneute Zulassung beantragt.
Die Zulassung zur Prüfung soll erst dann erfolgen, wenn die genannten Unterlagen vollzählig vorliegen.
Der Bewerber kann auch dann zur Prüfung zugelassen werden, wenn das verlangte Führungszeugnis noch nicht vorliegt, wohl aber nachgewiesen wird, dass es beantragt wurde.

Die Prüfung

Die Prüfung besteht aus einem theoretischen und einem praktischen Teil. Sie soll möglichst an einem Tag durchgeführt werden.
Theoretische Prüfung: Im theoretischen Prüfungsteil soll der Bewerber nachweisen, dass er mindestens ausreichende Kenntnisse der für das Führen eines Sportbootes maßgebenden schifffahrtspolizeilichen Vorschriften und die sichere Führung eines Sportbootes auf den Seeschifffahrtsstraßen erforderlichen nautischen und technischen Kenntnisse hat.
Die theoretische Prüfung wird grundsätzlich schriftlich und mündlich durchgeführt. Im schriftlichen Teil hat der Kandidat 33 aus dem offiziellen Fragenkatalog ausgesuchte Fragen innerhalb von 75 Minuten ohne Hilfsmittel zu bearbeiten.
Richtig und vollständig beantwortete Fragen werden mit 2 Punkten, nur zum Teil oder nicht richtig beantwortete Fra-

gen mit 1 bzw. 0 Punkten bewertet. Maximal sind 66 Punkte erreichbar.
Wer nur 43 oder weniger Punkte erreicht, hat die Prüfung nicht bestanden, es sei denn, es liegen besondere Umstände vor. Werden 54 oder weniger Punkte erzielt, ist eine mündliche Prüfung erforderlich. Erreicht der Bewerber 55 oder mehr Punkte, wird er von der mündlichen Prüfung befreit, wenn nicht besondere Umstände eine solche Prüfung erfordern.
Gegenstand der mündlichen Prüfung ist der im amtlichen Fragen- und Antwortenkatalog enthaltene Prüfungsstoff. Es sollen keine Fragen gestellt werden, die bereits in der schriftlichen Prüfung gestellt wurden.
Praktische Prüfung (s. S. 340): In der praktischen Prüfung soll der Bewerber zeigen, dass er die zur sicheren Führung eines Sportbootes auf den Seeschifffahrtsstraßen notwendigen Fahrmanöver beherrscht und die erforderlichen Fertigkeiten besitzt sowie die einschlägigen schifffahrtspolizeilichen Vorschriften anwenden kann.

Befreiung von Prüfungsteilen

Der Prüfungsausschuss kann den Bewerber von der theoretischen oder praktischen Prüfung befreien, wenn er in einer früheren nicht bestandenen Prüfung einen der beiden Prüfungsteile bestanden hat. Die vorangegangene Prüfung darf nicht länger als 6 Monate zurückliegen. Die Befreiung liegt im pflichtgemäßen Ermessen des Prüfungsausschusses.

Anfechtungsverfahren

Legt ein Betroffener Widerspruch gegen eine Entscheidung des Prüfungsausschusses ein, hat dieser seine Entscheidung zu überprüfen. Hält der Prüfungsausschuss den Widerspruch für begründet, ist der Ablehnungsbescheid einschließlich der Kostenentscheidung aufzuheben und der Bewerber zur Prüfung zuzulassen bzw. die Prüfung für bestanden zu erklären. Hält der Prüfungsaus-

schuss den Widerspruch für unbegründet, gibt er den Vorgang unverzüglich an den Koordinierungsausschuss ab. Dieser erlässt im Einvernehmen mit der zuständigen Wasser- und Schifffahrtsdirektion einen Widerspruchsbescheid. Gegen den Widerspruchsbescheid des Koordinierungsausschusses kann innerhalb eines Monats Klage beim Verwaltungsgericht erhoben werden.

Kosten

Es entstehen folgende Kosten:
Zulassung zur Prüfung   € 12,–
Abnahme der Prüfung   € 35,–
Erteilung der Fahrerlaubnis   € 15,–
Hinzu kommen noch die Reisekosten für den Prüfungsausschuss, die auf alle Prüflinge umgelegt werden.

Prüfungsausschüsse für den amtlichen Sportbootführerschein See
(siehe auch unter *www.dsv.org*)

Koordinierungsausschuss des DMYV und DSV, Gründgensstraße 18, 22309 Hamburg, Tel. (0 40) 6 39 04 30
Aurich, Dieter Böse, Am Hafen 51, 26826 Weener, Tel. (0 49 51) 91 25 66
Berlin, Karin Peisker-Wichert, Schulzendorfer Str. 31, 13467 Berlin, Tel. (0 30) 4 04 10 74
Bodensee, Klaus-Jürgen Glee, Höhenweg 4a, 88718 Daisendorf, Tel. (0 75 32) 94 60
Bremen, Holger Wetzel, Beim Bohnenhof 21, 28307 Bremen, Tel. (04 21) 4 09 43 90
Düsseldorf, Rolf Helmut Becker, Cuxhavener Str. 6, 40221 Düsseldorf, Tel. (02 11) 39 34 94
Hamburg, Horst Pöhlmann, Gründgensstr. 18, 22309 Hamburg, Tel. (0 40) 63 97 60 82
Hannover, Gerhard Kallmeyer, Hildesheimer Str. 70, 30880 Laatzen, Tel. (05 11) 86 12 09
Kiel, Dieter Diesel, Soling 34 (Olympiazentrum), 24159 Kiel, Tel. (04 31) 3 05 22 13, 37 18 46
Leipzig, Uwe Böhme, Sulzaer Str. 12, 99518 Großheringen, Tel. (03 64 61) 2 14 23
Lübeck, Gunter Brockmann, Moorredder 45, 23570 Lübeck-Travemünde, Tel. (0 45 02) 30 20 47
München, Werner Richter, Thomas-Mann-Str. 3, 89253 Illertissen, Tel. (0 73 03) 90 45 04
Rostock, Hans-Wolfgang Weinert, Hafenstraße 20, 18439 Stralsund, Tel. (0 38 31) 28 05 31
Wiesbaden, Ute Hutzelmann, Zehnthofstr. 35, 56322 Spay, Tel. (0 26 28) 98 93 33

Sportboot-führerschein See: Zur praktischen Prüfung

Die folgenden Ausführungen sind den *Anweisungen für die Durchführung der praktischen Prüfung* an die Prüfungsausschüsse für den amtlichen Sportbootführerschein See entnommen (= Anlage 9 zu den *Richtlinien für den DMYV und den DSV über die Durchführung der Aufgaben nach § 4 der Sportbootführerscheinverordnung-See*).

Die praktische Prüfung zum Sportbootführerschein See besteht aus

- Pflichtmanövern / Fähigkeiten
- Sonstigen Manövern / Fähigkeiten
- Knoten

Pflichtmanöver/Fähigkeiten sind
1. Rettungsmanöver (Mensch über Bord)
2. Anlegen *oder* Ablegen
3. Fahren nach Kompass
4. Peilen (einfache oder Kreuzpeilung)

Sonstige Manöver/Fähigkeiten sind
1. Kursgerechtes Aufstoppen
2. Wenden auf engem Raum
3. Fahren nach Schifffahrtszeichen/ Landmarken
4. Anlegen einer Rettungsweste
5. Anlegen eines Sicherheitsgurtes.

Zu den **Knoten** zählen
1. Achtknoten
2. Kreuzknoten
3. Palstek
4. einfacher Schotstek
5. doppelter Schotstek
6. Webeleinstek
7. Rundtörn mit halbem Schlag
8. Rundtörn mit zwei halben Schlägen
9. Belegen von Enden

In der Prüfung muss der Bewerber die vier vorgeschriebenen **Pflichtmanöver/ Fähigkeiten** ausführen, mindestens ein von zwei **Sonstigen Manövern/Fähigkeiten** durchführen und fünf von sechs

verschiedenen **Knoten** vorführen und erklären.

Dem Bewerber ist Gelegenheit zu geben, im ersten Versuch nicht ausreichend bewertete Manöver/Fähigkeiten oder Knoten in einem zweiten Versuch zu wiederholen. Bei gravierenden Fehlern kann die Prüfung unmittelbar abgebrochen werden. Werden ein Pflichtmanöver/Fähigkeiten oder zwei sonstige Manöver/Fähigkeiten oder zwei von sechs Knoten auch im zweiten Versuch mit nicht »ausreichend« bewertet, ist die praktische Prüfung nicht bestanden.

Rettungsmanöver (Mensch über Bord)
Das »Mensch über Bord«-Manöver wird dadurch simuliert, dass ein Rettungsring oder ein anderer Schwimmkörper über Bord geworfen wird. Hierbei wird dem Rudergänger laut zugerufen:
»Mensch über Bord an Backbord« oder »Mensch über Bord an Steuerbord«. Der Bewerber muss dieses Kommando laut wiederholen. Die weitere Durchführung des Rettungsmanövers obliegt dem Bewerber. Der Prüfer hat darauf zu achten, dass

- sofort nach dem vorgenannten Zuruf das Gas weggenommen und ausgekuppelt wird,
- das Heck von dem über Bord geworfenen Gegenstand abgedreht wird,
- das Rettungsmanöver zügig durchgeführt wird,
- der Bewerber ansagt, an welcher Seite er den treibenden Gegenstand aufnehmen will,
- das Boot neben dem treibenden Gegenstand zum Stehen kommt und die Schraube keine Umdrehungen mehr macht.

Ablegemanöver
Sofern der Prüfer keine Vorgabe macht, hat der Bewerber selbstständig unter Berücksichtigung von Verkehrs-, Platz-, Strömungs- und Windverhältnissen ablegen.

Anlegemanöver
Der Bewerber soll das Boot an einer vorher vom Prüfer bestimmten Stelle anlegen. Das Anlegemanöver soll nur mit Ruder- oder Maschinenmanövern durchgeführt werden. Das »Heranziehen« mit den Händen oder Bootshaken sowie das Herantreiben sollte nicht zugelassen werden. Im Übrigen gelten die Regeln über die Durchführung des Ablegemanövers.

Wenden auf engem Raum
Der Bewerber soll bei diesem Manöver zeigen, dass er das Zusammenwirken des Ruders und der Schraube im Rahmen eines Wendemanövers beherrscht.

Kursgerechtes Aufstoppen
Der Bewerber soll damit nachweisen, dass er über Kenntnisse der indirekten Steuerwirkung der Schraube bei Rückwärtsfahrt verfügt.

Fahren nach Kompass, Steuern nach Schifffahrtszeichen oder Landmarken
Der Bewerber soll nachweisen, dass er fähig ist, Kursanweisungen umzusetzen. Dabei soll er zeigen, dass er das Boot kursbeständig nach Kompass steuern und Anweisungen zu Kursänderungen unmittelbar befolgen kann. Das Steuern nach Schifffahrtszeichen oder Landmarken kann einbezogen werden. Es soll insbesondere festgestellt werden, dass der Bewerber in der Lage ist, das Boot über eine bestimmte Strecke kursbeständig zu steuern.

Peilen
Durchführen einer einfachen Peilung/ Kreuzpeilung mit einem Peilkompass oder einer Peilscheibe. Der Bewerber soll damit zeigen, dass er fähig ist, eine Positionsbestimmung vorzunehmen.

Anlegen von Rettungsweste und Sicherheitsgurt
Der Bewerber soll nachweisen, dass er mit der Handhabung der Rettungsweste und des Sicherheitsgurtes vertraut ist.

Institutionen und Behörden

BSH (Bundesamt für Seeschifffahrt und Hydrographie): Bundesoberbehörde im Geschäftsbereich des Bundesministeriums für Verkehr, Bau und Stadtentwicklung (BMVBS); verantwortlich u. a. für die Herausgabe deutscher Seekarten und Seebücher, für die Baumusterprüfung und Zulassung nautischer Ausrüstung, für die Schiffsvermessung etc.; Sitz: Hamburg und Rostock; vgl. S. 16.

BSU (Bundesstelle für Seeunfalluntersuchung): Untersucht aufgrund des Seesicherheits-Untersuchungs-Gesetzes (SUG) Seeunfälle; Sitz: Hamburg; vgl. S. 246.

DMYV (Deutscher Motoryachtverband): Dachverband der deutschen Motoryachtvereine; Sitz: Duisburg.

DSV (Deutscher Segler-Verband): Dachverband der deutschen Segel- und Segelsurfvereine; Sitz: Hamburg.

DWD (Deutscher Wetterdienst), Seewetterdienst Hamburg: Gibt regelmäßig für die Nord- und Ostsee sowie für das Mittelmeer und die Biskaya Seewetterberichte sowie Starkwind- und Sturmwarnungen heraus; man kann sie über Rundfunk, Telefax, Telefon, Internet oder das Seewetter-Informationssystem SEEWIS empfangen; bietet für die Sportschifffahrt Routenempfehlungen an; Sitz: Hamburg; vgl. S. 206.

GL (Germanischer Lloyd): Gibt als Klassifikationsgesellschaft Bauvorschriften für Schiffe (auch für Wassersportfahrzeuge) und deren Antriebsanlage, technische Ausrüstung, Rigg und Verschlusseinrichtungen (Seeventile) heraus, prüft, zertifiziert und klassifiziert Einzelbauten und Serienbauten; erteilt das CE-Zeichen für Sportboote; Sitz: Hamburg; vgl. S. 125.

IALA (International Association of Lighthouse Authorities / Internationaler Verband der Seezeichenverwaltungen): Umfasst etwa 80 nationale Seezeichenbehörden sowie Hafenbehörden und Hersteller technischer Navigationshilfen; hat das maritime Betonnungssystem A und B festgesetzt; vgl. S. 31.

IHO (International Hydrographic Organization / Internationale Hydrographische Organisation): Koordinationsstelle der nationalen hydrografischen Dienste; arbeitet u. a. an der Vereinheitlichung der Seekarten und nautischen Veröffentlichungen; umfasst das IHB (Internationales Hydrographisches Büro) und die Internationale Hydrographische Konferenz; Sitz: Monaco, vgl. S. 16.

IMO (International Maritime Organization / Internationale Seeschifffahrts-Organisation): Dachorganisation von über 120 Mitgliedstaaten mit den Aufgaben der Verbesserung der Schiffssicherheit und Verhütung der Meeresverschmutzung; erarbeitet Regeln und Empfehlungen, die von den Mitgliedsländern in nationales Recht umgesetzt werden müssen; die wichtigsten Regeln müssen ratifiziert werden, bevor sie als internationale Übereinkommen in Kraft treten können; hierzu gehören u.a. die *Kollisionsverhütungsregeln (KVR)*, der *Internationale Schiffssicherheitsvertrag (SOLAS)*, das *Internationale Übereinkommen zur Verhütung der Meeresverschmutzung durch Schiffe (MARPOL)*, das *Internationale Übereinkommen über den Such- und Rettungsdienst auf See (SAR)*; *Sitz:* London.

ISAF (International Sailing Federation / Internationaler Segler-Verband): Dachverband nationaler Seglerverbände; gibt u. a. die *Wettfahrtregeln – Segeln – (WR)* heraus.

KA (Kreuzer-Abteilung) des DSV: Unterhält viele Stützpunkte zur Betreuung ihrer Fahrtensegler; Herausgeber von Hafenhandbüchern, der *Sicherheitsrichtlinien für die Ausrüstung und Sicherheit von Segelyachten*, der *Nautischen Nachrichten der Kreuzer-Abteilung (NNKA)* und anderer wichtiger Veröffentlichungen für den Fahrtensegelsport; Sitz: Hamburg; vgl. S. 43, 124, 247.

MLZ (Maritimes Lagezentrum): Fachbereich im *Havariekommando Cuxhaven*, integriert in das gemeinsame *Sicherheitszentrum* des Bundes. 24-Stunden-Meldestelle z. B. für Seeunfälle; vgl. S. 246.

Seeämter: Von der WSD Nordwest eingesetzte Untersuchungsausschüsse, die nach Seeunfällen aufgrund des Seesicherheits-Untersuchungs-Gesetzes (SUG) die Fahrerlaubnis entziehen können; vgl. S. 247.

SeeBG (See-Berufsgenossenschaft): Träger der gesetzlichen Unfallversicherung in der Seeschifffahrt; für »bezahlte Hand an Bord« besteht Zwangsmitgliedschaft; Herausgeber von Vorschriften zur Verhütung von Arbeitsunfällen; Sitz: Hamburg.

UKHO (United Kingdom Hydrographic Office): Britisches Hydrographisches Institut; mit dem deutschen BSH vergleichbar; vgl. S. 16.

WSD (Wasser- und Schifffahrtsdirektionen) und die diesen unterstellten **WSA (Wasser- und Schifffahrtsämter):** Mittel- und Unterbehörden der Wasser- und Schifffahrtsverwaltung des Bundes; sie nehmen die Aufgaben der Schifffahrtspolizei auf den Seeschifffahrtsstraßen wahr; es gibt die **WSD Nordwest** in Aurich (mit den WSA in Bremerhaven, Bremen, Wilhelmshaven und Emden) und die **WSD Nord** in Kiel (mit den WSA in Stralsund, Lübeck, Kiel-Holtenau, Brunsbüttel, Tönning, Cuxhaven und Hamburg).

Gesetze und Verordnungen

1. Seeverkehrsrecht

KVR – Kollisionsverhütungsregeln *(Internationale Regeln von 1972 zur Verhütung von Zusammenstößen auf See)* – **englisch: COLREG** *(International Regulations for Preventing Collisions at Sea):* Enthalten die von der *IMO (Internationale Seeschifffahrts-Organisation)* festgelegten Verkehrsregeln (einschließlich der vorgeschriebenen Lichter und Signalkörper, Schallsignale und Notzeichen) für die Schifffahrt auf Hoher See und den mit dieser zusammenhängenden Gewässern; vgl. S. 212.

VO KVR – Verordnung zu den Internationalen Regeln von 1972 zur Verhütung von Zusammenstößen auf See: Setzt die als Anlage enthaltene deutsche Übersetzung der *KVR* sowie einige Grundregeln der *SeeSchStrO* auf den deutschen Seeschifffahrtsstraßen und für Schiffe, die berechtigt sind, die Bundesflagge zu führen, auch seewärts der Begrenzung des deutschen Küstenmeeres (soweit nicht in Hoheitsgewässern anderer Staaten abweichende Regelungen gelten) in Kraft; vgl. S. 212.

SeeSchStrO – Seeschifffahrtsstraßen-Ordnung: Enthält als deutsche Verordnung verkehrsrechtliche Vorschriften (einschließlich Schifffahrtszeichen sowie Sichtzeichen und Schallsignale der Fahrzeuge), welche die *KVR* ergänzen bzw. ihnen als Spezialvorschrift vorgehen; sie gilt im Wesentlichen auf den deutschen Seeschifffahrtsstraßen mit Ausnahme der Emsmündung und teilweise bis zur seewärtigen Begrenzung des deutschen Küstenmeeres; vgl. S. 212.

EmsSchO – Schifffahrtsordnung Emsmündung: Gilt aufgrund eines deutsch-niederländischen Abkommens im Mündungsgebiet der Ems und auf der Leda anstelle der *SeeSchStrO*; ihre Vorschriften sind weitgehend identisch mit denen der *SeeSchStrO*; vgl. S. 212.

EmsSchEV – Verordnung zur Einführung der Schifffahrtsordnung Emsmündung: Setzt die als Anlage enthaltene *EmsSchO* und einige ergänzende Regeln im Mündungsgebiet der Ems und auf der Leda in Kraft; vgl. S. 231.

Bekanntmachungen der Wasser- und Schifffahrtsdirektionen (WSD) Nord und Nordwest zur SeeSchStrO: Legen den örtlichen und sachlichen Anwendungsbereich bestimmter Ge- und Verbote der *SeeSchStrO* bzw. der *EmsSchO* fest; Verstöße gegen die Bekanntmachungen können wie Verstöße gegen die *SeeSchStrO* bzw. *EmsSchO* selbst als Ordnungswidrigkeit geahndet werden; vgl. S. 212, 245.

Daneben hat die WSD Nord die *Schifffahrtspolizeiverordnung über Sicherungsmaßnahmen für militärische Sperr- und Warngebiete an der schleswig-holsteinischen Ost- und Westküste und im NOK* erlassen.

2. Schiffssicherheit und -sicherung

SOLAS 74/88 *(International Conventions for the Safety of Life at Sea)* – **Schiffssicherheitsvertrag** *(Internationales Übereinkommen von 1974 zum Schutze des menschlichen Lebens auf See)* mit den Protokollen von 1978 und 1988: Dieses Übereinkommen legt Mindestnormen für den Bau sicherer Schiffe sowie für die Sicherheitsausrüstung fest und enthält Anweisungen zu Maßnahmen in Notfällen; sehr umfangreiche Anlagen; vgl. S. 128, 250.

Verordnung über die Sicherung der Seefahrt: Ergänzt und präzisiert Kapitel V von SOLAS *(Sicherung der Seefahrt)*; regelt insbesondere die Hilfeleistungspflicht, das Verhalten und die Beistandspflicht nach Zusammenstößen sowie die Meldepflicht von schaden- und gefahrverursachenden Vorkommnissen auf See; sie gilt für Seeschiffe, die berechtigt sind, die Bundesflagge zu führen, also auch für Sportfahrzeuge; vgl. S. 246.

SchSG – Schiffssicherheitsgesetz: Dient der Durchführung internationaler Schiffssicherheitsregelungen *(SOLAS u. a.)* einschließlich des Umweltschutzes *(MARPOL)* und regelt die in diesem Zusammenhang bestehende Verantwortung von Schiffseigentümer, Schiffsführer und anderen Verantwortlichen; gilt für Schiffe, die die Bundesflagge führen, also auch für Sportboote; legt in § 3 fest, dass jeder, der ein Schiff zur Seefahrt einsetzt, für dessen sicheren Betrieb zu sorgen und Vorkehrungen zum Schutze Dritter und der Meeresumwelt vor Gefahren aus dem Betrieb zu treffen hat; § 6 schreibt die Führung des Schiffstagebuches (auch für Sportboote) vor; vgl. S. 247, 250.

SchSV – Schiffssicherheitsverordnung: Dient der wirksamen Anwendung des *SchSG*; legt u. a. die Aufbewahrungsfrist von 3 Jahren für Schiffstagebücher fest; vgl. S. 250.

SUG – Seesicherheits-Untersuchungs-Gesetz: Regelt das Verfahren zur Untersuchung von Seeunfällen durch die Bundesstelle für Seeunfalluntersuchung und das Verfahren vor einem Seeamt, das ein Fahrverbot aussprechen und die Fahrerlaubnis entziehen kann; gilt auch für Sportboote und bei Seeunfällen im Ausland; vgl. S. 246.

SeeSpbootV – See-Sportbootverordnung: Regelt die Inbetriebnahme von Sportbooten sowie deren Vermietung und gewerbsmäßige Nutzung im Küstenbereich: CE-Kennzeichen für neuere Sportboote, Bootszeugnis für vermietete Sportboote, Sicherheitszeugnis oder Prüfbescheinigung der See-Berufsgenossenschaft für gewerbsmäßig genutzte Sportboote.

3. Meeresumweltschutz

MARPOL 73/78 (Marine Pollution) – *Internationales Übereinkommen von 1973 zur Verhütung der Meeresverschmutzung durch Schiffe (International Convention for the Prevention of Pollution from Ships) in der Fassung des Protokolls von 1978:* Enthält Festlegungen zum Meeresumweltschutz, insbesondere Regelungen zum Ablassen von Öl, zum Einleiten von Abwässern von Bord und zur Müllbeseitigung auf See; gilt auch für Sportboote und ihre Besatzung; benennt Ostsee, Nordsee und Mittelmeer als Sondergebiete, die besonders gefährdet und schützenswert sind; vgl. S. 249.

Helsinki-Übereinkommen 1992 *(Übereinkommen über den Schutz der Meeresumwelt des Ostseegebietes):* Legt für das Sondergebiet Ostsee strengere Vorschriften als MARPOL zum Meeresumweltschutz fest; vgl. S. 249.

Befahrensregelungen für Naturschutzgebiete:
– *VO über das Befahren der Bundeswasserstraßen in Nationalparken im Bereich der Nordsee, vgl. S. 249*

– *VO über das Befahren des Naturschutzgebietes »Helgoländer Festlandsockel«*
– *VO über das Befahren der Bundeswasserstraßen in dem Naturschutzgebiet »Dassower See, Inseln Buchhorst und Graswerder (Plönswerder)«*
– *VO über das Befahren der Bundeswasserstraßen in Nationalparken und Naturschutzgebieten im Bereich der Küste von Mecklenburg-Vorpommern*

4. Führerscheinverordnungen

Sportbootführerscheinverordnung – Binnen: Legt auf den Binnenschifffahrtsstraßen die Führerscheinpflicht für Sportboote und Wassermotorräder mit mehr als 3,68 kW (5 PS) Motorleistung und weniger als 15 m Länge fest und regelt den Erwerb des *Sportbootführerscheins Binnen* (einschließlich Prüfungsverfahren); vgl. S. 252.

Sportbootführerscheinverordnung – See: Legt auf den deutschen Seeschifffahrtsstraßen die Führerscheinpflicht für Sportboote und Wassermotorräder mit einer an der Propellerwelle abgegebenen Leistung von mehr als 3,68 kW (5 PS) fest und regelt den Erwerb des *Sportbootführerscheins See* (einschließlich Prüfungsverfahren); die VO wird ergänzt durch die *Richtlinien für den Deutschen Motoryachtverband und den Deutschen Segler-Verband über die Durchführung der Aufgaben nach § 4 der Sportbootführerscheinverordnung-See;* vgl. S. 252, 338.

Sportseeschifferscheinverordnung *(Verordnung über den Erwerb von Sportküsten-, Sportsee- und Sporthochseeschifferscheinen und die Besetzung von Traditionsschiffen)* Regelt den Geltungsbereich und den Erwerb des Sportküstenschifferscheins (SKS), Sportsee-

schifferscheins (SSS) und Sporthochseeschifferscheins (SHS); vgl. S. 252.

5. Verbandsvorschriften

Sicherheitsrichtlinien der KA des DSV: Ergänzen die *Special Regulations* des *Offshore Racing Council (ORC)* für die Mindestsicherheitsausrüstung und -einrichtung seegehender Segelyachten um die *Richtlinien für die Ausrüstung und Sicherheit von Segelyachten* der Kreuzer-Abteilung (KA) des DSV; vgl. S. 124 f.

Wettfahrtregeln – Segeln – (WR): Von der *International Sailing Federation (ISAF)* herausgegebene Regeln für Segelregatten; sie werden alle vier Jahre nach den Olympischen Spielen überarbeitet; in Deutschland werden sie ergänzt oder eingeschränkt durch die *Wettsegelordnung (WO)* des DSV und *Segelanweisungen* des Regattaveranstalters; vgl. S. 251.

6. Sonstige Vorschriften

Seerechtsübereinkommen (SRÜ) der Vereinten Nationen: Regelt die Nutzung und Erforschung der Meere unter besonderer Berücksichtigung des Meeresumweltschutzes; definiert die *Basislinie,* die die *inneren Gewässer* vom *Küstenmeer* (Hoheits- oder Territorialgewässer) trennt, die *Anschlusszone,* in der jeder Küstenstaat bestimmte Kontrollrechte ausüben darf, sowie die *ausschließliche Wirtschaftszone;* vgl. S. 213.

Flaggenrechtsgesetz: Regelt das Flaggenrecht der Seeschiffe, also das Recht zum Führen der Bundesflagge, die damit zusammenhängenden Berechtigungsausweise (Schiffszertifikat, Flaggenzertifikat) sowie die Flaggenführung der See- und Binnenschiffe; vgl. S. 247.

Auszug aus der Deutschen Norm DIN 13 312
Navigation – Begriffe, Abkürzungen, Formelzeichen, graphische Symbole
Ausgabe Februar 2005

Bezugsrichtungen

rwN	rechtweisend Nord	Geographische Nordrichtung
mwN	missweisend Nord	Richtung der Horizontalkomponente des erdmagnetischen Feldes
MgN	Magnetkompass-Nord	In die Horizontalebene projizierte Richtung des Strahls vom Mittelpunkt der Kompassrosenteilung zu ihrem Nordpunkt
rv	Rechtvorausrichtung	In die Horizontalebene projizierte, nach vorn orientierte Richtung der Fahrzeuglängsachse

Kurse

rwK	rechtweisender Kurs	Winkel von rechtweisend Nord bis zur Rechtvorausrichtung des Fahrzeugs
mwK	missweisender Kurs	Winkel von missweisend Nord bis zur Rechtvorausrichtung des Fahrzeugs
MgK	Magnetkompasskurs	Winkel von Magnetkompass-Nord bis zur Rechtvorausrichtung des Fahrzeugs
KdW	Kurs durchs Wasser	Winkel von rechtweisend Nord bis zur Richtung des Weges durchs Wasser
KüG	Kurs über Grund	Winkel von rechtweisend Nord bis zur Richtung des Weges über Grund
KaK	Kartenkurs	Beabsichtigter Kurs über Grund

Peilungen

rwP	rechtweisende Peilung	Winkel von rechtweisend Nord zu der in die Horizontalebene projizierten Richtung zum Objekt
mwP	missweisende Peilung	Winkel von missweisend Nord zu der in die Horizontalebene projizierten Richtung zum Objekt
MgP	Magnetkompasspeilung	Winkel von Magnetkompass-Nord zu der in die Horizontalebene projizierten Richtung zum Objekt
SP	Seitenpeilung	Winkel von der Rechtvorausrichtung des Fahrzeugs zu der in die Horizontalebene projizierten Richtung zum Objekt; mit dem Zusatz Steuerbord (Stb) oder Backbord (Bb) ist halbkreisige Zählung (000° bis 180°) zulässig

Beschickungen

Mw	Missweisung	Winkel von rechtweisend Nord nach missweisend Nord
Abl	Magnetkompassablenkung	Winkel von missweisend Nord nach Magnetkompass-Nord, nach Osten mit der Bezeichnung E (Vorzeichen plus), nach Westen mit der Bezeichnung W (Vorzeichen minus)
MgFw	Magnetkompassfehlweisung	Summe aus Magnetkompassablenkung und Missweisung
BW	Beschickung für Wind	Winkel von der Rechtvorausrichtung des Fahrzeugs bis zur tatsächlichen oder beabsichtigten Bewegungsrichtung des Fahrzeugs durchs Wasser
BS	Beschickung für Strom	Winkel von der Bewegungsrichtung des Fahrzeugs durchs Wasser bis zur tatsächlichen oder beabsichtigten Bewegungsrichtung des Fahrzeugs über Grund
BWS	Beschickung für Wind und Strom	Summe aus Beschickung für Wind und Beschickung für Strom

Auszug aus der Deutschen Norm DIN 13 312
Navigation – Begriffe, Abkürzungen, Formelzeichen, graphische Symbole
Ausgabe Februar 2005

Geschwindigkeiten

FdW	Fahrt durchs Wasser	Betrag der Geschwindigkeit des Schiffes relativ zum Wasser
FüG	Fahrt über Grund	Betrag der Geschwindigkeit des Schiffes relativ zum Meeresgrund
StG	Stromgeschwindigkeit	Betrag der Stromgeschwindigkeit

Richtungen

KdW	Kurs durchs Wasser	Richtung der voraussichtlichen oder tatsächlichen Schiffsbewegung durchs Wasser
KüG	Kurs über Grund	Richtung der während der Fahrt gemessenen Fahrzeugbewegung bezüglich der Erdoberfläche
StR	Stromrichtung	Richtung, in die der Strom setzt

Distanzen

DdW	Distanz durchs Wasser	Vom Schiff relativ zum Wasser zurückzulegende oder zurückgelegte Strecke
DüG	Distanz über Grund	Vom Schiff über Grund zurückzulegende oder zurückgelegte Distanz
DSt	Betrag der Stromversetzung	Entfernung vom Loggeort bis zum Koppelort bzw. bis zum beobachteten Ort

Orte

O_l	Loggeort	Von einem bekannten Ort ausgehend, durch Zeichnung oder Rechnung unter Berücksichtigung aller vorhersehbaren Einflüsse, jedoch den Strom ausgenommen, ermittelter Ort des Fahrzeugs
O_k	Koppelort	Von einem bekannten Ort ausgehend, durch Zeichnung oder Rechnung unter Berücksichtigung aller vorhersehbaren Einflüsse (den Strom eingeschlossen) ermittelter Ort des Fahrzeugs
O_b	beobachteter Ort	Mithilfe eines Ortsbestimmungsverfahrens ermittelter Ort des Fahrzeugs

Versetzungen

StV	Stromversetzung	Vektor vom Loggeort zum beobachteten Ort
BV	Besteckversetzung	Vektor vom Koppelort zum beobachteten Ort

Grafische Symbole

1 Standlinie: Die Pfeilspitzen geben die Richtung vom oder zum Peilobjekt an. Sie können auch entfallen.

2 Beobachteter Ort: (O_b) Senkrechter Strich: Länge Waagerechter Strich: Breite

3 Koppelort: (O_k) Zur Kurslinie senkrechter Strich

4 Koppelort allgemein:

5 Standlinienkreuz: Siehe Nr. 1

Stichwortverzeichnis

Fahrttabelle

Minuten	FAHRT IN KNOTEN																			
	0,5	1	1,5	2	2,5	3	3,5	4	4,5	5	5,5	6	6,5	7	7,5	8	8,5	9	9,5	10
1	0,0	0,0	0,0	0,0	0,0	0,1	0,1	0,1	0,1	0,1	0,1	0,1	0,1	0,1	0,1	0,1	0,1	0,2	0,2	0,2
2	0,0	0,0	0,1	0,1	0,1	0,1	0,1	0,1	0,1	0,2	0,2	0,2	0,2	0,2	0,3	0,3	0,3	0,3	0,3	0,3
3	0,0	0,1	0,1	0,1	0,1	0,2	0,2	0,2	0,2	0,3	0,3	0,3	0,3	0,4	0,4	0,4	0,4	0,5	0,5	0,5
4	0,0	0,1	0,1	0,1	0,2	0,2	0,2	0,3	0,3	0,3	0,4	0,4	0,4	0,5	0,5	0,5	0,6	0,6	0,6	0,7
5	0,0	0,1	0,1	0,2	0,2	0,3	0,3	0,3	0,4	0,4	0,5	0,5	0,5	0,6	0,6	0,7	0,7	0,8	0,8	0,8
6	0,1	0,1	0,2	0,2	0,3	0,3	0,4	0,4	0,5	0,5	0,6	0,6	0,7	0,7	0,8	0,8	0,9	0,9	1,0	1,0
7	0,1	0,1	0,2	0,2	0,3	0,4	0,4	0,5	0,5	0,6	0,6	0,7	0,8	0,8	0,9	0,9	1,0	1,1	1,1	1,2
8	0,1	0,1	0,2	0,3	0,3	0,4	0,5	0,5	0,6	0,7	0,7	0,8	0,9	0,9	1,0	1,1	1,1	1,2	1,3	1,3
9	0,1	0,2	0,2	0,3	0,4	0,5	0,5	0,6	0,7	0,8	0,8	0,9	1,1	1,1	1,1	1,2	1,3	1,4	1,4	1,5
10	0,1	0,2	0,3	0,3	0,4	0,5	0,6	0,7	0,8	0,8	0,9	1,0	1,1	1,2	1,3	1,3	1,4	1,5	1,5	1,7
11	0,1	0,2	0,3	0,4	0,5	0,6	0,6	0,7	0,8	0,9	1,0	1,1	1,2	1,3	1,4	1,5	1,6	1,7	1,7	1,8
12	0,1	0,2	0,3	0,4	0,5	0,6	0,7	0,8	0,9	1,0	1,1	1,2	1,3	1,4	1,5	1,6	1,7	1,8	1,9	2,0
13	0,1	0,2	0,3	0,4	0,5	0,7	0,8	0,9	1,0	1,1	1,2	1,3	1,4	1,5	1,6	1,7	1,8	2,0	2,1	2,2
14	0,1	0,2	0,4	0,5	0,6	0,7	0,8	0,9	1,1	1,2	1,3	1,4	1,5	1,6	1,8	1,9	2,0	2,1	2,1	2,3
15	0,1	0,2	0,4	0,5	0,6	0,8	0,9	1,0	1,1	1,3	1,4	1,5	1,6	1,8	1,9	2,0	2,1	2,3	2,4	2,5
16	0,1	0,3	0,4	0,5	0,7	0,8	0,9	1,1	1,2	1,3	1,5	1,6	1,7	1,9	2,0	2,1	2,3	2,4	2,5	2,7
17	0,1	0,3	0,4	0,6	0,7	0,9	1,0	1,1	1,3	1,4	1,6	1,7	1,9	2,0	2,1	2,3	2,4	2,6	2,7	2,8
18	0,2	0,3	0,5	0,6	0,8	0,9	1,1	1,2	1,4	1,5	1,7	1,8	2,0	2,1	2,3	2,4	2,6	2,7	2,8	3,0
19	0,2	0,3	0,5	0,6	0,8	1,0	1,1	1,3	1,4	1,6	1,8	1,9	2,1	2,2	2,4	2,5	2,7	2,9	3,0	3,2
20	0,2	0,3	0,5	0,7	0,8	1,0	1,2	1,3	1,5	1,7	1,8	2,0	2,2	2,3	2,5	2,7	2,8	3,0	3,2	3,3
21	0,2	0,3	0,5	0,7	0,9	1,1	1,2	1,4	1,6	1,8	1,9	2,1	2,3	2,5	2,6	2,8	3,0	3,2	3,3	3,5
22	0,2	0,4	0,6	0,7	0,9	1,1	1,3	1,5	1,7	1,9	2,0	2,2	2,4	2,6	2,8	2,9	3,1	3,3	3,5	3,7
23	0,2	0,4	0,6	0,8	1,0	1,2	1,4	1,5	1,7	1,9	2,1	2,3	2,5	2,7	2,9	3,1	3,3	3,5	3,6	3,8
24	0,2	0,4	0,6	0,8	1,0	1,2	1,4	1,6	1,8	2,0	2,2	2,4	2,6	2,8	3,0	3,2	3,4	3,6	3,8	4,0
25	0,2	0,4	0,6	0,8	1,1	1,3	1,5	1,7	1,9	2,1	2,3	2,5	2,7	2,9	3,1	3,3	3,5	3,8	3,9	4,2
26	0,2	0,4	0,7	0,9	1,1	1,3	1,5	1,7	2,0	2,2	2,4	2,6	2,8	3,1	3,3	3,5	3,7	3,9	4,1	4,3
27	0,2	0,4	0,7	0,9	1,1	1,4	1,6	1,8	2,0	2,3	2,5	2,7	2,9	3,2	3,4	3,6	3,8	4,1	4,3	4,5
28	0,2	0,5	0,7	0,9	1,2	1,4	1,6	1,9	2,1	2,4	2,6	2,8	3,1	3,3	3,5	3,7	4,0	4,2	4,4	4,7
29	0,2	0,5	0,7	1,0	1,2	1,5	1,7	1,9	2,2	2,4	2,7	2,9	3,2	3,4	3,6	3,9	4,1	4,4	4,6	4,8
30	0,3	0,5	0,8	1,0	1,3	1,5	1,8	2,0	2,3	2,5	2,8	3,0	3,3	3,5	3,8	4,0	4,3	4,5	4,8	5,0
31	0,3	0,5	0,8	1,0	1,3	1,6	1,8	2,1	2,3	2,6	2,9	3,1	3,4	3,6	3,9	4,1	4,4	4,7	4,9	5,2
32	0,3	0,5	0,8	1,1	1,3	1,6	1,9	2,2	2,4	2,7	3,0	3,2	3,5	3,8	4,0	4,3	4,5	4,8	5,1	5,3
33	0,3	0,5	0,8	1,1	1,4	1,7	1,9	2,2	2,5	2,8	3,1	3,3	3,6	3,9	4,1	4,4	4,7	5,0	5,2	5,5
34	0,3	0,6	0,9	1,1	1,4	1,7	2,0	2,3	2,6	2,9	3,1	3,4	3,7	4,0	4,3	4,5	4,8	5,1	5,4	5,7
35	0,3	0,6	0,9	1,2	1,5	1,8	2,1	2,4	2,6	2,9	3,2	3,5	3,8	4,1	4,4	4,7	5,0	5,3	5,5	5,8
36	0,3	0,6	0,9	1,2	1,5	1,8	2,1	2,4	2,7	3,0	3,3	3,6	3,9	4,2	4,5	4,8	5,1	5,4	5,7	6,0
37	0,3	0,6	0,9	1,2	1,6	1,9	2,2	2,5	2,8	3,1	3,4	3,7	4,0	4,3	4,6	4,9	5,2	5,6	5,9	6,2
38	0,3	0,6	1,0	1,3	1,6	1,9	2,2	2,6	2,9	3,2	3,5	3,8	4,1	4,5	4,8	5,1	5,4	5,7	6,0	6,3
39	0,3	0,6	1,0	1,3	1,6	2,0	2,3	2,6	3,0	3,3	3,6	3,9	4,3	4,6	4,9	5,2	5,5	5,9	6,2	6,5
40	0,3	0,7	1,0	1,3	1,7	2,0	2,4	2,7	3,0	3,4	3,7	4,0	4,4	4,7	5,0	5,3	5,7	6,0	6,3	6,7
41	0,3	0,7	1,0	1,4	1,7	2,1	2,4	2,8	3,1	3,5	3,8	4,1	4,5	4,8	5,1	5,5	5,8	6,2	6,5	6,8
42	0,4	0,7	1,1	1,4	1,8	2,1	2,5	2,8	3,2	3,5	3,9	4,2	4,6	4,9	5,3	5,6	6,0	6,3	6,6	7,0
43	0,4	0,7	1,1	1,4	1,8	2,2	2,5	2,9	3,3	3,6	4,0	4,3	4,7	5,0	5,4	5,7	6,1	6,5	6,8	7,2
44	0,4	0,7	1,1	1,5	1,9	2,2	2,6	3,0	3,3	3,7	4,1	4,4	4,8	5,2	5,5	5,9	6,2	6,6	6,9	7,3
45	0,4	0,7	1,1	1,5	1,9	2,3	2,7	3,0	3,4	3,8	4,2	4,5	4,9	5,3	5,6	6,0	6,4	6,8	7,1	7,5
46	0,4	0,8	1,2	1,6	1,9	2,3	2,7	3,1	3,5	3,9	4,3	4,6	5,0	5,4	5,8	6,1	6,5	6,9	7,3	7,7
47	0,4	0,8	1,2	1,6	2,0	2,4	2,8	3,2	3,6	4,0	4,3	4,7	5,1	5,5	5,9	6,3	6,7	7,1	7,4	7,8
48	0,4	0,8	1,2	1,6	2,0	2,4	2,8	3,2	3,6	4,0	4,4	4,8	5,2	5,6	6,0	6,4	6,8	7,2	7,6	8,0
49	0,4	0,8	1,2	1,6	2,1	2,5	2,9	3,3	3,7	4,1	4,5	4,9	5,3	5,7	6,1	6,5	6,9	7,4	7,7	8,2
50	0,4	0,8	1,3	1,7	2,1	2,5	2,9	3,4	3,8	4,2	4,6	5,0	5,5	5,9	6,3	6,7	7,1	7,5	7,9	8,3
51	0,4	0,8	1,3	1,7	2,1	2,6	3,0	3,4	3,9	4,3	4,7	5,1	5,6	6,0	6,4	6,8	7,2	7,7	8,1	8,5
52	0,4	0,9	1,3	1,8	2,2	2,6	3,1	3,5	3,9	4,4	4,8	5,2	5,7	6,1	6,5	6,9	7,4	7,8	8,2	8,7
53	0,4	0,9	1,3	1,8	2,2	2,7	3,1	3,6	4,0	4,5	4,9	5,3	5,8	6,2	6,7	7,1	7,5	8,0	8,4	8,8
54	0,5	0,9	1,4	1,8	2,3	2,7	3,2	3,6	4,1	4,5	4,9	5,4	5,9	6,3	6,8	7,2	7,7	8,1	8,5	9,0
55	0,5	0,9	1,4	1,9	2,3	2,8	3,2	3,7	4,2	4,6	5,0	5,5	6,0	6,5	6,9	7,3	7,8	8,3	8,7	9,2
56	0,5	0,9	1,4	1,9	2,4	2,8	3,3	3,8	4,2	4,7	5,1	5,6	6,1	6,6	7,0	7,4	7,9	8,4	8,8	9,3
57	0,5	0,9	1,4	1,9	2,4	2,9	3,4	3,8	4,3	4,8	5,2	5,7	6,2	6,7	7,2	7,6	8,1	8,6	9,0	9,5
58	0,5	1,0	1,5	2,0	2,5	2,9	3,4	3,9	4,4	4,9	5,4	5,8	6,3	6,8	7,3	7,7	8,2	8,7	9,2	9,7
59	0,5	1,0	1,5	2,0	2,5	3,0	3,5	4,0	4,5	5,0	5,4	5,9	6,4	6,9	7,4	7,9	8,4	8,9	9,3	9,8
60	0,5	1,0	1,5	2,0	2,5	3,0	3,5	4,0	4,5	5,0	5,5	6,0	6,5	7,0	7,5	8,0	8,5	9,0	9,5	10,0